FINANCIAL MARKETS

금융시장론

이하일

박영사

머·리·말

　　글로벌경제는 현재 많은 불확실성에 직면해 있다. 2019년부터 전세계를 강타한 Covid-19 바이러스 확산으로 국가간 인력의 이동이 제한되고 2022년 러시아의 우크라이나 침공으로 유가, 환율, 원자재 가격상승에 따른 글로벌 공급망 불확실성이 지속되면서 세계경제는 스태그플레이션 쇼크에 빠질 수 있다.

　　금융시장은 자금조달과 공급의 장단기에 따라 만기 1년 이내의 금융상품이 거래되는 단기금융시장과 장기금융상품이 거래되는 자본시장, 자금공급자와 자금수요자 사이에 중개기관이 개입하는지 여부에 따라 직접금융시장과 간접금융시장, 거래장소와 통화에 따라 국내금융시장과 국제금융시장으로 분류된다.

　　본서는 금융시장의 전반적인 내용을 일관성있게 구성하여 금융시장의 개념에 대한 확실한 이해를 바탕으로 현실세계에 대한 적응력을 높일 수 있도록 금융시장의 이해, 금융시장의 분류, 자본시장의 분류, 파생상품의 이해 4개의 주제로 이루어졌다. 본서의 내용은 다음과 같이 제4편 제16장으로 구성되었다.

　　제1편 금융상품의 이해에서는 금융시장의 정의, 금융시장의 기능, 금융시장의 분류, 통화정책과 금융시장, 금융안정과 금융시장, 금융환경과 금융시장, 금융상품의 정의, 금융상품의 기능, 금융상품의 특성, 금융상품의 분류, 금융상품의 공시 및 광고규제, 금융상품의 판매규제와 약관규제에 대해 설명하였다.

　　제2편 금융시장의 분류에서는 단기금융시장의 정의와 특성, 단기금융시장의 상품, 예금의 개념, 대출의 정의, 대출의 종류, 신용공여의 정의와 범위, 여신상품의 종류, 외환시장의 개념, 환율의 정의와 표시방법, 국제금융시장과 국제은행시장의 개념, 국제주식시장과 국제채권시장의 개념에 대해 살펴보았다.

　　제3편 자본시장의 분류에서는 자본시장의 개념, 주식의 발행시장과 유통시장, 채권시장의 개요, 채권의 발행시장과 유통시장, 집합투자증권의 개념, 집합투자기구의 구성, 집합투자증권의 특징, 집합투자증권의 사례, 자산유동화증권의 개념, 자산유동화증권의 종류, 자산유동화증권의 현황에 대해 서술하였다.

　　제4편 파생상품의 이해에서는 파생상품의 개념, 선물거래의 개념, 선물시장의 구성, 선물가격의 결정, 옵션거래의 개념과 투자전략, 금리스왑과 통화스왑의 개념, 파생결합증권의 개념, 파생결합증권의 특징, 파생결합증권의 종류, 신용위험과 신용사건의 정의, 신용파생상품의 구조와 종류에 대해 살펴보았다.

본서는 상아탑에서 금융시장에 대한 기본개념을 습득하려는 대학생, 기업 현장에서 재무금융업무를 담당하고 있는 직장인, 금융시장 현실을 정확히 직시하여 올바른 정책결정을 내리는데 활용하려는 정책담당자, 금융기관에 종사하는 전문인력 등 다양한 독자들이 금융시장 입문서로 활용할 수 있을 것이다.

교재의 집필과정에서 여러 전공서적과 연구논문에서 많은 도움을 받았기에 그분들께 깊은 감사를 드린다. 또한 본문의 내용상 오류는 전적으로 저자의 책임이며 독자 여러분들의 애정 어린 질책을 받아 차후에 개정판을 통해서 더 좋은 책이 될 수 있도록 본문의 내용을 수정하고 보완하겠다는 약속을 드린다.

본서가 완성되기까지 바쁘신 와중에도 본문의 내용에 지적과 조언을 해주신 서강대학교의 박영석 교수님께 감사드린다. 그리고 어려운 여건에서 흔쾌히 출판을 맡아주신 박영사 안종만 회장님과 안상준 대표님, 더 좋은 책이 될 수 있도록 최선을 다하신 김민조 선생님께 감사드리며 무궁한 발전을 기원한다.

교재를 집필하는 것은 많은 시간이 요구되어 가족들을 소홀하게 대하는 경향이 있다. 그럼에도 묵묵히 성원과 격려를 보내주고 너그러이 이해를 해준 가족에게 고마움을 전하며 부모님의 크신 은혜에 깊이 감사를 드린다. 독자 여러분들의 아낌없는 성원을 기대하며 금융시장론 이해에 지침이 되기를 염원한다.

2022년 7월
저자 이하일

차 · 례

PART 1 금융시장의 이해

제01장 금융시장

제1절 금융시장의 개요 ———————————————— 5
제2절 통화정책의 개요 ———————————————— 14

제02장 금융상품

제1절 금융상품의 개요 ———————————————— 33
제2절 금융상품의 규제 ———————————————— 40

PART 2 금융시장의 분류

제03장 단기금융시장

제1절 단기금융시장의 개요 ————————————— 59
제2절 단기금융시장의 상품 ————————————— 63

제04장 예금대출시장

제1절 예금의 개요 ————————————————— 107
제2절 대출의 개요 ————————————————— 112

제05장 여신금융시장

제1절 신용공여의 개요 ———————————————— 131

제2절 여신금융상품의 유형 ──────────────── 133
제3절 서민금융상품의 개요 ──────────────── 143

제06장 외환시장

제1절 외환시장의 개요 ────────────────── 163
제2절 환율의 개요 ──────────────────── 170
제3절 외환거래의 형태 ───────────────── 180
제4절 외화자금시장의 개요 ──────────────── 187

제07장 국제금융시장

제1절 국제금융시장의 개요 ──────────────── 207
제2절 국제주식시장의 개요 ──────────────── 214
제3절 국제채권시장의 개요 ──────────────── 226

PART 3 **자본시장의 분류**

제08장 주식시장

제1절 자본시장의 개요 ───────────────── 255
제2절 주식시장의 개요 ───────────────── 256
제3절 주식의 발행시장 ───────────────── 264
제4절 주식의 유통시장 ───────────────── 270

제09장 채권시장

제1절 채권시장의 개요 ───────────────── 295
제2절 채권의 가치평가 ───────────────── 307
제3절 채권의 발행시장 ───────────────── 318
제4절 채권의 유통시장 ───────────────── 327

제10장 집합투자증권시장

제1절 집합투자증권의 개요 —————————————— 351
제2절 집합투자기구의 설립 —————————————— 355
제3절 집합투자기구의 분류 —————————————— 359
제4절 집합투자증권의 특징 —————————————— 369
제5절 집합투자증권의 사례 —————————————— 372

제11장 자산유동화증권시장

제1절 자산유동화증권의 개요 ————————————— 391
제2절 자산유동화증권의 종류 ————————————— 399
제3절 자산유동화증권의 현황 ————————————— 409

PART 4 **파생상품의 이해**

제12장 선물시장

제1절 파생상품의 개요 ———————————————— 429
제2절 선물거래의 개요 ———————————————— 437
제3절 선물시장의 구성 ———————————————— 452
제4절 선물가격의 결정 ———————————————— 461

제13장 옵션시장

제1절 옵션거래의 개요 ———————————————— 483
제2절 옵션의 만기가치 ———————————————— 491
제3절 옵션의 투자전략 ———————————————— 494
제4절 옵션가격결정의 개요 —————————————— 506
제5절 주요국의 옵션시장 ——————————————— 518

제14장 스왑시장

제1절 스왑거래의 개요 ——————————————————— 535
제2절 금리스왑의 개요 ——————————————————— 541
제3절 통화스왑의 개요 ——————————————————— 552

제15장 파생결합증권시장

제1절 파생결합증권의 개요 ————————————————— 579
제2절 파생결합증권의 종류 ————————————————— 582

제16장 신용파생상품시장

제1절 신용위험의 개요 ——————————————————— 623
제2절 신용파생상품의 개요 ————————————————— 625
제3절 신용파생상품의 종류 ————————————————— 630
제4절 신용파생상품의 현황 ————————————————— 636

참고문헌 ———————————————————————————— 651
찾아보기 ———————————————————————————— 654

금융시장의
이해

CHAPTER 01 금융시장

CHAPTER 02 금융상품

금융시장

금융시장은 자금의 수요와 공급이 만나 자금의 대차거래가 이루어지는 장소로 자금 잉여의 흑자부문이 자금부족의 적자부문에 자금을 융통하는 거래가 발생한다. 금융시장에서는 금리가 자금의 수급을 균형시키는 역할을 하는데, 자금의 초과수요가 있으면 금리는 상승하고 자금의 초과공급이 있으면 금리는 하락한다.

제1절 금융시장의 개요

1. 금융시장의 정의

금융은 경제주체간의 자금융통을 말하고, 금융시장은 자금융통이 이루어지는 시장을 말한다. 따라서 금융시장은 자금조달 및 자금운용과 관련하여 여유자금을 가지고 있는 경제주체인 공급자로부터 단기자금을 모아 장기자금을 필요로 하는 경제주체인 수요자에게 자금을 공급해 주는 역할을 수행한다.

금융시장은 자금의 공급자와 수요자간에 금융거래가 조직적으로 이루어지는 장소를 말한다. 여기서 장소는 재화시장처럼 구체적 공간은 물론 금융거래가 정보시스템에 의해 유기적으로 이루어지는 추상적 공간을 포함한다. 금융거래가 성립하려면 매개하는 수단이 필요한데 이를 금융상품이라고 한다.

자금공급자와 자금수요자를 연결하는 자금시장과 자본시장은 자금의 최적배분을 목표로 한다는 점에서 동일하다. 그러나 자금시장은 단기자금의 거래를 수반하고 자본시장은 장기자금의 거래를 담당한다는 점에서 차이가 있다. 금융시장의 역할을 국민경제의 순환과정과 함께 도시하면 [그림 1−1]과 같다.

▮그림 1−1 ▮ 국민경제의 순환과 금융시장

2. 금융시장의 기능

금융시장은 국민경제내 자금의 공급부문과 수요부문을 직·간접적으로 연결하여 원활한 생산활동을 지원하고 효율적인 자원배분을 통해 경제주체들의 후생증진에 기여한다. 일반적으로 국민경제 전체로 보면 가계는 소득이 지출보다 많아 공급자가 되고, 투자를 위해 많은 자금이 필요한 기업은 수요자가 된다.

(1) 거래비용의 절감

여유자금을 가진 가계와 투자자금을 조달할 기업이 거래상대방을 찾는데 많은 시간과 비용이 소요된다. 공급자는 금융기관에 예금하고 수요자는 금융기관에서 차입하면 거래상대방을 찾는데 시간과 비용을 줄이게 된다. 따라서 금융기관이 공급자와 수요자의 중간에서 금융거래를 중개하면 거래비용을 낮출 수 있다.

(2) 투자수단의 제공

금융시장은 가계에 여유자금을 운용할 수 있는 수단을 제공하고 이러한 여유자금을 생산주체인 기업으로 이전시킴으로써 국가경제의 생산활동을 지원한다. 또한 금융시장은 소비주체인 가계에 적절한 자산운용 및 차입기회를 제공하여 가계가 소비시기를 선택하는 것을 가능하게 함으로써 소비자의 효용을 증가시킨다.

(3) 투자위험의 분산

금융기관은 다수의 자금공급자로부터 자금을 조달하여 여러 자산에 분산투자할 수 있기 때문에 투자자산의 가격변동에 따른 위험을 축소시킬 수 있다. 예컨대 투자자가 위험자산에 직접투자하면 가격변동위험을 전부 부담하는 반면에 여러 자산에 분산투자하는 집합투자상품에 가입하면 가격변동위험을 줄일 수 있다.

(4) 유동성의 제고

수요자는 자금을 장기로 차입하기를 원하고 공급자는 단기로 대여하기를 원한다. 금융기관은 다수의 예금자로부터 단기자금을 모아 기업에 장기로 대출하면 공급자와 수요자를 모두 만족시킬 수 있다. 이러한 과정에서 금융기관은 유동성이 높은 단기자금을 유동성이 낮은 실물자본으로 변환시키는 역할을 수행한다.

(5) 시장규율의 수행

금융시장은 시장참가자가 증권가격에 나타난 시장신호를 활용하여 차입자의 건전성에 대한 감시기능을 수행하는 시장규율 기능을 담당한다. 예컨대 어떤 기업의 인수합병 발표가 재무건전성을 악화시킬 것으로 평가되면 동 기업의 증권가격이 즉각 하락하여 인수합병을 통한 무리한 사업확장에 제동이 걸릴 수 있다.

(6) 결제수단의 제공

일반적으로 실물거래에 수반되는 지급결제에 따른 비용이 낮을수록 재화와 서비스의 생산 및 교환이 활발하게 이루어진다. 금융기관은 저렴한 거래비용으로 신속하게 결제할 수 있는 화폐, 수표, 어음, 신용카드, 계좌이체 등 다양한 지급결제 수단을 제공함으로써 실물경제의 활동을 활성화시켜 경제성장에 기여한다.

3. 금융시장의 분류

금융시장은 자금조달방법에 따라 직접금융시장과 간접금융시장, 자금공급기간에 따라 단기금융시장과 자본시장, 금융상품의 신규발행 여부에 따라 발행시장과 유통시장, 거래규칙의 표준화 여부에 따라 장내시장과 장외시장, 금융거래당사자의 거주성 및 거래발생장소에 따라 국내금융시장과 국제금융시장으로 구분한다.

(1) 자금의 조달방법

금융시장은 자금공급자로부터 자금수요자에게로 자금을 이전시켜 경제의 효율성을 높이는 역할을 수행하며 자금의 융통경로인 금융중개기관의 개입여부에 따라 직접금융시장과 간접금융시장으로 구분한다. 금융중개기관은 규모의 경제에 의해 거래비용을 최소화하여 거래를 성사시키는 역할을 수행한다.

1) 직접금융시장

직접금융시장은 금융중개기관을 경유하지 않고 자금수요자와 자금공급자가 직접증권의 매매형태로 자금의 수급이 이루어지는 시장을 말한다. 여기서 직접증권 또는 본원적 증권은 자금의 수요자가 자금을 조달하기 위해 발행하는 증권으로 주식(stock)과 채권

(bond)이 대표적인 직접금융거래의 수단이다.

자금공급자와 자금수요자가 거래의 상대방이 되는 직접금융시장은 단기금융시장, 자본시장, 외환시장, 파생상품시장 등이 있다. 자본시장에서 거래되는 대표적인 금융상품은 주식과 채권이다. 자본시장법에서 주식은 지분증권에 속하고 채권은 채무증권에 속한다. 파생상품시장에서는 파생상품이 거래된다.

2) 간접금융시장

간접금융시장은 은행, 보험, 투자신탁회사와 같은 금융중개기관이 개입하여 자금의 최종수요자와 최종공급자간에 간접증권의 매매형태로 자금의 수급이 이루어지는 시장을 말한다. 여기서 간접증권은 금융중개기관이 자금을 조달하기 위해 발행하는 증권을 말하며 예금증서와 수익증권이 대표적이다.

자금공급자와 자금수요자가 직접적인 거래의 상대방이 되지 않고 금융중개기관이 개입하는 간접금융시장에는 금융중개기관을 통해 예금상품 및 대출상품이 거래되는 예금대출시장, 펀드상품이 거래되는 집합투자증권시장, 신탁상품이 거래되는 신탁업시장, 보험상품이 거래되는 보험시장이 있다.

‖ 표 1-1 ‖ 금융기관 수신

(단위 : 조원)

(연말)	예금 은행	비은행 금융 기관	생명 보험	자산 운용	신탁	상호 금융	새마을 금고	상호저 축은행	신협
2008	1,050	1,102	250	346	98	170	56	60	26
2010	1,125	1,257	301	302	137	212	79	76	41
2012	1,221	1,473	418	304	210	242	92	42	48
2014	1,401	1,735	505	370	286	266	106	32	53
2016	1,593	2,100	593	474	366	301	122	45	65
2018	1,784	2,423	656	553	435	346	145	59	81

자료 : 한국은행 경제통계시스템

▌표 1-2 ▌ 금융기관 여신

(단위 : 조원)

(연말)	예금 은행	비은행 금융 기관	생명 보험	자산 운용	신탁	상호 금융	새마을 금고	상호저 축은행	신협
2008	917	423	63	27	25	131	34	54	20
2010	987	459	68	21	25	144	45	64	27
2012	1,099	519	81	40	48	161	56	32	32
2014	1,250	582	99	41	45	182	68	30	37
2016	1,424	724	119	49	44	225	90	43	52
2018	1,600	856	139	76	31	270	112	59	65

자료 : 한국은행 경제통계시스템

(2) 자금의 조달기간

금융시장은 자금공급 및 조달의 장단기에 따라 만기 1년 이내의 단기금융상품이 거래되는 자금시장(money market)과 1년 이상의 장기금융상품이 거래되는 자본시장(capital market)으로 구분한다. 자본시장은 신규 발행한 증권이 매각되는 발행시장과 이미 발행된 증권이 매매되는 유통시장으로 구분한다.

▌그림 1-2 ▌ 금융시장의 구조

1) 단기금융시장

자금시장(money market)은 만기가 1년 이내의 금융상품이 거래되며 일시적인 자금수급의 불균형을 조정하는 시장이다. 여기에는 콜시장, 기업어음(CP)시장, 상업어음시장, 양도성예금증서(CD)시장, 환매조건부채권(RP)시장, 통화안정증권시장, 표지어음시장, 종합자산관리계정(CMA), 단기사채시장 등이 있다.

2) 장기금융시장

자본시장(capital market)은 만기가 1년 이상의 장기자금을 조달하는 시장으로 주식시장과 채권시장이 여기에 속한다. 증권에는 기업이 발행하는 주식과 회사채, 정부나 공공기관이 발행하는 국공채 등이 포함되며 자본시장에서 거래되는 증권은 단기금융시장에서 거래되는 상품에 비해 가격변동위험이 높다.

┃ 표 1-3 ┃ 자금시장과 자본시장의 비교

구분	자금시장	자본시장
특징	가격변동위험이 낮음	가격변동위험이 높음
목적	유동성의 확보	장기자금 조달

(3) 자금의 거래장소

금융시장은 거래당사자의 거주지(거주자와 비거주자), 거래통화(자국통화와 외국통화) 그리고 거래장소(국내와 국외)에 따라 국내금융시장과 국제금융시장으로 구분할 수 있다. 국내금융은 거주자간 자국통화로 국내에서 발생하는 금융거래로 정의된다. 이러한 요건에 충족되지 않으면 국제금융으로 분류된다.

1) 국내금융시장

일반적으로 금융시장은 거래되는 금융상품의 성격에 따라 단기금융(자금)시장, 예금·대출시장, 여신전문금융시장, 외환시장, 주식시장, 채권시장, 집합투자증권(펀드)시장, 파생상품시장으로 구분된다. 외환시장과 파생상품시장은 자금의 대차거래가 발생하지 않지만, 자금이 운용되어 금융시장에 포함시킨다.

┃그림 1-3┃ 국내금융시장의 분류

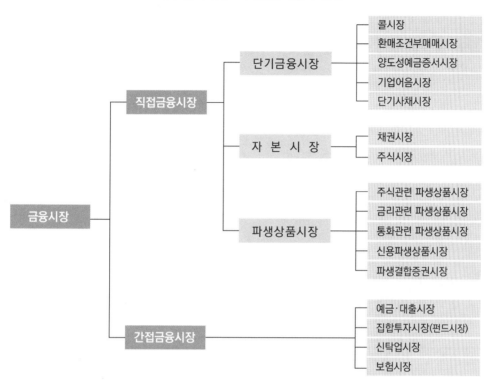

국내금융시장의 규모는 [표 1-4]에서 보는 바와 같이 1990년대 이후 비약적으로 확대되었다. 2021년 6월말 현재 단기금융시장과 자본시장을 합한 규모는 총 5,662조원으로 1990년말 158조원의 36배에 달하고 있다. 전체 경제규모(명목 GDP) 대비 1990년 83%에서 2021년 6월말 285%로 높아졌으며, 금융기관 유동성(Lf) 및 금융기관 대출금에 대한 비율도 1990년 80% 및 87%에서 2021년 6월말 각각 121% 및 148%로 상승하였다.[1]

자본시장에서 채권시장 규모는 2021년 6월말 2,339조원으로 1990년말의 67배, 주식시장 규모는 2,738조원으로 같은 기간 중 35배에 달하는 신장세를 기록하였다. 단기금융시장 규모도 2021년 6월말 현재 585조원으로 1990년말의 13배 수준으로 확대되었다. 국내금융시장이 빠른 속도로 성장한 것은 경제규모의 확대, 정부의 자본시장 육성 및 대외개방 정책, 외환위기 이후의 금융시장 하부구조 정비 및 시장참가자들의 금융거래 기법 개선 등에 힘입은 바가 크다.

---

1) 한국은행, 한국의 금융시장, 2021, 6-7쪽.

┃표 1-4┃ 국내금융시장의 규모[1]

(단위 : 조원, 배)

구분	1990(A)	2000	2010	2020	2021.6(B)	B/A
단기금융시장[2]	44.3	138.8	264.8	522.9	585.1	13.2
자 본 시 장	114.0	638.8	2,401.1	4,546.0	5,077.1	44.5
채 권[3]	35.0	423.6	1,161.2	2,209.9	2,338.7	66.8
주 식[4]	79.0	215.2	1,239.9	2,366.1	2,738.4	34.7
전 체(C)	158.3	777.6	2,665.9	5,098.9	5,662.3	35.8
C/명목GDP(%)[5]	82.7	124.5	201.6	263.8	284.5	−
C/Lf(%)[6]	79.9	82.4	124.7	113.9	120.5	−
C/대출금(%)[7]	86.9	110.9	145.9	140.6	148.2	−

주 : 1) 기말 잔액 기준
    2) 콜, 환매조건부매매, 양도성예금증서, 기업어음, 단기사채, 표지어음 및 1년물 이하 통화안정증권, 재정증권 합계
    3) 예탁채권 기준(단 1년물 이하 통화안정증권 및 재정증권은 제외)
    4) 한국거래소의 유가증권시장 상장주식 및 코스닥시장 등록주식의 시가총액
    5) 2021년 6월말의 명목GDP는 직전 4개 분기 합계를 적용
    6) 금융기관 유동성(＝M2+예금취급기관의 만기 2년 이상 유동성상품+증권금융 예수금 등+ 생명보험회사 보험계약 준비금 등)
    7) 자금순환표상 대출금(단, 한국은행의 대출금 제외)
자료 : 한국은행, 한국예탁결제원, 한국신용정보원, 금융투자협회, 연합인포맥스, 금융감독원, 코스콤, 기획재정부

2) 국제금융시장

국제금융시장은 만기가 1년 이내의 금융자산이 거래되는 시장을 말하며 각국의 금융시장, 유로시장과 같은 역외시장 그리고 이들 금융시장간의 거래를 연계시키는 외환시장을 포괄하고 있다. 국제금융시장은 개인, 기업, 금융기관이 일시적인 여유자금을 운용하거나 부족한 자금을 조달하는데 활용되고 있다.[2]

국제금융시장은 유로통화시장과 미국, 영국, 독일, 일본 등 주요국의 단기금융시장으로 구분할 수 있다. 유로통화시장은 대고객거래와 은행간거래를 중개하는 도매금융시장으로 유로정기예금, 유로CD, 유로CP 등이 거래된다. 대고객거래는 대부분 다국적기

---

2) 이하일, 국제재무관리, 박영사, 2022, 174-176쪽.

업, 정부기관, 환거래은행 등이 단기자금을 거래한다.

국제금융시장은 기능별, 지역별로 구분할 수 있다. 기능별 구조는 국제금융시장에서 수행하는 역할로 구분하고 지역별 구조는 지리적 위치로 구분한다. 국제금융시장을 지역적 측면에서 살펴보면 지역별로 국제금융의 역할을 수행하는 역내금융시장과 특정국가의 규제나 통제를 받지 않는 역외금융시장으로 구분된다.

① 역내금융시장

역내금융시장은 내국인과 외국인간 또는 외국인 상호간의 금융거래가 금융기관 소재국의 통화로 이루어지는 경우를 말한다. 역내금융시장은 직접금융과 간접금융에 따라 외국증권시장과 국제여신시장으로 구분한다. 일반적으로 역내시장의 예금금리는 역외시장보다 낮고, 역내시장의 대출금리는 역외시장보다 높다.

국내은행들은 예금 및 대출금리 책정에 정부로부터 간섭을 받지만, 유로은행은 정부의 간섭을 받지 않는다. 역외시장에서 중개업무를 하는 은행은 역내은행과 달리 예금에 대해 지급준비금을 적립할 필요가 없으므로 수익성 높은 대출을 할 수 있다. 이러한 이유로 역내시장과 역외시장은 금리의 차이가 발생한다.

② 역외금융시장

역외금융시장은 금융기관 소재국 이외의 통화로 이루어지는 경우로 유로금융시장이라 불린다. 역외금융센터는 비거주자로부터 자금을 조달하여 비거주자를 대상으로 운영하는 금융중개시장으로 조세 및 금융상 우대조치를 부여하여 정책적으로 창설된 금융센터를 말하며 싱가포르, 홍콩, 바레인, 바하마 등이 있다.

역외금융시장은 직접금융시장인 유로증권시장과 간접금융시장인 유로통화시장으로 구분한다. 예컨대 유로달러채시장은 우리나라 기업이 달러화표시 채권을 유럽에서 발행하고 국제인수단이 인수·매출하는 금융시장을 말한다. 유로커런시시장은 우리나라 기업이 유럽은행에서 달러화를 차입하는 금융시장을 말한다.

┃그림 1-4┃ 국제금융시장의 분류

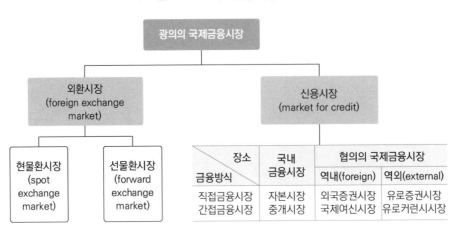

장소\ 금융방식	국내\ 금융시장	협의의 국제금융시장	
		역내(foreign)	역외(external)
직접금융시장\ 간접금융시장	자본시장\ 중개시장	외국증권시장\ 국제여신시장	유로증권시장\ 유로커런시시장

제2절 통화정책의 개요

1. 통화정책과 금융시장

(1) 통화정책의 정의

통화정책은 중앙은행이 통화량이나 금리에 영향을 미쳐 물가안정, 금융안정 등 최종목표를 달성하여 지속가능한 경제성장을 도모하는 정책을 말한다. 중앙은행은 통화정책의 최종목표와 밀접한 통화량, 환율, 물가상승률과 같은 지표를 선택하여 목표수준을 결정하고 이를 달성할 수 있도록 정책을 수행한다.[3]

중앙은행은 다른 변수들의 영향을 받지 않고 직접적으로 통제할 수 있는 단기시장금리나 지급준비금을 운용목표로 활용한다. 중앙은행은 운용목표의 적정 수준을 설정하고 공개시장운영, 지급준비제도, 여수신제도 등의 정책수단을 활용하여 이를 유지함으로써 궁극적으로 최종목표를 달성하기 위해 노력한다.

금융시장은 중앙은행의 통화정책이 파급되는 통로가 된다. 중앙은행이 단기금융시장에서 콜금리 등 운용목표를 직접적으로 제어·조정함에 따른 영향이 금융시장 전반으

---

3) 한국은행, 한국의 금융시장, 2021, 8-10쪽.

로 파급되어 실물경제로 이어지기 때문이다. 통화정책의 파급경로가 원활하려면 금융거래가 활발하고 금융시장이 효율적으로 작동해야 한다.

　　금융시장 참가자들은 금융거래시 통화정책을 주요 요소로 고려하며 금리와 같은 가격변수에는 미래 통화정책에 대한 기대가 반영되어 있어 중앙은행과 시장간 커뮤니케이션이 원활하지 못하면 시장의 기대와 통화정책 방향간 괴리가 발생하여 금융시장의 변동성이 확대되고 통화정책의 유효성이 저하될 수 있다.

┃그림 1-5┃ 통화정책과 금융시장의 파급경로

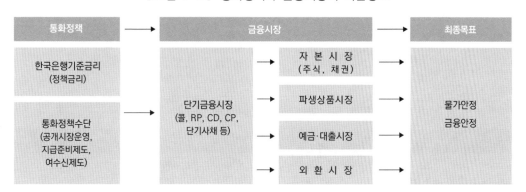

(2) 통화정책의 운영체계

　　통화정책의 운영은 정부와 협의로 설정된 물가안정목표를 기준금리를 조정하여 달성하는 물가안정목표제(inflation targeting)이다. 한국은행은 다양한 정보변수를 활용하여 미래 인플레이션을 예측하고 실제 물가상승률이 목표치에 수렴할 수 있도록 통화정책을 운영한다. 그러나 글로벌 금융위기 이후 금융안정 없이 경제의 지속적·안정적인 성장이 어렵다는 공감대가 확산되면서 한국은행은 금융안정에도 유의하는 가운데 경제성장을 지원하는 방향으로 통화정책을 수행하고 있다.

　　한국은행은 공개시장운영(open market operation)을 통해 은행 지급준비금 규모를 변경하여 유동성을 조절한다. 기조적 유동성 흡수를 위해 장기 통화안정증권 발행 또는 증권 단순매각, 일시적 유동성흡수를 위해 RP매각, 통화안정계정 예치 또는 단기 통화안정증권 발행을 활용한다. 유동성 과부족이 해소되지 않으면 은행을 대상으로 대기성 여수신제도인 자금조정대출 및 예금을 운용한다.

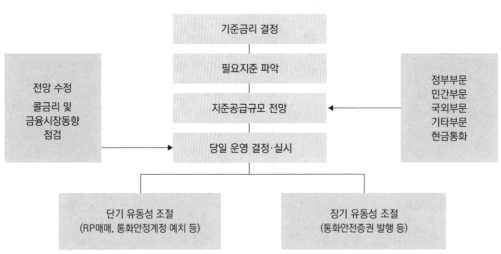

▌그림 1-6 ▌ 통화정책의 운영체계

▌표 1-5 ▌ 공개시장운영을 통한 유동성 조절

구분		조절 방법
기조적 유동성조절	흡수	장기물 통화안정증권 발행, 증권 단순매각
	공급	잔존만기가 장기인 통화안정증권 중도 환매, 증권 단순매입
일시적 유동성조절	흡수	RP매각, 통화안정계정 예치, 단기물 통화안정증권 발행
	공급	RP매입, 잔존만기가 단기인 통화안정증권 중도 환매

(3) 통화정책의 수단

한국은행은 국내외 금융·경제여건을 종합적으로 고려하여 기준금리를 결정하고 공개시장운영, 지급준비제도, 여수신제도와 같은 통화정책수단을 활용하여 정책목표를 달성한다. 특히 공개시장운영은 콜금리가 기준금리 수준에서 크게 벗어나지 않도록 관리하는 통화정책수단이다. 이는 공개시장운영은 단기금융시장이나 채권시장에서 금융기관을 상대로 시장친화적으로 이루어져 시장왜곡이 적고 시기 및 규모도 비교적 신축적으로 조정할 수 있어 정책효과가 뛰어나기 때문이다.

▌표 1-6 ▌ 통화정책의 수단

통화정책 수단	세부 수단
공개시장운영	통화안정증권 발행·환매, 국공채 RP매매 및 단순매매, 통화안정계정 예치 등
지급준비제도	지준율 조정, 지준적립대상채무의 조정, 지준 부리 등
여 수 신 제 도	금융중개지원대출, 자금조정대출 및 예금, 일중당좌대추, 특별대출 등

① 공개시장운영

공개시장운영은 한국은행이 금융시장에서 금융기관을 상대로 증권을 매매하여 시중에 유통되는 화폐의 양이나 금리수준에 영향을 미치는 대표적인 통화정책 수단이다. 한국은행은 콜금리가 한국은행 기준금리 수준에서 크게 벗어나지 않도록 유도하고, 금융불안시 시중에 유동성을 공급하여 금융시장 안정을 도모한다.

공개시장운영은 증권매매, 통화안정증권 발행·환매, 통화안정계정 예수의 형태로 이루어진다. 증권매매는 국공채를 매매하여 자금을 공급하거나 회수한다. 한국은행이 금융시장에서 증권을 매입하면 이에 상응하는 본원통화가 시중에 공급되는 반면에 보유한 증권을 매각하면 이에 상응하는 본원통화가 환수된다.

증권매매는 RP매매 중심으로 이루어진다. 단순매매는 유동성이 영구적으로 공급 또는 환수되어 장기시장금리에 영향을 줄 수 있어 제한적으로 활용된다. 2011년 8월 한국은행법 개정으로 증권대차가 가능하여 RP매매 규모의 확대를 통한 유동성 조절과 채권시장 경색 등 금융시장 불안시 효과적인 대응도 가능해졌다.

한국은행이 통화안정증권을 발행하면 본원통화가 흡수되는데, 증권의 만기가 길어 그 기간 정책효과가 지속되는 기조적인 유동성 조절수단으로 활용된다. 2010년 10월 이후 활용되는 통화안정계정은 시장친화적방식 예금입찰제도로 지준자금의 미세조절 및 예상치 못한 지준수급 변동에 대응하는 수단으로 활용된다.

국공채매입 → 본원통화↑ → 통화량↑ → 이자율↓
국공채매도 → 본원통화↓ → 통화량↓ → 이자율↑

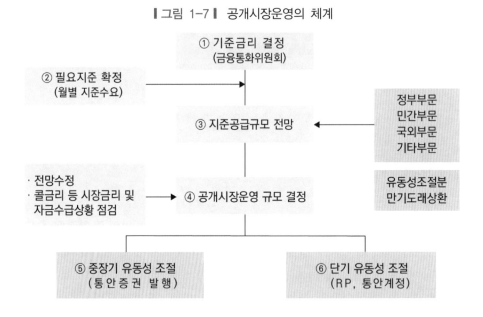

┃그림 1-7┃ 공개시장운영의 체계

② 여신수신제도

여수신제도는 중앙은행이 개별금융기관을 상대로 대출을 해 주거나 예금을 받는 정책수단이다. 중앙은행의 통화정책 수단은 공개시장운영, 지급준비제도, 대출제도를 의미했으나 많은 중앙은행들이 개별금융기관을 상대로 일시적 부족자금 대출과 일시적 여유자금을 예수할 수 있는 대기성 여수신제도를 도입하였다.

한국은행이 상시 운용하는 대출제도에는 금융기관의 자금수급 과정에서 발생한 부족자금을 지원하는 자금조정대출, 금융기관의 중소기업 등에 대한 금융중개에 필요한 자금을 지원하는 금융중개지원대출, 금융기관의 지급결제에 필요한 일시적인 부족자금을 당일 결제마감시까지 지원하는 일중당좌대출 등이 있다.

재할인율↓ → 예금은행차입↑ → 본원통화↑ → 통화량↑ → 이자율↓
재할인율↑ → 예금은행차입↓ → 본원통화↓ → 통화량↓ → 이자율↑

┃표 1-7┃ 한국은행의 여수신제도 현황[1]

구분	기능	대출한도	대출금리	만기
금융중개지원대출	– 중소기업대출 확대 유도	25.0조원	연 0.5~0.75%	1개월
자금조정대출 및 자금조정예금	– 한국은행 기준금리 상하 일정폭의 금리 수준에서 한국은행으로부터 부족자금을 차입(자금조정대출)하거나 여유자금을 예치(자금조정예금)할 수 있게 함으로써 단기시장금리의 변동폭을 제한	–	한국은행 기준금리 ±1.00% 포인트[2]	1일
일중당좌대출	– 하루 중 일시적인 지급결제 부족자금 지원	–	3년물 국고채 수익률–콜금리(최저이율은 0%)[3]	당일 업무마감 시각
특별대출	– 최종대부자 대출	시행시 결정		

주 : 1) 2017년 9월말 현재
  2) 한국은행 기준금리가 1% 미만일 경우에 자금조정대출금리는 한국은행 기준금리의 2배에 해당하는 이율을 적용하며 자금조정예금의 경우 최저이율은 0%
  3) 금융기관의 자기자본 25% 초과하는 대출금액은 '3년물 국고채 수익률 – 콜금리(무담보 익일물)' 수준의 금리를 적용하여 이자를 수취하고, 25% 이하의 경우 이자를 미수취

③ 지급준비제도

지급준비제도는 금융기관으로 하여금 지급준비금 적립대상 채무의 일정비율(지급준비율)에 해당하는 금액을 중앙은행에 지급준비금으로 예치하도록 의무화하는 제도를 말한다. 중앙은행은 지급준비율을 조정하여 금융기관의 자금사정을 변화시킴으로써 시중의 유동성을 조절하고 금융안정을 도모할 수 있다.

예컨대 중앙은행이 지급준비율을 인상하면 은행들은 더 많은 자금을 지급준비금으로 예치해야 하기 때문에 대출 취급이나 유가증권 매입 여력이 축소되고 결국 시중에 유통되는 돈의 양이 줄어들게 된다. 이에 따라 시중 유동성이 줄어들게 되고, 과도한 대출 증가로 인한 금융불안 가능성도 방지할 수 있게 된다.

지급준비제도는 우리나라를 비롯한 주요국에서 중요한 통화정책 수단이다. 이는 금융기관이 중앙은행에 일정규모의 지급준비금을 당좌예금으로 예치하도록 하여 중앙은행 당좌예금계좌를 이용한 금융기관간 지급결제가 원활히 이루어지고 단기시장금리를 안정시킴으로써 금리정책의 유효성을 제고하는 유용성이 크다.

금융기관은 지급준비율 금액을 지급준비금으로 보유해야 한다. 한국은행법 개정으로 2011년 12월 17일부터 예금 이외에 금융채도 지급준비율을 부과할 수 있다. 금융기관은 지급준비금을 한국은행 당좌예금으로 보유해야 하나 필요지급준비금의 35%까지 금융기관이 보유한 한국은행권을 지준예치금으로 인정한다.

지급준비율↓ → 통화승수↑ → 통화량↑ → 이자율↓
지급준비율↑ → 통화승수↓ → 통화량↓ → 이자율↑

┃그림 1-8 ┃ 지급준비율¹⁾과 통화증가율

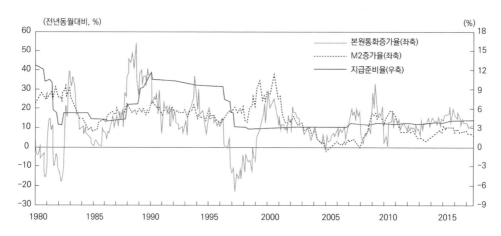

주 : 1) 지급준비금/지준적립대상 채무
자료 : 한국은행

┃표 1-8 ┃ 지급준비율¹⁾ 변경내역

변경일	지급준비율(%)			지급준비율 변경 배경
	요구불예금	저축성예금	목적부예금²⁾	
1980. 1. 8 9.23	20.0 14.0	11.0 10.0	2.0	− 시중은행의 만성적인 자금부족현상 및 여수신금리격차 축소에 따른 금융기관의 수지부담 완화
1981. 7. 8 11.23	5.5 3.5	5.5 3.5	2.0	− 금융기관의 자금운용 자율성 제고 및 수지개선 도모

1982. 5.23	5.5	5.5	2.0	− 낮은 지급준비율로 한국은행 당좌계정을 통한 금융기관간 자금결제가 원활히 이루어지지 못하는 부작용 해소
1984. 9. 8	4.5	4.5	2.0	− 금융기관의 산업합리화자금 지원에 따른 수지부담 완화
1987.11.23	7.0	7.0	2.0	− 국제수지 흑자폭 확대에 따른 해외부문 통화공급 확대에 대응
1988.12.23	10.0	7.0~10.0	3.0	− 해외부문 통화공급 확대에 대응
1989. 5. 8	10.0 (30.0)3)	7.0~10.0 (30.0)3)	3.0	− 민간신용 확대로 통화증가율이 높은 수준을 지속한데 대응하여 한계지준 부과
1990. 2. 8	11.5	8.0~11.5	3.0	− 한계지준제도 폐지와 함께 지급준비율 인상
1996. 4.23 11. 8	9.0 7.0	6.0~9.0 4.0~7.0	3.0 2.0	− 은행의 수지기반 확충 및 자금운용의 자율성 제고 − 은행·비은행금융기관간 공정경쟁여건 조성
1997. 2.23	5.0	2.0	1.0	− 은행의 수지기반 확충 및 자금운용의 자율성 제고 − 은행·비은행금융기관간 공정경쟁여건 조성 − CD에 대한 신규 지급준비율 부과4)
2006.12.23	7.0	2.0	0.0	− 주택가격 상승기대에 따른 대출수요 급증, 해외차입 증가 등으로 인한 금융기관의 급속한 여신팽창에 대응하여 금리정책의 유효성을 보완

주 : 1) 일반은행에 대한 지급준비율

2) 장기주택마련저축, 근로자우대저축, 가계장기저축, 근로자재산형성저축, 근로자장기저축, 근로자주택마련저축, 재형저축 등 특수정책목적의 저축성예금

3) 1989년 4월 상반월 예금평균잔액에 대비한 매반월 예금평균잔액 증가액에 적용되는 한계지급준비율

4) 양도성예금증서(CD)에 대해서는 저축성예금과 동일하게 2%의 지급준비율을 부과

자료 : 한국은행

2. 금융안정과 금융시장

(1) 금융안정의 정의

물가안정에 대해서는 소비자물가 등과 같은 단일지표를 기준으로 상승률이 대체로 낮은 수준을 유지할 경우에 안정적이라고 정의할 수 있다. 그러나 금융안정에 대해서는 다양한 구성부문(예 : 금융시장, 금융기관 등), 부문간 상호연계성, 금융현상의 복잡성으로 인해 단일화된 지표를 통해 정의하기가 힘들다.4)

---

4) 한국은행, 한국의 통화정책, 2017, 27-33쪽.

IMF·FSB·BIS(2016) 등은 시스템 리스크를 금융안정의 핵심요소로 평가하고 금융안정을 시스템 리스크의 축적이 억제된 상태로 정의하였다. 이외에도 금융시스템을 구성하는 핵심요소들이 원활하게 작동하는 상태 그리고 금융시스템이 대내외 충격에 견딜 수 있는 복원력에 초점을 맞추어 금융안정을 정의하였다.

금융기관의 건전성, 금융시장과 금융거래의 안정성, 가계·기업·금융기관·해외부문을 포함한 개별경제주체의 행위와 이들간 상호작용의 결과로 나타나는 거시건전성, 금융기관과 금융시장을 규율하는 각종 제도의 정합성 등이 금융안정을 이루는 핵심요소라고 할 수 있다. 이들 요소는 서로 밀접하게 연계되어 어느 하나라도 제대로 관리되지 못하면 전체 금융시스템의 안정을 담보할 수 없다.

(2) 금융안정의 중요성

금융안정은 경제의 지속적·안정적인 성장을 위한 필수적 토대이다. 금융시스템은 경제의 희소한 자원을 저축자로부터 투자자에게로 이전시키는 등 자원배분의 효율성을 높여 경제성장을 뒷받침한다. 그러나 금융시스템이 불안정하면 성장률 하락과 실업률 상승, 대외교역 및 자본거래 위축, 국가신용도 하락, 자국통화 가치 급락 등의 문제가 발생할 수 있고 더 나아가 경제위기로 이어질 수 있다

과거에는 금융안정과 관련하여 금융기관의 경영안정 또는 금융시장의 가격변수 안정과 같은 미시건전성 측면이 강조되었으나 글로벌 금융위기 이후에는 금융기관, 금융시장 등으로 이뤄진 금융시스템 전체의 관점에서 시스템적 리스크(systemic risk)를 체계적으로 관리·제어하는 거시건전성이 중시된다.

시스템적 리스크는 금융서비스를 제공하는 과정에서 광범위한 시장혼란을 유발하여 경제전반에 악영향을 미칠 수 있고 금융의 상호연계성과 경기순응성에 의한 리스크로 구분된다. 시스템적 리스크가 금융시장을 통해 누적되고 현재화되는 점을 고려할 때 금융시장은 금융안정, 나아가 거시경제의 안정에 중요하다.

첫째, 금융시장은 대내외 충격이 금융시스템 및 경제전반으로 파급되는 전달경로가 된다. 동일한 충격이라도 금융시장의 충격흡수능력 또는 자생적 복원력 정도에 따라 금융시스템에 대한 영향이 달라질 수 있기 때문에 이러한 충격흡수능력이나 자생적 복원력은 금융시장의 심도에 의해 크게 좌우될 수 있다.

금융시장의 심도가 높을수록 금융시장의 충격흡수능력이 제고되어 충격에 대한 시

장의 변동성과 시장충격에 따른 시스템적 리스크로의 확산가능성도 줄어들 수 있다. 따라서 금융안정을 위해서는 금융시장 규모 확대, 시장참가자들의 저변 확대, 금융시장의 중층화 등을 통해 금융시장의 심도를 높여나가야 한다.

둘째, 금융-실물간 연계가 강화되면서 금융시장 안정의 역할이 강조되고 있다. 금융활동이 실물경기의 진폭을 확대하고 다시 금융부문에 영향을 미치는 과정에서 금융시장의 변동성이 증폭되고 실물부문에 대한 충격이 확산될 수 있기 때문이다. 따라서 선제적인 거시건전성정책을 통해 금융시장의 안정을 도모하는 것은 금융안정뿐만 아니라 거시경제의 안정적 성장을 위해서도 매우 중요하다.

셋째, 기초경제여건의 변화, 불확실성이 금융시장의 가격변수와 거래량에 즉시 반영되어 금융시장은 금융·경제 상황에 대한 정보를 신속히 제공한다. 금융시장이 효율적으로 작동하면 경제주체들이 여러 가지 불안요인을 조기에 인식하고 이에 대응함으로써 금융불안이 현실화되는 것을 사전에 차단할 수 있다.

금융안정은 지급결제시스템의 안전성 유지 차원에서 중요하다. 금융위기시 예금인출사태(bank run) 확산은 결제의 완결성과 예금자의 권리보호를 위협할 수 있다. 중앙은행은 이러한 상황에서 최종대부자로서 금융기관에 긴급유동성을 제공하여 결제리스크가 시스템 리스크로 확산되는 것을 방지하는 역할을 한다.

따라서 정책당국도 금융시장의 가격변수와 거래량에 반영되는 정보를 정확하고 신속하게 분석할 수 있는 능력을 제고하기 위해 노력하고 있다. 이처럼 금융시장이 전반적인 금융안정 측면에서 중요한 위치를 차지하고 있어 우리나라를 포함한 여러 국가에서는 금융시장에 대한 모니터링 및 분석을 강화하고 있다.

(3) 중앙은행의 역할

중앙은행은 통화와 신용의 법적 권한에 기초하여 평상시에는 물가안정을 달성할 수 있도록 정책금리를 조정하고 공개시장운영 등의 정책수단을 활용하여 단기시장금리가 정책금리 수준에서 벗어나지 않도록 하며 금융상황에 대한 분석과 평가를 통해 금융시스템 리스크로 전이될 수 있는 요인들을 포착하기 위해 노력한다.

그러나 금융시장이 대내외 충격으로 인한 불안기에는 독점적 화폐발행 권한을 최대한 활용하여 개별 금융기관과 금융시장에 필요한 유동성을 신속히 공급하는 최종대부자의 역할을 수행하게 된다. 여기서 최종대부자는 중앙은행을 금융위기시 모든 은행들이 유동성을 공급받을 수 있는 최후의 보루라는 의미로 사용된다.

물가안정과 금융안정이 단기적으로 상충될 수 있으나 중장기적으로 볼 때 중앙은행은 물가안정의 유지를 통해 금융안정에 기여한다. 즉 물가가 안정되어 있으면 미래의 불확실성이 낮아져 금리, 환율 등 거시경제변수는 물론 주가 및 부동산가격 등 자산가격의 변동성도 완화되고 금융시장 불안이 발생할 확률도 낮아진다.

글로벌 금융위기 이전에 중앙은행은 통화정책을 통해 물가안정 달성에 충실하면 되고 금융위기 발생 후에 이를 사후적으로 수습하면 충분하다는 견해가 지배적이었다. 그러나 물가안정만으로 금융안정을 달성할 수 없고 거시건전성 유지를 통해 금융안정을 도모하는데 적극적으로 나설 필요성이 있다는 공감대가 형성되었다.

중앙은행은 지준제도를 경기상황에 따라 금융기관 신용공급의 경기순응적 행태를 제어하고 여신조건의 변경과 같은 규제를 활용하여 적정 신용량이 공급될 수 있도록 유도할 수 있다. 시스템 리스크의 축적을 효과적으로 억제하기 위해 금융경제 상황에 정확한 판단을 기초로 최적의 정책개입 시점을 결정할 필요가 있다.

3. 금융환경과 금융시장

시장규제의 완화, 정보통신기술 발달에 따른 글로벌 자금이동의 급속한 증가로 세계금융시장이 상호 밀접하게 연계되어 움직이고 있다. 국내금융시장도 IMF 외환위기 이후 해외금융시장과의 연계성이 크게 높아졌다. 이는 자본이동 자유화 심화, 정보통신기술의 발달 등으로 외국자본의 국내 유입이 큰 폭으로 확대되고, 글로벌 시장정보가 국내 금융시장으로 빠르게 파급된데 주로 기인하고 있다.[5]

국내 유입된 외국인 증권투자자금은 2000년말 803억달러(명목GDP의 13.9%)에 불과했으나 2020년말 9,760억달러(명목GDP의 59.6%)로 나타나 외국인 투자자의 영향력이 크게 확대되었다. 주식시장에서 외국인의 보유비중은 2009년 이후 30%를 상회하며 2021년 6월말 현재 30.6%를 차지한다. 채권시장에서도 외국인의 보유비중은 2007년 이후 꾸준히 상승하여 2021년 6월말 현재 7.9%에 이르고 있다.

---

5) 한국은행, 한국의 금융시장, 2021, 24-26쪽.

▌그림 1-9▐ 외국인 증권투자자금 비중

주 : 국제투자대조표 외국인 증권투자 잔액 기준
자료 : 한국은행

▌그림 1-10▐ 외국인 증권보유비중

자료 : 금융감독원, 기획재정부

국채선물시장은 거래규모에서 차지하는 비중이 2001년 2.9%에서 2021년 상반기 43.7%로 증가했다. 외국자본의 증가는 글로벌 유동성 증가, 투자다변화 진전의 해외요인과 국내 자본자유화 확대, 양호한 투자여건의 국내요인이 복합적으로 작용한 것으로 보인다. 외환시장도 일평균 거래규모가 2000년 32억달러에서 2021년 상반기에 241억달러로 성장하였고 국내주가·금리와 환율간 연계성도 심화되었다.

국내금융시장에서 외국인투자자의 역할이 증가하면서 국제금융시장 정보가 국내에 빠르게 파급되어 국내외 금융시장 가격변수간 동조성도 강화되었다. 국내금융시장과 미국금융시장 가격변수간 상관관계에서 주가는 [그림 1-11]에서 보듯이 외환위기 이후 높아졌으며 국채수익률도 글로벌 금융위기 이후 크게 상승하였다.

파생상품시장의 성장도 외국자본 유입을 촉진하여 국내외 금융시장의 연계성을 높였다. 국내 교역규모가 늘어나고 현선물시장에서 외국인투자가 확대되면서 외환 파생상품거래 규모도 2002년 1,154조원에서 2020년 1경 4,106조원으로 성장하였다. 외환파생상품시장 성장은 헤지수요를 충족시키고 증권투자와 차익거래 활동을 촉진함으로써 국내 원화-외화시장간 연계거래를 확대시키는 요인으로 작용하였다.

▌그림 1-11 ▌ 한미 금리주가간 상관계수 **▌그림 1-12 ▌ 외환파생상품 거래규모**

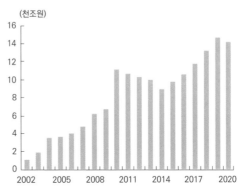

주 : 1) 주가는 코스피와 다우지수, 금리는 10년물 자료 : 금융감독원
      국채 기준
   2) 직전 36개월 기준
자료 : Bloomberg, 한국은행

제1절 금융시장의 개요

1. 금융시장의 정의
   금융상품을 거래하여 필요자금을 조달하고 여유자금을 운용하는 장소
2. 금융시장의 기능
   거래비용의 절감, 투자수단의 제공, 투자위험의 축소, 유동성의 제공, 시장규율의 수행,
   결제수단의 제공
3. 금융시장의 분류
(1) 자금의 조달방법 : 직접금융시장과 간접금융시장
(2) 자금의 조달기간 : 단기금융시장과 장기금융시장
(3) 자금의 거래장소 : 국내금융시장과 국제금융시장

제2절 통화정책의 개요

1. 통화정책과 금융시장
(1) 통화정책의 정의
   한국은행이 통화량이나 금리에 영향을 미쳐 물가안정, 금융안정 등 최종목표를
   달성하여 지속가능한 경제성장을 도모하는 정책
(2) 통화정책의 운영체제
   정부와 협의한 물가안정목표를 기준금리 조정을 통해 달성하는 물가안정목표제
(3) 통화정책의 수단 : 공개시장운영, 여수신제도, 지급준비금제도
2. 금융안정과 금융시장
(1) 금융안정의 정의
   금융시스템을 구성하는 금융시장 및 금융거래가 원활하게 작동하는 상태
(2) 금융안정의 중요성
   통화정책의 유효성을 확보하고 지속적인 경제성장을 위해 필요한 토대
(3) 중앙은행의 역할
   정책금리를 조정하고 정책수단을 활용하여 금융안정 및 물가안정을 달성
3. 금융환경과 금융시장
   시장규제 완화, 정보통신기술의 발달에 따른 글로벌 자금이동의 급증으로 세계
   금융시장이 상호 밀접하게 연계되어 움직이고 있음

1. 다음 중 금융시장의 본질적인 기능으로 가장 적절하지 않은 것은?

① 투자수익률의 제고　　　　　　　② 자원의 효율적 배분
③ 충분한 유동성 제공　　　　　　　④ 정보수집비용 절감

| 해설 | 투자수익률 제고는 금융시장의 본질적인 기능보다는 부수적인 결과라고 할 수 있다.

2. 다음 중 직접금융과 간접금융에 대한 설명으로 옳지 않은 것은?

① 직접금융은 자금공여에 따른 위험을 자금의 최종공급자가 부담한다.
② 간접금융은 금융중개기관이 직접증권을 발행하여 자금을 조달한다.
③ 직접금융은 자금대여자가 차입자가 발행한 본원적 증권을 매입하여 자금융통이
　이루어진다.
④ 간접금융은 금융중개기관이 다수의 저축자를 통해 자금을 조달하므로 자금공급
　이 안정적이다.
⑤ 금융중개기관은 장기차입을 원하는 수요자와 단기대출을 원하는 공급자를 모두
　만족시킬 수 있다.

| 해설 | 자금의 최종수요자가 발행한 주식, 회사채 등을 직접증권 또는 본원적 증권이라 하고, 금융
　　　　중개기관이 발행한 예금증서, 보험증서 등을 간접증권 또는 2차적 증권이라 한다.

3. 다음 중 조직화된 장소에서 거래여부에 따라 구분한 금융시장으로 옳은 것은?

① 장내시장과 장외시장　　　　　　② 화폐시장과 자본시장
③ 발행시장과 유통시장　　　　　　④ 주식시장과 채권시장

| 해설 | 금융거래방식은 직접금융과 간접금융으로 구분하고, 직접금융은 발행시장과 유통시장으로
　　　　구분하며, 조직화된 장소에서 거래여부에 따라 장내시장과 장외시장으로 구분한다.

4. 다음 중 금융시장에 대한 설명으로 적절하지 않은 것은?

① 발행시장은 직접발행보다 인수기관이 증권의 발행사무를 대행하는 간접발행이 일반적이다.

② 단기금융시장(자금시장)과 장기금융시장(자본시장)은 통상 만기 1년을 기준으로 구분한다.

③ 파생상품시장은 기초자산에 따라 주식, 주가지수, 금리, 통화, 일반상품 등으로 구분할 수 있다.

④ 양도성예금증서(CD)의 발행기간은 최단만기가 90일 이상으로 제한되어 있다.

| 해설 | CD는 최단만기가 30일 이상으로 제한되어 있고 최저발행금액에 대한 제한은 없다. 현재 한국수출입은행을 제외한 모든 은행이 CD를 발행할 수 있다.

5. 다음 중 간접금융시장에 해당하는 금융상품으로 열거된 것은?

① 예금, 대출, 보험, 신탁　　　　② 예금, 대출, 스왑, ELW

③ 주식, 대출, 보험, 신탁　　　　④ 채권, 대출, 예금, ETF

| 해설 | 주식, 채권, 파생상품, ETF, ELW 등은 직접금융상품이다.

6. 다음 중 단기금융시장에서 거래되지 않는 상품은?

① 국민주택채권　　　　　　　　② 기업어음(CP)

③ 환매조건부채권(RP)　　　　　④ 양도성예금증서(CD)

| 해설 | 국민주택채권은 국민주택사업에 필요한 자금을 조달하기 위해 정부가 국회의 의결을 얻고 국토교통부장관의 요청으로 기획재정부장관이 발행한다. 국민주택채권은 1, 2종으로 나누어 발행한다. 1종 국민주택채권은 국가 또는 지방자치단체로부터 면허, 허가, 인가를 받거나 등기, 등록을 신청하는 사람이 의무적으로 매입해야 하는 5년 만기 채권이다.

7. 다음 중 공개시장운영을 통해 중앙은행이 통제하려는 경제변수는?

① 국내자산　　　　　　　　　　② 국내부채

③ 적자재정의 폭　　　　　　　　④ 본원통화

⑤ 재할인율

| 해설 | 중앙은행의 금융정책의 수단에서 양적 금융정책은 정책효과가 경제의 모든 분야에 골고루 미치고, 질적 금융정책은 정책효과가 특정 부문에 미친다. 여기서 공개시장정책은 국공채의 매입 또는 매도를 통해 본원통화를 변경시켜 통화량을 조절하려는 정책을 말한다.

8. 다음 중 중앙은행이 여수신제도를 통해 정책목표를 달성하고자 할 경우에 그 효과를 제대로 발휘하기 어려운 경우는?

① 민간이 더 많은 정부증권을 보유하고자 할 때

② 시중은행의 신용창조액이 극히 많을 경우

③ 시중은행이 대량의 시재금을 보유하고 있을 때

④ 시중은행에 대한 중앙은행의 통제력이 약할 때

| 해설 | 예금은행들이 충분할 정도의 초과지급준비금을 보유하고 있다면 재할인율에 관계없이 중앙은행에서 차입하지 않을 것이다.

9. 다음 중 중앙은행이 구사할 수 있는 확대통화정책의 조합으로 적절한 것은?

① 국공채 매입, 지급준비율 인상, 재할인율 인상

② 국공채 매각, 지급준비율 인상, 재할인율 인상

③ 국공채 매입, 지급준비율 인하, 재할인율 인하

④ 국공채 매각, 지급준비율 인하, 재할인율 인하

| 해설 | 확장적인 통화정책방법에는 공개시장에서 국공채 매입, 지급준비율 인하, 재할인율 인하가 있다. 이러한 세 가지 수단이 동시에 실시될 경우 확장적인 효과가 크게 나타난다.

10. 다음 중 중앙은행이 구사할 수 있는 긴축통화정책의 조합으로 적절한 것은?

① 국공채 매입, 지급준비율 인상, 재할인율 인상

② 국공채 매각, 지급준비율 인상, 재할인율 인상

③ 국공채 매입, 지급준비율 인하, 재할인율 인하

④ 국공채 매각, 지급준비율 인하, 재할인율 인하

| 해설 | 긴축적인 통화정책방법에는 공개시장에서 국공채 매각, 지급준비율 인상, 재할인율 인상이 있다. 이러한 세 가지 수단이 동시에 실시될 경우 긴축적인 효과가 크게 나타난다.

정답   1. ①   2. ②   3. ①   4. ④   5. ①   6. ①   7. ④   8. ③   9. ③   10. ②

C·h·a·p·t·e·r **02**

金融상품

금융상품은 금융시장에서 금융기관 또는 자금수요자에 의해 창출되는 금융기법의 결과로 만들어진 금융형식이다. 경제주체가 보유자산을 금융에 운용하는 경우 금융상품을 구매하는 것이므로 금융상품을 금융자산이라고도 한다. 그 법적 성격은 현재 또는 미래의 현금흐름에 대한 채권적 청구권을 나타내는 화폐증서이다.

제1절 금융상품의 개요

1. 금융상품의 정의

금융상품의 정의는 금융규제법의 적용범위를 정하는 출발점으로 핵심적인 개념이다. 금융상품은 금융시장에서 금융기관에 의해 창출되는 금융기법의 결과로 만들어진 금융형식을 말한다. 가계, 기업, 정부 등 경제주체가 자산을 금융에 운용하는 경우 금융상품을 구매하는 것이므로 금융상품을 금융자산이라고도 한다.

금융상품의 법적 성격은 현재 또는 미래의 현금흐름에 대한 채권적 청구권을 나타내는 화폐적 증서이다. 이러한 채권적 계약에서 채무자의 이행사항 등 부수적인 법률관계를 규정하는 것이 금융약관이다. 금융상품은 이자율, 만기 등 채권의 주된 사항을 정하고, 금융약관은 종된 사항을 정한다는 점에서 차이가 있다.

금융업의 인허가를 받거나 등록한 금융기관은 원칙적으로 정해진 범위에서 금융상품을 개발할 수 있다. 다만 금융당국은 금융거래 질서유지와 금융소비자를 보호하기 위해 약관을 심사한다. 약관의 위법성으로 문제가 있거나 변경이 필요한 경우 금융당국은 금융상품의 거래방식, 발행방법, 조건 등의 변경을 권고한다.

금융상품은 금융업을 수행하는 금융기관에 있어서 가장 중요한 수익의 원천에 해당한다. 금융기관은 소비자의 금융수요, 조달금리, 금융환경 등을 감안하여 금융상품을 개발하고 있다. 따라서 금융시장을 소구할 수 있는 양질의 금융상품을 어떻게 개발하느냐가 각 금융기관의 생존 및 성장의 관건이 된다고 볼 수 있다.

2. 금융상품의 기능

금융상품은 자금공급자가 금융거래의 수단으로 보유하는 점에서 금융상품은 저축투자의 기능을 수행한다. 그리고 투자성향, 자금여력에 따라 자금공급자가 선택하는 금융상품은 위험헤지의 기능을 수행한다. 또한 수표, 외국환, 직불카드 등의 금융상품은 지급결제기능, 국제간 거래기능, 이종화폐 거래기능을 수행한다.

3. 금융상품의 특성

금융산업의 발전과 더불어 새로운 금융상품이 등장하고 금융상품이 복잡·다양화되면서 금융거래에 필요한 지식은 급증하고 있다. 금융상품 정보의 종류와 양이 점점 많아지고 복잡해지고 있으나 이를 충분히 인지하지 못한 상태에서 금융거래가 이루어져 이로 인한 금융소비자의 피해가 지속적으로 발생하고 있다.

금융상품은 무형의 상품으로 소비자들이 그 외형을 통해 상품의 질과 내용을 알기가 어렵다. 그리고 가계부채로 인한 개인파산, 무계획한 금융투자나 대출증가, 금융피라미드나 금융사기 사건의 증가, 금융상품에 대한 충분한 설명이 이루어지지 않는 불완전판매, 정보비대칭 금융거래로 인한 불만이 나타나고 있다.

금융상품은 정보의 전문성, 차별성, 지속성으로 인해 금융소비자들은 필요한 정보를 얻기 어렵고 정보에 대한 이해나 활용에서 금융기관보다 열위에 있다. 더욱이 금융상품이 다양화되면서 금융소비자들이 알아야 할 정보를 충분히 알지 못한 상태에서 불완전판매가 이루어져 피해와 불만이 끊임없이 제기되고 있다.

금융상품은 일반상품과 달리 무형성, 불가분성, 이질성, 소멸성이라는 특성을 가지고 있어 금융서비스의 공급자와 수요자간에 정보의 비대칭성이 발생될 수 있다. 또한 금융상품은 매우 복잡하게 설계되어 있어 수요자가 정보를 갖고 있더라도 그 질적 수준을 이해하거나 평가할 수 없는 신용상품의 특성을 갖고 있다.

4. 금융상품의 분류

(1) 금융상품의 분류방법

금융기관은 금융소비자들의 다양한 욕구를 충족시키기 위해 많은 종류의 금융상품을 개발하여 판매하고 있다. 금융상품은 금융자유화가 추진되면서 더욱 다양해지고 있다. 금융상품을 분류하는 방법은 여러 가지가 있는데, 가장 흔하게 사용하는 분류방법은 금융기관별로 취급하는 상품을 분류하는 방법이다.

또한 금리확정 여부에 따라 금리확정형 상품과 실적배당형 상품으로 구분할 수 있다. 그리고 과세방법에 따라 비과세, 분리과세, 세금면제 등의 방법으로 분류하기도 한다. 그 외에도 투자원금의 보장 여부, 투자기간의 장단기, 현금흐름의 특성, 이자지급의 방법, 보유목적 등 많은 방법으로 분류할 수 있다.

금융상품은 투자성이 있는 금융투자상품과 투자성이 없는 비금융투자상품으로 구분한다. 여기서 투자성은 금융상품에 투자한 원금의 손실가능성이 있는 경우를 말한다. 금융투자상품은 장래에 이익을 얻거나 손실을 회피할 목적의 투자성이 있는 모든 금융상품으로 투자성과가 투자자에게 직접 귀속된다.

그리고 금융투자상품은 예금 등 다른 금융상품에 비해서 높은 수익을 제공할 수 있지만 투자원본의 손실 또는 투자원본을 초과하는 손실이 발생할 수도 있다. 따라서 은행의 예금과 보험회사의 보험상품을 제외한 모든 금융상품은 원칙적으로 원본손실가능성이 있는 금융투자상품에 포함된다고 할 수 있다.

자본시장법에서 정의한 금융상품은 원본손실가능성 여부에 따라 원본손실가능성이 있는 금융투자상품과 원본손실가능성이 없는 비금융투자상품으로 구분한다. 그리고 금융투자상품은 원본초과손실가능성 여부에 따라 원본초과손실가능성이 없는 증권과 원본초과손실가능성이 있는 파생상품으로 구분한다.

▎그림 2-1▎ 금융상품의 분류

(2) 금융투자상품의 종류

증권은 증권에 표시되는 권리의 종류에 따라서 지분증권, 채무증권, 수익증권, 투자계약증권, 파생결합증권, 증권예탁증권으로 구분된다. 여기에 열거되지 않은 다른 유형은 인정되지 않는다. 지분증권, 채무증권, 수익증권, 증권예탁증권은 전통적 증권이고, 투자계약증권과 파생결합증권은 신종증권이다.

┃표 2-1┃ 금융투자상품의 분류

금융투자상품							
증권						파생상품	
지분증권	채무증권	수익증권	투자계약 증권	파생결합 증권	증권예탁 증권	장내파생 상품	장외파생 상품

1) 지분증권

지분증권은 주권(주식), 신주인수권이 표시된 것, 법률에 의하여 직접 설립된 법인이 발행한 출자증권, 상법에 따른 합자회사·유한책임회사·유한회사·익명조합의 출자지분, 민법에 따른 조합의 출자지분, 기타 이와 유사한 것으로서 출자지분또는 출자지분을 취득할 권리가 표시된 것을 말한다.

① 보통주

보통주는 이익배당이나 잔여재산분배에서 어떠한 제한이나 우선권이 주어지지 않는 주식이다. 보통주에 대한 배당금액은 주주총회 또는 이사회 결의로 결정되며, 회사에 이익이 있어도 반드시 배당해야 하는 것도 아니다. 그러나 회사에 이익이 있는 한 무제한의 배당가능성이 주어지는 개방적 지분이다.

┃그림 2-2┃ 삼성전자 보통주

② 우선주

우선주는 회사가 종류주식을 발행하는 경우 다른 주식에 우선하여 이익배당 또는 잔여재산분배를 받을 수 있는 주식이다. 그 후 잔여가 있으면 보통주가 배당 또는 분배 받을 수 있다. 실무상 배당금에 관한 우선주가 주로 발행되며, 우선적 배당은 통상 액면 가에 대한 비율 또는 1주당 금액으로 표시된다.

③ 신주인수권증서

신주인수권증서는 주주의 신주인수권을 표창한 증권이다. 이사회가 주주가 갖는 신주인수권을 양도할 수 있는 것을 정한 경우 그 이전에 공시방법을 갖추고 유통성을 강화해 주기 위해 발행된다. 주주의 신주인수권에 대해서만 신주인수권을 발행할 수 있고, 제3자의 신주인수권에 대해서는 발행할 수 없다.

④ 신주인수권증권

신주인수권부사채는 결합형과 분리형이 있다. 결합형은 사채권과 신주인수권이 같이 하나의 사채권에 표창된 것이고, 분리형은 사채권에는 사채권만을 표창하고 신주인수권은 별도의 신주인수권증권에 표창하여 양자를 분리하여 신주인수권증권을 별도로 유통시켜 양도할 수 있도록 하기 위해 발행된다.

2) 채무증권

채무증권은 국채, 지방채, 특수채, 회사채, 기업어음 등 지급청구권이 표시된 채권을 말한다. 채권은 발행자가 투자자에게 채권을 발행하여 자금을 조달하고 조달한 자금에 대해 일정기간 이자를 지급하는 유가증권을 말하며, 일종의 차용증서에 해당하나 유통시장을 통해 양도가 자유로워 유동성이 높다.

통화안정증권은 유동성 조절을 목적으로 발행되는데, 환매조건부 매매 및 통화안정계정 예치와 더불어 한국은행의 주요 공개시장 조작수단으로 활용되고 있다. 그리고 통화안정증권은 실제로 시중의 유동성의 과부족을 조절하는 용도보다는 외환시장에서 발생한 과잉 유동성을 흡수하는데 주로 사용된다.

▎그림 2-3 ▎ 한국은행 특수채

3) 수익증권

수익증권은 신탁재산의 운용에서 발생하는 수익을 분배받고 그 신탁재산을 상환받을 수 있는 수익자의 권리(수익권)가 표시된 증권을 말한다. 자본시장법상 수익증권은 신탁업자의 금전신탁계약에 의한 수익증권, 투자신탁의 수익증권, 그 밖에 이와 유사한 것으로서 신탁의 수익권이 표시된 것을 말한다.

▎그림 2-4 ▎ 투자신탁 수익증권

4) 투자계약증권

투자계약증권은 투자수익을 기대하며 특정 투자자가 자신과 타인(다른 투자자를 포함)간의 공동사업에 금전 등을 투자하고 주로 타인이 수행한 공동사업의 결과에 따른 손익을 귀속받는 계약상의 권리가 표시된 것을 말한다. 이는 미국 증권법상 투자계약의 개념을 도입한 것으로 Howey Test를 원용한 것이다.

투자계약증권은 주식, 수익증권 등 전통적인 증권과 구 간접투자자산운용법상 간접투자증권뿐만 아니라 동법의 규율을 받지 않는 비정형 간접투자까지 포괄하나, 신종증권을 금융투자상품으로 포괄하기 위해 도입된 만큼 실무적으로는 특정 증권이 다른 증권에 해당하는지의 여부를 먼저 검토해야 할 것이다.

5) 파생결합증권

파생결합증권은 기초자산의 가격·이자율·지표·단위 또는 이를 기초로 하는 지수 등의 변동과 연계하여 미리 정하여진 방법에 따라 지급하거나 회수하는 금전 등이 결정되는 권리가 표시된 것을 말한다. 따라서 파생결합증권은 기초자산의 가격변화와 같은 외생적인 지표에 의해서 수익구조가 결정된다.

파생결합증권은 투자수익이 기초자산가격에 연동되어 결정되는 파생상품과 증권이 결합하여 기초자산가격에 큰 변동이 없으면 약속수익률을 보장받고, 미리 정한 구간에 들어가면 원금손실이 발생한다. 기초자산에는 주가지수, 금리, 환율은 물론 금, 원유, 구리, 철강, 곡물, 부동산 등의 실물자산도 가능하다.

6) 증권예탁증권

DR(Depositary Receipts)은 흔히 예탁증서 또는 예탁증권으로 불린다. 주식을 기초로 발행하는 것이 대부분이지만, 반드시 이에 한정되는 것은 아니다. 예컨대 채무증권, 지분증권 등 다른 종류의 증권을 기초로 하여 발행할 수도 있다. 따라서 자본시장법은 이를 증권예탁증권이라는 새로운 종류로 규정하였다.

증권예탁증권은 증권을 예탁받은 자가 그 증권이 발행된 국가 이외의 국가에서 발행한 것으로 국내기업이 발행한 주식을 한국예탁결제원에 보관하고 해외예탁기관이 이를 기초로 증권예탁증권을 발행한다. 미국주식시장에서 거래되는 미달러표시 예탁증권을 ADR, 세계 금융시장에서 발행한 경우 GDR이라고 한다.

(3) 금융투자상품과 소득

금융상품을 보유·처분하는 과정에서 발생하는 소득은 이자소득, 배당소득, 양도소득 등으로 구분한다. 은행에 일정기간 금전대여의 대가로 발생한 소득은 이자소득으로 분류한다. 금융투자상품의 경우 채권에 투자해서 발생한 소득은 이자소득으로, 주식에 투자해서 배당금을 수령한 경우 배당소득으로 분류한다.

그러나 금리변동으로 인한 채권가격의 상승이나 보유한 주식가격이 상승하여 이익을 얻게 된 경우 이를 자본이득(capital gain)으로 보고 양도소득으로 분류한다. 그리고 보험상품의 경우 보험사고의 발생으로 인해 지급받는 보험금 또는 보험보장기간 만료 이후 수령하는 만기환급금은 보험이익으로 분류한다.

제2절 금융상품의 규제

금융상품은 금융기관에 의해 생산되고 경제주체에 의해 소비된다. 금융상품규제에 대한 논의는 "금융상품이 생산·소비되는 금융산업의 전반적인 특성은 정보의 비대칭성이 크고 금융상품이 신뢰재의 성격을 갖는다"는 것에서 출발한다. 신뢰재는 금융상품의 소비를 결정한 후 특정상황에서 상품의 효용이 결정됨을 뜻한다.

금융상품에 대한 사전적 규제의 항목들은 금융기관의 영업규제행위 중 금융상품을 구입하기 전의 정보수집단계와 관련된 공시·광고규제, 정보수집단계와 계약체결단계(약관) 사이의 중간단계인 판매과정에 나타나는 판매규제, 구입시점에서 금융기관과 소비자 간의 계약체결과 관련되는 약관규제로 구분하여 살펴볼 수 있다.

1. 금융상품의 공시규제

금융상품 정보는 거래약관, 이자율, 수수료 등과 같이 금융상품에 대한 내용으로 개별 금융업법에서 공시하는 것을 말한다. 한편 금융상품 공시제도는 금융상품 정보를 공개하여 금융소비자의 합리적인 선택을 돕고 공시내용대로 법률효과를 부여하여 금융소비자를 보호하는 제도로 개별공시와 비교공시로 구분할 수 있다.

개별공시는 개별 금융기관이 해당 금융상품에 대한 정보를 공시하는 반면에 비교공시는 해당 금융권역에 속한 전체 금융기관의 금융상품 정보를 일목요연하게 비교하여 공시한다. 금융상품 비교공시는 비대칭정보를 해소하여 금융소비자들의 상품선택권을 강화하고 금융기관간의 경쟁을 유도하기 위한 목적을 가지고 있다.

금융기관이 출시하는 금융상품이 다양화되면서 금융소비자들은 자신에 적합한 상품을 선택하기가 어려워지고 있다. 개별 금융상품은 공시를 통해 기본정보가 제공되나 금융소비자가 자신에 맞는 금융상품을 선택하려면 유사상품간의 비교가 필요하다. 따라서 비교공시는 금융소비자의 합리적인 상품선택을 위해 중요하다.

금융투자상품과 보험상품은 비교공시를 할 수 있는 법적 근거가 존재한다. 자본시장법에는 금융투자협회의 집합투자상품에 대한 비교공시를, 보험업법에는 보험협회의 보험상품에 대한 비교공시를 규정하고 있다. 그러나 은행법, 여신전문금융업법, 상호저축은행법, 신용협동조합법 등은 법적 근거가 마련되어 있지 않다.

2. 금융상품의 광고규제

금융상품은 정보비대칭이 심하여 금융소비자가 그 내용을 충분히 이해하고 계약을 체결한다고 보기 어렵다. 더구나 상품별로 내재된 특유의 복잡성은 상품에 대한 이해를 더욱 어렵게 한다. 따라서 금융상품의 판매단계에서 금융기관의 적정한 정보제공과 금융소비자에게 적합한 상품의 권유는 기본이고 필수라 할 것이다.

금융상품의 판매 이전에 제공되는 광고는 금융소비자의 금융상품 구매에 관한 의사결정에 상당한 영향을 미칠 수 있어 판매과정의 일환으로 보고 규제와 감독이 행해진다. 다만 판매단계 이전인지 또는 판매에 직접 영향을 미치는지에 차이가 있어 통상 규제와 감독차원에서 권유규제와 광고규제로 구분하여 규율하고 있다.

광고규제는 금융상품의 부당한 광고로 나타날 해당 업권 및 유사한 상품에 대한 부정적 이미지를 축소하는 긍정적 외부효과를 생성하는데 도움을 준다. 따라서 광고규제는 부적절한 광고에 의해 발생할 수 있는 부정적 외부성을 축소시킬 수 있기 때문에 금융기관도 광고규제를 능동적으로 수용하는 것이 유리할 수 있다.

각 금융협회(금융투자협회, 생명보험협회, 손해보험협회, 저축은행중앙회, 대부금융협회)는 개별 금융업법에 근거하여 광고물에 대한 자율규제를 실시하고 있다. 실무에서는 통상 금융기관이 1차로 세부내용을 심사하고 준법감시인 확인필을 거쳐 제작한 광고물을 각 금융협회에서 2차 심의하는 수순으로 심사하고 있다.

3. 금융상품의 판매규제

금융상품의 판매방식은 금융상품의 제조업자가 금융소비자에게 금융상품을 판매하는 직접판매, 금융기관과 금융소비자의 중간에서 계약을 중개하거나 금융기관의 위탁을 받아 대리 판매하는 대리·중개, 금융소비자의 의사결정에 도움이 될 수 있도록 금융상품의 구매나 평가에 관한 정보를 제공하는 자문으로 구분된다.

자문을 금융상품의 판매방식 중 하나로 인식하는 이유는 자문의 대상이 펀드 등 이미 제조된 금융상품일 때 투자자문업자의 조언을 근거로 고객이 투자한다면 이는 실질적으로 판매권유와 유사하기 때문이다. 그러나 자문료, 일임료를 수취할 뿐 제조업자로부터 판매수수료를 수취하지 않아 판매 창구의 판매와는 구별된다.

금융상품을 제조하는 금융기관은 자동으로 직접판매를 할 수 있고, 대리·중개는 금융상품별로 자격증이 존재한다. 은행, 상호저축은행, 여신전문기관 등이 취급하는 대출상품은 대출모집인이 금융상품 제조사로부터 독립된 대리·중개인에 해당하고, 금융투자회사가 제조사인 경우 투자권유대행인이 대리·중개인에 해당한다.

판매업무를 수행하는 금융업자를 살펴보면 직접판매는 은행, 투자매매업자, 투자중개업자, 보험회사, 상호저축은행, 여신전문금융회사 등이 할 수 있다. 대리·중개는 투자권유대행인, 보험설계사, 보험대리점, 보험중개인, 신용카드모집인, 대출모집인 등이 할 수 있다. 자문은 투자자문업자, 투자일임업자가 할 수 있다.

4. 금융상품의 약관규제

금융상품의 약관은 금융회사와 금융소비자가 체결한 계약을 말한다. 소비자 보호의 관점에서 약관을 검토할 때는 금융기관이 약관을 충실히 준수하는가에 관심을 갖지만, 금융소비자는 금융, 법률에 대한 전문지식이 부족하여 약관이 준수되었다 하더라도 금융소비자 보호가 이루어진다고 볼 수 없는 측면이 존재한다.

금융기관의 약관 준수 여부에서 한 단계 더 나아가 약관이 심사되는 단계에서 잠재적 독소조항, 모호한 해석이 가능한 부분이 존재하여 금융소비자에게 불리하게 작용할 수 있는지에 주목해야 한다. 물론 금융소비자가 이의를 제기할 수 있으나 이를 금융소비자 스스로 증명하기 위해서는 큰 비용이 소요될 수 있다.

금융상품의 약관에 대한 사후규제의 권한은 개별 금융업법에 의해 금융위원회에 부여되어 있지만 실제로 약관의 심사 및 이와 관련된 제재의 권한은 상당 부분 금융감독원으로 위탁되어 있어 실질적으로 금융상품 약관에 대한 규제는 금융감독원이 수행한다. 금융투자업의 경우 금융투자협회도 약관 심사에 참여한다.

　　금융상품마다 약관이 존재하지만 표준약관을 상품의 특성에 따라 수정하여 사용하기 때문에 약관의 심사비용은 금융상품의 개수와 비례하지 않는다. 은행업, 금융투자업, 보험업의 표준약관은 널리 사용되며 금융상품이 상대적으로 더 다양할 것으로 여겨지는 금융투자업의 경우 약 15개 정도의 표준약관이 존재한다.

| 보론 2-1 | 예금보호제도 |

예금보호제도는 금융회사가 파산 등으로 고객에게 금융자산을 지급하지 못할 경우 예금보험공사가 예금자보호법에 의해 예금의 일부나 전액을 대신 돌려주는 제도를 말한다. 현재 1인당 보호금액은 원금과 소정의 이자를 합하여 예금자 1인당 최고 5,000만원이다. 소정의 이자는 금융회사의 약정이자와 시중은행의 1년 만기 정기예금 평균금리를 감안, 예보가 결정하는 이자 중 적은 금액을 말한다.

예금한도 5,000만원을 초과하는 금액은 예금보험공사로부터 보험금을 수령할 수 없으나, 해당 금융기관에 대한 예금채권자의 지위로서 파산절차에 참여하여 다수의 채권자들과 채권금액에 비례하여 분배하고 그 전부 또는 일부를 돌려받을 수 있다. 그러나 예금보험공사가 지급한 보험금은 세전 기준으로 적용되기 때문에 소정의 이자에 대해 이자소득세와 주민세 등 관련 세금을 납부해야 한다.

예금보호제도는 일부 금융기관의 경영이 부실화되더라도 고객의 금융자산을 안전하게 보호하여 뱅크런(bank run, 집단 예금인출)이나 금융시스템 전체의 위기를 방지할 목적에서 도입되었다. 또한 일정금액으로 한정한 것은 금액에 관계없이 전액을 보호하게 될 경우에 예금자들이 금융기관의 안정성은 고려하지 않은 채 높은 이율만을 고려대상으로 삼을 수 있어 이를 방지하기 위한 목적도 있다.

┃그림 2-5┃ 예금보험의 운영구조

우리나라는 다른 국가와 달리 보험계약도 예금보호제도에 의해 보호하고 있다. 따라서 예금 이외에도 개인이 가입한 보험계약, 예금보호대상 금융상품으로 운용되는 확정기여형 퇴직연금(DC), 개인퇴직 계좌적립금(IRP), 은행금전신탁, CMA, 발행어음 등도 예금보호제도에 의해 금융자산을 보호받을 수 있다.

┃표 2-2┃ 예금자보호대상 금융상품

구분	예금자보호법 적용 대상	예금자보호법 미적용 대상
은 행	예금, 적금, 원금보전형신탁, DC형연금, 개인형 퇴직연금 등	CD, RP, 금융투자상품, 실적배당형신탁, 은행발행채권, 주택청약종합저축 등
증 권 사	예탁금, 원금보전형신탁 등	금융투자상품(수익증권, MMF 등), 선물옵션예수금, 청약자예수금, RP, CMA, ELS, ELW, WRAP 등
종 금 사	발행어음, 표지어음, CMA 등	금융투자상품(수익증권, MMF 등), RP, CD, CP 등
저축은행	예금, 적금 등	저축은행 발행채권(후순위채권)

보론 2-2   전자증권제도

1. 전자증권제도의 정의

오늘날 우리 사회는 정보통신기술의 눈부신 발전에 따라 전자화·디지털화가 급속히 진행되고 있다. 그리고 이는 다시 금융시장에 커다란 변화와 혁신을 가져오고 있다. 이러한 금융시장의 변화 추세에 따라 최근 자본시장에서는 금융의 증권화현상에 이어 증권의 전자화 추세가 빠르게 진전되고 있는 실정이다.

전자증권제도는 주권·사채권 등을 실물로 발행하지 않고 전자등록기관에 권리를 전자적으로 등록하여 증권을 소지하지 않고 권리의 양도·담보설정·권리행사를 가능하게 하는 제도를 말한다. 전자증권제도는 1980년대부터 유럽국가들을 중심으로 자본시장을 선진화하기 위한 수단의 하나로 도입되기 시작하였다.

전자증권제도는 실물증권의 집중예탁 및 권리이전을 위해 도입된 증권예탁제도와 다르며 채권등록제도, 주권불소지제도와 같이 실물증권을 발행하지 않는 것을 목적으로 도입된 불발행 제도와 다르다. 이처럼 증권의 발행부터 유통까지의 모든 과정을 전자적으로 처리한다는 점에서 기존의 제도와 구분된다.

2. 전자증권제도의 종류

전자증권의 종류에는 실물증권의 기재사항을 전자적인 방식으로 기재하여 발행하는 증권(전자어음)과 법적장부에 증권보유자 및 보유수량 등 권리내용을 전자적인 방식(단기사채)으로 기재하여 권리를 표창하는 증권으로 구분된다. 자본시장에서 유통되는 자본증권은 통상 후자의 방식으로 발행되고 유통된다.

3. 전자증권제도의 효과
(1) 시장 투명성 제고

실물증권은 변칙거래를 통한 조세회피성 양도·상속·증여 등 음성적인 거래에 이용될 수 있다. 그러나 전자증권제도는 증권의 발행·양도 및 권리행사 등 모든 거래행위가 전자적으로 기록·관리된다. 따라서 실물증권을 이용한 음성적인 거래를 차단할 수 있어 건전하고 투명한 금융거래 환경을 제공할 수 있다.

(2) 사회적 비용 절감

전자증권제도에서는 실물증권 발행에 따른 제반 사회적 비용을 획기적으로 절감할 수 있다. 즉 발행회사의 실물증권 발행 및 관리, 중앙예탁결제기관의 증권실물 및 금고관리 등에 따른 비용이 제거될 수 있다. 그리고 증권을 발행하는데 걸리는 소요기간을 대폭 단축할 수 있으며, 주주확정 절차도 간소해진다.

투자자들은 실물증권을 보유하는 경우 발생할 수 있는 도난·분실·멸실과 위변조 등의 위험에서 벗어날 수 있다. 그리고 전자증권제도는 증권의 양도에 의한 권리 이전이 전자등록방식으로 이루어지므로 권리상실의 위험을 제거할 수 있다. 또한 증권의 발행기간이 단축되어 투자자금을 조기에 회수할 수 있다.

금융중개기관은 실물증권의 취급에 소요되는 인력, 시설 등의 관리비용을 절감할 수 있고, 내부 직원 횡령 등의 사고발생을 차단할 수 있다. 아울러 후선업무부문(back office)의 효율성을 증대시킬 수 있기 때문에 핵심업무인 투자은행업무, 자산관리업무 및 상품개발 등에 자원을 보다 집중시킬 수 있게 된다.

(3) 기업의 자금조달 지원

기업들은 실물증권의 발행에 따른 발행비용 및 관리비용을 절감할 수 있다. 또한 기업들은 기업 행위와 관련하여 주주확정 기간 등 실무 처리기간을 단축할 수 있어 사무처리의 효율성을 제고할 수 있다. 즉 전자증권제도는 자금조달을 위한 직·간접비용을 절감할 수 있도록 하여 기업의 경쟁력 제고에 기여한다.

최근에 주주들의 경영참여 요구가 늘어나면서 주주의 예상 반응을 고려할 필요가 있어 발행회사는 주주구성과 변동추이에 관심이 많다. 이와 관련하여 전자증권제도는 증권의 보유자를 기업이 적기에 파악할 수 있는 수단을 기업에 제공하여 기업들이 주주 중시경영을 수행할 수 있는 여건을 제공하여 준다.

제1절 금융상품의 개요

1. 금융상품의 정의
   금융시장에서 금융기관이나 자금수요자에 의해 창출되는 금융기법의 결과물

2. 금융상품의 기능
   금융거래수단, 위험헤지수단, 지급결제기능, 국제간 거래기능, 이종화폐거래

3. 금융상품의 특성
   일반상품과 다르게 무형성, 불가분성, 이질성, 소멸성, 신용상품

4. 금융상품의 분류

(1) 금융상품의 분류방법
   금리확정여부(금리확정형, 실적배당형), 과세방법(과세, 면세, 분리과세)

(2) 금융투자상품의 종류
   지분증권, 채무증권, 수익증권, 투자계약증권, 파생결합증권, 증권예탁증권

(3) 금융투자상품과 소득
   금융상품을 보유·처분과정에서 발생하는 이자소득, 배당소득, 양도소득

① 이자소득 : 예금·적금의 이자, 채권·증권의 이자와 할인액, 보험차익,
   비영업대금이익, 파생금융상품의 이자

② 배당소득 : 일반배당, 의제배당, 인정배당, 간주배당, 집합투자기구에서의 이익,
   파생금융상품의 배당

③ 양도소득 : 상장주식 중 대주주 양도분, 장외양도분, 비상장주식

제2절 금융상품의 규제

1. 금융상품 공시규제
   금융소비자의 합리적인 금융상품 선택을 돕고 공시내용대로 법률효과를 부여

2. 금융상품 광고규제
   일방향 정보전달의 왜곡가능성, 불특정 다수인 금융소비자의 피행가능성 존재

3. 금융상품 판매규제
   금융상품의 판매시 신의성실의무, 이행상충의무, 설명의무, 적합성원칙을 준수

4. 금융상품 약관규제
   금융상품 약관에 대한 사후규제의 권한은 개별금융법에 의해 금융위원회 부여

1. 다음 중 금융상품에 대한 설명으로 적절하지 않은 것은?

① 금융상품은 거래당사자 한쪽에는 금융자산을, 다른 쪽에는 금융부채나 지분을 발생시킨다.

② 금융회사에게 대출성 상품은 금융자산을, 예금성/투자성/보장성 상품은 금융부채나 지분을 발생시킨다.

③ 원본손실 가능성에 따라 예금성/보장성 상품은 비금융투자상품으로, 투자성 상품은 금융투자상품으로 분류한다.

④ 금융투자상품은 다시 원본손실의 정도에 따라 증권과 파생상품으로 구분한다.

| 해설 | 증권과 파생상품을 구분하는 기준은 원본손실의 정도가 아니라 원본초과손실 가능성이다.

2. 다음 중 금융투자상품에 대한 설명으로 적절하지 않은 것은?

① 원본손실가능성이 있는 상품이다.

② 관리신탁의 수익권은 금융투자상품이다.

③ 원화표시 양도성예금증서는 비금융투자상품이다.

④ 원본대비 손실비율의 정도에 따라 증권과 파생상품으로 구분한다.

| 해설 | 자본시장법에서 관리신탁의 수익권은 금융투자상품에서 제외한다.

3. 다음 중 금융투자상품에 대한 설명으로 적절하지 않은 것은?

① 투자성(원본손실가능성)이 있어야 한다.

② 이익획득 및 손실회피의 목적이 있어야 한다.

③ 현재 또는 장래에 금전을 이전하기로 약정하여 갖게 되는 권리이다.

④ 투자한 원본금액이 회수금액을 초과할 가능성이 없어야 한다.

| 해설 | 금융투자상품은 투자한 원본금액이 회수금액을 초과할 위험(투자성)이 있어야 한다.

4. 다음 중 자본시장법에서 금융상품을 금융투자상품과 비금융투자상품으로 구분하는 기준으로 적합한 것은?

① 원본손실가능성   ② 원본초과손실가능성

③ 정형화된 시장에서 거래여부   ④ 취급 금융기관

| 해설 | 원본손실가능성에 따라 금융투자상품과 비금융투자상품으로 구분하고, 금융투자상품은 원본초과손실가능성에 따라 증권과 파생상품으로 구분하며, 정형화된 시장거래 여부에 따라 장내파생상품과 장외파생상품으로 구분한다.

5. 다음 중 자본시장법의 금융투자상품에 해당하는 것은?

① 원화표시 양도성예금증서   ② 관리신탁 수익권

③ 주식매수선택권   ④ 수익증권

| 해설 | 원화표시 양도성예금증서, 관리신탁 수익권, 주식매수선택권은 비금융투자상품이다.

6. 다음 중 예금보호대상상품에 해당되는 것은?

① MMF(money market fund)

② CD(certificate of deposit)

③ MMDA(money market deposit account)

④ RP(repurchase agreement)

| 해설 | MMDA는 예금보호대상상품이고, 나머지는 예금비보호대상상품이다.

7. 다음 중 은행의 금융상품에 대한 설명으로 적절하지 않은 것은?

① 주가연계예금(ELD)는 예금보호대상이다.

② MMDA는 MMF와 CMA와 경쟁상품으로 실적배당상품이다.

③ 양도성예금증서는 만기 이전에 중도해지가 불가능하다.

④ 주택청약종합저축은 주택의 소유여부에 관계없이 1인1계좌만 가능하다.

| 해설 | MMDA는 예치금액에 따라 금리를 차등하는 확정금리상품이다.

8. 다음 중 원금비보장상품에 해당하는 것은?

① 정기예금   ② 금리연동형보험

③ 이율보증형보험   ④ 채권형펀드

| 해설 | 정기예금, 금리연동형보험, 이율보증형보험, 원리금보장 ELS는 모두 원금보장상품이다.
그러나 채권형펀드는 실적배당상품이다.

9. 비과세상품은 금융소득 종합과세에서도 제외된다. 다음 중 비과세상품이 아닌 것은?

① 비과세종합저축   ② 신용협동기구의 예탁금

③ 장기저축성보험   ④ 연금저축

| 해설 | 연금저축은 저율과세(5.5%)상품으로 비과세상품이 아니다.

10. 다음 중 소득세법상 이자소득의 범위에 해당하지 않은 것은?

① 국가 또는 지방자치단체가 발행한 채권의 이자와 할인액

② 국내에서 받는 예금 · 적금 · 부금 · 예탁금의 이자

③ 직장공제회 초과반환금

④ 국내 또는 국외에서 받는 집합투자기구에서의 이익

| 해설 | 국내 또는 국외에서 받는 집합투자기구에서의 이익은 배당소득에 해당한다.

11. 다음 중 소득세법상 이자소득금액에 해당하지 않은 것은?

① 10년 미만 저축성보험의 보험차익　　② 비영업대금의 이익

③ 채권의 환매조건부 매매차익　　　　　④ 채권형 집합투자기구에서의 이익

| 해설 | 집합투자기구에서의 이익은 배당소득에 해당한다.

12. 다음 중 소득세법상 금융소득금액이 아닌 것은?

① 10년 미만 저축성보험의 보험차익

② 유상감자로 100만원 수령(구주식의 취득금액 500만원)

③ 채권의 매매차익

④ 채권형 집합투자기구에서의 이익

| 해설 | 채권매매차익은 과세대상이 아니다.

13. 다음 중 양도소득세 과세대상이 아닌 것은?

① 비상장주식　　　　　　　　　　　② 영업권

③ 상가건물　　　　　　　　　　　　④ 등기된 부동산임차권

| 해설 | 사업용 고정자산과 함께 양도하는 영업권이 양도소득세 과세대상이다.

14. 홍길동은 양도소득세 과세대상이 되는 주식을 2022년 5월 5일에 양도하였다. 다음 중 홍길동의 양도소득세 예정신고 납부기한은 언제인가?

① 2022년 5월 31일   ② 2022년 6월 30일

③ 2022년 7월 31일   ④ 2022년 8월 31일

| 해설 | 양도소득세 과세대상이 되는 주식을 양도할 때 양도일이 속하는 분기의 말일부터 2월 이내에 양도소득세를 신고납부해야 한다. 따라서 2022년 2분기 말일인 6월 30일부터 2월 이내인 2022년 8월 31일까지 신고납부해야 한다.

15. 다음 중 금융상품에 대한 설명으로 적절하지 않은 것은?

① 은행의 예금과 적금, 증권사의 예탁금은 예금자보호대상이다.

② MMDA는 MMF와 CMA와 경쟁상품으로 실적배당상품이다.

③ 양도성예금증서는 만기 이전에 중도해지가 불가능하다.

④ 주택청약종합저축은 주택의 소유여부에 관계없이 1인1계좌만 가능하다.

| 해설 | MMDA는 예치금액에 따라 금리를 차등하는 확정금리상품이다.

16. 다음 중 환매조건부채권(RP)에 대한 설명으로 적절하지 않은 것은?

① 환매수기간의 제한은 없지만 일반적으로 15일 이상 1년이다.

② 예금자보호대상이 아니다.

③ 매도금액의 제한은 없다.

④ 채권을 일정기간 후에 일정가액으로 환매도할 것을 조건으로 매수한다.

| 해설 | 채권을 일정기간 후에 일정가액으로 환매수할 것을 조건으로 매도한다.

17. 다음 중 예금보험제도에 대한 설명으로 가장 옳지 않은 것은?

① 예금보험 보호한도는 상품종류별로 적용된다.

② 5,000만원은 원금과 소정이자를 포함한 것이다.

③ 대출이 있는 경우 대출상환 후 남은 금액을 보호받을 수 있다.

④ 정부, 지방자치단체, 한국은행, 금융감독원, 예금보험공사, 부보금융기관의 예금은 보호대상에서 제외된다.

| 해설 | 예금보험 보호한도는 상품종류나 지점별이 아닌 금융기관별로 적용된다.

18. 다음 중 예금보험사고 사유에 해당하지 않은 것은?
① 예금이 지급정지된 경우   ② 승계된 계약이전의 경우
③ 금융기관이 합병되는 경우   ④ 금융기관이 해산, 파산한 경우

| 해설 | 계약이전은 부실금융기관의 자산이나 부채를 다른 금융기관으로 이전하는 것으로서 승계되지 아니한 계약이전이 보호대상이다.

19. 다음 중 예금보험가입 금융기관에 해당하지 않은 것은?
① 우체국   ② 상호저축은행
③ 증권회사   ④ 외국은행 국내지점

| 해설 | 우체국은 정부가 지급책임을 부담하므로 보호대상 금융기관이 아니다.

20. 다음 중 예금보호대상 금융상품으로 모두 묶은 것은?
① 증권CMA, RP, 보통예금   ② 정기적금, 외환예금, MMF
③ ELS, 은행발행채권, MMDA   ④ 저축예금, 개인보험, 주택청약예금

| 해설 | 증권CMA, RP, MMF, ELS, 은행발행채권은 예금보호대상 금융상품이 아니다.

정답

1. ④   2. ②   3. ④   4. ①   5. ④   6. ③   7. ②   8. ④   9. ④   10. ④
11. ④   12. ③   13. ②   14. ④   15. ②   16. ④   17. ①   18. ②   19. ①   20. ④

금융시장의
분류

CHAPTER 03 단기금융시장

CHAPTER 04 예금대출시장

CHAPTER 05 여신금융시장

CHAPTER 06 외환시장

CHAPTER 07 국제금융시장

단기금융시장

단기금융시장은 경제주체들이 단기자금 과부족을 조절하기 위해 단기금융상품을 거래하며 단기금융상품이 발행되는 발행시장과 이들 상품이 거래되는 유통시장으로 구분된다. 유통시장은 특정한 장소를 중심으로 매매거래를 하는 장내거래 방식과 딜러들이 전화 등을 이용하여 매매거래를 하는 장외거래 방식이 있다.

제1절　단기금융시장의 개요

1. 단기금융시장의 정의

단기금융시장은 만기가 1년 이내인 단기금융상품을 거래하며 자금시장(money market) 이라고도 한다. 주로 정부, 금융기관, 우량기업 등 자금거래의 규모가 크고 신용도가 높은 경제주체들이 일시적으로 자금이 부족하거나 과잉상태에 있을 때 자금 과부족을 조절하기 위해 참여하며 자금 도매시장의 성격이 강하다.

단기금융상품은 주식이나 채권과는 달리 정형화된 거래소가 존재하지 않고 주로 전화나 전자적 플랫폼을 통해 장외시장에서 거래가 이루어지고 거래빈도도 상대적으로 높지 않다. 또한 거래단위가 큰 규모로 형성되어 개인의 참여는 제한적이며 금융기관이 주된 시장참가자인 딜러간 시장(inter-dealer market)이다.

단기금융시장은 만기가 짧고 유동성이 높은 증권이 거래되며 단기성 자금을 조달하거나 운용하는 금융기관이나 대기업이 참여하기 때문에 일반적으로 부도위험이 낮다. 이러한 특성으로 단기금융상품은 현금에 준하는 금융상품으로 간주되는 경향이 있다. 유동성이 높다는 것은 쉽게 현금화가 가능하다는 의미이다.

단기금융시장은 거래주체에 따라 금융기관 상호간에 단기자금 거래가 주를 이루는 금융기관간 시장과 금융기관과 고객(가계, 기업, 정부)간에 자금거래가 이루어지는 대고객시장으로 구분된다. 우리나라는 콜시장이 대표적인 금융기관간 시장이다. 단기금융시장에는 정부를 포함한 모든 경제주체들이 참여하고 있다.

은행은 자금을 CD발행, RP매도, 콜차입으로 조달하고, 자금을 RP매수, 콜대여로 운용한다. 증권회사나 자산운용회사는 자금을 RP매매로 조달하거나 운용하며, 기업은 자금을 CP이나 단기사채를 발행하여 조달하고 자금을 RP매수, CD매입으로 운용한다. 한국은행은 시중의 유동성을 환수(공급)하는 통화정책을 수행하기 위해 참여하고, 가계도 여유자금을 운용하기 위해 단기금융시장에 참가한다.

2. 단기금융시장의 특징

금융시장에서의 충격이 단기금융시장에서부터 전파된다는 측면에서 단기금융시장은 금융시스템의 안정성 제고에 중요하다. 단기금융시장이 금융시스템의 안정성 및 효율성 제고에 중요한 이유는 자본시장에서와 달리 단기금융시장에서는 시장참가자의 자금조달 및 자금운용이 지속적으로 이루어지기 때문이다.

　　자본시장의 충격에 비해 단기금융시장의 충격은 시장참가가에게 즉각적인 영향을 미친다. 금융위기가 발생하면 각 참가자에 대한 영향은 자본시장보다 크게 나타날 수 있다. 이는 시장참가자의 신용위험 변화와 관련이 있다. 금융위기가 발생하면 일부 참가자의 신용위험이 급변하며, 이는 신용경색으로 연결된다.

　　거래상대방의 신용위험 불확실성이 급격히 확대됨에 따라 거래상대방을 불문하고 자금공급을 기피하는 현상이 나타나면서 신용경색이 발생한다. 이에 따라 단기금융시장에서 자금을 조달하지 못하는 참가자는 심각한 유동성위험에 직면하며, 신용경색이 지속되는 환경에서 빈번히 파산위험으로 확대될 수 있다.

　　단기금융시장은 부정기적으로 자금을 조달하는 자본시장과 달리 참가자들이 일상적인 자금을 조달하는 시장이라는 측면에서 단기금융시장의 경색은 경제에 즉각적인 영향을 미친다. 단기금융시장은 일반대중에 대한 노출정도가 낮은 시장이지만, 전체 금융시장 및 국가경제에 미치는 영향력은 결코 무시할 수 없다.

3. 단기금융시장의 기능

　　단기금융시장은 국민경제내 단기자금의 잉여부문과 부족부문을 연결시켜 준다는 점에서 자본시장 등 다른 금융시장과 동일한 기능을 수행한다. 그리고 단기금융시장은 단기자금의 조달 및 자금운용의 수단, 한국은행의 통화정책 수단, 유동성 조절 수단, 단기금리지표의 산출 등의 다음과 같은 기능을 수행하고 있다.

　　첫째, 단기금융시장은 경제주체들이 단기자금을 효율적으로 조달·운용하여 자금과부족을 해결하고 유휴현금 보유에 따른 기회비용을 줄일 수 있는 기회를 제공한다. 대부분의 경제주체들은 미래의 지출에 대비하여 자금의 일부를 현금으로 보유하는데 이는 해당 자금의 이자수익을 포기하는 기회비용을 초래한다.

　　단기금융시장을 활용할 경우 경제주체들은 여유자금이 생기면 안전성과 유동성이 높은 단기금융상품으로 운용하되 유휴자금에 대해서도 자금운용을 하게 해주어 금리손실을 어느 정도 만회할 수 있게 해준다. 또한 자금이 부족하면 단기채무증서 등을 발행하여 조달하면 유휴현금의 보유규모를 줄일 수 있게 된다.

　　둘째, 단기금융시장은 경제주체들이 금융상품 보유시 수반되는 위험을 관리할 수 있는 수단을 제공한다. 일반적으로 단기금융상품은 장기금융상품에 비해 금리변동에 따른 가격변동폭이 크지 않아 자본손실위험이 작고 유통시장이 잘 발달된 경우 만기 이전에 쉽게 자금을 회수할 수 있어 유동성위험도 크지 않다.

따라서 경제주체들은 장기채권 또는 주식의 가격이 하락할 것으로 예상될 경우 이들 자산을 매각하고 단기금융상품을 매입함으로써 자본손실위험을 줄일 수 있다. 그리고 금융시장의 불확실성이 높아진 시기에는 장기금융상품의 보유를 축소하고 단기금융상품의 보유를 확대할 경우 유동성위험을 감소시킬 수 있다.

셋째, 단기금융시장은 한국은행의 통화정책 수단이 되는 시장이며, 그에 따른 정책효과가 파급되는 시발점이다. 한국은행의 정책금리 변경은 단기시장금리를 통해 장기시장금리, 은행 예금 및 대출 금리, 주가, 환율 등 금융시장 전반에 파급되며, 이는 최종적으로 소비, 생산, 물가 등 실물경제에 영향을 미치게 된다.

우리나라의 경우 중앙은행인 한국은행은 콜금리 제어·조정을 통해 단기금융시장의 금리변화를 시키고 나아가 장기금융상품의 금리, 통화량, 환율 등 금융시장과 거시경제지표에 영향을 미친다. 이러한 측면에서 단기금융시장에서 특히 콜시장은 중앙은행의 통화정책 효과가 전파되는 통로에 해당한다고 볼 수 있다.

일반적으로 단기금융시장이 발달되어 있으면 재정거래가 활발하게 이루어지고 시장간 상호연계성도 높아짐으로써 통화정책 효과의 파급이 원활하게 이루어진다. 단기금융시장은 거래주체에 따라서 금융기관간 시장과 대고객시장으로 구분된다. 우리나라의 경우에는 콜시장이 대표적인 금융기관간 시장에 해당한다.

넷째, 단기금융시장의 중요한 기능의 하나는 대출시장과 파생상품시장의 가격지표로 사용되는 단기금리지표의 산출이다. 단기금리지표는 가계와 기업의 대출시 높은 비중을 차지하는 변동금리부 대출의 준거금리로 사용되고, 장외파생상품시장에서 가장 거래가 활발한 금리스왑에서도 중요한 금리지표로 사용된다.

우리나라 단기금융시장은 경제발전 및 소득증대로 금융자산이 증가하는 가운데 경제주체들의 금리민감도 상승, 단기자금 운용기법의 발달, 자금의 단기운용 경향 증대 등에 따라 빠르고 지속적인 성장세를 보였다. 이에 따라 2021년 6월말 현재 단기금융시장 규모는 542조원으로 2000년말 약 5.4배 수준에 이른다.[1]

---

1) 한국은행, 한국의 금융시장, 2021, 42-43쪽.

┃표 3-1┃ 국내 단기금융시장의 개요

구분	콜	RP매매	CD	CP	단기사채
도입시기	1960년 7월	1977년 2월	1974년 5월	1972년 8월	2013년 1월
특 징	금융기관간 자금조절	금융기관의 자금조달	은행의 단기 자금조달	기업의 단기 자금조달	기업의 단기 자금조달
법적성격	금전소비대차	증권매매	소비임치	약속어음	채권
발행기관	은행, 증권	자산운용, 은행, 증권	예금은행	기업, 금융기관	기업, 금융기관
매입기관	은행, 자산운용 등	자산운용, 은행, 증권	금융기관, 법인, 개인	금융기관, 법인, 개인	금융기관, 법인, 개인
중개기관	자금중개	한국거래소, 자금중개	증권, 종금, 자금중개	증권, 종금, 자금중개	증권, 자금중개
만 기	최장 90일	자유화	30일 이상	자유화	1년 이내
거래금액	1억원		제한없음		1억원
이자지급	만기일시지급	만기일시지급	할인방식 선지급	할인방식 선지급	할인방식 선지급
중도환매	-	제한없음	금지	제한없음	제한없음

2021년 6월말 RP시장 비중이 43.7%로 가장 높고 CP시장 39.0%, 전단채시장 10.4%로 그 뒤를 잇고 있다. RP시장은 규제 완화, 인프라 개선, 콜시장 개편에 힘입어 크게 확대되었고 CP시장은 기초자산을 유동화한 자산담보부기업어음(ABCP)의 발행이 크게 증가하면서 확대되었다. 전단채시장은 2013년 1월 처음 도입된 이래 전체 단기금융시장 10% 이상을 차지할 정도로 성장하였다.

콜시장과 CD시장의 규모는 2010년말 대비 감소하였다. 콜시장은 2010년 증권회사에 대한 콜차입 한도 규제, 2015년 일부 증권회사와 자산운용회사를 제외한 비은행금융기관의 콜시장 참가 배제의 영향으로, CD시장은 2009년 12월 예대율 규제 도입 방침 발표 이후 크게 위축됨에 따라 콜시장과 CD시장 비중은 2010년말 각각 10.1%, 20.0%에서 2021년 6월말 1.3% 및 5.7%로 하락하였다.

┃표 3-2┃ 국내 단기금융시장 규모의 추이[1]

(단위 : 조원, %)

구분	2000		2010		2020		2021.6	
	금액	구성비	금액	구성비	금액	구성비	금액	구성비
콜[2]	16.1	15.9	22.5	10.1	6.9	1.4	6.9	1.3
환매조건부채권[3]	26.1	25.8	78.8	35.5	219.0	44.9	236.7	43.7
양도성예금증서	14.2	14.1	44.5	20.0	19.3	4.0	31.0	5.7
기 업 어 음[4]	44.7	44.2	76.4	34.4	193.2	39.6	211.3	39.0
단 기 사 채[5]	–	–	–	–	49.2	10.1	56.2	10.4
계	101.1	100.0	222.1	100.0	487.6	100.0	542.1	100.0

주 : 1) 기말 잔액 기준
　　 2) 중개거래 기준
　　 3) 대고객 RP 및 장외기관간 RP 합계 기준
　　 4) 2000년은 자금순환표, 2010년은 한국신용정보원, 2020년 이후는 연합인포맥스 기준
　　 5) 2013년 1월부터 도입
자료 : 한국은행, 한국예탁결제원, 한국신용정보원, 금융투자협회, 연합인포맥스

제2절 단기금융시장의 상품

단기금융시장에서 거래되는 상품의 종류는 콜(call), 환매조건부채권(RP), 양도성예금증서(CD), 기업어음(CP), 단기사채(ABSTB) 등으로 구분된다. 표지어음은 단기금융시장에서 차지하는 비중이 작고, 통화안정증권은 2년물 중심의 시장으로 자리잡아가면서 단기금융시장의 논의에서는 일반적으로 제외한다.

단기금융상품은 정부기관, 금융기관, 신용도가 높은 대기업 등이 발행하여 높은 안정성을 가지고, 발행인의 신용등급, 권리이전의 용이성, 거래규모, 상품의 규격화 여부에 따라 유동성 수준에 차이가 있다. 여기서는 단기금융시장에서 거래되는 상품을 기준으로 상품의 특성과 시장의 구조에 대해 살펴본다.

1. 콜시장

(1) 콜시장의 정의

콜(call)시장은 일시적인 자금과부족을 해결하기 위해 금융기관간에 초단기로 자금을 대여·차입하는 시장이다. 여기서 자금대여기능은 콜론(call loan), 자금차입기능은 콜머니(call money)라고 한다. 콜시장에 참여한 금융기관은 단기자금을 조달·운영할 수 있어 일시적인 유동성 자금을 관리하는데 효율적이다.

금융기관은 일시적인 자금이 남아 운용을 하지 못할 경우 비용만 발생하게 되어 단기적으로 유동성을 필요로 하는 다른 금융기관에 대여하는데 대부분 1일물로 거래된다. 즉 콜시장은 은행, 증권회사, 자산운용회사, 보험회사 등이 주로 참여하며 가장 낮은 금리로 단기자금을 조달하고 운용할 수 있는 시장이다.

(2) 콜거래의 특징

콜거래는 일시적인 자금과부족을 조절하는 거래이기 때문에 만기가 최대 90일 이내에서 일별로 정할 수 있으나 실제 거래에서는 초단기인 익일물 거래가 대부분을 차지한다. 따라서 매일 자금수급 상황에 따라 콜거래에 적용되는 금리도 새로이 결정되고 금리수준은 다시 단기자금 수급에 영향을 미친다.

콜시장은 한국은행 통화정책에서 중요한 위치를 차지한다. 금융통화위원회가 결정하는 기준금리는 초단기금리인 콜금리를 통해 장단기 시장금리, 예금 및 대출 금리, 궁극적으로 실물경제 활동에 파급된다. 한국은행은 익일물 콜금리가 기준금리 수준에서 크게 벗어나지 않도록 공개시장운영을 수행한다.

(3) 콜거래의 조건

콜거래는 담보제공 여부에 따라 담보콜과 신용콜로 구분된다. 실제 거래는 신용콜이 대부분을 차지하며 담보콜은 2015년 이후 전무한데, 이는 담보물의 인수도, 질권설정으로 거래절차가 복잡하기 때문이다. 또한 콜거래의 최소 거래금액은 1억원, 거래단위는 억원, 거래이율의 변동단위는 0.01%이다.[2]

---

2) 한국은행, 한국의 금융시장, 2021, 48-51.

(4) 콜거래의 참가기관

2021년 6월말 현재 콜거래의 중개·주선 또는 대리를 할 수 있는 기관은 은행, 한국산업은행, 중소기업은행, 한국수출입은행, 원활한 자금거래를 위해 금융위원회가 필요하다고 인정하는 국고채전문딜러, 한국은행 공개시장운영 대상기관은 증권회사, 자산운용회사, 한국증권금융, 자금중개회사 등이다.

1) 거래기관

콜시장의 자금대여자인 콜론기관은 주로 자산운용회사, 국내은행, 외국은행 국내지점 등이다. 자산운용회사는 펀드 환매에 대비하여 보유하는 유동성이 아주 높은 자산을 콜론으로 운용하며 국내은행은 지준잉여자금을 콜론으로 공급한다. 콜시장의 자금차입자인 콜머니기관은 국내은행, 외은지점, 증권회사 등이다.

콜자금을 공급하는 국내은행은 지준자금 조절을 위한 콜머니 수요가 더 많다. 외은 국내지점은 본지점 차입이나 콜머니를 통해 영업자금을 조달하므로 콜자금의 공급보다는 차입이 많다. 자금조달수단이 고객예탁금, RP매도 등으로 제한되는 증권회사도 자금조달·운용의 불일치 조정 등을 위해 콜자금을 차입한다.

콜차입의 경우 증권회사의 콜차입 한도를 설정한 후 단계적으로 축소하였으며 2015년 3월부터 국고채전문딜러 및 한국은행 공개시장운영 대상기관 증권회사에 대해서만 허용하고, 콜론의 경우 자산운용사에 대해 총집합투자재산의 2% 이내로 허용한다. 다른 비은행금융기관의 콜시장 참가는 전면 배제되고 있다.

2) 중개기관

한국자금중개(주), 서울외국환중개(주), KIDB자금중개(주) 3개의 자금중개회사가 콜거래 중개업무를 수행하고 있다. 이들의 콜거래중개는 단순중개를 원칙으로 하며 거래의 원활화를 위해 필요한 경우 매매중개도 할 수 있다. 자금중개회사는 단순중개를 제공하는 대가로 중개수수료를 거래 쌍방으로부터 각각 수령한다.

(5) 콜거래의 메커니즘

1) 계약체결

콜거래는 계약체결방식에 따라 중개거래와 직거래로 구분되며 대부분은 중개거래로 이루어진다. 중개거래는 자금중개회사가 거래조건(이율, 만기, 금액 등)에 따라 자금의 공급자와 수요자를 연결시켜 주는 거래이다. 자금중개회사는 유선을 통해 콜론 및 콜머니 주문을 접수한 후 거래금액이 콜론기관의 콜머니기관에 대한 신용공여한도(credit line) 범위내인지 여부를 확인한 후 거래를 체결시킨다.

직거래는 거래당사자들이 거래조건을 직접 협의하여 체결하는 방식이다. 직거래는 전체 콜거래에서 차지하는 비중이 1% 정도로 작고 대부분은 거래당사자들이 사전에 합의한 계약에 따라 정기적으로 거래가 이루어진다. 그리고 자금중개회사는 부가가치 통신망(VAN)을 통해 만기별, 금융권별 콜론·콜머니 신청금액 및 체결현황, 금리단계별 콜체결 현황 등의 거래정보를 실시간으로 제공하고 있다.

2) 대금수급

콜거래 체결에 따른 콜자금은 한국은행금융결제망 콜결제시스템을 통해 이루어지고, 어음발행 및 교환을 통해 결제되기도 한다. 콜머니기관이 은행인 경우 한은금융망 콜결제시스템을 통해 이루어진다. 콜거래 체결시 자금이 콜론기관의 거래은행 결제전용당좌예금계좌에서 콜머니기관인 은행의 결제전용당좌예금계좌로 이체되며, 만기일 지정시점에 자금이 반대 방향으로 이체되면서 상환이 완료된다.

콜머니기관이 증권회사인 경우 보통 어음교환거래를 수반한다. 콜거래 체결시 콜론기관이 요청하여 콜머니기관인 증권회사가 콜론기관 앞 콜어음을 교부하면 콜론기관이 한은금융망을 통해 콜머니기관 거래은행 앞으로 콜자금을 공급한다. 상환시에는 만기일 1영업일 전 어음교환 절차를 거친 후 만기일에 콜론기관과 콜머니기관 거래은행간 한은금융망 어음교환 차액결제에 반영되어 자금이 이체된다.

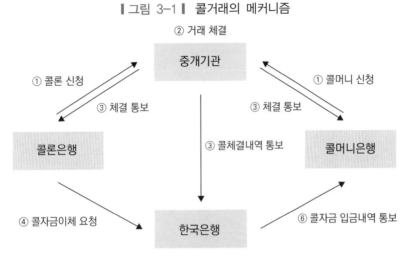

▌그림 3-1 ▌ 콜거래의 메커니즘

② 거래 체결

중개기관

① 콜론 신청
③ 체결 통보

① 콜머니 신청
③ 체결 통보

콜론은행

③ 콜체결내역 통보

콜머니은행

④ 콜자금이체 요청

한국은행

⑥ 콜자금 입금내역 통보

⑤ 콜론은행의 결제전용당좌예금계좌에서 콜머니은행의
결제전용당좌예금계좌로 자금이체

(6) 콜거래의 현황

1) 콜거래 규모 추이

콜거래는 글로벌 금융위기 이후 금융기관간 단기자금거래가 콜시장에 편중됨에 따라 단기금융시장의 균형적 발달을 저해하고 있다는 문제가 제기되었다. 따라서 콜시장에서 비은행금융기관의 참가를 점진적으로 배제하는 방향으로 단기금융시장 개편이 추진되었다. 2010년 7월 증권회사 콜차입 한도를 자기자본의 100% 이내로 규제하기 시작하였다. 2011년 6월에는 증권회사 콜차입 한도를 단계적으로 축소하여 2012년 7월부터 자기자본 25% 이내로 제한하기로 결정하였다.[3]

콜거래가 2008~2009년에는 글로벌 금융위기 여파로 금융시장내 디레버리징(deleveraging)이 확산되면서 외은지점의 콜차입이 줄고 단기금융시장 경색으로 증권회사도 일시적으로 콜차입에 어려움을 겪으면서 감소하였다. 2011~2015년에는 증권회사 콜차입 한도 규제 등으로 비은행권의 콜차입이 감소하였다. 또한 2015년 이후에는 자산운용회사 콜론 한도 규제, 은행 유동성커버리지비율(LCR : Liquidity Coverage Ratio) 규제 도입으로 인해 은행권의 콜차입도 축소되었다.

---

3) 한국은행, 한국의 금융시장, 2021, 52-57쪽.

┃그림 3-2┃ 차입기관별 콜거래 규모[1]

주 : 1) 기간중 중개거래 일평균 잔액(지준마감일 제외) 기준
자료 : 한국은행

2) 참가기관별 거래현황

콜시장 참가기관별 거래비중에서 콜론의 경우 2021년 상반기에 자산운용사가 42.8%로 가장 높고 국내은행과 외은지점이 각각 37.3%와 18.9%를 차지하고 있다. 국내은행의 비중은 2015년 3월 자산운용회사 콜론 한도 규제 도입 이후 2020년까지 가장 높은 수준을 유지했으나 2021년 상반기에는 이례적으로 완화된 금융여건 등으로 자산운용사 비중을 하회하였다. 콜머니의 경우에 증권회사 비중이 37.0%로 가장 높고 그 다음은 국내은행(36.8%), 외은지점(21.3%) 순이다.

┃표 3-3┃ 참가기관별 콜거래 규모[1]

(단위 : 조원, %)

구분		2016	2017	2018	2019	2020	2021.상
콜론	국 내 은 행	7.2 (45.7)	6.4 (40.1)	5.3 (40.0)	4.9 (42.5)	5.8 (48.4)	3.6 (37.3)
	외 은 지 점	3.2 (20.5)	4.1 (25.6)	3.0 (22.8)	2.5 (21.8)	2.1 (17.1)	1.8 (18.9)
	자산운용사	5.3 (33.8)	5.5 (34.2)	4.9 (37.0)	4.0 (34.9)	4.1 (33.7)	4.2 (42.8)
	기 타	−	−	0.0 (0.3)	0.1 (0.9)	0.1 (0.7)	0.1 (1.0)

콜 머 니	국내은행	9.5 (60.2)	10.6 (66.3)	6.6 (50.0)	5.0 (43.4)	5.2 (42.8)	3.6 (36.8)
	외은지점	4.0 (25.2)	2.6 (16.4)	3.0 (23.1)	2.2 (18.9)	2.9 (24.4)	2.1 (21.3)
	증권회사	2.3 (14.6)	2.7 (16.6)	3.3 (25.1)	4.1 (35.5)	3.6 (29.8)	3.6 (37.0)
	기　타	－ －	0.1 (0.6)	0.2 (1.8)	0.3 (2.2)	0.4 (3.1)	0.5 (4.9)
합계		15.8	16.0	13.2	11.5	12.1	9.7

주 : 1) 기간중 중개거래 일평균 잔액(지준마감일 제외) 기준, ( )내는 비중
자료 : 한국은행

3) 거래방식별 거래현황

거래방식별로 살펴보면 2015년 이후 담보 콜거래는 거의 이루어지지 않고 무담보 신용콜거래만 이루어지고 있다. 무담보 콜거래의 경우 중개거래가 대부분이며 직거래는 미미한 수준을 나타내고 있다. 2021년 상반기 중 전체 콜거래(일평균 8.5조원) 가운데 직거래는 0.01%인 4억원에 불과한 것으로 나타났다.

▎표 3-4▎ 거래방식별 콜거래 규모[1]

(단위 : 십억원, %)

구분	2016	2017	2018	2019	2020	2021.상
중개거래	13,058 (99.96)	13,126 (99.93)	10,946 (99.92)	9,563 (99.99)	9,914 (99.98)	8,490 (99.99)
직 거 래	5 (0.04)	9 (0.07)	9 (0.08)	1 (0.01)	2 (0.02)	0.4 (0.01)
합　　계	13,063	13,135	10,954	9,565	9,916	8,490

주 : 1) 기간중 일평균 거래금액(기일물 전체, 지준마감일 포함) 기준, ( )내는 구성비
자료 : 한국은행

4) 콜금리의 동향

콜금리는 한국은행이 매일 한국자금중개(주), 서울외국환중개(주), KIDB자금중개(주) 등 3개의 자금중개회사를 통한 중개거래와 금융기관간 직거래를 포함한 전체 무담보 익일물거래에 대해 거래금액 가중평균방식으로 산출하여 공표하고 있다. 2008~2009년에는 글로벌 금융위기 대응과정에서 유동성 공급으로 콜금리가 기준금리를 큰 폭 하

회했다가 2010년 이후 기준금리 수준에서 소폭 등락하면서 안정되었다. 2014년 이후에는 기준금리를 소폭 하회하는 모습을 지속하다가 2018년 이후에는 다시 기준금리를 중심으로 소폭 등락하고 있다.

▌그림 3-3 ▌ 콜금리[1) 추이

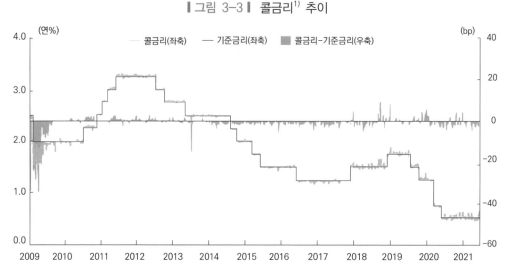

주 : 1) 익일물 중개거래 기준(거래금액 가중평균)
자료 : 한국은행

2. 환매조건부채권시장

(1) RP의 정의

환매조건부매매(RP : Repurchase agreement)는 채권을 일정기간 경과 후 원매도가액에 이자 등 상당금액을 합한 가액으로 환매수할 것을 조건으로 하는 매도 또는 채권을 일정기간 경과 후 원매수가액에 이자 등 상당금액을 합한 가액으로 환매도할 것을 조건으로 하는 매수를 말하며 환매채라고도 한다.

채권의 매매가 처음 이루어지는 시점과 이후 환매매가 이루어지는 시점을 매입일과 환매일, 매입일의 채권 매매가격은 매입가, 환매일의 매매가격은 환매가라고 부른다. 또한 매입일에 매입가를 수취하고 채권을 매도하는 것을 RP매도라고 하며, 매입가를 지급하고 채권을 매입하는 것을 RP매수라고 칭한다.

▌그림 3-4▐　RP거래의 개념

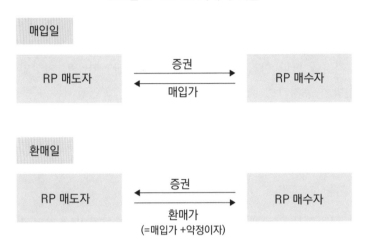

(2) RP의 성격

RP거래는 약정기간에 채권의 법적 소유권이 RP 매도자에서 RP 매수자로 이전되는 매매거래이다. 따라서 RP 매도자가 파산 등으로 약정사항을 이행하지 못하면 RP 매수자는 채권을 정산할 수 있다. 국내 채무자 회생 및 파산에 관한 법률에서도 기본계약에 근거하여 이루어진 RP거래는 회생 및 파산 절차상의 해제, 해지, 취소 및 부인의 대상에서 제외되어 매매거래의 성격을 강화하고 있다.

이러한 법적 성격에도 불구하고 경제적 측면에서 RP거래는 일정기간 RP 매도자가 RP 매수자에게 채권을 담보로 제공하고 자금을 차입하는 증권담보부 소비대차이다. 여기서 RP 매수자와 RP 매도자는 각각 자금대여자 및 자금차입자이며, 매매 대상채권은 차입담보에 해당된다. 또한 환매가와 매입가의 차이는 대출이자로, 매매 대상채권의 시가와 매입가의 차이는 초과담보로 간주할 수 있다.

(3) RP의 유형

환매조건부매매는 거래주체를 기준으로 일정한 범위의 전문투자자에 해당하는 기관간에 이루어지는 기관간조건부매매, 투자매매업자 등이 전문투자자 이외의 법인 또는 개인과 수행하는 대고객조건부매매, 한국은행의 공개시장 조작수단으로서 한국은행과 금융기관간에 이루어지는 한국은행RP로 구분된다.

환매조건부매매의 유형 중 단기금융시장에 가장 중요한 영향을 미치는 유형은 기관간RP인데, 금융기관의 단기자금조달을 통한 유동성 관리와 단기금융시장과 자본시장의 연결이라는 측면에서 기관간RP는 핵심적인 역할을 수행한다. 기관간RP의 주된 매도(자금조달)기관은 증권사와 증권사의 신탁계정이다.

RP거래는 기간에 따라 만기가 1일인 익일물 RP, 만기가 2일 이상인 기일물 RP, 거래당사자 중 일방의 통지가 있을 때까지 자동으로 만기가 연장되는 개방형 RP로 구분한다. 또한 매매대상채권을 지정하여 거래되는 특정담보 RP와 사전에 합의된 증권목록이나 유형에서 거래되는 일반담보 RP로 구분한다.

(4) RP의 기능

환매조건부채권시장은 국채 등 담보자산에 대해 부차적인 조건없이 유동성을 공급한다는 측면에서 은행들의 단기유동성 확보를 위한 필수적인 신용채널로 자리잡고 있다. 금융기관은 환매조건부채권시장을 통해 단기금융펀드(MMF)나 잉여 유동성을 보유한 금융기관에서 최단기 익일물 신용을 확보하고 있다.

한국은행은 공개시장 조작수단으로 RP매매를 이용한다. 그리고 일시적인 유동성 과부족을 조절하기 위해 RP매매를 이용하기 때문에 통화안정증권, 통화안정증권계정에 비해 단기로 운용된다. 한국은행은 유동성을 흡수하기 위해 환매조건부매도를 실시하고, 유동성을 공급하기 위해 환매조건부매수를 실시한다.

(5) RP의 거래조건[4]

1) 대고객 RP거래

대고객 RP거래의 증권은 국채, 지방채, 특수채, 보증채, 외국채 등이며 채권평가회사가 시가평가를 할 수 있고, 투자적격 이상의 신용평가 또는 정부나 지방자치단체 및 적격금융기관이 보증한 증권으로 제한된다. 거래약관은 금융투자협회가 제정한 대고객 환매조건부매매약관이나 개별금융기관의 약관이 사용된다.

2) 기관간 RP거래

기관간 RP거래는 증권의 종류, 가격, 만기, 거래금액 등 거래조건에 제한은 없고, 거

---

4) 한국은행, 한국의 금융시장, 2021, 73-76쪽.

래약관이나 환매서비스기관의 운영규정에 근거하여 거래당사자간 협의로 결정된다. 거래약관은 금융투자협회가 제정한 기관간환매조건부매매약관이 사용되고 외국계 금융기관과의 거래시에는 국제표준약관이 사용되기도 한다.

3) 한국은행 RP거래

한국은행은 RP매매를 공개시장 조작 수단의 하나로 이용하고 통화신용정책을 수행하기 위해 자기계산으로 국채, 원리금 상환을 정부가 보증한 유가증권, 금융통화위원회가 정한 유가증권을 공개시장에서 매매하거나 대차할 수 있다. 위의 유가증권은 자유롭게 유통되고 발행조건이 이행되는 것으로 한정한다.

한국은행의 RP매매는 매매방식에 따라 공개시장에서 불특정 상대방을 대상으로 하는 공모방식과 특정 상대방을 대상으로 하는 상대매매가 있다. 상대매매는 금융시장의 안정이나 통화신용정책의 원활한 운영을 위해 필요할 경우 실시하며 금리와 만기 등 매매조건은 한국은행과 상대기관의 협의에 의해 결정된다.

공모방식의 매매는 경쟁입찰과 모집으로 구분된다. 경쟁입찰은 한국은행이 결정한 내정금리와 금융기관이 제시한 응찰금리에 따라 낙찰기관이 결정된다. RP매입은 최저 매입내정금리 이상에서 높은 금리 순으로 낙찰기관이 정해지고, RP매도는 최고 매각내정금리 이하에서 낮은 금리 순으로 낙찰기관이 결정된다.

(6) RP의 참가기관

대고객 RP는 투자매매업자(겸영금융투자업자 제외), 투자매매업 인가를 받은 은행, 증권금융회사, 종합금융회사, 우체국예금·보험에 관한 법률에 의한 체신관서가 취급하고 있다. 또한 기관간 RP거래는 자본시장과 금융투자업에 관한 법률상 전문투자자에 해당하는 금융기관 및 금융공기업 등이 참가할 수 있다.

자금중개회사가 중개하는 장외 RP시장에는 은행, 보험회사, 금융투자업자, 증권금융회사, 종합금융회사, 자금중개회사, 금융지주회사, 여신전문금융회사, 상호저축은행, 한국자산관리공사, 한국주택공사, 집합투자기구, 신용보증기금, 농업협동조합, 수산업협동조합, 신용협동조합, 새마을금고 등이 참여할 수 있다.

장내 RP시장의 경우 기존에는 한국거래소의 증권회원(증권사) 및 채무증권전문회원(은행)으로 참가가 제한되었으나, 2019년 12월 장내 RP시장 활성화를 위해 참기기관의 범위를 확대하면서 자본시장법상 전문투자자 등이 참가할 수 있다. 그리고 장외 RP의 중

개는 한국자금중개, KIDB자금중개, 서울외국환중개 등 자금중개회사와 한국증권금융,
장내 RP의 중개는 한국거래소가 수행하고 있다.

(7) RP거래의 메커니즘

대고객 RP거래는 통장거래방식으로 이루어지며 투자자보호를 위해 매도 금융기관
이 거래원장에 대상증권을 기입하고 거래내역을 고객에 통지하도록 하고 있다. 매도 금
융기관은 대상증권을 투자자 예탁분으로 명시해 한국예탁결제원에 예탁하고, 예탁증권
의 시가가 환매가 105% 이상이 되도록 유지해야 한다.

RP 매도기관은 환매수의 이행에 영향을 주지 않는 범위내에서 보관중인 증권을 다
른 증권으로 대체할 수 있다. 다만 기존 증권보다 신용등급이 낮은 증권으로 교체하는
경우 또는 교체 후 증권의 시장가액이 종전 가액을 하회하는 경우 등 투자자에게 불리하
게 교체될 경우에는 투자자의 사전 동의가 필요하다.

한국예탁결제원은 거래시점에 매도증권을 매도 금융기관 예탁자계좌부의 자기분계
좌에서 투자자분계좌(RP 매수증권계정)로 대체한 후 약정기간에 일일정산, 증권 대체, 증
권반환업무를 수행한다. 기관간 RP거래는 장외시장에서 직거래와 중개거래방식으로 거
래가 이루어지는데 중개거래방식이 대부분을 차지한다.

직거래는 매도자가, 중개거래는 중개회사가 한국예탁결제원 시스템에 거래내역을
입력하고 직거래는 매수자가, 중개거래는 거래 쌍방이 거래내용을 확인하면 매매 확인이
완료된다. 매매 확인 후 한국예탁결제원은 RP 결제내역을 생성·확정하고 증권대금동시
결제(Delivery versus Payment)방식으로 결제를 한다.

한국예탁결제원은 RP 매도기관 예탁자계좌부에 증권잔량을 확인하고 RP 매도기관
예탁자계좌부에 있는 대상증권에 일시 처분제한조치를 취한 후 RP 매수기관이 한은결제
망을 통해 RP 매도기관에게 대금을 이체하면 대상증권을 RP 매도기관 예탁자계좌부에
서 RP 매수기관 예탁자계좌부로 대체하여 결제를 한다.

한국예탁결제원은 매일 증권가치와 기준증거금을 비교하여 추가증거금을 징수하는
일일정산, 증권대체, 환매업무를 수행한다. 장내시장은 거래중개, 담보관리, 일일정산, 중
앙청산소의 매매확인, 채무인수, 청산, 결제이행 보증업무를 한국거래소가 수행한다는
차이가 있으나 증권대금동시결제 방식으로 이루어진다.

┃그림 3-5┃ RP거래 메커니즘(매입일 기준)

1. 대고객 RP

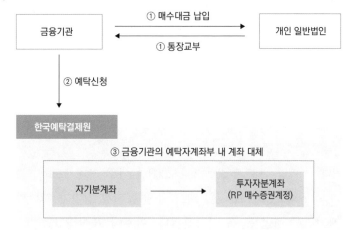

2. 기관간 RP (장외 중개거래)

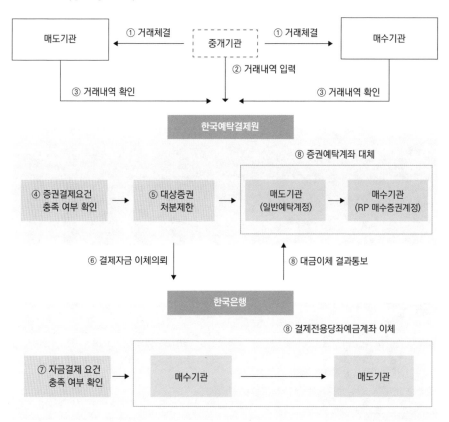

(8) RP거래의 현황

우리나라 RP시장은 경제주체들의 RP거래에 대한 인식 제고와 관련 제도 및 인프라 개선 등에 힘입어 빠른 속도로 성장하였다. 대고객 RP거래는 예금 또는 MMF 등 실적배당형 상품의 대체투자수단으로서 인식이 확산되고 투자자보호 강화 등 관련 제도도 개선되면서 대체로 증가하는 모습을 보여왔다. 그러나 2017~2018년에는 RP형 CMA 잔고, 은행 신탁부문의 대고객 RP 매수거래가 축소되어 63조원 수준까지 감소하였다. 2020년 이후 주식시장 호조에 따른 고객예탁금 증가 등으로 증가세로 전환되어 2021년 6월말 현재 98.9조원 수준을 기록하고 있다.[5]

기관간 RP거래는 도입 이후 부진했으나 2008년 이후 거래제도와 인프라 개선 등 거래 활성화 조치가 시행되고, 2010년 7월 제2금융권 콜시장 참가가 제한되는 등 단기금융시장 개편이 추진되면서 매년 큰 폭 성장하였다. 이후에 RP거래가 금융기관의 레버리지 확대 등을 위한 주요 단기자금 조달수단으로 자리잡고 성장세를 이어감에 따라 2021년 6월말 현재 137.8조원 수준을 나타내었다. 2021년 6월말 현재 국내 RP시장의 전체규모(잔액기준, 장내 RP 제외)는 총 236.7조원이며, 이 중 기관간 거래와 대고객 거래가 각각 58.2% 및 41.8%을 차지하고 있다.

▌그림 3-6 ▌ RP거래 규모[1]

주 : 1) 기말 잔액 기준, 장내 RP 제외
자료 : 금융투자협회, 한국은행, 한국예탁결제원

---

5) 한국은행, 한국의 금융시장, 2021, 77-81쪽

대고객 RP거래의 주요 매도주체는 증권회사이다. 2021년 6월말 현재 증권회사의 RP 거래 매도잔액은 전체 대고객 RP거래의 94.3조원(95.4%)를 차지하고 있다. 반면에 RP거래의 주요 매수주체는 개인 및 일반법인 등이며 이들은 단기 여유자금 운용 등의 목적에서 RP거래에 참가하고 있다.

┃표 3-5┃ 취급기관별 대고객 RP거래 규모[1]

구분	2016	2017	2018	2019	2020	2021.6
증 권 사	72.9 (94.1)	65.2 (91.6)	58.2 (92.7)	65.7 (94.0)	86.8 (95.5)	94.3 (95.4)
체신관서	1.2 (1.6)	1.1 (1.5)	0.9 (1.4)	0.8 (1.1)	0.9 (0.9)	0.8 (0.8)
기 타[2]	3.3 (4.3)	4.9 (6.9)	3.7 (5.9)	3.4 (4.9)	3.3 (3.6)	3.7 (3.7)
합 계	77.4	71.2	62.8	69.9	90.9	98.9

주 : 1) 기간말 매도잔액 기준, ( )내는 구성비
　　2) 은행, 증권금융, 종금사 등
자료 : 금융투자협회, 한국은행

대고객 RP거래의 매매대상 채권은 국채증권, 지방채증권, 특수채증권, 금융위원회가 정하여 고시하는 무보증사채, 공공기관 및 지방공사 발행한 채권, 자산유동화계획에 의해 발행하는 수익증권, 주택저당증권, 학자금대출증권, 외국정부가 발행한 국채이며, 만기는 6일 이내(94.4%)가 대부분이다.

┃그림 3-7┃ 대고객 RP거래의 담보증권별 · 만기별 비중[1]

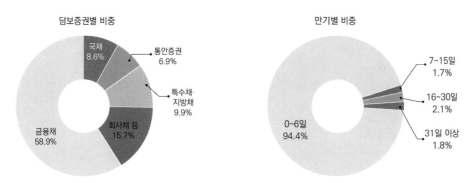

주 : 1) 2021년 6월말 매도잔액 기준, 체신관서 매도분 제외
자료 : 금융투자협회

대고객 RP거래의 주요 매도주체는 증권사, 자산운용사이며, 매수주체는 자산운용
사, 은행신탁이다. 단기금융시장 개편으로 비은행금융기관의 콜시장 참가가 제한되면서
기관간 RP시장에서 이들 기관들의 거래규모가 높은 비중을 차지하였다. 2021년 상반기
매도 측면에서 증권사와 자산운용사의 비중은 각각 47.7%, 35.4%이며, 매수 측면에서 자
산운용사가 29.8%, 은행신탁이 26.5%를 차지한다.

▌표 3-6▐ 시장참가자별 기관간 RP거래 규모[1]

(단위 : 조원, %)

구분		2016	2017	2018	2019	2020	2021.상
매도	증 권 사	32.0 (61.6)	31.7 (51.6)	43.5 (57.7)	54.8 (59.1)	57.4 (54.0)	57.2 (47.7)
	국 내 은 행	4.3 (8.2)	3.3 (5.3)	2.0 (2.7)	0.9 (0.9)	2.0 (1.9)	1.9 (1.6)
	자산운용사	9.4 (18.0)	19.0 (31.0)	21.2 (28.2)	28.6 (30.9)	37.1 (34.8)	42.5 (35.4)
	증 권 신 탁	1.7 (3.3)	3.0 (4.9)	4.2 (5.6)	3.9 (4.2)	5.0 (4.7)	8.8 (7.3)
	증 권 금 융	3.1 (6.0)	3.0 (5.0)	3.3 (4.4)	3.1 (3.3)	2.9 (2.7)	3.1 (2.6)
	기 타[2]	1.4 (2.7)	1.3 (2.2)	1.1 (1.5)	1.3 (1.5)	2.0 (1.8)	6.5 (5.4)
	합계	51.9	61.5	75.4	92.6	106.4	120.1
매수	자산운용사	19.4 (37.3)	22.7 (36.9)	24.4 (32.4)	30.7 (33.1)	36.3 (34.2)	35.7 (29.8)
	은 행 신 탁	11.3 (21.7)	14.3 (23.3)	19.0 (25.2)	21.8 (23.5)	29.1 (27.4)	31.8 (26.5)
	증 권 신 탁	5.7 (11.1)	4.2 (6.8)	4.0 (5.4)	4.5 (4.8)	5.4 (5.1)	5.0 (4.1)
	국 내 은 행	5.5 (10.5)	6.7 (10.8)	11.5 (15.3)	18.2 (19.7)	14.4 (13.5)	18.0 (15.0)
	증 권 금 융	4.1 (8.0)	5.7 (9.3)	7.3 (9.7)	6.3 (6.7)	6.6 (6.2)	9.7 (8.1)
	기 타[3]	5.9 (11.5)	7.9 (12.8)	9.0 (12.0)	11.2 (12.1)	14.5 (13.6)	19.8 (16.5)

주 : 1) 기간중 일평균 잔액 기준, ( )내는 구성비
　　2) 외은지점, 보험회사, 종금사, 비거주자 등
　　3) 외은지점, 증권사, 비거주자 등
자료 : 한국예탁결제원

기관간 RP거래 대상채권은 국채, 지방채, 금융채, 특수채, 회사채, 통화안정증권, 예금보험기금채권 중 신용평가회사가 발표하는 신용등급이 AA 이상인 일반사채와 특수채(주식관련채권은 제외)이다. 만기는 거래금액기준으로 대부분(92.9%) 익일물 거래이며, 잔액기준으로 익일물이 69.3%, 기일물이 30.7%를 차지한다.

┃그림 3-8┃ 기관간 RP거래의 담보증권별 비중

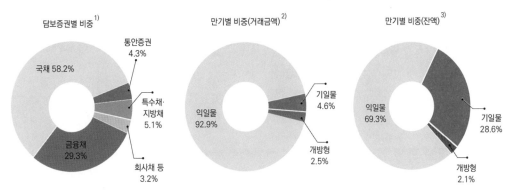

주 : 1) 2021년 상반기중 일평균 담보금액 기준
    2) 2021년 상반기중 일평균 거래금액 기준
    3) 2021년 상반기중 일평균 잔액 기준
자료 : 한국예탁결제원

3. 양도성예금증서시장

(1) CD의 정의

양도성예금증서(CD : Certificate of Deposit)는 은행의 정기예금증서에 양도성을 부여한 단기금융상품이다. CD에 관한 법규정은 없으며, 한국은행 금융통화위원회가 제정한 금융지급기관규정과 양도성예금증서의 발행조건에 근거하여 발행되고 있다. CD는 무기명 할인식으로 발행되고 양도가 가능하다.

CD의 만기는 30일 이상으로 제한되어 1년 이상의 만기를 가진 CD의 발행은 거의 없고 만기 6개월 미만의 CD발행이 주를 이룬다. CD는 투자주체에 따라 은행간 CD와 대고객 CD로 구분할 수 있다. 현재 국내은행의 CD발행은 대고객 CD 중심으로 이루어지며 은행간 CD 발행은 지극히 미미한 수준이다.

(2) CD의 성격

CD는 예금으로 한국은행법상 지급준비금 적립대상이 되는 예금채무에 해당한다. 다만 은행을 상대로 발행하는 CD는 지급준비금 적립대상에서 제외된다. 일반 고객을 대상으로 하는 CD거래는 예금채무에 해당되어 한국은행에 지급준비금을 예치할 의무가 있지만, 은행예금과 달리 예금보험대상은 아니다.

CD는 권리의 이전과 행사를 위해 증권의 소지가 필요하여 상법상 유가증권에 해당된다. CD는 만기 전에 양도되면 시중금리에 따른 원본손실위험이 있으나 만기가 짧아 금리변동에 따른 가치변동이 작고 CD를 금융투자상품으로 간주하면 금융업종간 업무배분에 혼란이 초래되어 정책적으로 제외한 것이다.

(3) CD의 기능

CD시장은 발행기관, 중개기관, 매수기관으로 구성된다. 발행기관인 은행은 대출 등 자금사정에 따라 발행규모와 시기를 조절하여 탄력적인 자금조달이 가능하다. 중개기관은 중개수수료 수입은 물론 자기계산으로 매매에 참가하여 시세차익을 얻을 수 있다. 매수기관은 CD시장을 단기자금 운용수단으로 활용한다.

(4) CD의 거래조건

CD는 중도해지할 수 없으나 양도가 가능하여 매수자가 보유 CD를 현금화할 경우 매각할 수 있다. CD는 최단만기에 대해서 30일로 제한되고 최장만기에 대해서 제한이 없다. 또한 최저액면금액에 대한 제한은 없으나 은행들은 내규 등을 통해 5백만원 또는 1천만원으로 설정하여 운영하고 있다. CD는 할인방식으로 발행된다. 할인이자는 "액면금액×할인율×(만기시까지 일수/365)"로 계산된다.

CD의 매수자는 CD를 매입할 때 예치기간 동안의 이자를 차감한 금액만을 지급하고 만기일이 도래하면 액면금액을 수령한다. 다만 은행에서는 여타 금융상품과 수익률을 비교할 수 있도록 할인율 대신에 수익률로 금리를 고시하고 있다. 일반적으로 CD 발행금리(수익률)는 은행채 등 다른 시장금리, 발행금액, 만기 등을 감안하여 결정되는데 은행별 신용도에 따라 금리수준이 다르게 형성된다.

(5) CD의 참가기관

1) 발행기관

CD를 발행할 수 있는 금융기관은 2021년 6월말 현재 한국은행에 예금지급준비금을 예치할 의무가 있는 금융기관이다. 따라서 시중은행, 지방은행, 특수은행, 외국은행 국내지점 등 한국수출입은행을 제외한 모든 은행이 CD를 발행할 수 있다. CD시장은 은행에 의해 무기명식으로 할인발행되어 거래되는 시장이다.

2) 중개기관

CD거래 중개업무는 증권회사, 종합금융회사, 한국자금중개, SMB외국환중개, KIDB 자금중개 등 3개 자금중개회사가 담당하고 있다. CD거래 중개기관은 단순중개와 매매중개를 모두 수행할 수 있다. 그러나 CD거래 중개기관은 현재 자금력 부족 등으로 대부분 CD의 발행시장에서 단순중개의 업무에만 치중하고 있다.

3) 매수기관

CD는 매수주체에 따라 대고객 CD와 은행간 CD로 구분된다. 대고객 CD는 은행 창구에서 직접 발행되는 통장식 CD와 중개기관의 중개를 통해 발행되는 시장성 CD로 구분된다. 개인, 법인, 지자체 등은 발행은행 창구에서 직접 매입하는 반면 증권사, 보험사, 자산운용회사 등 금융기관은 중개기관을 통해 매입한다.

은행간 CD는 일반적으로 중개기관을 경유하지 않고 발행은행과 매수은행의 직접 교섭에 의해 발행된다. 반면에 은행간 CD는 은행상호간 자금거래의 원활화를 위해 자금의 과부족을 해소하기 위한 수단으로 발행되고 있는데, 한국은행의 예금지급준비금 적립 대상에서 제외되는 대신 양도가 엄격히 금지되고 있다.

(6) CD거래의 메커니즘

1) 발행중개

은행이 개인 및 법인을 상대로 CD를 발행할 경우 발행내역을 은행 전산에 기재하고 통장을 발부한다. 또한 은행이 금융기관을 대상으로 CD를 발행할 경우 2006년 6월부터 CD 등록발행제가 시행되면서 한국예탁결제원을 통해 발행한다. 한편 중개기관이 일반법인이나 개인으로부터 이미 발행된 CD를 매입할 경우에 발행 후 매입시점까지 발생이자에 대한 이자소득세를 차감하고 대금을 지급한다.

2) 대금수급

CD발행시 자금결제는 발행방식에 따라 다르다. 은행창구에서 발행하는 창구 CD는 현금이나 자기앞수표로 입금한다. 중개기관을 통해 발행되는 시장성 CD는 거래규모가 100억원 단위로 계좌이체나 한국은행금융결제망을 통해 자금결제가 이루어지고, 은행간 CD는 한은금융결제망을 통해 자금결제가 이루어진다.

CD만기시 창구 CD는 CD소지자가 실물 또는 통장을 발행은행 창구에 제시하여 자금을 수령한다. 시장성 CD는 한국예탁결제원이 예탁된 CD에 대해 한국은행에 지급을 요청하면, 한국은행금융결제망을 통해 발행은행에서 중개기관으로 자금이 이체되고 중개기관이 다시 고객계좌에 자금을 이체하여 자금을 회수한다.

┃그림 3-9┃ CD의 발행·상환 메커니즘

1. 창구발행

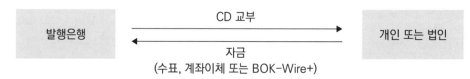

2. 중개기관 경유 발행

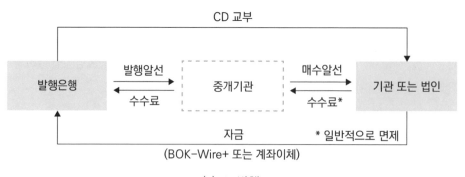

(a) CD발행

1. 창구발행

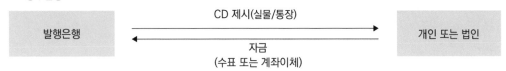

2. 중개기관 경유 발행

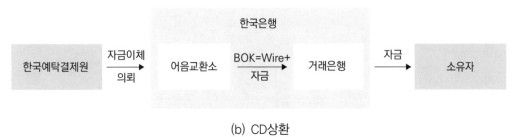

(b) CD상환

(7) CD의 발행현황[6]

CD발행은 2009년 단기유동성이 풍부하면서 저조하였고, 2009년말 예대율 규제 도입방안 발표 이후 급감하였다. 이는 예대율 산정시 CD를 예수금에서 제외하여 CD발행 유인이 줄었기 때문이다. CD발행은 2009년말 113.3조원에서 2010년말 44.5조원으로 예대율 규제가 시행된 2012년 6월 이후 감소하였다.

CD 발행잔액은 2015년 LCR 규제도입, 2018년 예대율 산정방식 개정으로 35조원 수준까지 회복되었다가 창구 CD가 큰 폭 감소하면서 2020년에 20조원을 하회하였다. 2020년 7월부터 RP시장에 현금성자산 규제가 도입되면서 RP 매도기관의 CD 매입수요가 확대되어 2021년 6월말 현재 31조원을 기록하였다.

은행간 CD는 전체 CD시장에서 비중이 2000년말 21.0%에서 하락하여 2008년 이후 1% 이내로 줄고, 2013년 10월 이후에 발행실적이 거의 없었다. 이는 양도가 엄격히 제한되어 거래편의성이 낮고 은행의 자금조달수단이 다양화된데 기인한다. 2021년 6월말 현재 전체 CD 발행잔액의 대부분(100%)이 대고객 CD이다.

CD금리 산정의 대상이 되는 시장성 CD는 2009년말 예대율 규제 도입 발표 이후 발행이 급격히 줄어 2012년 8월에 발행잔액이 1조원 수준으로 감소하였다. 그러나 시장성 CD의 발행을 유도하려는 다양한 정책의 효과로 꾸준히 증가하여 2021년 6월말 발행잔액 15.1조원, 전체 CD시장 비중 48.8%를 차지하였다.

---

6) 한국은행, 한국의 금융시장, 2021, 112-114쪽.

┃그림 3-10┃ CD의 발행규모[1]

주 : 1) 기말 잔액 기준
자료 : 한국은행

┃표 3-7┃ 종류별 CD 발행잔액[1]

(단위 : 조원, %)

구분	2012	2014	2016	2018	2020	2021.6
전체	24.7(100.0)	20.1(100.0)	28.7(100.0)	34.5(100.0)	19.3(100.0)	31.0(100.0)
대고객 CD	24.5 (99.2)	20.1(100.0)	28.7(100.0)	34.5(100.0)	19.3(100.0)	31.0(100.0)
창 구 CD	21.3 (86.5)	16.6 (82.5)	22.0 (76.6)	25.7 (74.6)	9.3 (48.1)	15.9 (51.2)
시장성 CD	3.1 (12.7)	3.5 (17.5)	6.7 (23.4)	8.8 (25.4)	10.0 (51.9)	15.1 (48.8)
은행간 CD	0.2 (0.8)	0.0 (0.0)	0.0 (0.0)	0.0 (0.0)	0.0 (0.0)	0.0 (0.0)

주 : 1) 기말 기준, ( )내는 구성비
자료 : 한국예탁결제원

    CD의 보유자 구성을 보면 일반법인과 가계와 비영리단체의 비중이 2016년말 각각 45.1%, 24.8%에서 2021년 6월말 각각 32.2%, 9.8%로 큰 폭 하락했다. 그러나 자산운용사의 비중은 20.3%에서 30.5%로 큰 폭 상승하였다. 또한 신탁 및 증권사 등 비은행과 기타 금융중개기관의 단기금융시장비중도 크게 상승하였다.

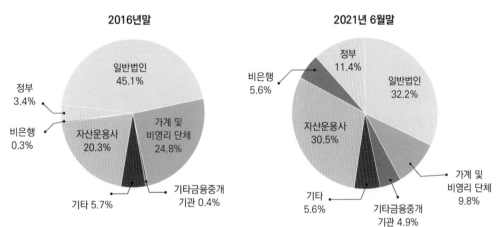

┃그림 3-11┃ CD 보유자별 구성비[1]

주 : 1) 기말 잔액 기준
자료 : 한국은행 자금순환표

4. 기업어음시장

(1) CP의 정의

기업어음(CP : commercial paper)은 신용상태가 양호한 기업이 상거래에 관계없이 자금운용에 필요한 단기자금을 조달하기 위해 자기신용을 바탕으로 발행하는 융통어음을 말한다. 따라서 기업어음은 상거래에 수반되어 발행되는 상업어음(진성어음)과 성격이 다르지만, 법적으로 상업어음과 같은 약속어음으로 분류된다.

CP시장은 발행기업, 할인·매출기관, 매수기관으로 구성된다. 발행기업은 거래은행에서 어음증권이 명시된 어음용지를 교부받아 발행하고 은행의 당좌예금계정을 통해 결제한다. 할인·매출기관은 발행기업에서 CP를 할인·매입한 후 매수기관에 매출하여 매매차익을 얻고 매수기관은 단기자금 운용수단으로 CP를 활용한다.

CP는 발행절차가 간편하고 통상 담보없이 신용으로만 발행(ABCP 제외)되기 때문에 기업의 신속한 자금조달수단으로 활용되고 있으며, 금리 측면에서도 은행대출보다 일반적으로 유리한 편이다. 반면 발행기업에 대한 정보가 시장에 충분히 제공되지 않아 투자자는 CP가 신용사건에 대한 잠재적인 도화선이 될 수 있다.

CP의 실물과 대금결제가 분리되어 있다는 점도 어음법 적용상의 문제점이다. 최근에 결제인프라의 발전으로 인해 대부분의 증권거래가 동시결제방식(DVD)에 의해 처리되고 있는데, CP는 아직도 동시결제방식이 아니라 실물과 대금의 분리결제방식을 준수하고 있어 거래당사자는 불필요한 신용위험에 노출되어 있다.

(2) CP의 성격

CP는 어음법상 융통어음인 동시에 자본시장법상의 기업어음증권이다. 자본시장법이 도입되기 이전부터 CP는 증권거래법상의 유가증권으로 정의되었다. 그런데 자본시장법은 증권거래법을 수용하면서 CP를 채무증권으로 정의하였고 발행주체, 만기, 최저액면금액, 신용등급에 대한 CP의 요건을 대폭으로 완화하였다.

(3) CP의 기능

CP는 주식, 채권과 달리 이사회 의결, 발행기업 등록, 증권신고서 제출 등의 절차없이 간편하게 발행할 수 있고 대부분 사모로 발행되어 등록 및 공시의무가 면제된다. 1개월 미만의 초단기 CP가 주종을 이루는 선진국과 달리 우리나라는 만기가 3개월 또는 6개월 이상의 CP의 비중이 상대적으로 높게 나타나고 있다.

CP는 어음법상 약속어음의 요건만 충족되면 발행할 수 있고 금리도 발행기업의 신용도와 시장상황에 따라 협상에 의해 결정된다. 또한 발행단위가 거액이며 대부분 무담보 대출이어 신용위험을 부담해야 하기 때문에 투자자의 대부분은 CP를 단기운용펀드에 편입하여 일반에게 간접매출을 하는 기관투자자들이다.

(4) CP의 발행조건

CP 발행기업의 요건과 발행조건은 할인금융기관에 따라 다르다. 증권회사 고유계정이 매입하는 CP는 대상기업, 만기, 액면금액 등에 대한 제한이 없다. 그러나 CP를 매매, 중개·주선 또는 대리하는 경우에는 2개 이상의 신용평가기관으로부터 신용평가를 받은 CP를 대상으로 무담보매매·중개방식으로 수행할 수 있다.

종합금융회사는 만기 1년 이내의 CP만 할인·매매·중개를 할 수 있다. 기업을 대상으로 어음할인을 하려면 해당 기업을 적격업체로 선정해야 한다. 또한 CP 할인 전 발행기업에 대한 신용조사와 함께 재무구조와 경영상황을 분석하여 적격업체 선정 여부를 결정한 후 동일인 여신한도 이내에서 적정 할인한도를 설정한다.

CP의 신용등급은 A1, A2, A3, B, C, D의 순으로 구성되었다. A1～A3등급은 투자등급, B등급 이하는 투기등급이다. A2∽B등급에는 동일등급에서 우열을 나타내기 위해 +, − 부호를 부가하여 세분하고 있다. 자산담보부 CP에는 상기 신용등급에 구조화 금융상품을 뜻하는 'sf(structured finance)'를 추가하여 표시한다.

▌표 3-8▐ 우리나라 CP의 신용등급

구분	평가등급	등급 정의
투자등급 (investment grade)	A1	적기상환능력이 최고수준이며, 현단계에서 합리적으로 예측가능한 장래의 어떠한 환경변화에도 영향을 받지 않을 만큼 안정적
	A2+, A2, A2−	적기상환능력 우수, A1보다 다소 열등
	A3+, A3, A3−	적기상환능력 양호, 장래 급격한 환경변화에 따라 다소 영향을 받을 가능성
투기등급 (speculative grade)	B+, B, B−	적기상환능력은 인정되지만 투기적인 요소가 내재
	C	적기상환능력이 의문시됨
	D	지급불능상태

자료 : NICE신용평가

CP의 발행금리는 발행기업과 할인기관이 발행기업의 신용리스크, 할인기간, CP 시장의 수급상황을 감안하여 결정한다. CP 고시금리는 금융투자협회가 매일 2회 발표하는데, 8개 금융기관으로부터 91일물 A1등급 CP에 대한 할인율을 통보받아 최고 및 최저 할인율을 제외한 나머지 6개의 할인율을 평균하여 산출한다.

(5) CP의 참가기관

1) 발행기관

CP는 민간기업, 공기업, 증권회사, 신용카드회사, 특수목적회사(SPC : special purpose company) 등이 발행하고 있다.[7]

2) 할인기관

CP의 할인 및 매출은 증권회사와 종합금융회사가 주로 담당하고 있다. 종합금융회사는 매출뿐만 아니라 자체 보유목적으로 CP를 할인한다. 반면에 수신기능이 제한적인

---

7) 한국은행, 한국의 금융시장, 2021, 123-126쪽.

증권사는 일반적으로 CP를 할인한 후 자체보유하지 않고 매출한다. 한편 은행, 자산운용회사, 보험회사 등의 CP 할인은 활발하지 않다.

은행은 CP 할인이 대출로 간주되어 여신한도의 제한을 받고 기업에 다양한 형태로 자금을 공급할 수 있기 때문이다. 자산운용회사, 보험회사는 CP 발행기업에 독자적인 심사기능을 갖추지 못하고 할인·매출기관을 통해 CP를 매입해도 수수료 부담이 크지 않아 할인보다 증권회사를 통한 매입을 선호한다.

3) 매수기관

기업어음의 매입주체는 자산운용회사, 종합금융회사, 은행신탁, 증권신탁이다. 자산운용회사는 증권사와 종금사가 중개한 기업어음을 매수하고, 은행신탁계정은 할인·매출기관이 중개한 기업어음을 매입한다. 개인들은 CP를 직접 매입하기보다는 은행의 금전신탁이나 증권사 종금형 CMA를 통해 간접적으로 투자한다.

(6) CP의 거래메커니즘

1) 할인

CP 발행기업은 지급장소로 지정된 당좌계정개설은행에서 기업어음용지를 받아 자금을 사용할 날의 전일이나 당일 오전에 증권회사, 종합금융회사 등 할인기관과 만기·금액·금리 등을 협의한 후 어음을 발행하여 할인을 요청한다. 할인기관은 발행기업과 CP거래 약정을 맺고 할인한도를 부여하는데 할인기관간 경쟁이 치열해짐에 따라 할인 CP를 대부분 매출하여 거래약정 없이 할인한 경우가 많다.

2) 매출

종합금융회사, 증권회사 등은 기업어음을 할인한 후 할인금리보다 낮은 금리로 자산운용회사 등 어음 매수기관에 매출한다. 거래방식은 실물교부와 통장거래 모두 가능하나 실물교부가 주로 이용된다. 다만 실물교부라 해도 대부분 할인기관이 발행기업에서 할인매입하여 기관투자자나 일반법인 등 매수자에게 매출하는 동시에 한국예탁결제원의 매수자계좌에 예탁하는 형태로 이루어진다. 매수자가 통장거래를 희망하면 할인기관이 CP 실물을 보관하고 보관어음 통장을 발급할 수 있다.

3) 대금수급

할인기관은 매수기관으로부터 자금을 수령하여 어음교환 차액결제가 종료된 후 거래은행이 같은 경우 계좌이체 또는 거래은행이 다른 경우 BOK-Wire+를 통해 CP 발행기업에 지급한다. 기업어음의 만기가 도래하면 CP 보유기관은 거래은행을 통해 CP를 교환에 회부하여 지급장소로 지정된 은행 앞으로 결제를 요청한다.

CP 발행기업이 상환자금을 지급은행 결제계좌에 입금하면 상환자금은 CP 교환회부은행을 통해 투자자에게 이체되어 결제가 종료된다. 만일 발행기업이 교환에 회부된 CP를 결제하지 못하면 담보부거래는 CP 매출기관이 대신 지급하고, 중개 및 무담보부 거래는 CP 보유기관에게 결제불능을 알리고 어음실물을 넘겨준다.

❙그림 3-12❙ CP 대금수급 메커니즘

(a) CP 발행 및 매출

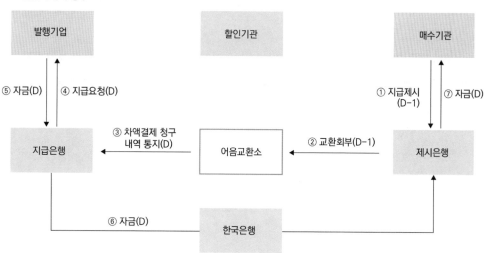

(b) CP 상환

2. 통장거래의 경우

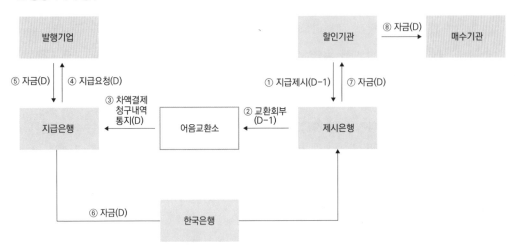

주 : D는 만기일

교환에 회부된 CP를 결제하지 못한 기업은 익일 영업시간에 대금을 CP 제시은행에 입금해야 하고, 그렇지 못하면 지급은행으로부터 당좌거래정지 처분을 받는다. 부도대금을 부도 다음날 입금하면 1년간 3회 당좌거래정지 처분을 벗어날 수 있으나 4회째부터는 부도어음대금을 납입하더라도 당좌거래정지 처분을 받게 된다.

(7) CP의 발행현황

CP시장은 2000년대 중반 자금조달 편의성이 부각된 ABCP 발행이 증가하면서 확대되었다. 건설경기의 호조, 정부규제에 따른 부동산 PF ABS의 부동산 PF ABCP로의 전환으로 PF ABCP 발행이 급증하였다. 장단기 금리차익 획득을 위해 금융기관의 증권을 기초자산으로 하는 ABCP도 활발히 발행되었다.[8]

그러나 2008년 미국의 리먼브라더스 파산을 계기로 글로벌 금융불안이 급속히 심화되면서 캐피탈사, 카드사 등 금융회사들이 영업위축 및 투자수요 감소로 디레버리징(deleveraging)에 나서면서 금융회사의 CP 발행이 크게 줄었다. 또한 경기침체로 부동산 PF의 부실 우려가 증대되면서 ABCP의 발행도 급감하였다.

일반기업 CP는 우량기업을 중심으로 필요자금의 선조달수요가 증가하면서 발행이 확대되었다. 이후 금융불안이 진정되고 시중 유동성 사정이 호전되었으나 이 시기에는

---

8) 한국은행, 한국의 금융시장, 2021, 127-128쪽.

기업들이 부채구조를 개선하기 위해 CP보다 상대적으로 만기가 긴 회사채 발행을 대폭 확대하면서 2009년말까지 CP시장의 부진이 지속되었다.

2013년 전자단기사채 도입, 만기 1년 이상 CP발행에 대한 증권신고서 제출의무 부과로 CP 발행은 낮은 증가세를 보였다. 일반 ABCP 발행은 저금리 기조 지속, 대내외 불확실성 증대로 투자자의 중위험·중수익 상품에 대한 선호가 증대되어 증권사가 새로운 수익창출 수단으로 ABCP를 적극 취급하면서 호조를 지속하였다. 2021년 6월말 현재 전체 CP 발행잔액은 211조원을 기록하고 있다.

▮ 그림 3-13 ▮ 발행주체별 CP 발행잔액

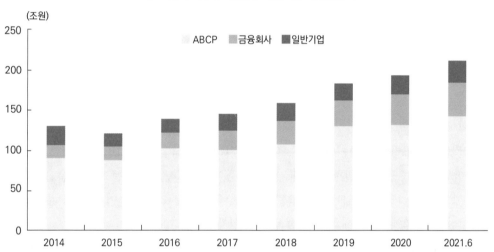

자료 : 연합인포맥스

CP의 만기구조를 보면 2021년 상반기 발행액 기준으로 6개월~1년물이 40.6%로 가장 높은 비중을 차지하고 3~6개월물과 1~3개월물의 비중이 각각 30.9%, 16.5%를 차지하였다. 신용등급별 구성을 보면 최우량 등급인 A1 등급 비중이 90.4%, A2 등급 비중은 8.0%로 우량물에 집중된 것으로 나타났다.

┃그림 3-14┃ CP 발행액 만기별 비중[1]

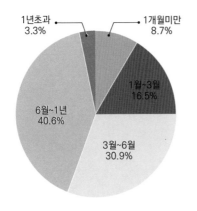

주 : 1) 2021년 상반기중 발행액 기준
자료 : 연합인포맥스

┃그림 3-15┃ CP 발행액 신용등급별 비중[1]

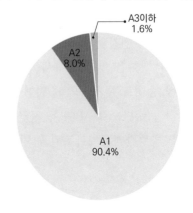

주 : 1) 2021년 상반기중 발행액 기준
자료 : 연합인포맥스

5. 단기사채시장

(1) 단기사채의 정의

단기사채는 기업이 단기자금을 조달하기 위해 발행하는 만기 1년 미만의 사채로 실물이 아닌 전자증권으로 발행되는 단기금융상품이다. 즉 단기사채는 기업어음을 대체하기 위해 2013년 1월에 도입된 상품으로 1972년에 도입된 기업어음이 거래의 투명성 등 자본시장의 니즈에 맞는 새로운 상품으로 재설계되었다.

단기사채의 법적 성격은 어음이 아닌 채권이나 경제적 실질은 기업어음과 같다. 다만 기업어음은 실물로 발행되지만 단기사채는 실물없이 전자등록기관의 전자장부에 등록되는 방식으로 발행되는 점이 다르다. 전자등록은 증권에 관한 권리의 발생·변경·소멸에 관한 정보를 전자적 방식으로 기재하는 것을 말한다.

기업어음의 문제를 해결하기 위해 2013년 1월 기업어음의 법적 형식을 약속어음에서 사채로 전환하고, 그 사채의 발행을 전자화한 전자단기사채법을 시행하였다. 상법의 특별법인 전자단기사채법은 단기사채가 기업어음과 동일한 상품성을 유지하고 전자적으로 발행되도록 상법상 사채와는 다른 특례를 규정하였다.

2019년 9월 16일부터 시행된 전자증권법의 제정에 따라 2013년 1월에 시행된 전자단기사채법은 폐지되었다. 전자증권법에서는 전자단기사채법의 규정 중에서 전자단기사채 등의 정의규정과 상법에 대한 특례규정을 옮겨서 규정하고 있다. 다만 명칭을 전자단기사채 대신에 단기사채 등으로 규정하고 있을 뿐이다.

(2) 단기사채의 도입배경

첫째, 기업어음은 기업과 금융기관의 단기자금 조달수단의 역할을 담당했으나 어음법과 자본시장법을 모두 적용받는 법적 지위로 인해 운영상의 불편함이 있었다. 그리고 어음의 특성상 발행절차는 간편한 반면에 공시의무가 없어 시장투명성과 투자자 보호를 위한 제도적 장치가 미흡하다는 지적을 받아왔다.

또한 어음과 대금의 동시결제가 이루어지지 않아 발행자가 신속하게 발행대금을 사용하기 어렵고, 이는 기업어음이 1일물과 같은 초단기물로 발행되는 것을 제약하는 요인으로 작용하였다. 이러한 기업어음의 문제점을 해소하고 발행 및 유통의 편의성을 제고하는 새로운 자금조달수단으로 단기사채가 도입되었다.

둘째, 증권사 등 비은행금융기관들의 단기자금 조달수요가 주로 콜시장에 집중되어 있던 현상을 완화할 필요가 있었던 점도 단기사채의 도입배경이 되었다. 우리나라의 콜시장은 은행간 시장으로 출범했으나 점차 은행보다 신용도가 낮은 비은행금융기관까지 참가하는 대규모 초단기 신용시장으로 변화되었다.

비은행금융기관들의 콜시장 참가 확대가 개별 금융기관의 입장에서는 효율적일 수 있으나, 금융시장 전체적으로는 시스템리스크를 증대시키는 요인으로 작용할 수 있다. 이에 정부는 비은행금융기관의 과도한 콜시장 참가를 제한하면서 콜시장을 통한 단기자금 조달수요를 흡수하기 위해 단기사채를 도입하였다.

(3) 단기사채의 발행조건

단기사채는 금액은 1억원 이상, 만기는 1년 이내, 사채 금액은 일시납입, 만기에 전액 일시상환, 주식관련 권리부여 금지, 담보설정 금지의 요건을 갖추어야 한다. 또한 최소금액요건은 발행은 물론 계좌간 대체등록, 액면분할에도 적용되며, 회사채시장과 경합 가능성을 최소화하기 위해 만기를 1년 이내로 제한하였다.

그리고 일시 납입, 만기 전액 일시 상환, 주식관련 권리, 담보설정 금지요건은 기업어음과 동일하게 권리·의무관계를 단순화하기 위함이다. 기업어음과 동일하게 투자매매업자나 투자중개업자가 단기사채를 매매 또는 중개하는 경우에는 2개 이상의 신용평가회사로부터 해당 단기사채에 대해 신용평가를 받아야 한다.

(4) 단기사채의 참가기관

단기사채는 상법 및 자본시장법의 적용을 받는 회사채의 일종이나 단기자금 조달수단으로 기업어음 대체효과를 위해 도입되어 발행기관, 인수·매매기관, 중개기관 등은 CP시장과 유사하다. 단기사채제도는 발행이나 권리·의무 관계의 변동이 전자계좌에 등록하는 형식으로 이루어지므로 단기사채가 등록되는 전자등록기관과 고객의 전자계좌를 관리하는 계좌관리기관이 중요한 참가자가 된다.[9]

현행 전자증권법은 단기사채의 발행자는 전자등록기관에 발행인관리계좌를 개설해야 한다고 규정하고 있다. 전자등록기관은 단기사채 발행인별로 발행인관리계좌부를 작성하는 등 시장참가자 관리업무를 수행하며, 발행되는 단기사채의 종류, 종목 등을 인터넷 홈페이지를 통해 공개하는 업무도 수행해야 한다.

계좌관리기관은 고객의 단기사채 등록업무를 수행하거나 계좌를 관리하는 기관으로 단기사채의 권리자가 되려는 자는 계좌관리기관에 고객계좌를 개설해야 한다. 계좌관리기관은 권리자별로 고객계좌부를 작성하고 전자등록기관에 고객관리계좌를 개설해야 한다. 이러한 계좌관리기관은 투자중개업자, 은행, 신탁업자, 보험회사, 한국예탁결제원이 될 수 있고 투자중개업자인 증권사가 담당한다.

┃그림 3-16┃ 단기사채 전자등록 구조

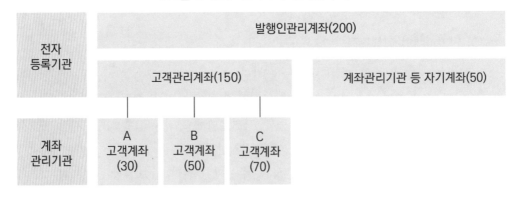

자료 : 「예탁결제」 제110호 '전자증권제도와 전자증권법의 이해'

---

9) 한국은행, 한국의 금융시장, 2021, 142-143쪽.

(5) 단기사채의 거래메커니즘

단기사채는 발행인이 실물증권 없이 발행내용을 한국예탁결제원에 통지하여 전자계좌부에 등록하는 방식으로 발행된다. 발행규모는 한국예탁결제원 발행인관리계좌, 계좌관리기관 인수분은 한국예탁결제원 계좌관리기관 자기계좌부, 고객 인수분은 한국예탁결제원 고객관리계좌와 계좌관리기관 고객계좌부에 등록된다.

단기사채의 권리이전이나 질권 설정 및 말소, 신탁 표시 및 말소 등도 권리자가 해당 단기사채가 등록된 한국예탁결제원(전자등록기관)이나 계좌관리기관에 관련 내용을 계좌부에 등록해 줄 것을 신청하여 처리하게 된다. 또한 단기사채의 소멸은 원리금 상환 시 등록 말소 처리를 통해 이루어진다.

▌그림 3-17 ▌ 단기사채의 거래메커니즘

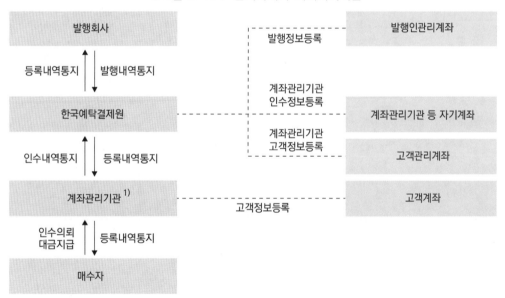

주 : 1) 투자중개업자, 은행, 신탁업자, 보험사, 한국예탁결제원 등

(6) 단기사채의 발행현황

단기사채시장은 2013년 도입 직후 빠르게 성장한 다음 2016년 이후 연간 총발행액이 1,000조원 범위에서 움직이고 있다. 연간 총발행액 추이를 보면 2013년 58.1조원, 2015년 994.9조원, 2020년 1,031.3조원, 2021년 상반기 557.4조원이다. 유형별로 살펴보면

일반단기사채는 2016년 이후 900~950조원 범위에서 총발행과 유사한 모습이지만, 자산
담보부 단기사채는 꾸준한 증가세를 보였다.[10]

2021년 상반기 유형별 총발행액을 보면 일반단기사채가 80%로 큰 비중을 차지하고
증권사와 카드사 발행 일반단기사채 비중이 각각 50% 중반, 10% 초중반으로 높은 편이
다. 증권사 발행의 높은 비중은 콜시장 참가 제약의 영향으로 단기사채시장을 단기자금
조달시장으로 활용하기 때문으로 평가된다. 한편 자산담보부 단기사채는 대부분 SPC를
통해 발행되는데 그 비중은 20%에 조금 못 미친다.

┃표 3-9┃ 단기사채 총발행규모[1)]

(단위 : 조원, %)

구분		2013	2015	2017	2019	2020	2021.상
일반단기사채		36.2 (62.2)	897.8 (90.2)	940.3 (87.9)	938.0 (83.4)	830.3 (80.5)	466.9 (80.9)
	증 권 사	9.8 (16.9)	670.8 (67.4)	657.2 (61.4)	649.1 (57.7)	577.5 (56.0)	327.0 (56.6)
	카 드 사	14.5 (24.9)	118.3 (11.9)	123.1 (11.5)	108.3 (9.6)	111.4 (10.8)	79.6 (13.8)
	캐피탈사	1.7 (2.9)	10.2 (1.0)	5.6 (0.5)	8.5 (0.8)	6.1 (0.6)	5.9 (1.0)
	공사/공단	0.2 (0.3)	15.2 (1.5)	38.6 (3.6)	56.1 (5.0)	51.0 (4.9)	22.7 (3.9)
	기 타[2)]	10.0 (17.2)	83.3 (8.4)	115.8 (10.8)	116.0 (10.3)	84.2 (8.2)	31.8 (5.5)
자산담보부 단기사채		21.9 (37.8)	97.1 (9.8)	129.8 (12.1)	186.8 (16.6)	200.7 (19.5)	106.0 (18.4)
	일 반	4.5 (7.8)	47.8 (4.8)	73.4 (6.9)	106.9 (9.5)	104.4 (10.1)	50.2 (8.7)
	프로젝트 파이낸싱	17.4 (29.9)	49.3 (5.0)	56.4 (5.3)	80.0 (7.1)	96.3 (9.3)	55.9 (9.7)
	기타	– (−)	– (−)	– (−)	– (−)	0.3 (0.0)	4.4 (0.8)
계		58.1	994.9	1,070.1	1,124.8	1,031.3	577.4

주 : 1) ( )내는 구성비 2) 비금융민간기업, 한국증권금융·대부업 등 기타금융
자료 : 연합인포맥스

---

10) 한국은행, 한국의 금융시장, 2021, 143-147쪽.

단기사채 발행잔액은 2016년말 30.7조원에서 2021년 6월말 56.2조원으로 증가하였다. 그러나 2018년 하반기에는 중동계 및 중국계 은행에 대한 불안감 증대가, 2020년 상반기에는 코로나19의 영향에 따른 전반적인 경기 및 금융시장 위축이 단기사채 순상환 요인으로 작용하면서 단기사채 발행잔액이 감소하였다.

2021년 6월말 전체 단기사채 발행잔액은 56.2조원이며, 일반단기사채가 16.8조원, 자산담보부 단기사채가 35.6조원이다. 자산담보부 단기사채에서는 일반 자산담보부 단기사채(일반 AB 단기사채)가 17.4조원, 프로젝트파이낸싱 자산담보부 단기사채(PF AB 단기사채)가 18.2조원으로 비슷한 점유율을 차지하였다.

┃그림 3-18┃ 단기사채 발행잔액

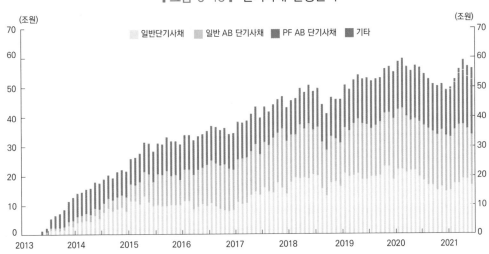

자료 : 연합인포맥스

단기사채 발행액의 만기별 구성에서 일반단기사채는 7일 이하 초단기물 비중이 75%, 7일~3개월 미만이 20%로 대부분을 차지하고 3개월 이상은 3% 정도이다. SPC가 발행하는 일반 AB 단기사채 및 PF AB 단기사채는 7일~3개월 미만이 60%, 3개월 이상이 40%로 대부분을 차지하고 7일 이하 초단기물 비중은 5% 미만이다. 2021년 상반기에는 일반 AB 단기사채 및 PF AB 단기사채 모두 7일 초과 3개월 미만 비중이 높아진 반면 3개월 이상 비중은 낮아지는 모습을 보이고 있다.

▎그림 3-19 ▎ 만기별 단기사채 발행비중[1)]

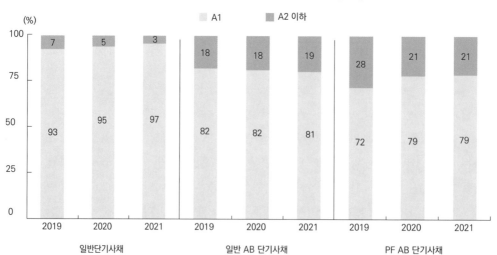

주 : 1) 2021년은 상반기 기준
자료 : 한국예탁결제원, 연합인포맥스

　　단기사채 발행의 신용등급별 구성에서 금융회사 등이 발행하는 일반단기사채가
95% 내외가 A1등급인 반면 SPC를 통해 발행되는 일반 AB 단기사채 및 PF AB 단기사채

▎그림 3-20 ▎ 신용등급별 단기사채 발행비중[1)]

주 : 1) 2021년은 상반기 기준
자료 : 한국예탁결제원, 연합인포맥스

는 A2등급 이하가 20% 내외의 비중을 차지한다. 이는 일반단기사채 시장은 신용도가 높은 금융회사나 기업이 담보없이 발행하는 물량을 중심으로 형성되는 반면, 일반 AB 단기사채 및 PF AB 단기사채는 그 안전성이 발행주체의 신용도는 물론 담보자산의 가치에 의해 평가되는 차이가 시장구조에 반영된 결과이다.

한편 단기사채 유통에 있어서는 집합투자기구, 증권회사 등이 주로 매입한다. 2021년 상반기 단기사채의 매입비중을 살펴보면 집합투자기구는 60% 내외, 증권회사는 25% 내외, 신탁(은행, 증권사) 및 연기금·공제는 15% 수준이다. 그리고 다른 금융회사의 매입 비중은 약 2% 정도이며 미미한 것으로 나타났다.

▐ 표 3-10 ▐ 단기사채 매수주체별 비중[1]

(단위 : %)

집합투자기구	증권사	신탁	연기금·공제	기타	계
59.4	23.7	8.3	6.6	2.0	100

주 : 1) 2021년 상반기 기준
자료 : 한국예탁결제원, 연합인포맥스

제1절 단기금융시장의 개요

1. 단기금융시장의 정의 : 만기 1년 이내의 단기금융상품을 거래하는 자금시장
2. 단기금융시장의 특징 : 금융시스템 안정성 및 효율성 제고에 핵심적인 요소
3. 단기금융시장의 기능
   단기차입의 수단, 통화정책의 수단, 유동성 조절수단, 단기금리지표의 산출

제2절 단기금융시장의 상품

1. 콜시장
(1) 콜시장의 정의 : 금융기관간에 초단기로 자금을 대여하고 차입하는 시장
(2) 콜거래의 특징 : 일시적인 자금과부족 조절, 한국은행 통화정책에서 중요
(3) 콜거래의 조건 : 담보제공 여부에 따라 담보콜과 신용콜로 구분
(4) 콜거래의 참가기관
    은행, 한국산업은행, 중소기업은행, 한국수출입은행, 자금중개회사
(5) 콜거래의 메커니즘 : 계약체결(중개거래, 직거래), 대금수급
2. 환매조건부채권시장
(1) RP의 정의 : 증권을 일정기간 경과 후 원매도가액(원매수가액)에 이자를 합한
    가액으로 환매수(환매도)할 것을 조건으로 하는 매도(매수)
(2) RP의 성격 : 증권의 법적 소유권이 RP 매도자에서 RP 매수자로 이전되는 거래
(3) RP의 유형 : 기관간조건부매매, 대고객조건부매매, 한국은행 조건부매매
(4) RP의 기능 : 은행들의 단기유동성 확보를 위한 필수적인 신용채널
(5) RP의 거래조건 : 기관간조건부매매, 대고객조건부매매, 한국은행 조건부매매
(6) RP의 참가기관
① 대고객 RP : 투자매매업자(겸영금융투자업자 제외), 투자매매업 인가받은 은행,
   증권금융회사, 종합금융회사, 우체국예금 · 보험에 관한 법률에 의한 체신관서
② 기관간 RP : 자본시장법상 전문투자자에 해당하는 금융기관 및 금융공기업
(7) RP의 거래메커니즘
① 대고객 RP : 통장거래방식
② 기관간 RP : 통장거래방식, 직거래방식
3. 양도성예금증서시장
(1) CD의 정의 : 은행의 정기예금증서에 양도성이 부여된 단기금융상품
(2) CD의 성격 : 한국은행법상 지급준비금 적립대상이 되는 예금채무
(3) CD의 기능 : 발행기관, 중개기관, 매수기관으로 구성
(4) CD의 거래조건 : 중도해지 불가, 양도가능, 할인방식 발행

(5) CD의 참가기관

① 발행기관 : 한국은행에 예금지급준비금 예치의무가 있는 금융기관

② 중개기관 : 증권회사, 종합금융회사, 3개 자금중개회사

③ 매수기관 : 개인, 일반법인, 지방자치단체, 은행

(6) CD의 거래메커니즘 : 발행중개, 대금수급

4. 기업어음시장

(1) CP의 정의 : 기업이 단기자금 조달하기 위해 발행하는 융통어음

(2) CP의 성격 : 어음법상 융통어음인 동시에 자본시장법상 기업어음증권

(3) CP의 기능 : 어음법상 약속어음 요건의 충족시 발행가능, 공시의무 면제

(4) CP의 발행조건

① 증권회사 : 대상기업, 만기, 액면금액에 제한없음

② 종금사 : 만기 1년 이내 CP만 할인 · 매매 · 중개 가능

(5) CP의 참가기관

① 발행기관 : 민간기업, 공기업,증권회사, 신용카드회사, 특수목적회사

② 할인매출기관 : 증건회사, 종합금융회사, 은행, 보험회사, 자산운용회사

③ 매수기관 : 자산운용회사의 MMF, 종합금융회사, 은행신탁, 증권신탁

(6) CP의 거래메커니즘 : 할인, 매출, 대금수급

5. 단기사채시장

(1) 단기사채의 정의 : 단기자금 조달목적 실물이 아닌 전자증권으로 발행

(2) 단기사채의 도입배경
    기업어음을 대체해 나가고 비은행금융기관의 과도한 콜시장 참가 제한

(3) 단기사채의 발행조건
    사채금액 1억원 이상, 만기 1년 이내, 일시납입, 만기 전액 일시상환

(4) 단기사채의 참가기관 : 발행기관, 인수 · 매매기관, 중개기관

(5) 단기사채의 거래메커니즘
    발행회사는 발행내용을 예탁결제원에 통지, 예탁결제원은 등록내역을 계좌관리 기관에
    통지, 계좌관리기관은 등록내역을 매수자에게 통지

1. 다음 중 단기금융시장에서 거래되지 않는 상품은?

① 국민주택채권   ② 기업어음(CP)

③ 환매조건부채권(RP)   ④ 양도성예금증서(CD)

| 해설 | 국민주택채권은 국민주택사업에 필요한 자금을 조달하기 위해 정부가 국회의 의결을 얻고 국토교통부장관의 요청으로 기획재정부장관이 1, 2종으로 나누어 발행한다. 1종 국민주택채권은 국가 또는 지방자치단체로부터 면허, 허가, 인가를 받거나 등기, 등록을 신청하는 사람이 의무적으로 매입해야 하는 5년 만기 채권이다.

2. 다음 중 만기가 가장 짧은 금융상품은?

① 양도성예금증서(CD)   ② 기업어음(CP)

③ 표지어음(cover bill)   ④ 환매조건부채권(RP)

| 해설 | ① 양도성예금증서(CD)는 정기예금에 양도성을 부여한 무기명 할인식으로 발행하여 타인에게 양도가 가능하며 만기는 최소 30~270일이나 90일물이 대부분을 차지한다.
② 기업어음(CP)은 기업이 단기자금을 조달하기 위해 발행하는 융통어음으로 만기는 30일에서 1년이나 3개월 이내가 대부분을 차지한다.
③ 표지어음(cover bill)은 금융기관이 보유한 기업어음, 무역어음 등 각종 어음을 묶어 금액과 기간이 일정한 별도의 어음을 만들어서 판매한다.
④ 환매조건부채권(RP)는 금융기관이 발행기관에서 매입한 국공채 등을 근거로 발행한 채권을 일정기간 경과후 일정가격으로 환매수할 것을 조건으로 투자금액과 기간을 자유롭게 선택할 수 있는 시장금리변동형 확정금리상품에 해당한다.

3. 다음 중 양도성예금증서에 대한 설명으로 옳지 않은 것은?

① 만기 전에 중도해지가 가능하다.

② 정기예금에 양도성을 부여한 것으로 무기명식으로 발행할 수 있다.

③ 은행에서 매입할 수 있고 증권사나 종금사에서 매입할 수도 있다.

④ 이자지급은 액면금액에서 이자를 미리 차감하는 할인식으로 발행한다.

| 해설 | 양도성예금증서는 만기 전에 중도해지가 불가능하다.

4. 다음 중 양도성예금증서에 대한 설명으로 옳지 않은 것은?

① 은행이 발행하고 금융시장에서 자유로운 매매가 가능한 무기명 상품이다.

② 중도해지는 불가능하지만 양도가 자유로워 현금화가 쉬운 유동성이 높다.

③ 발행대상은 제한이 없으며 이자지급식으로 거래가 이루어질 수 있다.

④ 단기금리의 기준금리로 변동금리채권이나 파생상품시장의 기준금리로 활용된다.

| 해설 | 양도성예금증서는 이자지급식이 아니라 할인금액으로 거래가 이루어진다.

5. 다음 중 양도성예금증서에 대한 설명으로 옳지 않은 것은?

① 무기명 할인식으로 발행한다.

② 액면금액 기준 2천만원 이상으로 한다.

③ 만기일은 30일 이상으로 한다.

④ 만기 후에 이자를 지급하지 않는다.

| 해설 | 양도성예금증서는 액면금액 기준 1천만원 이상으로 한다.

6. 다음 중 양도성예금증서에 대한 설명으로 옳지 않은 것은?

① 공휴일은 만기일로 산정할 수 없다.

② 할인매출액(고객이 지급하는 금액)은 액면금액－할인액이다.

③ 할인액은 액면금액×연이율×기간(일수)÷365이다.

④ 원천징수는 신규시 할인액에 대해 공제하고 액면가를 산정한다.

| 해설 | 원천징수는 만기가 되어 지급청구시 할인액에 대해 원천징수해야 한다.

7. 다음 중 양도성예금증서, 표지어음, 환매조건부채권에 대한 설명으로 옳지 않은 것은?

① 양도성예금증서, 표지어음, 환매조건부채권 모두 거래대상에 제한이 없다.

② 모든 상품이 액면금액 기준 1천만원 이상이다.

③ 표지어음은 무기명 할인식 형태로 발행된다.

④ 중도환매가 불가능한 것은 양도성예금증서와 표지어음이다.

| 해설 | 양도성예금증서는 무기명 할인식 형태로 발행된다.

8. 다음 중 환매조건부채권에 대한 설명으로 옳지 않은 것은?

① 환매수기간의 제한은 없지만 일반적으로 15일 이상 1년 이하이다.

② 예금자보호대상이 아니다.

③ 매도금액의 제한은 없다.

④ 채권을 일정기간 후에 일정가액으로 환매도할 것을 조건으로 매수한다.

| 해설 | 채권을 일정기간 후에 일정가액으로 환매수할 것을 조건으로 매도한다.

9. 다음 중 예금자보호대상상품에 해당되는 것은?

① 머니마켓펀드(MMF)　　　　　　　② 양도성예금증서(CD)

③ 수시입출식예금(MMDA)　　　　　④ 환매조건부채권(RP)

| 해설 | MMDA는 예금자보호대상상품이고, 나머지는 예금자비보호대상상품이다.

10. 다음 중 단기금융상품에 대한 설명으로 가장 옳지 않은 것은?

① 양도성예금증서는 만기 전에 중도해지가 불가능하다.

② 증권사 CMA는 실적배당상품으로 예금자보호가 되지 않는다.

③ 표지어음은 금융기관이 기업에서 매입한 상업어음이나 매출채권을 새로이 설정하여 발행한다.

④ 발행어음은 종합금융회사나 증권금융회사가 영업자금을 조달하기 위해 담보를 제공하고 발행한다.

| 해설 | 발행어음은 종합금융회사나 증권금융회사가 영업자금을 조달하기 위해 자체 신용으로 발행한다.

Chapter **04**

예금대출시장

대출시장은 은행, 저축은행, 상호금융 등과 같은 예금취급 금융기관을 통해 다수의 예금자로부터 자금이 조달되어 자금수요자에게 공급되는 시장이다. 신용카드회사와 같은 여신전문금융회사가 제공하는 현금서비스나 판매신용도 대출시장에 포함된다. 대출시장은 차주에 따라 기업대출시장과 가계대출시장으로 구분한다.

제1절 예금의 개요

1. 예금의 정의

예금은 예금자가 은행 기타 수신을 업무로 하는 금융기관에게 금전의 보관을 위탁하되 금융기관에게 금전의 소유권을 이전하기로 하고, 금융기관은 예금자에게 같은 통화와 금액의 금전을 반환할 것을 약정하는 계약이다. 예금자는 현금 이외에 즉시 추심가능한 수표·어음·증권으로도 입금할 수 있다.

예금은 고객이 은행 기타 금융기관에 금전의 사용을 허락하고 그 대가인 이자와 함께 원금의 반환을 조건으로 금전을 맡기는 소비임치계약에 의한 금융상품이다. 여기서 금전을 맡기는 고객은 금융기관에 예금반환청구권을 갖는 채권자가 되고, 은행 기타 금융기관은 반환채무를 부담하는 채무자가 된다.

은행은 불특정 다수의 고객과 정형화된 예금거래를 반복적으로 수행하므로 예금계약은 공정거래위원회가 마련한 표준약관에 따라 은행이 작성한 약관에 의한다. 따라서 약관의 내용이 약관규제법에 위반하거나 공서양속에 반하지 않는 한 예금자와 은행의 법률관계는 약관과 추가한 특약에 의해 규율된다.

2. 예금의 법적 성격

예금은 예금주가 은행에 물건의 보관을 목적으로 하는 임치계약이다. 수취인(채무자)인 은행은 임치인(채권자)인 예금주가 맡긴 금전을 사용하고 처분할 수 있으며 후일 예금주의 청구가 있을 경우에 이자를 가산한 금액을 반환하면 되는, 즉 수취인이 임치물을 소비할 수 있는 소비임치계약에 해당한다.

은행의 예금업무(수신업무)는 대출업무(여신업무)와 함께 중요한 업무에 해당하고, 예금은 은행의 재무상태표 부채항목 중 큰 비중을 차지하고 있다. 예금계약은 예금주와 금융회사의 합의 및 금전의 수령확인이 있어야 성립되며 예금으로 인정되는 시점은 입금수단 및 입금방법에 따라 차이가 존재한다.

현금으로 입금하는 경우 은행이 현금을 받아 확인한 때이다. 현금으로 계좌송금하거나 계좌이체시, 증권이 자기앞수표이고 사고신고가 없는 경우에는 예금원장에 입금의 기록을 한 때이다. 증권으로 계좌송금하거나 입금한 경우는 은행이 증권을 교환에 돌려

부도반환시한이 지나고 결제를 확인한 때이다.

3. 예금의 종류

(1) 예치방법별 분류

예금거래기본약관은 예금을 입출금이 자유로운 예금, 거치식 예금, 적립식 예금으로 나누어 규정하고 있다. 기본약관에서 정한 분류는 종래의 요구불예금과 저축성예금에 각각 대응하는 경우가 대부분이지만 동일하지는 않다. 예컨대 저축예금은 입출금이 자유로운 예금이지만 저축성예금으로 분류하고 있다.

1) 요구불예금

요구불예금은 고객이 입금과 출금을 자유롭게 할 수 있는 일상적인 자금거래 상품이고 금융거래의 기본이 되는 상품이다. 통장 예금이라고 부르며 이자가 없거나 매우 낮은 편이다. 자산증식보다는 일시적 자금보유 및 송금거래 등 결제목적으로 이용되며, 보통예금, 당좌예금, 가계당좌예금, 별단예금이 있다.

① 보통예금

보통예금은 대표적인 요구불 예금으로 입금과 출금을 자유로이 할 수 있는 통장식 은행예금이다. 보통예금은 가입대상, 예치금액, 예치기간, 입출금 횟수에 제한이 없다. 당좌예금계정을 개설하지 않은 중소상공업자의 출납예금으로 많이 이용되며 금리는 대부분 무이자 또는 아주 낮은 금리를 적용한다.

② 당좌예금

당좌예금은 은행과 당좌거래계약을 체결한 기업이 일반 상거래로 취득한 자금을 은행에 예치하고 예금잔액 또는 당좌대출 한도의 범위 내에서 거래은행을 지급인으로 하는 당좌수표 또는 거래은행을 지급장소로 하는 약속어음을 발행하여 수표나 어음의 소지인이 언제든지 인출할 수 있는 예금을 말한다.

③ 가계당좌예금

가계당좌예금은 개인가계수표의 활성화를 통해 현금사용을 줄이고 신용사회의 정착을 위해 도입되었다. 전 금융기관을 통해 1인 1계좌만 개설 가능하며, 가계수표의 무이자인 일반당좌예금과 달리 금리가 자유화되어 있다. 가입대상은 일반적으로 신용평가결과 종합평점이 60점 이상인 개인에 부여된다.

④ 별단예금

별단예금은 은행의 업무 중에 발생한 미결제·미정리자금, 다른 예금계정으로 처리할 수 없는 자금 등을 업무처리 편의를 위해 일시적으로 예수토록 하는 잡예금 과목이다. 별단예금은 일반예금과 달리 한 종류의 예금이 아니므로 거래약관도 없고 통장이나 증서를 발행하지 않으며 예금기간도 일정치 않다.

2) 저축성 예금

가. 입출금식 예금

① 저축예금

저축예금은 가계의 저축 증대를 위한 입출금이 자유로운 결제성 예금이다. 가입대상, 예치금액, 예치기간, 입출금 횟수 등에 아무런 제한 없이 자유롭게 거래할 수 있다. 이율은 은행이 자율 결정하고, 이자계산방법은 통상 결산기(매 3개월 또는 6개월)마다 평균 예금잔액에 이자를 계산한 후 원금에 가산한다.

② 수시입출금식 예금

MMDA(Money Market Deposit Account)는 시장실세금리에 의한 고금리와 자유로운 입출금 및 각종 이체, 결제기능이 결합된 상품으로 단기간 목돈을 운용할 때 유리한 예금상품이다. 자산운용회사의 MMF나 증권회사의 CMA와 같이 단기간 예치하면서 시장실세금리를 지급하는 상품에 대항하는 은행의 단기금융상품이다.

MMDA는 금액에 제한없이 수시로 입출금할 수 있으며 높은 이자를 지급한다는 점에서 저축예금과 차이는 없으나 예금금액에 따라 차등금리를 적용한다는 점이 다르다. 이율은 은행이 자율 결정(금액별, 기간별 차등금리), 이자계산방법은 매일의 잔액에 해당금리를 적용하여 이자를 계산한 후 매일 원금에 가산한다.

③ 기업자유예금

법인과 사업등록증을 소지한 개인의 자금을 은행에 예치하여 안전하게 자금결제를 수행할 수 있는 예금으로 보통예금과 유사하나 가입대상 및 이율체계에 차이가 있다. 이자계산방법은 3개월마다 이자를 계산한 후 원금에 가산하되, 이자는 선입선출법에 따른 예치기간별 예금잔액에 대해 이율을 적용하여 산출한다.

나. 적립식 예금

목돈을 만드는 적립식예금은 약정기간을 정해서 계약액을 적립해가는 방식이며 중도해약이 금지되어 있으나 예금주의 청구에 의해 중도해지가 가능하다. 만일 중도에 해지하면 만기 정상이율의 1/2 이하의 중도해지이자율을 적용받는다. 적립식예금은 적립방법에 따라 정액적립식과 자유적립식으로 구분한다.

① 정액적립식

매월 특정일에 약정한 월부금을 불입할 것을 약정하는데 해당 월 잔액부족으로 월부금이 적립되지 않을 경우 다음 월에 적립되지 않은 당월의 적립금이 불입되어 만기시 예상한 적립목표액에 미달할 수 있어 매월 일정한 현금흐름이 가능한 경우에 유리하다. 정기적금, 가계우대정기적금, 상호부금이 해당한다.

정기적금은 일정기간 동안 일정한 금액을 납입할 것을 미리 약정하고 매월 납입 약정일에 정해진 금액을 적립하는 가장 기본적인 적립식 예금이다. 계약기간은 6개월에서 60개월 이내 월 단위로 정하며, 자유적립식은 일 단위 상품도 있다. 정기적금에 적용되는 이율은 가입 당시 영업점에서 고시한 약정이율이다.

② 자유적립식

매월 적립 월부금을 금액, 횟수, 일자에 제한없이 불입할 수 있는 상품으로 정액적립식의 경우보다 납입의 자유로움이 있어 현금흐름의 변동이 예상될 경우에 가입하는 것이 유리하다. 정액적립식 상품의 이율은 자유적립식보다 높은 것이 일반적이다. 상호부금, 근로자우대저축, 장기주택마련저축이 해당한다.

다. 거치식 예금

목돈을 굴리는 거치식예금은 일정 예치기간을 정하고 자금을 맡기는 상품으로 수시입출금식 예금에 비해 이자율이 높고 만기 이전에 중도해약이 원칙적으로 금지된다. 만일 중도에 해약하면 만기 정상이율의 1/2 이하의 중도해지이자율을 적용받는다. 정기예금, 양도성예금증서, 표지어음, 예탁금이 해당한다.

① 일반정기예금

정기예금은 일정한 예치기간을 미리 정하여 일정금액을 예치하고 기간만료 전에는 원칙적으로 지급을 청구할 수 없는 기한부예금이다. 정기예금은 가입대상에 제한이 없고, 가입기간은 1개월 이상 5년 이내(상품별 상이)이며, 이율은 은행이 자율 결정하되 이자계산방법은 만기지급식과 월 이자지급식이 있다.

② 실세금리연동 정기예금

실세금리연동 정기예금은 가입 후 일정(회전)기간마다 시장실세금리를 적용하는 정기예금으로 금리상승기에 유리한 시장금리상품이다. 가입대상은 제한이 없고, 가입기간은 3년 이내(은행별로 상이)이며, 이율은 은행이 자율 결정한다. 이자계산방법은 만기지급식, 월이자지급식, 회전기간별 이자지급식이 있다.

(2) 예금통화별 분류

예금은 거래되는 통화에 따라 원화예금과 외화예금으로, 외화예금은 외화당좌예금, 외화보통예금, 외화정기예금, 외화별단예금으로 분류한다. 금리는 국제금융시장 금리 등을 감안하여 결정하며 외국환은행은 수취한 외화예금에 금융통화위원회가 정하는 비율의 지급준비금을 한국은행에 예치해야 한다.

외화예금은 금융기관에 미달러화, 위안화, 유로화 등 외화로 예치되어 있는 예금을 말한다. 외화예금은 보통·정기예금, 부금, 예치금 등은 물론 은행뿐만 아니라 체신관서 등 비은행금융기관에 금전을 맡기는 일체의 계약이 포함되며, 원화예금과 달리 환율변동에 따라 원화표시 예금잔액이 변동된다.

외화예금은 계좌를 개설하는 주체에 따라 거주자의 해외예금과 거주자 및 비거주자의 국내예금으로 구분된다. 거주자의 해외예금은 1995년 2월 처음으로 허용되고 2001년

1월 대부분 자유화되었다. 현재 거주자의 해외예금은 지정거래 외국환은행의 장에게 신고하고 동 은행을 통해 신고하도록 되어 있다.

거주자 및 비거주자의 국내예금제도는 1964년 11월 도입된 이후 예금 수취대상통화, 예금개설자의 자격요건, 적용금리에 대한 제한이 점차 완화되었다. 수취대상 통화는 1973년 1월 미달러화에서 15개 지정통화로 확대되었고, 개설대상도 해운대리업자로 한정되었다가 1978년 12월 모든 거주자로 확대되었다.

외국환은행이 거주자나 비거주자를 위해 개설할 수 있는 예금계정 및 금전신탁계정의 종류에는 거주자계정 및 거주자외환신탁계정, 대외계정 및 비거주자외환신탁계정, 비거주자원화계정, 해외이주자계정, 투자전용비거주자원화계정, 투자전용대외계정, 투자전용외화계정, 원화증권전용외화계정 등이 있다.

제2절　대출의 개요

1. 대출의 정의

대출(loan)은 은행이 이자수취를 목적으로 자금을 필요로 하는 차입자에게 약정기한인 만기에 원리금의 상환을 약정하고 채무자에게 필요 자금을 대여하는 행위를 말한다. 일반적으로 이자는 매월 은행에 납부하도록 약정하며 이자체납의 경우에는 연체기간 동안 원금에 일정 가산율의 연체이자율이 적용된다.

대출은 금융업자가 대출계약에 따라 차입자에게 자금을 직접 공급하는 대표적인 여신상품이다. 그러나 전세자금대출, 주택매매자금대출과 같이 계약의 내용에 따라 대출금의 수령자를 제3자로 할 수 있다. 수령자가 제3자라고 하더라도 제3자가 담보물을 제공하지 않는 이상 계약의 당사자에 해당하지 않는다.

2. 대출의 법적 성격

대출은 금전이 은행에서 고객에게 이전하는 거래로서 이전에 해당하여 소비임치 또는 소비대차로 볼 수 있다. 그러나 금전의 이전이라는 거래형식은 물론 대출의 목적이 금전의 보관이라는 예금과 달리 금전의 이용과 반대급부로 이자수입 획득에 있어 전형적인 대출의 법적 성격은 소비대차라고 보아야 한다.

대출은행과 차입자의 대출 관련 권리의무는 대출계약의 내용에 따른다. 은행은 불특정 다수의 고객과 정형화된 대출거래를 반복적으로 수행하기 때문에 대출계약의 기본사항은 약관에 의하게 된다. 약관의 내용이 법률에 위반하지 않는 한 은행과 차입자의 법률관계는 약관과 추가한 특약에 의해 규율된다.

은행은 자금을 대출함으로써 차입자의 채무불이행으로 인한 원리금을 회수하지 못할 신용위험을 떠안게 된다. 따라서 대출은 신용위험을 떠안는 거래인 신용공여(=여신)의 일종에 해당한다. 이러한 성격 때문에 대출거래는 신용위험을 부담하는 모든 여신거래에 적용되는 여신거래기본약관을 사용하게 된다.

보험계약대출은 보험회사가 해지환급금을 한도로 자금을 지급하고, 지급한 자금에 대해 해약환급금에 적용되는 이율에 보험회사가 산정한 가산이율을 부과한다는 점에서 다른 금융업자의 대출행위와 실질적으로 같다. 따라서 약관대출도 법적 성격이 소비대차계약이 아니더라도 기능상 대출상품에 해당한다.

3. 대출과 신용공여

(1) 여신의 정의

여신은 신용을 거래상대방에게 주는 것으로 법적으로는 거래상대방에게 금전채무를 부담시키는 행위를 말한다. 현재 우리나라에서 여신은 은행 등의 금융기관이 신용을 공여하는 일체의 금융거래를 포괄적으로 나타내기 위해 사용하는 개념으로 채권자의 자격을 금융기관으로 제한하여 개념을 축소하고 있다.

예컨대 신용대출, 부동산담보대출 등과 같이 금융소비자에게 직접 자금을 대출하는 행위, 직접 자금을 대여하지 않고 신용만을 제공하는 지급보증, 수입신용장(Letter of Credit)의 개설이나 수출환어음매입 등 외국환거래에 신용을 부여하는 성격의 거래는 모두 여신에 포함된다고 보는 것이 일반적이다.

그러나 채권자를 금융기관으로 한정하면 비금융기관과의 금융거래는 여신에 포함되지 않는다. 즉 채권자의 자격을 금융기관으로 제한할 것이 아니라 신용을 금융소비자에게 공여하는 것을 업으로 하는 자로 확장해야 한다. 이는 자본시장법에서 금융투자업자 및 금융상품판매업자를 정의하는 방식과 동일하다.

(2) 법률상 용어

여신상품을 거래할 수 있는 자는 개별 법령에 따라 금융위원회 등의 인허가를 받거나 등록을 하도록 규정하고 있어 금융업자로 인허가받거나 등록하지 아니한 자의 여신행위는 제한되고 있다. 그리고 금융과 관련된 다수의 법률에서는 여신이라는 용어뿐만 아니라 다른 용어도 혼용하여 사용하고 있다.

대부업법은 대부라는 용어를 사용하고, 은행법, 보험업법, 여신전문금융업법은 신용공여라는 용어를 사용한다. 은행법은 신용공여에 대한 대출, 지급보증 및 자금지원적 성격을 갖는 유가증권의 매입, 금융거래상 신용위험이 따르는 보험회사의 거래로 금융위원회가 정하는 거래를 신용공여에 포함하고 있다.

여신전문금융업법은 여신이라는 용어를 사용하고 있으며, 신용카드업법에서 허용하는 업무를 수행하는 자를 여신전문금융업으로 포괄적으로 정의하고 있다. 하지만 거래방식의 형태에 따라 신용카드업, 시설대여업, 할부금융업으로, 법률에서 정하는 자에게만 융자를 하는 것을 신기술사업금융업으로 분류한다.

(3) 대출과 여신

대출은 은행의 여신(=신용공여)의 한 종류이다. 은행 이외에도 보험회사, 여신전문금융회사, 상호저축은행, 새마을금고, 신용협동조합, 대부업자 등도 각 관련 법률이 정한 범위 내에서 여신·대출업무를 수행한다. 은행은 대출거래로 고객에게 자금을 제공하여 법적으로 고객에 대한 대출 원리금채권을 보유하지만, 고객이 대출원리금을 상환하지 못할 경우 채권을 회수하지 못할 책임을 진다.

은행이 고객의 주채무를 지급보증한 경우 은행은 고객이 주채무를 불이행한 경우 보증채무를 이행해야 하고 고객에 대해서는 구상채권을 보유하게 된다. 즉 은행은 지급보증의 고객이 구상채무를 불이행하여 지급보증인으로서 주채무를 대지급한 금액을 회수하지 못할 위험을 부담한다. 따라서 은행이 신용위험을 부담하는 행위는 대출, 지급보증, 사모사채의 매입 등 여러 형태로 이루어질 수 있다.

대출은 소비대차계약, 지급보증은 보증계약 및 구상계약, 사모사채의 매입은 사채계약으로 계약유형이 달라 법적인 규율도 차이가 존재한다. 그러나 신용위험의 부담이라는 측면에서는 이들 계약의 내용이 유사하다. 공정거래위원회가 마련한 표준약관인 여신거래기본약관은 여신에 관한 모든 거래에 적용하도록 하고 있다. 은행은 표준약관에 기초하여 작성한 약관을 사용하여 여신거래를 한다.

(4) 신용공여

은행법상 신용공여는 대출, 지급보증, 지급보증에 따른 대지급금의 지급, 어음 및 채권의 매입, 거래상대방의 지급불능시 은행에 손해를 미칠 수 있는 거래, 은행이 직접적으로 전술한 거래를 한 것은 아니나 실질적으로 그에 해당하는 결과를 가져올 수 있는 거래로서 금융위원회가 정하여 고시하는 것으로 한다.

지급보증은 주채무자보다 높은 신용을 가진 은행이 채무를 부담하는 방법으로 주채무자에게 신용을 공여하는 것이다. 은행이 지급보증한 경우 은행은 주채무자의 채무불이행시 보증채무를 이행하고 주채무자에 대해 구상채권을 보유하지만 주채무자가 구상채무를 불이행시 대지급한 금액을 회수하지 못할 수 있다.

신용공여의 범위는 은행이 채무자의 지급능력 부족으로 변제기에 채무를 불이행하여 채권자가 채권을 회수하지 못할 위험을 떠안는 행위이다. 금융위원회는 은행에 손실을 미칠 가능성이 적은 거래, 금융시장에 미치는 거래의 상황에 비추어 신용공여의 범위에 포함시키지 않는 거래는 포함시키지 아니할 수 있다.

4. 대출의 종류

여신상품거래는 은행의 본질적인 업무에 해당한다. 은행은 여신상품거래를 위해 여신상품을 설계해야 하는데, 여신상품을 설계하려면 금리, 거치기간, 신용위험 등 여신상품에 대한 직접적인 사항은 물론 은행의 건전성 확보를 위한 자본의 적정성, 자산의 건전성, 유동성과 같은 간접적인 사항까지 고려해야 한다.

(1) 담보유무에 따른 분류

대출은 담보의 유무에 따라 신용대출, 담보대출, 약관대출로 구분한다. 담보대출은 담보의 종류에 따라 인적담보대출, 물적담보대출로 구분하며, 물적담보대출은 담보의 종류에 따라 부동산담보대출, 예금담보대출, 증권대출 등으로 구분한다. 약관대출은 선급금형태의 대출로 신용대출이 아닌 제3의 대출이다.

1) 신용대출

신용대출은 특별한 담보없이 자금을 대출받고자 하는 금융소비자의 신용만으로 대출이 이루어지는 것을 말한다. 보통의 경우 금융업자는 금융소비자의 직업, 소득 및 재산상태, 인적사항, 신용점수, 해당 금융업자와의 거래실적 등 다양한 변수를 기반으로 금융소비자의 신용위험을 평가하여 대출을 실행한다.

금융소비자의 신용도는 관련 금융업자가 자체적으로 판단하여 평가하는 것이 원칙이나, 은행이 은행연합회를 중심으로 구축하여 운용하고 있는 개인신용평가제도(CSS : Credit Scoring System)가 금융소비자의 신용도 평가에 활용되고 있다. 그러나 신용평가제도는 금융업자에 의한 자율적인 신용평가제도이다.

은행은 여신의 건전성을 확보하기 위해 여신심사 및 승인업무에 관한 내부시스템을 운영하도록 규정하고 있는 은행업감독규정 제78조 여신운용원칙, 여신심사 등에 관한 내부시스템에 신용평가시스템에 의한 여신심사 및 승인을 포함하도록 규정하고 있는 은행업감독업무시행세칙에 따라 사실상 강제되고 있다.

개인의 신용평가제도는 과거에는 은행연합회 중심의 정보공유시스템을 통해서 이루어졌으나 2005년 4월 신용정보법의 개정으로 신용불량자제도가 폐지되면서 현재는 은행연합회와 금융거래의 기초자료를 제공하는 개인신용조회회사(CB : Credit Bureau)를 중심으로 한 신용평가시스템을 통해서 이루어지고 있다.

2) 담보대출

① 인적 담보대출

인적 담보는 금융소비자인 채무자의 채무불이행이 있을 경우에 제3자인 보증인이 주채무자가 이행하지 않은 채무를 대신 이행하겠다는 보증을 하는 것을 말한다. 인적담보대출은 금융업자와 금융소지자간에 대출계약서(여신거래약정서)와 별도로 보증계약서가 체결된다. 대표적인 인적담보에는 연대보증이 있다.

금융업자는 채무자에게 우선청구 불필요, 보증인에게 채무전부 청구, 기한연장·미래의 신규채무까지 보증책임을 부과할 수 있어 연대보증을 선호했다. 그러나 새로운 연좌제라는 비판과 금융소비자 보호에 취약하다는 역기능이 제기되어 현재 연대보증제도는 폐지되어 신규대출시 인적담보는 활용되지 않는다.

② 물적 담보대출

물적 담보는 금융소비자 또는 제3자가 금전 등의 재산적 가치가 있는 것을 담보로 제공하는 것으로 대출의 실행과 동시에 저당권, 질권 등의 담보권이 설정된다. 담보물의 가치에 따라 대출한도와 금리가 달라진다. 일반적으로 담보물의 종류에 따라 예금담보, 부동산담보, 증권담보로 구분한다.

금융소비자인 채무자의 채무불이행이 있을 경우 금융업자는 설정한 담보권을 실행하여 채권의 만족을 얻게 된다. 예금담보의 경우에 예금과 대출채권을 상계하고, 부동산담보의 경우에는 경매 등의 부동산 매각절차를 진행하고, 증권담보의 경우에는 해당 증권의 매매를 통해 담보권이 실행된다.

3) 주택담보대출

주택담보대출은 주택마련이나 생활에 필요한 자금을 조달하기 위해 본인의 주택을 담보로 제공하고 근저당권을 설정하여 대출받는 부동산담보대출로서 대표적인 부동산금융의 한 종류이다. 이에는 주택도시기금에서 지원하는 대출, 한국주택금융공사의 지원에 의한 대출, 은행자체자금에 의한 대출 등이 있다.

주택담보대출은 무주택자가 주택을 소유하는데 기여하여 주거불안정을 해소하고 주택거래를 활성화하며 주택경기부양을 통해 경기조절기능을 한다. 그러나 가계부채의 급속한 증가는 향후 금리상승 등 외부여건의 변화에 따라 부실화 우려가 존재하기 때문에 정부는 주택담보대출 규제위주의 정책을 추진한다.

주택담보대출은 주택을 담보로 하는 가계대출로 분양주택에 대한 중도금 및 잔금대출, 재건축·재개발주택에 대한 이주비대출, 추가분담금에 대한 중도금 및 잔금대출도 주택담보대출로 본다. 은행은 주택담보대출 취급시 경영건전성이 유지되도록 담보인정비율(LTV), 총부채상환비율(DTI)을 준수해야 한다.

4) 보험계약대출

약관대출은 보험계약자가 약관에 따라 보험의 보장은 유지하면서 보험회사가 보험계약을 체결한 금융소비자에게 원리금의 합계가 해약환급금을 초과하지 않는 범위에서 일정금액을 대출받을 수 있는 상품을 말한다. 과거 실거래에서는 약관대출이라고 불렸으나, 이후에 보험계약대출로 용어가 변경되었다.

보험회사별로 차이는 있으나 해약환급금 50~90% 범위에서 대출을 받을 수 있어 순수보장성보험 등 해약환급금이 없거나 환급금액이 적은 상품은 대출이 제한될 수 있다. 보험계약대출과 유사한 상품에는 은행의 예·적금담보대출, 우체국보험의 환급금대출, 새마을금고·신용협동조합의 공제계약대출이 있다.

보험계약대출 금리는 보험상품의 적용이율에 업무원가, 목표이익률 등을 감안한 가산금리를 더하여 결정된다. 보험상품은 적용이율의 특성에 따라 금리확정형 상품과 금리연동형 상품으로 구분한다. 금리연동형 상품은 시장실세금리인 국고채, 회사채, 정기예금 이율 등의 변경에 따라 적용이율이 변경된다.

금리확정형 상품은 보험 가입기간 동안 보험계약자에게 받은 보험료에 확정된 이율을 적용하므로 시장실세금리가 변경되더라도 적용이율이 변경되지 않는 상품을 말한다. 보험상품의 적용이율은 향후 환급금 등으로 보험계약자에게 귀속되므로 보험계약대출을 이용할 경우 이자부담은 가산금리 수준이다.

보험계약대출은 보험 가입기간 동안 해약환급금의 일정범위 내에서 수시 인출 및 상환이 가능하고, 중도상환수수료가 없어 대출원금을 상환해도 별도의 비용은 발생하지 않는다. 대출이자는 일할 계산하여 납부하되, 이자 미납시에는 연체이자율이 적용되지 않지만 미납된 이자가 대출원금에 가산된다.

대법원의 판례 변경 이전에는 보험회사와 금융소비자간 체결되는 소비대차계약으로 해약환급금은 담보대출에 해당했으나, 판례의 변경으로 담보가 아닌 새로운 대출상품계약으로 보아야 한다. 보험계약대출은 금융소비자가 장래에 받을 해약환급금을 미리 수령한 것으로 일반적인 대출과 성격이 다르다.

이자는 보험회사가 책임준비금을 운용하여 얻을 수 있는 이익의 보상이나 해약환급금의 선급에 대한 반대급부이다. 따라서 이자율은 해약환급금 계산시 적용되는 이율에 보험회사가 정하는 이율이 가산된다. 이자의 미납시에 미납된 이자가 대출원금에 합산되어 대출원금이 증가하면 가산이자가 발생한다.

(2) 거래유형에 따른 분류

일반적으로 대출은 구체적인 거래유형에 따라 증서대출, 당좌대출, 어음대출, 어음할인으로 분류한다. 은행 여신거래기본약관도 약관의 적용대상인 여신에 상기한 4가지 대출과 지급보증, 환거래, 기타 여신거래를 담고 있다.

1) 증서대출

증서대출은 은행이 고객으로부터 어음거래약정서·대출거래약정서와 같이 금전소비대차계약의 내용을 기재한 문서를 수령하고 수행하는 대출을 말한다. 한편 여신거래약정서·대출거래약정서는 약관에 해당하는 부동문자로 인쇄된 부분, 당사자가 합의하여 정하는 개별대출 거래조건, 기타 특약사항으로 구성된다.

거래조건에는 대출금액, 개시일, 만료일, 이자율, 수수료, 중도상환해약금, 상환방법, 이자지급시기가 있다. 증서대출은 자금대출시 차입자로부터 어음 대신 차용증서를 징구하는 대출로 특약사항이 많은 대출이나 한 번 취급하면 상환시까지 재대출이 일어나지 않는 가계대출 또는 장기시설자금대출에 활용된다.

2) 당좌대출

당좌대출은 은행에 당좌예금계좌를 개설한 고객이 당좌예금잔액을 초과해 발행한 어음·수표에 미리 약정한 기간과 금액을 한도로 은행이 지급하여 자금을 제공하는 방식의 대출이다. 고객이 발행한 어음·수표를 당좌대출한도 내에서 은행에게 지급할 것을 위임하는 계약과 당좌예금잔액을 초과하는 금액의 어음·수표를 은행이 지급하면 그 초과액에 이자를 붙여 상환하는 소비대차계약이 혼합되었다.

3) 어음대출

어음대출은 은행이 고객으로부터 고객이 발행한 약속어음을 받고 자금을 제공하는 방식의 대출을 말한다. 은행과 고객 사이에서 금전소비대차계약이 체결되고 은행은 대출채권과 어음채권 양자 중 어느 쪽이라도 행사할 수 있다. 따라서 어음은 대출채권의 지급을 위해 또는 지급을 담보하기 위해 발행되는 것이다.

그러나 약정이자·연체이자·수수료 등을 어음에 기재할 수 없다는 점 때문에 별도의 소비대차계약에 그러한 사항을 규정해야 한다. 그리고 대출금의 회수시에도 어음에만 의존할 수 없고 별도의 소비대차계약에 의존할 필요가 있기 때문에 어음대출은 일반적으로 1개월, 3개월 등 단기간의 대출에 이용되고 있다.

4) 어음할인

어음할인은 재화와 용역거래에 수반하여 발행한 상업어음, 수출신용장에 근거하여 발행된 무역어음, 자금융통 목적으로 발행된 융통어음을 어음소지인의 신청에 의해 할인 방식으로 매입하여 발생하는 대출이다. 은행은 어음법에 따라 약속어음 발행인에 대한 어음청구권과 할인신청인에 대한 소구권을 갖게 된다.

약정에 따라 발행인·인수인 또는 할인신청인에게 기한의 이익상실 사유가 발생하면 할인신청인에게 그 할인매입한 어음을 환매할 것을 청구할 수 있는 청구권을 갖는다. 어음할인으로 자금을 제공한 은행은 어음법상 어음채권과 별도 약정에 따른 환매채권을 가질 뿐 소비대차에 따른 원리금반환채권을 갖는 것은 아니다. 따라서 어음할인은 증서 대출, 당좌대출, 어음대출과 법적 성격이 다르다.

(3) 기타기준에 따른 분류

대출은 차입자의 성격에 따라 기업자금대출, 가계자금대출, 공공자금대출로 구분하고, 기업자금대출은 자금의 용도에 따라 운전자금대출, 시설자금대출, 특별자금대출로 나눈다. 개인 고객은 주택관련대출을 특별히 취급하고, 대출자금의 원천에 따라 금융자금대출, 재정자금대출, 주택도시기금대출로 분류한다.

그리고 대출은 통화를 기준으로 원화대출, 외화대출, 외화표시원화대출로 분류할 수도 있다. 여기서 외화표시원화대출은 원화로 대출하되 대출일의 환율로 환산한 외화로 기표하고, 원리금 지급도 원화로 이루어지지만 그 금액은 기표 외화에 지급일의 환율로 적용하여 산정한 원화환산액으로 하는 대출을 말한다.

제1절 예금의 개요

1. 예금의 정의
   예금자가 은행에 금전의 소유권을 이전하고 은행은 에금자에게 동일한 통화와 금액의
   금전을 반환하기로 약정하는 계약
2. 예금의 법적 성격
   예금자를 임치인으로 하고 은행을 수취인으로 하는 금전의 소비임치계약
3. 예금의 종류
(1) 예치방법별 분류
① 요구불예금 : 보통예금, 당좌예금, 가계당좌예금, 별단예금
② 저축성예금
㉠ 입출금식예금 : 저축예금, 시장금리부 수시입출금식 예금(MMDA), 기업자유예금
㉡ 적립식예금 : 정기적금
㉢ 거치식예금 : 일반정기예금, 실세금리변동 정기예금
(2) 예금통화별 분류 : 원화예금, 외화예금

제2절 대출의 개요

1. 대출의 정의
   이자수취 목적으로 원리금반환을 약정하고 고객에게 자금을 대여하는 행위
2. 대출의 법적 성격
   민법상 소비임치 또는 소비대차계약, 신용공여(여신)의 일종
3. 대출과 신용공여
(1) 여신의 정의 : 거래상대방에게 금전채무를 부담시키는 행위
(2) 법률상 용어 : 은행법, 보험업법, 여신전문금융업법은 신용공여
(3) 대출과 여신 : 대출은 은행의 여신(신용공여)의 한 종류

제3절 대출의 종류

1. 담보유무에 따른 분류
① 신용대출 : 담보없이 금융소비자의 신용만으로 대출
② 담보대출 : 인적 담보대출 VS 물적 담보대출
③ 약관대출 : 보험회사가 보험금 또는 해약환급금 초과하지 않는 대출

2. 거래유형에 따른 분류

① 증서대출 : 금전소비대차의 내용을 기재한 문서를 받고 행하는 대출

② 당좌대출 : 은행에 당좌예금계좌를 개설한 고객이 당좌예금잔액을 초과해서 발행한 어음·수표에 미리 약정한 기간과 금액을 한도로 자금을 제공

③ 어음대출 : 고객이 발행한 약속어음을 받고 자금을 제공하는 방식

④ 어음할인 : 어음소지인 신청에 의해 할인·매입하여 발생하는 대출

3. 기타기준에 따른 분류

① 차주의 성격 : 기업자금대출, 가계자금대출, 공공자금대출, 기타자금대출

② 자금의 용도 : 운전자금대출, 시설자금대출, 특별자금대출

③ 자금의 원천 : 금융자금대출, 재정자금대출, 주택도시기금대출

④ 통화의 기준 : 원화대출, 외화대출, 외화표시원화대출

1. 다음 중 예금거래의 약관에 대한 설명으로 적절하지 않는 것은?

① 독점규제 및 공정거래에 관한 법률이 적용된다.

② 약관의 해석에는 작성자 유리원칙이 적용된다.

③ 예금거래약관은 당해 예금상품의 약관이 우선 적용된다.

④ 약관이 계약으로 편입되려면 중요한 내용을 고객에게 설명해야 한다.

| **해설** | 약관의 해석은 작성자에게 불리하게 하는 것이 원칙이다

2. 다음 중 예금의 일반적인 법적 성질에 해당하는 것은?

① 금전소비임치계약   ② 금전소비대차계약

③ 기한부소비대차계약   ④ 기한부낙성계약

| **해설** | 예금의 일반적인 법적 성질은 금전소비임치계약이다.

3. 다음 중 은행의 금융상품에 대한 설명으로 가장 옳지 않은 것은?

① 주가연계예금(ELD)는 예금자보호대상 금융상품이다.

② MMDA는 MMF 및 CMA와 경쟁상품으로 실적배당상품이다.

③ 양도성예금증서는 증서 만기 전에 중도해지가 불가능하다.

④ 주택청약종합저축은 주택소유여부에 관계없이 1인 1계좌만 가능하다.

| **해설** | MMDA는 예치금액에 따라 금리를 차등하는 확정금리상품이다.

4. 다음 중 예금성 금융상품에 대한 설명으로 가장 옳지 않은 것은?

① MMDA는 투자자금을 단기운용에 적합한 상품이다.

② 정기예금의 가입기간은 1개월 이상 5년 이내로 한다.

③ 주택청약종합저축은 주택소유여부에 관계없이 1인 1계좌만 가능하다.

④ 환매조건부채권은 시장금리가 변할 경우에 자본손실위험이 존재한다.

| **해설** | 환매조건부채권은 외형상으로 채권의 매매형식을 따르지만 실제로 채권을 담보로 한 초단기예금이다. 따라서 자본손실위험이 없다.

5. 다음 중 이자계산이 할인식인 상품으로만 구성된 것은?

① 회전식정기예금, 양도성예금증서   ② 환매조건부채권매도, MMF

③ 표지어음, 환매조건부채권매도   ④ 양도성예금증서, 표지어음

| 해설 | 정기예금과 환매조건부채권매도는 후취로 이자를 계산하고, 양도성예금증서와 표지어음은 선취(할인방식)로 이자를 계산한다.

6. 다음 중 정기예금에 대한 설명으로 적절하지 않은 것은?

① 통장식과 증서식으로 구분된다.

② 증서식 정기예금은 기명식과 무기명식으로 구분된다.

③ 예금주명을 밝히지 않는 무기명식 정기예금은 지급시 실명확인 생략할 수 있다.

④ 예입기간은 최단 1개월 이상으로 한다.

| 해설 | 무기명정기예금은 만기와 이자가 있는 자기앞수표와 동일하다. 따라서 신규시에도 실명확인을 해야 하고, 지급시에도 반드시 실명확인을 해야 한다.

7. 다음 중 정기예금에 대한 설명으로 적절하지 않은 것은?

① 최소 예입기간은 3개월 이상이다.

② 최소 예입금액은 각 은행별로 제한을 두고 있다.

③ 표면금리가 동일하면 만기까지 단리로 지급하는 것이 고객에게 불리하다.

④ 기간에 따른 각각의 만기이율은 각 은행이 모두 다르다.

| 해설 | 최소 예입기간은 1개월 이상이다.

8. 다음 중 적립식 예금의 표면금리와 연수익률에 대한 설명으로 옳은 것은?

① 표면금리가 동일하면 계약기간이 길수록 고객의 입장에서는 불리하다.

② 표면금리가 동일하면 계약기간이 길수록 고객의 입장에서는 유리하다.

③ 계약기간이 길면 길수록 연수익률은 낮아졌다가 높아진다.

④ 계약기간이 짧으면 연수익률은 높아졌다가 낮아진다.

| 해설 | 적립식 예금의 연수익률은 이자를 만기에 일시로 수령하는 거치식 예금과 마찬가지로 매년 원금과 이자를 1년 단위로 재투자하는 것으로 가정하여 계산한 금리이다. 정기적금은 만기까지 단리로 이자를 지급하여 표면금리가 동일하면 계약기간이 길수록 고객의 입장에서는 불리하다.

9. 다음 중 예금상품의 설명으로 적절하지 않은 것은?

① 당좌예금은 수표에 의한 대체가 허용되며 출입의 빈번도가 가장 크다.

② 보통예금은 일시적인 여유자금이나 영업용현금을 맡기는 예금이다.

③ 정기예금은 일정금액을 일정기간 예치하는 예금으로 만기제한이 있다.

④ 정기적금은 제시되는 이자율이 예금이자율보다 높지만 단리 적용상품이 많다.

| 해설 | 정기예금은 일정금액을 일정기간 예치하는 예금으로 만기제한은 없다.

10. 다음 중 이자의 계산에 대한 설명으로 적절하지 않은 것은?

① 정기예금의 월단위 이자계산은 원금에 연이율과 월수를 곱하고 12로 나눈다.

② 예금의 적수 계산단위는 원이다.

③ 산출한 이자금액의 원 미만은 반올림한다.

④ 일단위 이자계산은 원금에 연이율과 예입일수를 곱하고 365로 나눈다.

| 해설 | 산출한 이자금액의 원 미만은 반올림한다.

11. 다음 중 예금자보호제도에 의한 부보대상의 설명으로 옳지 않은 것은?

① 부보대상 예금은 보통예금, 연금신탁 등이다.

② 해당금융기관에 대출이 있는 경우 대출상계후 남은 금액 기준이다.

③ 보호대상은 개인과 법인 모두 해당한다.

④ 보호금액은 1인당 원금기준 최고 5천만원까지이다.

| 해설 | 보호금액은 원금과 소정의 이자를 포함하여 1인당 최고 5천만원까지이다. 여기에서 소정의 이자는 약정이자와 예금보험공사 결정이자 중 적은 금액을 말한다.

12. 다음 중 은행이 수행하는 당좌대출의 기초가 되는 당좌대출거래약정의 법적성질로 옳은 것은?

① 금전소비대차계약   ② 위임계약

③ 준소비대차계약   ④ 어음할인

⑤ 위임계약과 준소비대차계약의 혼합

| 해설 | 당좌대출거래약정의 법적 성질은 위임계약과 준소비대차계약의 혼합으로 해석되고 있다.

13. 다음 중 은행 여신거래의 일종인 어음할인의 법적성질로 옳은 것은?

① 어음의 매매계약   ② 위임계약

③ 금전소비대차계약   ④ 임대차계약

⑤ 준소비대차계약

| 해설 | 어음할인의 법적 성질은 어음의 매매계약이라는 것이 통설 · 판례이다.

14. 다음 중 은행 여신거래의 일종인 지급보증의 기초가 되는 지급보증거래약정의 법적성질로 옳은 것은?

① 보증계약   ② 임대차계약

③ 위임계약   ④ 준소비대차계약

⑤ 어음의 매매계약

| 해설 | 지급보증거래약정의 법적 성질은 위임계약이다.

15. 은행법과 은행법시행령에서 규정하고 있는 은행의 개별차주에 대한 원칙적인 신용공여한도로서 옳은 것은?

① 자기자본의 10/100   ② 자기자본의 20/100

③ 수권자본의 10/100   ④ 수권자본의 20/100

⑤ 수권자본의 25/100

| 해설 | 은행은 동일한 개인이나 법인에 대해 은행은 자기자본의 20/100을 초과하는 신용공여를 할 수 없다.

16. 은행법과 은행법시행령에서 규정하고 있는 은행의 동일차주에 대한 원칙적인 신용공여한도로서 옳은 것은?

① 자기자본의 10/100   ② 자기자본의 15/100

③ 자기자본의 25/100   ④ 수권자본의 10/100

⑤ 수권자본의 20/100

| 해설 | 은행은 동일한 개인법인 및 개인법인과 대통령령으로 정하는 신용위험을 공유자는 자(동일차주)에 대해 은행은 자기자본의 25/100를 초과하는 신용공여를 할 수 없다.

17. 다음 중 신용대출 이용시 주의사항으로 적절하지 않은 것은?

① 대출금의 이자납입이 연체되지 않도록 주의해야 한다.

② 본인의 주소나 연락처가 변경될 경우 금융기관에 알리지 않아도 된다.

③ 매월 납부한 대출이자는 통장 등을 통해 정상적으로 납부가 되었는지 확인하는 습관을 키워야 한다.

④ 마이너스 통장대출의 만기가 되어 대출금을 상환할 경우에 반드시 은행을 방문하여 마이너스 통장대출의 상환을 확인해야 한다.

| 해설 | 본인의 주소나 연락처가 변경될 경우 반드시 금융기관에 알려 변경해야 한다.

18. 다음 중 대출금리의 구성에 대한 설명으로 가장 옳지 않은 것은?

① 대출금리의 구조는 금리결정의 기준이 되는 지표인 기준금리와 가산금리의 체계로 구성되어 있다.

② 대출금리는 기준금리와 가산금리의 합이다.

③ 기준금리에는 대출취급에 사용되는 업무비용 및 취급원가와 차주별 신용위험과 자본비용인 신용원가 그리고 은행의 상품이익 등을 통상 2가지로 포함하고 있다.

④ 기준금리는 대표적으로 CD, 코픽스(COFIX), 금융채 등이 주로 사용된다.

| 해설 | 가산금리에 대한 설명이다.

19. 다음 중 주택담보대출 설계시 체크포인트에 해당하지 않은 것은?

① 대출가능한 금액을 확인한다.

② 나에게 알맞는 대출상품을 찾아야 한다.

③ 상환기간과 거치기간을 확인해야 한다.

④ 중도상환여부는 무시해도 좋다.

| 해설 | 주택담보대출시 중도상환여부를 체크해야 한다.

20. 다음 중 중도상환수수료의 고려사항에 대한 설명으로 옳지 않은 것은?

① 신규대출의 사용기간이 단기인 경우 대출상환방식과 중도상환수수료의 관계를 고려해야 한다.

② 고객이 대환대출을 상담하는 경우 기존대출의 경과기간을 고려하여 대환대출의 실익을 판단해야 한다.

③ 중도상환약정기간을 고려해야 한다. 대부분 담보대출의 중도상환 약정기간은 대출실행시점을 기준으로 3년이라는 기간을 갖고 있다.

④ 중도상환수수료는 기간에 상관없이 일정액이 부여된다.

| 해설 | 대출기간이 지날수록 중도상환수수료가 줄어든다.

여신금융시장

여신전문금융회사는 수신기능은 없이 여신업무(어음할인 포함)을 취급하는 금융기관에 해당한다. 여신전문금융업은 신용카드업, 시설대여업, 할부금융업, 신기술사업금융업을 말한다. 겸영여신업자는 신용카드업, 시설대여업, 할부금융업, 신기술사업금융업을 영위하되, 이들 업무를 전업으로 하지 않는 회사를 말한다.

제1절 신용공여의 개요

1. 신용공여의 정의

여신전문금융업법상 신용공여는 대출, 지급보증, 자금지원적 성격의 유가증권의 매입, 그리고 금융거래상에서 신용위험이 수반되는 여신전문금융회사의 직접적·간접적 거래에 해당하는 대통령령으로 정하는 것을 말한다. 여기서 여신전문금융회사는 어음할인을 포함한 대출업무를 수행할 수 있다.

여신전문금융회사는 수신기능 없이 여신업무만을 취급하는 금융기관을 말하고, 여신전문금융업은 신용카드업, 시설대여업, 할부금융업, 신기술사업금융업을 말한다. 겸영여신업자는 신용카드업, 시설대여업, 할부금융업, 신기술사업금융업을 영위하되, 이들 업무를 전업으로 하지 않는 회사를 말한다.

2. 신용공여의 범위

신용공여의 범위는 기업구매전용카드로 거래한 채권액, 신용카드 회원에 대한 자금의 융통액, 시설대여업자가 대여시설이용자에게 넘겨준 물건의 취득비용, 연불판매액, 할부금융이용액, 신기술사업자에 대한 투자액, 기업이 물품과 용역을 제공하여 취득한 매출채권의 매입액, 지급보증액 등을 말한다.

여신전문금융회사는 금융위원회의 인가나 허가를 받거나, 금융위원회에 등록한 금융기관에서 차입, 사채나 어음의 발행, 보유한 유가증권의 매출 및 대출채권의 양도, 그 밖에 대통령령으로 정하는 방법으로만 자금을 조달할 수 있다. 여신전문금융회사는 주로 차입금과 회사채를 발행하여 자금을 조달한다.

3. 여신금융상품의 범위

여신전문금융업법이 정한 여신금융상품의 범위는 신용카드회원에 대한 자금의 융통, 여신전문금융업, 대출업무, 직불카드의 발행 및 대금의 결제, 선불카드의 발행판매 및 대금의 결제에 관련된 신용카드업자의 부대업무, 부수업무 중 금융위원회가 정하여 고시하는 업무와 관련하여 취급하는 금융상품이다.

4. 여신금융회사의 대출

여신전문금융회사는 여신전문금융업에 대해 금융위원회의 허가를 받거나 등록을
하여 여신업무를 전업으로 하는 금융기관이다. 즉 수신기능 없이 여신업무에 해당하는
대출(어음할인 포함)만을 취급한다. 여신전문금융회사의 대출은 그 종류를 제한하고 있지
않기 때문에 신용대출 및 담보대출이 모두 가능하다.

(1) 대출업무의 수행기준

여신전문금융회사는 대출(어음할인 포함)업무를 할 수 있는데, 대출업무 그밖에 이와
유사한 업무로서 대통령령으로 정하는 업무에 따라 발생하는 채권액은 총자산의 30%를
초과할 수 없다. 여기서 채권액을 산정할 경우에 포함되는 채권의 범위, 산정방식 등에
대해서는 대통령령으로 정한다.

신용카드업, 신용카드업자의 부대업무와 관련하여 발생한 채권액은 매 분기말 기준
평균잔액으로 총자산에서 제외한다. 여신전문금융회사는 채권액의 증가없이 총자산이
감소하여 총자산 대비 채권액의 비율이 30%를 초과하는 경우에는 그때부터 1년 이내에
30%에 적합하도록 해야 한다.

채권액을 산정할 때 기업에 대출하여 발생한 채권, 채무자의 채권을 재조정하여 대
출하여 발생한 채권, 주택저당채권, 신용카드회원에 자금융통으로 발생한 채권, 자동차
구입자금 대출로 발생한 채권, 대출신청일에 신용점수가 일정점수 이하인 개인신용대출
로 발생한 채권의 20%는 제외한다.

(2) 대출업무의 운용원칙

여신전문금융회사는 자금을 제공하는 대출(어음할인 포함)업무를 수행함에 있어서
채무자의 자금차입 목적, 소요자금 규모 등에 대한 종합적인 심사 및 분석을 통한 적정
한 대출의 취급과 대출을 실행한 이후에 용도 이외 유용방지 등을 통해서 대출의 건전성
이 확보될 수 있도록 노력해야 한다.

(3) 주택담보대출의 위험관리

여신전문금융회사는 주택담보대출 및 주택할부금융 취급시 경영의 건전성이 유지

되도록 담보인정비율, 총부채상환비율, 기타 주택담보대출 등 취급 및 만기연장에 대한 제한을 준수해야 한다. 또한 여신전문금융회사는 부동산 프로젝트 파이낸싱 대출 취급시 취급잔액이 여신성 자산의 30%를 초과할 수 없다.

(4) 개인신용대출

개인신용대출은 담보나 보증인 없이 본인의 신용만으로 받는 대출이다. 여신전문금융회사는 신용대출대상의 직업, 소득, 해당 금융기관과의 거래실적, 인적사항, 재산상태, 자동이체 항목수 등을 개인신용평가제도(CSS : Credit Scoring System)에 따라 종합적으로 분석한 후 대출여부와 대출한도를 결정한다.

여신전문금융회사 표준 여신거래기본약관의 부속약관으로 개인신용대출 표준약관이 있다. 채무자의 대출금, 이자, 수수료, 대출기간, 상환방법은 여신전문금융회사와 채무자간의 약정에 따라 정한다. 이자, 분할상환금, 분할상환원리금을 그 기일에 지급하지 않으면 지연배상금율에 의한 지연배상금을 지급한다.

제2절   여신금융상품의 유형

여신전문금융업법에 따르면 여신금융상품은 대출, 지급보증, 증권매입, 신용카드, 금융리스(시설대여), 연불판매, 할부금융, 통신과금서비스 등으로 구분할 수 있다. 여기서는 신용카드상품, 금융리스상품, 연불판매상품, 할부금융상품, 신기술사업금융, 통신과금서비스로 범위를 제한하여 살펴보기로 한다.

1. 신용카드상품

신용카드업자는 신용카드회원을 모집할 때 자금의 융통을 권유할 경우에는 대출금리, 연체료율, 취급수수료 등의 거래조건을 감추거나 왜곡하지 아니하고 소비자가 충분히 이해할 수 있도록 설명해야 한다. 금융위원회는 신용질서를 유지하고 금융소비자를 보호하기 위해 자금융통의 최고한도를 정할 수 있다.

(1) 신용카드의 정의

신용카드는 카드회원의 가입신청에 따라 카드회사가 카드를 발행하고, 카드회원은 그 발급받는 카드를 이용하여 현금을 지급함이 없이 계속적·반복적으로 가맹점에서 상품을 구매하거나 서비스를 제공받을 수 있음은 물론 카드회사 또는 제3자로부터 신용을 제공받을 수 있음을 증명하는 자격증권을 말한다.

신용카드는 실제 대금이 결제되는 시점을 기준으로 선불카드, 직불카드, 후불카드로 분류되며, 신용카드는 대부분 후불카드에 속한다. 여신전문금융업법상 신용카드는 "이를 제시함으로 반복하여 신용카드가맹점에서 다음 각 목을 제외한 사항을 결제할 수 있는 증표로서 신용카드업자가 발행한 것"을 말한다.

그러나 금전채무의 상환, 자본시장법에 따른 대통령령으로 정하는 금융상품, 게임산업진흥법에 따른 사행성게임물의 이용 대가 및 이용에 따른 금전의 지급, 사해행위 등 건전한 국민생활을 저해하고 선량한 풍속을 해치는 행위의 이용 대가 및 이용에 따른 금전의 지급 등은 신용카드로 결제할 수 없다.

신용카드는 여신전문금융업법에 의해 허가받은 신용카드업자가 가맹점에서 물품을 구매한 금융소비자를 대신하여 대금을 지급하고, 사전에 약정한 날짜에 대신 지급한 금액을 청구하여 대금결제수단으로 일정금액을 먼저 지급하는 선불카드나 결제 즉시 대금이 계좌이체방식을 통해 즉시 지급되는 직불카드와 다르다.

이러한 신용카드의 거래구조는 신용카드업자, 카드회원인 금융소비자, 가맹점의 3당사자구조를 가지고 있다. 신용카드업자가 금융소지자에게 제공하는 단기카드대출(현금서비스) 또는 장기카드대출(카드론)은 신용카드업자와 금융소지자간 양당사자구조인데, 이는 신용카드의 사용이 아닌 앞서 살펴본 대출에 해당한다.

┃표 5-1┃ 신용카드 · 직불카드 · 선불카드의 특징

구분	신용카드	직불카드	선불카드
성 격	여신상품	수신상품	수신상품
발 급 대 상	자격기준 해당자	예금계좌 소지자	제한없음
주 요 시 장	중고액 거래업종	소액 다거래업종	소액 다거래업종
가맹점 이용	가맹점 공동이용	가맹점 공동이용	가맹점 공동이용
연 회 비	있음	없음	없음
이 용 한 도	신용도에 따라 차등	예금잔액 범위내	최고한도 50만원

(2) 신용카드의 분류

1) 회원의 구분

신용카드는 우선 본인회원카드와 가족회원카드로 분류할 수 있다. 가족회원카드는 본인회원의 가족이 발급받는 카드로서 본인회원이 대금의 지급 및 기타 카드이용에 관한 책임을 부담할 것을 승낙한 경우를 말한다. 그러나 가맹점 입장에서 볼 때 본인회원카드와 가족회원회원카드간 특별한 차이는 존재하지 않는다.

그리고 개인카드와 법인카드와 분류할 수 있다. 법인카드는 무기명 법인카드(법인공용카드)와 기명 법인카드(법인개별카드)로 구분한다. 기명식 법인카드 중에 개인카드의 성질을 갖는 것으로 개인형 법인카드라는 것이 있다. 이는 사용금액에 해당 법인과 법인카드에 기명된 자가 연대채무를 부담하는 경우를 말한다.

2) 발행회사의 국적

국내발행카드는 신용카드업 허가를 받은 회사가 발행하는데 외국에서 사용이 가능한 카드와 국내전용카드로 분류한다. 국내신용카드회사는 해외 네트워크사와의 제휴에 따라 가맹점을 통해 신용카드를 발행하고 있다. 해외 네크워크사와 제휴하지 않고 발행된 신용카드는 국내전용카드이며 해외사용이 불가능하다.

외국발행카드도 인정된다. 여신전문금융업법에 따라 신용카드업 허가를 받은 회사가 발행한 신용카드는 물론 외국에서 신용카드업을 영위하는 자가 발행한 신용카드에도 적용된다. 국내 금융관련법령상 다른 국가의 금융상품에 국내법을 적용하는 것은 특이한 사례로 국제간 거래가 신용카드의 성질을 반영한 것이다.

3) 대금지급의 시기

리볼빙방식은 회원이 월간 이용금액 중 사전에 약정한 최소금액 이상을 일시불로 갚고 나머지는 매월 할부방식으로 원리금을 상환하되 이연되는 금액에는 이자가 붙는다. 미국은 가계소득의 불안정, 리볼빙방식에 대한 정부의 지원, 긴급한 자금수요에 대한 대비 등의 이유로 리볼빙 결제방식이 활성화되어 있다.

할부구매방식은 구매금액을 구매시점에 결정한 개월 수로 나누어 균등하게 일시불로 상환하며 이연되는 금액에는 이자가 붙는다. 일시불방식은 사용대금 전액을 다음 달특정일에 일시불로 상환하는 방식을 말한다. 통상 회원은 이자를 지급하지 않는다. 미국에서는 이러한 방식의 카드를 charge card라고 부른다.

(3) 신용카드대출상품

1) 단기카드대출

단기카드대출은 카드회사가 미리 부여한 한도 이내에서 별도 구비서류 없이 이용할 수 있는 현금서비스이다. 대출기간은 1~2개월, 신용공여한도는 신용카드 한도내, 이용방법은 ATM, 전화, 인터넷, 모바일 등으로 수수료율은 5% 중반부터 20%까지 분포하며 일반대출보다 편리한 반면 수수료율이 더 높다.

2) 할부판매

신용카드 회원은 할부판매를 지정받은 국내가맹점에서 카드회사가 정한 할부가능금액에 할부구매를 할 수 있고, 할부기간은 카드회사가 정한 기간에서 회원이 지정한 기간으로 한다. 단, 구매상품이나 제공받은 서비스의 대금을 2월 이상 기간에 3회 이상 납부하는 할부계약에 철회권과 항변권을 행사할 수 있다.

3) 장기카드대출

장기카드대출은 신용카드회원 본인의 신용상태와 카드이용 실적에 따라 카드회사에서 대출해주는 장기금융상품으로 회원이 카드회원 가입시 카드론 이용을 동의한 경우에 한하여 이용할 수 있다. 다만, 장기카드대출에 동의하지 않은 회원이 장기카드대출을 이용하고자 하는 경우 동의를 한 후 이용할 수 있다.

4) 일부결제금액이월약정

리볼빙서비스는 신용카드회원이 카드로 물품의 대금을 결제하거나 현금서비스를 받은 경우 신용카드대금 중 카드회사와 회원이 미리 약정한 최소(약정)결제비율 이상을 결제하면 나머지 잔여대금에 대한 상환이 자동으로 연장되고 잔여이용 한도 내에서는 신용카드를 계속해서 이용할 수 있는 결제방식을 말한다.

5) 채무면제유예상품

채무면제·유예상품은 신용카드회사가 신용카드회원으로부터 매월 카드대금결제 대비 일정률의 수수료를 수령하고 카드회원에게 사망, 질병, 실업, 자연재해 등 특정사고가 발생했을 경우 회원의 카드채무를 면제하거나 결제를 유예해주는 상품을 말하며 현재 국내에서는 전업 신용카드회사에게만 판매가 허용된다.

2. 시설대여상품

(1) 리스의 정의

시설대여는 대통령령으로 정하는 특정물건을 새로 취득하거나 대여받아 거래상대방에게 일정기간 이상 사용하게 하고, 그 사용기간 동안 일정한 대가를 정기적으로 나누어 지급받으며, 사용기간이 종료한 후의 물건의 처분은 당사자간의 약정으로 결정하는 방식의 금융을 말한다. 통상 시설대여를 리스(lease)라고 한다.

리스는 임차인이 임대인으로부터 일정기간 자산의 사용권을 얻고, 그 대가로 임차료를 지급하기로 한 계약을 말한다. 여기서 임차인(lessee)은 약정된 임차료를 지급하고 자산을 빌려 사용하는 사람을 말하고, 임대인(lessor)은 자산의 소유권을 가지고 있으면서 약정된 임대료를 받고 자산을 빌려주는 리스회사를 말한다.

리스를 임차인의 입장에서 살펴보면 일종의 자금조달원이라고 할 수 있다. 임차인이 리스를 이용하게 되면 임대인으로부터 해당 자산의 구입자금을 조달받고 그에 대한 원리금을 임차료의 형식으로 분할상환하는 것과 같기 때문이다. 따라서 리스는 임차인에게 자산의 구입과 관련된 자금을 전액 조달하는 효과가 있다.

그리고 자산을 직접 구입하는 것보다 적은 초기자금으로 자산을 확보할 수 있어 기업의 유동성을 확보하는데 유용하고, 기술혁신에 따른 진부화 위험을 회피할 수 있다. 운용리스를 이용하면 재무상태표에 부채로 계상되지 않아 부외금융효과가 존재한다. 따라서 운용리스를 이용하면 자본조달능력을 증가시킬 수 있다.

리스산업이 발달함에 따라 리스의 목적물도 다변화하여 산업기계, 운수기기, 의료기기, 교육기기, 통신기기, 기타 용도로 활용되고 있으며, 이 중 자동차리스, 일반산업기계리스, 의료기기리스가 우위를 차지하고 있다. 리스계약의 객체는 동산은 물론 건물이나 독립적인 건물의 일부분 또는 다른 부동산 재화일 수 있다.

　따라서 리스회사가 토지나 건물과 같은 부동산을 리스이용자에게 일정기간 동안 사용할 수 있는 권리를 이전하고, 리스이용자는 그 대가로 리스료를 지급하는 부동산리스거래가 가능하게 되었다. 그런데 우리나라의 리스시장은 자동차 등 일부 품목에 편중되어 있으며 부동산리스거래는 전무에 가까운 실정에 있다.

　여신전문금융업법의 개정으로 여신전문금융회사가 부동산리스를 취급할 수 있는 범위를 확대하였음에도 불구하고 부동산리스시장의 상황은 개선될 기미가 보이지 않는다. 해외의 경우 부동산리스거래가 매우 빈번하게 활용된다. 특히 유럽에서는 자동차리스보다 설비리스나 부동산리스가 활발하게 이루어지고 있다.

┃그림 5-1 ┃ 리스금융의 기본구조

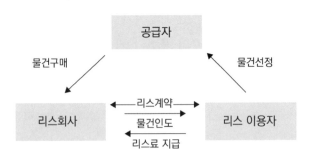

(2) 리스의 형태

　리스는 기본적으로 이용자가 리스업자에게 일정기간 특정물건의 사용·수익권을 이전받고, 이에 대해 리스료를 지급하는 계약으로 그 법적 성격은 물적금융의 실질을 갖는 비전형(무형)계약이다. 리스는 리스대상자산의 소유권에 따른 위험과 편익이 누구에게 귀속되느냐를 기준으로 운용리스와 금융리스로 구분된다.

① 운용리스(operating lease)

　운용리스는 리스이용자가 기계나 설비 등의 리스물건을 이용하기 위해 리스회사로부터 리스물건의 유지, 관리, 수리 등의 서비스를 제공받는 형태이다. 이때 리스회사는 리스물건의 유지·관리에 대한 책임을 부담한다. 운용리스는 리스회사로부터 운용된다는 특성을 제외하고 민법상의 임대차계약과 크게 다르지 않다.

② 금융리스(financial lease)

금융리스는 리스회사가 리스이용자가 필요로 하는 기계나 설비 등의 리스물건을 공급자로부터 구입하여 이를 일정기간 리스이용자에게 대여하는 계약을 말한다. 이때 리스회사는 리스이용자가 리스물건을 취득하기 위해 금융을 대부하는 형태이며, 리스물건의 유지·관리 기타 위험에 대한 책임은 리스이용자가 부담한다.

┃표 5-2┃ 운용리스와 금융리스

구 분	운용리스	금융리스
리스기간	단기	장기
대상자산	진부화의 위험이 큰 자산	내용연수가 길고 고가인 자산
중도해약	가능	불가능
관리책임	임대인이 유지·보수	임차인이 유지·보수
리 스 료	상대적으로 고가	상대적으로 저가
기 타	임대인이 감가상각 염가구매선택권 없음	임차인이 감가상각 염가구매선택권 있음

③ 특수리스

리스는 운용리스와 금융리스 외에도 리스이용자, 목적물, 계약구조에 따라 다양하게 구분할 수 있다. 리스이용자에 따라 사업자리스와 소비자리스로 구분한다. 전자는 기업이 거래주체가 되는 리스이고, 후자는 소비자를 상대로 이루어지는 거래이다. 리스목적물과 관련하여 동산리스와 부동산리스로 구분한다.

그리고 계약구조에 따라 리스회사가 리스물건 사용 중 발생하는 유지관리책임을 부담하는 유지관리리스, 복수의 리스회사가 동일한 리스물건을 공동소유하여 리스하는 공동리스(syndicated lease), 리스회사가 리스물건을 구입하는 대신 제3자로부터 임차하여 실수요자에게 리스하는 전대리스(sublease)가 있다.

임대인이 임차인과 리스계약을 담보로 리스대상자산 구입자금의 일부를 차입하는 레버리지 리스(leverage lease), 기업이 소유한 자산을 리스회사에 매각하고 그 자산을 다시 임차하여 사용하는 판매 후 재리스(sale & lease back)는 임차인이 자산의 매각대금에 해당하는 자금을 일시에 조달하는 효과가 있다.

리스는 금융리스가 중심이 되고 있으며, 최근에 상법상 전형적인 상행위의 지위를 획득하였다. 상법은 금융리스이용자가 리스물건을 제3자로부터 취득하거나 대여받아 금융리스이용자에게 이용하게 하는 것을 영업으로 하는 자를 금융리스업자로 규정한다. 여신전문금융업법에서는 리스를 "시설대여"로 표현한다.

(3) 리스의 경제성 평가

리스의 평가는 리스대상자산을 리스할 경우의 가치와 직접 구입할 경우의 가치를 비교하여, 즉 리스와 구매의 투자시점, 영업기간, 종료시점의 현금흐름을 측정하고, 이를 적절한 할인율로 할인해서 순현재가치(NPV)를 구한 다음 NPN법에 따라 평가하여 리스와 구입 중 어느 것이 유리한지를 평가하는 것을 말한다.

리스의 경제성 평가는 리스와 차입구매를 비교하는 것이므로, 리스에 대한 기회비용은 차입금에 대한 자본비용이다. 따라서 리스의 평가에 적용해야 할 할인율은 세후 타인자본비용이다. 이때 리스와 비교할 수 있는 구입대안은 기업의 차입능력이나 재무위험에 미치는 영향이 리스와 동일한 대안이어야 한다.

3. 팩터링

팩터링(factoring)은 금융기관들이 상품을 수출한 기업으로부터 상업어음과 외상매출채권을 매입하고 이를 바탕으로 자금을 빌려주는 단기금융기법을 말한다. 팩터링은 기업들이 상거래의 대가로 현금대신 받은 매출채권을 신속히 현금화하여 기업의 경영활동을 돕자는 취지로 1920년대 미국에서 처음 도입되었다.

팩터링회사는 기업이 상품을 수출하고 수령한 매출채권을 매입한 후 채권을 관리하며 회수한다. 매입한 매출채권이 부도가 발생시 위험은 팩터링회사가 부담한다. 따라서 상품을 수출한 기업은 외상판매를 하고도 현금판매와 동일한 효과를 얻을 수 있고 채권관리 및 회수에 필요한 인력과 비용을 덜 수 있는 이점이 있다.

미국에서는 팩터링의 역사가 오래되었고 상거래에서 필수불가결한 존재로 되어 있다. 팩터링회사(신용판매회사)는 신용상태가 좋은 물품구입자 대신에 물품대금을 매출자에게 지급하는 업무, 외상매출채권의 매입, 채권인수업, 선대업체의 신용조사 및 보증업무, 매출기업의 회계관리, 상품개발의 유도와 재고금융도 해준다.

팩터링은 수출업자가 환어음을 은행에 매입 또는 추심하여 결제하는 대신 팩터에게 매출채권을 매각하고 팩터가 매출채권을 수입업자로부터 직접 회수하는 방법으로 외화표시 수출대금이 입금되기 전에 자국통화표시로 금융지원을 받아 수출대금을 이용할 수 있고 환위험을 회피할 수 있다. 그러나 팩터링을 이용하면 비용이 수반되어 팩터링비용과 예상환차손을 비교하여 팩터링여부를 결정해야 한다.

국제팩터링은 신용장 없이 무역거래를 할 경우 팩터링회사가 신용조사, 신용위험인수, 금융제공, 대금회수 등의 서비스를 제공하는 것을 말한다. 우리나라에서는 중소기업이 10만달러 이하의 소규모거래를 할 때 이용되고 있다. 국제팩터링방식에서 거래당사자는 수출업자, 수출팩터, 수입업자 그리고 수입팩터로 구성된다.

수출팩터는 수출업자와 약정에 따라 수출채권의 매입한도를 결정하며, 수입팩터는 수출팩터의 요청에 따라 수입업자의 신용상태를 조사해 수출팩터에게 신용승락 여부를 통보한다. 수출업자가 신용승락을 받게 되면 수입업자와 계약에 따라 물품을 선적할 수 있다. 팩터링방식의 수출입절차는 [그림 5-2]와 같이 제시한다.

┃그림 5-2┃ 팩터링방식에 의한 수출입절차

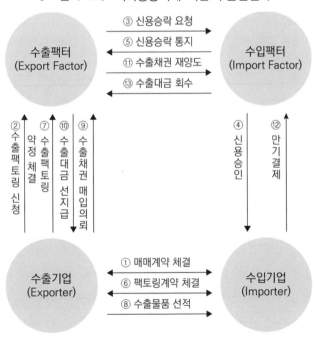

4. 할부금융상품

할부금융은 소비자가 일시불로 구입하기 어려운 고가의 내구재나 주택 등을 구입할 때 할부금융회사가 소비자에게 구입자금의 전부 또는 일부를 대여하고, 소비자는 할부금융회사에 일정한 수수료를 내고 원리금의 분할상환이 가능한 금융상품을 말한다. 이는 소비자에게 자금을 대여한다는 점에서 소비자신용으로 분류된다. 할부금융의 거래당사자는 소비자, 공급자(판매자), 할부금융회사이다.

┃그림 5-3┃ 자동차 할부금융과 자동차 대출(오토론)

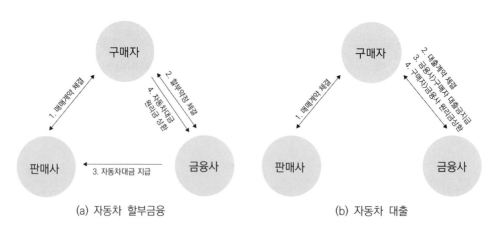

(a) 자동차 할부금융   (b) 자동차 대출

여신전문금융업법은 할부금융을 재화와 용역의 매매계약에 매도인과 매수인과 각각 약정을 체결하여 매수인에게 재화와 용역의 구매자금을 매도인에게 지급하고 매수인으로부터 그 원리금을 상환받는 방식의 금융으로 정의한다. 또한 할부거래법은 소비자가 신용제공자에게 재화 등의 대금을 2개월 이상의 기간에 3회 이상 나누어 지급하고, 재화 등의 대금을 완납하기 전에 사업자로부터 재화 등의 공급을 받기로 하는 계약으로 정의하면서 간접할부계약이라는 용어를 사용하고 있다.

여신전문금융업법 및 할부거래법의 규정에서 할부금융은 금융소비자가 구매한 재화 등의 대금을 할부금융업자가 금융소비자에게 융자하고, 융자금은 금융소비자가 아닌 재화 등의 매도인에게 지급하는 거래구조를 가지고 있다. 금융소비자는 융자받은 금액을 할부금융업자에게 분할하여 상환한다. 할부금융은 재화의 소유권이 매도인에게서 금융소비자로 직접 이전하여 금융리스 및 연불판매와 차이가 있고, 매도인을 가맹점으로 제한하지 않고 대금이 분할상환된다는 점이 다르다.

제3절 서민금융상품의 개요

1. 서민금융상품의 정의

서민금융은 서민들에게 제공되는 금융서비스라고 간단히 개념적으로 정의할 수 있다. 즉 서민들의 자금접근성과 가용성을 넓힐 수 있는 금융수단들을 제공하고 이를 통해 자활이 가능하도록 하여 소득창출을 통해 원리금 상환가능성을 높이고 미래에는 서민의 범주에서 벗어나게 하는 종합적인 금융서비스를 말한다.

대부업에서 규정하고 있는 서민금융상품의 개념은 서민 등 금융소외계층을 지원하기 위해 금융위원회가 정하여 고시하는 상품을 말한다. 여기서 금융위원회가 정하여 고시하는 상품은 새희망홀씨, 미소금융, 햇살론, 바꿔드림론, 디딤돌대출, 보금자리론, 새희망힐링론, 징검다리론의 용어가 포함된 상품을 말한다.

2. 서민금융상품의 유형

서민금융의 구조는 서민금융기관의 공급량에 따라 결정되며, 서민금융의 공급은 크게 상업적 서민금융과 정책서민금융으로 구분한다. 상업적 서민금융기관은 서민금융을 취급하기만 하고 전담하지 않는 구조이며, 정책서민금융기관은 정부와 정부 산하의 각종 공공기관을 통해 다양한 용도로 대출 및 보증을 제공한다.

(1) 미소금융

미소금융은 2008년에 가장 먼저 도입되어 휴면예금 및 보험금, 대기업 및 시중은행의 기부금을 재원으로 하여 운영되기 때문에 사회적 성격의 서민금융상품으로 대상자에 대한 기준이 더 엄격하다. 미소금융은 저소득 및 빈곤층에게 소득창출, 자산형성, 안정적 소비, 대출, 저축, 보험, 송금 등으로 이루어진다.

미소금융의 지원대상은 자활의지가 있으나 신용도가 낮아 제도권 금융기관의 이용이 어려운 영세자영업자(저소득·저신용계층), 차상위계층에 해당하면 신청할 수 있다. 미소금융은 대출용도에 따라 창업임차자금, 운영자금, 시설개선자금, 임대주택보증금대출, 취업성공대출, 대학생·청년 햇살론 등으로 구분된다.

(2) 햇살론

햇살론은 신용등급 또는 소득수준이 낮아 담보력이 미약한 서민계층에게 정책적 보증을 제공하여 이들의 생활안정을 도모하도록 지원하는 대표적인 서민금융상품이다. 또한 햇살론은 서민금융기관의 도덕적 해이를 방지하고, 여신심사능력을 강화하기 위해 대출금액의 90%만 보증하는 등 부분보증을 제공하고 있다.

햇살론은 서민금융상품 중 유일하게 재정이 투입되는 보증부 상품으로 대출자가 채무불이행시 신용보증재단에서 대출재원을 사업자 95%, 근로자 90%까지 대신 갚아 준다. 보증료율은 보증금액의 1% 이내에 보증기간을 곱하여 대출자가 지급하며, 대출상품으로는 사업운영자금, 창업자금, 생계자금, 학자금 등이 있다.

(3) 새희망홀씨

새희망홀씨는 신용등급 또는 소득수준이 낮아 은행권에서 대출을 받기 어려운 서민계층을 지원하기 위해 은행권이 별도로 완화된 여신취급기준을 마련하여 출시한 서민우대대출상품을 말한다. 새희망홀씨는 2010년 10월까지 은행권에서 시행되었던 서민정책금융상품 희망홀씨 대출을 발전적으로 개편한 상품이다.

새희망홀씨는 2010년 11월 국내은행이 기존의 희망홀씨를 대체하여 출시한 상품으로 은행이 자체적인 재원을 활용하고 상품내용과 금리도 자율적으로 결정한다. 대출상품은 생계자금과 사업운영자금이 있고, 대출한도는 2천만원이며 금리는 은행 자체 신용평가결과, 대출위험도, 자금조달원가를 고려하여 결정한다.

(4) 바꿔드림론

바꿔드림론은 신용도가 낮고 소득이 적은 서민이 대부업체나 캐피탈사 등에서 대출받은 고금리 대출을 국민행복기금의 100% 보증을 통해 전국 시중은행에서 저금리 대출로 바꾸어 주는 제도이다. 지원대상은 6등급 이하의 저신용자, 연소득 4천만원 이하의 급여소득자, 연소득 4천5백만원 이하의 자영업자이다.

바꿔드림론의 대출한도는 최대 3,000만원, 대출금리는 연 6.5~10.5%인데 중소기업에 1년 이상 근무한 청년층은 0.2% 인하해준다. 대출기간은 급여소득자는 5년, 영세 자영업자는 6년, 상환방법은 원리금 균등분할상환이다. 취급처는 전국 서민금융통합지원센터, 국민행복기금, 15개 시중은행에서 취급하고 있다.

▌표 5-3▐ 신용카드 이용실적

연도	국민총소득[1] (A) (원계열, 명목)	국민처분가능소득[1] (B) (원계열, 명목)	민간최종소비[1]지출 (C) (원계열, 명목)	신용카드 이용금액						체크카드 이용금액
				신용판매(D)			카드대출			
					일시불	할부		현금서비스	카드론	
1990	197,414.7	174,018.9	98,049.5	5,323.1	3,006.8	2,316.3	7,281.5	7,281.5		
1991	238.470.3	211,042.8	118,654.6	6,594.1	4,133.1	2,461.0	6,773.0	6,773.0		
1992	272,708.5	239,086.3	137,302.4	7,981.6	5,135.8	2,845.8	7,696.2	7,696.2		
1993	309,371.3	270,145.7	156,413.6	12,264.6	6,942.7	5,321.9	14,569.8	14,569.8		
1994	364,789.3	319,437.8	187,036.7	18,875.0	10,958.6	7,916.4	22,053.4	22,053.4		
1995	427,012.2	366,889.5	219,889.6	25,151.7	15,049.2	10,102.5	26,430.0	26,430.0		
1996	479,122.5	408,069.9	252,658.2	32,624.3	20,346.0	12,278.3	30,408.5	30,408.5		
1997	527,077.3	446,064.3	279,563.6	38,180.0	24,320.7	13,859.3	33,935.3	33,953.3		
1998	517,262.1	427,089.0	261,382.1	30,830.8	20,669.5	10,161.36	32,725.9	32,725.9		
1999	570,154.8	471,720.4	299,760.1	23,539.3	16,830.0	6,709.3	26,468.1	26,468.1		
2000	647,274.2	535,218.3	355,141.4	48,765.2	33,694.9	15,070.2	100,064.4	88,984.4	11,080.0	
2001	702,236.4	578,750.7	391,691.7	155,052.3	110,824.0	44,228.3	291,039.1	254,132.7	36,906.3	
2002	781,828.8	649,205.9	440,206.7	259,461.7	183,296.5	76,165.2	426,115.8	371,736.6	54,379.2	
2003	834,443.2	689,409.2	452,736.5	214,084.2	170,297.9	43,786.3	244,946.3	211,083.6	33,862.7	
2004	906,864.7	750,340.6	468,700.5	229,814.2	187,946.3	41,867.9	138,120.5	127,604.7	10,515.8	7,593.7
2005	950,685.4	784,904.9	500,910.9	253,388.7	209,325.8	44,062.9	109,915.3	103,058.7	6,856.5	214,305.6
2006	1,002,664.7	827,011.2	533,277.7	282,924.0	233,896.8	49,027.1	102,959.4	91,569.5	11,389.9	12,595.1
2007	1,086,897.3	901,343.3	571,809.5	315,905.1	258,334.6	57,570.5	101,407.7	85,782.2	15,625.5	18,840.0
2008	1,154,509.7	946,644.4	606,355.8	360,566.6	291,536.3	69,030.3	107,043.1	88,758.8	18,284.3	27,872.2
2009	1,203,479.8	976,066.0	622,808.6	376,363.0	304,690.9	71,672.2	98,281.6	81,451.7	16,829.9	36,916.5
2010	1,324,586.9	1,080,250.2	687,061.3	412,106.1	329,769.1	82,337.1	105,263.0	81,319.7	23,943.3	51,480.4
2011	1,397,534.8	1,135,618.1	711,118.8	441,813.1	353,992.5	87,820.6	104,281.7	80,169.9	24,111.8	66,917.4
2012	1,455,170.3	1,177,260.3	738,312.1	478,024.0	382,743.1	95,280.9	99,679.3	74,995.3	24,684.0	82,277.8
2013	1,510,384.9	1,224,415.2	758,005.0	488,722.5	400,839.2	87,883.3	96,748.6	68,306.3	28,442.2	92,659.9
2014	1,570,493.3	1,271,899.3	780,462.7	500,518.0	408,307.2	92,210.8	93,588.5	63,326.0	30,262.4	112,684.0
2015	1,633,206.6	1,349,292.2	804,812.4	534,931.5	435,612.7	99,318.8	94,599.0	59,503.0	35,096.0	130,985.6
2016	1,747,143.5	1,419,199.9	834,804.8	596,032.2	489,442.9	106,589.2	97,965.0	59,328.2	68,636.1	149,944.5
2017	1,843,180.9	1,497,065.8	872,791.4	627,341.8	512,081.2	115,260.6	98,379.6	59,266.2	39,113.4	160,757.4
2018	1,905,837.5	1,539,485.3	911,576.1	664,013.2	539,284.6	124,728.6	103,849.0	60,768.3	43,080.7	168,602.8
2019	1,941,107.9	1,553,455.0	935,933.8	700,952.0	572,183.9	128,768.1	105,244.5	59,123.9	46,120.6	173,696.1
2020	1,948,020.7	1,546,364.6	897,4493.2	705,246.4	572,943.2	132,303.3	107,098.9	54,083.6	53,015.2	172,024.7
2021	2,082,576.5	—	952,529.9	779,034.6	634,315.1	144,719.5	107,208.1	55,138.3	52,069.8	181,565.6

주 : 1) 한국은행 국민계정 기준년(2010→2015) 개편에 따라 시계열자료가 수정됨(2000년 이후 : 19.06.04 이전 19.12.19)

자료 : 한국은행, 금융감독원(금융통계정보시스템)

‖ 표 5-4 ‖ 신용카드 및 가맹점 수

연도	추계인구 (만 명)	경제활동인구[1] (만 명)	신용카드 수 (만 매)	체크카드 수[2] (만 매)	경제활동인구 1인당 신용카드 소지 수(매)	가맹점 수[3] (만 점)
1990	4,287	1,854	1,038		0.6	
1991	4,330	1,911	1,210		0.6	
1992	4,375	1,950	1,471		0.8	
1993	4,420	1,981	1,940		1.0	
1994	4,464	2,035	2,531		1.2	
1995	4,509	2,085	3,328		1.6	
1996	4,553	2,129	4,111		1.9	
1997	4,595	2,178	4,571		2.1	
1998	4,629	2,143	4,202		2.0	
1999	4,662	2,167	3,899		1.8	
2000	4,701	2,215	5,788		2.6	
2001	4,736	2,251	8,933		4.0	
2002	4,762	2,298	10,481		4.6	148
2003	4,786	2,304	9,511		4.1	155
2004	4,804	2,354	8,346		3.5	150
2005	4,814	2,372	8,291		3.5	153
2006	4,837	2,402	9,115		3.8	161
2007	4,868	2,435	8,957	4,041	3.7	175
2008	4,905	2,455	9,625	5,557	3.9	185
2009	4,931	2,458	10,699	6,654	4.4	187
2010	4,955	2,496	11,659	7,674	4.7	208
2011	4,994	2,539	12,214	8,957	4.8	219
2012	5,020	2,578	11,623	9,914	4.5	221
2013	5,043	2,611	10,203	9,752	3.9	226
2014	5,075	2,684	9,232	10,077	3.44	234
2015	5,101	2,715	9,314	10,527	3.4	242
2016	5,122	2,742	9,564	10,848	3.5	250
2017	5,136	2,775	9,946	11,035	3.6	257
2018	5,159	2,790	10,506	11,143	3.8	269
2019	5,177	2,819	11,098	11,070	3.9	281
2020	5,184	2,801	11,373	11,002	4.1	290
2021	5,174	2,831	11,769	10,609	4.2	299

주 : 1) 만15세 이상의 생산가능 연령인구 중에서 구직활동이 가능한 취업자 및 실업자
    2) 체크카드 수는 2007년부터 제공
    3) 가맹점으로부터의 매출전표 매입건수 1건 이상(연간) 발생기준(2002년부터)
자료 : 통계청, 금융감독원, 여신금융협회, 한국은행

┃표 5-5┃ 업종별 리스실적(실행기준)

(단위 : 백만원)

구분	2011	2013	2015	2017	2019	2021
농 수 산 업	14,710	22,916	39,016	30,261	60,976	123,073
광 업	10,463	24,912	12,149	30,628	27,883	31,034
제 조 업	3,331,410	3,548,921	3,787,033	3,239,627	1,982,057	2,103,846
음 식 료 품	94,024	99,460	129,574	88,609	100,084	95,065
섬유·의복·피혁	59,394	58,148	60,251	37,369	52,965	71,264
제재·목재·지류·인쇄	165,117	173,061	138,563	99,906	88,139	85,987
화학·석유·석탄·고무	105,647	100,225	114,312	70,919	89,221	104,923
비금속 광물제품	42,033	57,438	52,541	26,772	32,378	40,526
제1차금속	134,595	103,514	164,193	73,170	55,357	52,221
조립금속·기계장비	845,899	841,606	785,917	708,467	471,195	551,889
통신·방송·음향기기	324,846	384,683	256,184	169,148	154,607	144,895
기타	1,559,855	1,730,786	2,085,498	1,965,267	938,111	957,076
건 설 업	364,243	320,900	389,287	331,801	510,112	583,926
도 소 매 업	1,010,995	1,132,390	1,813,350	1,540,248	2,381,009	2,573,785
숙박및관광업	63,926	78,350	175,916	198,003	369,417	406,299
운수및창고업	335,545	284,865	299,588	149,671	211,279	274,713
통 신 업	93,094	93,348	76,075	125,180	116,040	136,807
금융·보험 및 용역업	354,758	338,630	462,941	277,288	251,933	299,343
의 료 업	842,607	939,146	995,648	917,249	1,091,193	1,521,866
환경산업(공해방지)	12,078	14,115	21,841	14,010	13,176	25,429
사회 및 개인서비스업	1,157,606	1,194,546	1,356,878	1,377,748	2,062,568	2,624,372
기 타	3,010,374	2,813,626	3,978,468	4,576,358	4,711,968	7,043,111
합 계	10,601,809	10,806,665	13,408,187	12,808,072	13,789,611	17,477,604

주 : 리스실적은 당해연도 초부터 당분기까지의 누계액
자료 : 금융감독원(여신금융회사 제출 업무보고서)

❙표 5-6❙ 물건별 리스실적(실행기준)

(단위 : 백만원)

구분	2011	2013	2015	2017	2019	2021
산 업 기 계 기 구	2,294,450	2,177,058	1,960,326	1,664,050	1,206,452	1,092,694
일반산업기계	1,152,551	765,754	780,638	683,156	525,504	574,345
동력이용기계	44,455	9,481	13,462	12,497	21,155	22,448
공 작 기 계	1,097,444	1,401,823	1,166,226	968,397	659,793	495,901
운수 · 운반기기	6,524,710	6,729,732	9,559,814	9,446,322	10,445,323	13,901,103
건 설 기 계	142,575	129,165	151,453	171,579	88,389	51,688
자 동 차	6,180,385	6,417,094	9,330,641	9,255,753	10,352,618	13,848,351
선 박	197,718	176,323	77,720	18,540	4,316	297
항 공 기	4,032	7,150	0	450	0	767
철 도 차 량	−	−	0	0	0	0
의 료 기 기	890,279	976,853	1,060,881	925,312	1,099,084	1,144,431
공해방지용기기	1,085	731	394	256	0	0
교육 · 과학기술 용기기	525,279	373,939	454,090	401,988	664,282	633,523
사무기기주[2]	49,470	52,997	41,310	26,785	36,014	29,035
컴 퓨 터	414,727	269,915	198,116	130,675	175,035	104,768
기 타	61,082	51,027	274,308	244,528	453,233	499,720
통 신 기 기	122,102	124,901	157,715	64,762	5,539	59,526
유통산업용기기	36,780	34,301	1,797	1,011	205	6,368
기 타	207,124	389,150	213,170	304,367	368,725	628,856
합 계	10,601,809	10,806,665	13,408,187	12,808,072	13,789,611	17,477,604

주 : 1) 리스실적은 당해연도 초부터 당분기까지의 누계액
　　 2) 2002년부터 사무기기 분류기준 변경
자료 : 금융감독원(여신금융회사 제출 업무보고서)

▌표 5-7 ▌ 할부금융 취급잔액

(단위 : 십억원)

연도	내구재				주택	기계류	기타	합계
	자동차	가전제품	기타 내구재					
2003	5,715.1	46.6	422.6	6,184.3	119.3	444.3	67.0	6,814.9
2004	5,085.3	50.4	409.3	5,545.0	72.1	528.0	108.2	6,253.3
2005	5,926.6	39.3	176.8	6,142.6	55.3	872.7	9.9	7,080.5
2006	6,394.8	30.2	218.3	6,643.3	362.3	713.0	2.2	7,720.7
2007	8,168.0	20.1	197.3	8,385.4	677.2	812.1	5.0	9,879.8
2008	9,461.5	11.1	190.4	9,662.9	812.6	867.2	31.2	11,373.9
2009	7,597.3	19.7	123.0	7,740.0	935.9	630.0	28.0	9,333.8
2010	9,283.4	10.9	128.1	9,422.3	982.9	847.6	51.4	11,304.3
2011	13,710.5	10.3	146.0	13,866.8	1,361.8	936.7	82.2	16,247.4
2012	15,372.8	25.7	168.3	15,566.8	1,256.2	924.3	111.7	17,859.0
2013	15,246.0	23.6	235.1	15,504.7	1,176.2	775.0	98.4	17,554.3
2014	16,153.4	18.5	323.0	16,494.9	1,000.0	679.5	172.1	18,346.5
2015	19,848.4	32.3	394.6	20,275.3	511.6	596.5	213.5	21,596.8
2016	23,284.4	25.6	564.3	23,874.2	375.1	506.1	379.3	25,134.7
2017	27,026.7	16.5	532.0	27,575.2	564.6	439.9	588.3	29,168.0
2018	30,467.3	17.1	520.8	31,005.1	547.5	453.9	701.8	32,708.4
2019	34,050.9	17.2	515.7	34,583.7	421.1	452.9	663.3	36,121.0
2020	36,948.6	17.0	465.4	37,431.0	300.4	425.2	417.9	38,574.5
2021	37,759.6	13.3	393.9	38.166.8	93.3	486.6	475.4	39,222.1

┃표 5-8┃ 할부금융 취급실적

(단위 : 십억원)

연도	내구재				주택	기계류	기타	합계
	자동차	가전제품	기타 내구재					
2003	10,055.0	151.7	397.2	10,603.9	41.0	439.2	74.5	11.158.6
2004	8,178.0	114.2	331.0	8,623.2	11.2	442.7	103.3	9.180.4
2005	8,870.0	82.2	237.9	9,190.1	12.9	589.8	16.6	9,809.4
2006	8,152.9	60.0	286.0	8,498.9	341.6	682.9	1.3	9,524.6
2007	8,667.0	37.5	208.0	8,912.5	495.2	809.7	4.4	10,221.8
2008	10,365.3	21.9	227.8	10,615.0	359.8	623.5	18.6	11,616.9
2009	6,156.4	9.6	81.3	6,247.2	320.7	389.3	25.7	6,983.0
2010	9,201.8	18.0	102.8	9,322.6	378.0	690.3	62.3	10,453.2
2011	9,215.4	19.3	156.9	9,391.6	917.6	619.0	89.6	11,017.8
2012	8,919.3	97.1	152.8	9,169.2	419.6	629.5	132.5	10,350.8
2013	10,343.1	134.6	239.8	10,717.6	464.3	507.2	121.2	11,810.2
2014	11,831.9	39.1	285.0	12,156.0	278.1	483.5	192.9	13,110.5
2015	13,619.7	51.2	421.2	14,092.1	70.4	450.2	251.7	14,864.4
2016	15,886.2	41.0	433.7	16,360.9	100.5	422.5	420.8	17,304.6
2017	18,536.1	25.0	468.2	19,029.3	308.6	282.3	482.4	20,102.6
2018	19,576.8	24.8	344.1	19,945.7	284.4	313.6	539.4	21,083.0
2019	21,095.1	24.8	339.7	21,459.6	186.6	253.0	426.5	22,325.7
2020	22,089.1	25.8	313.5	22,428.4	96.1	235.1	432.9	23,192.5
2021	20,854.0	23.5	245.6	21,123.0	—	307.9	352.1	21,783.0

주 : 할부금융 취급시적은 당해연도 초부터 당분기까지 누계액
자료 : 금융감독원(여신금융회사 제출 업무보고서)

▌표 5-9 ▌ 여신전문금융회사의 신기술사업금융 현황

(단위 : 억원, 말잔)

연도	신기술금융취급회사수[1]	투자조합수(결성회사수)	투자건수	회사분				조합분				합계
				투자주식[2]	투자사채	조건부투자	대출금	투자주식[2]	투자사채	조건부투자	대출금	
1993	4	9(4)	216	755	272	68	5,214	179	79	–	–	6,567
1994	4	9(4)	226	829	447	167	14,240	203	66	–	–	15,952
1995	4	9(4)	219	1,057	462	174	23,276	199	41	–	–	25,210
1996	4	8(4)	219	1,731	701	263	33,921	172	27	–	–	36,815
1997	4	4(3)	309	3,665	1,584	284	40,992	189	11	–	–	46,725
1998	5	6(4)	221	3,253	1,046	191	27,788	173	13	15	21	32,501
1999	13	21(4)	615	4,297	919	273	17,527	835	95	8	–	23,954
2000	18	33(7)	1,257	7,428	538	209	12,271	3,236	140	8	–	23,830
2001	19	59(8)	1,526	7,083	407	206	7,239	4,841	211	63	–	20,050
2002	21	72(9)	1,791	6,181	430	162	7,245	6,596	779	174	–	21,567
2003	17	73(9)	1,619	4,766	321	148	3,842	5,579	875	359	–	15,890
2004	15	83(7)	1,575	3,399	229	151	1,791	6,236	892	183	–	12,881
2005	14	72(9)	1,358	2,934	537	140	1,921	4,644	701	132	–	11,009
2006	17	72(9)	1,492	2,488	182	220	1,497	4,577	742	211	–	9,918
2007	19	70(10)	1,875	2,552	396	82	1,748	4,909	864	285	3	10,838
2008	22	68(12)	1,129	2,113	728	47	1,825	4,820	793	223	83	10,812
2009	20	81(11)	1,121	2,400	557	184	1,784	4,853	821	134	257	10,990
2010	20	92(13)	1,102	2,556	855	281	1,914	5,616	1,181	136	220	12,759
2011	17	73(11)	885	2,616	1,601	96	475	5,963	1,082	73	653	12,559
2012	16	66(10)	933	3,079	2,329	232	753	7,288	1,705	58	400	15,844
2013	19	81(12)	1,146	3,177	3,500	68	742	8,679	2,470	237	455	19,719
2014	22	82(13)	1,083	3,254	2,512	48	758	11,103	3,670	191	434	22,686
2015	32	115(15)	2,507	3,475	1,293	35	241	12,499	4,377	176	646	24,008
2016[3]	47	183(23)	2,108	3,648	1,309	21	143	16,556	5,934	164	376	29,820
2017[4]	50	303(36)	2,480	3,623	1,402	18	428	20,887	6,461	15	0	35,412
2018	65	435(41)	2,770	4,743	1,154	9	621	30,143	11,359	175	0	50,511
2019	77	628(49)	3,427	6,059	1,757	1	662	41,237	14,732	123	2	67,205
2020	79	813(61)	3,654	7,110	1,766	0	538	52,773	16,343	71	452	81,702
2021	90	1156(72)	5,329	9,774	2,193	0	430	80,786	17,767	80	0	117,917

주 : 1) 2002년부터 취급잔액이 있는 회사 기준
  2) 투자주식의 경우 2012년부터 취득원가 기준
  3) 2016년부터 여전업권전체(경영신기술금융업자 제외)에 대한 통계로 확대
  4) 2017년 이후 신기술투자조합, 기타조합으로 분류됨에 따라 자료상
      ‘조합분＝신기술투자조합분＋기타조합분’
자료 : 금융감독원(여신금융회사 제출 업무보고서)

제1절 신용공여의 개요

1. 신용공여의 정의

   대출, 지급보증 또는 자금지원적 성격의 유가증권의 매입

2. 신용공여의 범위

   기업구매전용카드, 신용카드회원에 자금융통, 시설대여업자의 시설대여비용,
   연불판매액, 할부금융이용액, 신기술사업자에 대한 투자액, 어음할인액 등

3. 여신금융상품의 범위

   신용카드회원에 자금융통, 여신전문금융업, 대출(어음할인 포함)업무, 직불카드와
   선불카드의 발행 및 대금결제

4. 여신금융회사의 대출

(1) 대출업무의 수행기준

   대출업무를 수행함에 따라 발생하는 채권액은 총자산의 30%를 초과할 수 없음

(2) 대출업무의 운용원칙

   차주의 차입목적, 소요자금 규모에 대한 종합심사 및 분석을 통한 적정대출의 취급과
   대출 실행 이후 용도 이외 유용방지를 통해 대출의 건전성 확보

(3) 주택담보대출의 위험관리

   부동산프로젝트파이낸싱 대출시 채권액이 여신성 자산 30%를 초과할 수 없음

(4) 개인신용대출

   담보설정, 보증인 없이 차주의 신용만으로 받는 대출

제2절 여신금융상품의 유형

1. 신용카드상품

(1) 신용카드의 정의

   고객이 상품이나 서비스를 받고 그 대금지불을 일정기간 후 고객 예금계좌에서
   자동적으로 갚게 하는 신용거래에서의 지불수단

(2) 신용카드의 분류

① 회원의 구분 : 본인회원카드와 가족회원카드, 개인카드와 법인카드

② 발행회사의 국적 : 국내발행카드와 외국발행카드

③ 대금지급의 시기 : 리볼빙방식, 할부구매방식, 일시불방식

④ 특수한 신용카드 : 유통계겸영카드, 신용체크카드, 기업구매전용카드

(3) 신용카드대출상품

① 단기카드대출(현금서비스)

   신용카드회원은 카드회사가 부여한 현금서비스 한도 내에서 단기카드대출

② 할부판매
　　신용카드회원은 국내가맹점에서 카드회사가 정한 할부금액에 할부구매
③ 장기카드대출(카드론)
　　신용카드회사가 회원의 신용도와 카드이용실적에 따라 대출해주는 상품
④ 일부결제금액이월약정(리볼빙)
　　신용카드회원이 카드이용대금 중 일정금액 이상 결제시 잔여대금은 이월
⑤ 채무면제유예상품
　　신용카드회사가 수수료를 받고 회원의 사고발생시 채무면제나 결제유예
2. 시설대여상품
(1) 리스의 정의
　　리스이용자가 리스업자에게 특정물건의 사용수익권을 이전받고 리스료를 지급
(2) 리스의 성격 : 물적 금융의 실질을 갖는 비전형(무명)계약
(3) 리스의 유형 : 금융리스, 운용리스, 레버리지리스, 판매 후 재리스
3. 팩터링
　　금융기관이 기업의 매출채권을 매입하고 이를 바탕으로 자금을 빌려주는 제도
4. 할부금융상품
　　소비자가 일시불로 구입하기 어려운 내구재나 주택을 구입할 경우 금융회사가
　　물품대금을 대여하고 소비자는 금융회사에 물품대금을 일정기간 분할하여 상환

제3절 서민금융상품의 개요

1. 서민금융상품의 정의
　　소득수준이 적고 신용점수가 낮은 서민들에게 제공되는 각종 금융서비스
2. 서민금융상품의 유형
　　미소금융, 햇살론, 새희망홀씨, 바꿔드림론, 보금자리론, 징검다리론, 디딤돌대출,
　　새희망힐링론,

1. **다음 중 여신전문금융회사에 대한 설명으로 적절하지 않은 것은?**

   ① 여신전문금융회사는 수신기능 없이 여신업무만 취급하는 금융기관이다.

   ② 자금조달은 주로 채권발행이나 금융기관 차입금에 의해 이루어진다.

   ③ 여신전문금융회사에 리스회사, 신용카드회사, 할부금융, 벤처캐피탈이 있다.

   ④ 신용카드업을 영위하고자 하는 경우 금융위원회에 등록해야 한다.

   | 해설 | 신용카드업을 영위하고자 하는 경우 금융위원회에 허가를 받아야 한다.

2. **금융소비자의 기본적 권리가 실현되도록 하기 위해 금융소비자 보호에 관한 법률에서 규정하는 금융회사의 책무로 볼 수 없는 것은?**

   ① 국가의 금융소비자 권익 증진 시책에 적극적으로 협력

   ② 금융상품으로 금융소비자의 재산에 위해가 발생하지 않도록 필요한 조치를 강구

   ③ 금융상품을 제공하는 경우 공정한 금융소비생활 환경을 조성

   ④ 금융소비자의 건전하고 자주적인 조직활동의 지원과 육성

   ⑤ 금융소비자에게 금융상품에 대한 정보를 성실하고 정확하게 제공

   | 해설 | 금융소비자의 건전하고 자주적인 조직활동의 지원과 육성에 관한 책무는 금융회사의 책무가 아니라 국가의 책무이다.

3. **금융회사는 금융소비자의 성향, 재무상태, 금융상품의 이해수준, 연령, 금융상품의 구매목적, 구매경험 등에 대한 충분한 정보를 파악하여 해당 금융소비자에게 적합하지 아니한 금융상품의 계약체결을 권유하지 않아야 한다는 원칙은?**

   ① 적합성의 원칙   ② 신의성실의 원칙

   ③ 적정성의 원칙   ④ 합리성의 원칙

   ⑤ 권리남용금지의 원칙

   | 해설 | 적합성의 원칙에 대한 설명이다.

4. 금융소비자 보호에 관한 법률에서 규정하는 대출성 상품에 대한 적합성의 원칙을 설명하는 내용으로 옳지 않은 것은?

① 금융소비자의 상환능력을 초과하는 과잉대출을 방지하기 위한 것이다.

② 대출성 상품 모두에 대해 적합성의 원칙을 적용하고 있다.

③ 일반금융소비자는 물론이고 전문금융소비자에 대해서도 적용된다.

④ 여신전문금융업법에 따른 신용카드, 시설대여, 연불판매, 할부금융도 대출성 상품에 속한다.

⑤ 상시근로자가 5인 미만인 법인, 조합 및 그 밖의 단체는 일반금융소비자에 해당한다.

| 해설 | 적합성의 원칙은 일반금융소비자에 대해서만 적용되고 전문금융소비자에 대해서는 적용되지 않는다.

5. 금융소비자 보호에 관한 법률에서 규정하는 금융소비자의 기본적 권리로 볼 수 없는 것은?

① 금융상품 판매업자의 위법한 영업행위로 인한 재산상 손해로부터 보호받을 권리

② 자신의 권익을 증진하기 위해 필요한 지식과 정보를 습득하도록 노력하는 권리

③ 금융상품을 선택하고 소비하는 과정에서 필요한 지식 및 정보를 제공받을 권리

④ 금융소비생활에 영향을 주는 국가 및 지방자치단체의 정책에 대해 의견을 반영시킬 권리

⑤ 합리적인 금융소비생활을 위해 필요한 교육을 받을 권리

| 해설 | 자신의 권익을 증진하기 위해 필요한 지식과 정보를 습득하도록 노력하는 것은 금융소비자의 권리가 아니라 책무이다.

6. 금융소비자 보호에 관한 법률에서 규정하는 금융소비자에게 위법계약해지권이 발생하는 사유로 볼 수 없는 것은?

① 적합성의 원칙 위반   ② 부당권유행위 금지의무 위반

③ 적정성의 원칙 위반   ④ 계약서류 제공의무 위반

⑤ 불공정영업행위 금지의무 위반

| 해설 | 계약서류 제공의무 위반은 금융소비자의 위법계약해지권이 발생하는 사유가 아니다.

7. 다음 중 금전채무의 변제를 위한 유효한 지급수단으로 볼 수 있는 것은?

① 당좌수표　　　　　　　　　② 자기앞수표

③ 당좌어음　　　　　　　　　④ 예금증서

⑤ 주식

| 해설 | 당좌수표, 당좌어음, 예금증서, 주식은 지급의 확실성이 보장되어 있지 않아 유효한 변제로 볼 수 없다.

8. 다음 중 미성년자와의 여신거래에 대한 설명으로 옳지 않은 것은?

① 미성년자의 여신거래는 법정대리인이 대리하여 수행할 수 있다.

② 미성년자도 법정대리인의 동의가 있으면 직접 여신거래를 할 수 있다.

③ 여신거래에 관한 법정대리인의 동의는 미성년자 또는 은행에게 줄 수 있다.

④ 미성년자가 법정대리인의 동의없이 한 여신거래는 법정대리인이 취소할 수 있고 미성년자는 취소할 수 없다.

⑤ 미성년자의 여신거래에 대한 법정대리인의 동의 있음의 입증책임은 은행이 부담한다는 것이 대법원판례이다.

| 해설 | 미성년자가 법정대리인의 동의없이 한 여신거래는 법정대리인은 물론 미성년자도 취소할 수 있다.

9. 다음 중 대출금리를 선택할 경우에 주의사항이 아닌 것은?

① 금리전망　　　　　　　　　② 대출상환방식

③ 대출기간　　　　　　　　　④ 대출기관

| 해설 | 대출기관은 대출금리 선택시 주의사항이 아니며 그 밖에 고객의 재무상황, 기준금리 선택, 금리인하요구권 등이 있다.

10. 대출계약체결 2일 후에 대출실행이 이루어진 경우 금융소비자가 금융소비자 보호에 관한 법률에 따라 대출계약철회권을 행사할 수 있는 기간으로 옳은 것은?

① 대출계약일로부터 7일　　　　② 대출실행일로부터 7일

③ 대출계약일로부터 14일　　　　④ 대출실행일로부터 14일

⑤ 대출계약일로부터 15일

| 해설 | 금융소비자 보호에 관한 법률은 대출성상품에 일반소비자는 대출계약서류를 제공받은 경우에는 그 제공받은 날로부터, 대출계약서류를 제공받지 않은 경우에는 계약체결일로부터 14일 이내에 대출계약철회권을 행사할 수 있는 것으로 규정하고 있다.

11. 다음 중 대출금의 중도상환에 따른 수수료의 법적 성질로 적절한 것은?

① 약정이자
② 위임사무의 처리비용
③ 부당이득
④ 대출금상환에 따른 비용
⑤ 채무불이행에 따른 손해배상금

| 해설 | 대출금의 중도상환에 따른 수수료의 법적성질은 채무불이행에 따른 손해배상금이다.

12. 다음 중 금융권별 대출의 특징에 설명으로 가장 적절하지 않은 것은?

① 은행대출의 장점은 금리가 가장 낮다는데 있다.
② 캐피탈은 수신기능 없이 대출과 할부금융을 제공하는 여신전문 금융기관이다.
③ 보험사는 주택담보대출을 중심으로 대출을 확대하며 보험계약 고객 여부에 관계없이 대출을 취급하고 있다.
④ 저축은행의 카드론과 현금서비스는 대출의 편리성으로 고금리에도 불구하고 개인들이 많이 사용하고 있다.

| 해설 | 카드회사에 대한 설명이다.

13. 다음 중 대출에 대한 설명으로 가장 적절하지 않은 것은?

① 젊은 층을 중심으로 주택에 대한 개념이 거주에서 소유로 변화하고 있다.
② 지속적인 전세수요의 증가로 전세난을 들 수 있다. 전세문제의 가장 큰 원인의 하나는 주택수급 불균형이다.
③ 일반 신용대출은 일정한 소득이 있는 직장인, 개인사업자가 생활자금을 목적으로 자신의 신용을 이용하는 받는 대출을 말한다.
④ 목적성 신용대출은 여행, 결혼, 자동차구입 등의 목적을 위해 대출을 받는 경우로 금융기관은 대출목적이 확실한 경우에는 일반신용대출보다 더 높은 대출한도를 제공하는 경우도 있다.

| 해설 | 젊은 층을 중심으로 주택에 대한 개념이 소유에서 거주로 변화하고 있다.

14. 다음 중 대출의 장점을 설명한 내용으로 적절하지 않은 것은?

① 신용을 이용하여 미래의 구매력을 증가시킬 수 있다.
② 신용은 인플레이션에 대비할 수 있도록 도와주는 역할을 할 수 있다.
③ 대출은 가계재무관리에 융통성을 제공할 수 있다.
④ 올바른 신용사용은 신용도를 높이는 효과를 가져온다.

| 해설 | 신용을 이용하여 현재의 구매력을 증가시킬 수 있고 미래의 구매력에 영향을 준다.

15. 다음 중 대출의 단점을 설명한 내용으로 적절하지 않은 것은?

① 신용을 사용하면 이자나 수수료라는 비용을 수반한다.
② 신용을 사용하면 과소비나 충동구매의 가능성을 높인다.
③ 무분별한 신용사용은 개인과 가계의 재정을 파산에 이르게 할 수 있다.
④ 신용을 사용하여 현재 구매력을 넘어서는 상품을 구입할 수 없다.

| 해설 | 신용의 사용으로 현재 자신의 구매력을 넘어서는 상품을 구입할 수 있는데. 이는 과소비로
이어질 수 있고 미래의 구매력을 감소시킬 수 있다.

16. 다음 중 이자에 관한 설명으로 적절하지 않은 것은?

① 이자는 금전 기타의 대체물의 사용대가로서 원본액과 사용기간에 비례하여 지급되는 금전 기타의 대체물이다.
② 대출금 연체이자의 법적 성질은 전형적인 이자에 해당한다.
③ 이자채무는 이자약정 또는 법률의 규정으로부터 발생하는 채무이다.
④ 이자 있는 소비대차는 차주가 목적물의 인도를 받은 때로부터 이자를 계산해야 한다.

| 해설 | 대출금 연체이자는 이자와 동일시되는 경우가 많지만. 법률상 성질은 손해배상이지 이자가
아님에 주의해야 한다.

17. 다음 중 채무자의 기한의 이익을 상실할 사유에 해당하지 않은 것은?

① 채무자의 무자력   ② 채무자의 파산
③ 담보의 상실   ④ 담보제공의무의 불이행

| 해설 | 채무자가 파산하거나 담보를 손상, 감소, 멸실하고 담보제공의 의무를 불이행한 때

18. 다음 중 운용리스에 대한 설명으로만 모두 묶인 것은?

> 가. 여신전문금융업법상 물적금융에 해당된다.
> 나. 기업에 자금을 빌려주는 대신에 기계설비 등을 빌려주는 것이다.
> 다. 물건의 수선, 유지, 보수, 관리비용을 임대인인 리스회사가 부담한다.
> 라. 원리금 상환액 중 이자상환분만 비용으로 인정된다.
> 마. 감가상각은 임차인이 부담한다.

① 가, 다   ② 나, 다, 라, 마
③ 가, 다, 마   ④ 다

| 해설 | 나, 라, 마는 금융리스에 대한 설명이다.

19. 다음 중 운용리스에 대한 특징으로만 모두 묶인 것은?

> 가. 기업에 자금을 빌려주는 대신에 기계설비 등을 빌려주는 것이다.
> 나. 물건의 수선, 유지, 보수, 관리비용을 임대인인 리스회사가 부담한다.
> 다. 리스 이용금액 중 원리금상환액 전액이 비용으로 인정된다.
> 라. 현재 우리나라에서 사용하는 리스의 대부분을 차지한다.

① 가, 나, 다   ② 가, 다, 라
③ 나, 다, 라   ④ 가, 나, 다

| 해설 | 금융리스는 기업에 자금을 빌려주는 대신에 기계설비 등을 빌려주는 것이다.

20. 다음 중 전자외상매출채권담보대출에 대한 설명으로 옳지 않은 것은?

① 전자외상매출채권은 기업간 물품구매거래에서 발생한 대금채권을 구매기업이 만기를 정한 전자식채권으로 변경하여 금융결제원에 등록하면 효력이 발생한다.
② 은행의 보증유무에 따라 보증 또는 무보증 전자외상매출채권으로 구분된다.
③ 전자외상매출채권의 결제는 구매기업과 판매기업의 거래은행간에 이루어지며, 자금결제는 한국은행에 개설된 당좌예금계정을 통한 은행간 차액결제방식이다.
④ 전자외상매출채권 담보대출의 경우에 판매기업이 전자외상매출채권을 보관은행인 대출은행에 양도하는 방식으로 한다.
⑤ 전자외상매출채권 담보대출의 경우에 하는 전자외상매출채권의 양도는 지시채권의 양도방식으로 한다.

| 해설 | 전자외상매출채권 담보대출의 경우에 하는 전자외상매출채권의 양도는 지명채권의 양도방식으로 한다.

외환시장

외환시장은 한 나라의 통화와 다른 나라의 통화가 서로 교환되는 시장을 말한다. 최근에 국제자본의 이동이 활발해지면서 국제금융의 이해에 대한 중요성이 커지고 있다. 서로 다른 통화가 사용되는 나라간에 외환거래가 이루어지려면 두 통화간의 교환 비율인 환율과 국가간의 거래를 기록하고 측정하는 수단이 필요하다.

제1절 **외환시장의 개요**

1. 외환시장의 정의

외환시장은 내국환이 아닌 외환거래가 이루어지는 특정한 장소나 공간을 말한다. 구체적으로는 다수의 외환수요자와 외환공급자들 사이에서 이종통화간의 매매거래를 연결해주는 시장을 뜻한다. 이러한 외환시장은 구체적인 시장뿐만 아니라 통신매체를 통해 공간적으로 거래를 연결해주는 모든 시장기구를 포괄한다.

대부분의 외환거래는 거래소를 거치지 않고 거래당사자들이 직접 거래하는 장외시장의 형태로 이루어진다. 그리고 경제발전으로 경제규모가 확대되고 거래내용과 거래방법이 다양해지면서 최근에는 장소적 개념뿐만 아니라 외환거래가 정기적 또는 지속적으로 이루어지는 총괄적인 거래메커니즘과 거래양태를 말한다.

외환시장은 국제금융시장의 일부로 인식되고 있지만 단순히 외환의 대차거래가 이루어지는 국제금융시장과는 엄밀한 의미에서 구별된다. 즉 국제금융시장은 자금의 융통이 이루어지는 신용시장의 성격을 가지고 있는 반면에 외환시장은 기본적으로 서로 다른 이종통화가 거래되는 매매시장으로서 성격을 가지고 있다.

외환시장에서 서로 다른 통화간의 매매는 국제무역을 통한 재화와 용역 그리고 금융자산의 매매거래에 수반하여 발생하기 때문에 외환거래는 기본적으로 지급메커니즘의 한 과정으로 이해할 수 있다. 따라서 각국의 금융시장에서 이루어지는 서로 다른 통화로 표시된 금융거래는 외환시장의 거래와 연계되어 이루어진다.

오늘날 외환시장은 금융자유화의 추세, 외환거래의 규제완화, 거래범위의 광역화가 이루어지고 세계 주요 외환시장의 거래를 하루 종일 24시간 연계시키면서 외환시장의 모든 정보를 환율에 신속하게 그리고 지속적으로 반영하는 하나의 범세계적 시장으로서의 기능을 수행하면서 국제금융거래의 효율화를 촉진하고 있다.

2. 외환시장의 기능

(1) 구매력의 이전

국제무역과 자본거래가 다른 통화를 사용하는 참가자들에 의해 이루어지므로 외환시장은 한 나라의 통화로부터 다른 나라의 통화로 구매력 이전을 가능하게 한다. 예컨대 외환의 공급자인 수출업자가 외환시장을 통해 자국통화로 환전하면 외화의 형태로 보유하고 있던 구매력이 자국통화로 바뀌게 된다.

(2) 외환수급 청산

외환시장은 대외거래에서 발생하는 외환의 수요와 공급을 청산하는 역할을 한다. 예컨대 외환의 수요자인 수입업자 및 외환의 공급자인 수출업자는 환율을 매개로 외환시장을 통해 대외거래의 결제를 수행한다. 이러한 외환시장의 대외결제 기능은 국가간 무역 및 자본거래 등 대외거래를 원활하게 해준다.

(3) 국제수지 조절

변동환율제도에서는 환율이 외환의 수급 사정에 따라 변동함으로써 국제수지의 조절기능을 수행한다. 따라서 국제수지가 적자를 나타내면 외환에 대한 초과수요가 발생하여 환율이 상승, 즉 자국통화의 가치가 하락하는데, 이 경우 수출상품의 가격경쟁력이 개선됨으로써 국제수지의 불균형이 해소될 수 있다.

(4) 외환위험 대처

외환시장은 경제주체들이 환율변동에 따른 외환위험을 회피할 수 있는 수단을 제공한다. 경제주체들은 외환시장에서 거래되는 선물환, 통화선물, 통화옵션 등 다양한 파생상품거래를 통해 환위험을 회피할 수 있다. 또한 외환시장에서는 투기거래도 가능하여 이를 통해 환차익을 얻거나 환차손을 볼 수 있다.

3. 외환시장의 특징

무역자유화에 따라 경상거래가 확대되고 자본시장의 개방에 힘입어 국제적 자본이동이 활발해지면서 외환거래도 급격히 증가했다. 또한 컴퓨터와 정보통신기술이 발달하면서 외환거래의 범위가 확대되고 외환거래의 방식도 크게 바뀌었다. 외환시장의 성격은 다음과 같이 다섯 가지의 특징으로 설명할 수 있다.

첫째, 외환시장은 하루 24시간 거래가 이루어지는 시장이다. 외환규제의 완화, 시장

정보의 확산, 거래범위의 광역화가 이루어지면서 외환시장은 범세계적 시장의 기능을 수행하고 있다. 특히 1980년대에 들어 각국의 자본 및 외환거래에 대한 규제가 크게 완화되면서 하나의 세계시장으로서 성격을 갖게 되었다.

둘째, 외환거래의 대부분은 장외거래로 이루어진다. 장외거래는 거래소에서 이루어지는 장내거래와는 달리 전화나 컴퓨터 단말기로 외환거래의 당사자간에 거래가 직접 이루어지는 형태를 말한다. 오늘날 외환거래는 전화, 컴퓨터 등 다양한 통신수단을 이용하여 은행간거래와 대고객간 외환거래가 수행되고 있다.

셋째, 외환시장에서 외환거래자들의 손익은 중앙은행의 외환시장개입이 없다고 가정하면 기본적으로 제로섬게임(zero sum game)의 성격을 갖는다. 요컨대 외환시장에 참여하는 한 거래자가 외환거래에서 이익을 실현했다면 다른 거래자는 반드시 외환거래에서 이에 상응하는 손실이 발생할 수밖에 없기 때문이다.

넷째, 외환시장은 소매거래보다는 도매거래 위주로 이루어진다. 외환거래는 은행과 고객간에 소액단위로 이루어지는 대고객거래와 은행간 포지션조정에 의해 거래가 이루어지는 은행간거래로 구분되며 거래의 대부분은 은행간거래이다. 주요 외환시장에서 은행간거래의 규모는 전체 외환시장의 대부분을 차지한다.

다섯째, 외환시장의 중개인은 국제외환시장을 커버할 수 있는 통신시설을 갖추고 여러 은행에 국제적인 거래를 동시에 중개한다. 이러한 중개임무의 국제화로 중개인들은 효율적인 금융서비스를 제공할 수 있다. 중개인은 은행들을 위해 여러 가지 서비스를 제공하고 수수료를 매도자와 매입자 쌍방으로부터 받는다.

4. 외환시장의 결제

외환결제는 외환시장에서 외환매매의 거래에 따라 발생하는 채권과 채무관계를 외환의 매도 및 매입기관간에 사고 판 통화를 서로 교환하여 지급함으로써 종결하는 행위를 말한다. 외환시장에서 외화자금의 결제는 은행권 수수나 수표발행으로 이루어지는 경우는 거의 발생하지 않으며 주로 환거래 네트워크를 이용한다.

외환시장에서 거래와 결제를 원활하게 하려면 효율적인 은행간 통신시스템이 필수적이다. 대표적인 통신시스템은 1973년 5월 유럽은행들을 중심으로 벨기에 브뤼셀에 설치된 SWIFT(Society for International Financial Telecommunication)가 널리 이용되며, 다른 결제시스템에 자동연계되어 신속한 결제처리가 가능하다.

　　세계 대부분의 금융기관들은 여기에 가입하고 있으며, 우리나라도 1992년 3월부터 모든 국내은행 및 외국은행 국내지점들이 회원으로 가입하고 있다. 현재 세계 외환거래는 대부분 달러 위주이고, 달러화가 아닌 통화간의 거래도 달러화를 거쳐 이루어지고 있으며 대부분의 외환거래 결제는 미국의 결제제도를 경유한다.

　　미국의 은행간 결제는 CHIPS(Clearing House Interbank Payments System) 및 Fed-wire (연방전신이체)로 구성되어 있는데, 대부분의 외환 및 금융거래는 CHIPS를 통해 결제된다. 유로화의 지급결제를 위한 범유럽실시간통화결제시스템인 TARGET (Trans-European Automatic Real-Time Gross Settlement Express Transfer), 국제은행들의 결제시스템인 CLSB (Continuous Linked Settlement Bank)이 있다.

　　한국은행은 1994년 12월부터 실시간총액결제(RTGS : Real Time Gross Settlement System) 방식으로 금융기관간 자금이체를 수행하는 거액결제시스템 한은금융망(BOK-Wire)을 운영해왔고 2009년 4월부터 기존 한은금융망 기능을 개선하였다. 한은금융망에 가입은 한국은행과 당좌예금거래약정을 체결한 기관으로 한국은행이 정하는 경영건전성, 이용건수 기준에 충족하는 금융기관으로 제한한다.

┃그림 6-1┃ 한은금융망 네트워크 구성

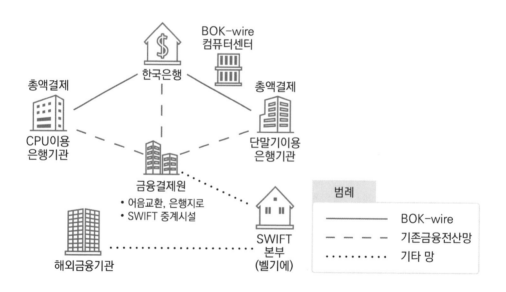

5. 외환시장의 구조

외환시장은 외환거래의 성격에 따라 대고객시장과 은행간시장, 외환거래가 이루어지는 장소에 따라 장내시장과 장외시장, 외환거래의 형태에 따라 현물환시장과 선물환시장, 외환상품에 따라 전통적 외환시장과 파생적 외환시장, 외환거래자들이 외환시장에 참여하는 범위에 따라 국내외환시장과 국제외환시장으로 구분된다.

(1) 대고객시장

대고객시장은 외환서비스의 실수요자인 개인과 기업 그리고 정부가 수출입, 해외투자, 해외송금 등을 위해 은행과 외환을 매매할 때 형성되는 시장으로 거래규모가 작아 소매시장으로서 성격을 가지고 있다. 특히 기업은 상품교역과 금융자산의 자본거래를 수행할 때 외화의 수취 또는 지불이 필요하여 외환시장을 이용한다.

(2) 은행간시장

은행간시장은 은행들이 외환포지션을 조정하는 과정에서 외환의 매매가 이루어지는 시장으로 거래규모가 커서 도매시장으로서 성격을 가지고 있다. 은행은 고객과 외환을 거래하는 과정에서 환율변동이 발생하면 환위험을 부담하며 환위험을 회피하고자 한다면 다른 은행에 외환을 매도하거나 매입하여 포지션을 조정한다.

┃그림 6-2┃ 외환시장의 구조

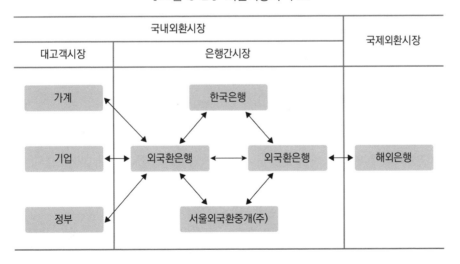

6. 외환시장의 참가자

외환시장의 참가자에는 재화와 용역의 대외거래에 수반하여 서로 다른 통화간의 매매가 필요한 수출입업자, 국제금융시장에서 외화자산의 포지션 및 금리·환위험을 관리하는 재무관리자, 외국환은행, 외환매매를 중개하는 외환중개인, 정부거래를 대행하고 외환시장의 개입업무를 수행하는 중앙은행 등이 있다.

(1) 일반고객

일반고객은 대외거래의 발생에 따라 외환을 매매하고 외환에 대한 직접적인 수요자와 공급자의 역할을 하는데 수출입업체, 해외투자자, 해외여행자 등이 해당한다. 외국에서 차관을 들여오면 정부도 고객이 된다. 대고객시장은 외환의 실수요자인 고객과 외국환은행간에 외환거래가 이루어지는 시장을 의미한다.

그리고 다국적기업과 같은 비금융기관도 환율의 변동에 따른 환위험이 커지면서 자산가치의 보전 또는 환차익의 실현을 위해 통화선물, 통화옵션, 통화스왑과 같은 다양한 파생금융상품을 활용하면서 외화자산의 적극적인 포지션관리에 나서고 있기 때문에 이들도 숙달된 외환시장의 참가자로서 주목을 받고 있다.

(2) 비은행금융기관

오늘날 외환시장의 참가자로서 증권회사, 보험회사, 자산운용사와 같은 비은행금융기관들도 주목을 받고 있다. 이들 금융기관의 거래는 일반거래의 결제에 수반된 상업은행의 외환거래에 비해 거래규모가 클 뿐만 아니라 포트폴리오의 전략상 상대적으로 투기적인 성향을 띠고 있다는 점이 특징이라고 할 수 있다.

(3) 외국환은행

외환시장에서 중요한 역할을 담당하는 참가자는 외국환은행이다. 외국환은행은 일반고객들의 요청에 의해 자기책임하에 외환을 매입하거나 매도한다. 따라서 외국환은행은 외환을 충분히 보유하고 있어야 한다. 고객에게 외환을 매각하면 보유외환은 감소하고 고객으로부터 외환을 매입하면 보유외환은 증가한다.

이와 같이 외국환은행들간의 외환거래로 형성되는 은행간 외환거래는 은행간 직접

거래와 중개인거래로 구분되며 은행간거래와 중개인거래는 상호보완적인 기능을 수행한다. 일반적으로 은행간 직접거래는 거래은행들간의 호혜주의원칙에 따라서 전화, 컴퓨터 단말기를 통한 외환거래가 은행간에 직접 이루어진다.

외국환은행은 외국환거래법에 따라서 모든 외국환업무를 취급할 수 있다. 다만, 외국환거래법상 외국환의 매입포지션 및 매도포지션에 한도를 제한하는 규제가 있으며, 외환거래로 인한 외국환 순포지션 상쇄를 위한 원화 또는 외화자금을 외화자금시장에서 조달해야 하므로 두 시장의 연계성은 강할 수밖에 없다.

(4) 외환중개인

외환중개인은 외국환은행과 외국환은행 또는 외국환은행과 일반고객간에 외환거래를 중개하고 수수료를 받는다. 외환중개인은 자기 포지션을 보유하느냐 또는 보유하지 않느냐에 따라 외환브로커와 외환딜러로 구분된다. 외환브로커는 외환을 자기계정으로 직접 보유하지 않고 매매자들간 외환거래를 중개한다.

따라서 외환브로커는 환율변동에 따른 환위험을 부담하지 않는다. 반면에 외환딜러는 외환을 자기계정으로 직접 보유하고 일반고객의 요구에 따라 외환을 매입하거나 매도한다. 따라서 환율변동은 딜러가 보유하고 있는 외환의 가치를 변동시키기 때문에 외환딜러는 환율의 변동에 따른 환위험을 부담하게 된다.

(5) 중앙은행

각국의 중앙은행은 외환보유액(대외지급준비자산)의 운용, 정부 외환거래의 대행, 국제기구와의 외환거래를 위해 외환시장에 참여한다. 중앙은행은 외환시장의 동향을 모니터링하고, 인위적으로 자국통화의 가치를 조절하거나 환율을 안정시킬 필요가 있을 경우에는 직접 외환거래에 참여하는 시장참여자가 된다.

제2절 환율의 개요

1. 환율의 정의

환율(exchange rate)은 외국통화 한 단위를 얻기 위해 지불해야 하는 자국통화의 양을 말하며 자국통화와 외국통화의 교환비율을 나타낸다. 따라서 환율은 외국통화의 국내통화표시가격을 의미하기 때문에 자국통화의 입장에서는 자국통화의 대외가치를 나타내고, 외국통화의 입장에서는 외국통화의 국내가치를 나타낸다.

일반적으로 가격이 재화시장에서 재화의 수요와 공급에 의해 결정되는 것과 같이 환율도 외환시장에서 외환에 대한 수요와 공급에 의해 결정된다. 국제환경이 변화하면서 환율의 결정에 영향을 미치는 요인도 바뀌어 왔다. 종전에는 상품거래의 비중이 커서 물가, 국민소득 등 실물경제변수가 환율에 큰 영향을 미쳤다.

그러나 최근에는 자본거래가 활발해지면서 금리, 주가 등 자산가격 결정변수가 큰 영향을 미치고 있다. 그리고 환율은 수출입되는 생산물가격에 직접적으로 영향을 미치기 때문에 물가, 산출량, 국제수지 등의 결정에 중요한 요인으로 작용하며 물가, 금리, 소득, 통화량, 경제성장 등 여러 요인에 의해 영향을 받는다.

2. 환율의 표시방법

일반적으로 가격은 재화 1단위와 교환되는 화폐의 단위수로 표시된다. 그러나 환율은 두 나라의 통화 중 어느 한 통화의 1단위와 교환되는 다른 통화의 단위수로 표시되어 하나의 가격에 두 가지 방법이 존재한다. 환율은 어느 나라의 통화를 기준으로 하느냐에 따라서 자국통화표시법과 외국통화표시법으로 구분된다.

(1) 자국통화표시법

자국통화표시법(European terms)은 외국통화를 기준으로 외국통화 한 단위의 가치를 자국통화의 가치로 표시하는 방법을 말하며 지급환율 또는 직접표시법이라고도 한다. 대부분의 국가는 자국통화표시법을 사용한다. 예컨대 미국달러화와 한국 원화의 환율을 $1 = ₩1,000로 표시하는 방법은 직접표시법에 해당한다.

(2) 외국통화표시법

외국통화표시법(American terms)은 자국통화를 기준으로 자국통화 한 단위의 가치를 외국통화의 가치로 표시하는 방법을 말하며 수취환율 또는 간접표시법이라고도 한다. 영국 등 일부 국가는 외국통화표시법을 사용한다. 예컨대 미국달러화와 원화의 환율을 ₩1 = $0.001로 표시하는 방법은 간접표시법에 해당한다.

3. 환율의 종류

외환시장은 외환의 매입자와 매도자 그리고 이러한 매매를 중개하는 외환딜러와 브로커로 구성되며 주요 참가자에는 고객, 외국환은행, 외환브로커, 중앙은행 등이 있다. 외환시장은 외환거래의 종류에 따라 현물환시장, 선물환시장, 통화선물시장, 통화옵션시장, 통화스왑시장, 외환스왑시장 등으로 구분된다.

(1) 외환거래의 성격

① 현물환율

현물환거래는 모든 외환거래의 기본이 되는 거래로서 외환거래의 체결일로부터 외환의 인수도와 대금결제가 2영업일 이내에 이루어지는 거래를 말한다. 현물환율(spot exchange rate)은 현물환시장에서 이루어지는 현물환거래에 적용되는 환율을 말하며 일반적으로 외국환은행과 일반고객간에 이루어진다.

② 선물환율

선물환거래는 외환거래의 체결일로부터 외환의 인수도와 대금결제가 2영업일 경과한 후에 이루어지는 거래를 말한다. 선물환율(forward exchange rate)은 선물환거래에 적용되는 환율로 선도환율이라고도 한다. 선물환율이 현물환율보다 높으면 선물할증(premium), 낮으면 선물할인(discount)이라고 한다.

③ 스왑레이트

스왑거래는 외국통화를 매도(매입)하고 미래 일정시점에서 그 외국통화를 다시 매입

(매도)할 것을 약정한 현물환거래와 선물환거래가 결합된 거래형태를 말한다. 스왑률 (swap rate)은 어느 통화의 현물환거래에 적용되는 현물환율(spot rate)과 선물환거래에 적용되는 선물환율(forward rate)의 차이를 말한다.

▌표 6-1 ▌ 스왑포인트 고시

스왑률 고시상태	선물환율 결정
매입률(bid rate) < 매도율(ask rate)	현물환율 + 스왑률
매입률(bid rate) > 매도율(ask rate)	현물환율 - 스왑률

(2) 통화가치의 평가

① 명목환율

명목환율(nominal exchange rate)은 외환시장에서 매일 고시되는 각국 화폐의 명목가치를 기준으로 하는 자국화폐와 외국화폐의 교환비율로서 은행간거래에 적용되는 환율을 말한다. 일반적으로 환율이라고 하면 명목환율을 의미하며 우리나라의 경우에는 통상 시중은행이 고시하는 환율이 명목환율이 된다.

② 실질환율

실질환율(real exchange rate)은 명목환율에 양국 물가수준을 반영한 물가지수로 나누어 상대국의 물가변동을 감안한 자국상품의 가격경쟁력을 나타낸다. 따라서 실질환율이 상승하면 자국재화가격이 상대적으로 저렴하여 가격경쟁력이 높아지고, 실질환율이 일정하면 가격경쟁력에 변화가 없음을 의미한다.

③ 실효환율

명목환율과 실질환율은 자국통화와 어떤 하나의 특정 외국통화 사이의 가격을 나타낸다. 실효환율(effective exchange rate)은 변동환율체제에서 두 나라 이상의 외국과 교역을 할 경우에 자국통화와 복수의 교역상대국 통화간의 환율을 상대국의 비중에 따른 가중치를 감안하여 가중평균한 환율을 말한다.

(3) 환율의 고시방법

일반적으로 외환시장에서 외환딜러는 매입환율과 매도환율의 두 가지를 동시에 고시한다. 스프레드(bid-ask spread)는 매입환율과 매도환율의 차이를 말하며 거래비용의 성격을 띤다. 일반적으로 스프레드는 거래빈도가 높은 국제통화간에 작게 나타나고, 대고객거래보다 은행간거래에서 더 작게 나타난다.

① 매입환율

매입환율(bid rate, buying rate)은 외환시장에서 가격제시자(price maker)의 역할을 수행하는 외국환은행이나 외환딜러가 일반고객으로부터 외환을 매입할 경우에 적용하는 환율을 말한다. 따라서 가격추종자(price follower)인 고객의 입장에서는 가격제시자의 매입환율에 외환을 매도해야 한다.

② 매도환율

매도환율(ask rate, offered rate)은 외환시장에서 가격제시자(price maker)의 역할을 수행하는 외국환은행이나 외환딜러가 일반고객에게 외환을 매도할 경우에 적용하는 환율을 말한다. 따라서 가격추종자(price follower)인 고객의 입장에서는 가격제시자의 매도환율에 외환을 매입해야 한다.

(4) 환율의 변동여부

① 고정환율

고정환율(pegged exchange rate)은 각국 통화가치의 기준을 금에 고정시켜 일정범위 내에서만 통화가치가 변화할 수 있도록 하는 환율결정방식을 말한다. 환율을 안정시켜 국제간의 무역 및 자본거래와 관련된 불확실성을 제거하지만 각국 물가수준의 변화를 반영하지 못해 국제무역수지의 불균형을 초래할 수 있다.

② 변동환율

변동환율(floating exchange rate)은 외환시장에서 각국의 통화에 대한 수급에 의해 통화가치가 자유롭게 변할 수 있도록 하는 환율결정방식을 말한다. 완전한 변동환율제를 채택하는 나라는 거의 없으며, 대부분 중앙은행이 환율결정에 개입하여 환율이 일정범위에서 결정되도록 하는 관리변동환율제도를 시행한다.

(5) 외환거래의 상대

환율은 외국환은행이 외환자금과 외환보유고를 조정하기 위해 외국환은행간에 외환을 매매하게 되는데 여기서 형성되는 매매율이 은행간의 외환거래에 적용하는 은행간환율, 은행과 고객간의 외환거래에 적용하는 대고객환율로 나누어 고시된다. 일반적으로 외환시장에서 결정되는 환율은 은행간환율을 의미한다.

① 은행간환율

은행간환율(inter-bank exchange rate)은 외국환은행간의 외환매매에 적용되는 화폐의 교환비율을 말하며 거래규모가 커서 도매환율의 성격을 갖는다. 미달러의 경우 전신환매매율의 중간율이 적용되지만, 다른 나라 통화는 중간율에 일정한 마진을 가감하여 매매되며, 전신환매매율보다는 유리하게 책정된다.

② 대고객환율

대고객환율(customer exchange rates)은 외국환은행이 고객을 상대로 외환업무를 수행할 때 적용하는 환율을 말하며 거래규모가 작아 소매환율의 성격을 갖는다. 대고객환율은 은행이 고객으로부터 어떤 형태의 외환을 거래하느냐에 따라 현금매매율, 전신환매매율, 여행자수표매매율, 일람출급환율로 구분된다.

(6) 환율의 계산방법
① 기준환율

기준환율(basic rate)은 외국환은행이 고객과 외환을 매매할 때 기준이 되는 시장평균환율을 말한다. 우리나라는 미국과 대외거래가 많이 이루어져 미국달러화에 대한 환율이 기준환율이며, 금융결제원의 자금중개실을 경유하여 외국환은행간에 거래되는 원화의 대미 달러화 현물환율과 거래액을 가중평균하여 산출한다.

② 교차환율

교차환율(cross rate)은 자국통화가 개재되지 않은 외국통화간의 환율을 의미한다. 우리나라에서는 엔/달러 환율이나 달러/유로 환율 등이 교차환율에 해당한다. 그러나 국제금융시장에서는 기축통화인 미달러화를 기준으로 자국환율을 표시하므로 미달러화의 개재가 없는 다른 통화간의 환율을 교차환율이라 한다.

③ 재정환율

재정환율(arbitrage rate)은 세계 각국 통화에 대한 환율을 결정할 때 미국달러화와 자국통화의 교환비율인 기준환율을 결정한 후 기준환율에 교차환율를 이용하여 간접적으로 산정하는 제3국 통화간의 환율을 말한다. 예컨대 엔화에 대한 원화의 재정환율은 원/달러환율에 엔/달러 교차환율의 역수를 곱해 산출한다.

┃그림 6-3┃ 환율의 관계

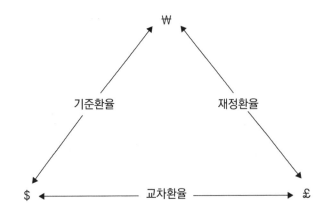

──● 예제 6-1   재정환율과 차익거래

국내외환시장에서 미국달러화에 대한 원화의 환율이 ₩1,150/$, 국제금융시장에서 미국달러화에 대한 영국 파운드화의 환율이 $1.6/£이라고 가정하여 다음의 물음에 답하시오.

1. 영국 파운드화에 대한 원화의 재정환율을 구하시오.

2. 영국 파운드화에 대한 원화의 환율이 ₩2,000/£에 거래될 경우에 차익거래가 존재하는

지를 확인하시오.

3. 1,150만원을 보유한 투자자를 가정하여 차익거래과정을 설명하고 차익거래이익을 구하시오.

4. 영국 파운드화에 대한 원화의 환율이 ₩1,600/£에 거래될 경우에 차익거래가 존재하는지를 확인하시오.

5. 1,000만원을 보유한 투자자를 가정하여 차익거래과정을 설명하고 차익거래이익을 구하시오.

1. 영국 파운드화에 대한 원화의 재정환율은 다음과 같이 구할 수 있다.
$$₩1,150/\$ \times \$1.6/£ = ₩1,840/£$$

2. 차익거래기회가 발생하지 않으려면 세 나라 통화간에 다음의 관계가 성립해야 한다.
$$\frac{₩}{\$} \times \frac{\$}{£} \times \frac{£}{₩} = 1$$

현재 외환시장에서 $\frac{1,150}{1} \times \frac{1.6}{1} \times \frac{1}{2,000} = 0.92 < 1$이므로 차익거래가 가능하다.

국내에서는 원화가 과대평가(달러화는 과소평가), 미국에서는 달러화가 과대평가(파운드화는 과소평가), 영국에서는 파운드화가 과대평가(원화는 과소평가)되어 있다.

3. 현재 1,150만원을 보유한 투자자는 다음과 같은 차익거래가 가능하다.
① 원화를 매도하여 과소평가된 달러화를 매입한다. 11,500,000÷1,150=$10,000
② 달러화를 매도하여 과소평가된 파운드화를 매입한다. 10,000÷1.6=£6,250
③ 파운드화를 매도하여 과소평가된 원화를 매입한다. 6,250×2,000=₩12,500,000
이러한 차익거래를 통해서 투자자는 1,000,000원의 차익거래이익을 얻을 수 있다.

4. 현재 외환시장에서 $\frac{1,150}{1} \times \frac{1.6}{1} \times \frac{1}{1,600} = 1.15 > 1$이므로 차익거래가 가능하다.

국내에서는 원화가 과소평가(달러화는 과대평가), 미국에서는 달러화가 과소평가(파운드화는 과대평가), 영국에서는 파운드화가 과소평가(원화는 과대평가)되어 있다.

5. 현재 1,000만원을 보유한 투자자는 다음과 같은 차익거래가 가능하다.
① 원화를 매도하여 과소평가된 파운드화를 매입한다. 10,000,000÷1,600=£6,250
② 파운드화를 매도하여 과소평가된 달러화를 매입한다. 6,250×1.6=$10,000
③ 달러화를 매도하여 과소평가된 원화를 매입한다. 10,000×1,150=₩11,500,000
이러한 차익거래를 통해서 투자자는 1,500,000원의 차익거래이익을 얻을 수 있다.

4. 환율의 변동

환율의 변동은 특정 통화의 다른 통화에 대한 상대적 가치의 변화를 나타낸다. 직접표시법에 의해 외국통화 한 단위의 가치를 자국통화로 표시했을 때 환율이 상승하면 외국통화의 가치가 자국통화의 가치에 비해 상대적으로 상승하고, 자국통화의 가치는 외국통화의 가치에 비해 상대적으로 하락했다는 의미이다.

반대로 환율이 하락할 경우에 외국통화의 가치는 상대적으로 하락한 반면에 자국통화의 가치는 상대적으로 상승했다는 의미가 된다. 예컨대 외환시장에서 환율이 ₩1,200/$에서 ₩1,300/$로 변화하면 달러화에 대한 원화의 환율은 상승한 반면 원화의 대외가치는 달러화의 관계에서 평가절하(devaluation)되었다.

환율이 ₩1,200/$에서 ₩1,100/$로 변화하면 달러화에 대한 원화의 환율은 하락했으나 원화의 대외가치는 달러화의 관계에서 평가절상(revaluation)되었다. 이때 가치가 상승한 통화는 평가절상 또는 가치상승(appreciation)되었다고 하고, 가치가 하락한 통화는 평가절하 또는 가치하락(depreciation)되었다고 한다.[1]

∥ 표 6-2 ∥ 환율변동의 효과

환율하락(평가절상)	환율상승(평가절하)
$1 = ₩1,100 ← $1 = ₩1,200 → $1 = ₩1,300	
수출감소, 수입증가 국내경기 침체가능성 외채부담의 감소 국제수지의 악화	수출증가, 수입감소 물가상승 발생가능성 외채부담의 증가 국제수지의 개선

5. 환율의 변동요인

변동환율제도에서 환율은 외환의 수요와 공급에 따라 결정된다. 즉 외환의 수요가 공급을 초과하면 자국통화의 가치가 하락하고 반대로 외환의 공급이 수요를 초과하면 자국통화의 가치가 상승한다. 그러나 환율은 국내외 여건, 기술적 요인 등에 의해 복합적으로 영향을 받아 외환수급으로 설명하는데 한계가 있다.

---

[1] 평가절상과 평가절하라는 용어는 고정환율제도에 적합하며 현재 변동환율제도에는 적절하지 못하다.

(1) 중장기 요인

① 물가수준의 변동

환율을 결정하는 가장 근본요인은 해당 국가와 상대국의 물가수준 변동을 들 수 있다. 통화가치는 구매력의 척도이므로 결국 환율은 상대 물가수준을 반영한 상대적 구매력에 의해 결정된다. 예컨대 특정 국가의 물가가 상승하면 그 나라의 구매력이 하락하므로 통화의 상대가격을 나타내는 환율은 상승하게 된다.

② 생산성의 변화

장기적으로 환율에 영향을 미치는 또 다른 변수는 생산성의 변화를 들 수 있다. 예컨대 한 나라의 생산성이 다른 나라보다 빠른 속도로 향상(악화)되면 자국통화는 절상(절하)된다. 이는 생산성이 개선되면 재화생산에 필요한 비용이 절감되어 낮은 가격에 재화를 공급할 수 있어 물가가 하락하고 통화가치는 올라간다.

③ 대외거래의 결과

중기적 관점에서 환율에 영향을 미치는 중요한 요인은 대외거래이다. 대외거래의 결과 국제수지가 흑자를 보이면 외환공급이 증가하여 환율은 하락하고, 국제수지가 적자를 보여 외환의 초과수요가 지속되면 환율은 상승한다. 이러한 환율상승은 국제수지의 개선으로 작용하여 국제수지가 균형을 회복하는데 도움이 된다.

외환시장에서 외환수급 상황은 국제수지표를 이용하여 종합적으로 파악할 수 있다. 경상수지와 금융계정의 합계에서 준비자산 증감을 제외한 값은 해당 기간 외환시장의 초과공급 또는 초과수요를 나타낸다. 국제수지표는 모든 경제적 거래를 발생주의에 따라 계상하여 외환시장에서 발생한 수치와 다소 차이가 있다.

④ 거시경제의 정책

중앙은행의 통화정책 등 거시경제정책도 환율에 영향을 미칠 수 있다. 중앙은행이 통화정책을 긴축적으로 운영하면 통화의 공급이 감소하여 국내금리는 상승한다. 이론적으로 외국의 통화량에 변화가 없을 경우 우리나라의 통화량이 감소하게 되면 시중에 원화의 상대적인 공급이 줄어들어 환율이 하락(원화절상)한다.

그러나 국내금리의 상승이 반드시 환율하락을 초래한다는 것에 대한 반론도 적지 않다. 왜냐하면 국내금리가 상승하면 경기가 위축되어 외국인 주식투자자금이 유출됨으로써 환율상승 요인으로 작용할 수 있기 때문이다. 한편 거시경제정책이 환율에 미치는 영향을 분석하기 경제모형은 자산시장접근법이 대표적이다.

⑤ 중앙은행의 개입

중앙은행의 외환시장 개입이 환율의 수준에 직접적인 영향을 미칠 수 있다. 국제단기자본이동 등 대외충격에 의해서 환율이 단기간에 큰 폭으로 상승할 경우 중앙은행이 직접 외환시장에 참여하여 외환보유액(대외지급준비자산)을 매도하고 자국통화 유동성을 흡수함으로써 환율의 급격한 절하를 방지할 수 있다.[2]

(2) 단기적 요인

중장기 요인으로 매일 또는 실시간의 환율의 변동을 설명하기에는 한계가 있다. 왜냐하면 환율은 단기적으로 외환시장 참가자들의 기대나 주변국의 환율변동, 각종 뉴스, 대고객거래의 결과 발생하는 은행 자신의 외국환포지션(외화자산−외화부채) 변동에 의해서도 많은 영향을 받을 수 있기 때문이다.

① 시장참가자의 기대

다양한 요인들에 의해 시장참가자들의 환율에 대한 기대가 변화하면 자기실현적 거래에 의해 환율의 변동이 초래된다. 예컨대 대부분의 외환시장 참가자들이 환율상승을 예상할 경우에 환율이 상승하기 전에 미리 외환을 매입하면 환차익을 볼 수 있기 때문에 외환에 대한 수요가 증가하여 실제로 환율이 상승한다.

② 주요국의 환율변동

주요국의 환율변동도 자국통화의 가치에 많은 영향을 주게 된다. 수출경쟁관계에 있는 나라의 통화가 절하될 경우 자국의 대외 수출경쟁력이 약화되므로 수출이 부진하

---

2) 우리나라는 환율이 원칙적으로 외환시장에서 자율적으로 결정되도록 하고 있으나 한국은행법 제82조 및 제83조, 외국환거래규정 제2~제27조에 의거 외환시장 안정을 위해 필요하다고 인정될 경우 중앙은행이 외환시장에 개입할 수 있다.

여 외환의 공급이 감소할 것이라는 시장기대가 형성되어 자국통화도 절하된다. 특히 우리나라 원화는 일본 엔화의 가치변동에 밀접한 관련을 보인다.

③ 경제 및 해외뉴스

경제뉴스는 물론 국내외 각종 뉴스도 시장참가자들의 기대변화를 통해 환율변동에 영향을 미친다. 일례로 2015년 6월 18일 미국의 FOMC 회의결과 완화적 통화정책이 보도되면서 원/달러 환율이 단기적으로 하락했고, 2015년 8월 대북 확성기 포격사건으로 지정학적 리스크가 부각되며 원/달러 환율이 급등하였다.

④ 외국환포지션 변동

은행의 외국환포지션(외화자산－외화부채)이 매도초과 또는 매입초과 한 방향으로 노출될 경우 포지션을 조정하기 위한 거래가 발생하고 그 결과 환율이 변동한다. 예컨대 은행의 선물환포지션이 매도초과를 보일 경우 환율변동에 따른 위험에 노출되지 않기 위해 현물환 매입수요를 증가시키면 환율이 상승하게 된다.

제3절 외환거래의 형태

외환시장에서 이루어지는 외환거래의 형태는 여러 기준에 따라 분류할 수 있다. 일반적으로 결제일 및 거래목적에 따른 분류를 많이 이용하고 있다. 외환거래는 계약체결 후 외환의 결제시점에 따라 현물환거래, 선물환거래, 스왑거래로 분류하고 거래목적에 따라 헤지거래, 투기거래, 차익거래로 분류한다.

1. 결제시점에 따른 분류

외환거래는 계약체결이 이루어지는 거래일과 계약체결 후 외환의 인수도와 대금결제가 이루어지는 결제일이 다를 수 있다. 여기에는 외환거래에 대한 계약이 체결되면 계약일에 결제가 이루어지는 현물환거래, 일정시점 이후에 결제가 이루어지는 선물환거래, 두 개의 거래가 결합된 스왑거래로 분류한다.

(1) 현물환거래

현물환거래는 외환거래가 이루어진 후 즉시 대금결제가 이루어지는 거래, 즉 거래일과 결제일이 일치하는 거래를 말한다. 그러나 현실적으로 지역간에 시차가 존재하여 계약을 이행하고 최종 사무처리에 시간이 필요하기 때문에 보통 대금결제가 2영업일 이내에 이루어지는 경우를 현물환거래로 분류한다.

현물환거래는 약정일로부터 몇 번째 영업일에 외환수도와 대금결제가 이루어지는가에 따라 당일물, 익일물, 익익일물로 구분한다. 거래당일에 결제되는 당일물(value today), 거래 다음 영업일에 결제되는 익일물(value tomorrow), 거래 후 둘째 영업일에 결제되는 것은 익익일물(value spot)이라고 지칭한다.

현물환거래는 손익을 짧은 시간에 실현시킬 수 있어 신용위험에 노출되는 시간이 제한적이다. 따라서 높은 수익성과 낮은 신용위험 때문에 시장의 거래량은 급증해왔고 이에 따라 현물환시장은 높은 변동성과 높은 유동성으로 대표되어진다. 현물환거래에 적용되는 환율을 현물환율(spot rate)이라고 한다.

(2) 선물환거래

선물환거래는 외환매매 계약일로부터 통상 2영업일 경과 후 특정일에 외환의 인수도와 대금결제가 이루어지는 거래를 말한다. 즉 현재시점에서 약정한 가격으로 미래시점에 결제하기 때문에 선물환계약을 체결하면 약정된 결제일까지 거래당사자의 현금결제가 유보된다는 점에서 현물환거래와 구별된다.

선물환거래의 만기일 결정에는 확정일 방식과 선택일 방식이 있다. 전자는 계약체결시 만기일을 특정일로 지정하고, 후자는 계약체결시 우선 일정기간을 정하고 그 기간 중에 고객이 만기일을 사후적으로 지정한다. 선물환계약의 만기는 7일, 30일, 90일, 180일, 360일 등이 일반적으로 널리 통용된다.

선물환거래는 선물환 매입 또는 매도만 발생하는 Outright Forward거래와 선물환거래가 스왑거래의 일부분으로 현물환거래와 함께 발생하는 Swap Forward거래로 구분된다. Outright Forward거래는 만기일에 실물인수도가 일어나는 일반선물환거래와 차액만을 정산하는 차액결제선물환거래로 구분된다.

2. 거래목적에 따른 분류

외환거래는 외환시장의 참가자들이 어떠한 동기를 가지고 외환거래에 참여하는가에 따라서 실수요거래, 헤징거래, 투기거래, 차익거래로 구분할 수 있다. 여기에서 실수요거래는 재화의 수출입이나 외화표시 금융자산의 매매에 따라 외환을 수취하거나 대금을 결제하기 위해 외환시장에서 이루어지는 거래를 말한다.

(1) 헤지거래

헤지거래(hedging)는 환율변화에 따른 환위험을 회피하거나 축소시키는 거래를 말한다. 요컨대 외환거래자가 오픈포지션을 취하는 경우에 환위험이 발생할 수 있는데, 이러한 경우 선물환 또는 통화선물에서 반대거래를 통해 종합포지션을 스퀘어포지션으로 취하여 환위험이 발생하지 않도록 하는 거래를 말한다.

헤지거래는 환율변화에 수반하여 나타나는 환위험을 감소시킴으로써 국가간 상품 및 서비스 거래는 물론 국제금융거래를 원활하게 할 뿐만 아니라 금리재정거래와 동일하게 현물 및 선물환율과 국내 및 국외금리간 일정한 균형체계를 유지할 수 있도록 해준다. 외환시장은 환위험을 회피할 수 있는 기회를 제공한다.

┃표 6-3┃ 매입헤지와 매도헤지

환율변동	매입헤지		매도헤지	
	현물시장 매도	선물시장 매입	현물시장 매입	선물시장 매도
상승	손실	이익	이익	손실
하락	이익	손실	손실	이익

┃그림 6-4┃ 통화선물을 이용한 헤지거래

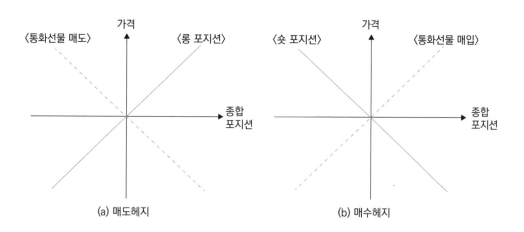

(a) 매도헤지   (b) 매수헤지

→ 예제 6-2   통화선물을 이용한 위험헤지

부산기업은 2022년 5월 1일 미국으로 $50,000의 상품을 수출하고 대금은 2022년 7월 31일에 미국달러화로 받기로 하였다. 부산기업은 향후 환율하락으로 인한 수출대금 수령액의 감소에 대비하기 위해 3개월 만기 달러선물계약을 이용하려고 한다. 현재 현물시장에서 달러화에 대한 원화의 환율은 ₩1,100/$이며, 3개월 만기 선물환율은 ₩1,150/$이라고 가정하여 다음 물음에 답하시오.

1. 부산기업이 환율하락위험을 헤지하기 위해서는 선물시장에서 어떤 포지션을 취해야 하는가?

2. 3개월 후에 현물환율이 ₩1,080/$, 선물환율이 ₩1,120/$이 되었을 경우 헤지결과를 설명하시오.

풀이

1. 부산기업은 3개월 후에 수출대금을 미국달러화로 수취해야 하므로 현물시장에서 매입포지션에 있다. 따라서 선물시장에서는 $50,000의 달러선물을 매도해야 한다.

2. 부산기업의 3개월 후에 헤지결과를 나타내면 다음과 같이 제시할 수 있다.

시점	현물시장	선물시장
현재	$50,000를 ₩1,100/$에 매입 50,000×1,100 = 55,000,000	$50,000를 ₩1,150/$에 매도 50,000×1,150 = 57,500,000

3개월 후	$50,000를 ₩1,080/$에 매도 50,000×1,080 = 54,000,000	$50,000를 ₩1,120/$에 매입 50,000×1,120 = 56,000,000
손익	−1,000,000	1,500,000

∴ 순손익 = −1,000,000+1,500,000 = 500,000

(2) 투기거래

현물시장에서는 어떠한 포지션도 취하지 않고 위험을 부담하면서 환율변동시 이익을 실현하기 위해 특정 통화에 대한 선물거래를 이용하는 거래를 말한다. 투기거래에서는 미래의 선물가격이 투기거래자의 예상대로 변동하면 많은 이익을 얻지만, 투기거래자의 예상과 반대로 움직이면 큰 손실을 보게 된다.

① 환율상승이 예상되는 경우

향후 환율상승이 예상되는 경우 강세로 예상되는 통화에 대한 선물계약을 매입했다가 일정기간이 경과한 후 실제로 환율이 상승했을 때 선물계약을 매도하여 포지션을 청산하면 투기적 이익을 얻을 수 있다. 그러나 투기거래자의 예상과 반대로 환율이 하락하면 큰 손실이 발생할 수 있다.

② 환율하락이 예상되는 경우

향후 환율하락이 예상되는 경우 약세로 예상되는 통화에 대한 선물계약을 매도했다가 일정기간이 경과한 후 실제로 환율이 하락했을 때 선물계약을 매입하여 포지션을 청산하면 투기적 이익을 얻을 수 있다. 그러나 투기거래자의 예상과 반대로 환율이 상승하면 큰 손실이 발생할 수 있다.

─● 예제 6-3   통화선물을 이용한 투기거래

일반투자자 홍길동은 $100,000를 가지고 미국달러화에 대한 통화선물을 이용하여 투기거래를 하려고 하는데, 미국달러의 약세를 예상하고 있다. 2022년 5월 1일 현재 현물시장에서 달러화에 대한 원화의 환율은 ₩1,100/$이며, 3개월 만기 선물환율은 ₩1,150/$이라고 가정하여 다음 물음에 답하시오.

1. 일반투자자 홍길동의 투기전략을 설명하시오.

2. 2개월 후에 현물환율이 ₩1,150/$, 선물환율이 ₩1,100/$이 되었을 경우에 투기거래의 성과를 구하시오.

3. 2개월 후에 현물환율이 ₩1,130/$, 선물환율이 ₩1,190/$이 되었을 경우에 투기거래의 성과를 구하시오.

풀이

1. 투자자 홍길동은 향후 미국달러의 약세를 예상하고 있으므로, 현재시점에서 미국달러에 대한 선물계약을 매도했다가 일정기간이 경과한 후 매입하여 포지션을 청산한다.

2. 홍길동의 예상대로 변화한 경우이므로 5,000,000원의 이익을 얻을 수 있다.
   이익 = (1,150−1,100)×100,000 = +5,000,000원

3. 홍길동의 예상과 반대로 변화했으므로 4,000,000원의 손실이 발생하게 된다.
   손실 = (1,150−1,190)×100,000 = −4,000,000원

(3) 차익거래

외환시장에서 동일한 현물환의 가격이 일물일가의 법칙을 이탈하여 격차를 보일 경우에 환차익을 얻기 위한 차익거래가 발생한다. 차익거래(arbitrage)는 일정시점에 동일한 자산의 가격차를 이용하여 위험이 없는 매매차익을 실현하는 재정거래를 말하며 크게 환차익(또는 통화차익)거래와 이자차익거래로 구분된다.

국제금리평가의 정리에 의해 산출된 이자율평가설이 성립하지 않으면 균형관계가 이탈되어 선물환율의 과대평가 또는 과소평가여부에 따라 현물매입차익거래 또는 현물매도차익거래가 발생한다. 이러한 차익거래가 계속되면 선물환율과 현물환율이 변화하여 차익거래가 발생하지 않는 균형관계가 회복된다.

① $F_1 > S_0 \dfrac{1+N_a}{1+N_b}$: 현물매입차익거래

현재의 선물환율이 과대평가되어 있으면 통화선물을 매도하고 현물통화를 매입하는 현물매입차익거래가 발생한다. 즉 자국통화를 차입하여 외국통화로 교환(외국통화현물환매입)하고 이를 외국통화로 표시된 금융자산에 투자하며 동시에 외국통화를 자국통화로 교환하는 선물환매도를 거래하면 된다.

② $F_1 < S_0 \dfrac{1+N_a}{1+N_b}$: 현물매도차익거래

현재의 선물환율이 과소평가되어 있으면 통화선물을 매입하고 현물통화를 매도하는 현물매도차익거래가 발생한다. 즉 외국통화를 차입하여 자국통화로 교환(외국통화현물환매도)하고 이를 자국통화로 표시된 금융자산에 투자하며 동시에 자국통화를 외국통화로 교환하는 선물환매입을 거래하면 된다.

→ **예제 6-4** 통화선물을 이용한 차익거래

2022년 8월 현재 독일 마르크당 현물환율이 현재 DM1=626.2원이고 만기일까지 기간이 120일 남아 있는 12월물 선물환율은 DM1=624.9원이다. 독일의 이자율은 연 8.5%이고 한국의 이자율은 연 7.00%라고 가정하여 다음 물음에 답하시오.

1. 12월물 가격이 균형상태인가 파악하고 그렇지 않다면 어떤 형태의 차익거래가 가능한가를 설명하시오.

2. 원화기준 1백만원으로 실행하는 차익거래의 결과를 제시하시오.

3. 수익률기준으로 차익거래의 유인을 파악하시오.

풀이

1. 통화선물의 균형가격을 산출한 후 시장가격과 비교한다. 통화선물의 시장가격 624.9원은 이론가격보다 높은 수준으로 현재의 선물환율은 과대평가되어 있어 통화선물을 매도하고 현물통화를 매입하는 현물매입차익거래가 발생한다.

$$F_1 = S_0 \left[\frac{1+N_a}{1+N_b}\right] = 626.2\left[\frac{1+0.07\times(120/360)}{1+0.085\times(120/360)}\right] = 623.15원$$

2. 현물매입차익거래는 자국통화를 차입하여 외국통화로 교환(외국통화 현물환매입)하고 이를 외국통화로 표시된 금융자산에 투자하며 동시에 외국통화를 자국통화로 교환하는 선물환계약(외국통화 선물환매도)을 거래하면 된다.

거래	8월의 현금흐름	12월의 현금흐름
선물매도 자금차입 현물매입	− ₩1,000,000 −DM 1,596.93[*1]	624.9×DM1,646−DM1,646 −₩1,025,278[*2] DM1,646[*3]
	0	3,307

*1 ₩1,000,000÷626.2 = 1,596.93
*2 1,000,000×(1+0.07×120/360)=1,025,278
*3 1,596.93×(1+0.085×120/360)=1,646

3. 현물매입차익거래를 통한 독일 마르크화에 대한 합성대출수익률은 7.92%이다. 이는 한국 원화에 대한 차입이자율 7%보다 높은 수준이기 때문에 차익거래의 기회가 존재한다.

$$(\frac{1,028,585 - 1,000,000}{1,000,000}) \times \frac{360}{120} = 7.92\%$$

제4절 외화자금시장의 개요

1. 외화자금시장의 정의

외화자금시장은 금리를 매개변수로 하여 외환의 대차거래가 이루어지는 시장을 말한다. 일반적으로 은행의 외화자금조달과 운용은 장기보다는 단기로 이루어지며 일시적으로 자금이 부족할 경우 초단기로 자금을 융통한다. 따라서 외화자금시장은 1년 미만으로 은행들간에 외화자금을 조달하고 운영하는 시장이다.

정부, 금융기관, 대기업의 외화조달은 장기외화조달과 단기외화조달로 구분된다. 외화자금시장도 국제자금시장의 영역인 단기 외화자금시장과 국제자본시장의 영역인 장기 외화자금시장으로 구분한다. 금융경색이 발생하는 경우 짧은 시간에 외국인의 외화유동성의 회수가 일어나는 시장은 단기 외화자금시장이다.

2. 외화자금시장의 분류

(1) 국제자금시장

단기외화조달은 국내은행들이 주로 외화자금 과부족을 해소하기 위해 외화를 단기 외화자금시장에서 외국은행으로부터 차입하는 것을 말한다. 주로 국내은행이 차입자(차주), 상대적으로 외화유동성이 풍부한 해외은행 또는 해외본점으로부터 외화차입이 용이한 외국은행 국내지점이 외화대부자(대주)에 해당한다.

은행은 수출입기업의 대금결제, 외화대출, 외환시장에서 은행간 외환거래, 대고객 외환거래, 외화채권 발행 및 상환 등에 따라 일시적인 외화 과부족이 발생한다. 이때 단기외화조달이 필요한 경우 단기외화자금시장을 이용한다. 장기외화조달이 쉽지 않을 경우 단기외화조달을 통해 연속적으로 차환해 갈 수 있다.

우리나라의 단기 외화자금시장은 은행간의 단기 외화 과부족 현상을 조정하기 위한 거래가 이루어지는 시장으로 볼 수 있다. 은행간 외화예치거래도 넓은 의미에서 외화자금시장으로 볼 수 있으나 런던이나 싱가포르와 같은 국제금융중심지와는 달리 우리나라의 경우는 외화예치거래가 활발하지 않은 편에 속한다.

(2) 국제자본시장

장기외화조달은 정부, 금융기관, 대기업이 국제자본시장에서 중장기 외화채권을 발행하거나 해외증권거래소에 주식을 상장하여 이루어진다. 정부는 외국환평형기금 운용을 위해 국제자본시장에서 외화표시 외평채를 발행하여 외화조달을 도모한다. 정부는 외국환평형기금을 이용하여 외환보유고, 환율 등을 관리한다.

3. 외화자금시장의 금리

외화자금시장에서 외화차입에 적용하는 금리는 달러화의 경우 외평채는 미국 T-Note + 외평채 가산금리, 외화콜은 싱가폴시장 초단기금리 $\pm\alpha$, 단기외화대차는 LIBOR + 외평채 가산금리에 금융기관 신용을 감안한 추가적 가산금리, 금융기관의 장단기 외화대차 가산금리는 한국정부 외평채가산금리와 연동된다.

4. 외화차입금리의 기능

외화자금시장의 거래기준이 되는 외화차입금리는 중요한 정보를 포함한다. 외화를 차입하는 정부, 국내금융기관의 채무불이행위험이 외화차입금리에 반영된다. 국내주체의 외화차입금리 기저는 정부의 부도위험을 나타내는 외평채 가산금리이다. 통화스왑 스프레드 거래주체의 부도위험에 대한 주요지표도 된다.

신용부도스왑(CDS)은 국제자본시장에서 채권의 채무불이행위험을 분리하여 이를 대상으로 하는 신용파생상품이므로 보장매수자와 보장매도자간 CDS 계약의 매개변수인 CDS 프리미엄이 부도확률에 대한 직접적인 지표에 해당한다. 한국 정부가 발행한 외화채권에 대한 CDS 프리미엄이 국가 CDS 프리미엄이다.

외환시장에서 통화교환의 비율, 즉 원화의 달러화로 환산한 가치인 원/달러 환율에도 채무불이행위험이 반영되어 있지만, CDS 프리미엄이나 외화차입금리가 반영하는 것보다는 간접적이다. 따라서 외환거래에서 원/달러 환율이 원화를 부채로 수행한 한국은행의 채무불이행위험을 반영한다고 보기는 어렵다.

5. 외화자금시장의 역할

국내외환시장 및 외화자금시장은 국내금융시장과 국제금융시장의 경계 영역에서 중첩되면서 이 두 시장을 연결하는 역할을 수행한다. 원화는 국제화되어 있지 않기 때문에 외국인투자자에 의한 국내금융시장과 국내자본시장간의 자본이동은 반드시 국내외환시장에서 실물 원화와 외환의 교환을 경유해야 한다.

원화가 국제화되어 국제통화시장에서 원화가 거래된다면 국내외환시장 및 외화자금시장의 정의, 역할, 중요성은 크게 감소할 것이며, 역내외 자본유출입시 국내외환시장을 거칠 필요가 없게 된다. 따라서 원화의 국제화가 실현되면 국내외에서 원화가 거래되는 통화시장은 국내외 금융시장으로 흡수될 것이다.

6. 외화자금시장의 특징

국내자금시장은 외환스왑레이트를 매개로 만기 1년 이내의 외화자금을 조달 및 운용하는 시장이다. 한국을 포함한 국제화된 통화를 갖지 않은 경우 외화자금의 수요자인 국내은행은 외화자금 부족을 해소하기 위해 차입 등을 통해 외화를 조달한 외화자금의 공급자인 외국은행 국내지점에서 외화자금을 차입한다.

(1) 글로벌 충격의 전이 경로

국내자금시장의 특징 중 하나는 글로벌 유동성 충격시 이를 국내금융시장으로 전이하는 핵심적인 작용한다는 점이다. 한국의 외화자금시장은 2000년대 상반기 이후 조선업체의 수주 호조 및 글로벌 주가상승에 따른 해외증권투자의 증가로 인해 환헤지 수요가 높아진데 따른 외화자금 수요 증가로 크게 성장하였다.

이러한 외화자금시장에 대한 높은 의존도는 대외 불안에 대한 국내 금융시스템의 취약성을 내포한다. 실제 금융위기로 디레버리징(deleveraging)이 발생하자, 외국은행 국내지점을 중심으로 외환스왑시장에서 달러를 회수하면서 단기 외환스왑레이트가 급락하고 국내은행은 심각한 달러화 부족 상황에 직면하였다.

(2) 국내채권시장과 높은 연계

외화자금시장은 저평가된 외환스왑레이트를 매개로 한 채권시장과의 연계구조이다. 수출기업 및 해외증권투자자의 환헤지 수요(선물환 매도)로 국내은행(선물환 매입)이 스왑시장에서 달러를 조달해야 하는 상황이 지속되면서 한국 외화자금시장에서 외환스왑레이트는 내외금리차 대비 저평가된 수준을 보여왔다.

국내은행의 선물환 매도 및 현물환 매입 수요(buy & sell)에 대응하여 외국인이 외화를 공급(sell & buy)하고 보유 원화를 스왑계약기간 동안 국채나 통안채에 투자한다. 반면에 국내투자자는 해외투자시 환위험을 헤지(buy & sell)하기 때문에 해외분산투자의 증가는 외환스왑레이트 저평가를 더욱 심화시켜 왔다.

(3) 현물시장과 낮은 연관관계

외화자금시장에서 스왑거래는 현물환시장에 영향을 미치지 않아 환율에 영향을 미친다고 보기는 어렵다. 다만 글로벌시장이 안정적인 상황에서 수출업체의 선물환매도가 증가하면 은행의 현물환 매도가 증가하고 매도한 외화를 외환스왑시장에서 조달하면 외환스왑레이트가 하락하여 환율과 같은 방향으로 움직인다.

선진국의 양적완화로 글로벌 유동성이 풍부하면 외환스왑레이트는 상승하고, 경상수지흑자로 환율이 하락하면 환율과 외환스왑레이트는 반대 방향으로 움직인다. 즉 외화자금시장과 현물환시장이 분리되어 있으나 외환스왑레이트가 현물환시장 참가기관의 시장환경에 영향을 주어 간접적으로 환율에 영향을 미친다.

| 보론 6-1 | 선물환율과 스왑레이트 |

1. 선물환율의 정의

선물환율은 외환거래당사자간의 계약에 따라 미래의 일정시점에서 외환의 수도·결제시에 적용되는 환율을 말한다. 선물환율이 현물환율보다 높은 경우를 프리미엄, 낮은 경우를 디스카운트라고 한다. 자국통화표시의 경우 고금리국가에서는 선물환율이 현물환율보다 높고 저금리국가에서는 선물환율이 현물환율보다 낮다.

예컨대 엔화의 현물환율(￥120.28/U$)이 3개월 선물환율(￥119.83/U$)을 상회할 경우 기준통화인 미달러화의 금리가 엔화의 금리보다 높기 때문에 엔화를 대가로 미달러화를 현물환으로 매입할 때보다 선물환으로 매입할 때 더 적은 엔화금액을 지급한다. 여기서 엔화의 현물환율과 선물환율의 차이인 0.45엔(=￥120.28/U$-￥119.83/U$)은 미달러화의 엔화에 대한 선물환 디스카운트에 해당한다.

미달러의 선물환 디스카운트가 엔화의 입장에서 선물환 프리미엄이 되는데, 이는 미달러화를 대가로 엔화를 현물환으로 매입할 때보다 선물환으로 매입할 때 많은 미달러화를 지급해야 하기 때문이다. 즉 양국 통화간의 선물환거래에서 한 나라의 통화가 선물환 프리미엄이 되면 상대국 통화는 선물환 디스카운트가 된다.

따라서 이종통화간의 현물환율과 선물환율의 차이는 양국 통화간의 금리차이에 기인한다. 선물환거래에서 고금리통화를 매도하여 저금리통화를 매입한 경우에 고금리통화는 선물환 디스카운트가 되며 저금리통화는 선물환 프리미엄이 된다. 이는 선물환거래에서 고금리통화는 높은 이자수익을 실현하지만 저금리통화는 낮은 이자수익을 얻게 되어 이자수익의 차이를 선물환율에 반영해야 하기 때문이다.

예컨대 A는 고금리통화인 미달러화를 그리고 B는 저금리통화인 일본엔화를 각각 보유하고 있다고 가정하자. 현재 A와 B 두 거래자가 만기 3개월의 선물환거래를 체결했을 경우 A는 미리 약정한 환율에 따라 3개월 후에 미달러화를 B에게 지급하고 대신 B는 엔화를 A에게 지급한다. A는 선물환 계약일로부터 결제일까지 3개월간 고금리통화인 미달러화를 운용하여 상대적으로 많은 이자수익을 실현한다.

반면에 B는 저금리통화인 일본엔화를 운용하여 미달러화보다 적은 이자수익을 실현한다. 이러한 이자수익의 불균형을 조정하려면 선물환 결제시에 B는 A로부터 현물환거래보다 금리차이 만큼의 고금리통화를 선물환 프리미엄으로 더 받게 된다. A는 B로부터 현물환거래보다 금리차이 만큼의 저금리통화를 적게 받게 되어 선물환 디스카운트가 된다. 이러한 관례를 그림으로 제시하면 [그림 6-5]와 같다.

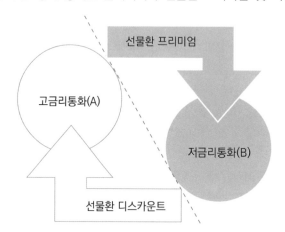

┃그림 6-5┃ 양국 통화간 금리차이와 선물환 프리미엄 및 디스카운트

2. 선물환율과 스왑레이트

선물환율의 표시방법은 현물환율과 같이 전체의 숫자로 환율을 표시하는, 즉 ￥119.83/U$과 같은 아웃라이트(outright) 표시방법과 선물환율과 현물환율의 차이인 스왑레이트(swap rate)로 표시하는 방법이 있다. 연율로 표시된 스왑레이트는 이자율평가설에서 양국 통화간의 금리차이와 동일하다.

외환시장에서 고객이 선물환율의 제시를 요구하면 딜러는 선물환율을 통상 아웃라이트 대신 스왑레이트로 제시한다. 따라서 스왑레이트가 고시되어 있을 때 선물환율을 산정하려면 현물환율에 스왑레이트(프리미엄 또는 디스카운트)를 가감하여 산출하는데 구체적인 산출방법을 살펴보면 다음과 같다.

외환시장에서 환율은 매입률과 매도율의 두 가지로 고시된다. 환율고시에 있어 매입률과 매도율고시의 기본원칙을 살펴보면 현물환율과 선물환율에 관계없이 매입율(bid rate)은 매도율(asked rate)보다 작아야 한다. 또한 스프레드의 경우 선물환율의 매매율차는 현물환율의 매매율차보다 커야 한다.

따라서 매입률의 스왑레이트가 매도율의 스왑레이트보다 큰 경우(스왑레이트가 감소)에는 현물환율에서 스왑레이트를 차감하여 선물환율을 구한다. 반대로 매입률의 스왑레이트가 매도율의 스왑레이트보다 작은(스왑레이트가 증가)경우에는 현물환율에 스왑레이트를 가산하여 선물환율을 계산한다.

| 보론 6-2 | 대고객환율의 구조 |

대고객매매율은 금융결제원에서 산출한 매매기준율을 바탕으로 적용하는 환율이다. 은행은 매매기준율에 마진을 가산하여 대고객매매율을 결정한 후 매입율과 매도율을 정하여 매일 고시한다. 은행이 고객에 대해 적용하는 대고객환율은 현찰매매율, 전신환매매율(T/T rate), 여행자수표 매매율(TC rate)로 구분한다.

1. 매매기준율

매매기준율(MAR : Market Average Rate)은 외환시장의 평균환율로 은행거래의 기본이 되는 시장환율로 이해하면 된다. 최근 거래일의 외국환중개회사를 통해 거래가 이루어진 미국달러화의 현물환매매 중 익익영업일 결제거래에서 형성되는 환율과 그 거래량을 가중평균하여 산출되는 시장평균환율을 말한다.

2. 현찰매매율

현찰매매율은 외화현금을 매매하는 경우에 적용되는 환율이다. 즉 현찰매매율은 외국에 나가는 경우 은행에서 달러나 기타 통화로 환전할 때 적용하는 환율이다. 은행은 대고객매매율 중 현찰매매율에 상대적으로 높은 마진(스프레드)을 적용하는데, 기본 스프레드는 매매기준율 대비 약 1.5% 정도이다.

외화현금을 매매하는 경우 거래대상이 되는 외화현금의 보관비용, 운송비용이 소요되고 외화자산의 운용 측면에서 외화현금시제액은 비수익적이기 때문에 이러한 위험부담과 손실보전을 고려하여 결정한다. 일반적으로 현찰매도율과 매입율은 외국환은행 대고객매매율의 최고율과 최저율 사이에 위치한다.

3. 여행자수표 매매율

여행자수표 매매율(TC : Traveler's Check rate)은 해외여행자가 현금 대신 사용할 수 있어 여비 휴대의 편의를 도모하고, 현금을 지참함으로써 발생하는 위험을 방지하기 위해 사용하는 여행자수표를 환전할 경우 적용된다. 은행이 발행하는 수표 형식을 취하며 현금과 똑같이 취급되며 본인만 사용이 가능하다.

여행자수표는 은행, 백화점, 호텔 등 일부 매장에서 사용가능하며, 2020년 초에 발발한 코로나19의 여파로 해외여행수요가 급락하면서 아멕스 측이 대한민국의 은행들에 여행자수표 취급 중단을 요청하여 2020년 6월 30일을 마지막으로 여행자수표를 더 이상 발행하지 않으면서 구시대의 유물로 전락하고 말았다.

4. 전신환매매율

전신환매매율(T/T : Telegraphic Transfer rate)은 현금이 아니라 전신환으로 거래되는 경우로서 실제 현금의 유출입이 아닌 전산상의 숫자로만 처리된다. 따라서 자금결제기간에 따른 금리요소가 개입되지 않은 당·타발 송금, 수입어음 결제, 외화예금 입출금, 수출환어음 매입, 외화수표 매입 등의 거래에 적용된다.

전신환매매율은 외환을 전신으로 결제하거나 자산이나 채권이 통화로 즉시 전환될 수 있는 경우에 적용되며 기본 스프레드는 매매기준율 대비 약 1% 정도이다. 이때 자금결제가 1일 이내에 이루어지므로 환어음의 우송기간에 금리요인이 개입되지 않아 순수한 대고객환율이 되며, 대고객매매의 기준매매율이 된다.

▌그림 6-6▐ 대고객환율의 구조(미국달러화)

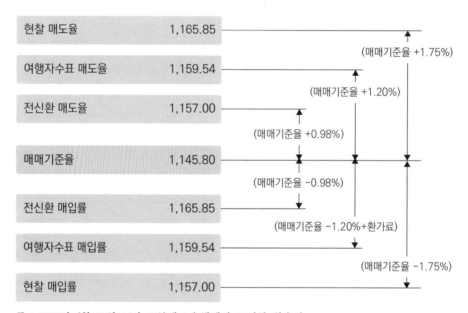

주 : 2013년 6월 20일 14시 18분에 A은행에서 고시한 환율임.

| 보론 6-3 | 국제수지표 |

국제수지는 한 나라가 일정기간에 다른 나라와 행한 경제적 거래를 체계적으로 분류한 것을 말하고, 이를 표로 나타낸 것을 국제수지표라고 한다. 경제활동의 본거지가 어디에 있는가 하는 점이 분류의 중요한 기준이 된다. 또한 모든 재화 및 용역의 거래, 국가간의 이전거래, 자본거래 등 모든 거래를 포함한다.

우리나라의 국제수지표는 한국은행이 국제통화기금의 국제수지매뉴얼에 의거하여 매월 작성하여 공표하며 통계작성과 관련된 조사대상, 조사방법 등은 한국은행 통계전용 홈페이지인 경제통계시스템에 수록하고 있다. 국제수지표는 거래의 특성에 따라 크게 경상수지, 자본수지, 금융계정, 오차 및 누락으로 구분된다.

1. 경상수지

경상수지에는 상품거래, 서비스거래, 본원소득거래, 이전소득거래에 따른 수입과 지출이 기록된다. 경상수지는 국민경제의 산업생산, 고용, 국민소득 등에 큰 영향을 미치기 때문에 일국의 대외경쟁력을 측정하는 척도로서 중시되고 있다. 경상수지는 상품수지, 서비스수지, 본원소득수지, 이전소득수지로 구분된다.

2. 자본수지

자본수지(capital account)는 거주자와 비거주자간에 발생하는 자본이전과 비생산·비금융자산으로 구분된다. 자본이전에는 자산소유권의 무상이전, 채권자에 의한 채무변제 등이 기록된다. 한편 비생산·비금융자산에는 브랜드네임, 상표 등 마케팅 자산과 기타 양도가능한 무형자산 등의 취득과 처분이 기록된다.

3. 금융계정

금융계정에는 민간기업, 금융회사, 정부, 통화당국 등 모든 거주자의 대외금융자산과 부채의 변동이 기록된다. 금융계정은 투자성격에 따라 경영참여를 목적으로 하는 직접투자, 투자수익을 목적으로 하는 증권투자, 파생금융상품, 기타투자, 외환보유액의 거래에 의한 증감을 기록하는 준비자산증감으로 구분된다.

4. 오차 및 누락

국제수지표는 무역통계, 외환수급통계 등 기초통계 계상시점 및 오류, 평가방법 차이, 통계작성의 과정에서 보고 잘못 및 누락으로 차변의 합계와 대변의 합계가 일치하지 않는다. 오차 및 누락은 이러한 불일치를 말하며, 모든 대외거래를 기록한 후 사후적으로 계산하여 차변의 합계와 대변의 합계를 일치시킨다.

　국제수지표는 모든 경상거래 및 금융거래의 결과를 사후적으로 복식부기의 원리에 의해 기록하므로 항상 차변(외환의 지급)의 합계와 대변(외환의 수취)의 합계가 일치하는 항등관계가 성립한다. 반면에 국제수지의 균형은 경상거래 및 금융거래로 발생하는 외환의 수요와 공급이 사전적으로 일치하는 상태를 말한다.

　한 국가의 국제수지는 균형을 이루는 것이 바람직하다. 지출이 수입보다 많으면 국가의 보유외화가 고갈되고 긴급한 재화마저 수입할 수 없어 경제가 파탄에 이를 수 있기 때문이다. 한편 수입이 지출보다 많은 경우도 바람직하다고 볼 수 없는데, 이것은 수출재화가 제값을 받지 못하고 싸게 수출되었기 때문이다.

┃그림 6-7┃ 국제수지표의 구성

제1절 외환시장의 개요

1. 외환의 정의 : 외화로 표시되어 있는 채권과 채무를 결제하는 수단
2. 외환거래의 방법 : 자금을 지급하는 송금환, 자금을 수령하는 추심환
3. 외환시장의 정의 : 외환을 다른 통화표시 외환으로 교환하는 매매시장
4. 외환시장의 기능 : 구매력 이전, 거래의 청산, 국제수지 조절, 외환위험 대처
5. 외환시장의 특징 : 범세계적 시장, 24시간 시장, 장외시장, 제로섬시장, 도매시장, 이중가격시장, 금융거래시장
6. 외환시장의 거래
   외환시장의 결제는 유럽은행 중심으로 벨기에 브뤼셀에 설치된 SWIFT 이용
7. 외환시장의 구조 : 외환거래의 성격에 따라 대고객시장과 은행간거래
8. 외환시장의 참가자 : 고객, 비은행금융기관, 외국환은행, 외환중개인, 정부

제2절 환율의 개요

1. 환율의 정의 : 두 나라 통화간 교환(매매)비율
2. 환율의 표시방법
(1) 자국통화표시법 : 외국통화 한 단위당 자국통화 단위수로 표시, 직접표시법
(2) 외국통화표시법 : 자국통화 한 단위당 외국통화 단위수로 표시, 간접표시법
3. 환율의 종류
(1) 외환거래의 성격 : 현물환율, 선물환율, 스왑레이트
(2) 통화가치의 평가 : 명목환율, 실질환율, 실효환율
(3) 환율의 고시방법 : 매입환율, 매도환율
(4) 환율의 변동여부 : 고정환율, 변동환율
(5) 외환거래 상대방 : 대고객환율, 은행간환율
(6) 환율의 계산방법 : 기준환율, 교차환율, 재정환율
4. 환율의 변동 : 특정 통화의 다른 통화에 대한 상대적 가치의 변화

환율하락(평가절상)	환율상승(평가절하)
$ 1 = ₩ 1,100 ← $ 1 = ₩ 1,200 → $ 1 = ₩ 1,300	
수출감소, 수입증가 국내경기 침체가능성 외채부담의 감소 국제수지의 악화	수출증가, 수입감소 물가상승 발생가능성 외채부담의 증가 국제수지의 개선

5. 환율의 변동요인

(1) 중장기 요인 : 물가수준, 생산성, 대외거래, 거시경제정책, 중앙은행 개입

(2) 단기적 요인 : 시장참가자 기대, 주요국 환율변동, 각종 뉴스, 외국환포지션

제3절 외환거래의 형태

1. 결제시점에 따른 분류 : 현물환거래, 선물환거래, 스왑거래

2. 거래목적에 따른 분류 : 헤지거래, 투기거래, 차익(재정)거래

제4절 외화자금시장의 개요

1. 외화자금시장의 정의

   금리를 매개변수로 하여 외환(주로 달러화)의 대차거래가 이루어지는 시장

2. 외화자금시장의 분류

   단기외화자금시장(국제자금시장) vs 장기외화자금시장(국제자본시장)

3. 외화자금시장의 금리

① 외평채 = 미국 T-Note + 외평채 가산금리

② 외화콜 = 싱가폴 초단기금리(미국 연방기금금리에 연동) ± α

③ 단기외화대차 = LIBOR + 외평채 가산금리에 금융기관 신용을 감안한 가산금리

④ 금융기관의 단기 및 장기외화대차 가산금리는 한국정부 외평채 가산금리와 연동

4. 외화차입금리의 기능

   외화를 차입하는 정부나 국내금융기관의 채무불이행위험이 외화차입금리에 반영

5. 외화자금시장의 역할

   국내금융시장과 국제금융시장의 경계영역에 중첩되며 두 시장을 연결하는 역할

6. 외화자금시장의 특징

   글로벌 충격의 전이 경로, 국내채권시장과 높은 연계, 현물시장과 낮은 연계

1. 다음 중 외환시장에 대한 설명으로 옳지 않은 것은?

① 외환에 대한 초과공급이 발생하면 국내화폐의 가치가 상승한다.

② 달러당 환율이 1,000원에서 1,200원으로 변하면 원화의 가치가 하락한 것이다.

③ 국제수지가 흑자이면 외환시장에서 외환의 초과공급이 발생하고 균형환율이 더 낮아진다.

④ 외국인이 달러를 가지고 국내주식을 매입하면 원화에 대한 수요가 증가하여 원/달러 환율이 상승한다.

⑤ 외환시장에서 달러에 대해 초과수요가 발생하면 달러의 가치가 상승한다.

| 해설 | 외국인이 달러를 가지고 국내주식을 매입하면 달러화에 대한 공급이 증가하여 원화의 가치가 상승하므로 환율은 하락한다.

2. 다음 중 외환의 공급이 증가하는 경우는?

① 해외투자가 증가할 때   ② 외채상환이 증가할 때

③ 수출품의 국제가격이 상승할 때   ④ 수입품의 국내수요가 증가할 때

⑤ 수출품의 외국수요가 감소할 때

| 해설 | 외환의 공급증가를 가져오는 요인은 수출증가, 외채도입, 자본유입 등이 있다. 보기 ①, ②, ④는 외환의 수요를 증가시키는 요인, 보기 ⑤는 외환의 공급을 감소시키는 요인에 속한다.

3. 미국의 달러당 환율이 1,000원에서 950원으로 하락했을 경우에 다음 중 옳지 않은 것은?

① 환율이 하락하였다.   ② 달러의 가치가 하락하였다.

③ 원화의 가치가 절상되었다.   ④ 수출물량이 감소할 것이다.

⑤ 교역조건이 악화되었다.

| 해설 | 1달러의 가격이 하락했으므로 달러의 가치가 하락하고 원화의 가치가 상승하였다. 이때 수출물량은 줄 것이다. 또한 교역조건은 수출재/수입재의 가격비율을 나타내므로 원화의 가치가 상승하면 교역조건은 호전된다.

4. 모든 다른 조건이 일정할 때, 다음 중 국내통화 가치를 상승시키는 것은?

① 국내기업이 해외에 생산공장을 설립한다.

② 외국인들이 보유한 국내주식을 매각한다.

③ 수입자동차에 대한 관세가 인하된다.

④ 정부가 외국산 전투기를 대규모로 구매한다.

⑤ 금융통화위원회가 기준금리 인상을 단행한다.

| 해설 | 외환에 대한 수요가 증가하면 환율이 상승하여 국내통화의 가치는 하락한다.

 ① 국내기업이 해외에 생산공장을 설립하기 위해서는 필요한 자금을 가지고 나가야 하므로 외환에 대한 수요가 증가한다.

 ② 외국인들이 보유한 국내주식을 매각하면 그 매각대금을 본국으로 가지고 나갈 것이므로 외환에 대한 수요가 증가한다.

 ③ 수입자동차에 대한 관세가 인하되어 외국산 자동차의 수입이 증가하는 경우 외환에 대한 수요가 증가한다.

 ④ 정부가 외국산 전투기를 대규모로 구매하는 경우에도 외환에 대한 수요가 증가한다.

 ⑤ 기준금리가 인상되면 해외에서 자본유입이 이루어지므로 외환의 공급이 증가하여 환율이 하락한다. 즉 국내통화의 가치가 상승한다.

5. 다음 중 환율에 대한 설명으로 적절한 것은?

① 원/달러 환율은 미국재화의 가격을 한국재화의 가격으로 나눈 것이다.

② 1달러당 원화의 교환비율이 상승하면 원화는 평가절상된다.

③ 원/달러 환율이 상승하면 미국에 수출하는 국내제품의 가격경쟁력이 떨어진다.

④ 명목환율의 상승률은 외국물가의 상승률에서 국내물가의 상승률을 뺀 값에 실질환율의 상승률을 더한 값과 같다.

⑤ 빅맥(Big Mac) 햄버거의 한국 판매가격이 3,000원이고 미국은 2달러이다. 실제환율이 1,000원/달러라면, 환율은 원화의 구매력을 과대평가하고 있다.

| 해설 | ① 원/달러 환율은 한국재화의 가격을 미국재화의 가격으로 나눈 값이다.

 ② 1달러당 원화의 교환비율이 상승하면 1달러를 받기 위해 더 많은 원화를 지불해야 하므로 원화의 평가절하가 이루어진다.

 ③ 원/달러 환율이 상승하면 달러로 표시한 수출품의 가격이 더 저렴해지므로 미국에 수출하는 국내재화의 가격경쟁력은 높아진다.

 ④ 명목환율의 상승률은 국내물가상승률에서 해외물가상승률을 뺀 값으로 나타낼 수 있다.

 ⑤ 빅맥지수 = 3,000/2 = 1,500 실제 환율은 달러당 1,000원이므로, 원화의 구매력을 과대평가하고 있다.

6. 다음 중 환율에 대한 설명으로 옳지 않은 것은?

① 변동환율제도에서 원/달러 환율이 950원에서 900원으로 변하면 원화가 평가하락한 것이다.

② 외환시장에서 달러화의 초과수요가 발생하면 원화의 가치가 하락할 것이다.

③ 외환시장에서 달러화의 초과공급이 발생하면 환율이 하락할 것이다.

④ 고정환율제도에서 환율을 상승시키면 자국화폐를 평가절하시킨 것이다.

⑤ 원/달러 환율이 950원에서 1,000원으로 변하면 국내제품의 가격경쟁력이 향상된 것이다.

| 해설 | 원/달러 환율이 하락하면 원화의 가치가 상승한 것이다.

7. 다음 중 환율에 대한 설명으로 옳지 않은 것은?

① 다른 조건이 일정할 때 명목환율이 상승하면 실질환율도 상승한다.

② 실질환율이 상승하면 교역조건은 오히려 악화된다.

③ 국내물가가 상승하면 실질환율이 하락한다.

④ 실질환율이 상승하면 상대적으로 국내에서 생산한 재화가 비싸진다.

⑤ 실질환율이 상승하면 수출이 증가한다.

| 해설 | 실질환율은 외국재화 1단위와 교환되는 국내재화의 수를 나타내어 실질환율이 상승했다는 것은 국내재화의 상대가격이 하락했음을 뜻한다. 따라서 실질환율의 상승은 수출이 증가하여 국내에서 생산된 재화가격의 하락, 즉 교역조건의 악화를 의미한다.

8. 다음 중 자국통화로 표시한 환율에 대한 설명으로 옳지 않은 것은?

① 통화론자에 의하면 자국의 소득증가는 화폐수요를 증가시켜 환율이 하락한다.

② 통화론자에 의하면 자국이자율 상승은 화폐수요를 감소시켜 환율이 상승한다.

③ 케인즈학파에 의하면 자국의 소득증가는 수입을 증가시켜 환율이 하락한다.

④ 케인즈학파에 의하면 자국이자율 상승은 자본유입을 증가시켜 환율이 하락한다.

⑤ 자국의 통화량 증가가 환율을 상승시킨다는 점에 대해서는 통화론자와 케인즈학파의 의견이 일치한다.

| 해설 | 자국의 국민소득이 증가하면 수입이 증가한다. 수입이 증가하면 외환의 수요가 증가하여 환율이 상승한다.

9. 2021년 미국의 물가상승률은 3%이고 한국의 물가하락률은 5%이며 대미명목환율이 7% 하락했다고 가정할 경우 대미실질환율은 어떻게 변동하였는가?

① 1% 상승　　　　　　　　　② 1% 하락

③ 5% 상승　　　　　　　　　④ 5% 하락

| 해설 | 한국의 물가가 5% 하락하면 한국에서 생산된 재화가격이 상대적으로 5% 하락한다. 미국의 물가가 3% 상승하면 한국에서 생산된 재화의 가격이 상대적으로 3% 하락한다. 한편, 명목이자율이 7% 하락하면 한국에서 생산된 재화의 상대가격이 7% 상승하여 한국에서 생산된 재화의 상대가격이 1% 하락하고 실질환율은 1% 상승한다.

10. 한국과 미국의 인플레이션율이 각각 4%, 5%이고, 달러화 대비 원화가치가 하락하여 명목환율이 8% 상승할 경우에 달러화 대비 원화의 실질환율은 어떻게 변동하겠는가?

① 1% 상승　　　　　　　　　② 4% 상승

③ 9% 상승　　　　　　　　　④ 3% 하락

⑤ 7% 하락

| 해설 | 국내물가가 4% 상승하면 국내에서 생산된 재화가격이 4% 상승하고, 미국물가가 5% 상승하면 미국에서 생산된 재화가격이 5% 상승한다. 한편, 명목환율이 8% 상승하면 국내에서 생산된 재화의 상대가격이 8% 하락한다. 양국의 물가상승률 차이로 인해 미국에서 생산된 재화의 상대가격이 1% 상승하고, 명목환율의 변화로 인해 국내에서 생산된 재화의 상대가격이 8% 하락하여 전체적으로 보면 국내에서 생산된 재화의 상대가격은 9% 하락한다. 즉 실질환율은 9% 상승한다.

11. 국내물가가 4% 상승하고 외국물가가 6% 상승했으며 명목환율이 10% 하락한 경우에 실질환율의 하락 정도는? (단, 명목환율은 외국화폐 단위당 자국화폐의 교환비율이다.)

① 4%　　　　　　　　　　② 6%

③ 8%　　　　　　　　　　④ 10%

⑤ 12%

| 해설 | 실질환율 $\epsilon = \dfrac{e \times P_f}{P}$ 을 증가율로 나타낸 후 문제에 주어진 수치를 대입하면 실질환율 변화율은 -8%이다. $\dfrac{d\epsilon}{\epsilon} = \dfrac{de}{e} + \dfrac{dP_f}{P_f} - \dfrac{dP}{P} = -10\% + 6\% - 4\% = -8\%$

12. 원화와 엔화가 달러화에 비해 모두 강세를 보이고 있다. 그런데 원화의 강세가 엔화에 비해 상대적으로 더 강하다고 할 때 나타나는 현상에 대한 설명으로 옳지 않은 것은?

① 일본에 여행하는 우리나라 관광객의 부담이 줄어들었다.
② 미국이 한국과 일본에서 수입하는 제품의 가격이 상승하였다.
③ 일본산 부품을 사용하는 우리나라 기업의 생산비용은 증가하였다.
④ 미국에 수출하는 우리나라 제품의 가격경쟁력은 일본에 비해 떨어졌다.
⑤ 엔화표시 채무를 가지고 있는 우리나라 기업의 원리금 상환부담은 감소하였다.

| 해설 | 원화와 엔화를 비교하면 원화가 더 강세라 할 수 있다. 따라서 일본으로부터 수입품의 원화 가격은 더 저렴해진다. 이때 일본산 부품을 사용하는 우리나라 기업의 생산비용은 감소한다.

13. 다음 중 현재 원화의 대달러 환율(원/달러)에 미치는 효과가 다른 것은?

① 국내 물가수준의 상승
② 미국인들의 소득감소
③ 미국 국채이자율의 상승
④ 국산 스마트폰에 대한 미국인들의 수요증가
⑤ 국내 항공사들의 미국산 항공기에 대한 수요증가

| 해설 | ① 국내 물가수준이 상승하면 국내에서 생산된 재화가 상대적으로 비싸져 순수출이 감소하여 환율이 상승한다.
② 미국인들의 소득이 감소하면 우리 기업들의 대미수출이 감소하여 외환공급이 감소하여 환율이 상승한다.
③ 마국 국채이자율이 상승하면 자본유출로 인해 외환수요가 증가하여 환율이 상승한다.
④ 국산 스마트폰에 대한 미국인들의 수요증가로 수출이 증가하면 외환공급이 증가하여 환율이 하락한다.
⑤ 국내항공사의 미국산 항공기에 대한 수요가 증가하면 와환수요가 증가하여 환율이 상승한다.

14. 일본에서 원자재를 수입하여 가공해서 미국시장에 완제품을 수출하는 기업이 달러가 치가 하락하고 엔화가치가 상승할 것으로 예상되는 상황에서 취할 대안이라고 할 수 없는 것은?

① 달러표시 수출대금의 외상기간을 늘린다.

② 수입대금의 표시통화를 현재의 환율수준으로 엔화에서 달러로 바꾸어 달라고 요구한다.

③ 엔화표시 수입대금의 외상기간을 연장한다.

④ 원자재 공급자를 일본에서 미국으로 바꾼다.

| 해설 | 예상되는 환율변동에 따라 영업상 발생하는 계약의 외상기간 연장이나 단축, 거래결제통화나 공급업자를 변경할 수 있다. 외화지급거래시 강세통화는 외상기간을 줄이고 약세통화는 늘린다. 외화수취거래시 강세통화는 외상기간을 늘리고 약세통화는 줄인다. 그리고 가격조건에 영향을 미치지 않는다면 외화지급거래의 결제통화는 약세통화로, 외화수취거래의 결제통화는 강세통화로 변경을 요구할 수 있다. 또한 원자재의 공급업자도 약세통화국의 기업으로 변경하는 것도 고려해 볼 수 있다.

15. 한국에서 제품을 생산하여 미국에 수출하는 기업이 달러 환노출을 줄이는데 효과적인 방법이라고 할 수 없는 것은?

① 미국의 자회사에 보다 많은 자금을 대여한다.

② 미국에 해외직접투자로 공장을 설립한다.

③ 미국에서 부품과 원자재 조달비중을 늘린다.

④ 달러화 차입을 늘린다.

| 해설 | 한국에서 제품을 생산하여 미국에 수출하는 기업은 달러매입포지션에 있어 환노출을 효과적으로 줄이려면 달러로 현금유출(매도포지션)이 발생해야 한다. 달러 현금유출이 발생하려면 미국에서 제품을 생산하거나 미국에서 조달되는 부품이나 원자재의 비중을 높이고 달러차입을 하는 것도 달러매도포지션을 만드는 효과적인 방법이다. 그러나 미국 자회사에 달러를 대여하는 것은 달러매입포지션을 더욱 크게 만들기 때문에 효과적인 방법이 아니다.

정답
1. ④ 2. ③ 3. ⑤ 4. ⑤ 5. ⑤ 6. ① 7. ④ 8. ③ 9. ① 10. ③
11. ③ 12. ③ 13. ④ 14. ③ 15. ①

국제금융시장

국제금융시장은 단순히 국내금융시장을 국제적으로 확장한 수준을 넘어 각국의 중앙은행, 국제금융기구 그리고 투자자들이 복잡하게 얽혀 있으며 거래표시통화 및 거래방식에 따라 다양한 구조를 가지고 있다. 따라서 국제자본거래에 대한 명확한 이해를 위해서는 국제금융시장을 올바로 이해하는 것이 중요하다.

제1절 국제금융시장의 개요

1. 국제금융시장의 정의

국내금융은 개별경제주체가 국내거주자를 상대로 자금을 융통하는 것을 말한다. 반면에 국제금융은 국제무역, 해외직접투자, 해외간접투자 등과 수반하여 국가간에 자금융통이 이루어지는 경우를 말한다. 따라서 국제금융은 국경을 넘어서 발생하는 자금의 융통뿐만 아니라 자금의 이동과 관련된 모든 현상을 지칭한다.

요컨대 국제금융은 외화표시자금을 해외시장에서 조달하는 것을 말하며 국내금융과 그 원리는 동일하지만 지리적, 제도적 차이로 인해 국내금융보다 위험이 높기 때문에 대외공신력이 있는 금융중개기관이 개입하게 된다. 국제금융은 서로 다른 국가의 통화간에 이루어지는 거래이므로 대부분 외환시장을 경유한다.

국제금융시장은 국경을 넘어 국제적인 금융거래가 형성되는 시장을 말하며 주요 금융중심지나 그 지역에서 운용되고 있는 구체적 장소를 나타내는 개념으로 사용된다. 또한 추상적 개념으로 국제자금의 수요와 공급을 지속적으로 연결해주는 모든 거래의 기구, 기능, 거래내용 등을 총칭하는 개념으로 사용되고 있다.

국제금융시장은 19세기 국제무역이 급격히 신장되면서 영국의 은행들이 자국기업의 해외영업을 지원하면서 생성되었고 1950년대 말 유로달러시장의 형성과 미국계 은행들의 유럽진출로 성장하였다. 이후 1970년대 오일달러의 환류와 1980년대 국제간 무역불균형 심화에 따른 국제자본의 증대로 성장을 지속해 왔다.

전통적으로 국제금융시장은 국제간 무역금융을 지원하여 국제교역량을 증가시키고 해외투자활동을 뒷받침하며 실물거래에 따른 자금의 과부족을 보정하는 본원적 동기에서 주로 이루어졌다. 그리고 국제금융시장은 국내거주자간에 자금의 대차가 이루어지는 국내금융시장과 대칭되는 개념으로 이용되어 왔다.

그러나 최근에는 금융환경이 바뀌면서 해외에서 유리한 조건으로 자금을 조달하여 운용하거나 환위험의 회피 또는 차익거래를 이용한 이익획득을 목적으로 하는 파생적 동기에서 많이 이루어지고 있다. 그리고 각국의 규제가 완화되고 정보통신기술의 발전으로 금융시장의 통합화현상이 가속화되면서 국제금융시장은 장소적 구분을 초월하여 총체적인 메커니즘으로 이해되고 있다.

2. 국제금융시장의 기능

전통적으로 국제금융시장은 국가간 자금거래를 원활히 함으로써 실물경제 성장을 뒷받침하고 기업의 생산활동을 효율적으로 수행할 수 있게 하는 수당을 담당했다. 따라서 국제금융의 형태도 국제무역의 결제, 무역금융의 제공, 실물투자의 자금조달을 위한 예금과 대출 등 간접금융방식으로 이루어졌다.

그러나 금융시장이 글로벌화되면서 실물경제와 무관하게 국제금융자산의 효율적 운용으로 이익창출, 금융자산의 최적배분을 통해 자본의 생산성 증대, 무역 및 투자확대, 국제유동성의 조절 등의 기능이 더 중시되고 있다. 따라서 은행을 통한 간접금융보다는 증권 중심의 직접금융이 보편화되고 있다.

국제금융시장은 세계적 차원에서 자금을 효율적으로 배분시켜 자본의 생산성을 제고하고 무역 및 투자를 확대하며 국제유동성을 조절하여 세계경제의 발전을 촉진하고 있다. 그러나 금융환경이 바뀌면서 구조적 측면에서 커다란 변화를 겪고 있다. 국제금융시장의 기능을 구체적으로 살펴보면 다음과 같이 정리할 수 있다.

첫째, 국제금융시장은 국제무역, 해외직접투자, 포트폴리오투자 등 자본거래에 수반되는 국가간 대금의 결제를 원활하게 해준다. 그리고 재화 및 용역의 수출입대금을 국가간 융통하여 줌으로써 국제교역을 촉진한다. 또한 국제금융시장은 국제자금의 수요와 공급을 지속적으로 연결시킴으로써 국제교역을 촉진하고 있다.

둘째, 국제금융시장에 소재한 금융기관들은 치열한 경쟁에서 우위를 점하기 위해새로운 금융상품 및 금융기법을 개발하는 과정에서 혁신의 창출과 소멸이 반복되는 진화적 특성으로 국제자금관리를 더욱 원활하게 한다. 또한 국제금융은 각국 금융시장의 연계성을 높임으로써 금융시장의 개방화 및 국제화를 촉진시킨다.

3. 국제금융시장의 원칙

국내거주자간에 자금융통이 이루어지는 국내금융시장과 달리 국제금융시장에서 자금을 관리할 경우에는 외화로 표시된 자산과 함께 부채의 측면도 효율적으로 관리되어야 한다. 국제금융시장에서 자금을 관리하는 담당자들이 항상 고려해야 하는 몇 가지 기본원칙을 살펴보면 다음과 같이 제시할 수 있다.

(1) 안정성의 원칙

국제적인 대여나 차입을 위한 금융거래를 할 경우에는 무엇보다도 안정성에 초점을 두어야 한다. 갈수록 장래를 예측하기 어려운 국제금융시장의 특성을 감안할 경우에 국제적으로 이루어지는 자금을 관리하는 업무에 종사하는 사람들은 원리금을 완전하게 회수할 수 있는 원칙을 항상 확인해야 한다.

특히 금융기관은 어떠한 기업이나 영리단체보다도 보수적인 영업활동을 수행해야 한다. 운영에 필요한 소요자금을 자본금과 차입금으로 조달할 수 있지만 금융기관은 수많은 예금주의 재산을 안전하게 관리해야 하는 사회적 책임이 수반된다. 따라서 국제금융시장에서 안정성이 가장 중요시되어야 한다.

(2) 유동성의 원칙

금융기관을 비롯한 국제금융에 참여한 기업들은 적정수준의 지불준비상태를 유지하고 만기일이 도래하면 차입금을 무난히 상환할 수 있도록 항상 유동성을 점검해야 한다. 재무제표상으로는 건전한 재무상태를 보일지라도 보유자산의 환금성이 부족하여 만기일에 도래하는 차입금을 상환하지 못하면 생존하기가 어렵다.

유동성의 원칙을 달성하려면 유동자산을 충분히 유지하는 방법과 수익창출을 통해 소요자금의 조달원을 여유있게 확보하는 방법이 있다. 그러나 자산운용을 단기유동자산에 치우치면 영업수익의 기반이 약화되는 상충관계에 있다. 따라서 수익기반을 다지면서 유동성을 확보하려면 자산부채종합관리(ALM)가 필요하다.

(3) 수익성의 원칙

기업이 안정성과 유동성에만 너무 집착하다 보면 실현이익이 적어지게 되고 장래의 경영전략 추진에 필요한 자본투자에 제약을 받게 되어 오히려 경쟁력을 상실할 수도 있다. 따라서 이윤을 추구하는 영리법인으로서 금융기관이나 다국적기업들은 수익성의 제고에도 많은 비중을 두어야 한다.

위험을 극소화하고 수익을 극대화하는 것은 무엇보다도 중요하지만 어떤 방법으로 이를 달성할 것인지는 실로 어려운 일이다. 이를 해결하기 위해서는 국제금융업무에 종사하는 사람이 전문가가 되어야 한다. 우리나라도 국제금융 전문인력 양성에 보다 많은 투자와 노력을 기울여야 할 것이다.

(4) 적법성의 원칙

국제금융거래는 국내금융거래와 달리 해외금융기관에서 자금을 차입하거나 외국의 유가증권에 투자할 경우에 해당 국가들의 주요 법규를 사전에 별도로 확인하는 기본과정이 있다. 그 이유는 각국마다 해당업무나 거래과정에 제약을 두거나 차별적인 대우조항이 있는 경우가 많이 존재하기 때문이다.

4. 국제금융시장의 구성

국제금융시장의 참가자에는 투자자, 금융중개기관, 차입자가 있다. 차입자는 자신들의 경제활동에 필요한 자금을 저렴하고 안전하게 조달하기 위해 국제금융시장에 참여한다. 여기에는 기업, 각국의 중앙정부와 지방정부 그리고 국제통화기금(IMF), 세계은행(IBRD), 국제결제은행(BIS) 등의 국제금융기구가 있다.

‖ 표 7-1 ‖ 국제금융시장의 참가자

참가자	투자자	금융기관	차입자
참가기관	연금기금 상호기금 보험회사 중앙은행	국제투자은행 국제상업은행 외환딜러 외환브로커	기업 정보 국제금융기구
주요역할	국제포트폴리오 구성	국제자금의 중개	국제자금의 조달

투자자는 자산을 운용하는 과정에서 최소의 위험으로 최대의 수익을 획득하려고 국제금융시장에 참여한다. 여기에는 각국의 연금기금, 상호기금, 금융기관 등의 기관투자가가 중요한 역할을 하지만 다국적기업도 여유자금의 운용을 위해 참여한다. 개인투자자는 직접투자보다 기관투자가를 통한 간접투자가 대부분이다.

금융중개기관은 차입자와 투자자를 연결시켜 주는 국제자금중개의 역할을 하고 있다. 여기에는 예금과 대출을 통해 자금중개기능을 수행하는 국제상업은행, 유가증권의 발행시장에서 주간사 역할을 담당하는 국제투자은행, 유통시장의 중개회사가 있다. 그러나 일부 국제상업은행들은 국제투자은행의 역할도 수행한다.

▌그림 7-1 ▌ 국제금융시장의 구성

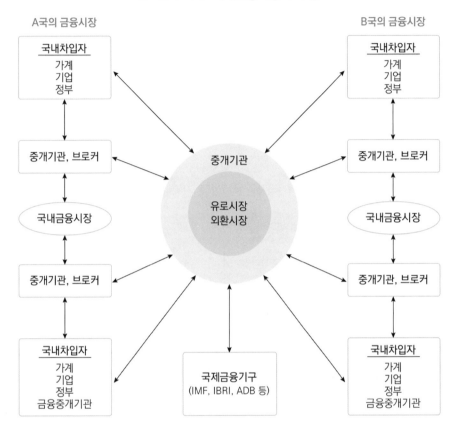

5. 국제금융시장의 메커니즘

국제금융시장에서는 장단기 기준금리에 일정률의 가산금리(credit spread)를 더해 대출금리나 채권수익률을 결정한다. 기준금리는 국제금융시장에서 자금에 대한 수요와 공급에 의해 결정되며, 자금에 대한 수요와 공급은 각국의 경제성장률, 물가상승률, 통화량, 주가수익률 등과 같은 거시경제변수에 의해 결정되었다.

그러나 금융의 국제화, 자율화, 개방화 추세에 따라 각국의 금융장벽이 무너지면서 은행, 연금, 상호기금, 생명보험회사 등과 같은 기관투자가들의 역할이 크게 증대되었다. 이에 따라 이들 기관투자가 내지 포트폴리오 투자자들의 투자패턴이 국제금융시장에서 자금의 수요와 공급에 지대한 영향을 미치고 있다.

차입자에 대한 가산금리는 차입자의 신용상태에 따라 달라진다. 일반적으로 국제금융시장에서 차입자 국가의 국가위험이나 정치적 위험, 차입자의 채무불이행위험, 이자율의 통화구조에 따른 위험으로 구매력평가설과 관련한 인플레이션위험과 국제피셔효과와 관련한 환위험도 고려하여 대출금리나 채권수익률을 결정한다.

이러한 다양한 위험요소들을 반영하여 국제금융시장에서는 런던은행간 대출이자율 리보(LIBOR)나 미국의 장기재정증권 수익률과 같은 기준금리에 적절한 가산금리를 더하여 대출금리 또는 채권수익률을 결정하고 있다. 그러나 최근에는 영국 국채금리(Gilt yield)나 일본 장기국채 수익률이 기준금리로 사용되기도 한다.

▮그림 7-2▮ 국제금융시장의 가격결정 메커니즘

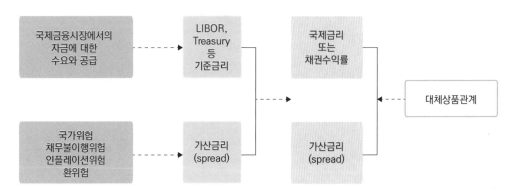

6. 국제금융시장의 분류

국제금융은 어떠한 형태의 거래라도 국가간 통화의 이동이므로 국제수지에 영향을 미치게 된다. 국제금융시장은 국제무역, 해외투자, 자금의 대차거래에 수반하여 금융자산의 거래가 국제적 차원에서 이루어지는 장소를 말하며 금융중개의 방식, 금융기관의 소재, 금융상품의 만기를 기준으로 다음과 같이 구분한다.

(1) 금융중개의 방식

각국의 국내금융시장은 저마다 발전단계에 따라 상이한 제도나 역사적 배경을 가지고 있다. 그러나 역내금융시장으로서 해당국 통화표시 금융자산 및 금융부채가 거래된다는 공통점을 가지고 있다. 일반적으로 국제금융시장은 금융기관의 중개여부에 따라 직접금융시장과 간접금융시장으로 구분된다.

① 직접금융시장

직접금융시장은 자금의 대차거래가 수요자와 공급자의 직접적인 거래에 의해 이루어지는 시장을 말하며 자금의 수요자가 발행한 증권을 자금의 공급자가 매입하는 형식으로 이루어진다. 즉 국제금융시장에서 자금수요자가 증권을 발행하고 자금공급자인 투자자는 증권을 매입함으로써 증권발행자는 자금을 조달한다.

② 간접금융시장

간접금융시장은 자금의 대차거래가 금융중개기관을 통해 이루어지는데 자금의 공급자가 예금한 자금을 금융중개기관이 자금의 수요자에게 대출하는 형식으로 이루어진다. 자금공급자가 자국은행에 예금을 하고 자국은행은 국제금융센터에 예금을 하면 자금수요자는 국제금융센터에서 대출받는 형식으로 이루어진다.

(2) 금융기관의 소재

국제금융시장은 기능별, 지역별로 구분할 수 있다. 기능별 구조는 국제금융시장에서 수행하는 역할로 구분하고 지역별 구조는 지리적 위치로 구분한다. 국제금융시장을 지역적 측면에서 살펴보면 지역별로 국제금융의 역할을 수행하는 역내금융시장과 특정국가의 규제나 통제를 받지 않는 역외금융시장으로 구분된다.

① 역내금융시장

역내금융시장은 내국인과 외국인간 또는 외국인 상호간의 금융거래가 금융기관 소재국의 통화로 이루어지는 경우를 말한다. 역내금융시장은 직접금융과 간접금융에 따라 외국증권시장과 국제여신시장으로 구분한다. 일반적으로 역내시장의 예금금리는 역외시장보다 낮고, 역내시장의 대출금리는 역외시장보다 높다.

국내은행들은 예금 및 대출금리 책정에 정부로부터 간섭을 받지만, 유로은행은 정부의 간섭을 받지 않는다. 역외시장에서 중개업무를 하는 은행은 역내은행과는 달리 예금에 대해 지급준비금을 적립할 필요가 없으므로 수익성 높은 대출을 할 수 있다. 이러한 이유로 역내시장과 역외시장은 금리의 차이가 발생한다.

② 역외금융시장

역외금융시장은 금융기관 소재국 이외의 통화로 이루어지는 경우로 유로금융시장이라 불린다. 역외금융센터는 비거주자로부터 자금을 조달하여 비거주자를 대상으로 운영하는 금융중개시장으로 조세 및 금융상의 우대조치를 부여하여 정책적으로 창설된 금융센터를 말하며 싱가포르, 홍콩, 바레인, 바하마 등이 있다.

역외금융시장은 직접금융시장인 유로증권시장과 간접금융시장인 유로통화시장으로 구분한다. 예컨대 유로달러채시장은 우리나라 기업이 달러화표시 채권을 유럽에서 발행하고 국제인수단이 인수·매출하는 금융시장을 말한다. 유로커런시시장은 우리나라 기업이 유럽은행에서 달러화를 차입하는 금융시장을 말한다.

┃그림 7-3┃ 국제금융시장의 일반적 분류

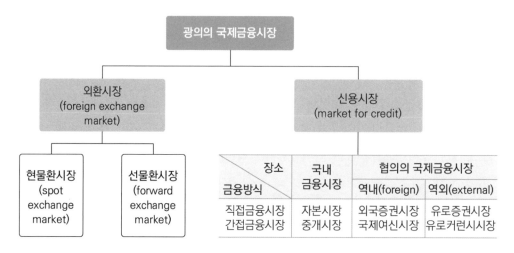

<hr/>

제2절 국제주식시장의 개요

1. 국제주식시장의 정의

주식은 주주가 주식을 발행한 회사에 대해 가지고 있는 지분으로 자본의 구성분자로서의 금액의 의미와 주주의 회사에 대한 권리의무의 단위로서 주주의 법적 지위(주주권)의 의미가 존재한다. 주주는 배당을 통해 수익을 분배받으며 기업청산시 채무자에게 부채를 상환한 후 잔여재산에 대한 청구권을 갖는다.

발행자의 입장에서 주식은 채권과 달리 상환의무가 없는 자기자본으로 안정적인 장기자본조달의 수단이 될 수 있다. 한편 투자자의 입장에서 주식은 발행자의 경영성과나 미래전망에 따라 수시로 변동하기 때문에 채권에 비해 위험이 크다. 이는 이자 및 원금 상환이 확정되는 고정소득증권인 채권과 대조적이다.

국제주식시장은 해당국가의 통치권 범위 안에 존재하는 거래소에서 국내기업의 주식뿐만 아니라 외국기업의 주식도 거래되는 국제적으로 개방된 시장을 의미한다. 국제주식시장은 국제채권시장에 비해 규모도 작고 거래도 부진했으나 2000년대 들어 자본이동의 주식화가 진전되면서 확대되고 있다.

국제주식시장의 규모는 2008년 글로벌 금융위기 이후 일시적으로 줄었으나 글로벌 경제의 저성장 및 저금리 기조가 장기화되면서 선진국의 연기금을 중심으로 해외주식 투자비중이 확대되고 있다. 특히 유럽과 미국의 기업들이 국제적으로 주식을 발행하면서 글로벌 주식시장이 급속히 신장되고 있다.

이러한 국제주식시장이 탄생하면서 국내기업은 국내시장을 벗어나 해외에서 주식을 발행할 수 있어 자본조달비용을 줄이고 자본구조를 효율적으로 관리할 수 있게 되었다. 그리고 국제적으로 인정을 받은 다국적기업이 탄생하였고 자본의 대규모화로 투자자의 기반이 확대되면서 유동성이 증대되었다.

2. 국제주식시장의 특징

최근에 새로운 자금조달원을 확보하기 위해 주식시장이 국제화, 통합화되고 있다. 특히 유럽과 미국의 기업들이 국제적으로 주식을 발행하면서 이제는 국내에 한정되지 않은 글로벌 주식시장이 출현하고 있다. 이러한 국제주식시장이 탄생하면서 기업은 국내시장을 벗어나 해외시장에서 주식을 발행할 수 있게 되었다.

국제주식시장은 주식이 국제화되어 국제적으로 거래되는 시장을 말한다. 국제주식시장에서는 국내주식의 국제적 거래를 원활하게 하기 위해 고안된 주식예탁증서(DR), 폐쇄형 국가펀드 등이 거래되고 발행기업이 자국이 아닌 제3국의 주식시장에서 발행하거나 또는 런던의 국제증권거래소에서 상장되는 주식도 있다.

기업이 해외에서 주식을 발행하려면 제도적인 차이 이외에도 여러 가지 불편이 수반된다. 이러한 불편을 해소하기 위해 주권을 발행회사 소재국의 은행에 보관시키고 국제적 명성이 있는 해외은행 또는 신탁회사가 그 주권을 담보로 해외에서 발행하여 유통한 증권을 주식예탁증서(DR : depositary receipt)라고 한다.

주식예탁증서(DR)는 해외에서 발행되어 유통되므로 다양한 주주기반을 확보할 수 있고 기업의 내용과 이미지가 외국에 널리 홍보되어 해외시장확보에 도움을 준다. 또한 주식예탁증서의 발행은 자기자본에 의한 자금조달이므로 환위험이 전혀 발생하지 않는 가장 안정된 장기자금 조달방법이 될 수 있다.

국제채권시장은 국가의 통치권 밖에 존재하는 유로시장을 중심으로 발달되어 온 반면에 국제주식시장은 국가의 통치권 안에서 존재하는 각국의 거래소시장을 중심으로 발달되어 왔다. 따라서 거래소에서 자국내 기업의 주식뿐만 아니라 외국기업의 주식도 거래되는 시장을 국제주식시장이라고 할 수 있다.

이러한 국제주식시장이 탄생하면서 기업은 국내를 벗어나 해외시장에서 주식을 발행할 수 있어 국제주식시장은 동전의 양면처럼 보는 입장에 따라 서로 다른 의미를 갖게 된다. 이렇게 국제주식시장이 다양한 의미를 갖는 이유는 국내주식에만 한정되지 않고 해외주식이 함께 발행되어 유통되기 때문이다.

국내투자자의 입장에서는 기대수익률을 극대화시키고 위험을 극소화시키기 위해 해외기업의 주식에 분산투자함으로써 포트폴리오를 구성할 수 있는 기회를 갖게 된다. 그리고 주식을 발행하는 기업의 입장에서는 여러 나라의 사람들로 주주를 구성하여 경영활동에 필요한 자금을 조달하는 시장을 의미한다.

금융투자회사는 외국투자자를 포함한 고객을 대상으로 국내외 증권회사와 경쟁적으로 주식발행과 유통업무를 담당하는 시장을 말하고, 한국거래소는 외국의 증권거래소와 경쟁적으로 주식거래를 성사시키는 시장을 의미한다. 이렇게 국내주식과 해외주식이 함께 발행되어 유통되므로 다양한 의미를 갖는다.

3. 국제주식시장의 구성

국제주식시장은 기업이 발행한 주식이 처음으로 투자자들에게 모집·매출되는 발행시장과 이미 발행된 주식이 투자자들 상호간에 매매되는 유통시장으로 이루어져 있다. 따라서 발행시장은 발행된 주식이 유통시장에서 활발하게 매매될 수 있어야 하고, 유통시장은 발행시장의 존재를 전제로 하여 성립한다.

(1) 국제주식의 발행시장

1) 발행시장의 정의

발행시장은 증권의 발행자가 증권을 발행하고 투자자가 이를 매수하여 자본의 수요자인 발행자에 의해 신규로 발행된 증권이 일반투자자, 기관투자자, 외국인투자자에게 매각됨으로써 자본이 투자자로부터 발행자에게 이전되는 추상적 시장으로 최초로 증권이 발행되어 1차 시장(primary market)이라고도 한다.

이러한 발행시장의 기능은 경제적인 관점에서 볼 때 기업이나 공공단체의 소요자금이 증권화되는 과정이며, 투자자들이 가지고 있는 단기자금이 기업이나 공공단체가 필요로 하는 장기자본으로 전환되는 직접금융(directing financing)의 과정이다. 발행시장은 원칙적으로 주식발행자의 자본조달시장에 해당한다.

그러나 광의로 보면 주식이 무상교부되거나 국공채가 일시적 급부금을 대신하여 발행되는 증권교부시장 그리고 전환증권의 전환권이 행사될 경우와 주식분할 또는 주식합병으로 인해 증권이 상호교환될 때 형성되는 증권교환시장도 발행시장에 포함된다. 따라서 발행시장은 증권을 모집하고 매출하는 시장이다.

2) 주식의 발행방법

주식의 발행은 자금의 수요자인 발행자가 주식을 소화시키는 모집방법에 따라서 공모발행과 사모발행, 발행위험의 부담과 발행사무의 절차를 어떻게 정하느냐에 따라서 직접발행과 간접발행으로 구분한다. 여기서 발행위험은 발행된 증권이 투자자에게 완전히 매각되지 않고 잔여증권이 존재할 가능성을 말한다.

① 공모발행과 사모발행

공모발행(public offering)은 주식의 발행자가 일반투자자에게 발행가격과 발행시점 등을 균일한 조건으로 하여 주식을 공개적으로 모집·매출하는 방법을 말한다. 공모발행은 발행주식에 대한 매점매석을 방지할 수 있고 투자자들을 분산시킨다는 점에서 바람직한 반면에 발행위험도 크고 사무절차도 복잡하다.

공모발행에서 모집은 통상 50인 이상의 불특정 다수의 투자자를 대상으로 최초로 발행되는 주식의 취득을 위한 청약을 권유하는 행위를 말하고, 매출은 50인 이상의 투자자들에게 이미 발행된 주식의 매도나 매수의 청약을 권유하는 행위를 말한다. 그러나 전문투자자나 특정연고자는 50인 산정에서 제외한다.

사모발행(private offering)은 주식발행자가 특정 개인이나 은행, 보험, 증권회사 등 기관투자가를 대상으로 주식을 발행하는 방식으로 비공개(직접)모집발행이라고도 한다. 사모발행은 발행자의 경비를 절감시키고 단기간에 모집할 수 있는 장점이 있으나 공모발행에 비해 주식발행의 소화능력에 한계가 있다.

② 직접발행과 간접발행

직접발행은 주식의 발행자가 주식발행위험과 발행업무를 직접 담당하면서 일반투자자에게 주식을 발행하는 것으로 직접모집 또는 자기모집이라고 한다. 은행, 증권회사와 같은 기관투자가는 모집능력이 충분하거나 발행규모가 상대적으로 적어 발행위험과 발행업무가 간단한 경우에 이용이 가능하다.

직접발행은 주식발행의 비전문기관인 발행자가 직접 대규모의 복잡한 주식발행의 사무를 담당하기가 매우 어렵고 발행위험도 높아 현실성이 희박한 주식발행의 방법이다. 그리고 응모총액이 발행총액에 미달될 때 이사회의 결의에 의해 잔량을 처리하며 인수능력이 없으면 발행 자체가 성립하지 않는다.

간접발행은 주식의 발행자가 모집·매출을 직접 담당하는 것이 아니라 주식발행의 전문기관인 은행, 증권회사 등의 발행기관을 중개자로 개입시켜 주식발행의 구체적인 업무를 담당하도록 하는 간접적인 주식발행의 방법을 말한다. 그리고 발행기관의 인수비용이나 매출비용은 주식의 발행자가 부담한다.

간접발행은 주식발행시 금융사정에 정통한 증권관계기관을 중개자로 활용하여 주식발행업무를 원활하게 처리하고 중개자의 신용을 이용하여 주식을 확실하게 발행할 수 있다는 장점이 있다. 간접발행은 발행위험의 소재 및 발행위험의 부담정도에 따라 위탁모집, 잔액인수, 총액인수의 방법으로 분류된다.

3) 주식의 발행형태

국제주식의 발행형태에는 해외주식시장에서 직접발행과 주식예탁증서(DR : depository receipts)를 통한 간접발행, 주식의 형태에 따라 보통주와 우선주 발행으로 구분한다. 또한 전환사채(CB : convertible bond), 신주인수권부사채(BW : bond with warrant)와 같은 주식관련 파생상품이 있다.

4) 주식의 발행절차

국제주식의 발행절차를 해외시장에서 직상장을 중심으로 간략히 살펴보면 발행가격 결정 및 상장 등의 주요한 기준일을 전후하여 준비작업, 투자설명서 작성 및 기업실사, 로드쇼, 상장 및 거래의 단계로 이루어진다. 해외상장을 위한 준비작업은 기업공개 절차를 총괄하는 주간사 증권을 선정함으로써 시작된다.

5) 발행시장의 구조

주식의 직접발행과 간접발행이 이루어지는 발행시장은 발행자, 발행기관, 투자자로 구성된다. [그림 7-4]에 제시된 것처럼 주식의 발행이 중개기관을 거치지 않고 발행자와 투자자간에 직접 이루어지는 경우도 있지만, 대부분은 발행자와 투자자 간에 전문기관인 발행기관이 개입되는 간접발행으로 이루어진다.

┃그림 7-4┃ 발행시장의 구조

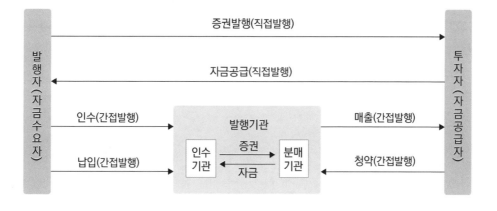

증권의 발행주체는 경영활동에 필요한 부족자금을 조달하기 위해 주식과 채권을 공급하는 주체에 해당된다. 따라서 주식이나 회사채를 발행하는 주식회사, 국채를 발행하는 국가, 지방채를 발행하는 지방자치단체, 특수채를 발행하는 특수법인 그리고 금융채를 발행하는 특수은행 등은 모두 증권의 발행주체가 된다.

발행기관은 발행자와 투자자의 중간에서 발행자를 위해 인수단을 구성하고 발행업무와 발행위험을 대행하는 기관을 말한다. 인수단은 발행증권을 발행자로부터 인수하는 기능을 담당하는 기관으로 은행, 증권회사 등이 이에 속한다. 인수단은 발행증권을 대량으로 인수하여 이를 청약기관에 도매하는 기능을 수행한다.

청약기관은 인수단으로부터 취득한 증권을 일반투자자에게 직접 판매하는 기관을 말한다. 그러나 인수단과는 달리 매출하지 못한 잔여증권이 있을 경우에도 이를 인수할 의무가 없어 인수위험을 부담하지 않고 불특정투자자를 모집하여 청약업무만을 대행하는 기관으로 투자매매업자·투자중개업자가 그 기능을 담당한다.

일반투자자는 개인의 자격으로 자산을 증식하거나 또는 기업을 지배할 목적으로 주식이나 채권에 투자하는 자연인을 말한다. 기관투자가는 은행, 증권회사, 보험회사, 연금기금 등과 같이 법인을 구성하는 투자기관으로 증권투자에 대한 전문적인 지식을 갖추고 투자규모도 방대하여 증권시장에 미치는 영향은 지대하다.

(2) 국제주식의 유통시장

1) 유통시장의 정의

유통시장은 발행시장을 통해 발행된 주식이 투자자 상호간에 매매되는 구체적 시장으로 2차 시장(secondary market)이라고 한다. 유통시장에서 거래가 활발하면 발행시장에서 수요가 촉진되고, 발행시장에서 많은 주식이 발행되면 유통시장에서 투자자의 투자기회가 확대되어 유통시장과 발행시장은 보완관계에 있다.

2) 유통시장의 기능

유통시장은 발행된 증권의 시장성과 유통성을 높여 투자자의 투자를 촉진시켜 발행시장에서 장기자본조달을 원활하게 해 주고, 유통시장에 의한 증권의 시장성과 유통성은 적정가격으로 유가증권을 처분하여 현금화할 수 있기 때문에 유가증권에 대한 담보력을 높여주고 유가증권을 담보로 한 차입이 용이하다.

유통시장은 금융투자회사의 중개에 의해 성립되는 시장으로 다수의 매도자와 다수의 매수자에 의해 거래가 이루어지는 자유경쟁시장이므로 여기에서 형성되는 주식이나 채권의 가격은 공정한 시장가격이라 할 수 있다. 또한 유통시장에서 형성된 가격은 발행시장에서 유가증권의 가격을 결정하는 기능을 한다.

(3) 국제주식시장의 현황

국제주식시장의 현황은 주식시장의 규모를 통해 살펴볼 수 있다. 세계 각 지역의 주식시장 규모는 [그림 7-5]에 제시된 각 시장의 상장주식 시가총액을 통해 비교할 수 있다. 2017년 현재 전 세계 주식시장의 규모는 총 79조2,240억 달러로 전 세계 GDP 대비 주식시장의 규모가 112.4%에 도달하고 있다.

선진국 시장이 전체의 60%를 차지하는데, 북미시장의 규모가 크다. 미국시장이 큰 것은 미국의 경제규모를 반영한 것이며, 일본은 경제가 1990년대 붕괴하면서 주식시장이 위축되었고 유럽도 유로존 위기로 주식시장이 폭락했다. 최근에는 경제성장과 자본시장 개방으로 아시아·태평양 비중이 확대되고 있다.

┃그림 7-5┃ 세계 주식시장의 규모(2017년 : 79조 2,240억 달러)

기타
9.0%

아시아·태평양
33.5%

북미 43.5%

유럽·
중앙아시아
14.0%

자료 : World Bank

4. 주요국의 주식시장

(1) 미국

2021년 6월말 미국 증권거래위원회에 등록된 증권거래소는 총 24개에 이른다. 미국의 대표적인 주식시장인 뉴욕증권거래소(NYSE)에서는 경쟁매매 원칙에 따라 100주 단위로 거래가 이루어진다. 결제일은 매매계약 체결일 다음 2영업일(T+2일), 정규매매 거래시간은 09:30~16:00이다. 개별종목에 대한 가격제한제도는 없으나 S&P500지수가 일정기준 이상 하락하면 주식시장의 거래를 일정시간 중단하는 매매거래중단제도(circuit breakers)

를 운영하고 있다. 또한 개별종목의 과도한 변동성을 제한하기 위해 동적 변동성 완화장치(Limit Up/Limit Down Plan)를 도입하여 발동 직전 5분간 거래된 평균가격의 일정 범위로 가격변동폭을 제한하고 있다.

미국 주식시장 움직임을 종합적으로 나타내는 주가지수에는 다우존스산업평균지수(DJIA), S&P500지수 및 나스닥(NASDAQ)지수가 있다. 다우존스산업평균지수는 뉴욕증권거래소와 나스닥시장에 상장된 30개 대형종목을 대상으로 주가평균방식으로 산출된다. S&P500지수는 뉴욕증권거래소와 나스닥시장에서 거래되는 500개 대기업을 대상으로 시가총액방식으로 작성된다. 나스닥지수는 나스닥시장에 등록된 모든 종목을 대상으로 시가총액방식으로 산출된다. 한편 2021년 6월말 현재 뉴욕증권거래소에 상장된 기업은 1,940개사, 나스닥시장 등록기업은 3,361개사이며, 시가총액은 뉴욕증권거래소가 24.9조달러, 나스닥시장이 22.1조달러에 이른다.

(2) 일본

일본의 대표적인 증권거래소인 동경증권거래소는 대기업이 상장되는 1부, 중견기업 중심의 2부, Mothers(Market of the High－growing and Emerging Stocks), JASDAQ 등으로 구성되어 있다. 정규매매 거래시간은 전장(09:00~11:30)과 후장(12:30~15:00)으로 구분되며, 결제는 매매계약 체결일 다음 2영업일(T＋2일)에 이루어진다. 개별종목의 일중 가격변동폭은 주가수준별로 34단계로 구분하여 정액제로 결정하며, 매매거래중지제도는 공시와 관련하여 개별종목에만 적용된다.

대표적인 주가지수로는 TOPIX(Tokyo Stock Price Index), NIKKEI225지수, JASDAQ지수가 있다. TOPIX는 제1부에 상장된 자국주식을 대상으로 시가총액방식으로 작성되고, NIKKEI225지수는 제1부에 상장된 225개 종목을 대상으로 주가평균방식으로 산출된다. JASDAQ지수는 JASDAQ시장에 등록된 모든 종목을 대상으로 시가총액방식으로 산출되는 지수이다. 한편 2021년 6월말 현재 동경증권거래소에 상장된 일본 국내기업은 3,777개사이며 시가총액은 742.8조엔이다.

(3) 중국

중국의 주식시장은 1984년 주식 발행이 시작된 이후 1990년 상해증권거래소와 1991년 심천증권거래소가 개설되고, 1992년 중국증권감독위원회가 설립되면서 발전하였다.

1998년 증권법이 제정되고 2004년 5월 심천증권거래소에 중소기업 전용시장(中小板, SME Board)이 설립되었으며 2006년 1월 비상장기업의 주식을 거래하는 장외시장이 개설되었다. 미국의 나스닥과 유사한 첨단기술 중심의 시장에는 2009년 10월 심천증권거래소에서 출범한 차스닥시장(創業板, ChiNext)과 2019년 7월 상해증권거래소에서 시작된 스타마켓(科創板, STAR market)이 있다.

중국의 주식시장은 투자자 및 거래통화, 기업의 설립과 상장지역에 따라 A주시장, B주시장, H주시장, Red Chip시장으로 구분된다. A주시장은 내국인이 위안화로 거래하는 시장이고, B주시장은 외국인이 외국통화로 거래하는 시장이다. 다만 2001년 2월부터는 내국인의 B주시장 투자가 허용되었으며, 2002년 12월 QFII제도가 도입되어 다음해 5월부터 외국 기관투자자의 A주시장 진출이 허용되었다.

H주시장과 Red Chip시장은 홍콩증권거래소에 개설되어 있다. 상해·심천증권거래소의 정규매매 거래시간은 09:30~11:30 및 13:00~15:00이다. 개별 종목의 일중 가격변동폭은 10%(차스닥시장, 스타마켓은 20%), CSI300 지수 기준으로 매매거래중단제도를 운영한다. 2021년 6월말 상해 및 심천 증권거래소의 상장기업수는 각각 1,931개, 2,455개이고 시가총액은 각각 49.2조위안, 37.2조위안이다.

┃표 7-2┃ 중국의 주식시장 규모

(단위 : 개, 십억 위안)

구분	2006	2008	2010	2012	2014	2016	2018	2020	2021.6
상장기업수	1,421	1,604	2,063	2,494	2,613	3,052	3,584	4,154	4,386
상장주식 시가총액	8,940	12,137	26,542	23,036	37,255	50,769	43,492	83,859	86,373
상해종합지수	2,675	1,821	2,808	2,269	3,235	3,104	2,494	3,473	3,544
심천종합지수	551	553	1,291	881	1,415	1,969	1,268	2,329	2,430

주 : 상해 및 심천증권거래소, 기말 기준
자료 : 각 증권거래소

(4) 유럽지역

1990년대 유럽통합이 가속화되면서 각 국가별로 산재해있던 거래소 통폐합이 활발해졌다. 2000년 프랑스, 벨기에, 네덜란드 3개국 거래소가 통합하여 Euronext가 설립되었고 2003~2007년 스웨덴 OMX가 북유럽 9개국 거래소를 통합하였고, 2007년 영국 런던거래소가 이탈리아 Borsa Italiana를 인수하였다. 2007년 미국의 NYSE가 Euronext를, 2008년 NASDAQ이 OMX를 인수하는 M&A도 성사되었다. 2013년 Intercontinental Exchange가 NYSE를 인수하였고, 2014년 Euronext가 유럽 주식시장에 IPO를 실시하면서 Intercontinental Exchange와 분리되었다.

그리고 2016년 런던거래소와 독일 Deutsche Borse가 합병에 합의했으나 독점 우려에 따른 EU 집행위원회의 불허로 무산되었다. 2020년 런던거래소가 Borsa Italiana를 Euronext에 매각하기로 합의(2020년 10월)하였고 EU의 승인을 거쳐 2021년 4월 28일 매각이 완료되었다. 유럽지역 거래소의 시가총액을 살펴보면 Euronext가 가장 크며 다음으로 London Stock Exchange, Deutsche Börse, Nasdaq OMX Nordic Exchanges, SIX Swiss Exchange(스위스)의 순이다

▌표 7-3▐ 유럽지역 주식시장 시가총액

(단위 : 십억 달러)

구분	2006	2008	2010	2012	2014	2016	2018	2020	2021.6
Euronext	3,708	2,102	2,930	2,832	3,319	3,464	3,730	5,444	7,066
London Stock Exchange[1]	3,781	1,868	3,613	3,397	4,013	3,467	3,638	4,046	3,710
Deutsche Börse	1,638	1,111	1,430	1,486	1,739	1,718	1,755	2,284	2,574
Nasdaq OMX Nordic Exchange	1,123	563	1,042	996	1,197	1,250	1,323	2,110	2,393
SIX Swiss Exchange	1,213	880	1,229	1,233	1,495	1,415	1,441	2,002	2,165

주 : 1) 2008년 이후는 London Stock Exchange Group 기준
자료 : 세계거래소연맹(WFE)

┃표 7-4┃ 주요국 주가지수 개요

국가	지수명[1]	기준일(기간)	포괄종목	작성기관
미 국	다우존스산업 평균지수(DJIA)	1896년 5월 26일 = 40.94	뉴욕증권거래소, 나스닥 상장 30개 우량 종목	S & P Dow Jones Indices
	나스닥지수(NASD AQ Composite)	1971년 2월 5일 = 100	나스닥 상장 전종목	NASDAQ
	S & P 500	1941~1943년 = 10	뉴욕증권거래소, NASDAQ 상장 500개 우량 종목	S & P Dow Jones Indices
	필라델피아 반도체지수(SOX)	1993년 12월 1일 = 200	반도체 관련 30개 종목	NASDAQ
일 본	NIKKEI 225	1949년 5월 16일 = 176.21	도쿄증권거래소 1부 상장 225개 우량 종목	일본경제신문
영 국	FTSE 100	1983년 12월 30일 = 1,000	런던증권거래소 상장 시가상위 100개 종목	FTSE
독 일	DAX 30	1987년 12월 31일 = 1,000	프랑크푸르트증권거래소 상장 시가상위 30개 종목	Destshce Börse
프랑스	CAC 40	1987년 12월 31일 = 1,000	Euronext Paris 상장 시가상위 40개 종목	Euronext
대 만	대만가권지수 (TAIEX)	1966년 평균 = 100	대만증권 거래소 상장 전종목[2]	대만증권거래소
홍 콩	Hang Seng 지수(HSI)	1964년 7월 31일 = 100	홍콩거래소 상장 시가상위 50개 종목	Hang Seng Indexes
	H지수(HSCEI)	2000년 1월 3일 = 2,000	홍콩거래소 상장 중국기업 중 40개 우량 종목	Hang Seng Indexes
중 국	상해종합지수	1990년 12월 19일 = 100	상해증권거래소 상장 전종목[3]	상해증권거래소
	심천종합지수	1991년 4월 3일 = 100	심천증권거래소 상장 전종목[3]	심천증권거래소
싱가포르	STI	2008년 1월 9일 = 3,344.53[4]	싱가포르증권거래소 상장 시가상위 30개 종목	FTSE

주 : 1) 약어설명 : DJIA(Dow Jones Industrial Average), SOX(Semiconductor Sector Index), FTSE(Financial Times Stock Exchange), DAX(Deutscher Aktien Index), CAC(Cotation Assistee en Continu), STI(Straits Times Index), HSCEI(Hang Seng China Enterprises Index), TAIEX(Taiwan Stock Exchange Capitalization Weighted Stock Index)
2) 우선주, 위험주(full-delivery stocks), 1개월 이내 신규 등록 종목 등 일부 종목 제외
3) A주(내국인 전용), B주(외국인 전용) 모두 포함, A주 지수 및 B주 지수도 별도 산출
4) 2008년 1월 10일자로 지수 개편

제3절 국제채권시장의 개요

1. 국제채권시장의 정의

채권시장은 차입자가 만기까지 약정이자를 지급하고 만기에는 원금을 상환하겠다는 채무증서인 채권을 발행하여 자금을 조달하고, 발행된 채권이 거래되는 시장을 말한다. 채무증서는 만기 1년 이내의 단기증권(T-bill), 1년에서 10년 사이의 중기증권(T-note), 10년 이상의 장기증권(T-bond)으로 구분된다.

국제채권시장은 다국적기업이나 정부기관 등의 자금수요자가 해외에서 채권을 발행하여 부족한 자금을 조달하거나 발행된 국제채권이 유통되는 시장을 말한다. 국제채권시장은 기본적으로 발행소재국가에 따라서 해외에서 현지통화로 발행되는 외국채시장과 유로시장에서 발행되는 유로채시장으로 구분된다.

국제채권시장은 국제금융시장에서 가장 중요한 역할을 수행하며 국제자본이동이 심화되면서 국제채권에 대한 투자는 크게 증가하고 있다. 국제채권시장은 기업이나 정부기관 등이 해외에서 채권을 발행하여 자금을 조달하거나 발행된 국제채권이 유통되며 기본적으로 만기 10년 이상의 장기 채무증서시장을 말한다.

국제채권에 대한 투자는 주식투자에 비해 투자수익률은 낮을 수 있지만 안정적인 수익을 확보할 수 있고 국내채권투자에 비해 금리변동위험을 관리하는데 효율적일 수 있다. 그러나 채권에는 기본적으로 의결권이 주어지지 않으므로 국제채권투자를 통해서는 해당기업의 의사결정에 참여할 수 없다는 단점이 있다.

국내채권시장에서 채권을 발행하여 자금을 조달할 경우 정부의 규제와 조세 등의 적용으로 조달비용이 높아지거나 외국의 차입자가 접근하기 어려울 때가 많다. 이러한 국내시장에서의 규제와 조세 등의 제약조건을 벗어나 유리한 조건에서 자금조달이 이루어질 수 있는 국제채권시장의 필요성이 제기되었다.

1970년대 두 차례의 석유위기, 브레튼우즈체제의 붕괴, 금리변동의 확대로 국제채권시장은 구조적인 변화를 겪게 되었고 국제채권투자자들은 과거의 단순한 자금대출의 투자행태에서 변화를 보였다. 이러한 채권투자자들의 수요변화로 규제완화가 이루어지면서 국제채권시장은 급속한 발전을 이루게 되었다.

1980년대 중반 이후에는 다양한 파생금융상품과 결합하여 차입자나 투자자의 요구에 부응하는 금융혁신이 계속되어 국제채권시장에서는 수많은 상품들이 개발되고 있다. 향후에도 국제채권시장의 발전은 더욱 가속화될 것으로 예상되며 투자자나 차입자의 요구에 부응할 수 있는 상품개발이 계속될 것이다.

2. 국제채권시장의 구조

일반적으로 채권시장은 자금의 수요자인 발행자, 자금의 공급자인 투자자, 그리고 두 당사자의 금융활동을 연결하여 주는 중개전문기관이 어우러져 채권의 발행과 유통이 이루어지는 시장을 말한다. 따라서 국제채권시장도 기본적으로 국제채의 발행자, 투자자, 발행 주선기관 그리고 유통 중개기관으로 구성된다.

국제채의 발행자는 각국정부, 지방자치단체, 세계은행 등 국제기구, 금융기관 그리고 다국적기업이 대부분을 차지한다. 대부분 무기명식으로 발행되는 국제채의 투자자는 개인투자자와 기관투자가로 구성된다. 기관투자가는 중앙은행, 정부기관, 투자기금, 연금기금, 보험회사, 기업, 은행 등 그 범주가 다양하다.

국제채의 발행은 미국의 투자은행, 유럽계 은행, 일본 증권사 등 발행 주선기관에 의해 주도되고 있는데 이들은 적합한 차입자를 발굴하여 채권발행을 주선·인수하고 각 금융기관의 거래원이나 판매원들과 유기적 활동을 통해 채권소화를 촉진한다. 유통 중개기관은 발행채권에 유동성을 제공하여 거래를 성립시킨다.

거래원(dealer)은 매수호가와 매도호가를 동시에 발표하는 이중호가에 의해 자기계정으로 채권매매를 성립시킨다. 반면에 중개인(broker)은 매수인과 매도인을 찾아 연결하고 수수료를 받는다. 거래원은 스프레드를 이익으로 확보하는 반면 중개인은 이중호가 없이 거래성립시의 수수료 수입에 의존한다는 차이가 있다.

국제채권시장은 투자자의 입장에서 최적의 포트폴리오를 구성할 수 있고 차입자의 입장에서 보다 저렴한 자금조달을 가능하게 한다. 즉 투자자는 자국의 채권으로만 포트폴리오를 구성하는 것보다 국내 경기변동에 영향을 적게 받는 국제채에 투자함으로써 이익증대를 추구하고 투자위험 분산을 극대화할 수 있다.

최근에는 런던, 뉴욕, 동경 등 국제금융센터를 중심으로 국제금융시장의 연계성이 증대되어 국제유동성의 편재 문제가 시정되고 세계금융자산의 최적배분이 촉진되고 있다. 특히 국가별 금리, 환율변동에 따라 국제적으로 투자자금을 수시로 이동시키는 투자의 중요성이 증가하면서 금융시장의 연계성이 강화되고 있다.

3. 국제채권시장의 구분

일반적으로 국제채권시장은 발행소재국가에 따라 크게 해외에서 현지통화로 발행되는 외국채시장과 유로시장에서 발행되는 유로채시장으로 구분된다. 국제채권시장을 구성하고 있는 외국채시장과 유로채시장은 채권발행에 따른 제약, 인수단의 구성, 채권의 유통방법 등에서 다음과 같은 차이점이 있다.

첫째, 외국채는 통화표시 발행국에서 투자자를 모집되고 주로 해당 발행국에서 판매되기 때문에 발행국의 채권시장에 대한 규제를 그대로 적용받는다. 반면에 유로채는 주로 통화표시 발행국 이외의 지역에서 모집되고 판매되기 때문에 관할기구, 허가, 등급결정 등에 대한 제약없이 이루어지고 있다.

둘째, 인수단을 구성하는 경우에 외국채는 주로 발행국의 금융기관으로 구성된다. 반면에 유로채는 여러 나라의 인수자가 공동으로 참여하는 국제적 인수단으로 구성된다. 그리고 채권의 유통방법에서 외국채는 발행국의 증권거래소에 상장되어 유통되는 반면 유로채는 주로 장외시장(OTC)에서 이루어진다.

(1) 외국채

외국채(foreign bond)는 외국차입자가 외국의 자본시장에서 그 나라 통화로 그 나라의 국내채처럼 발행 유통시키는 채권을 말한다. 즉 비거주자가 국내에서 국내통화로 채권을 발행하는 경우인데 통상 소지인식으로 채권자의 익명성이 보장되고 발행국에서 비거주투자자들의 이자소득에는 원천세가 면제된다.

차입자가 미국자본시장에서 달러표시채권을 발행하면 양키본드(yankee bond), 영국자본시장에서 파운드화표시채권을 발행하면 불독본드(bulldog bond), 일본자본시장에서 엔화표시채권을 발행하면 사무라이본드(samurai bond), 한국자본시장에서 원화표시채권을 발행하면 아리랑본드(Arirang bond)라고 부른다.

양키본드의 경우에 발행채권을 미국 증권거래위원회(SEC)에 등록해야 하고 신용평가기관인 Moody's, S&P's, Fitch-IBCA로부터 등급을 평가받아야 하는 등 발행절차가 매우 까다롭다. 이들 평가기관들은 Baa(BBB) 이상의 등급을 받은 채권을 투자적격채권, Ba(BB)이하의 채권을 투자부적격채권으로 분류한다.

외국채는 현지에서 현지통화로 발행되어 현지의 투자자들에게 판매되기 때문에 발행사항 및 유통절차에 관해 현지정부의 규제와 감독을 받는다. 따라서 현지정부가 요구하는 등록요건을 만족하지 못하면 외국채를 발행할 수 없기 때문에 외국채를 발행했다는 것은 발행기업의 국제적인 신인도 제고에 도움이 된다.

개인투자자는 보유자금을 다양화하고 투자수익을 극대화하기 위해 외국채시장에 참여하고 있다. 기관투자가에는 국제기구, 각국의 중앙은행, 정부기관, 연금기금, 은행, 기업 등이 포함된다. 각국의 중앙은행은 유동성과 안정성을 유지하기 위해 자국의 외환보유고를 주로 미국과 일본의 외국채시장에서 운용하고 있다.

(2) 유로채

유로채(Eurobond)는 한 나라의 차입자가 외국에서 제3국 통화로 표시된 채권을 각국의 투자자들에게 발행하여 매각하는 경우, 즉 발행국가 통화표시채권이 발행국가 이외의 여러 지역에서 발행되어 유통되는 채권을 말한다. 이때 채권의 인수단과 판매그룹은 통상 여러 나라의 국제은행 및 증권회사들로 구성된다.

유로채를 발행하기 위해서는 유로시장에서 충분히 소화될 수 있을 정도의 인지도와 신용도가 필요하다. 이는 신용위험이 낮은 차입자만 유로채를 발행하는 것을 의미한다. 최근에 선진국들의 유로채 발행은 줄어드는 반면에 개도국이나 후진국에서 유로채 발행을 통해 자금을 조달하는 비중이 점차 높아지고 있다.

유로채는 1,000달러 단위의 소액으로 발행되며 발행형식은 익명의 소지인식으로 채권자의 익명성이 보장되고 이자소득에 대한 원천세 등이 면제된다. 유로달러채가 주종을 이루고 있으나 유로스위스프랑채, 유로엔채, 유로스털링채도 발행되고 있다. 일본 엔화표시채권이 영국 런던에서 발행되면 유로엔화채권에 해당한다.

유로채는 대부분 공모발행의 형식을 취하고 있다. 유로채의 발행절차는 주간사은행을 선정하여 발행내용을 검토하는 준비단계, 발행공고와 함께 신디케이트가 구성되는 모집기간, 발행가격이 결정된 후 채권을 판매하는 판매기간 그리고 신디케이트와 발행자간에 채권과 발행대금을 상환하는 종료단계로 이루어진다.

유로통화시장의 자금공급자와 수요자는 각국의 중앙은행, 정부, 금융기관, 대기업들이다. 유로통화시장에서는 유로달러가 가장 규모가 커 약 70%를 차지한다. 유로통화시장에서 차입자에게 적용되는 금리는 런던은행간이자율(LIBOR)이나 유럽은행간이자율(EURIBOR)의 기준금리에 가산금리를 합한 스프레드를 적용한다.

▌표 7-5▐ 외국채와 유로채의 비교

구분	외국채	유로채
인 수 단	기채국시장의 금융기관	2개국 이상의 국제인수단
표시통화	기채국시장의 법정통화	기채국시장 이외의 통화
법적규제	기채국시장 법률의 규제를 받음	기채국시장 법률의 규제가 없음
판매형태	기채국시장에서 판매	표시통화국 이외의 국가에서 판매
증권형식	기명식 또는 무기명식	무기명식
조세부과	각국 법률에 의거 원천세 징수	투자자의 이자소득에 원천세 면세
유통시장	기채국시장에서 이루어짐	대부분 장외시장에서 이루어짐
증권상장	기채국 자본시장에 상장	대표적 국제자본시장에 상장

(3) 글로벌채

최근에 외국채와 유로채시장에서 동시에 거래가 가능한 글로벌채권의 발행이 활발히 이루어지고 있다. 글로벌채(global bond)는 외국채나 유로채 등과 같이 특정지역의 투자자만을 대상으로 발행하지 않고 전 세계의 투자자를 대상으로 발행되며 유동성이 높아 폭넓은 투자자들을 확보할 수 있다는 장점이 있다.

글로벌채는 1989년 세계은행이 최초로 발행한 이후 국제기구, 각국정부, 다국적기업 등 최우량차입자가 주로 이용하고 있다. 동 채권은 미국, 유럽, 아시아 등 전 세계적으로 여러 나라의 자본시장에서 발행하여 대규모로 자금을 조달할 수 있고 결제도 국내결제와 Euroclear 등을 통한 국제결제가 모두 가능하다.

4. 주요국의 채권시장

(1) 미국

1) 발행시장

미국의 2021년 6월말 현재 채권 발행잔액은 50.4조달러이며, 정부가 발행한 국채가 21.7조달러로 전체 발행잔액의 43.1%를 차지하고 있다. 다음으로는 주택저당증권(MBS) 11.7조달러(23.2%), 회사채 10.0조달러(19.8%), 지방채 4.0조달러(7.9%), 정부기관채권, 자산유동화증권(ABS) 등의 순이다.

▌표 7-6▐ 미국의 채권종류별 발행잔액[1]

(단위 : 십억달러, %)

국채	지방채	정부기관채권	MBS	ABS	회사채	합계
21,733.0 (43.1)	4,002.4 (7.9)	1,521.3 (3.0)	11,671.0 (23.2)	1,514.7 (3.0)	9,971.7 (19.8)	50,414.0 (100.0)

주 : 1) 2021년 6월말 기준, ( )내는 구성비
자료 : SIFMA

　미국의 국채는 일반적으로 연방정부채 중 시장성국채인 T-Bills, T-Notes, T-Bonds 등 재무부채권을 말하며 단일 종목의 발행잔액으로는 세계 최대규모에 해당한다. 국채의 종류별로는 중기국채(T-Notes)의 발행규모가 12.1조 달러로 가장 높은 비중(55.7%, 2021년 6월말 기준)을 차지하고 있다.

▌표 7-7▐ 미국의 국채종류별 발행잔액[1]

(단위 : 십억달러, %)

T-Bills	T-Notes	T-Bonds	TIPS[2]	FRN[3]	합계
4,275 (19.7)	12,106 (55.7)	3,180 (14.6)	1,618 (7.4)	553 (2.5)	21,733 (100.0)

주 : 1) 2021년 6월말 기준, ( )내는 구성비
　　2) 물가연동국채(Treasury Inflation Protected Securities)
　　3) 변동금리부채권(Floating Rate Notes)
자료 : SIFMA

　국채는 경쟁입찰에 의해 발행되며 낙찰금리는 단일금리방식(dutch auction)으로 발행된다. 경쟁입찰에 앞서 입찰신청을 마감하는 비경쟁입찰에는 국내 소액투자자, 외국 중앙은행, 국제금융기구 등이 참가한다. 이들 비경쟁입찰 참가자는 500만달러 범위내에서 응찰할 수 있고 경쟁입찰에서의 낙찰금리를 적용한다.

　회사채는 대부분 만기 10~30년의 장기채 발행이며 신용등급이 높은 우량기업 발행채권이 대부분을 차지하고 있다. 또한 1970년대 중반 이후 기업의 매수합병 및 구조조정 과정에서 다수의 기업들이 경영악화와 부채증가 등으로 투자부적격 등급으로 하락하면서 정크본드(junk bond) 시장이 형성되기 시작하였다.

┃표 7-8┃ 미국 국채의 종류

구분	Treasury Bills					Treasury Notes				
만기	4주	8주	13주	26주	52주	2년	3년	5년	7년	10년
발행 주기	매주 (목요일)		매주 (월요일)		매월 (화요일)	매월	매월	매월	매월	매분기 (2, 5, 8, 11월)
입찰 방법	Dutch 방식(경쟁 및 비경쟁 입찰)									
발행 조건	할인채					이표채				

구분	Treasury Bonds		Floating Rate Notes(FRN)	TIPS[2]		
만기	20년	300년	2년	5년	10년	30년
발행 주기	매분기[1] (2, 5, 8, 11월)		매분기[1] (1, 4, 7, 10월)	반기[3] (4, 10월)	반기[4] (1, 7월)	반기[5] (2월)
입찰 방법	Dutch 방식(경쟁 및 비경쟁 입찰)					
발행 조건	이표채					

주 : 1) 매분기 신규발행 및 신규발행이 없는 달에는 재발행(reopen)
　　 2) 물가연동국채(Treasury Inflation Protected Securities)
　　 3) 매반기 신규발행 및 6, 12월 재발행(reopen)
　　 4) 매반기 신규발행 및 3, 5, 9, 11월 재발행(reopen)
　　 5) 매반기 신규발행 및 8월 재발행(reopen)
자료 : Treasury Direct

2) 유통시장

유통시장은 장외시장과 장내시장(거래소시장)으로 구분된다. 채권은 대부분 장외시장에서 거래되며 장내거래는 뉴욕증권거래소, 아메리칸증권거래소에서 소규모로 이루어지고 있다. 2021년 6월 장외시장에서 일평균 채권거래액은 9,693억달러이며 국채가 6,537억달러로 67.4%를 차지하고 있다. MBS(27.4%)도 비교적 활발히 거래되고 있는 반면에 회사채의 거래 비중(3.9%)은 낮은 수준이다.

▮ 표 7-9 ▮ 미국의 채권종류별 일평균 거래규모[1]

(단위 : 십억달러, %)

국채	지방채	정부기관채	MBS	ABS	회사채	계
653.7 (67.4)	9.0 (0.9)	2.5 (0.3)	265.2 (27.4)	1.2 (0.1)	37.6 (3.9)	969.3 (100)

주 : 1) 2021년 6월중, ( )내는 구성비
자료 : SIFMA

미국은 재무부 채권이 지표채권의 역할을 담당한다. 지표채권은 신규채권 발행에 따라 최근물(on-the-run issue)로 신속하게 교체되며 신규발행 채권과 기존 지표채권과의 수익률 괴리도 1~2bp로 작아 지표채권 변경에 따른 수익률 시계열의 불연속성 문제는 심각하지 않다. 2001년 10월 이전에는 만기 30년 장기국채(Treasury Bonds)가 지표채권의 역할을 수행했으나 2001년 10월 만기 10년 초과 장기국채의 발행 중단을 계기로 만기 10년 국채가 지표채권의 역할을 수행한다.

(2) 일본

1) 발행시장

일본의 2021년 6월말 현재 채권 종류별 발행잔액은 1,166조엔에 달하고 있다. 구체적으로 살펴보면 정부 단기증권을 포함한 국채 발행이 993조 엔(85.2%)이며 압도적으로 높은 비중을 차지하고 있다. 다음은 회사채 78.8조엔(6.8%), 지방채 63조엔(5.4%), 금융채 5.8조엔(0.5%) 순으로 채권이 발행되었다.

▮ 표 7-10 ▮ 일본의 채권종류별 발행잔액[1]

(단위 : 조엔, %)

국채	지방채	정부기관채	금융채	회사채[2]	계
993.2 (85.2)	63.0 (5.4)	25.2 (2.2)	5.8 (0.5)	78.8 (6.8)	1,166.0 (100.0)

주 : 1) 2021년 6월말 기준, ( )내는 구성비
　　2) 전환사채 및 신주인수권부사채 포함
자료 : 일본은행, 금융경제통계월보

일본의 국채는 만기 10년 이상의 장기국채 위주로 발행되고 있다. 2021년 6월말 현재 장기국채 발행잔액은 약 723조엔에 달하여 전체 국채 발행잔액의 약 69%를 차지하고 있다. 특히 10년 만기 국채는 1966년 1월부터 매월 정기적으로 발행되고 있으며 일본 채권시장에서 지표채권의 역할을 담당하고 있다.

┃표 7-11┃ 일본의 만기별 국채 발행잔액[1]

(단위 : 조엔, %)

장기국채 (10, 15, 20, 30, 40년)	중기국채 (2, 3, 4, 5, 6년)	단기국채 (6, 12월)	정부단기증권 (3월 이내)	계
723.2 (69.2)	164.9 (15.8)	53.9 (5.2)	103.2 (9.9)	1,045.2 (100.0)

주 : 1) 2016년 6월말 기준, ( )내는 구성비
자료 : 일본 재무성

그리고 1999년 30년 만기 이표채, 2000년 5년 만기 이표채, 변동금리부 이표채(15년), 2004년 10년 만기 물가연동국채, 2007년 40년 만기 이표채가 도입되었다. 2003년에는 개인투자자만 투자할 수 있는 10년 만기 국채가 도입되었다. 국채의 발행방법은 경쟁입찰 또는 비경쟁입찰이며 채권의 종류에 따라 단일금리방식과 복수금리방식이 혼용되고 있다. 2004년에 전문딜러제도를 도입하였으며 종전 10년 만기 국채의 국채인수단 인수제도는 2006년 3월 폐지하였다.

┃표 7-12┃ 일본 국채의 종류

구분	정부단기증권	단기국채		중기국채	
만기	3개월	6개월	1년	2년	5년
주기	매주	월 2회	매월	매월	
방법	경쟁입찰	경쟁입찰		경쟁입찰	
종류	할인채	할인채		이표채	

구분	장기국채	초장기국채			FRN[1]	물가연동국채
만기	10년	20년	30년	40년	15년	10년
주기	매월	매월	매월	1년에 6회	격월	1년에 4회
방법	경쟁입찰	경쟁입찰			경쟁입찰	경쟁입찰
종류	이표채	이표채			이표채	이표채

주 : 1) 2008년 5월부터 발행 중단
자료 : 일본 재무성

2) 유통시장

유통시장은 장외시장과 장내시장(거래소시장)으로 구분되며 대부분 장외시장에서 거래되고 장내거래는 미미하다. 장외시장에서의 거래규모는 2021년 6월 1,932조엔이며 국채가 1,927조엔으로 전체의 99.8%를 차지한다. 그러나 회사채의 거래비중 및 지방채의 거래비중은 1%에 미치지 못하여 매우 낮게 나타났다.

장내시장에서는 장기국채, 전환사채, 정부보증채, 지방채, 회사채 중 상장된 일부종목이 거래되고 있다. 일본의 지표채권은 만기 10년 국채인데 대형 증권회사 등 채권딜러 간의 거래가 특정종목에 집중되면서 자연스럽게 시장에서 결정되며 지표채권의 결정과정은 미국에서와 같이 최근월물로 결정되기보다는 최근월물 이전의 경과물이 수개월에 걸쳐서 지표종목의 역할을 수행하는 경우도 있다.

▌표 7-13▌ 일본의 채권종류별 월평균 거래규모[1]

(단위 : 조엔, %)

국채	지방채	정부보증채	금융채	회사채	계
1,927.4 (99.8)	1.0 (0.1)	1.1 (0.1)	0.1 (0.0)	2.1 (0.1)	1,931.7 (100.0)

주 : 1) 2021년 6월중, ( )내는 구성비
자료 : 일본은행, 금융경제통계월보

(3) 유로지역

유로지역의 2021년 6월말 현재 채권의 종류별 발행잔액은 19.5조유로에 달한다. 국채(9.2조유로)가 전체 발행잔액 46.9%를 차지하고, 은행채(4.4조유로)가 22.8%를 차지한다. 회사채(1.6조유로)는 8.2%에 불과하다. 한편 국가별로는 프랑스의 채권시장 규모가 가장 크고 다음으로 독일, 이탈리아 순이다.

독일 국채는 장기채인 Bunds(만기 10·30년), 중기채인 Bobles(5년), Schatze(2년), 단기채인 Bubills(6개월), Schatzwechsel(1개월~1년) 등이 있다. 독일 국채의 발행잔액은 2021년 6월말 현재 1.5조유로이다. 독일의 장기국채인 Bunds는 수익률과 스프레드의 산정에서 유로지역 국채의 기준이 되고 있다.

∥표 7-14∥ 유로지역의 채권종류별 발행잔액[1]

(단위 : 십억유로, %)

국채	은행채	비은행 금융기관채	회사채	기타[2]	계
9,165.9 (46.9)	4,449.2 (22.8)	3,434.9 (17.6)	1,594.0 (8.2)	904.1 (4.6)	19,548.2 (100.0)

주 : 1) 2021년 6월말 기준, ( )내는 구성비
    2) 지방정부, 국제기구 등의 발행채권
자료 : ECB

한편 프랑스 국채는 장기채인 OATs(7~30년), 중기채인 BTANs(5년 이내), 단기채인 BTFs(1년 이내) 등이 있다. 그리고 이탈리아 채권은 중장기채인 BTP(3·5·10·15·30년), 단기채인 BOT(1년 이내) 등이 있다. 그리고 유로지역에서 국채의 시장규모는 이탈리아, 프랑스, 독일의 순서로 규모가 크다.

∥표 7-15∥ 유로지역의 국가별 국채 발행잔액[1]

(단위 : 십억유로, %)

이탈리아	프랑스	독일	스페인	벨기에	네덜란드
2,255.4 (136.6)	2,111.1 (91.7)	1,485.9 (44.1)	1,191.3 (106.2)	433.3 (96.0)	366.4 (45.8)

주 : 1) 2021년 6월말 기준, ( )내는 각국의 2020년 경상 GDP 대비 비중
자료 : ECB

유럽 통화통합 이후 유로지역 국채는 환위험이 제거되고 유로지역 국가간 대체성이 높아지면서 수요기반이 강화되고 있는 반면 세제, 회계, 결제 등의 측면에서 국별로 상당한 격차가 존재한다. 국채발행은 국별로 차이가 있으나 대부분 경쟁입찰 방식과 신디케이트 방식을 혼합한 방식으로 이루어지고 있다.

국채 신용등급에서 독일, 프랑스, 네덜란드, 벨기에는 신용등급이 높은 반면 스페인, 이탈리아, 포르투갈 등은 낮은 편이다. 회사채는 국채 및 금융채에 비해 크게 성장하지 못하였다. 기업들은 회사채 발행보다는 은행을 통해 자금을 조달하거나 소유한 비은행 자회사를 통해 채권을 발행하여 자금을 조달한다.

더욱이 신용평가제도의 미발달 등으로 회사채 발행 및 수요기반이 미약한 것도 회

사채시장 부진의 중요한 원인이 되고 있다. 더욱이 기관투자자들도 회사채보다는 국채나 금융기관의 담보부채권(Covered bond) 등을 선호하고 있다. 또한 회사채의 시장규모는 프랑스, 독일, 이탈리아, 네덜란드 순으로 나타났다.

❙표 7-16❙ 유로지역의 국가별 회사채 발행잔액[1]

(단위 : 십억유로, %)

프랑스	독일	이탈리아	네덜란드	스페인	벨기에
692.3 (30.1)	231.2 (6.9)	160.1 (9.7)	142.6 (17.8)	136.3 (12.1)	51.2 (11.4)

주 : 1) 2021년 6월말 기준, ( )내는 각국의 2020년 경상 GDP 대비 비중
자료 : ECB

제1절 국제금융시장의 개요

1. 국제금융시장의 정의 : 외환시장 + 신용시장 + 파생상품시장
   국제금융거래가 국가간에 또는 외국통화를 기반으로 이루어지는 시장

2. 국제금융시장의 기능

① 자본거래에 수반되는 국가간 대금결제를 원활하게 이행

② 국제자금의 수요와 공급을 지속적으로 연결하여 국제교역 촉진

③ 각국 금융시장의 연계성 높여 금융시장의 개방화 및 국제화 촉진

3. 국제금융시장의 원칙 : 안전성, 수익성, 유동성, 적법성

4. 국제금융시장의 구성

(1) 차입자 : 다국적기업, 각국 정부, 공기업, 국제금융기구(IMF, 세계은행 등)

(2) 투자자 : 연기금, 상호기금, 국부펀드, 헤지펀드, 국제상업은행, 국제투자은행

5. 국제금융시장의 메커니즘
   대출금리 또는 채권수익률 = 기준금리(LIBOR 등) + 가산금리(spread)

6. 국제금융시장의 분류

(1) 금융중개의 방식 : 직접금융시장 vs 간접금융시장

(2) 금융기관의 소재 : 역내금융시장 vs 역외금융시장

제2절 국제주식시장의 개요

1. 국제주식시장의 정의
   국가의 통치권 범위 안에 존재하는 거래소에서 국내기업의 주식과 외국기업의 주식이
   거래되는 국제적으로 개방된 시장

2. 국제주식시장의 특징

① 발행자는 자본조달경로를 국내에서 해외로 다변화하여 국제적 명성을 제고

② 투자자는 다양한 포트폴리오를 구성해 국제분산투자에 따른 위험분산 가능

3. 국제주식시장의 구성

(1) 국제주식의 발행시장

① 발행시장의 정의
   주식발행자가 경영활동에 필요한 자본을 조달하는 추상적 시장, 제1차 시장

② 주식의 발행방법 : 공모발행과 사모발행, 직접발행과 간접발행

③ 발행시장의 구조 : 주식발행자, 주식발행기관, 주식투자자

(2) 국제주식의 유통시장

① 유통시장의 정의
   이미 발행된 주식이 투자자들 상호간에 매매되는 구체적 시장, 제2차 시장

② 유통시장의 기능

증권의 시장성과 유통성을 높여 투자를 촉진, 유가증권에 대한 담보력 제고

(3) 국제주식시장의 현황

① 2017년 세계주식시장의 규모는 79조2,240억 달러로 세계 GDP 대비 112.4%

② 선진국 주식시장이 전체의 60%를 차지하는데, 북미시장의 규모가 가장 크다.

제3절 국제채권시장의 개요

1. 국제채권시장의 정의

해외에서 채권을 발행하여 자금을 조달하고 기발행된 채권이 유통되는 시장

2. 국제채권시장의 구분

(1) 외국채 : 외국의 차입자가 발행지 국가의 통화표시로 발행한 채권

(2) 유로채 : 채권의 발행자가 외국에서 제3국의 통화로 표시된 채권

(3) 글로벌채 : 전 세계의 투자자를 대상으로 발행되는 채권

3. 국제채권시장의 구성

(1) 국제채권의 발행시장

① 발행시장의 정의

자금수요자가 채권을 발행하여 자금공급자에게 제공하고 자금을 공급받는 시장

② 발행시장의 구조 : 발행자(자금수요자), 발행기관, 투자자(자금공급자)

(2) 국제채권의 유통시장

채권양도를 통한 유통성과 시장성 부여, 투자원본의 회수와 투자수익의 실현, 채권의
공정한 가격형성과 담보가치 증대, 발행채권의 가격결정

(3) 국제채권시장의 현황

① 상품별 채권의 발행현황에서 고정금리채의 발행이 약 70% 정도를 차지하고 있어
중요한 채권발행수단으로 확고한 위치를 차지

② 지역별 채권의 발행현황에서 1990년대 선진국의 비중이 70% 수준에 머물렀으나
2000년대 들어서는 80% 수준을 넘어서고 있음

③ 통화별 채권의 발행현황에서 1990년대 미 달러화 비중이 컸고 2000년대 유로화의
비중이 증가하다 최근 달러화 비중이 증가

1. 다음 중 직접금융과 간접금융에 대한 설명으로 옳지 않은 것은?

① 직접금융은 자금공여에 따른 위험을 자금의 최종공급자가 부담한다.

② 간접금융은 금융중개기관이 직접증권을 발행하여 자금을 조달한다.

③ 직접금융은 자금대여자가 차입자가 발행한 본원적 증권을 매입하여 자금융통이 이루어진다.

④ 간접금융은 금융중개기관이 다수의 저축자를 통해 자금을 조달하므로 자금공급이 안정적이다.

⑤ 금융중개기관은 장기차입을 원하는 차입자와 단기대출을 원하는 저축자를 모두 만족시킬 수 있다.

| 해설 | 자금의 최종수요자가 발행한 주식, 회사채 등을 직접증권 또는 본원적 증권이라 하고, 금융중개기관이 발행한 예금증서, 보험증서 등을 간접증권 또는 2차적 증권이라 한다.

2. 다음 중 금융시장에 대한 설명으로 적절하지 않은 것은?

① 발행시장은 직접발행보다 인수기관이 증권의 발행사무를 대행하는 간접발행이 일반적이다.

② 통화시장과 자본시장은 금융상품의 만기 1년을 기준으로 구분한다.

③ 파생상품시장은 기초자산에 따라 주식, 주가지수, 금리, 통화, 일반상품 등으로 구분할 수 있다.

④ CD의 발행기간은 최단만기만 90일 이상으로 제한되어 있다.

| 해설 | CD는 최단만기만 30일 이상으로 제한되어 있고 최저발행금액에 대한 제한은 없다. 현재 한국수출입은행을 제외한 모든 은행이 CD를 발행할 수 있다.

3. 금융시장은 만기에 따라서 자금시장과 자본시장으로 구분된다. 다음의 국제금융시장의 금융상품들 가운데 자금시장에서 거래되는 상품이라고 할 수 있는 것은?

① 유로채(Eurpbond) ② CP(commercial paper)
③ 국제 신디케이트 대출 ④ 변동금리채(FRN)

| 해설 | 금융시장은 금융상품의 만기에 따라 만기가 1년 미만인 자금시장과 만기가 1년 이상인 자본시장으로 구분된다. 유로채나 외국채와 같은 채권, 신디케이트 대출, 변동금리채 등은 만기가 1년 이상인 자본시장의 금융상품에 해당하고, CP는 기업이 발행하는 어음으로 통화시장의 상품에 해당한다.

4. 금융의 글로벌화가 진행되고 있다. 다음 중 글로벌화의 현상으로 볼 수 없는 것은?

① 국제금융시장의 연계성이 확대되고 있다.

② 금융시장의 규제완화로 간접금융의 비중이 증가한다.

③ 금융산업에 대한 규제완화가 진행되고 있다.

④ 금융의 글로벌화로 금융시장이 통합되면 국제분산투자효과는 줄어든다.

| 해설 | 금융시장에 대한 규제완화는 거래비용의 측면에서 직접금융에 의한 자본조달을 증가시킨다. 국제분산투자는 상관관계가 낮은 곳에 투자하여 체계적 위험을 줄이는데 있으므로 금융의 통합화가 이루어지면 국제분산투자의 효과는 줄어든다.

5. 국제금융시장은 유로시장을 중심으로 발달해 왔다. 다음 중 유로시장에 대한 설명으로 옳지 않은 것은?

① 유로시장은 현지 금융당국의 규제가 적용되지 않은 역외시장이다.

② 유로시장은 유럽에서 일어나는 국제금융거래를 말한다.

③ 달러로 받은 수출대금을 런던의 은행에 예금을 했다면 이는 유로거래에 속한다.

④ 유로시장은 기본적으로 거래단위가 매우 큰 도매금융시장이다.

| 해설 | 유로시장은 거래가 발생한 국가의 현지통화가 아닌 통화로 표시된 국제금융거래를 말한다. 유로시장의 구분은 금융거래가 유럽에서 발생했다는 의미가 아니다. 유로거래는 현지 금융당국이 별도로 규제하지 않은 역외금융시장으로 달러의 거래가 미국이 아닌 곳에서 발생한 경우를 말한다. 유로시장은 일반소비자들이 참여할 수 있는 시장은 아니며 대부분 은행간거래와 같이 규모가 큰 도매금융시장에 해당한다.

6. 다음 중 금융의 증권화현상의 일환으로 발행되는 것으로 볼 수 없는 것은?

① 환매조건부증권(Repurchase Agreement)

② 자산담보부증권(Asset Backed Securities)

③ 자동이체담보부증권(Mortgage Pool Pass through)

④ 주택저당담보부증권(Mortgage Backed Securities)

| 해설 | 금융의 증권화는 증권을 이용한 자금조달 및 운용이 확대되는 것으로 금융시장의 금융중개 방식이 직접금융화되거나 대출채권이 금융시장에서 증권화되는 현상으로 나타난다. 즉, 금융시장에서의 자금조달방식이 간접금융방식에서 직접금융방식으로 전환되거나 금융기관의 자금조달방식이 예금 등에서 CD, 금융채 또는 수익증권, CMA 등 유가증권연계 금융상품으로 전환되고, 금융기관의 대출채권 또는 기업의 매출채권을 담보로 증권을 발행하는 것을 말한다. 환매조건부채권(RP)은 금융기관이 일정기간 후 확정금리를 가산해 매입하는 조건으로 발행하는 채권을 말하며 경과기간에 따른 확정이자를 지급하고 금융기관이 보유한 국공채, 특수채, 신용우량채권 등을 담보로 발행하므로 환금성이 보장되는 이점이 있다.

7. 글로벌기업이 국제금융시장에서 자금조달할 때 조달금리는 기준금리에 가산금리를 더해 결정된다. 다음 중 가산금리의 결정요인으로 가장 거리가 먼 것은?

① 기업의 채무불이행위험   ② 미국달러의 중앙은행 재할인율

③ 시장의 위험회피도   ④ 해당기업 본국의 국가신용도

| 해설 | 가산금리는 자금조달기업의 신용도에 따라 결정되며 기준금리에 더해 조달금리를 결정한다. 조달기업의 신용도는 해당기업 본국의 국가신용도와 해당기업의 채무불이행위험 등에 따라 결정되며 시장에서 위험회피도 등에 따라 달라진다. 미국달러 중앙은행 재할인율은 기준금리의 결정과 관련되며 개별기업 자금조달의 가산금리 결정과는 거리가 있다.

8. 다음 중 국내기업이 부채로 자본을 조달할 경우에 적절하지 못한 전략은 어느 것인가?

① 국제수지의 흑자가 예상되는 국가의 자본시장에서 자본조달

② 기업이미지가 잘 알려진 국가의 자본시장에서 자본조달

③ 국제수지의 적자가 예상되는 국가의 자본시장에서 자본조달

④ 통화가치가 하락할 것으로 예상되는 통화로 자본조달

| 해설 | 국제수지흑자가 예상되는 경우에는 해당 통화가치가 상승한다. 따라서 부채로 자본을 조달하는 경우에 장래 상환해야 하는 금액이 증가하기 때문에 불리하다.

9. 오늘날 국제경제가 글로벌화되면서 주식가치로 평가되는 기업가치는 환율변동에 직접적인 영향을 받게 된다. 다른 조건이 동일한 경우에 원화가치 상승시 주가가 하락할 가능성이 가장 높은 기업은?

① 외국인 주식투자 성향이 높은 기업

② 매출액 가운데 수출비중이 높은 기업

③ 외화부채가 많은 기업

④ 원자재를 도입, 가공해 국내시장에 판매하는 기업

| 해설 | 원화가치가 상승하면 달러화 환율이 하락한다. 따라서 외국인 투자성향이 높은 기업은 원화가치가 상승하면 외국인 투자가 증가하므로 주가가 상승할 가능성이 높다. 외화부채가 많은 기업은 원화가치가 상승하면 원화환산 부채액이 줄어들기 때문에 유리한 영향을 받는다. 원자재를 수입 가공하여 국내시장에 판매하는 기업은 원화환산비용이 줄어들기 때문에 유리한 영향을 받는다. 매출 가운데 수출비중이 높은 기업은 원화가치가 상승하면 원화환산 매출액이 줄어들기 때문에 불리한 영향을 받아 주가가 하락할 가능성이 높다.

10. 다음 중 주식예탁증서(DR)에 대한 설명으로 옳지 않은 것은?

① 원주 1주는 주식예탁증서 1주에 해당된다.

② 자기자본에 대한 자금조달이므로 환위험이 발생하지 않는다.

③ 주식예탁증서 소유자는 주권소재국의 보통주 주주와 동일한 권리를 갖는다.

④ 해외에 다양한 주주기반을 확보하는 효과가 있다.

| 해설 | 주식예탁증서는 자국 주식을 외국에서 거래하면 주식의 수송, 법률, 제도, 거래관행, 통화 등의 문제로 원활한 유통이 어려운데, 이러한 문제를 해결하기 위해 외국의 예탁기관으로 하여금 해외 현지에서 증권을 발행하여 유통시킴으로써 원주(原株)와 상호 전환이 가능하도록 한 주식대체증서를 말한다. 1927년 미국 모건 개런티 트러스트(Morgan Guaranty Trust Co.)가 발행한 미국 예탁증서가 최초이며, 제2차 세계대전 이후에는 유럽에서도 많이 발행되었다. 주식예탁증서를 발행하기 위해서는 주식보관기관과 예탁기관이 있어야 한다. 보관기관은 주식을 보관하고, 예탁기관은 보관주식을 근거로 그 금액만큼의 예탁증서를 발행하게 된다. 주식 발행회사는 예탁은행과 예탁계약을 맺고, 주주의 권리를 예탁증서 보유자에게 부여하는데, 예탁증서에는 예탁은행과 예탁증서 보유자간의 권리 및 의무가 명시되어 있어 예탁증서 보유자가 예탁증서 권면과 원주식을 교환할 수 있다. 또한 주식 발행회사는 주주명부에 예탁은행을 명의인으로 내세워 단일주주로 기재하고, 예탁은행은 예탁증서 보유자에게 관련 통지 및 배당금 지급 등의 의무를 부담한다. 미국시장에서 발행하는 것을 ADR, 유럽시장에서 발행하는 것을 EDR, 런던시장에서 발행하는 것을 LDR이라고 한다.

11. 다음 중 주식 발행시장의 기능과 관계가 먼 것은?

① 경제의 양적 · 질적 고도화

② 금융정책 및 경기조정 기능

③ 투자수단의 제공으로 소득분배의 촉진

④ 공정하고 적정한 가격의 형성

| 해설 | 발행시장의 기능에는 자금조달의 원활화, 경제의 양적 · 질적 고도화, 경기조정 역할, 투자수단의 제공을 들 수 있다. 공정하고 적정한 가격형성은 유통시장의 기능에 해당한다.

12. 다음 중 주식의 신주발행에 해당하지 않은 것은?

① 유상증자에 의한 발행

② 교환사채 발행에 따른 교환권 행사

③ 신주인수권부사채의 신주인수권 행사

④ 전환사채 발행에 따른 전환권 행사

| 해설 | 교환사채는 일반사채에 교환권이 첨가된 채권을 말한다. 따라서 교환권을 행사하면 투자자가 보유한 채권이 발행회사가 보유중인 다른 회사 주식으로 교환되어 새로운 신주발행이 이루어지지 않는다.

13. 다음 해외자본조달의 수단 중 환위험의 회피가 필요 없는 상품은?

① 기업어음(CP : commercial Paper)

② 양도성예금증서(CD : certificate of deposit)

③ 주식예탁증서(DR : depositary receipt)

④ 은행인수어음(BA : banker's acceptance)

| 해설 | 상환기간이 있는 외화채무와 달리 자기자본에 의한 자금조달은 환위험이 발생하지 않는다. 주식예탁증서(DR)는 다국적기업이 해외의 증권거래소에 주식을 상장하는 경우에 예상되는 발행 및 유통상의 문제점을 고려하여 원주는 본국에 소재한 금융기관에 보관하고, 해외의 투자자에게는 원주에 대한 소유권을 인정하는 표시로 발행하여 주는 증서를 말한다.

14. 일반적으로 국제포트폴리오 투자전략은 국내포트폴리오 투자전략에 비해 보다 공격적인 중심이 되어왔다. 다음 중 공격적인 포트폴리오 투자전략에 대한 설명으로 적절하지 않은 것은?

① 예측을 보다 적극적으로 사용하여 포트폴리오를 구성한다.

② 국제포트폴리오 투자에서는 자산배분의 문제가 더욱 중요하다.

③ 국제주식시장은 국내주식시장에 비해 분리되고 비효율적이다.

④ 벤치마크 지수를 보다 적극적으로 따라가는 전략이다.

| 해설 | 포트폴리오 투자전략은 공격적(적극적) 투자전략과 방어적(소극적) 투자전략으로 구분된다. 공격적 투자전략은 적극적으로 예측에 근거하여 포트폴리오를 구성하여 보다 높은 수익률을 추구하는 전략이다. 국제포트폴리오 투자에서는 국가간의 거시경제변수 특히 환율 등의 예측을 통해 높은 수익률을 추구하는 공격적 전략으로 이루어져 왔다. 그러나 증권시장이 효율적으로 작동할 경우에는 벤치마크를 따라가는 방어적 전략이 효과적이다.

15. 다음 중 국제분산투자에 대한 설명으로 적절하지 않은 것은?

① 각국 주식시장간 상관계수가 낮을수록 국제분산투자효과는 크다.

② 국제자본시장의 글로벌화는 국제분산투자효과를 더욱 크게 한다.

③ 각국의 서로 다른 경기순환이 국제분산투자효과를 가져온다.

④ 각국의 경제가 높은 관련성을 가지면 각국 주식시장간 상관관계가 높아진다.

| 해설 | 국제분산투자효과는 각국 주식시장간 서로 다른 움직임이 상쇄되어 위험이 낮아지는 효과를 말한다. 각국의 경기순환 차이가 주식시장간 서로 다른 움직임을 가져온다. 그러나 각국의 경제가 상호관련성을 가지면 각국의 주식시장간 상관관계가 높아지고 국제분산투자효과는 작아진다. 따라서 글로벌화의 진전은 국제분산투자효과를 약화시킨다.

16. 다음 중 해외 포트폴리오투자에 대한 설명으로 옳지 않은 것은?

① 상관관계가 높은 주식에 투자할수록 투자위험은 증가한다.

② 기업의 경영권이나 통제권을 확보하기 위해 자본이득을 극대화한다.

③ 투자대상국의 통화가치가 상승하는 경우 원화로 환산한 실효수익률은 증가한다.

④ 이자수익과 배당소득을 통한 자본이득의 획득을 목적으로 한다.

| 해설 | 해외 포트폴리오투자는 기업의 경영권이나 통제권 확보를 목적으로 하지 않고 이자, 배당을 통한 자본이득의 획득을 목적으로 한다. 위험자산인 주식에 투자하는 경우 위험을 낮추기 위해 상관관계가 낮은 주식에 분산투자를 한다. 투자대상국의 통화가치가 상승하면 원화환율이 상승하므로 원화로 환산한 실효수익률은 증가한다.

17. 최근 해외투자펀드의 단기적 이익을 목적으로 국내기업에 대한 적대적 M&A가 증가하고 있다. 다음 중 적대적 M&A의 공격수단이 아닌 것은?

① Golden Parachute   ② LBO(Leveraged Buy Out)

③ Proxy Contest   ④ TOB(Takeover Bid)

| 해설 | Golden Parachute(황금낙하산)은 정관에 기업매수로 최고경영진이 사임하는 경우 막대한 보상을 하도록 하여 기업매수 의지를 떨어뜨리는 적대적 M&A의 방어수단이다. LBO(Leveraged Buy Out)는 인수기업의 자산을 담보로 금융기관에서 인수자금을 차입하고 인수후 기업의 자산을 매각하여 인수자금을 상환하는 방법을 말한다. Proxy Contest(위임장 대결)은 주주들로부터 의결권을 위임받아 주주총회에서 표대결로 경영권을 획득하는 방법을 말한다. TOB(Takeover Bid)는 주식매수에 의한 기업인수의 방법을 말한다.

18. 국제간접투자에서 중심적인 역할을 해 온 헤지펀드에 대한 설명으로 적절하지 않은 것은?

① 헤지펀드 투자자들은 공격적인 투자를 선호한다.

② 헤지펀드 투자자들의 목적은 위험분산보다는 수익률 제고에 있다.

③ 국제자본시장이 통합되고 효율화될수록 헤지펀드의 투자성과는 높아진다.

④ 국제투자에서 헤지펀드의 중요한 수익원은 환차익이다.

| 해설 | 헤지펀드는 투자위험 대비 높은 수익을 추구하는 적극적 투자자본을 말한다. 투자지역이나 투자대상 등 당국의 규제를 받지 않고 고수익을 노리지만 투자위험도 높은 투기성자본이다. '헤지'란 본래 위험을 회피 분산시킨다는 의미이지만 헤지펀드는 위험회피보다는 투기적인 성격이 더 강하다. 뮤츄얼펀드가 다수의 소액투자를 대상으로 공개모집하는 펀드인 반면에 헤지펀드는 소수의 고액투자를 대상으로 하는 사모 투자자본이다. 또한 뮤추얼펀드가 주식, 채권 등 비교적 안정성이 높은 상품에 투자하는 반면에 헤지펀드는 주식 채권뿐만 아니라 고위험, 고수익을 낼 수 있는 파생상품에도 적극적으로 투자를 한다.

19. 국제포트폴리오 투자에서 포트폴리오의 구성을 위한 자산배분에 대한 설명으로 옳지 않은 것은?

① 국가비중을 결정함에 있어서 환율예측은 가장 중요한 고려사항이다.

② 세계경제가 글로벌화된 산업으로 구성되었다면 자산배분의 문제는 산업과 기업의 비중결정이 우선된다.

③ 자산배분결정에 국제벤치마크의 편입비중이 의사결정기준이 된다.

④ 글로벌화의 진전에 따라 국가비중의 결정은 더욱 중요해진다.

| 해설 | 국제포트폴리오 투자에서 자산배분은 중요한 의사결정이다. 자산배분의 접근방법은 국가의 비중을 먼저 결정하는 하향식과 기업의 비중을 먼저 결정하는 상향식으로 구분된다. 각 산업이 완전히 글로벌되었다면 국가별 비중결정의 문제는 중요하지 않지만 아직은 글로벌화가 완전하지 않아 국가별 비중결정은 중요한 문제이다. 국가별 비중결정의 문제에서 환율예측이 가장 중요한 고려요인이 된다. 국제벤치마크는 자산배분결정에 기준이 된다.

20. 다음 중 국제채권의 발행에 대한 설명으로 옳지 않은 것은?

① 국내기업이 런던에서 달러표시 채권을 발행하면 이것은 유로채(Eurobond)에 해당한다.

② 앞으로 달러의 금리가 하락할 것으로 예상되는 상황에서는 달러표시 변동금리채(FRN)의 발행이 유리하다.

③ 국내기업이 해외채권을 발행하기 위해서는 Moody's나 S&P와 같은 국제신용평가기관의 신용평가가 필요하다.

④ 국내기업이 미국에서 달러표시 채권을 발행하는 경우 무기명채권(bearer bond)이 일반적이다.

| 해설 | 국제채권은 채권의 표시통화국에서 발행되면 외국채가 되고, 표시통화국 이외에서 발행되면 유로채가 된다. 일반적으로 유로채는 무기명채권으로 발행되고 외국채는 기명채권으로 발행된다. 기업의 국제채권발행에는 국제신용평가기관의 신용평가가 요구된다. 그리고 향후 금리전망은 채권의 발행형태를 결정하는데 중요한 고려사항이다. 따라서 금리하락이 예상되면 변동금리채가 유리하고, 금리상승이 예상되면 고정금리채가 유리하다.

21. 다음 중 해외채권을 발행하여 외화자금을 조달하는데 필요한 정보나 분석방법이라고 할 수 없는 것은?

① 국제금리변동 예측을 위한 분석
② 각국 통화간의 통화스왑 조건
③ 환율변동의 예측을 위한 분석
④ 국제자본예산

| 해설 | 국제채권을 발행하기 위해서는 환율변동의 예측이 필요하다. 또한 각국 통화간의 통화스왑은 원하는 통화로 직접 조달하는 것보다 통화스왑을 통해 유리한 차입조건을 만들 수 있어 필요한 정보와 분석이 된다. 국제자본예산의 분석은 해외투자결정시 필요한 분석에 해당하며 채권발행시 필요한 분석이라고 할 수 없다.

22. 다음 중 해외전환사채(CB)와 해외신주인수권부사채(BW)의 대한 설명으로 옳지 않은 것은?

① 해외전환사채의 경우 전환권을 행사하여 주식으로 전환한 후에 환위험을 회피할 수 있다.
② 해외신주인수권부사채는 신주인수권을 행사하는 경우 추가적인 자금납입이 필요하다.
③ 해외전환사채는 전환권을 분리하여 유통할 수 있기 때문에 낮은 표면이자율로 발행할 수 있다.
④ 해외신주인수권부사채는 신주인수권을 행사하면 채권자의 지위에 주주의 지위가 추가된다.

| 해설 | 전환사채(CB)는 일반사채(SB)에 전환권이 첨가되어 사채권자가 전환권을 행사하면 보통주로 전환하여 매도하면 시세차익을 얻을 수 있고 전환권을 행사하지 않으면 만기전에 확정이자와 만기에 원금을 상환받을 수 있다. 신주인수권부사채(BW)는 일반사채에 신주인수권이 첨가되어 사채권자가 신주인수권을 행사하면 기존 주주와 함께 증자에 참여할 수 있다. 신주인수권부사채에는 사채와 신주인수권이 분리되어 거래되는 분리형과 신주인수권이 사채의 권면에 붙어 있어 신주인수권만 양도할 수 없는 비분리형으로 구분된다. CB와 BW는 일반사채에 전환권이나 신주인수권과 같은 옵션이 첨가되어 있어 일반사채에 비해 낮은 이자율로 발행할 수 있으므로 채권발행자는 자본조달비용을 줄일 수 있다.

23. 다음 중 국제채권의 발행에 대한 설명으로 옳지 않은 것은?

① 스왑과 결합하여 단순한 채권발행보다 유리한 조달조건을 얻을 수 있다.

② 유로채는 무기명채권으로 투자자의 신분이 노출되지 않는다.

③ 양키본드의 경우에는 이자소득에 대한 소득세를 미국에 납부한다.

④ 달러화 이외의 통화로 조달하는 경우 유로채의 발행이 유리하다.

| 해설 | 채권의 발행자 입장에서 변동금리채로 발행하느냐 고정금리채로 발행하느냐는 향후 금리전 망에 따라 달라질 수 있다. 금리하락이 예상되면 변동금리채가 유리한 반면 금리상승이 예 상되면 고정금리채가 유리하다. 그리고 단순한 채권발행보다는 스왑과 결합하면 보다 유리 한 조달조건을 얻을 수 있다. 유로채는 무기명채권이므로 투자자의 신분이 노출되지 않는 반면에 외국채(양키본드)는 기명채권이므로 투자자의 신분이 노출된다. 양키본드는 이자지 급시 미국에서 소득세가 원천징수되는 반면에 유로채는 소득세가 원천징수되지 않아 본국 에 송금되면 본국에서 과세된다. 양키본드와 유로본드의 구분은 채권표시통화와 무관하며 달러화 조달도 유로채를 이용할 수 있다.

24. 국내기업이 국제금융시장에서 채권발행을 통해 달러로 자금을 차입하고자 한다. 채권 의 발행금리를 결정하는데 직접적인 영향을 미치는 요인에 해당하지 않는 것은?

① 미국 국채수익률

② 해당기업의 Moody's 신용평가등급

③ 한국채권에 대한 국제채권시장의 수요

④ 해당기업 주가의 체계적 위험

| 해설 | 국제금융시장에서 채권을 발행할 때 국가신용등급과 해당기업의 신용등급이 직접적인 영향 을 미친다. 채권의 금리는 장기금리이며 달러로 자금을 조달할 때 기준금리는 미국의 국채 수익률이다. 따라서 미국의 국채수익률도 채권의 발행금리결정에 영향을 미친다. 한국채권 에 대한 국제금융시장의 수요도 채권의 발행금리에 영향을 미친다. 그러나 해당기업 주가의 체계적 위험은 채권발행금리 결정에 직접적인 영향을 미친다고 볼 수 없다.

25. 다음 중 장단기 금리역전현상이 일어나는 현상이라고 볼 수 없는 것은?

① 장기적으로 경기침체가 예상되고 있기 때문이다.

② 단기채보다 장기채에 대한 수요가 큰 폭으로 증가했기 때문이다.

③ 단기채보다 장기채에 대한 공급이 큰 폭으로 감소했기 때문이다.

④ 단기채보다 장기채에 대한 공급이 큰 폭으로 증가했기 때문이다.

| 해설 | 일반적으로 장기금리는 단기금리보다 높은 편이다. 그러나 장기금리가 단기금리보다 낮은 상태가 되기도 하는데 이를 금리역전현상이라 한다. 이러한 현상은 장기적으로 경기가 침체할 것이라는 견해가 지배적일 때 나타나며, 시장의 수급상황에 따라 일시적으로 나타날 수도 있다. 따라서 장기채에 대한 수요의 증가 또는 공급의 감소로 장기채 가격이 상승하면 장기채 금리의 하락이 나타날 수 있다.

자본시장의
분류

CHAPTER 08 주식시장

CHAPTER 09 채권시장

CHAPTER 10 집합투자증권시장

CHAPTER 11 자산유동화증권시장

C·h·a·p·t·e·r **08**

주식시장

자본시장은 주식회사와 공공단체 등이 발행한 증권이 처음으로 투자자들에게 매각되는 발행시장과 이미 발행된 증권이 투자자들 상호간에 매매되는 유통시장으로 이루어져 있다. 따라서 발행시장은 발행된 증권이 유통시장에서 활발하게 매매될 수 있어야 하고, 유통시장은 발행시장의 존재를 전제로 하여 성립한다.

제1절 자본시장의 개요

1. 자본시장의 정의

자본시장은 자금수요자인 기업과 자금공급자인 가계를 직접 연결시켜 기업에는 증권의 발행을 통해 양질의 장기산업자금을 조달할 수 있도록 하고 개인에게 금융자산에 대한 투자기회를 제공해 주는 동시에 사회적으로 재산 및 소득의 재분배에 기여하는 자본주의 경제체제를 상징하는 대표적인 시장조직을 말한다.

금융시장을 구성하는 하나의 시장인 자본시장은 주로 기업이 장기자금을 조달하는 장기금융시장이다. 우리나라의 자본시장에는 주식이 거래되는 주식시장과 국채, 지방채, 금융채, 회사채 등이 거래되는 채권시장과 선물, 옵션, 스왑이 거래되는 파생상품시장이 있다. 일반적으로 자본시장을 증권시장으로 부른다.

자본시장은 정부, 지방자치단체, 공공기관, 기업 등이 장기자금을 조달하는 시장으로 넓은 의미에서는 은행의 시설자금대출 등 장기대출시장을 포함하기도 하지만 통상적으로는 국채, 회사채, 주식 등이 거래되는 증권시장을 의미한다. 여기서는 자본시장의 범위를 주식시장과 채권시장으로 제한하여 살펴본다.

2. 자본시장의 기능

자본시장은 투자자의 여유자금이 좋은 기업으로 선순환되어 유입되면 원활한 경제발전을 이룰 수 있지만 건전하지 못한 기업으로 자금이 빠져나가게 되면 국가경제도 무너지게 된다. 세계 금융시장은 자본주의 경제의 꽃이라고 불리는 자본시장이 발전하면서 금융시장의 중심이 직접금융시장으로 옮겨가고 있다.

첫째, 가계 등의 여유자금을 기업 등에 장기투자재원으로 공급함으로써 국민경제의 자금잉여부문과 자금부족부문의 자금수급 불균형을 조절한다. 따라서 개인과 기관의 투자자금은 투자자들에게는 개인적인 부를 축적하기 위한 수단이 되는 반면에 이렇게 모아진 자금은 국가경제의 기반을 유지하는 원천이 된다.

둘째, 미래의 수익성이 높고 성장성이 기대되는 기업으로 자본이 집중되도록 하여 이들 기업이 다른 기업보다 낮은 비용으로 필요한 자금을 조달하고 생산시설을 확충할 수 있게 한다. 따라서 국민경제는 이들 기업을 중심으로 생산효율이 극대화되고 산업구조의 고도화가 촉진되면서 경제전체의 부도 증가한다.

셋째, 증권은 유용한 투자수단이며 자본시장 발달과 함께 증권의 종류가 고도화되면서 투자자는 다양한 포트폴리오를 구성할 수 있다. 최근 경제주체들의 금리민감도가 높아지고 위험선호도가 높은 투자자를 중심으로 주식과 채권에 대한 수요가 확대되며 전체 금융상품 중 장기금융상품의 비중이 커지고 있다.

넷째, 자본시장은 중앙은행의 통화정책이 실물경제에 영향을 미치는 매개기능을 수행한다. 중앙은행이 기준금리를 변경하면 여러 경로를 통해 자본시장의 장기수익률에 영향을 미치고 기업의 자본비용을 변경시켜 기업의 투자결정에 영향을 미치고 증권의 자산가치의 변동으로 가계소비에도 영향을 미치게 된다.

제2절 주식시장의 개요

1. 주식의 정의

주식은 주식회사의 사원인 주주가 회사에 대해 가지고 있는 지분을 말하며 자본의 구성분자로서의 금액의 의미와 주주의 회사에 대한 권리의무의 단위로서의 주주의 법적 지위(주주권)의 의미가 존재한다. 일반적으로 주주권을 표창하는 유가증권도 주식이라 하지만, 상법에서는 주식을 주권이라고 부른다.

주권은 주식회사의 지분권을 표시하는 증권을 말하며, 주주의 지위를 주식이라 부른다. 주식은 우선적 지위가 인정되나 의결권이 제한되는 우선주와 표준적 성격의 보통주로 구분된다. 실무에서 발행·유통되고 있는 대부분의 주식은 보통주이다. 회사는 보통주를 발행하지 않고 우선주를 발행할 수는 없다.

(1) 자본의 구성분자

주식회사의 자본은 발행주식의 액면총액을 말하며 주식으로 나누어야 하고 주식의 금액은 균일해야 한다. 따라서 주식은 자본을 균일하게 나눈 단위로서의 금액을 표시한다. 주식과 자본의 관련은 밀접하여 주식은 사원의 출자를 측정하는 단위로서 작용하는 것이므로 자본의 구성분자로서의 금액을 의미한다.

주식 액면가액의 법정 최저한은 100원 이상으로 균일해야 하고 주식인수인이 공동으로 주식을 인수한 경우에는 연대하여 납입할 책임이 있다. 주식공유자는 회사에 대해 주주의 권리를 행사할 1인을 정해야 하며, 주주의 권리를 행사할 자가 없는 때에는 공유자에 대한 통지나 최고는 1인에게 하면 된다.

주식의 최저단위는 1주이므로 이를 다시 세분화할 수 없다. 1주 미만의 주식을 단주라고 하며 단주가 발생하면 회사가 단주를 모아 처분해야 한다. 주식과 주주의 권리를 분리하여 주주권만을 양도할 수 없다. 다만 주주의 권리 중 구체화된 신주인수권이나 이익배당청구권은 주식과 분리하여 양도할 수 있다.

(2) 주주의 권리의무

주식은 회사에 대한 사원의 지위 또는 자격을 말한다. 이를 주주권이라고 하는데 주주권은 주식과 분리하여 양도·입질·담보·압류 등의 목적으로 할 수 없다. 따라서 주식을 양도하면 주주권도 함께 양도하게 된다. 주식은 권리뿐만 아니라 출자의무도 포함되는데 이는 주식의 인수가액을 한도로 하는 유한책임이다.

주주권에는 주주 자신의 이익만을 위한 권리인 자익권(自益權)과 회사 및 다른 주주의 이익을 확보하기 위해 행사하는 공익권(共益權)이 있다. 따라서 자익권은 주주의 투자이익과 출자자본의 회수를 위한 권리로 구분할 수 있고, 공익권은 경영참여를 위한 권리인 의결권과 경영감독을 위한 권리로 구분할 수 있다.

2. 상법상 주식의 분류

(1) 보통주(common stock)

1) 보통주의 정의

보통주는 주식회사가 출자의 증거로 주주에게 발행한 주식을 말한다. 보통주를 소유한 주주는 그 기업의 실질적 주인으로서 상법과 해당기업의 정관이 규정한 권리와 의무의 주체가 된다. 보통주의 주주는 기업의 소유주로 경영참가권과 이익분배권을 가지고 있는 반면에 그 기업의 위험(유한책임)을 부담해야 한다.

그러나 기업경영에 직접 참가할 임원을 선출하는 의결권을 가짐으로써 기업경영에 간접적으로 참여한다. 오늘날 대기업에는 주주의 수가 매우 많으며 지리적으로 분산되어 있어 주주의 권리는 명목에 불과한 경우가 많다. 실제로 소액주주들은 이러한 권리의 행사보다는 배당과 자본이득에 관심을 가지고 있는 실정이다.

보통주는 주권에 액면가액이 표시되어 있느냐에 따라 액면주식과 무액면주식으로 구분된다. 또한 주권에 주식소유자의 이름이 명시되어 있느냐에 따라 기명주식과 무기명주식으로 구분된다. 우리나라에서는 액면가액 100원 이상의 액면주식을 발행하도록 하고 있고 기명주식의 발행을 원칙으로 하고 있다. 무기명주식은 정관에 규정한 경우에 발행할 수 있으나 주권을 회사에 공탁하도록 하고 있다.

보통주는 상환부담이 없는 영구자본으로 안정적인 장기자금을 조달하는 수단이다. 보통주에 대한 배당은 당기순이익이 발생하면 지급할 수 있지만 반드시 지급해야 한다는 의무규정은 없다. 보통주를 발행하여 조달한 자본은 자기자본에 속하여 기업의 재무구조를 개선시키고 기업의 대외신용도와 차입능력을 증가시킨다.

그러나 이자비용은 세법상 손금으로 인정되어 법인세 절감효과를 얻을 수 있는 반면에 보통주의 배당금은 법인세 절감효과가 없다. 따라서 보통주의 자기자본비용은 부채의 타인자본비용보다 높게 나타난다. 보통주는 다수의 투자자를 대상으로 주주를 모집하기 때문에 그 발행비용은 부채의 발행비용보다 높게 나타난다.

2) 보통주의 종류

① 액면주와 무액면주

액면주는 주권에 액면가액이 표시되어 있고, 무액면주는 액면가액이 표시되어 있지 않다. 우리나라는 1주당 액면가액을 100원 이상으로 규정하여 액면주만을 허용하고 있다. 주식의 발행금액은 자본에 계상되며 액면을 초과하는 금액으로 발행한 경우 액면초과액은 주식발행초과금으로 자본준비금에 적립된다.

② 기명주와 무기명주

기명주는 주권과 주주명부에 주주의 이름이 기재되고, 무기명주는 주주의 이름이 기재되어 있지 않다. 기명주는 주주의 현황을 쉽게 파악할 수 있어 편리한 반면에, 거래 시마다 명의를 변경해야 하는 불편이 있다. 우리나라는 양도인의 기명날인 없이 주식양도를 가능하게 하여 무기명주의 발행을 인정하고 있다.

3) 보통주의 장점

보통주에 대한 배당은 당기순이익이 발생할 경우에 지급할 수 있지만 반드시 지급해야 한다는 의무규정은 없다. 보통주는 상환부담이 없는 영구자본으로 안정적인 장기자금을 조달하는 수단이다. 보통주를 발행하여 조달한 자본은 자기자본에 속하므로 기업의 재무구조를 개선시키며 대외신용도와 차입능력을 증가시킨다.

4) 보통주의 단점

보통주의 배당금은 법인세 절감효과가 없기 때문에 보통주의 자본비용은 부채의 자본비용보다 높게 나타난다. 그리고 보통주는 다수의 투자자를 대상으로 주주를 모집하기 때문에 그 발행비용은 부채의 발행비용보다 높게 나타난다. 또한 보통주를 발행하면 기업의 소유권과 경영권의 통제에 영향을 미칠 수 있게 된다.

(2) 우선주(preferred stock)

1) 우선주의 정의

우선주는 이익배당이나 잔여재산분배시 그 청구권리가 보통주에 우선하는 주식을 말하며, 보통주를 소유한 주주는 그 기업의 실질적 주인으로 상법과 해당기업의 정관이 규정한 권리와 의무의 주체가 된다. 우선주에 의해 조달된 자본은 법률적으로 자기자본을 형성하지만 실질적으로 타인자본(부채)과 성격이 유사하다.

우선주를 발행할 때 예정배당률을 사전에 결정하는데 경영성과가 좋더라도 약속된 배당률 이상은 지급하지 않기 때문이다. 그러나 우선주는 자기자본을 형성하고 약속된 배당률을 지급하지 않아도 법적인 책임을 부담하지 않지만 이익배당과 잔여재산분배에 대한 청구권이 사채보다 후순위라는 점에서 사채와 차이가 있다.

우선주는 약정된 배당을 지급하지 못하면 미지급배당금을 차기에 누적시켜 지급하는 누적적 우선주와 당기의 미지급배당금을 차기에 누적시켜 지급하지 않는 비누적적 우선주로 구분된다. 우선주는 보통주의 배당금이 지급된 이후에 잔여배당가능이익이 있을 경우 보통주와 함께 잔여이익의 배당에 참가할 수 있는 참가적 우선주와 배당가능이익이 있더라도 참가할 수 없는 비참가적 우선주로 구분된다.

우선주는 회사채에 대한 이자와 달리 배당을 지급하지 않아도 되므로 고정적인 재

무비용을 발생시키지 않는다. 또한 우선주는 의결권이 주어지지 않는 무의결권주로 주주
들이 경영지배권의 침해를 받지 않는다. 보통주와 마찬가지로 우선주를 발행하여 조달한
자본은 자기자본에 속하며 기업의 재무구조를 개선시킨다.

　　회사채에 대한 지급이자는 세법상 손금으로 인정되어 법인세 절감효과가 있는 반면
에 우선주의 배당은 법인세 절감효과가 없고, 잔여재산 및 이익분배의 청구권에서 사채
보다 순위가 늦어 기업은 보상차원에서 사채이자보다 우선주의 배당을 높게 하기 때문
에 우선주의 자본비용은 사채의 자본비용보다 높게 나타난다.

2) 우선주의 종류

① 누적적 우선주와 비누적적 우선주

　　우선주의 배당은 원칙적으로 예정배당률로 지급해야 하지만 경영성과의 악화로 배
당을 지급하지 못할 수도 있다. 누적적 우선주는 당기에 지급하지 못한 배당을 차기에
누적하여 지급하는 우선주를 말하고, 비누적적 우선주는 당기에 지급하지 못한 배당은
당기에 완료되고 차기로 누적되지 않은 우선주를 말한다.

② 참가적 우선주와 비참가적 우선주

　　우선주는 예정배당액을 지급하고 예정배당액 이외 초과배당에 참가하지 못하는 비
참가적 우선주가 일반적이다. 그러나 경영성과가 양호하여 일정부분의 우선배당을 받고
잔여이익이 있어 보통주주에 일정부분 이상의 배당을 지급하면 그 초과배당에 보통주와
함께 참여할 수 있는 우선주를 참가적 우선주라고 한다.

3) 우선주의 장점

　　우선주는 회사채나 차입금에 대한 이자와 달리 배당을 지급하지 않아도 되므로 고
정적인 재무비용을 발생시키지 않고, 일반적으로 의결권이 주어지지 않는 무의결권주이
므로 경영지배권의 침해를 받지 않는다. 우선주를 발행하여 조달한 자본은 자기자본에
속하고 만기가 없는 영구증권으로 기업의 재무구조를 개선시킨다.

4) 우선주의 단점

　　우선주의 배당금은 법인세 절감효과가 없으므로 우선주의 자본비용은 부채의 자본

비용보다 높게 나타난다. 우선주는 잔여재산 및 이익분배에 대한 청구권에서 사채보다 순위가 늦어 기업은 보상차원에서 사채이자에 비해 우선주의 배당을 높게 한다. 따라서 우선주의 자본비용은 사채의 자본비용보다 높다고 할 수 있다.

(3) 상환주

주식을 발행하여 조달된 자본은 회사의 자기자본을 구성하고 회사가 존재할 때까지 영구적으로 운명을 하는 것이 보통이다. 그런데 상환주는 주식의 발행시점부터 회사의 이익으로 소각할 것이 예정된 주식으로 종류주식에 한해 발행할 수 있고 상환가액, 상환기간, 상환방법 등은 정관에 기재해야 한다.

상환주는 이익이 없으면 상환이 불가능한 점이 사채와 다르다. 회사는 상환주를 발행하여 이를 상환하면 장래의 배당압력을 경감할 수 있으며 투자자는 일정기간 우선적 배당을 받고 일정기간 후에 액면금액 또는 액면금액 이상으로 상환을 받을 수 있기 때문에 비교적 안전한 투자대상이라고 할 수 있다.

(4) 전환주

전환주는 회사가 수종의 주식을 발행하는 경우에 다른 종류의 주식으로 전환할 수 있는 권리인 전환권이 부여된 주식을 말한다. 그러나 전환주는 일정한 기한이 도래하면 다른 종류의 주식으로 전환되는 기한부우선주나 조건의 성취로 다른 종류의 주식으로 전환되는 조건부우선주와는 그 내용이 다르다.

회사가 전환주를 발행하면 자금조달이 원활하고 출자자는 자신의 선택권에 의해 전환조건에 따라 다른 종류의 주식으로 전환을 청구할 수 있다. 그러나 전환청구기간 내에 전환청구서에 주권을 첨부하여 회사에 제출해야 하며 회사는 전환으로 인해 발행할 주식에 대한 수권주식수를 보유하고 있어야 한다.

3. 특성상 주식의 분류

증권시장에서 거래되는 주식들을 투자의 대상으로 보면 여러 가지 형태로 분류할 수 있는데, 배당소득과 자본이득 가능성에 따른 분류나 재무안정성 및 경제환경의 변화에 따른 적응도에 따라 다양하게 분류할 수 있다. 다음과 같은 주식의 분류는 증권시장에서 어느 정도 인정이 되고 있는 방법에 해당한다.

(1) 성장주

성장주(growth stock)는 기업의 영업실적이나 수익의 증가율이 시장평균보다 높을 것이라고 예상되는 주식을 말한다. 성장주는 수익의 대부분을 사내유보하여 높은 성장률을 유지하고 기업의 가치를 증대시키는데 주력한다. 따라서 배당소득보다 자본이득에 중점을 두는 시기에 적합한 투자대상에 해당한다.

일반적으로 성장주는 주가수익비율(PER)보다 주당순이익(EPS)과 주당매출액(SPS)의 증가에 주목해야 한다. 성장주는 전형적으로 주가수익비율이 높은데, 이는 주식투자자들이 기업의 향후 성장가능성에 대해 높은 가치를 부여하기 때문이다. 성장주의 대표적인 섹터에는 기술주, 헬스케어, 임의소비재가 있다.

(2) 가치주

가치주(value stock)는 향후 성장률이 낮을 것으로 기대되거나 해당기업의 악재로 주가가 지나치게 하락하여 내재가치보다 현재의 주가수준이 상당히 낮게 형성되어 있는 주식을 말한다. 가치주에는 기업의 수익가치가 주식가격에 충분히 반영되지 않은 저PER주와 주식의 장부가치에 비해 저평가된 저PBR주가 있다.

가치주의 투자위험은 크게 두 가지로 구분할 수 있다. 첫 번째 위험은 회사의 가치를 잘못 산정하여 주식을 비싸게 사거나 너무 싸게 매각하는 위험이다. 두 번째 위험은

‖ 표 8-1 ‖ 성장주와 가치주의 비교

구분	성장주	가치주
PER	높음	낮음
PBR	높음	낮음
이익증가율	높음	낮음
배 당 률	낮음	높음
매출증가율	높음	낮음
투자포커스	잠재가치	본질가치
가 격 산 정	미래가치	현재가치
수 익 원 천	자본이득	배당금액
가 격 수 준	고평가	저평가

주식이 기업의 내재가치 이하에서 거래되는 가치함정(value trap)에 갇힐 위험이다. 가치주가 많은 섹터는 산업재, 금융, 유틸리티 섹터이다.

(3) 경기순환주

경기순환주는 경기변동에 따라 영업실적이나 수익의 변화가 심해 경기가 호황이면 높은 성장률을 나타내나 경기가 불황이면 실적이 급속히 악화되는 기업의 주식이 해당된다. 경기에 따라 수요의 변화가 심한 건설, 철강, 화학, 유통, 자동차, 조선, 반도체산업에 해당되는 주식이 경기민감주에 해당한다.

(4) 경기방어주

경기방어주는 경기변화에 덜 민감한 주식으로 경기침체기에도 안정적인 주가흐름을 나타낸다. 반면에 경기가 호전되면 다른 주식에 비해 상대적으로 낮은 상승률을 나타낼 가능성이 높다. 일반적으로 불황에도 꾸준한 수요가 있는 음식료, 제약업, 가스나 전력업종에 해당되는 주식이 경기방어주에 해당한다.

(5) 대형주, 중형주, 소형주

대형주, 중형주, 소형주를 구분하는 뚜렷한 기준은 없지만 2003년부터 우리나라의 한국거래소에서는 상장법인의 시가총액에 따라 다음과 같이 구분하고 있다. 시가총액을 기준으로 대형주는 시가총액 1~100위까지, 중형주는 시가총액 101~300위까지, 소형주는 시가총액 301위 이하 나머지 종목으로 구성된다.

과거에는 자본금을 기준으로 분류했으나 시장상황 및 주가지수와의 괴리가 발생하고 대부분의 선진국들이 시가총액으로 분류하여 2003년부터 시가총액방식으로 주가지수

┃표 8-2┃ 대형주와 소형주의 비교

구분	대형주	소형주
기 대 수 익 률	낮음	높음
수 익 변 동 성	낮음	높음
비정상적 고수익 가능성	낮음	높음
유 동 성	높음	낮음

를 발표하고 있다. 대형주는 유통주식수가 많고 주식분포가 고르며 기관투자가들이 많이 갖고 있어 주가변동폭이 중소형주에 비해 비교적 작다.

(6) 우량주

우량주(blue chip)는 주식시장에서 실적이 좋고 재무구조가 건실하여 동종업계에서 유력한 지위를 갖는 주식으로 경기변동에 강하고 고수익 및 고배당을 유지하여 신용도와 지명도가 높다. 블루칩은 트럼프의 포커에서 쓰이는 세 종류(흰색, 빨간색, 청색)의 칩 가운데 비싼 것이 청색 칩이라는 데서 유래되었다.

(7) 주식예탁증서

해외증권시장에서 자본조달수단에는 주권을 국내에서 발행한 후 이를 표창하는 주식예탁증서를 해외에서 발행하여 상장시키는 방법과 해외에서 발행한 주권을 해외증권시장에 직접 상장시키는 방법이 있다. 우리나라는 삼성물산이 1990년 룩셈부르크 증권거래소에 미국달러표시 주식예탁증서를 최초로 상장시켰다.

주식예탁증서는 국내주식을 외국에서 거래하면 주식의 수송·법률·제도 등 여러 가지 문제로 원활한 유통이 어렵다는 문제를 해결하고자 외국 예탁기관이 해외현지에서 증권을 발행 유통하게 하여 원주와 상호 전환이 가능하도록 한 예탁증서를 말한다. 예탁증서를 발행하려면 보관기관과 예탁기관이 있어야 한다.

주식발행자는 예탁은행과 예탁계약을 맺고 주주의 권리를 증서보유자에게 부여하는데 예탁증서에는 예탁은행과 증서보유자의 권리와 의무가 명시되어 증서보유자가 예탁증서 권면과 원주식을 교환한다. 주식발행자는 주주명부에 예탁은행을 단일주주로 기재하고 예탁은행은 증서보유자에게 배당지급 등의 의무를 진다.

제3절 주식의 발행시장

주식의 발행은 주식회사가 기업을 공개하거나 자본금을 증액할 때 이루어진다. 자본금 증액을 위한 주식발행에는 금전의 출자를 받아 자본금을 증가시키는 유상증자 이외에 무상증자, 주식배당, 전환사채의 주식전환 등이 포함된다. 발행시장은 새로운 주식이 최초로 출시된다는 점에서 제1차 시장이라고도 한다.

1. 발행시장의 정의

주식시장은 주식회사의 지분을 표시하는 유가증권인 주식이 거래되는 시장이다. 주식은 상환의무가 없고 경영실적에 따라 배당하면 되기 때문에 발행자 입장에서는 매우 안정적인 자금조달수단이 되며 자기자본으로서 기업의 재무구조를 개선시키는 효과가 있다. 또한 투자자 입장에서는 유용한 자금운용수단이 된다.

발행시장은 증권의 발행자가 증권을 발행하고 투자자가 이를 매수하여 자본의 수요자인 발행자에 의해 신규로 발행된 증권이 일반투자자, 기관투자자, 외국인투자자에게 매각됨으로써 자본이 투자자로부터 발행자에게 이전되는 추상적 시장으로 최초로 증권이 발행되어 1차 시장(primary market)이라고도 한다.

이러한 발행시장의 기능은 경제적인 관점에서 볼 때 기업이나 공공단체의 소요자금이 증권화되는 과정이며, 투자자들이 갖고 있는 단기자금이 기업이나 공공단체가 필요로 하는 장기자본으로 전환되는 직접금융(directing financing)의 과정이다. 발행시장은 원칙적으로 증권발행자의 자본조달시장에 해당한다.

그러나 광의로 보면 주식이 무상교부되거나 국공채가 일시적 급부금을 대신하여 발행되는 증권교부시장 그리고 전환증권의 전환권이 행사될 경우와 주식분할 또는 주식합병으로 인해 증권이 상호교환될 때 형성되는 증권교환시장도 발행시장에 포함된다. 따라서 발행시장은 증권을 모집하고 매출하는 시장이다.

2. 발행시장의 구조

발행시장은 자금수요자인 발행자, 자금공급자인 투자자, 발행기관으로 구성된다. [그림 8-1]에 제시된 것처럼 주식의 발행이 발행기관을 경유하지 않고 발행자와 투자자 간에 직접 이루어지는 경우도 있지만, 대부분은 발행자와 투자자간에 인수인의 역할을 하는 발행기관이 개입하는 간접발행으로 이루어진다.

┃그림 8-1┃ 발행시장의 구조

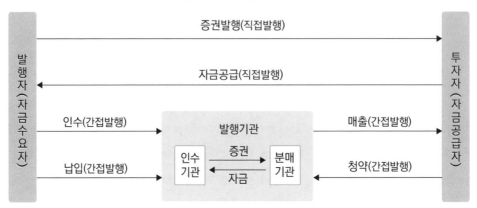

증권의 발행주체는 경영활동에 필요한 부족자금을 조달하기 위해 주식과 채권을 공급하는 주체에 해당된다. 따라서 주식이나 회사채를 발행하는 주식회사, 국채를 발행하는 국가, 지방채를 발행하는 지방자치단체, 특수채를 발행하는 특수법인 그리고 금융채를 발행하는 특수은행 등은 모두 증권의 발행주체가 된다.

발행기관은 발행자와 투자자의 중간에서 발행자를 위해 인수단을 구성하고 발행업무와 발행위험을 대행하는 기관을 말한다. 인수단은 발행증권을 발행자로부터 인수하는 기능을 담당하는 기관으로 은행, 증권회사 등이 이에 속한다. 인수단은 발행증권을 대량으로 인수하여 이를 청약기관에 도매하는 기능을 수행한다.

청약기관은 인수단으로부터 취득한 증권을 일반투자자에게 직접 판매하는 기관을 말한다. 그러나 인수단과는 달리 매출하지 못한 잔여증권이 있을 경우에도 이를 인수할 의무가 없어 인수위험을 부담하지 않고 불특정투자자를 모집하여 청약업무만을 대행하는 기관으로 투자매매업자·투자중개업자가 그 기능을 담당한다.

일반투자자는 개인의 자격으로 자산을 증식하거나 또는 기업을 지배할 목적으로 주식이나 채권에 투자하는 자연인을 말한다. 기관투자가는 은행, 증권회사, 보험회사, 연금기금 등과 같이 법인을 구성하는 투자기관으로 증권투자에 대한 전문적인 지식을 갖추고 투자규모도 방대하여 증권시장에 미치는 영향은 지대하다.

3. 주식의 발행형태

주식의 발행은 기업공개, 유상증자, 무상증자 등 기업의 재무활동에 기인한 주식발행 이외에도 회사의 당기순이익을 현금이 아닌 주식으로 배당하기 위한 신주발행, 전환 사채 또는 신주인수권부사채의 권리행사에 따른 신주발행, 기업합병 또는 주식분할에 의 한 신주발행 등 다양한 형태로 이루어지고 있다.

(1) 기업공개

기업공개(IPO : Initial Public Offering)는 주식회사가 신규 발행주식을 다수의 투자자로 부터 모집하거나 이미 발행되어 대주주 등이 소유하고 있는 주식을 매출하여 주식을 분 산시키는 것을 말한다. 기업공개를 추진하는 기업은 먼저 금융위원회에 등록하고 증권선 물위원회가 지정하는 감사인에게 최근 사업연도 재무제표에 대한 회계감사를 받아야 하 며 대표주관회사를 선정하여 수권주식수, 1주의 액면가액 등과 관련한 정관 개정, 우리 사주조합 결성 등의 절차를 진행한다.

이후 금융위원회에 증권신고서 제출, 수요예측 및 공모가격 결정, 청약·배정·주식 대금 납입, 자본금 변경등기, 금융위원회에 증권발행실적보고서 제출 등의 절차를 거쳐 한국거래소에 상장신청 후 승인을 받으면 기업공개의 절차가 마무리된다. 여기서 수요예 측은 공모가격을 결정하기 위해 공모주 청약을 받기 전에 기관투자자 등으로부터 사전 에 희망매수가격과 수량을 조사하는 것을 말하며, 공모가격은 수요예측 결과를 감안하여 대표주관회사와 발행사가 협의하여 정한다.

(2) 유상증자

유상증자는 경영규모 확장, 재무구조 개선을 위해 증자를 하는 것으로 주주들이 출 자를 하면 신주를 발행함으로써 기업의 총자산이 증가하면서 동시에 자본금이 증가하여 실질적인 유상증자라고 한다. 신주인수권의 배정방법은 주주배정방식, 주주우선공모방 식, 제3자배정방식, 일반공모방식으로 구분할 수 있다.

주주배정방식은 주주와 우리사주조합에 신주를 배정하고 실권주가 발생하면 이사 회 결의에 따라 처리방법을 결정한다. 주주우선공모방식은 인수단이 기존주주와 우리사 주조합에 우선 배정하고 실권주가 발생할 경우 일반투자자를 대상으로 청약을 받은 다 음 청약이 미달될 경우 잔여주식은 인수단이 인수한다.

제3자배정방식은 주주의 신주인수권을 배제하고 관계회사나 채권은행 등 특정의 제 3자에게 신주인수권을 부여하는 방식이다. 일반공모방식은 기존 주주의 신주인수권을 완전히 배제하고 총액인수한 유상증자분 주식을 일반투자자를 대상으로 청약을 받은 다음 청약이 미달될 경우 잔여주식은 인수단이 인수한다.

주주배정방식의 유상증자는 이사회 신주발행 결의, 금융위원회에 증권신고서 제출, 신주발행 및 배정기준일 공고, 신주인수권자에 신주배정 통지, 신주청약 접수, 실권주 처리, 주금납입 및 신주발행 등기, 신주 상장신청 순으로 이루어진다. 신주 발행가액은 기준주가에 기업이 정하는 할인율을 적용하여 산정한다.

(3) 무상증자

무상증자는 잉여금을 자본금으로 적립하고 자본금의 증가액만큼 신주를 발행하여 기존주주들에게 무상으로 교부하는 것을 말한다. 따라서 자본계정의 변동만 있을 뿐 실질적인 자본조달이 이루어지는 것이 아니므로 발행주식수만 증가하고 기업의 자산가치와 자기자본은 변동이 없어 주주의 부도 변하지 않는다.

(4) 주식배당

주식배당(stock dividend)은 이익배당을 현금으로 지급하지 않고 이익잉여금을 자본금으로 전입하고 전입한 자본금을 바탕으로 새로운 주식을 발행하여 지분비율에 따라 기존주주에게 무상으로 나누어 주는 것을 말한다. 따라서 주식배당은 형식적인 배당에 불과하며 현금배당과 달리 아무런 가치가 없다.

주식배당은 이익배당총액의 1/2을 초과하지 못하는데, 이는 주식배당의 악용을 방지하기 위한 규정으로 주가가 액면가액을 하회하는 경우 주주가 현금배당보다 손해를 보는 경우가 발생할 수 있기 때문이다. 상장회사는 주식의 시가가 액면가액에 미달하지 않으면 이익배당총액을 주식으로 배당할 수 있다.

4. 주식의 발행방법

주식의 발행은 자금의 수요자인 발행자가 주식을 소화시키는 모집방법에 따라서 공모발행과 사모발행, 발행위험의 부담과 발행사무의 절차를 정하는 방식에 따라서 직접발행과 간접발행으로 구분한다. 여기서 발행위험은 발행된 주식이 투자자에게 완전히 매각되지 않고 잔여주식이 존재할 가능성을 말한다.

(1) 공모발행과 사모발행

공모발행은 주식의 발행자가 투자자에 제한을 두지 않고 발행가격과 발행시점 등을 균일한 조건으로 하여 주식을 공개적으로 모집·매출하는 방법을 말한다. 공모발행은 발행주식에 대한 매점매석을 방지하고 투자자들을 분산시킨다는 점에서 바람직한 반면에 발행위험도 크고 사무절차도 복잡하다.

공모발행에서 모집(募集)은 50인 이상의 투자자에게 새로 발행되는 주식의 취득을 위한 청약을 권유하는 행위를 말한다. 반면에 매출(賣出)은 50인 이상의 투자자에게 이미 발행된 주식의 매도 또는 매수의 청약을 권유하는 행위를 말한다. 그러나 전문투자자나 특정연고자는 50인 산정에서 제외한다.

사모발행은 주식의 발행자가 특정한 개인이나 은행, 보험회사, 증권회사 등 기관투자자를 대상으로 주식을 발행하며 비공개모집발행이나 직접모집발행이라고 한다. 사모발행은 발행자의 경비를 절감시키고 단기간에 모집할 수 있는 장점이 있으나 공모발행에 비해 주식발행의 소화능력에 한계가 있다.

(2) 직접발행과 간접발행

직접발행은 주식의 발행자가 자기명의로 발행위험과 발행사무를 직접 담당하면서 투자자에게 주식을 발행하는 것으로 직접모집 또는 자기모집이라고 한다. 은행, 증권회사와 같은 금융기관은 모집능력이 충분하거나 발행규모가 상대적으로 적어 발행위험과 발행사무가 간단한 경우에 이용이 가능하다.

직접발행은 주식발행의 비전문기관인 발행자가 직접 대규모의 복잡한 주식발행의 사무를 담당하기가 매우 어렵고 발행위험도 높아 현실성이 희박한 주식발행의 방법이다. 그리고 응모총액이 발행총액에 미달될 때 이사회의 결의에 의해 잔량을 처리하며 인수능력이 없으면 발행 자체가 성립하지 않는다.

간접발행은 주식의 발행자가 모집·매출을 직접 담당하는 것이 아니라 주식발행의 전문기관인 은행, 증권회사 등의 발행기관을 중개자로 개입시켜 주식발행의 구체적인 업무를 담당하도록 하는 간접적인 주식발행의 방법을 말한다. 그리고 발행기관의 인수비용이나 매출비용은 주식의 발행자가 부담한다.

간접발행은 주식발행시 금융사정에 정통한 증권관계기관을 중개자로 활용하여 주식발행업무를 원활하게 처리하고 중개자의 신용을 이용하여 주식을 확실하게 발행할 수 있다는 장점이 있다. 간접발행은 발행위험의 소재 및 발행위험의 부담정도에 따라 위탁모집, 잔액인수, 총액인수의 방법으로 분류된다.

① 위탁모집

위탁모집은 주식발행의 업무를 발행기관에 위탁시키고 발행위험은 발행자가 부담하는 방법으로 모집주선이라고도 한다. 즉 주식발행에 대한 전문지식을 갖고 있는 발행기관이 발행사무를 시장상황에 맞추어 신속히 처리하고, 매출하지 못한 주식이 있으면 발행자에게 반환시켜 발행위험을 발행자가 부담한다.

② 잔액인수

잔액인수는 발행기관이 발행자로부터 위탁받은 주식의 발행사무를 담당하고 모집기간에 소화시키지 못한 주식의 잔량이 있으면 그 잔량을 발행기관이 인수하는 방법으로 청부모집이라고도 한다. 발행자의 입장에서 잔액인수는 잔액인수계약이 성립하는 시점부터 사실상 모집이 달성된 것이나 다름이 없다.

③ 총액인수

총액인수는 발행기관이 주식발행의 모든 위험을 부담하고 발행주식의 전부를 자기의 명의로 인수하여 주식의 발행사무를 담당하는 방법으로 매입인수라고도 한다. 한편 총액인수는 인수에 필요한 많은 자금을 인수기관이 부담해야 하고 발행위험도 높기 때문에 인수기관은 인수단을 조직하는 것이 일반적이다.

제4절 주식의 유통시장

1. 유통시장의 정의

유통시장은 이미 발행된 주식이 투자자 상호간에 매매되는 구체적 시장으로 2차 시장(secondary market)이라고 한다. 유통시장에서 거래가 활발하면 발행시장에서 수요가 촉진되고, 발행시장에서 많은 주식이 발행되면 유통시장에서 투자자의 투자기회가 확대되어 유통시장과 발행시장은 상호보완관계에 있다.

2. 유통시장의 기능

유통시장은 발행된 주식의 시장성과 유통성을 높여 투자자의 투자를 촉진시켜 발행시장에서 장기자본조달을 원활하게 해 주고, 유통시장에 의한 주식의 시장성과 유통성은 적정가격으로 유가증권을 처분하여 현금화할 수 있기 때문에 유가증권에 대한 담보력을 높여주고 유가증권을 담보로 한 차입이 용이하다.

유통시장은 금융투자회사의 중개에 의해 성립되는 시장으로 다수의 매도자와 다수의 매수자에 의해 거래가 이루어지는 자유경쟁시장이므로 여기에서 형성되는 주식이나 채권의 가격은 공정한 시장가격이라 할 수 있다. 또한 유통시장에서 형성된 가격은 발행시장에서 유가증권의 가격을 결정하는 기능을 한다.

유통시장이 이러한 기능을 수행하기 위해서는 우선 거래대상이 되는 증권의 발행물량이 많아야 한다. 또한 발행된 증권이 다수의 투자자에게 분산소유되어야 하며, 증권의 매매와 유통에 아무런 제약이 없어야 하는 등의 요건을 구비해야 한다. 흔히 유통시장이라고 하면 한국거래소를 의미하는 경우가 많다.

그리고 유통시장은 한국거래소와 장외시장으로 구분된다. 한국거래소는 지정된 일정한 건물을 점하고 있으며, 증권의 계속적이고 조직적인 매매거래를 수행하는 시장이다. 한국거래소에서 매매되는 증권은 반드시 상장증권이어야 하며, 경쟁매매를 원칙으로 일정한 매매거래제도에 따라 증권거래가 이루어진다.

유통시장과 관계되는 기관에는 증권의 매매거래가 집중되는 시장으로 구체적 거래장소인 한국거래소, 증권매매를 직접 담당하는 거래원(증권회사), 증권의 대체결제를 담당하는 대체결제회사, 증권의 유통금융을 담당하는 증권금융회사, 증권의 거래원(증권회사)들의 모임으로 자율규제조직인 증권업협회가 있다.

3. 유통시장의 구조

유통시장은 이미 발행된 주식이 투자자들 상호간에 거래되는 시장으로 장내시장과 장외시장으로 구분된다. 장내시장은 한국거래소가 개설하는 시장으로 유가증권시장, 코

스닥시장, 코넥스시장으로 분리되어 운영되며, K-OTC시장은 한국금융투자협회가 발행
요건을 충족한 비상장주식을 거래하는 장외시장이다.

‖표 8-3‖ 유통시장의 구조

구분		내용
장내시장	유가증권시장	지분증권, 채무증권, 수익증권, 파생결합증권, 증권예탁증권 등의 매매를 위해 개설하는 시장
	코스닥시장	유가증권시장에 상장되지 않은 주권 및 채권의 매매를 위해 개설하는 시장
	코넥스시장	유가증권시장과 코스닥시장에 상장되지 않은 벤처기업과 중소기업의 자금조달을 위해 개설하는 시장
장외시장		장내시장에 상장되지 않은 주권의 매매거래를 위해 금융투자협회가 운영하는 시장

(1) 장내시장

장내시장은 일정 장소에서 일정 시간에 계속적으로 상장주식 및 장내파생상품의 주
문이 집중되어 일정한 매매제도에 따라 조직적으로 매매거래가 이루어져 공정한 가격형
성, 거래질서의 안정, 유통의 원활화를 위해 한국거래소가 개설하는 시장을 말한다. 장내
시장에는 유가증권시장, 코스닥시장, 코넥스시장이 있다.

1) 유가증권시장

① 상장요건

유가증권시장에 주식을 상장하고자 하는 기업은 기업규모(보통주 100만주, 자기자본
300억원 이상), 주식분산(주주 500명, 보통주 25% 이상 소유), 경영성과, 안정성 및 건전성 등
과 관련된 심사요건을 충족해야 한다. 유가증권시장 상장기업은 영업활동을 수행하는 과
정에서도 일정요건을 계속 충족해야 한다.

상장법인은 투자자의 투자판단에 필요한 기업정보를 신속히 공시해야 하며 공시된
정보는 전자공시시스템을 통해 실시간으로 접근할 수 있다. 한국거래소는 상장증권이 상
장폐지 사유에 해당하면 상장을 폐지할 수 있으나 상장이 폐지되기 전에는 일정기간 관
리종목으로 지정하여 상장폐지를 유예할 수 있다.

② 시장운영

㉠ 매매거래의 절차

주식매매를 하려면 회원에 매매거래계좌를 개설한 후 주문을 제출하면 회원은 주문을 거래소에 제출한다. 거래소는 매매체결의 원칙에 따라 매매거래를 체결하고, 그 결과를 즉시 해당 회원에게 통보한다. 회원은 거래소가 통보한 체결결과를 다시 투자자에게 통보한다. 결제는 매매거래일로부터 2거래일에 이루어진다.

㉡ 매매거래의 시간

매매거래일은 월요일부터 금요일까지이며 휴장일은 관공서의 규정에 의한 공휴일, 근로자의 날, 토요일, 12월 31일(공휴일 또는 토요일인 경우에는 직전의 매매거래일), 경제사정의 급변이 예상되거나 거래소가 시장관리상 필요하다고 인정하는 날이다. 휴장일에는 매매거래는 물론 청산결제도 이루어지지 않는다.

매매거래시간은 정규시장은 오전 9시부터 오후 15시 30분까지, 시간외시장의 경우 장개시 전 시간외시장 오전 8시부터 9시까지, 장종료 후 시간외시장은 오후 15시 40분부터 18시까지이다. 매매거래단위는 주식가격에 따라 1원(1,000원 미만 종목)~1,000원(50만 원 이상 종목)이고 수량단위는 1주가 원칙이다.

㉢ 가격제한폭

유가증권시장, 코스닥시장, 코넥스시장에서는 주식, 주식예탁증서(DR), ETF, ETN, 수익증권의 공정한 가격형성을 도모하고 급격한 시세변동에 따른 투자자의 피해방지 등 공정한 거래질서 확립을 위해 하루 동안 주식가격이 변동할 수 있는 폭을 기준가격 대비 상하 30%(코넥스시장 15%)로 제한하고 있다.

㉣ 가격안정화장치

서킷브레이커스(CB)제도는 주가지수가 전일대비 일정비율 이상 급락하여 1분간 지속되면 단계적으로 매매를 중단시키는 것을 말한다. 변동성 완화장치(VI)는 개별종목에 대한 가격안정화 장치로서 주문실수, 수급불균형 등에 의한 주가 급변시 단기간의 냉각기간(2분간 단일가 매매)을 부여하는 제도를 말한다.

③ 시장동향

코스피는 2006년 후반 적립식펀드 등 중장기 투자자금이 유입되며 2007년 7월 25일 2,000을 돌파한 이후 글로벌 금융위기로 2008년 10월 24일 938.8까지 급락했으나 빠른 경기회복과 외국인 투자자금 유입으로 다시 상승하여 2011년 5월에는 2,200선을 상회하였다. 그 이후 상당기간 1,800~2,100 범위에서 등락하다 국내외 경기호조, 기업실적 개선으로 2018년 초 2,600에 근접하였다.[1]

이후 미·중 무역분쟁의 영향으로 약세를 이어가다 2020년 초 코로나19의 확산에 따른 경기침체 우려로 3월 19일 1457.6까지 급락하였다. 그러나 각국의 적극적 완화정책 실시, 경기회복 및 기업실적 호조가 이어지면서 급반등하여 2021년 7월 6일 역대 최고치 (3,305.2)를 기록했다가 8월 중순에 글로벌 반도체 업황 둔화 및 글로벌 인플레이션 우려로 하락하여 9월말 3,068.8을 기록하였다.

┃그림 8-2┃ 코스피지수 추이

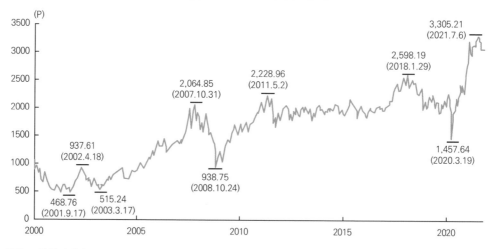

자료 : 한국거래소

유가증권시장 상장주식 시가총액은 2000년대 꾸준히 증가하다 2008년말 글로벌 금융위기의 영향으로 일시적으로 감소했으나 이후 빠르게 회복한 후 2010~2019년에 완만한 증가세를 나타냈다. 2020년 이후에는 주가가 빠르게 상승하면서 시가총액이 크게 증가하여 2021년 6월말 기준 2,308조원을 기록하였다.

---

1) 한국은행, 한국의 금융시장, 2021, 272-275쪽.

명목 GDP대비 상장주식 시가총액 비율은 2020년말 기준 133%로 미국, 대만보다는 낮지만 독일, 중국보다는 높은 수준이다. 상장기업수는 2000년대 중반부터 증가세를 보이다가 2012년 이후 증시 활력이 저하되면서 감소하였으나, 2018년 이후 다시 증가세로 전환되어 2021년 6월말 기준 808개사를 나타내었다.

▎그림 8-3 ▎ 유가증권시장 시가총액 및 상장기업수[1)]

주 : 1) 기말 기준, 2021년은 6월말 기준
자료 : 한국거래소

▎그림 8-4 ▎ 외국인 주식보유비중[1)]

주 : 1) 유가증권시장 및 기말 기준, 2021년은 6월말 기준
자료 : 한국거래소

　　외국인투자자의 유가증권시장 상장주식 보유비중은 국내주식시장 개방 추세와 함께 증가하여 2004년말 42.0%에 도달하였으나 이후 하락하여 글로벌 금융위기가 있었던 2008년말에 28.7%까지 낮아졌다. 이후에는 30% 중반에서 등락하고 있으며 2021년 6월말 기준 외국인 상장주식 보유비중은 34.6%이다.

　　개인투자자의 유가증권시장 주식투자는 2000~2019년 연간 20조원 범위에서 순매수 또는 순매도했으나 2020년 코로나19 영향으로 주가가 크게 하락했다. 빠르게 회복되면서 대규모 순매수를 기록하였다. 개인은 2020년 47조원을 순매수하였고 2021년 상반기에 55조원을 순매수하였다. 개인투자자의 거래비중은 2001년 73.2% 이후 하락세를 지속했으나 2020년 이후 반등하여 60%를 상회하고 있다.

┃그림 8-5┃ 개인 주식 순매수 및 거래비중[1]

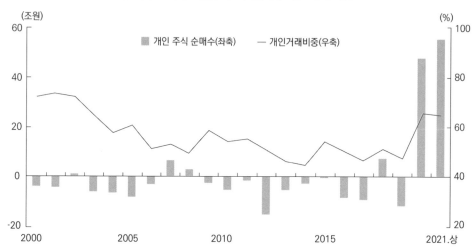

주 : 1) 연중 기준, 2021년은 상반기 기준
자료 : 한국거래소

2) 코스닥시장

① 상장요건

　　코스닥시장은 유망 중소기업, 성장성이 높은 벤처기업의 자본조달기회를 제공하기 위해 설립된 한국거래소가 운영하는 증권시장으로 미국의 나스닥시장을 벤치마킹한 시장이다. 처음에는 증권업협회가 개설하여 운영해 왔으나 2005년부터 한국거래소가 통합하여 운영하고 있는 체계적이고 조직적인 시장이다.

코스닥시장은 소규모이나 성장잠재력이 높은 벤처기업이나 유망 중소기업의 자금조달이 가능하고, 유가증권시장과 별도로 운영되는 독립된 시장이다. 또한 우량기업의 발굴에 금융투자업자의 역할과 책임이 중시되고, 높은 가격변동성으로 고위험·고수익 현상으로 투자자의 자기책임원칙이 중요한 시장이다.

② 매매제도

코스닥시장의 거래시간과 매매체결방식은 유가증권시장과 같다. 매매수량단위는 1주, 호가단위는 주가에 따라 1원(1,000원 미만 종목)~100원(5만원 이상 종목)이다. 개별종목의 가격제한폭은 기준가격의 상하 30%이며 매매거래중단제도, 변동성완화장치, 프로그램매매호가 일시효력정지제도가 운영되고 있다.

③ 시장동향

코스닥지수는 글로벌 금융위기로 2008년 10월 27일 261.2 최저치를 기록했다가 회복한 후 2009~2015년 500 수준에서 등락하였다. 2016년 코스피시장과 함께 완만히 상승했으나 2018년 미·중 무역분쟁 심화 등으로 약세 전환하고 2020년 초 코로나19 확산으로 대폭 하락하였으나 국내외 적극적인 완화정책 실시 등으로 투자심리가 회복되면서 급상승하여 2021년 9월말 1,003.3을 기록하였다.[2]

┃그림 8-6┃ 코스닥지수 추이

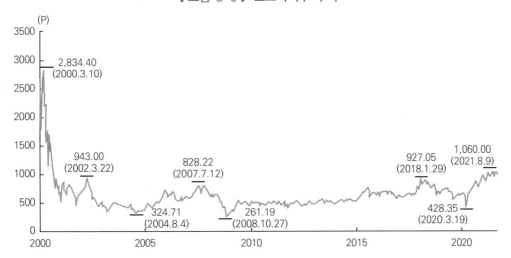

자료 : 한국거래소

---

2) 한국은행, 한국의 금융시장, 2021, 277-278쪽.

코스닥시장 시가총액은 2005년 이후 증가세를 보이면서 2007년말 100조원에 이르렀으나 2008년말에는 46조원으로 감소하였다. 2009년 빠르게 회복된 뒤에는 완만한 증가세를 지속하였으며 2020년 이후 주가가 큰 폭 상승하면서 시가총액도 크게 늘어나 2021년 6월말에는 431조원을 기록하였다. 한편 상장기업수는 2007년에 1,000개를 넘어섰으며 2021년 6월말 기준 1,506개사에 이르고 있다.

▌그림 8-7▐ 코스닥시장 시가총액 및 상장기업수[1]

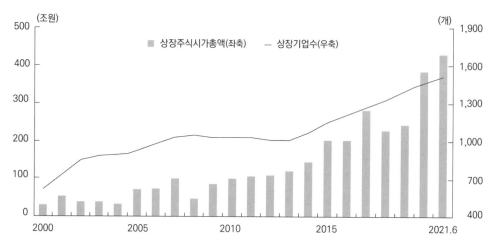

주 : 1) 기말 기준, 2021년은 6월말 기준
자료 : 한국거래소

3) 코넥스시장

① 상장요건

코넥스(KONEX : Korea New Exchange)시장은 자본시장을 통한 초기 중소기업 지원을 강화하여 창조경제 생태계 기반을 조성하기 위해 2013년 7월 1일에 개설한 중소기업전용 주식시장으로 성장가능성은 있지만 기존의 유가증권시장이나 코스닥시장에 상장하기에는 규모가 작은 창업 초반기 중소기업의 주식을 거래한다.

현재 중소기업의 자금조달 현황을 살펴보면 대부분 은행대출에 편중되어 있고, 주식발행을 통한 자금조달은 매우 낮은 수준이다. 또한 코스닥시장은 투자자 보호를 위한 상장요건 강화로 성숙단계의 시장으로 변모하여 초기 중소기업은 진입이 어렵게 되면서 초기 중소기업 특성을 반영한 코넥스시장을 개설하게 되었다.

② 매매제도

코넥스시장의 거래시간, 매매단위, 호가단위는 코스닥시장과 동일하다. 매매계약 체결방식은 개별경쟁매매를 원칙으로 시간외거래시 경매매를 허용한다. 코넥스시장은 시장참여자를 위험투자능력을 갖춘 투자자로 제한하기 위해 기본예탁금제도를 도입하였고 거래가 활발하지 않아 유동성공급자(LP)제도를 운영하고 있다.

③ 시장동향

코넥스시장의 시가총액은 2013년 7월말 0.5조원에 불과했으나 2018년 정부의 벤처기업 활성화정책에 대한 기대감으로 8월 7조원을 상회한 이후 2021년 6월말 6.8조원을 나타냈다. 상장기업수는 개설 당시 21개에서 2021년 6월말 기준 137개로 증가했고, 2021년 상반기 일평균 거래대금은 86억원 수준이다.[3]

┃그림 8-8┃ 코넥스시장 시가총액 및 상장기업수[1]

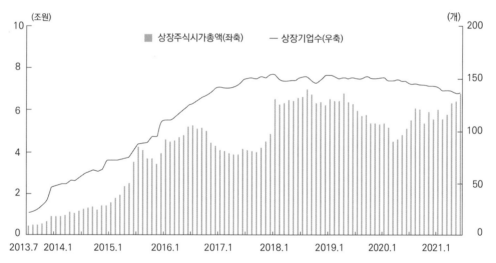

주 : 1) 기말 기준
자료 : 한국거래소

(2) 장외시장

장외시장은 거래소시장 또는 다자간매매체결회사 이외의 시장을 말한다. 자본시장

---

3) 한국은행, 한국의 금융시장, 2021, 280쪽.

법은 장외거래를 거래소시장 및 다자간매매체결회사회사 외에서 증권이나 장외파생상품을 매매하는 경우로 규정하는데, 이러한 장외거래가 이루어지는 시장이 장외시장이다. 장외시장에서 매매하는 경우 상대거래를 원칙으로 한다.

장외시장은 증권이나 장외파생상품을 매매할 경우 단일의 매도자와 매수자간에 거래원칙을 상대거래로 하여 경쟁매매를 원칙으로 하는 장내시장과 구분하고 있다. 이미 자본시장법은 금융투자협회를 통한 매매거래의 경우와 채권중개전문회사를 통한 매매거래에 대해서는 상대거래 원칙의 예외를 인정하고 있다.

① 등록요건

K-OTC시장은 유가증권시장과 코스닥시장에 상장되지 않은 비상장주식 매매를 위해 기존의 장외시장인 프리보드가 2014년 8월 K-OTC로 확대·개편되면서 금융투자협회가 K-OTC에서 거래할 수 있는 기업을 지정하는 임의지정제도가 도입되어 자본시장법에 따라 개설·운영하는 장외주식시장을 뜻한다.

② 매매제도

매매거래시간은 09:00~15:30이며 동시호가와 시간외시장은 없다. 호가수량단위는 1주이고 호가단위는 주식가격에 따라 1원(1,000원 미만 종목)~1,000원(50만원 이상 종목)이다. 가격제한폭은 기준가격대비 상하 30% 이내로 제한된다. 매매체결은 상대매매방식이며, 매매주문시 100% 위탁증거금이 필요하다.

③ 시장동향

K-OTC시장 등록·지정 기업수는 2014년 8월 출범 이후 100개를 계속 상회하고 있다. 일평균 거래대금은 출범 이후 2017년 상반기까지 다소 부진하였으나 이후 활발한 모습을 나타내고 있다. 2021년 6월말 기준 등록 및 지정 기업수는 138개이며 2021년 상반기 기준 일평균 거래대금은 65억원 수준이다.[4]

---

4) 한국은행, 한국의 금융시장, 2021, 282쪽.

▌그림 8-9 ▌ K-OTC시장 등록지정기업수 및 일평균 거래대금

자료 : 금융투자협회

| 보론 8-1 | 주권상장 |

1. 주권상장의 정의

상장(listing)은 한국거래소가 정한 일정요건을 충족한 기업이 발행한 주권이 증권시장에서 자유롭게 거래될 수 있도록 자격을 부여한 것으로 당해 주권의 가치를 보증받는 것은 아니다. 따라서 주권을 상장하려는 기업은 수익성, 규모, 재무건전성, 유통가능성 측면에서 일정요건을 충족해야 상장할 수 있다.

상장은 주권 발행법인의 자유로운 의사에 따른 신청에 의해 이루어지고, 상장신청법인은 발행한 주권 전부를 상장해야 한다. 다만, 유통성이 없어 상장의 실익이 없는 주권은 상장하지 않을 수 있다. 그러나 증권을 상장하는 회사는 상장 후에 일정한 요건에 미달하거나 계약을 위반하면 상장을 폐지하게 된다.

2. 주권상장의 종류

(1) 상장형태에 따른 분류

① 신규상장 : 상장되어 있지 아니한 기업이 발행한 주권을 한국거래소의 증권시장에 최초로 상장하는 것으로 공모상장이 일반적이다.

② 신주상장 : 상장기업이 증자, 합병, 전환사채, 신주인수권부사채를 소유한 자의 권리행사로 새로 발행한 주권을 상장하는 것을 말한다.

③ 변경상장 : 이미 상장된 주권의 기재내용(상호, 종류, 액면금액 등)을 변경한 경우 새로운 주권으로 교체하여 발행한 주권을 상장하는 것을 말한다.

④ 재상장 : 상장기업이 분할 또는 분할합병에 의해 설립된 기업, 상장기업간의 합병에 의해 설립된 기업, 상장이 폐지된 후 5년이 경과되지 않은 기업이 발행한 주권을 상장하는 것을 말한다.

(2) 공모방법에 따른 분류

① 공모상장 : 상장요건 중 분산요건을 충족하기 위해 일정비율 이상의 주식수를 모집 또는 매출을 통해 공모한 후 상장하는 형태를 말한다.

② 직상장 : 코스닥 상장기업이 주식분산요건을 충족하여 공모를 하지 않고 주권을 코스닥시장에서 유가증권시장으로 이전하는 형태를 말한다.

3. 주권상장의 효과

(1) 자금조달기회 확대

주권상장법인은 증권시장을 통해 경영활동에 필요한 거액의 자금을 일시에 대량적으로 조달할 수 있다. 특히 기업의 재무상태가 양호하면 시가발행을 통한 유상증자와 전환사채, 신주인수권부 사채 등의 주식관련 사채발행을 통해 장기적·안정적이고 유리한 조건의 대규모 자본조달이 가능하다.

(2) 기업홍보효과 제고

주권상장법인은 국내외 투자자를 비롯한 많은 사람들의 관심의 대상이며, 기업의 재무상태나 경영성과가 매스컴을 통해 전달되어 기업의 인지도를 제고하는 홍보효과를 얻을 수 있다. 또한 상품의 지명도와 회사를 연계하여 홍보효과를 증대시키고 해외진출과 합작투자를 모색할 때 큰 도움이 될 수 있다.

(3) 경영합리화의 도모

주권상장법인은 기업의 중요한 재무상태와 경영성과를 공시해야 하므로 경쟁회사의 재무상태와 경영실적과 비교하지 않을 수 없을 뿐만 아니라, 객관적인 주식가치를 통해서 객관적으로 평가받기 때문에 자연히 경영합리화를 도모하여 재무구조의 개선, 매출의 증대, 조직의 합리화를 위해 노력하게 된다.

(4) 소유와 경영의 분리

주권상장법인은 한국거래소가 정한 주식분산요건을 충족시켜야 하는 등 주식소유와 관련하여 제도적 감시를 많이 받을 뿐만 아니라, 주권상장을 계기로 주식거래가 활성화되어 투하자본의 회수가 가능하기 때문에 지분분산이 원활히 이루어져 소유와 경영의 분리가 가속화하는 효과를 기대할 수 있다.

(5) 구조조정추진 용이

기업분할로 신설되는 법인은 일반기업에 비해 완화된 상장요건을 적용받고 상장법인의 지위를 유지할 수 있다. 그리고 주권상장법인이 기존상장법인을 자회사로 하는 지주회사를 설립하는 경우에 신설된 지주회사는 별도로 마련된 지주회사의 상장요건을 적용받아 신속하게 상장을 추진할 수 있다.

| 보론 8-2 | 주식시세표 |

주식시세표는 한국거래소 상장기업과 코스닥 등록기업의 모든 거래현황이 담겨 있기 때문에 종목별 시가와 종가, 최고가격과 최저가격, 거래량, 전일 종가대비 등락이 얼마인지를 한눈에 파악할 수 있다. 따라서 주식시장의 거래현황을 보여주는 현황판이자 내일의 투자를 위한 작전지도라고 할 수 있다.

주식시세표에서 종목명은 주식을 발행한 기업의 명칭을 말하며, 각 종목에는 고유한 6자리의 코드번호가 부여된다. 신주와 우선주 및 전환사채가 발행되는 경우에는 종목명 뒤에 각각 신, 우, 전환을 추가하여 종목을 구분한다. 보통주의 끝자리코드번호는 0으로 끝나고, 우선주의 코드번호는 5로 끝난다.

삼성전자의 코드번호 옆에 알파벳은 주식의 액면가를 구분하는 기호이다. A는 액면가 100원, B는 액면가 200원, C는 액면가 500원, D는 액면가 1,000원, 무표시는 액면가 5,000원을 뜻한다. 우리나라 주식의 액면가는 상법상 1주당 100원 이상으로 되어 있으며 액면주 전부가 균일해야 한다고 규정하고 있다.

당일 거래에서 최초로 성립된 주가를 시가(始價), 마지막으로 성립된 가격을 종가(終價), 당일 체결된 가격 중에서 가장 높은 가격을 고가(高價), 가장 낮은 가격을 저가(低價)라고 한다. 주가의 등락은 전일의 종가를 기준으로 표시되는데, 상승(△), 하락(▽), 상한가(↑) 그리고 하한가(↓)로 표시한다.

거래량은 주식매매량을 나타내며 주식시장이 강한 상태에 있는지 약한 상태에 있는지를 보여주는 중요한 지표이다. 시장이 장기 침체상황에 있을 때 거래량이 증가하면 시장은 상승경향으로 움직임을 보인다고 판단할 수 있고, 거래량 증가는 주가상승보다 먼저 나타나므로 증시를 전망하는 중요한 지표이다.

▌표 8-4 ▌ 주식시세표(2022년 6월 20일)

종목명 (코드번호)	종가	등락	시가	고가	저가	거래량
삼성전자 (005930 A)	60,000	▽ 200	60,700	61,300	59,600	14,591,924
현대차우 (005385)	73,600	▽ 400	74,700	75,300	73,500	33,962
SK텔레콤 (017670 C)	222,000	▽ 3,000	225,000	225,500	222,000	195,361
POSCO (005490)	215,500	▽ 1,000	217,000	218,500	214,000	203,605

제1장 자본시장의 개념

1. 자본시장의 정의
   장기자금을 조달하는 금융시장으로 주식시장, 채권시장, 파생상품시장이 있음
2. 자본시장의 기능
   자금수급 불균형 조절, 자금의 효율적 배분, 투자수단 제공, 통화정책 수행

제2절 주식시장의 개요

1. 주식의 정의 : 자본의 구성분자, 주주의 권리의무
2. 상법상 주식의 종류 : 보통주, 우선주, 상환주, 전환주
3. 특성상 주식의 분류 : 성장주, 가치주, 경기순환주, 경기방어주, 대형주·중형주·소형주, 우량주, 주식예탁증서

제3절 주식의 발행시장

1. 발행시장의 정의 : 증권이 발행되어 매출되는 추상적 시장, 1차 시장
2. 발행시장의 구조 : 주식발행자, 주식발행기관, 주식투자자
3. 주식의 발행형태 : 기업공개, 유상증자, 무상증자, 주식배당
4. 주식의 발행방법 : 공모발행과 사모발행, 직접발행과 간접발행

제4절 주식의 유통시장

1. 유통시장의 정의 : 기발행된 증권이 매매되는 구체적 시장, 2차 시장
2. 유통시장의 기능 : 유동성 부여, 공정한 가격형성, 위험분산투자효과
3. 유통시장의 구조
(1) 장내시장 : 유가증권시장, 코스닥시장, 코넥스시장
(2) 장외시장 : 비상장주식의 매매를 위해 금융투자협회가 운영하는 시장

1. 다음 중 주식에 대한 설명으로 적절하지 않은 것은?

① 주식은 주식회사의 자본을 구성하는 출자단위이다.

② 주식회사는 무액면주식을 발행할 수 없다.

③ 수종의 주식을 발행한 경우 정관에 각종 주식의 내용과 수를 정해야 한다.

④ 전환주식의 전환은 그 청구를 한 때가 속하는 영업연도말에 효력이 발생한다.

| 해설 | 전환주식의 전환은 전환을 청구한 때에 효력이 발생한다.

2. 다음 중 주식에 대한 설명으로 적절하지 않은 것은?

① 주식은 사원의 지위를 의미한다.

② 주식의 공유는 가능하지만 분할소유는 인정하지 않는다.

③ 무기명주식과 무액면주식은 정관의 규정에 의해 발행할 수 없다.

④ 기명주식을 소유한 주주가 권리를 행사함에는 주권을 제시할 필요가 없다.

⑤ 액면주식의 권면액은 100원 이상 균일해야 한다.

| 해설 | 정관에 규정이 있으면 무액면주식을 발행할 수 있으나, 상법은 무액면주식의 발행을 인정하지 않는다.

3. 다음 중 주식에 대한 설명으로 적절하지 않은 것은?

① 주식은 자본의 구성단위로서의 의미와 주주권으로서의 의미가 있다.

② 주식 1주의 액면가액은 100원 이상 균일해야 한다.

③ 발행주식의 시가총액은 회사의 자본금이 된다.

④ 시가발행시 액면초과금의 총액은 주식발행초과금으로 자본잉여금이 된다.

| 해설 | 발행주식의 액면총액이 자본금이 된다.

4. 다음 중 주식에 대한 설명으로 적절하지 않은 것은?

① 혼합주는 이익배당에서 보통주에 우선하지만 잔여재산분배에서 열등한 지위에 있는 주식을 말한다.

② 상법은 보통주에 상환권을 주는 것을 금지하고 있다.

③ 주주의 권리는 주주평등의 원칙에 의한다.

④ 주권상장법인은 무의결권 주식을 총발행주식수 1/4을 초과하여 발행할 수 없다.

| 해설 | 주권상장법인은 무의결권 주식을 총발행주식수 1/2까지 발행할 수 있다.

5. 다음 중 의결권 없는 주식에 대한 설명으로 옳지 않은 것은?

① 의결권 없는 주식은 보통주로는 발행할 수 없다.

② 의결권 없는 주식의 총수는 총발행주식수의 1/4을 초과하지 못한다.

③ 상장회사는 총발행주식수의 1/2까지 의결권 없는 주식을 발행할 수 있다.

④ 의결권 없는 주식의 주주는 창립총회에서 의결권행사를 하지 못한다.

| 해설 | 의결권 없는 주식은 종류주주총회나 창립총회에서는 의결권을 행사할 수 있다.

6. 다음 중 주식의 특성상 분류에 대한 설명으로 옳게 연결된 것은?

> ㉠ 주식의 내재가치보다 현재의 주가수준이 상당히 낮게 형성되어 있는 주식
> ㉡ 기업의 수익구조가 지속적으로 향상되어 이익의 증가가 큰 회사의 주식
> ㉢ 경기변화에 관계없이 경기침체에도 안정적인 주가흐름을 나타내는 주식
> ㉣ 경기가 변동할 때마다 주가가 큰 폭으로 오르내리는 기업의 주식

① ㉠ 성장주, ㉡ 가치주, ㉢ 경기민감주, ㉣ 경기방어주

② ㉠ 성장주, ㉡ 가치주, ㉢ 경기방어주, ㉣ 경기민감주

③ ㉠ 가치주, ㉡ 혼합주, ㉢ 경기방어주, ㉣ 경기민감주

④ ㉠ 가치주, ㉡ 성장주, ㉢ 경기방어주, ㉣ 경기민감주

| 해설 | ㉠ 가치주, ㉡ 성장주, ㉢ 경기방어주, ㉣ 경기민감주에 대한 설명이다.

7. 다음 중 증권의 발행시장에 대한 설명으로 옳지 않은 것은?

① 증권이 발행인으로부터 최초의 투자자에게로 이전되는 구체적인 시장이다.

② 신규 증권시장이나 1차적 시장이라고도 한다.

③ 발행인은 증권을 발행하여 정기산업자금을 조달할 수 있다.

④ 금융정책 및 경기조절의 기능을 수행하기도 한다.

| 해설 | 증권이 발행인으로부터 최초의 투자자에게로 이전되는 추상적인 시장이다.

8. 다음 중 발행시장의 기능에 대한 설명으로 옳지 않은 것은?

① 경제의 양적 질적 고도화

② 금융정책 및 경기조절 기능

③ 투자수단의 제공으로 소득분배의 촉진

④ 공정하고 적정한 증권가격의 형성

| 해설 | 발행시장의 기능에는 자금조달의 원활화, 경제의 양적·질적 고도화, 경기조절의 역할, 투자수단의 제공 등을 들 수 있다.

9. 다음 중 증권의 발행에 대한 설명으로 가장 옳지 않은 것은?

① 대부분의 증권발행은 발행방법과 절차가 투명한 공모에 의해 이루어진다.

② 자본시장법에서는 공모를 모집과 매출로 정의하고 있다.

③ 모집과 매출은 과거 6개월을 통산하여 특정인에게 한 청약의 권유를 말한다.

④ 통상적으로 공모는 간접발행의 형태를 취한다.

| 해설 | 모집과 매출은 과거 6개월을 통산하여 불특정다수에게 한 청약의 권유를 말한다.

10. 다음 중 모집과 매출에 대한 설명으로 적절하지 않은 것은?

① 모집은 공모대상인 증권이 신규로 발행되는 경우를 말한다.

② 매출은 공모대상인 증권이 이미 발행된 경우를 말한다.

③ 증권발행인은 매출을 하는 주체이다.

④ 모집과 매출의 해당여부를 따지는 실익은 증권신고서 등 발행공시의무를 부과할 것인지 결정에 필요하다.

| 해설 | 모집의 주체는 발행인이고, 매출의 주체는 증권의 보유자가 된다.

11. 다음 중 발행시장의 형태에 대한 설명으로 적절하지 않은 것은?

① 사모는 발행주체가 특정의 수요자를 대상으로 증권을 발행하여 자금을 조달하는 방법이다.

② 간접발행 중 모집주선은 발행주체가 인수위험을 부담하고 발행 및 모집사무는 제3자인 발행기관에게 위탁하여 발행하는 방법이다.

③ 잔액인수는 간접발행 중 인수단이 발행총액을 인수하고 이에 대한 위험을 부담한다.

④ 공모는 간접발행의 형태가, 사모는 직접발행의 형태가 대부분이다.

| 해설 | 총액인수는 간접발행 중 인수단이 발행총액을 인수하고 이에 대한 위험을 부담한다.

12. 다음 중 불리한 가격변동에 따른 손해 등 모든 위험에 발행인으로부터 인수단으로 이전되는 증권의 발행형태는?

① 모집주선 ② 잔액인수

③ 직접발행 ④ 총액인수

| 해설 | 총액인수는 인수단이 공모증권 발행총액의 전액을 자기의 책임과 계산하에 인수하고 이에 따른 발행위험과 발행 및 모집사무 모두를 담당한다.

13. 다음 중 유가증권시장의 매매제도에 대한 설명으로 옳지 않은 것은?

① 대용증권은 위탁증거금으로 납부하는 현금에 갈음하여 대신 납부할 수 있는 증권을 말한다.

② 유가증권시장의 일일 가격제한폭은 상하 30%이다.

③ 금융투자업자는 공익과 투자자 보호 또는 거래질서의 안정을 위해 필요하면 주문수탁을 거부할 수 있다.

④ 주권, DR, ETF, ETN 등에는 가격제한폭이 적용되지 않는다.

| 해설 | 가격제한폭이 적용되지 않은 것은 정리매매종목, 신주인수권부증서(증권), ELW 등이며, 주권, DR, ETF, ETN 등에는 가격제한폭이 적용된다.

14. 다음 중 코스닥시장의 특징에 해당하지 않은 것은?

① 성장기업 중심의 시장이다.

② 금융투자회사의 역할과 책임이 중시되는 시장이다.

③ 유가증권시장의 전단계적이며 보완적 시장이다.

④ 장기적인 안전자금을 조달할 수 있다.

| 해설 | 코스닥시장은 유가증권시장과 독립된 경쟁시장이다.

15. 다음 중 코스닥시장의 매매제도에 대한 설명으로 옳지 않은 것은?

① 서킷브레이커 발동 후 장 재개시 단일가 경쟁매매를 선택하고 있다.

② 주문의 종류는 지정가호가와 조건부지정가호가만 가능하다.

③ 장 개시 전 대량매매의 거래시간은 08:00~09:00까지이다.

④ 매매거래의 결제는 T+2일이다.

| 해설 | 시장가주문과 최유리주문도 가능하다.

16. 다음 중 유가증권시장과 코스닥시장에 대한 설명으로 옳지 않은 것은?

① 코스닥시장에서 거래가능한 증권에는 주권은 포함되나 채권은 포함되지 않는다.

② 상장법인 모든 증권에 대한 연부과금을 매년 1월 납부해야 한다.

③ 상장예비심사청구서를 하는 법인은 반드시 상장주선인을 올해 상장예비심사청구서를 제출해야 한다.

④ 상장주선인이 될 수 있는 자는 금융투자업자로 거래소의 회원에 한한다.

| 해설 | 국채, 지방채, 통안채, 존속기간 1년 미만 채무증권, 증권회원이 발행한 증권은 면제된다.

17. 다음 중 유가증권시장의 공시제도에 대한 설명으로 옳지 않은 것은?

① 불성실공시의 유형에는 공시불이행, 공시변경, 공시번복 등이 있다.

② 주권상장법인은 공시책임자를 1인 이상 지정해야 한다.

③ 주권상장법인은 공시의무사항 이외의 사항도 공시할 수 있다.

④ 자율공시사항의 변경이나 번복은 불성실공시의 사유에 해당하지 않는다.

| 해설 | 자율공시사항을 위반하는 경우에도 불성실공시사유에 해당한다.

18. 다음 중 공모주식의 발행가격결정에 대한 설명으로 옳지 않은 것은?

① 발행가격은 원칙적으로 수요예측의 결과를 감안하여 결정한다.

② 대표주관회사는 자신 또는 인수단에 참여한 증권회사의 고객만을 대상으로 공모주식을 배정할 수 있다.

③ 최종공모가격은 발행회사가 결정한다.

④ 공모예정금액이 20억원 미만이면 인수회와 발행회사간에 정한 단일가격으로 공모가격을 결정할 수 있다.

| 해설 | 대표주관회사를 포함한 인수회사와 발행회사가 협의하여 자율적으로 결정한다.

19. 다음 중 유상증자에 대한 설명으로 적절하지 않은 것은?

① 일반공모방식은 기존주주의 신주인수권을 완전히 배제하고 인수단의 연명으로 일반투자자에게 청약받는 방식을 말한다.

② 주주배정방식은 가장 일반적인 방법으로 신주인수권을 기존주주에게 부여하는 방식을 말한다.

③ 제3자배정방식은 회사의 정관, 이사회의 결의로 제3자에게 신주인수권을 부여하는 방식을 말한다.

④ 직접공모는 인수기관을 통하지 않고 발행회사가 자기책임과 계산하에 신주를 공모하는 방식을 말한다.

| 해설 | 제3자(연고자)배정방식은 회사의 정관, 주총의 특별결의, 특별법에 의거 제3자에게 신주인수권을 부여한다.

20. 다음 중 기업공시제도에 대한 설명으로 적절하지 않은 것은?

① 투자자에게 투자판단에 필요한 정보를 제공하기 위함이다.

② 기업정보를 공개하는 것은 당해 기업의 자율적인 의사에 달려있다.

③ 내부자거래 등 불공정거래를 예방하기 위함이다.

④ 증권시장의 공정한 거래질서를 유지하기 위함이다.

| 해설 | 공개기업은 투자자로부터 필요한 자금을 조달하므로 기업정보를 공개할 의무를 부담한다.

채권시장

채권은 미래의 현금흐름(원리금)이 정해져 있는 확정소득부 증권이기 때문에 채권의 가치를 결정하는 가장 중요한 요소는 시장이자율 또는 채권수익률이다. 채권의 가치는 채권투자로부터 얻게 될 액면이자와 원금을 적절한 할인율인 시장이자율 또는 채권수익률로 할인한 현재가치로 시장이자율에 따라 달라진다.

제1절 채권시장의 개요

1. 채권의 정의

채권은 국가, 지방자치단체, 특수법인, 금융기관, 주식회사 등 발행자가 투자자로부터 일시에 대량의 자금을 일시에 조달하고, 반대급부로 만기까지 약정이자를 지급하고 만기에는 원금을 상환하기로 약속한 채무증서를 말하며, 미래의 현금흐름이 확정되어 있다는 의미에서 고정수익증권이라고도 한다.

채권은 발행자의 입장에서 보면 경영활동에 필요한 자금조달의 수단이 되지만, 채권을 매입하는 투자자의 입장에서 보면 이자를 목적으로 하는 투자대상이 된다. 채권발행을 일상적인 금전의 대차관계에 비유하면 발행자는 채무자가 되고, 채권을 보유하는 투자자는 채권자, 채권은 차용증서에 해당한다.

그러나 채권의 발행은 일상적인 금전대차와는 달리 다수의 투자자들이 동일한 조건으로 채권에 투자하며 자금의 수요자인 발행자는 일시에 거액의 장기자금을 조달할 수 있다. 그리고 채권은 유가증권이기 때문에 채권을 매도하게 되면 채권자로서의 입장을 다른 사람에게 이전할 수 있다는 특징이 있다.

2. 채권의 발행조건

채권은 발행조건에 따라서 채권의 가치가 달라지기 때문에 발행조건을 결정하는 것이 무엇보다 중요하다. 채권을 발행할 경우 발행자와 인수자는 채권을 발행하는 시점의 시장이자율 수준을 감안하여 결정해야 한다. 따라서 채권의 중요한 발행조건에는 액면가액, 표면이자율, 상환까지의 기간이 있다.

(1) 액면가액

액면가액(face value)은 채권의 만기일에 지급하기로 채권의 권면에 표시되어 있는 원금을 말하며 지급이자를 계산하거나 채권의 조건을 결정하는 기본이 된다. 따라서 액면가액의 합계가 그 종목의 발행금액이 되며, 역으로 말하면 각 종목의 발행금액을 적은 단위로 분할한 것이 1매의 채권이 된다.

(2) 발행이율

발행이율은 채권발행자가 만기까지 지급하기로 약속한 이자율로 액면가액에 대해 1년에 지급하는 이자의 비율을 말한다. 채권 1매마다 권면에 1회 이자지급을 위한 이표(coupon)가 부착되어 이표와 교환하여 이자를 수령하기 때문에 발행이율을 표면이자율(coupon rate) 또는 액면이자율이라고도 한다.

(3) 만기일

만기일은 채권발행자가 이자와 원금을 마지막으로 지급하기로 한 날을 말한다. 일반적으로 채권의 상환가액은 액면가액이며 채권발행일로부터 원금상환일까지 기간을 원금상환기간이라고 하고, 이미 발행되어 유통시장에서 거래되고 있는 채권매입일로부터 원금상환일까지 기간을 잔존기간이라고 한다.

3. 채권의 본질

(1) 확정이자부증권

채권은 발행자가 채권을 발행할 때 지급해야 할 약정이자와 만기에 상환금액이 사전에 확정되어 있어 투자원금에 대한 수익은 발행시점에 결정된다. 따라서 채권수익률은 채권을 발행할 때 결정되어 발행자의 원리금 지급능력이 중요하며, 채권의 유동성은 발행자의 원리금 지급능력의 안정도와 비례한다.

(2) 기한부증권

채권은 영구증권인 주식과는 달리 이자지급과 원금의 상환기간이 사전에 정해져 있어 일정시점이 경과하면 이자를 지급하고 만기가 도래하면 원금을 상환해야 하는 기한부 증권이다. 원금은 상환하지 않고 이자만 영구적으로 지급하는 영구채는 발행자의 상환의무가 없어 국제회계기준에서 자본으로 인정한다.

(3) 이자지급증권

채권은 발행자의 경영성과에 관계없이 만기까지 약정이자와 만기에는 원금을 상환해야 한다. 채권발행자가 채권보유자에게 지급하는 이자비용은 발행자가 부담하는 금융비용이지만, 채권자가 수령하는 이자수익은 안정적인 수입원이 된다. 채권은 이자지급방법에 따라 이표채, 무이표채, 복리채로 분류한다.

(4) 장기증권

채권은 발행자가 여유자금을 가진 투자자를 대상으로 경영활동에 필요한 장기의 안정자금을 조달하기 위해 발행하는 유가증권에 해당하여 기업어음(CP), 양도성예금증서(CD)에 비해 장기의 상환기간을 가지고 있다. 따라서 채권투자자의 환금성을 보장하기 위해 채권의 유통시장이 반드시 존재해야 한다.

(5) 상환증권

채권은 영구증권인 위험자산 주식과 달리 채권발행자가 만기까지 약정이자를 지급하고 만기가 도래하면 반드시 원금을 상환해야 하는 증권에 해당한다. 따라서 채권의 발행자인 국가, 지방자치단체, 공공기관, 특수법인, 금융기관, 주식회사는 합리적인 재무관리 및 공채관리가 필수적이라고 할 수 있다.

4. 채권의 특성

어떤 투자대상을 선택하는 경우에 중요한 요소는 얼마나 이익을 올릴 수 있는가(수익성), 원금과 이자를 확실하게 받을 수 있는가(안전성), 돈이 필요할 때 제 값을 받고 바로 팔 수 있는가(환금성)라는 점을 충분히 검토해야 한다. 이러한 세 가지 요소를 고려할 경우에 채권은 우수한 특성을 가지고 있다.

(1) 수익성

채권투자자는 이자소득과 자본이득의 두 가지 소득원천을 갖고 있어 계획적인 자금운용의 수단으로 뛰어난 특성을 갖고 있다. 이자소득은 원금에 대한 약정이자를 말하고, 자본이득(capital gain)은 금리하락에 따른 채권가격의 상승으로 인한 소득이다. 그러나 금리가 상승하면 자본손실이 발생할 수 있다.

(2) 안정성

채권은 정부, 지방자치단체, 공공기관, 특수법인, 금융기관, 상법상의 주식회사만 발행할 수 있고 발행자격이 있어도 국회의 동의를 받아야 하기 때문에 채무불이행위험이 상대적으로 낮다. 그러나 회사채 신용등급이 BB 이하인 기업도 채권을 발행할 수 있는데, 이러한 채권을 정크본드(junk bond)라고 부른다.

(3) 유동성

채권은 상환일이 되면 원금이 회수되지만 만일 도중에 현금이 필요한 경우에는 유통시장을 통해 채권을 매도하면 언제든지 현금을 회수할 수 있다. 채권의 환금은 채권의 매도를 의미하며 채권발행자에게 아무런 불이익을 미치지 않고 채권의 이자도 변경되지 않아 투자자는 안심하고 채권에 투자할 수 있다.

5. 채권의 종류

채권은 각 종목별로 채권의 발행조건, 채권의 발행형식, 권리 등이 상이하여 절대적인 분류기준이 있는 것은 아니다. 일반적으로 채권은 발행주체, 이자지급의 방법, 이자확정의 여부, 지급보증의 여부, 담보제공의 여부, 상환기간의 장단, 내재옵션의 여부 그리고 채권투자자의 모집방법 등을 기준으로 분류한다.

(1) 발행주체에 따른 분류

① 국채

국채는 국가가 공공목적을 달성하기 위해 중앙정부가 발행하고 원리금의 지급을 보증하는 채권을 말한다. 국채의 효시는 1949년에 발행된 건국채권으로 정부수립 후 계속된 재정적자를 보전하기 위해 발행되었다. 1993년 이전에는 금융기관에 할당하여 배정했으나 1994년부터는 경쟁입찰방식으로 전환되었다.

국채에는 국고채권, 재정증권, 외국환평형기금채권, 국민주택채권, 공공용지보상채권 등이 있으며 현재는 국고채권이 국채의 대부분을 차지한다. 정부가 국채시장의 선진화를 위해 국고채 전문딜러제도와 국고채 통합발행제도의 도입, 국채전문유통시장과 국채선물시장의 개설로 국채시장은 많이 활성화되었다.

② 지방채

지방채는 지방자치단체가 지방재정법의 규정에 의해 특수사업에 필요한 자금을 조달하기 위해 발행하는 채권을 말한다. 지방채에는 도로공채, 상수도공채, 지역개발채권, 서울특별시의 도시철도채권, 부산광역시의 부산교통채권 등이 있다. 지방채는 액면가로 발행되며 지방채 발행은 중앙정부에 의해 엄격히 규제된다.

지방채는 발행방법에 따라 증권발행채와 증서차입채, 채권을 인수하는 자금원에 따라 정부자금채, 지방공공자금채, 민간자금채로 구분한다. 사업성격에 따라 지방일반회계의 재원을 조달하는 일반회계채, 공기업특별회계의 공기업채 등으로 분류할 수 있다. 대표적인 지방채로는 도시철도채권과 지역개발채권 등이 있다.

③ 특수채

특수채는 상법 이외의 한국토지개발공사, 한국도로공사, 한국전력공사, 한국전기통신공사, 한국가스공사 등 특별법에 의해 공공사업을 추진하는 특별법인이 발행하는 채권을 말하며 정부가 보증한다. 특수채에는 토지개발채권, 고속도로건설채권, 한국전력공사채권, 한국전기통신공사채권, 한국가스공사채권 등이 있다.

④ 금융채

금융채는 특별법에 의해 설립된 한국은행, 한국산업은행, 한국수출입은행, 기업은행과 같은 특수금융기관에서 일반인에게 발행하는 채권을 말한다. 금융채에는 통화안정증권, 산업금융채권, 중소기업금융채권, 주택금융채권 등이 있으며 회사채에 비해 신뢰할만하고 국공채보다 수익률이 높으며 만기가 다양하다.

통화안정증권은 한국은행이 통화량을 조절하기 위해 금융기관과 일반인을 대상으로 발행하는 단기증권을 말한다. 산업금융채권은 산업은행이 1954년부터 기간산업에 대한 자금지원을 목적으로 발행하는 채권을 말한다. 중소기업금융채권은 기업은행이 발행하는 채권으로 원리금의 상환을 정부가 보증한다.

⑤ 회사채

회사채는 주식회사가 일반투자자로부터 비교적 장기간에 필요한 대량의 자금을 일시에 조달하고 그 반대급부로 만기까지 약정이자를 지급하고 만기에 원금상환을 약속하고 발행하는 채무증서를 말하며 사채(社債)라고도 한다. 현재 발행되는 회사채는 무기명사채, 3년 미만의 만기, 이자는 3개월마다 지급된다.

상법상 주식회사가 채권을 발행하여 조달한 자금은 재무상태표의 대변에 비유동부채로 계상된다. 주식회사가 회사채를 발행하는 경우에 주주의 소유권과 경영권에 영향을 미치지 않으면서 장기자금을 안정적으로 조달할 수 있으며, 채권의 지급이자는 세법상 손금으로 인정되어 법인세 절감효과를 얻을 수 있다.

그러나 채권의 과도한 발행은 지급불능위험을 증가시켜 기업을 재무적 곤경에 빠뜨릴 수 있고, 기업이 채권을 발행할 경우 사채권자와 사채약정을 체결해야 하는데, 이는 기업의 경영활동을 제약하는 요인이 된다. 사채약정의 내용에는 사채권자를 보호하기 위해 배당지급의 제한, 감채기금의 규정 등이 포함된다.

┃표 9-1┃ 발행주체에 따른 분류

구 분	종류
국 채	국고채권, 외국환평형기금채권, 국민주택채권, 공공용지보상채권 등
지방채	지하철공채, 지역개발공채, 도로공채, 상수도공채, 도시철도채권 등
특수채	토지개발채권, 한국전력채권, 한국가스공사채권, 고속도로건설채권 등
금융채	통화안정증권, 산업금융채권, 주택금융채권, 중소기업채권 등
회사채	보증사채, 담보부사채, 전환사채(CB), 신주인수권부사채(BW) 등

(2) 이자지급에 따른 분류

채권은 이자지급방법에 따라 이표채, 무이표채, 복리채로 구분한다. 이표채는 약정된 이자를 만기까지 지급하고 만기에 원금을 상환하는 채권이고, 무이표채는 만기까지 이자를 지급하지 않는 대신에 할인하여 발행된다. 복리채는 이자가 복리로 재투자되어 만기에 원금과 이자를 동시에 지급하는 채권을 말한다.

(3) 이자확정에 따른 분류

채권은 이자의 확정여부에 따라서 고정금리채와 변동금리채로 구분한다. 고정금리채는 채권발행일에 약정한 표면이자율이 만기까지 계속해서 유지되어 고정된 이자를 지급하고 만기에 원금을 상환하는 채권을 말하고, 변동금리채는 표면이자율이 기준금리에 연동되어 일정기간마다 재조정되는 채권을 말한다.

① 고정금리채

고정금리채(fixed rate bond)는 채권의 발행시점에 표면이자율이 미리 확정되어 만기일까지 약정이자가 지급되는 채권을 말하며 이표채, 무이표채, 복리채 등이 여기에 속한다. 일반적으로 국내고정금리채는 6개월마다 표면이자를 지급하는 반면 유로고정금리채는 보통 1년에 1회 표면이자를 지불한다.

고정금리채는 채권의 발행 당시 표면이자율이 확정되어 만기까지 장기간 약정이자가 지급되므로 투자자들이 발행자의 신인도에 민감하게 반응한다. 따라서 신인도에 따른 금리격차가 상대적으로 커지게 되고, 신인도가 높은 다국적기업이나 국제금융기관들이 대표적인 고정금리채의 발행자에 해당한다.

② 변동금리채

변동금리채(FRN : floating rate note)는 일정기간마다 기준금리에 연계된 이자율로 액면이자를 지급하는 채권으로 매기 초에 이자가 확정되고 매기 말에 이자가 지급된다. 기준금리(reference rate)는 LIBOR, 우대금리(prime rate) 등이 이용되며 여기에 일정 스프레드를 가산하여 표면이자율이 결정된다.

채권은 발행자의 신인도나 인지도에 따라 금리수준이 달라지게 된다. 그런데 변동금리채의 경우에는 신인도에 따라 적용되는 금리격차가 상대적으로 작은 편이다. 따라서 차입자들은 주로 신인도가 낮은 다국적기업 또는 개발도상국 금융기관들로서 은행차관단이 대표적인 변동금리채의 발행자에 해당한다.

(4) 지급보증에 따른 분류

채권은 원리금에 대한 제3자의 지급보증여부에 따라 보증채와 무보증채로 구분한다. 보증채는 보증주체에 따라 정부보증채와 일반보증채로 구분된다. 일반보증채는 신용보증기금, 보증보험회사, 은행 등이 지급을 보증하는 채권을 말하는 반면에 무보증채는 발행자의 신용도에 의해서 발행되는 채권을 말한다.

(5) 담보제공에 따른 분류

채권은 발행자의 담보제공여부에 따라 담보부채와 무담보부채로 구분한다. 담보부채는 원리금 지급불능시 발행자의 재산에 대한 법적 청구권을 지니는 채권이고, 무담보부채는 발행자의 신용을 바탕으로 발행하는 채권이다. 후순위채는 발행자의 자산에 대한 청구권을 가지나 다른 무담보사채보다 우선권이 없다.

① 담보부사채

무담보사채의 경우 사채권자는 다른 회사에 대한 채권자와 평등한 지위를 갖고 있다. 사채의 모집·상환을 원활히 하기 위해 물적 담보가 붙은 담보부사채가 이용된다. 담보부사채와 보증사채는 담보가 있다는 점에서 같지만, 담보부사채에는 물적 담보가, 보증사채에는 인적 담보가 있다는 점에서 차이가 있다.

실제 담보부사채가 발행된 건수는 많지 않다. 발행회사가 담보를 붙인 사채를 발행해야 투자자들이 투자할만한 신용도를 갖는 경우 담보부사채보다는 금융기관의 보증을 붙인 보증사채가 더 활발하게 이용되었다. 2008년 자산유동화법 제정 이후 유동화증권의 발행은 담보부사채의 기능을 대신할 수 있게 되었다.

② 커버드본드

커버드본드(Covered Bond)는 은행 및 일정한 적격 금융기관이 이중상환채권법에 따라 발행하는 채권으로 발행기관에 대한 상환청구권과 함께 발행기관이 담보로 제공한 기초자산집합에 대해 제3자에 우선하여 변제받을 권리를 갖는다. 이중상환청구는 발행인과 담보자산 양쪽에 상환청구를 할 수 있다는 의미이다.

이중상환채권법은 2008년 글로벌 금융위기를 계기로 금융기관이 금융위기에도 안정적인 장기자금조달을 확보하고 가계부채에서 상당한 비중을 차지하는 주택담보대출의 장기화를 통하여 가계부채 구조개선을 지원하기 위해 제정되었다. 한국주택공사가 발행하는 주택저당채권담보부채권도 커버드본드에 해당한다.

‖ 표 9-2 ‖ 커버드본드 · 담보부사채 · 유동화증권의 비교

구분	커버드본드	담보부사채	유동화증권
근거법률	이중상환청구권부 채권 발행에 관한 법률	담보부사채신탁법	자산유동화법
발행주체	은행 기타 일정한 적격 금융회사 등	주식회사	적격 기업 (금융회사포함)
담보자산	주택담보대출채권, 공공부문대출채권, 선박· 항공기 담보대출채권 국채·지방채·공채 등	동산, 채권, 주식, 부동산 등	채권, 부동산, 기타 재산권
발행구조	자산보유자가 직접 발행(담보자산 구분관리, 담보자산 감시인 선임)	자산보유자가 직접 발행(담보자산에 담보권 설정)	자산보유자가 SPV에게 자산 양도·신탁하고 SPV가 증권 발행
담보자산의 회계처리	자산보유자가 계속 보유(on-balance)	자산보유자가 계속 보유(on-balance)	양도자산의 위험과 보상의 이전 여부에 따라 자산보유자의 부외처리(off-balance) 여부 결정
자산보유자 도산시 담보자산의 취급	파산재단·회생절차 대상 재산에 속하지 않음	파산절차에서 별제권, 회생절차에서 회생담보권	유동화자산: 자산보유자의 파산·회생절차와 관계없음(진정양도)
자산보유자의 다른 자산에 대한 채권자의 권리	있음	있음	없음

(6) 모집방법에 따른 분류

공모채는 발행인이 자본시장법에서 정한 모집방법에 따라 불특정 다수의 투자자에게 발행조건과 발행시기를 알린 후 공재적으로 모집절차를 진행하는 채권이다. 사모채는 채권의 발행인이 공모의 형식을 취하지 않고 은행, 보험사 등 특정 투자자와 개별적으로 접촉하여 발행증권을 매각하는 형태의 채권이다.

(7) 상환기간에 따른 분류

채권의 만기는 발행자가 채무증권의 조건을 준수하겠다고 약정한 기간으로 항상 확정되어 있지는 않다. 이는 채권의 약정서에 채권만기의 변경을 허용하는 조항이 포함될

수 있기 때문이다. 이러한 조항은 내포된 옵션 또는 감채기금일 수 있다. 채권은 만기에 따라서 단기채, 중기채, 장기채로 분류할 수 있다.

┃ 표 9-3 ┃ 채권만기에 따른 분류

구 분	국내의 경우	미국의 경우
단기채	1년 미만 (통화안정증권, 단기사채, 양곡증권)	1년 이하 (T-bill)
중기채	1년~10년 (국민주택채권 1종, 지역개발공채, 회사채)	1년~10년 (T-notes)
장기채	10년 이상 (국민주택채권 2종, 도시철도공채, 국고채)	10년 이상 (T-bonds)

(8) 권리부여에 따른 분류

메자닌(Mezzanine)은 건물 1층과 2층 사이 라운지 공간을 뜻하는 이탈리아어로 채권과 주식의 중간단계에 있는 전환사채와 신주인수권부사채에 투자하는 것을 말한다. 강세장에 주식으로 전환해 자본이득을 취하고, 하락장에는 채권이므로 원금보장에 사채 행사가격 조정(리픽싱)에 따른 이득을 챙길 수 있다.

① 전환사채

전환사채(CB : convertible bond)는 채권투자자의 의사에 따라 전환기간에 일정한 조건으로 발행회사 주식으로 전환할 수 있는 권리인 전환권이 부여된 채권을 말한다. 따라서 전환사채는 다른 조건은 동일하고 전환권만 없는 일반사채에 주식으로 전환할 수 있는 전환권이 첨가된 혼성증권으로 볼 수 있다.

전환권이 행사되기 이전에는 이자가 지급되는 채권으로 존재하고 전환권이 행사되면 주식으로 전환된다. 따라서 채권투자자는 전환권을 행사하지 않으면 확정이자 및 만기에 원금을 상환받아 안전하고 전환권을 행사하면 보통주로 전환하여 매도하면 시세차익을 남길 수 있어서 높은 수익률을 달성할 수 있다.

② 신주인수권부사채

신주인수권부사채(BW : bond with warrant)는 채권투자자에게 미래의 일정기간에 약정된 가격으로 약정된 신주를 인수할 수 있는 권리인 신주인수권이 부여된 채권을 말한다. 따라서 신주인수권부사채는 다른 조건은 동일하고 신주인수권만 없는 일반사채에 신주인수권이 결합된 혼성증권으로 볼 수 있다.

신주인수권부사채는 신주인수권이라는 프리미엄이 있어 일반사채보다 낮은 이자율로 발행되고 사채권자가 신주인수권을 행사하면 사채는 그대로 존속하면서 추가자금이 유입되어 총자산이 증가한다. 또한 신주인수권이 행사되더라도 사채는 소멸하지 않고 잔존하기 때문에 확정이자와 원금을 확보할 수 있다.

③ 교환사채

교환사채(EB : exchangeable bond)는 채권투자자에게 일정기간이 경과하면 일정한 가격으로 채권을 발행한 기업이 보유하고 있는 주식으로 교환을 청구할 수 있는 권리인 교환권이 부여된 채권을 말한다. 따라서 다른 조건은 동일하고 교환권만 없는 일반사채에 교환권이 결합된 혼성증권으로 볼 수 있다.

교환사채와 전환사채는 사채의 안정성과 주식의 투기성을 함께 가지고 있으며 교환권이나 전환권을 행사하면 사채는 소멸한다. 그러나 전환사채는 채권소유자의 전환권 청구로 기채회사가 신주를 발행하는 반면 교환사채는 발행회사가 소유하고 있는 상장유가증권과 교환한다는 점에서 권리의 내용이 다르다.

④ 수의상환사채

수의상환사채(callable bond)는 채권발행자가 정해진 기간 이내에 약정된 가격(수의상환가격)으로 사채를 상환할 수 있는 권리인 수의상환권(call provision)이 첨가된 사채를 말한다. 수의상환사채의 발행자는 금리가 하락하여 채권가격이 상승하면 수의상환권을 행사하여 수의상환가격에 채권을 매입한다.

수의상환권은 채권발행자에게 유리한 반면에 채권투자자에게 불리하게 작용하여 수의상환사채의 가치는 일반사채의 가치보다 콜옵션의 가치만큼 낮은 수준에서 형성된다. 따라서 수의상환사채의 가치는 일반사채의 가치에서 콜옵션가격결정모형으로 산출한 수의상환권의 가치를 차감하여 계산할 수 있다.

▌그림 9-1 ▌ 수의상환사채의 가치와 콜옵션

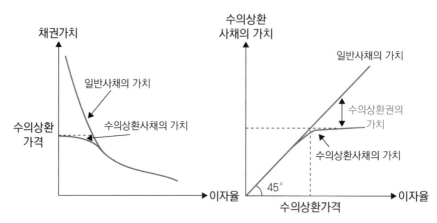

⑤ 상환청구사채

상환청구사채(puttable bond)는 수의상환사채와 반대로 채권투자자가 정해진 기간 이내에 약정된 가격(상환청구가격)으로 보유하고 있는 상환청구사채의 상환을 요구할 수 있는 권리인 상환청구권이 첨가된 사채를 말한다. 따라서 상환청구사채는 일반사채와 상환청구권이 결합된 혼성증권으로 간주할 수 있다.

상환청구사채를 보유한 투자자는 금리가 상승하여 채권가격이 하락하면 상환청구권을 행사하여 회수한 자금을 높은 이자율로 재투자할 수 있고, 발행자의 신용도가 급락하면 원리금을 조기에 회수할 수 있다. 상환청구권은 일반사채를 기초자산으로 하고 상환청구가격을 행사가격으로 하는 풋옵션으로 볼 수 있다.

▌그림 9-2 ▌ 상환청구사채의 가치와 풋옵션

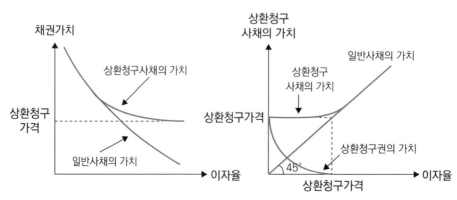

6. 주식과 채권의 비교

주식회사가 장기자금을 조달하기 위해 발행하는 증권에는 채권(채무증권)과 주식(지분증권)이 있다. 주주는 주주총회의 의사결정에 참여할 수 있는 반면에 채권투자자는 주주총회에 참여할 수 없다. 주식과 채권은 간접금융이 아닌 직접적인 자금조달수단이라는 점에서 서로 같지만 근본적인 성격은 전혀 다르다.

첫째, 자본조달방법에서 주식은 자기자본의 조달인 반면에 채권은 타인자본의 조달이다. 따라서 주식에 의한 자본조달은 재무상태표의 자본항목에 표시되지만 채권에 의한 자본조달은 부채항목에 표시된다. 증권소유자의 입장에서 주식은 주주로서의 권리를 나타내는 반면에 채권은 채권자로서의 권리를 나타낸다.

둘째, 증권소유로부터 발생하는 권리의 측면에서 주주는 회사의 경영성과에 따라 배당금을 받지만, 채권의 소유자는 회사의 경영성과에 관계없이 확정된 원금과 이자를 수령한다. 주식은 발행회사와 존속을 같이 하는 영구증권이지만 채권은 원리금의 상환기간을 시장상황에 따라 조정할 수 있는 기한부증권이다.

┃표 9-4┃ 주식과 채권의 비교

구 분	주식(stock)	채권(bond)
자금조달	자기자본(직접금융)	타인자본(직접금융)
증권성격	출자증권	대부증권
투 자 자	주주(경영참여 가능)	채권자(경영참여 불가)
반대급부	배당소득	이자소득
상환여부	상환없음(예외 : 상환주)	만기상환(예외 : 영구채)
존속기간	영구증권	기한부증권

제2절 채권의 가치평가

1. 채권의 가치평가

채권의 가치는 채권투자자가 채권을 보유한 경우에 얻게 될 미래의 현금흐름(이자와 원금)을 적절한 할인율(시장이자율 또는 채권수익률)로 할인한 현재가치를 말한다. 채권은 발행조건이 매우 다양하여 간단하게 분류하기는 쉽지 않지만 표면이자율과 만기의 유무에 따라 이표채, 무이표채, 영구채로 구분된다.

(1) 이표채

이표채(coupon bond)는 만기와 표면이자율이 정해져 있어 만기일까지 매년 말에 정해진 약정이자(=액면가액×표면이자율)를 지급하고, 만기일에는 원금(액면가액)을 상환하는 채권을 말한다. 따라서 매년 말에 적용될 시장이자율이 일정하다고 가정할 경우에 이표채의 가치는 다음과 같이 평가할 수 있다.

$$P_0 = \frac{I}{(1+r)^1} + \frac{I}{(1+r)^2} + \cdots + \frac{I+F}{(1+r)^n} = \sum_{t=1}^{n} \frac{I}{(1+r)^t} + \frac{F}{(1+r)^n} \qquad (9.1)$$

식(9.1)에서 할인율 r은 투자자들이 해당 채권에 대하여 요구하는 수익률을 나타내며, 이를 시장이자율이라고 한다. 이표채는 식(9.1)에서처럼 확정된 약정이자를 지급하기 때문에 확정이자채권이라고 하며 표면이자율과 시장이자율의 관계에 따라서 다음과 같이 할증발행, 액면발행, 할인발행으로 구분된다.

┃표 9-5┃ 이표채의 종류

구 분	표면이자율과 시장이자율의 관계	액면가액과 시장가격의 관계
할증발행	표면이자율 > 시장이자율	액면가액 < 시장가격
액면발행	표면이자율 = 시장이자율	액면가액 = 시장가격
할인발행	표면이자율 < 시장이자율	액면가액 > 시장가격

●― 예제 9-1   이표채의 가치

한국기업은 액면가액이 10,000원이고, 표면이자율이 연10%이며, 이자를 매년 말에 지급하는 3년 만기 채권을 발행하고자 한다. 시장이자율이 8%, 10%, 12%일 경우에 한국기업이 발행한 이표채의 가치를 계산하시오.

풀이

1. 시장이자율이 8%인 경우

$$P_0 = \frac{1,000}{(1+0.08)^1} + \frac{1,000}{(1+0.08)^2} + \frac{11,000}{(1+0.08)^3} \rightarrow \therefore P = 10,515$$

2. 시장이자율이 10%인 경우

$$P_0 = \frac{1,000}{(1+0.10)^1} + \frac{1,000}{(1+0.10)^2} + \frac{11,000}{(1+0.10)^3} \rightarrow \therefore P = 10,000$$

3. 시장이자율이 12%인 경우

$$P_0 = \frac{1,000}{(1+0.12)^1} + \frac{1,000}{(1+0.12)^2} + \frac{11,000}{(1+0.12)^3} \rightarrow \therefore P = 9,520$$

(2) 무이표채

무이표채(zero coupon bond)는 표면이자율이 0%인 채권, 즉 채권의 만기일까지 이자지급은 없고 만기일에 원금(액면가액)만 상환하는 채권으로 항상 할인발행되기 때문에 순수할인채(pure discount bond)라고도 한다. 따라서 만기가 n이고 액면가액이 F인 무이표채의 가치는 다음과 같이 평가할 수 있다.

$$P_0 = \frac{F}{(1+r)^n} \tag{9.2}$$

(3) 영구채(perpetual bond)

영구채(consol)는 만기가 무한대인 채권, 즉 원금을 상환하지 않고 매년 말에 약정이자만 영구적으로 지급할 수 있다. 주식과 채권의 중간 성격을 띠고 있어 신종자본증권(hybrid bond)으로도 불린다. 따라서 매년 말에 I만큼씩의 약정이자를 영구히 지급하는 영구채의 가치는 다음과 같이 평가할 수 있다.

$$P_0 = \frac{I}{(1+r)^1} + \frac{I}{(1+r)^2} + \cdots + \frac{I}{(1+r)^\infty} = \frac{I}{r} \tag{9.3}$$

2. 채권가격의 특성

일반적으로 채권가격은 시장이자율, 만기, 표면이자율에 의해 결정된다. 이러한 요인을 기초로 Malkiel(1962)은 채권수익률과 채권가격간에는 다음과 같은 관계가 성립한다는 채권가격정리(bond price theorem)를 제시하였다. 채권가격은 시장이자율과 반비례의 관계에 있어 원점에 대해 볼록한 곡선으로 나타난다.

(1) 채권가격과 시장이자율

채권가격은 시장이자율과 반비례 관계에 있어서 시장이자율이 하락하면 채권가격은 상승하고 시장이자율이 상승하면 채권가격은 하락한다. 따라서 시장이자율이 하락할 것으로 예상되면 채권투자(매입)을 늘리고 이자율이 상승할 것으로 예상되면 공매의 방법을 사용하는 것이 유리하다.

시장이자율의 변동폭이 동일할 경우 이자율의 하락으로 인한 채권가격의 상승폭은 이자율의 상승으로 인한 채권가격의 하락폭보다 크게 나타난다. 따라서 이자율이 하락하면 채권가격이 상승하여 채권투자성과가 크게 나타나므로 더욱 많은 채권을 매입하는 것이 유리하다고 할 수 있다.

┃그림 9-3┃ 시장이자율과 채권가격의 관계

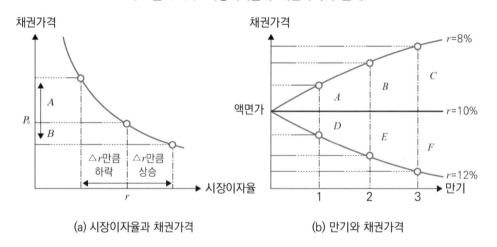

(a) 시장이자율과 채권가격   (b) 만기와 채권가격

(2) 채권가격과 만기

다른 조건이 동일하면 채권의 만기가 길수록 일정한 이자율변동에 따른 채권가격의

변동폭이 크게 나타난다. 따라서 이자율이 하락할 것으로 예상되면 장기채에 대한 투자를 증가시켜 시세차익을 극대화시키고, 이자율이 상승할 것으로 예상되면 보유하고 있는 채권을 다른 채권으로 교체하는 매매전략이 유리하다.

이자율의 변동에 따른 채권가격의 변동폭은 만기가 길수록 증가하나 만기 한 단위 증가에 따른 채권가격의 변동폭은 감소한다. 따라서 시세차익을 높이려면 만기가 긴 장기채를 많이 보유하지 않는 것이 유리하다고 할 수 있다. 또한 잔존만기가 감소할수록 만기 한 단위 감소에 따른 채권가격의 상승폭은 커진다.

(3) 채권가격과 표면이자율

다른 조건이 동일하면 일정한 이자율변동에 대해서 표면이자율이 낮을수록 채권가격의 변동폭이 크게 나타난다. 따라서 채권에 투자하여 높은 매매차익을 얻기 위해서는 표면이자율이 낮은 채권이 유리하다. 요컨대 일정한 이자율변동에 대해 표면이자율이 0%인 순수할인채의 가격변동폭이 가장 크게 나타난다.

3. 채권수익률의 정의

채권수익률은 채권에 투자해서 얻을 수 있는 투자수익률로 채권발행자의 원리금 상환능력 및 시장상황에 따라 다양하게 형성된다. 채권수익률은 채권에 투자한 금액과 채권을 만기일까지 보유할 경우 얻게 될 원리금의 현재가치를 일치시키는 할인율을 말한다. 즉 식(9.4)를 만족시켜 주는 r이 채권수익률이다.

$$P_0 = \sum_{t=1}^{n} \frac{I}{(1+r)^t} + \frac{F}{(1+r)^n} \tag{9.4}$$

채권의 액면가액이 10,000원, 표면이자율이 10%, 만기가 2년인 채권의 시장가격이 9,662원일 경우에 만기수익률은 다음과 같이 구할 수 있다.

$$9,662 = \frac{1,000}{(1+r)^1} + \frac{11,000}{(1+r)^2} \rightarrow \therefore r = 12\%$$

채권수익률은 채권의 투자금액과 투자한 채권의 미래현금흐름의 현재가치 사이에서 산출되는 것으로 사용하는 관점에 따라 시장에서 여러 가지 수익률 개념으로 호칭되어 투자수익률, 시장수익률, 유통수익률, 내부수익률(IRR : internal rate of return), 만기수익률(YTM : yield to maturity)이라고도 한다.

채권수익률은 동전의 앞뒷면처럼 수익률과 할인율 두 가지 개념으로 모두 사용된다. 수익률은 현재의 투자금액에 대해 미래에 발생하는 수익의 비율을 말하고, 할인율은 미래가치를 현재가치로 환산하는데 사용되나, 현재가치와 미래가치가 서로 불가분의 관계를 갖고 있어 보통 이자율로 통칭되어 사용된다.

만기수익률은 투자자가 채권을 현재의 시장가격으로 매입해서 만기일까지 보유하고, 약속된 이자와 원금을 약정대로 지급받으며, 매기 수령하는 이자를 만기일까지 만기수익률로 재투자한다고 가정할 경우 얻을 수 있는 연평균투자수익률을 말한다. 따라서 채권투자에 따른 내부수익률(IRR)과 동일한 개념이다.

따라서 채권을 현재시점에서 9,662원에 매입하여 약속대로 1년 후에 이자 1,000원과 2년 후에 이자와 원금 11,000원을 지급받고, 1년 후에 수령하는 이자 1,000원을 2년 후까지 12%의 수익률로 재투자한다고 가정할 경우에 채권에 투자하는 2년 동안 연평균 12%의 수익률을 달성할 수 있다는 의미이다.[1]

4. 듀레이션의 정의

듀레이션(D : duration)은 McCaulay가 금리변화에 따른 채권가격의 민감도를 측정하기 위해 고안했으며 채권투자에서 발생하는 현금흐름을 회수하는데 걸리는 평균기간을 말하며, 각 기간별 현금흐름의 현재가치가 전체 현금흐름의 현재가치에서 차지하는 비율을 가중치로 하여 현금흐름이 발생하는 기간을 곱해 산출한다.

$$D = \sum_{t=1}^{n} t \times \frac{\dfrac{C_t}{(1+r)^t}}{\sum_{t=1}^{n} \dfrac{C_t}{(1+r)^t}} = \sum_{t=1}^{n} t \times \frac{\dfrac{C_t}{(1+r)^t}}{P_0} \tag{9.5}$$

---

1) 만기수익률이 갖는 의미는 다음과 같이 확인할 수 있다.
   $1,000(1+0.12)+11,000 = 9,662(1+r)^2 \rightarrow \therefore r = 12\%$

● 예제 9-2　　듀레이션의 계산

연세기업은 액면가액이 10,000원이고 표면이자율이 연 12% 이자후급이며 만기 3년의 채권을 발행하였다. 시장이자율을 10%로 가정하여 연세기업이 발행한 채권의 시장가격과 듀레이션을 계산하시오.

풀이

1. 채권의 시장가격

$$P_0 = \frac{1,200}{(1+0.10)^1} + \frac{1,200}{(1+0.10)^2} + \frac{11,200}{(1+0.10)^3} = 10,497$$

2. 채권의 듀레이션

기간	C	PVIF(10%)	C의 현재가치	가중치	가중치×기간
1	1,200	0.9091	1,090.92	0.1039	0.1039
2	1,200	0.8265	991.80	0.0945	0.1890
3	11,200	0.7513	8,414.56	0.8016	2.4049
합계			P=10,497.28		D=2.6977

$$D = [1 \times \frac{1,200}{(1.1)^1} + 2 \times \frac{1,200}{(1.1)^2} + 3 \times \frac{11,200}{(1.1)^3}]\frac{1}{10,497.28} = 2.6977년$$

이표채에 투자하면 전체현금의 일부가 이자를 통해 만기 전에 회수되어 이표채의 듀레이션은 만기보다 짧다. 무이표채에 투자하면 현금흐름이 만기에만 발생하여 무이표채의 듀레이션은 만기와 같다. 만기가 무한대인 영구채의 듀레이션은 시장이자율이 변동하지 않는다면 시간의 경과에 관계없이 일정한 값을 갖는다.

시장이자율이 변화하면 채권가격이 변화하게 되는데, 일정한 이자율 변화에 대해 채권가격이 어느 정도 변화할 것인가는 채권가격의 이자율탄력성을 이용하여 측정할 수 있다. 시장이자율의 변화에 따른 채권가격의 변화정도를 측정하는 채권가격의 이자율탄력성(ε)은 다음과 같이 듀레이션을 이용하여 구할 수 있다.

$$\varepsilon = \frac{dP_0/P_0}{dr/r} = -(\frac{r}{1+r})D \tag{9.6}$$

식(9.6)에서 채권가격의 이자율탄력성은 음수(−)로 나타나는데, 이는 채권가격의 변화가 시장이자율의 변화와 반비례관계에 있음을 의미한다. 또한 듀레이션이 길수록 채권가격의 이자율탄력성이 크게 나타나는데, 이는 듀레이션이 긴 채권이 일정한 시장이자율의 변화에 따른 채권가격의 변화율이 큰 채권임을 의미한다.

다른 조건이 동일하면 만기가 길수록, 표면이자율과 만기수익률이 낮을수록 채권가격의 변동위험이 크게 나타난다. 따라서 금리하락이 예상되면 만기가 길고 표면이자율이 낮은 채권을 매입하여 자본이득을 극대화하고, 금리상승이 예상되면 만기가 짧고 표면이자율이 높은 채권을 매입하면 자본손실을 극소화할 수 있다.

이자율의 변화가 작을 경우에는 듀레이션에 의해 측정되는 접선상의 채권가격과 실제 채권가격이 거의 동일하여 듀레이션이 채권가격의 변화를 측정하는 유용한 수단이 될 수 있다. 그러나 이자율의 변화가 클 경우에는 듀레이션에 의해 예측된 채권가격과 실제 채권가격간의 오차가 발생하여 볼록성을 추가로 고려해야 한다.

볼록성(convexity)은 시장이자율과 채권가격간의 관계를 나타내는 채권가격선의 볼록한 정도를 말한다. 수학적으로는 이자율의 변화에 따른 채권가격선의 기울기의 변화율을 나타내며 채권가격을 이자율로 2차 미분한 값에 해당한다. 따라서 볼록성을 고려하면 듀레이션에 의해 예측된 채권가격의 오차문제를 해결할 수 있다.

┃그림 9-4┃ 듀레이션과 채권가격의 변화

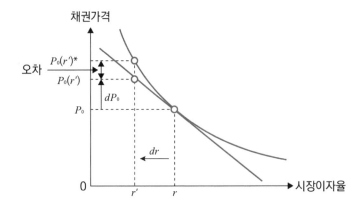

● 예제 9-3   듀레이션을 이용한 채권가격의 변화

한국기업은 액면가액이 10,000원이고 표면이자율 연 10% 이자후급이며 만기 3년의 채권을 발행하고자 한다. 시장이자율을 8%로 가정하여 다음 물음에 답하시오.

1. 한국기업이 발행하는 채권의 시장가격을 계산하시오.

2. 한국기업이 발행하는 채권의 듀레이션을 계산하시오.

3. 시장이자율이 8%에서 10%로 상승할 경우 채권의 가격은 얼마나 변화하는가?

4. 한국기업이 발행하는 채권의 새로운 가격을 계산하시오.

5. 시장이자율이 10%일 때 실제 채권가격을 계산하고 4의 결과와 비교하시오.

풀이

1. 한국기업이 발행하는 채권의 시장가격은 다음과 같이 구할 수 있다.

$$P_0 = \frac{1,000}{(1+0.08)^1} + \frac{1,000}{(1+0.08)^2} + \frac{11,000}{(1+0.08)^3} = 10,515.42원$$

2. 한국기업이 발행하는 채권의 듀레이션은 다음과 같이 구할 수 있다.

$$D = [1 \times \frac{1,000}{(1.08)^1} + 2 \times \frac{1,000}{(1.08)^2} + 3 \times \frac{11,000}{(1.08)^3}] \frac{1}{10,515.42} = 2.74년$$

3. $dP_0 = -\frac{D}{1+r} \times dr \times P_0 = -\frac{2.74}{1.08} \times (0.02) \times (10,515.42) = -533.56원$

4. 3으로부터 한국기업 채권의 새로운 가격은 다음과 같이 구할 수 있다.

$$P_0 = 10,515.42 - 533.56 = 9,981.86원$$

5. 시장이자율이 10%일 때 실제 채권가격은 다음과 같이 구할 수 있다.

$$P_0 = \frac{1,000}{(1+0.1)^1} + \frac{1,000}{(1+0.10)^2} + \frac{11,000}{(1+0.10)^3} = 10,000$$

4의 결과와 비교하면 듀레이션으로 측정된 채권가격이 실제 채권가격보다 적다. 이는 채권가격과 채권수익률의 관계가 선형이 아닌 원점에 볼록한 형태를 가지고 있기 때문이다.

5. 채권수익률의 위험구조

채권은 지급이자와 원금상환이 계약에 의해 정해진 확정소득증권이지만 발행자의

경영위험과 재무위험으로 원리금을 지급할 수 없는 경우도 있고 수의상환가능성과 같이 불확실성을 내포할 수 있다. 채권수익률의 위험구조는 채권발행자나 발행조건이 달라짐에 따라서 나타나는 채권수익률의 체계적 차이를 말한다.

(1) 체계적 위험

① 이자율변동위험

이자율변동위험은 채권에 투자하는 기간 동안 시장이자율이 변동하여 투자종료시점의 투자수익이 채권매입시점에 예상했던 것과 일치하지 않을 가능성을 말한다. 채권투자에 따른 수익은 투자기간에 수령하는 액면이자에 대한 재투자수익과 투자종료시점에 채권을 처분하여 수령하는 채권가격의 합으로 구성된다.

이자율변동위험은 재투자수익위험과 가격위험으로 구분된다. 재투자수익위험은 이자율이 변동하면 투자기간에 수령하는 이자를 재투자해서 얻게 될 수익이 예상했던 것과 달라질 수 있는 가능성을 말하고, 가격위험은 투자종료시점에 채권을 처분해서 받게 될 가격이 기대했던 것과 달라질 수 있는 가능성을 말한다.

이자율변동은 재투자수익위험과 가격위험에 상반된 영향을 미친다. 이자율이 상승하면 이자의 재투자로부터 얻는 재투자수익은 증가하지만 채권을 처분해서 받는 가격은 예상보다 하락한다. 이자율이 하락하면 이자의 재투자로부터 얻는 재투자수익은 감소하지만 채권을 처분해서 받는 가격은 예상보다 상승한다.

‖그림 9-5‖ 채권투자시 가격위험과 재투자수익위험

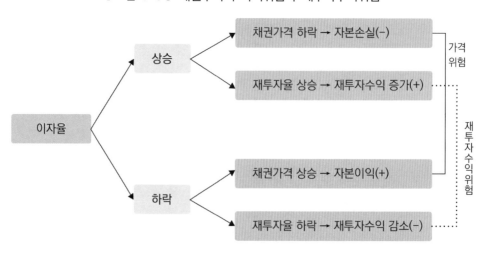

② 인플레이션위험

인플레이션위험(inflation risk)은 물가상승으로 인해 채권의 실질수익률이 하락하는 위험을 말한다. 채권수익률은 실질이자율과 기대인플레이션율의 합으로 결정된다. 미래에 예상되는 인플레이션율이 높을수록 실질수익률이 하락할 가능성이 증가하기 때문에 채권의 명목수익률은 상승하고 채권가격은 하락한다.

(2) 비체계적 위험

① 채무불이행위험

채무불이행위험(default risk)은 채권발행자가 원리금을 약정대로 지급하지 못할 가능성으로 지급불능위험이라고도 한다. 채무불이행위험이 높을수록 약속수익률이 실현되지 않을 가능성이 높아 채권투자자들은 불확실성에 따른 위험프리미엄을 요구하게 되어 채권의 명목수익률은 상승하고 채권가격은 하락한다.

채무불이행위험은 신용평가기관의 채권평정으로 측정된다. 채권평정은 채권등급을 평가하는 전문기관이 채권발행자의 신용도와 채무불이행의 가능성을 평가하여 그 정도에 따라 채권의 등급을 결정하는 것으로 질적 평정(quality rating)이라고도 한다. 따라서 신용등급이 낮은 채권일수록 채무불이행위험이 크다.

② 수의상환위험

수의상환위험은 채권발행자가 만기 전 약정가격에 채권을 매입할 수 있는 수의상환권을 가질 때 발생한다. 수의상환권이 있는 채권은 수의상환권이 없는 채권보다 약속수익률을 달성하지 못할 수 있어 투자자들은 불확실성에 따른 위험프리미엄을 요구하여 채권의 명목수익률은 상승하고 채권가격은 하락한다.

③ 유동성위험

유동성위험(liquidity risk)은 시장성이 부족하여 채권을 적절한 가격으로 단시일에 매각할 수 없는 위험으로 환금성위험이라고도 한다. 투자자들은 보유한 채권을 채권시장에서 적정한 가격으로 매각할 수 없으면 유동성 부족에 대한 위험프리미엄을 요구하여 채권의 명목수익률은 상승하고 채권가격은 하락한다.

채권의 발행시장

1. 발행시장의 정의

채권의 발행시장은 정부나 기업 등 발행자가 채권을 발행하여 투자자에게 이를 제공하고 자금을 공급받은 제1차 시장(primary market)으로 투자자의 여유자금을 정부나 기업 등이 필요로 하는 재정정책의 재원 및 산업자금으로 전환하며 발행주체를 기준으로 국공채, 특수채, 회사채시장으로 크게 나눌 수 있다.

채권은 직접 발행되는 경우도 있지만 유가증권의 인수업무를 고유업무로 영위하는 금융투자회사를 통해 공모로 발행된다. 채권의 발행은 발행요건이 관련 법률에 의해 엄격히 제한되어 국채는 국회의 사전의결을 얻어야 하고, 회사채는 금융위원회가 증권신고서를 수리하여 효력이 발생한 다음에 발행할 수 있다.

┃표 9-6┃ 주요 채권의 발행기관 및 발행한도

구분	발행기관	발행근거법	발행한도
국 고 채 권	정부	국채법	국회동의 한도 이내
국 민 주 택 채 권	정부	주택도시기금법	국회동의 한도 이내
재 정 증 권	정부	국고금관리법	국회동의 한도 이내
통 화 안 전 증 권	한국은행	한국은행 통화안정증권법	금융통화위원회가 정하는 한도 이내
은 행 채	은행	은행법	자기자본의 5배 이내
회 사 채	주식회사	상법	없음[1]
산 업 금 융 채 권	한국산업은행	한국산업은행법	자본금 및 적립금 30배 이내
한 국 전 력 채 권	한국전력공사	한국전력공사법	자본금 및 적립금 2배 이내
예 금 보 험 기 금 채 권 상 환 기 금 채 권	예금보험공사	예금자보호법	국회동의[2] 한도 이내
부실채권정리기금채권	한국자산관리공사	한국자산관리공사법[3]	국회동의[2] 한도 이내

주 : 1) 2012년 4월부터 발행한도가 폐지되었음
　　 2) 통상적으로 정부보증에 의해 발행되며 이 경우 국회동의가 필요함
　　 3) 정식명칭은 「한국자산관리공사의 설립 등에 관한 법률」임

(1) 국채

국채는 국고채권, 재정증권, 국민주택채권(1종), 보상채권 등 자금용도에 따라 4가지 종류로 나누어지며 종목에 따라서 발행방식과 이자지급방식이 서로 다르다. 국채의 종류 및 발행 관련법률, 발행목적, 발행조건(발행방법, 표면금리, 이자지급방식, 발행만기)는 [표 9-7]에 제시되어 있다.[2]

┃표 9-7┃ 국채의 종류 및 발행조건

구분	관련법률	발행목적	발행조건			
			발행방법	표면금리	금리지급	만기
국고채권	국채법	회계·기금에의 자금 예탁	경쟁입찰	입찰시 결정	이표채 (매6개월)	2~50년
국고채권 (물가연동)	국채법	회계·기금에의 자금 예탁	경쟁입찰	입찰시 결정	이표채 (매6개월)	10년
재정증권	국고금관리법	재정부족자금 일시 보전	경쟁입찰	낙찰 할인율	할인	1년 이내[1]
국민주택채권 (1종)[2]	주택도시기금법	국민주택건설 재원 조달	첨가소화	1.00%[3]	연단위 복리후급	5년
보상채권	공익사업을 위한토지등의취득및보상에관한법률	용지보상비	교부발행	실세금리[4]	연단위 복리후급	5년 이내[5]

주 : 1) 실제로는 통상 3개월 이내로 발행
  2) 국민주택채권 제2종은 2013년 5월 폐지, 제3종은 2006년 2월 폐지
  3) 2021년 8월 기준
  4) 시중은행 3년 만기 정기예금 금리
  5) 실제로는 3년 만기로 발행

국채는 국채법에 따라 기획재정부장관이 중앙정부의 각 부처로부터 발행요청을 받아 발행계획안을 작성한 후 국회 심의 및 의결을 거쳐 발행된다. 국채발행규모는 국회

---

2) 한국은행, 한국의 금융시장, 2021, 172-179쪽.

동의를 받은 한도 내에서 정부가 결정하며 공개시장의 발행을 원칙으로 한다. 현재 국민
주택채권을 제외한 국채의 발행사무는 한국은행이 대행한다.

국고채의 경우 통상 낙찰금액 납입일 1영업일 전에 국고채전문딜러를 대상으로 BOK-
Wire+를 통해 경쟁입찰로 발행된다. 다만 재정증권의 경우에는 국고채전문딜러, 통화안
정증권 경쟁입찰 대상기관, 국고금운용기관 등을 대상으로 발행되고 있다. 국고채 입찰
은 수요자의 예측성을 제고하기 위해 정례 실시된다.

2년 만기 국고채는 매월 둘째 화요일, 3년 만기 국고채는 매월 둘째 월요일, 5년 만
기 국고채는 매월 넷째 월요일, 10년 만기 국고채는 매월 셋째 월요일, 30년 만기 국고채
는 매월 첫째 월요일, 50년 만기 국고채는 격월(짝수월) 둘째 금요일, 물가연동국고채는
격월(짝수월) 셋째 금요일이 정기 입찰일이다.

선매출의 경우에는 오전 9:40~11:00까지, 본매출의 경우에는 10:40~11:00까지 20분
간 진행된다. 국고채의 교부와 낙찰금액 납입은 입찰일 다음 영업일에 주로 이루어지며
낙찰금액이 납입되면 한국은행이 한국예탁결제원에 일괄등록을 통보하고 채권을 계좌대
체함으로써 국고채의 발행절차가 종료된다.

┃표 9-8┃ 국채의 발행절차

① 국채발행계획안 작성 및 조정	각 부처는 예산요구서에 국채발행계획을 포함하여 기획재정부장관에 제출 기획재정부는 해당부처와 협의하여 국채발행계획안 작성
② 국채발행동의안 국무회의 심의	기획재정부는 국채발행동의안을 국무회의에 상정하여 심의
③ 국회 제출	국무회의 심의후 대통령 재가를 얻어 동의안을 국회에 제출
④ 국회 심의·통보	국회는 상임위 심의를 거쳐 본회의에서 심의·의결 후 정부에 통보
⑤ 국채발행계획 수립	정부는 국채발행일정 등 계획을 수립
⑥ 국채발행	국채발행계획에 따라 국채발행 대행기관을 통해 발행
⑦ 발행대금 세입조치	판매 또는 인수된 국채의 발행대금은 한국은행의 정부예금계정에 입금

┃그림 9–6┃ 국고채 발행메커니즘

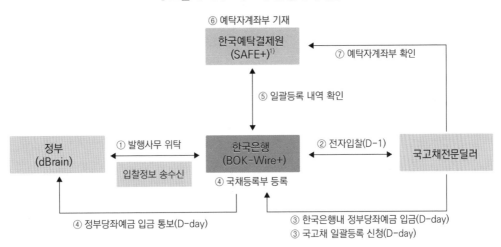

주 : 1) 증권대체 등을 처리하는 한국예탁결제원의 통합업무시스템
자료 : 기획재정부 「2020 국채」

(2) 회사채

발행회사는 증권회사를 선정하여 발행사무를 위임하며 인수기관은 발행 회사채를 총액인수한 후 당일 매수자(기관투자자)에게 매출한다. 증권회사는 금융투자협회 K–Bond 시스템 및 FAX 접수를 통해 수요예측을 진행하고 수요예측 결과에 따라 발행 사채의 수량, 가격, 매수자를 발행기업과 협의하여 최종 결정한다.[3]

매수자는 지정된 청약일에 증권회사에 청약서를 제출하고 수탁은행에 청약내용을

┃그림 9–7┃ 회사채 발행메커니즘

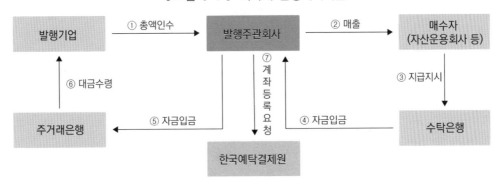

---

3) 한국은행, 한국의 금융시장, 2021, 182–183쪽.

통보하여 발행주관회사에 대금지급을 지시하며, 발행주관회사는 청약당일에 발행자금을 발행기업의 주거래은행에 입금한다. 한편 회사채의 인수도는 증권회사가 회사채를 매수자 명의로 한국예탁결제원에 개설된 계좌에 등록하면 종료된다.

　　원금상환 및 이자지급은 발행기업과 예탁결제원, 원리금지급 대행은행 및 채권교환 대행은행, 원리금상환 대행 증권회사를 통해 이루어진다. 예탁결제원은 원리금 지급 10일 전 원리금지급 대행은행에 지급기일 도래를 알리고 지급일 전일에 만기 회사채나 이표를 채권교환 대행은행을 통해 교환 청구한다. 지급일 전일 발행기업이 원리금지급 대행은행에 입금한 원리금은 채권교환 대행은행을 통해 원리금상환 대행 증권회사로 입금되고, 회사채 보유자는 증권회사에서 원리금을 회수한다.

┃ 그림 9-8 ┃ 회사채 상환메커니즘

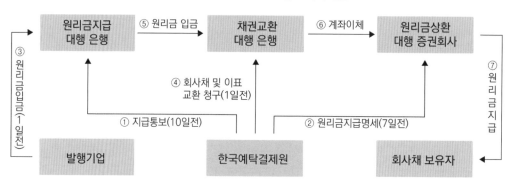

2. 발행시장의 구조

　　채권의 발행시장은 채권을 발행하여 자금을 조달하는 발행자(자금수요자), 발행자와 투자자 사이에서 채권발행에 따른 제반 업무를 수행하고 이에 따른 위험부담과 판매기능을 담당하는 전문 발행중개기관, 투자자(자금공급자)로 구성된다. 따라서 채권의 발행시장 구조는 [그림 9-9]와 같이 제시할 수 있다.

┃그림 9-9┃ 발행시장의 구조

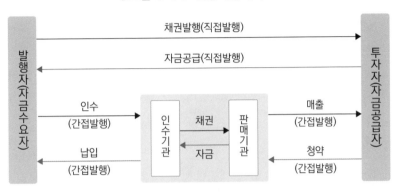

(1) 발행자

채권발행자는 채권을 발행하여 자금을 조달하는 주체로서 정부, 지방자치단체, 특별법에 의해 설립된 법인, 금융기관, 주식회사가 있다. 채권발행자는 투자자가 채권투자전략을 수립하는데 미치는 영향 때문에 중요한 의미를 갖는다. 이는 채권의 발행조건과 투자위험이 발행자에 따라 달라질 수 있기 때문이다.

┃표 9-9┃ 채권의 종류별 발행규모

(단위 : 조원)

구분	2005	2010	2015	2017	2019	2020	2021.상
국 채[1]	87.0	86.7	164.0	123.1	165.8	238.4	145.2
(국 고 채)[2]	62.6	77.7	109.3	100.8	101.7	174.5	109.4
지 방 채[3]	2.2	4.2	6.0	3.5	4.5	7.8	3.2
특 수 채[4]	22.1	66.2	35.7	33.1	37.1	45.4	18.5
통화안정증권	165.1	248.2	191.5	163.7	118.2	144.1	68.2
금 융 채[5]	84.4	109.7	142.5	171.1	191.5	235.3	119.6
회 사 채	39.0	56.9	53.6	47.3	60.3	62.9	38.2
(A B S)	16.8	11.1	19.5	15.0	15.0	20.9	7.4
합 계	399.8	571.9	593.3	541.8	577.4	733.9	392.9

주 : 1) 국고채, 재정증권, 국민주택채권(1종, 2종, 3종) 등
　　 2) 양곡기금채권(2000년 1월 이후) 및 외국환 평형기금채권(2003년 11월 이후) 포함
　　 3) 도시철도채권, 지역개발채권 등
　　 4) 공사채, 예금보험기금채권, 한국전력채권 등
　　 5) 산업금융채권, 중소기업금융채권, 은행채, 여신전문금융기관 회사채 등
자료 : 한국은행, 금융감독원, 한국예탁결제원

(2) 발행기관

채권의 발행기관은 자금의 수요자인 채권발행자와 자금의 공급자인 채권투자자 사이에서 채권발행에 따른 제반 업무를 수행하고 이에 따른 위험부담 및 채권의 판매기능을 담당하는 전문 중개기관을 말한다. 채권의 발행기관은 수행하는 역할에 따라서 주관회사, 인수기관, 청약기관으로 구분할 수 있다.

① 주관회사

주관회사는 인수기관을 대표하여 채권발행의 타당성, 소화가능, 발행시기, 발행조건 등을 결정하며 채권발행에 대한 모든 업무를 총괄하는 기관이다. 채권발행의 규모가 크면 간사단을 구성하여 공동으로 주관업무를 수행하는데, 주관회사를 대표하는 회사를 대표주관회사, 기타 주관회사를 공동주관회사라고 한다.

② 인수기관

인수기관은 대표주관회사가 지정한 기관으로 주관회사와 협의하여 발행된 채권을 직접 매입하여 인수하는 기관을 말한다. 인수기관은 인수한 채권을 직접 보유할 수도 있고 일반투자자나 청약기관에 매도하는 판매자의 역할을 수행한다. 현재 주관회사의 자격을 지닌 금융기관에는 금융투자회사와 산업은행이 있다.

③ 청약기관

청약기관은 신규로 발행된 채권을 매입하고자 하는 불특정 다수의 투자자에 대한 청약업무만를 대행해주는 기관으로 인수기관과 달리 이들에게 할당된 채권을 매각함으로써 판매액에 대한 일정한 수수료를 수령한다. 일반적으로 청약업무는 인수업무를 허가받은 금융투자회사의 본점과 지점을 통해 이루어지고 있다.

(3) 투자자

채권투자자는 채권발행시장에서 모집·매출되는 채권의 청약에 응하여 채권발행자가 발행하는 채권을 취득하는 자를 말하며, 전문적인 지식과 대규모의 자금을 운용하며 법인형태를 취하는 기관투자자와 개인자격으로 자산운용을 목적으로 채권에 투자하는 개인투자자가 있다. 우리나라는 기관투자가의 비중이 높다.

3. 채권의 발행방법

채권의 발행방법은 앞에서 서술한 주식의 발행방법을 준용한다. 채권의 발행방법은 채권투자자를 모집하는 대상범위에 따라 공모발행과 사모발행으로 구분된다. 채권의 공모발행은 발행기관의 채권발행업무 대행 여부 및 미발행채권에 대한 위험부담 귀속여부에 따라 직접발행과 간접발행으로 나누어진다.

(1) 공모발행

공모발행은 불특정다수 50인 이상의 투자자를 대상으로 채권을 발행하는 방법을 말한다. 직접발행은 채권발행에 따른 위험을 발행자 또는 발행기업이 부담하는 반면에, 간접발행은 인수기관이 발행자로부터 발행채권의 전부 또는 일부를 인수하여 발행위험을 부담하고 사무를 직접 담당하는 경우를 말한다.

┃그림 9-10┃ 공모에 의한 채권의 발행방식

① 직접발행

채권의 직접발행은 채권의 발행주체가 자기 명의로 채권발행에 따른 제반위험을 부담하고 발행업무를 모두 담당하여 발행하는 방법을 말하며, 직접모집 또는 자기모집이라고도 한다. 직접발행은 채권의 발행조건을 발행하기 전에 미리 결정하고 발행하는지의 여부에 따라 매출발행과 입찰발행으로 구분된다.

㉠ 매출발행

매출발행은 채권발행액을 미리 확정하지 않고 일정기간 동안 투자자에게 채권을 판매하여 매도한 금액을 발행총액으로 하는 방법을 말한다. 우리나라 상법에서는 "주식회사는 사채전액의 납입이 완료된 후가 아니면 사채를 발행하지 못한다"라고 규정하여 매출발행에 의한 사채모집을 허용하지 않고 있다.

㉡ 입찰발행

경쟁입찰은 채권발행조건을 미리 정하지 않고 가격이나 수익률을 다수의 응찰자에게 입찰시켜 그 결과를 기준으로 발행조건을 정한다. 발행금리의 결정방식에 따라 복수금리결정방식, 단일금리결정방식, 차등가격낙찰방식으로 구분된다. 비경쟁입찰은 발행자가 발행조건을 결정한 후 응찰자가 입찰하는 방식이다.

② 간접발행

채권의 간접발행은 채권발행자가 모집, 매출을 직접 담당하는 것이 아니라 채권발행의 전문기관을 중개자로 개입시켜 중개기관이 불특정다수의 투자자들에게 채권을 발행하는 방법을 말한다. 채권의 간접발행은 발행총액 미달에 대한 역할부담의 정도에 따라 위탁모집, 잔액인수, 총액인수로 구분된다.

㉠ 위탁모집

위탁모집은 채권의 발행에 관한 제반업무를 인수기관에 위임하여 발행하는 방법으로 인수기관은 발행회사의 대리인 자격으로 또는 인수기관 자신의 명의로 채권을 발행하는 방법을 말한다. 이때 채권의 모집 또는 매출이 채권발행총액에 미달함으로써 발생하는 위험은 채권의 발행회사가 부담하게 된다.

㉡ 잔액인수

잔액인수는 채권을 발행하려는 기업은 채권발행업무 일체를 주관사와 인수기관에 위탁하고 주관사 회사는 발행회사의 명의로 채권을 모집 또는 매출하는 방법을 말한다. 이때 채권의 모집 또는 매출이 채권발행총액에 미달할 경우에는 인수기관이 그 잔액을 책임지고 인수한다는 계약에 의한 발행방법이다.

ⓒ 총액인수

총액인수는 채권발행업무의 일체를 인수기관이 처리하며 채권발행총액을 인수기관이 인수하여 인수기관의 책임하에 채권을 모집 또는 매출하는 방법을 말한다. 총액인수는 모집 또는 매출시 가격차에 의한 손익이 인수기관에 귀속되어 위험부담이 크다. 현재 무보증사채의 발행은 대부분 총액인수를 이용한다.

(2) 사모발행

사모발행은 채권의 발행기관이 직접 특정투자자와 사적인 교섭을 통하여 채권을 매각하는 방법을 말한다. 사모발행은 공모로 발행해도 인수기관을 찾을 수 없거나 단기운영자금 조달을 위해 소규모로 발행할 경우에 이용되며, 감독기관에 증권신고서 등을 제출하지 않아 신속하게 발행할 수 있다는 장점이 있다.

그러나 사모발행에 따른 발행금리는 금융투자협회에서 고시하는 최종호가수익률에 해당 회사의 신용등급에 따라 매수회사와 협의한 일정한 스프레드를 감안하여 결정되어 높은 금리로 발행된다. 우리나라에서 사모사채는 자금대출의 성격을 갖기 때문에 은행이나 보험회사를 상대로 발행하는 경우가 일반적이다.

제4절 채권의 유통시장

채권의 유통시장은 장내시장과 장외시장으로 구분된다. 장내시장에는 한국거래소 내에 국채전문유통시장, 환매조건부채권매매시장, 일반채권시장이 개설되어 있다. 장외시장은 거래소 이외의 곳에서 비조직적으로 거래되는 시장을 칭한다. 과거 대부분의 채권거래는 장외시장에서 단순중개를 통해 체결되었다.

1. 장내 채권시장

(1) 국채전문유통시장

국채전문유통시장은 1998년 재정경제부가 국채제도개선 및 채권시장 활성화방안에서 국채시장의 활성화를 위한 지표채권 육성 및 채권시장 하부구조 개선에 대해 언급하면서 본격적인 논의를 시작하여 1999년 3월 국채딜러간 경쟁매매를 위한 완전 전산화된 시스템 형식으로 개설되어 시장효율성도 향상되고 있다.

국채전문유통시장은 투명한 시장운영을 위해 시장상황이 정확히 반영되는 지표금리를 육성하여 합리적인 투자판단지표를 제공하고 다른 채권의 적정가격형성에 기여하며, 실제 거래정보를 기반으로 국채수익률이 실시간으로 제공되어 은행·기업 등 자금조달 및 채권투자시 지표금리로 국채금리의 활용도가 증대된다.

국채전문유통시장에 참여하는 국채딜러는 시장을 통하여 적시에 국채포지션을 조정함으로써 대고객거래에 대한 대응력을 높일 수 있고 딜링을 통해 합리적인 포트폴리오를 구축하고 효율적인 위험관리가 가능해진다. 따라서 국고채 인수부담이 경감되고 적극적인 입찰수요를 모집하여 원활한 시장소화가 가능해진다.

┃그림 9-11┃ 국채전문유통시장의 거래메커니즘

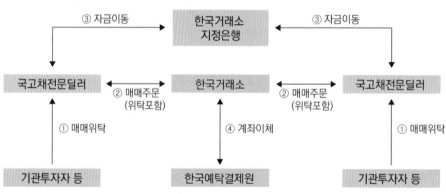

자료 : 한국은행, 한국의 금융시장, 2021, 188쪽.

국채전문유통시장의 주요 시장참가자에는 거래소의 채무증권전문회원 인가를 취득한 은행과 금융투자회사(국채딜러)가 있다. 딜러회사는 별도의 전산투자 없이 한국거래소가 개발한 매매프로그램을 거래담당자의 PC에 설치하고 인터넷을 통하여 한국거래소의 국채매매시스템(KTS)에 직접 접속하여 거래를 수행한다.

(2) 환매조건부채권매매시장

Repo거래(Repurchase Agreement Transaction)는 자본시장에서 현재시점(매매일)에 거래대상이 되는 유가증권을 매도(매수)함과 동시에 사전에 약정한 특정시점(환매일)에 동 증권을 환매수(환매도)하기로 하는 두개의 매매계약이 동시에 이루어지는 유가증권의 매도·매수계약, 즉 환매조건부채권매매 거래를 말한다.

RP는 딜러가 자금을 조달하기 위해 채권을 되살 것을 조건으로 매도하는 것을 말하고, reverse RP는 딜러가 자금을 공여하기 위해 일정기간 후 채권을 되팔 것을 조건으로 매입하는 것을 말한다. 채권, 주식, CP, CD, MBS 등과 같은 다양한 증권이 레포거래의 대상이 될 수 있으나 통상적으로 채권이 주류를 이룬다.

┃그림 9-12┃ 환매채(Repo)거래의 구조

(3) 일반채권시장

일반채권시장은 국채전문유통시장, Repo시장, 소액채권시장과 구별하기 위해 국채, 지방채, 특수채, 회사채 등 거래소에 상장된 채권이 거래되는 시장으로 회사채와 주권관련사채권(전환사채, 신주인수권부사채, 교환사채 등)의 거래가 많다. 전환사채의 매매는 공정한 가격형성을 위해 거래소시장을 통해야 한다.

일반채권시장의 참여에는 제한이 없으며, 거래소 회원이 아닌 투자자(개인, 법인, 기관투자가, 외국인 등)는 회원인 금융투자회사를 통해 간접적으로 시장에 참여할 수 있다. 금융투자회사에 위탁자계좌가 있는 경우에는 이를 통해 매매가 가능하며, 위탁자계좌가 없는 경우에는 신규로 개설하여 주문하면 된다.

주문을 받은 금융투자회사는 매매체결을 위해 이를 한국거래소시장에 전달한다. 거래소는 각 금융투자회사로부터 주문받은 내용을 매매원칙에 따라 매매체결을 하며 체결된 결과는 금융투자회사를 통해 일반투자자에게 통보한다. 호가접수시간은 8시부터 15시 30분까지, 정규매매시간은 9시부터 15시 30분까지이다.

(4) 소액채권시장

소액채권시장은 제1종 국민주택채권, 서울도시철도채권, 지역개발채권, 지방도시철도채권 등과 같이 정부 및 지방자치단체가 공공정책 추진재원을 조달하기 위해 발행하는 첨가소화채권이 장외시장에서 중간상을 통해서 헐값에 매각되는 폐단을 해소하고 채권매입자의 환금성을 보장하기 위해 1995년 개설되었다.

국민들은 부동산 등기, 자동차 등록 등 각종 인허가에 필수적으로 첨가소화채권을 매입해야 하므로 이들 채권의 거래는 국민경제와 밀접한 관련이 있다. 소액채권시장에는 소액채권의무매입자, 소액채권매출대행기관, 소액채권매도대행회원, 소액채권조성회원 등 다른 시장에는 존재하지 않는 시장참여자가 있다.

소액채권의 매매거래는 거래소의 공신력을 활용하여 채권의무매입자의 편의를 제고하고 경제적 부담을 절감하기 위해 장내시장을 통해야 한다. 호가접수시간은 8시부터 15시 30분까지이고, 정규 매매거래시간은 9시부터 15시 30분까지이다. 15시 10분부터 30분까지 20분간은 전일에 결정된 시장가격으로 거래된다.

(5) 소매채권시장

일반적으로 채권시장은 기관투자가 및 거액 자산가들이 주로 투자하는 시장으로 인식되어 일반투자자는 활발하게 채권에 투자하지 못하였다. 채권투자는 주로 증권사의 영업창구를 방문하여 직접 상담하고 그 증권사가 보유한 채권에만 투자하여 절차가 번거롭고 귀찮아 일반투자자의 채권투자 활성화가 어려웠다.

한국거래소는 일반투자자도 주식처럼 손쉽게 적절한 가격에 언제든지 채권에 투자할 수 있도록 2007년 8월부터 소매채권시장을 개설하여 운영하고 있다. 일반투자자는 1개 증권회사에서 개설한 계좌를 통해 여러 증권사를 직접 방문하지 않고도 증권사들이 보유한 다양한 채권을 비교하여 거래할 수 있게 되었다.

소매채권시장은 소매채권전문딜러라는 시장조성자제도를 운영하고, 일반투자자가 원하는 채권가격을 쉽게 발견할 수 있도록 시장조성자들이 여러 채권의 가격을 지속적으로 제공한다. 소매채권시장은 한국거래소 채권전자거래시스템을 이용하고 있어 투자자는 증권사의 홈트레이딩시스템을 통해 거래할 수 있다.

2. 장외 채권시장

장외시장은 금융투자회사 창구를 중심으로 협의매매방식의 거래가 이루어지며, 딜러시장, 브로커시장, 직접탐색시장 등을 총칭한다. 장내시장은 투자자 보호와 투명성 강화를 실현하는 제도화된 시장이고, 장외시장은 자생적으로 생성된 시장을 사후적으로 제도화하여 관리하는 시장으로 거래관행의 영향력이 크다.

장외시장은 거래의 특성상 매매시간 제한은 없으나 보통 08:30~16:30에 거래가 일어나며 거래단위는 관행상 100억원이다. 거래가 체결되면 매수기관은 자기 거래은행에게 매도기관 앞으로 대금지급을 지시하고 매도기관은 증권회사를 통해 한국예탁결제원에 계좌이체를 요청한다. 결제는 거래 익일에 이루어진다.[4]

┃그림 9-13┃ 채권의 장외유통 메커니즘[1]

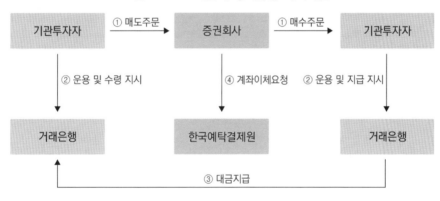

주 : 1) 기관투자자간 채권거래를 전제로 함

딜러(dealer)는 자신이 직접 고객의 거래상대방이 되어 위험을 부담하면서 자기계정으로 채권거래를 하는 금융기관을 말한다. 딜러를 통해 거래가 이루어지는 딜러시장에서는 딜러가 제시한 호가에 따라서 즉각 채권을 매매할 수 있는 장점이 있으며, 딜러의 이익은 매도호가와 매수호가간의 스프레드로 실현된다.

브로커시장은 투자자들이 거래상대방을 찾기 위하여 대리인(broker)에게 매매를 위임하여 간접적으로 참가하는 시장형태를 말한다. 브로커는 딜러와 달리 자기계정의 포지션을 갖지 않고 채권거래의 중개만을 담당하는데, 자기의 고객을 위해 거래상대방을 찾아가서 거래가격을 협상하고 그 대가로 수수료를 받는다.

---

4) 한국은행, 한국의 금융시장, 2021, 186쪽.

장외시장은 1976년 장외거래를 금지했던 증권거래법이 개정되어 국채의 장외거래가 허용되면서 시작되었고, 1980년대 경제발전과 함께 채권의 발행종목 및 시장참여자가 증가하면서 유통시장의 한 축으로 성정했다. 1984년 정부가 모든 채권의 장외거래를 허용하고 장외시장을 제도화하면서 발전기반이 구축되었다.

채권은 발행주체가 동일해도 발행조건에 따라 다른 종목이 되어 종목수는 많으나 종목당 작은 금액은 장외시장에서 거래되고 개인투자자보다는 자산운용사, 은행, 연기금, 보험회사 등 기관투자자간의 대량매매 방식으로 거래되며 거래상대방을 찾기 어려워 금융투자회사를 통한 협의매매 방식으로 거래에 참여한다.

장외시장에서는 금융투자회사 상호간, 금융투자회사와 고객간, 고객 상호간에 상장/

▌표 9-10 ▌ 채권 장외시장 및 장외시장의 비교

구분	장외시장		장내시장	
	증권회사 단순중개	IDB 중개[1]	일반채권시장	국채전문유통시장
거래참가기관	제한없음	기관투자자, 자산운용회사, 뮤추얼펀드 등	한국거래소 정회원[2]	국고채전문딜러, 국채일반딜러
거래중개기관	증권회사	IDB	한국거래소	한국거래소
주요 거래종목	모든 채권	좌동	국민주택채권, 주식관련사채	국고채권, 통안증권, 예금보험기금채권
매 매 방 식	상대매매	상대매매[3]	경쟁매매 (자동매매시스템)	좌동
매 매 시 간	제한 없으나 통상 08:30~16:30	좌동	09:00~15:30	좌동
결 제 시 점	T+1−30	좌동	T	T+1
최소 매매단위	제한 없으나 통상 100억원	좌동	일반채권 1,000원 단기사채 1억원	10억원

주 : 1) 2003년 2월 「증권거래법 시행령」 개정으로 IDB(Inter-Dealer Broker)의 중개대상기관이 기관투자자로 확대됨에 따라 사실상 증권회사와 동일하게 채권을 중개하고 있음
   2) 일반투자자의 경우 증권회사를 통한 위탁매매 거래가 가능
   3) 당초 브로커의 개입 없이 전산스크린에 의한 완전자동매매시스템을 이용한 거래형태를 지향하였으나 현재는 증권회사와 동일하게 단순중개하는 형태로 운용
자료 : 한국은행, 한국의 금융시장, 2021, 185쪽.

비상장 구분없이 모든 채권을 거래대상으로 한다. 장외시장은 장내시장에서 표준화하여 거래하기 곤란한 채권에 유동성을 부여하여 다양한 채권의 유통 원활화에 기여하며 매매시간은 8시 30분부터 16시 30분까지 거래가 이루어진다.

채권평정

채권수익률의 위험구조에서 가장 중요한 것은 채권의 발행자가 원리금을 약정대로 지급하지 못할 수 있는 채무불이행위험이다. 그런데 채무불이행위험은 투자자 스스로 판단할 수도 있지만, 대부분은 전문적인 채권평가기관에서 여러 자료들을 분석하여 일반에게 공개하는 채권평정에 의존하는 것이 일반적이다.

채권평정(bond rating)은 신용평가기관이 채권발행자의 신용도와 채무불이행의 가능성을 평가하여 그 정도에 따라 채권의 등급을 결정하는 것을 말하며 질적 평정이라고도 한다. 우리나라는 한국신용평가회사와 한국신용정보 등이 채권평정을 하고 있으나 미국의 경우는 채권평정이 실무적으로 보편화되어 있다.

미국의 무디스와 S&P의 채권평정이 널리 사용된다. 채권의 신용위험의 정도에 따라 무디스사는 Aaa에서 C까지 9개의 등급, S&P사는 AAA에서 E까지 11개의 등급을 부여한다. 이들은 투자자보호조항, 담보물, 이자보상비율, 자본화비율, 유동비율 그리고 기타 재무자료 등을 분석하여 투자자에게 공개하고 있다.

채권의 질적평정은 채권평가시 할인율에 영향을 미치며 채권가격은 할인율에 의해 결정되기 때문에 채권평정은 채권의 가격결정에 직접적인 영향을 미친다. 채권평정이 높은 고급채권일수록 채권수익률이 낮고 스프레드도 낮은 반면에 채권평정이 낮은 저급채권일수록 높은 채권수익률과 높은 스프레드를 갖는다.

그러나 채권의 질적평정과 할인율과의 관계는 항상 일정한 것은 아니며 정부의 재정금융정책, 자금의 수요공급 그리고 경기변동 등에 따라 변할 수 있다. 흔히 경기회복기에는 스프레드가 적고 경기후퇴기에는 스프레드가 커진다. 그 이유는 경기변동에 따라 투자자들의 위험에 대한 태도가 달라지기 때문이다.

따라서 낙관적인 분위기가 지배적인 경기회복기에는 일정한 위험에 대해서 보다 적은 위험프리미엄을 요구하게 되고, 경기후퇴기에는 보다 큰 위험프리미엄을 요구하는 것이 일반적이기 때문이다. 채무불이행위험과 잔존기간과의 관계는 등급이 낮은 채권과 등급이 높은 채권의 경우로 구분하여 살펴볼 수 있다.

채권의 잔존기간에 동일한 위험률을 가진 채권이 있다고 가정하면 그 위험률은 만기에 가까워질수록 감소한다. 실제로 항상 동일한 위험률 또는 재무상황을 유지하고 있는 발행자는 없겠으나, 신용등급이 높은 채권의 발행자라면 투자자는 잔존기간이 짧아짐에 따라 위험은 감소한다고 생각해도 좋을 것이다.

우리나라 신용평가기관들은 S&P사와 유사한 신용등급을 사용하고 있고 회사채 신용등급은 원리금의 상환능력에 따라 AAA~D까지 10개의 등급으로 분류된다. AAA~BBB까지는 투자적격등급, BB~D까지는 투자부적격등급에 해당한다. 그리고 AA부터 B등급까지는 +와 −를 추가하여 등급을 세분화하고 있다.

┃표 9-11┃ 한국신용평가회사의 신용등급과 의미

등급	구분	정의
투자등급	AAA	원리금 지급능력이 최상급임
	AA	원리금 지급능력이 매우 우수하지만 AAA채권보다는 다소 열위임
	A	원리금 지급능력은 우수하지만 상위등급보다 경제여건 및 환경악화에 따른 영향을 받기 쉬운 면이 있음
	BBB	원리금 지급능력이 양호하지만 상위등급에 비해서 경제여건 및 환경악화에 따라 장래 원리금의 지급능력이 저하될 가능성을 내포하고 있음
투기등급	BB	원리금 지급능력이 당장은 문제가 되지 않으나 장래 안전에 대해서는 단언할 수 없는 투기적인 요소를 내포하고 있음
	B	원리금 지급능력이 결핍되어 투기적이며 불황 시에 이자지급이 확실하지 않음
	CCC	원리금 지급에 관하여 현재에도 불안요소가 있으며 채무불이행의 위험이 커 매우 투기적임
	CC	상위등급에 비하여 불안요소가 더욱 큼
	C	채무불이행의 위험성이 높고 원리금 상환능력이 없음
	D	상환불능상태임

주 : 한국신용평가회사의 무보증 선순위 회사채(금융채 포함) 신용등급 기준이며 위의 등급 중
   AA등급에서 B등급까지는 등급 내 상대적 우열에 따라 +, −기호를 부가함.

채권투자와 관련된 시장이자율의 변화위험은 가격변동위험과 재투자수익위험으로 구분되는데, 시장이자율이 변화하면 이들은 서로 반대방향으로 움직인다. 즉 시장이자율이 상승하면 채권가격은 하락하나 재투자수익은 증가하고, 시장이자율이 하락하면 채권가격은 상승하나 재투자수익은 감소한다.

따라서 두 효과를 적절히 상쇄시키면 체계적 위험인 금리위험을 제거할 수 있어 시장이자율이 급변하는 투자환경 속에서도 투자자산을 방어할 수 있다는 매혹적인 결론에 이르게 된다. 이처럼 이자율변화의 상쇄효과에 착안하여 이자율변동이라는 시장위험을 회피하려는 채권투자전략이 면역전략이다.

요컨대 면역전략은 채권포트폴리오의 듀레이션과 채권투자기간을 일치시키게 되면 목표로 하는 채권투자종료시점에 채권포트폴리오의 실현수익률이 투자기간 동안에 시장이자율의 변화에 관계없이 약속수익률을 상회하게 될 것을 보장하는 전략을 의미하며 듀레이션의 개념을 기초로 하고 있다.

즉 채권의 투자기간을 듀레이션과 일치시키면 이자율변화위험을 회피할 수 있는 면역상태가 가능하여 미래현금흐름의 편차를 적게 하면서 약속수익률을 달성할 수 있다. 예컨대 채권투자자가 2.7년 후에 자금이 필요한데 이자율변화위험을 제거하고 싶으면 듀레이션이 2.7년인 채권에 투자하면 된다.

따라서 채권면역전략은 시장이자율이 변화하면 채권가격위험과 재투자수익위험이 서로 반대방향으로 움직인다는 상쇄효과에 착안하여 이자율변화위험을 제거하려는 채권투자전략으로 이용이 확산되고 있다. 그러나 면역전략의 일반적인 적용에 다음과 같은 현실적인 문제점들이 없는 것은 아니다.

채권에 대한 투자규모가 상당액 이상이어야 하므로 일반투자자는 이용하기 어렵고 여러 채권에 대한 듀레이션을 계산하려면 컴퓨터시스템의 이용이 전제되어야 하며 완벽하게 이자율변동위험을 제거시키려면 이자율이 변화할 때마다 모든 채권의 듀레이션이 조금씩 변하므로 채권포트폴리오를 재면역시켜야 한다.

또한 투자자들이 실제로 원하는 목표투자기간과 동일한 듀레이션을 갖는 채권을 찾는다는 것은 쉬운 일이 아니다. 그러나 듀레이션은 가법성을 갖기 때문에 여러 가지 채권을 결합시켜 원하는 듀레이션의 채권포트폴리오를 구성할 수 있다. 채권면역전략은 목표시기면역전략과 순자산가치면역전략으로 구분된다.

목표시기면역전략은 투자자의 목표투자기간과 동일한 듀레이션을 갖는 채권에 투자하면 이자율변화에 따른 채권가격의 변화와 액면이자의 재투자수익의 변화가 서로 상쇄되어 이자율변화위험을 완전히 제거시키는 면역전략을 말하며 미래현금흐름의 편차를 적게 하면서 약속수익률을 얻을 수 있게 된다.

그러나 채권투자자가 원하는 목표투자기간과 동일한 듀레이션을 갖는 채권을 찾는다는 것은 쉬운 일이 아니며 시간이 경과하고 시장이자율이 변화할 때마다 채권의 듀레이션이 조금씩 변하여 채권포트폴리오를 재면역시켜야 하고 채권포트폴리오를 재구성함에 따라 거래비용이 증가한다는 문제점이 있다.

• 예제 9-4   목표시기면역전략

국제기업은 액면가액 10,000원이고 표면이자율 연 12% 이자후급이며 시장이자율은 8%, 만기 3년의 채권을 발행하였다. 시장이자율이 10%로 상승할 경우 채권의 시장가격은 10,497원이고 듀레이션은 2.6977년이다. 다음 물음에 답하시오.

1. 시장이자율이 8%로 불변인 경우 2.7년 후 투자자의 부를 계산하시오.

2. 시장이자율이 10%로 상승한 경우 2.7년 후 투자자의 부를 계산하시오.

풀이

1. 시장이자율이 8%로 유지될 경우 2.7년 후에 투자자의 부는 13,578원이 된다.

① 이자소득의 재투자수입은 이자수입이 있을 때마다 남은 기간 재투자수익률 8%에 재투자한다.

$$1,200(1.08)^{1.7} + 1,200(1.08)^{0.7} = 1,368 + 1,264 = 2,634원$$

② 2.7년 시점에서 채권의 매각대금은 시장이자율 8%로 할인하여 구한다.

$$11,200/(1.08)^{3-2.7} = 10,944원$$

∴ 2.7년 후의 부 = ①+② = 2,634+10,944 = 13,578원

2. 시장이자율이 10%로 상승할 경우 2.7년 후에 투자자의 부도 13,578원이 된다.

① 이자소득의 재투자수입은 이자수입이 있을 때마다 남은 기간 재투자수익률 10%에 재투자한다.

$$1,200(1.10)^{1.7} + 1,200(1.10)^{0.7} = 1,411 + 1,283 = 2,694원$$

② 2.7년 시점에서 채권의 매각대금은 시장이자율 10%로 할인하여 구한다.

$$11,200/(1.10)^{3-2.7} = 10,884원$$

∴ 2.7년 후의 부 = ①+② = 2,694+10,884 = 13,578원

시장이자율이 8%에서 10%로 상승하면 자본손실이 60원 발생하지만, 이자수입의 재투자수익은 60원 증가하는 소득효과가 발생하여 서로 상쇄됨으로써 시장이자율이 8%로 유지되었을 경우 부와 동일하게 되어 이자율변동위험을 제거시키는 채권면역이 가능하게 된다.

제1절 채권시장의 개요

1. 채권의 정의 : 채무자가 원리금 상환을 약속하고 발행하는 채무증서

2. 채권의 발행조건 : 액면가액, 표면이자율, 만기일

3. 채권의 본질 : 확정이자부증권, 기한부증권, 이자지급증권, 장기증권, 상환증권

4. 채권의 특성 : 수익성, 안정성, 유동성

5. 채권의 종류

① 발행주체 : 국채, 지방채, 특수채, 금융채, 회사채

② 이자지급 : 이표채, 무이표채, 복리채, 단리채

③ 이자변동 : 고정금리채, 변동금리채(FRN)

④ 지급보증 : 보증채(정부보증채 · 일반보증채), 무보증채

⑤ 담보제공 : 담보부사채, 무담보부채

⑥ 모집방법 : 공모채, 사모채

⑦ 상환기간 : 단기채, 중기채, 장기채

⑧ 권리부여 : 전환사채, 신주인수권부사채, 교환사채, 수의상환사채, 상환청구사채

6. 주식과 채권의 비교

구 분	주식(stock)	채권(bond)
자금조달	자기자본(직접금융)	타인자본(직접금융)
증권성격	출자증권	대부증권
투 자 자	주주(경영참여 가능)	채권자(경영참여 불가)
반대급부	배당소득	이자소득
상환여부	상환없음(예외 : 상환주)	만기상환(예외 : 영구채)
존속기간	영구증권	기한부증권

제2절 채권의 가치평가

1. 채권의 가치평가 : 채권투자로부터 얻게 될 이자(I)와 원금(F)의 현재가치

① 이표채 : $P_0 = \sum_{t=1}^{n} \dfrac{I}{(1+r)^t} + \dfrac{F}{(1+r)^n}$

② 무이표채 : $P_0 = \dfrac{F}{(1+r)^n}$

③ 영구채 $P_0 = \dfrac{I}{r}$

2. 채권가격의 특성

① 이자율이 하락하면 채권가격은 상승하고 이자율이 상승하면 채권가격은 하락

② 이자율의 변동폭이 동일하면 이자율 하락에 따른 채권가격의 상승폭은 이자율 상승에 따른 채권가격의 하락폭보다 크게 나타남

③ 만기가 길어질수록 일정한 이자율 변동에 대한 채권가격의 변동폭이 커짐

④ 만기가 길어질수록 만기의 한 단위 증가에 따른 채권가격의 변동폭은 감소

⑤ 표면이자율이 낮을수록 이자율 변동에 따른 채권가격의 변동률은 커짐

3. 채권수익률의 정의

　　매입한 채권을 상환시까지 보유할 때의 채권투자에 따른 내부수익률

4. 듀레이션의 정의

　　채권투자에 따른 현금흐름을 회수하는데 걸리는 평균회수기간

5. 채권수익률의 위험구조

① 체계적 위험 : 이자율변동위험, 인플레이션위험

② 비체계적 위험 : 채무불이행위험, 수의상환위험, 유동성위험

제3절 채권의 발행시장

1. 발행시장의 정의

　　발행자가 채권을 발행하여 투자자에게 제공하고 자금을 공급받는 시장

2. 발행시장의 구조 : 발행자, 발행기관(주관회사 · 인수기관 · 청약기관), 투자자

3. 채권의 발행방법

① 공모발행 : 직접발행(매출발행 · 입찰발행), 간접발행(위탁모집 · 잔액인수 · 총액인수)

② 사모발행 : 채권발행자가 특정투자자와 사적 교섭을 통해 채권을 매각

제4절 채권의 유통시장

1. 장내 채권시장

　　국채전문유통시장, 환매조건부채권매매시장, 소액채권시장, 일반채권시장

2. 장외 채권시장

　　채권의 매매가 정규 거래소 이외의 곳에서 비조직적으로 거래되는 시장

1. 다음 중 채권의 특성으로 적절하지 않은 것은?

① 채권은 누구나 발행할 수 있다.

② 채권은 장기로 안정적인 자금을 조달할 수 있는 장기증권이다.

③ 채권발행자는 수익의 발생여부와 관계없이 이자를 지급해야 한다.

④ 발행시 이자와 만기 상환금액이 사전에 정해진 확정이자부증권이다.

| 해설 | 채권은 정부, 지방자치단체, 특수법인, 주식회사가 발행할 수 있어 발행주체의 자격 및 발행
요건이 법으로 정해져 있다.

2. 다음 중 채권투자의 특성으로 적절하지 않은 것은?

① 채권은 유통시장을 통해 쉽게 현금화할 수 있다.

② 재투자수익은 금리하락에 따른 채권가격의 상승으로 인한 소득이다.

③ 이자소득에 대해서는 과세하지만 자본이득에 대해서는 과세하지 않는다.

④ 신용도가 낮은 기업이 발행하는 채권을 정크본드(junk bond)라고 한다.

| 해설 | 채권투자자는 표면이자수익, 자본이득, 재투자수익을 얻을 수 있다. 재투자수익은 투자기간
동안 수령한 표면이자를 만기까지 재투자하여 얻은 수익을 말한다.

3. 다음 중 채권에 대한 설명으로 적절하지 않은 것은?

① 만기수익률을 계산하려면 반드시 채권의 현재가격을 알아야 한다.

② 채권의 시장가격은 만기일에 근접할수록 액면가액에 접근한다.

③ 무이표채는 이표채와 달리 재투자수익위험은 없고 가격위험만 있다.

④ 시장이자율이 일정하면 할증채는 만기일에 근접할수록 채권가격은 상승한다.

⑤ 시장이자율이 불변이면 액면채의 가격은 시간의 흐름에 관계없이 일정하다.

| 해설 | 시장이자율이 현재수준으로 유지되면 할증채는 만기일에 접근할수록 채권가격은 하락한다.

4. 다음 중 채권과 주식의 차이점에 대한 설명으로 적절한 것은?

① 채권은 자기자본으로 계상하고, 주식은 타인자본으로 계상한다.

② 회사가 해산시 채권자는 주주에 우선하여 잔여재산을 분배받을 권리가 있다.

③ 채권투자자는 이익배당청구권이 있고, 주식투자자는 원리금상환청구권이 있다.

④ 채권은 직접적인 자금조달수단이고, 주식은 간접적인 자금조달수단이다.

| 해설 | ① 채권은 타인자본으로 계상하고, 주식은 자기자본으로 계상한다.
③ 채권투자자는 원리금상환청구권이 있고, 주식투자자는 이익배당청구권이 있다.
④ 채권은 직접적인 자금조달수단이고, 주식도 직접적인 자금조달수단이다.

5. 다음 중 시장이자율과 채권가격에 관한 설명으로 적절하지 않은 것은?

① 시장이자율이 상승하면 채권가격은 하락한다.

② 장기채일수록 동일한 이자율변동에 대한 채권가격변동폭은 커진다.

③ 장기채일수록 동일한 이자율변동에 대한 채권가격변동폭은 체감적으로 증가한다.

④ 시장이자율 상승시 채권가격의 하락보다 동일한 시장이자율 하락시 채권가격의 상승이 더 크다.

⑤ 액면이자율이 높을수록 동일한 이자율 변동에 대한 채권가격 변동률이 더 크다.

| 해설 | 다른 조건이 동일하면 액면이자율이 낮을수록 동일한 이자율 변동에 대한 채권가격 변동률이 더 크다.

6. 앞으로 시장이자율이 하락할 것으로 예상한 투자자가 1년 동안 수익률을 극대화하기 위해 취할 수 있는 채권투자전략 중 가장 유리한 것은?

① 상대적으로 액면이자율이 낮은 만기 1년 이상의 장기채를 매도한다.

② 상대적으로 액면이자율이 높은 만기 1년 미만의 단기채를 매입한다.

③ 상대적으로 액면이자율이 낮은 만기 1년 미만의 단기채를 매입한다.

④ 상대적으로 액면이자율이 높은 만기 1년 이상의 장기채를 매입한다.

⑤ 상대적으로 액면이자율이 낮은 만기 1년 이상의 장기채를 매입한다.

| 해설 | 시장이자율이 하락하면 채권가격은 상승하므로 시장이자율의 변화에 대한 채권가격의 변화가 큰 채권을 매입하는 것이 유리하다. 따라서 만기가 길고 표면이자율이 낮은 채권을 매입해야 자본이득을 극대화할 수 있다.

7. 액면가액 10,000원, 만기 3년, 표면이자율 연 16%(이자는 매 분기말 지급)로 발행된 회사채가 있다. 만기일까지 잔존기간이 5개월 남은 현시점에서 회사채의 만기수익률이 연 12%이면 채권의 이론가격은? (가장 근사치를 고를 것)

① 9,890원   ② 10,000원

③ 10,112원   ④ 10,297원

⑤ 10,390원

| 해설 | 마지막 원리금을 지급하는 시점은 만기일인 5개월 후이고, 그 직전 이자를 지급하는 시점은 만기일로부터 3개월 전이다. 회사채에 투자할 경우 미래 현금흐름은 2개월 후 이자 400원과 5개월 후 원리금 10,400원을 이용하여 채권의 이론가격을 계산하면 10,297원이다.

$$P_0 = \frac{400}{1 + 0.12 \times 2/12} + \frac{10,400}{1 + 0.12 \times 5/12} = 10,297원$$

8. 다음 중 채권의 만기수익률에 대한 설명으로 적절하지 않은 것은?

① 채권을 만기까지 보유하고 중도에 지급된 이자를 만기수익률로 재투자한다고 가정하여 만기수익률을 계산한다.

② 투자자가 채권을 현재가격에 매입하여 만기까지 보유하는 경우에 얻게 되는 내부수익률이다.

③ 순수할인채의 만기수익률은 현물이자율이 되는 반면에 이표채의 만기수익률은 현물이자율과 다를 수 있다.

④ 만기수익률 10%인 이표채를 만기까지 보유하면 연 10%의 수익률을 달성한다.

⑤ 만기수익률 8%인 무이표채를 만기까지 보유하면 연 8%의 수익률을 달성한다.

| 해설 | 이표채는 중도에 지급되는 이자를 만기수익률로 재투자할 수 없으면 사후적인 채권의 수익률은 만기수익률이 되지 않는다.

9. 다음 중 투자자들의 요구수익률이 어떤 요인에 의해 달라졌을 경우에 어느 채권가격의 변화가 가장 크다고 생각하는가?

① 쿠폰이자율이 높은 경우   ② 쿠폰이자율이 낮은 경우

③ 만기수익률이 높은 경우   ④ 액면가액이 높은 경우

| 해설 | 채권의 만기가 길수록, 표면이자율이 낮을수록, 만기수익률이 낮을수록 듀레이션이 길다. 따라서 시장이자율의 변동에 따른 채권가격의 변동이 커지려면 듀레이션이 긴 채권에 투자해야 하므로 만기가 길고 표면이자율이 낮은 채권에 투자해야 한다.

10. 다음 중 채권의 듀레이션에 대한 설명으로 옳지 않은 것은?

① 채권을 소유함으로써 실현될 총수입의 현재가치에 대한 각 시점에 실현될 수입의 현재가치 비율을 그 수입 실현시기까지의 기간에 따라 가중평균한 값을 말한다.

② 각 시점의 미래현금흐름에 기간을 가중평균한 값을 현재가치화한 금액의 합계와 채권의 발행가액과의 비율을 말한다.

③ 시장이자율의 변동에 대한 채권가격의 탄력성을 나타낸다.

④ 채권의 표면이자율이 낮을수록 듀레이션은 커진다.

⑤ 장기채권의 듀레이션은 단기채권의 듀레이션보다 작다.

| 해설 | 만기가 길수록, 표면이자율이 낮을수록, 만기수익률이 낮을수록, 이자지급회수가 적을수록 듀레이션이 길다. 따라서 듀레이션과 만기와는 비례관계에 있다.

11. 다음 중 채권에 관한 설명으로 가장 적절하지 않은 것은?

① 다른 모든 조건이 동일할 때 만기수익률이 높은 채권일수록 금리의 변화에 덜 민감하게 반응한다.

② 무이표채의 매컬리 듀레이션은 채권의 잔존만기와 같다.

③ 영구채의 매컬리 듀레이션은 $(1+y)/y$이다. (단, y는 양수의 만기수익률이다.)

④ 다른 모든 조건이 동일할 때 잔존만기가 길수록 할인채권과 액면가채권의 매컬리 듀레이션은 증가한다.

⑤ 다른 모든 조건이 동일할 때 수의상환조항(call provision)이 있는 채권의 경우 조항이 없는 일반채권에 비해 매컬리 듀레이션이 작다.

| 해설 | ① 만기수익률이 높을수록 듀레이션이 감소하기 때문에 금리변화에 대한 채권가격 민감도가 작아진다.

④ 할인채권의 매컬리 듀레이션은 잔존만기가 길수록 증가하다 잔존만기가 일정수준을 초과하면 감소한다.

⑤ 수의상환조항이 있는 채권은 만기일 이전에 수의상환이 이루어질 수 있기 때문에 수의상환조항이 없는 일반채권에 비해 매컬리 듀레이션이 작다.

12. 채권 A의 표면이자율은 연 8%, 채권 B의 표면이자율은 연 15%, 채권 C는 순수할인채이다. 이들 채권은 모두 액면가액이 10만원, 잔존만기 3년, 이자지급시기가 같고 현재시점에서 만기수익률도 12%로 동일할 경우 다음의 설명 중 옳지 않은 것은?

① 채권 A의 듀레이션은 3년보다 작다.

② 채권 C의 듀레이션은 3년이다.

③ 현재시점에서 채권 B의 가격이 가장 높다.

④ 시장이자율이 상승하면 채권 B의 가격하락률이 가장 높다.

⑤ 3년간 연 12%의 수익률을 실현하려면 채권 C를 매입해야 한다.

| 해설 | ① 이표채(A, B)의 듀레이션은 만기(3년)보다 짧다.

② 순수할인채(C)의 듀레이션은 만기와 동일하다.

③ 다른 조건이 동일하면 표면이자율이 높을수록 채권의 가격은 높다.

④ 표면이자율이 낮을수록 듀레이션이 커지는데 $D_B < D_A < D_C = 3$년이므로 채권 C의 가격변동률이 가장 크다.

⑤ 순수할인채를 만기까지 보유하면 재투자위험과 가격위험이 없기 때문에 채무불이행위험이 없는 한 만기수익률 12%를 달성하려면 채권C를 매입해야 한다.

13. 다음 중 옵션의 특성이 없는 일반사채에 대한 설명으로 옳은 것은?

① 만기일에 접근할수록 할증채와 할인채 모두 할증폭과 할인폭이 작아지며, 가격 변화율도 작아진다.

② 만기일에 접근할수록 액면채는 이자수익률이 커지며 자본이득률이 작아진다.

③ 시장분할가설은 만기에 따라 분할된 하위시장 자체 내에서 기대이자율과 유동 성프리미엄에 의해 이자율이 결정된다는 가설이다.

④ 순수할인채나 이표채는 영구채에 비해 이자율변동위험에 더 크게 노출된다.

⑤ 순수할인채는 재투자위험이 없으며 현재수익률이 0이다.

| 해설 | ① 만기가 감소하면 듀레이션은 감소하나 이자율이 하락하면 듀레이션은 증가할 수도 있다. 따라서 만기에 가까워질수록 할증폭과 할인폭은 작아지지만 가벽변화율은 커진다.

② 액면채는 이자수익률과 자본이득률이 만기와 무관하며 일정하다.

③ 시장분할가설은 만기에 따라 분할된 하위시장 자체내의 수요와 공급에 의해 이자율이 결정된다는 가설을 말한다. 유동성프리미엄가설은 선도이자율은 미래 기대현물이자율과 유동성프리미엄에 의해 결정된다는 가설을 말한다.

④ 영구채의 $D = \frac{1+r}{r}$ 이므로 할인채/이표채의 D보다 클 수도 작을 수도 있다.

⑤ 현재수익률(current yield)은 C/B이므로 C=0인 할인채의 현재수익률은 0이다. 할인채는 C=0이므로 시장이자율의 변동에 따른 재투자위험은 없으며 가격변동위험만 존재한다.

14. 다음 중 채권의 듀레이션에 관한 설명으로 적절하지 않은 것은? 단, 이표채의 잔존만 기는 1년을 초과한다고 가정한다.

① 영구채의 듀레이션은 (1+만기수익률)/만기수익률이다.

② 다른 조건이 동일할 때 액면이자율이 낮은 이표채의 듀레이션이 더 길다.

③ 모든 채권은 발행 이후 시간이 경과되면 그 채권의 듀레이션은 짧아진다.

④ 다른 조건이 동일할 때 만기수익률이 상승하면 이표채의 듀레이션은 짧아진다.

⑤ 이표채의 듀레이션은 만기보다 짧다.

| 해설 | 영구채는 시장이자율이 변하지 않으면 시간이 경과해도 듀레이션이 변하지 않는다. 또한 이 표채 중에 만기가 긴 할인채는 만기가 증가하면 듀레이션이 짧아지는 경우도 있다. 따라서 할인채 중에는 시간이 경과함에 따라 듀레이션이 길어지는 채권이 있을 수 있다.

15. 다음 중 채권의 듀레이션에 대한 특징으로 잘못된 것은?

① 순수할인채의 듀레이션은 만기와 같으며, 이표채의 듀레이션은 만기보다 크다.

② 다른 조건이 동일하다면 표면이자율이 낮을수록 듀레이션은 커진다.

③ 다른 조건이 동일하다면 만기가 길어질수록 듀레이션은 커진다.

④ 다른 조건이 동일하다면 만기수익률이 높을수록 듀레이션은 작아진다.

⑤ 듀레이션은 가법성을 갖는다.

| 해설 | 순수할인채의 듀레이션은 만기와 동일하여 정비례한다. 영구채의 듀레이션은 $D=(1+r)/r$이므로 만기와 무관하고, 이표채의 듀레이션은 만기에 비례하나 만기보다 작다.

16. 이표이자를 1년마다 한 번씩 지급하는 채권의 만기수익률은 연 10%이며 듀레이션을 구한 결과 4.5년으로 나타났다. 이 채권의 만기수익률이 0.1% 상승할 경우 채권가격의 변화율은 근사치로 얼마이겠는가? 단, 채권가격의 비례적인 변화율과 만기수익률 변화간의 관계식을 이용해야 한다.

① −0.4286% ② −0.4091%

③ −0.2953% ④ −0.2143%

⑤ −0.2045%

| 해설 | $\dfrac{dP_0}{P_0} = -\dfrac{D}{1+r} \times dr = -\dfrac{4.5}{1.1} \times (0.1\%) = -0.4091$

17. 현재 시장이자율이 6%이고 듀레이션이 3년인 채권에 1,000만원을 투자하였다. 만일 시장이자율의 변화에 의해 566원의 채권가격상승이 있었다면 시장이자율은 얼마로 변화한 것인가?

① 3% ② 4% ③ 6% ④ 8% ⑤ 9%

| 해설 | $D' = \dfrac{D}{1+r} = \dfrac{3}{1.06} = 2.83$

$P_0 = -dr \times D'$ 에서 $\dfrac{566}{10,000} = -dr \times 2.83$ 에서 $dr = -0.02$

18. 다음 중 채권수익률의 위험구조에 대한 설명으로 옳지 않은 것은?

① 채무불이행 위험이 높을수록 채권자들이 요구하는 수익률은 높아진다.

② 기대인플레이션이 높을수록 채권가격은 낮아진다.

③ 수의상환채권의 수익률은 수의상환권이 없는 일반채권의 수익률보다 낮다.

④ 유동성위험이 높을수록 채권가격은 낮아진다.

⑤ 채무불이행위험은 채권발행자가 약정대로 원리금을 상환하지 못할 가능성이다.

| 해설 | 수의상환권이 있는 채권은 없는 채권에 비해 약속된 수익률이 실현되지 않을 가능성이 높다. 따라서 투자자들은 불확실성에 따른 위험프리미엄을 요구하여 명목수익률은 상승하고 채권가격은 하락한다.

19. 자산의 시장가치가 1,000억원이고 듀레이션이 4년이며, 부채의 시장가치가 700억원이고 듀레이션이 5년인 가상은행이 있다고 하자. 이 은행은 어떤 금리위험에 노출되어 있으며, 이를 줄이기 위해 어떤 조치를 취할 수 있는가? 단, 아래 각 항의 조치는 나머지 변수들에는 영향을 미치지 않는다고 가정한다.

① 금리상승위험을 줄이기 위해 부채의 시장가치를 줄인다.

② 금리하락위험을 줄이기 위해 부채의 듀레이션을 늘린다.

③ 금리상승위험을 줄이기 위해 자산의 시장가치를 줄인다.

④ 금리하락위험을 줄이기 위해 자산의 듀레이션을 늘린다.

⑤ 금리하락위험을 줄이기 위해 자산과 부채의 듀레이션을 일치시킨다.

| 해설 | 자산의 시장가치(A) = 1,000억원, 자산의 듀레이션(D_A) = 4년
부채의 시장가치(L)= 700억원, 부채의 듀레이션(D_L) = 5년
현재 $D_A \times A$(=4년×1,000억원))$D_L \times L$(=5년×700억원)이므로 시장이자율이 하락하면 자본이득이 발생하고 시장이자율이 상승하면 자본손실이 발생한다. 따라서 자산의 듀레이션을 감소시키거나 부채의 듀레이션을 증가시켜야 금리상승위험을 제거할 수 있다.

20. 다음 중 채권가치평가와 채권포트폴리오관리에 대한 설명으로 가장 적절하지 않은 것은?

① 다른 조건은 동일하고 만기만 서로 다른 채권 A(1년), B(3년), C(5년)가 있다. 시장이자율이 상승할 때 채권 A와 채권 B의 가격하락폭의 차이는 채권 B와 채권 C의 가격하락폭의 차이보다 작다.

② 다른 조건이 일정할 경우 시장이자율이 하락하면 채권의 듀레이션은 길어진다.

③ 시장이자율이 하락할 때 채권가격이 상승하는 정도는 시장이자율이 같은 크기만큼 상승할 때 채권가격이 하락하는 정도보다 더 크다.

④ 채권포트폴리오의 이자율위험을 면역화하기 위해서는 시간이 경과함에 따라 채권포트폴리오를 지속적으로 재조정해야 한다.

⑤ 채권포트폴리오의 이자율위험을 면역화하기 위해서는 시장이자율이 변동할 때마다 채권포트폴리오를 지속적으로 재조정해야 한다.

┃ **해설** ┃ ① 장기채일수록 이자율변동에 따른 채권가격의 변화폭이 크지만 그 변화폭은 체감적으로 증가한다. 따라서 채권 A와 채권 B의 가격하락폭의 차이는 채권 B와 채권 C의 가격하락폭의 차이보다 크다.

④, ⑤ 시간이 경과하거나 시장이자율이 변화하면 듀레이션이 변화하므로 채권포트폴리오의 이자율위험을 면역화하려면 채권포트폴리오를 지속적으로 재조정해야 한다.

집합투자증권시장

전문가가 투자자들의 자금을 모아 투자자를 대신하여 다양한 투자상품을 운용하는 집합투자기구는 저금리시대의 정착으로 예금이자율이 물가상승률을 따라가지 못한 상황에서 직접투자하는 것을 주저하는 투자자들의 니즈를 충족시키는 투자수단으로 부각되어 노후대비 자산형성의 수단으로 관심을 기울여야 한다.

제1절 집합투자증권의 개요

1. 집합투자의 정의

자본시장법에서 집합투자는 2인 이상의 불특정 다수의 투자자로부터 모은 금전 등을 집합하여 투자자로부터 일상적인 운용지시를 받지 아니하면서 재산적 가치가 있는 투자대상 자산을 취득, 처분 그 밖의 방법으로 운용하고 운용결과를 다시 투자자에게 배분하여 귀속시키는 것을 말한다.

그러나 부동산투자회사법, 선박투자회사법, 산업발전법, 여신전문금융업법 등과 같은 특별법에 따라 사모 방법으로 금전 등을 모아 운용배분하는 것으로 투자자 수가 49인 이하, 자산유동화법상의 자산유동화계획에 따라 금전 등을 모아 운용배분하는 경우에는 집합투자의 정의에서 배제된다.

2. 간접투자상품의 정의

투자자들이 주식, 채권, 파생상품 등에 투자하는 방법에는 직접투자와 간접투자가 있다. 직접투자는 투자자들이 자신의 분석과 투자결정에 의해 투자대상자산에 자금을 투입하여 투자가 이루어지고, 간접투자는 투자자들이 전문가들이 운용하는 상품에 가입하여 간접적으로 투자하는 것을 말한다.

간접투자상품은 불특정 다수의 투자자로부터 자금을 모아 펀드를 형성하여 이를 다양한 증권이나 자산에 분산투자하여 최종적으로 달성한 손익을 투자자에게 투자비율에 따라 배분하는 실적배당상품이다. 따라서 투자자산의 운용결과에 따라 높은 수익을 얻을 수도 있고 원금손실이 발생할 수도 있다.

3. 집합투자증권의 정의

우리나라에서는 펀드라는 명칭을 2004년에 시행된 간접투자자산운용법에서 간접투자기구라는 용어로 사용했다가 투자자보호조항을 강화하고 규제를 완화하는 자본시장법을 제정하여 2009년에 시행하면서 집합투자기구로 변경하여 사용하고 있다. 자본시장법에서 펀드를 집합투자증권으로 정의하고 있다.

집합투자증권은 집합투자기구에 대한 출자지분이 표시된 자본시장법상 증권으로 금융투자상품에 속한다. 금융투자상품은 이익을 얻거나 손실을 회피할 목적으로 현재 또는 장래의 특정시점에 금전 또는 재산적 가치가 있는 것을 지급하기로 약정함으로써 취득하는 권리로서 투자성이 있는 것으로 정의한다.

집합투자증권은 투자로 회수하는 금액이 납입한 금액보다 작아 손실을 볼 가능성이 처음부터 내재되어 있다. 이러한 손실가능성은 은행에서 거래되는 원금보장이 예정된 예금상품과 본질적으로 다르다. 다만 파생상품과 비교해 볼 때 집합투자상품은 원본을 초과하여 손실을 볼 가능성이 존재하지 않는다.

4. 집합투자증권의 분류

집합투자기구가 출자의 대가로 발행하는 집합투자증권의 유형에서 회사형은 지분증권, 신탁형은 수익증권, 조합형은 지분증권으로 구분되며 모두 증권의 범주에 포함된다. 자본시장법은 신탁업자가 발행하는 수익증권과 투자신탁의 수익권을 표창하는 증권을 모두 통칭하여 수익증권으로 규정하고 있다.

그러나 신탁법상의 일반신탁은 도관체 과세를 하는 반면에 투자신탁은 실체과세를 하고 있어 구분하여 이해할 필요가 있다. 집합투자증권의 기준가격은 집합투자재산의 일별 시가평가를 통해 산정되고 통상 일별로 공고된다. 투자자의 집합투자증권에 대한 투자금액의 정산은 기준가격으로 이루어진다.

5. 집합투자증권의 발행

(1) 투자신탁의 수익증권

투자신탁의 수익권은 신탁계약에서 정하는 바에 따라 투자신탁재산의 운용에서 발생하는 이익의 분배를 받고 신탁원본의 상환을 받는 권리를 말한다. 수익증권은 투자신탁의 수익권을 표창하는 유가증권이다. 수익자는 신탁원본의 상환 및 이익분배 등에 관해 수익증권의 좌수에 따라 균등한 권리를 갖는다.

투자신탁을 설정한 집합투자업자가 수익증권을 발행할 경우에는 집합투자업자 및 신탁업자의 상호(제1호), 수익자의 성명 또는 명칭(제2호), 신탁계약을 체결할 당시의 신탁원본의 가액 및 수익증권의 총좌수(제3호), 수익증권의 발행일(제4호)이 전자증권법에 따라 전자등록 또는 기록되도록 해야 한다.

(2) 투자회사의 주식

투자회사는 회사 성립일 또는 신주의 납입일에 전자증권법에 따른 전자등록의 방법
으로 주식을 발행하고, 투자회사가 성립 후에 신주를 발행할 경우 신주의 수, 발행가액
및 납입기일은 이사회가 결정한다. 다만, 정관에서 달리 정하는 경우에는 그에 따른다.
투자회사의 주식은 무액면 기명식으로 한다.

그러나 주주의 청구가 존재할 경우에 그 주주의 주식을 매수할 수 있는 개방형투자
회사가 성립 후에 신주를 발행하는 경우 이사회는 신주의 발행기간(제1호), 발행기간 이
내에 발행하는 신주수의 상한(제2호), 발행기간 동안 매일의 발행가액 및 주금납입기일을
정하는 방법(제3호)을 결정할 수 있다.

(3) 투자합자회사의 지분증권

투자합자회사의 유한책임사원은 출자금액의 반환 및 이익의 분배 등에 관해 지분증
권의 수에 따라 균등한 권리를 갖는다. 투자합자회사가 성립한 후 신규 지분증권을 발행
할 경우 지분증권의 수, 발행가액 및 납입기일은 업무집행사원이 결정해야 하고, 투자합
자회사의 지분증권은 무액면 기명식으로 한다.

투자합자회사의 지분증권에는 투자합자회사의 상호(제1호), 투자합자회사의 성립연
월일(제2호), 지분증권의 발행일, 사원의 성명(법인의 경우 상호), 그 밖에 투자합자회사의
보호에 필요한 사항으로서 대통령령으로 정하는 사항(제5호)을 기재하고, 업무집행사원
이 기명날인 또는 서명을 반드시 해야 한다.

6. 집합투자증권의 판매

투자신탁이나 투자회사 등은 집합투자기구의 집합투자증권을 판매할 경우 투자매
매업자와 판매계약을 체결하거나 투자중개업자와 위탁판매계약을 체결해야 한다. 그러
나 투자매매업자 또는 투자중개업자로서 집합투자기구의 집합투자증권을 판매할 경우에
는 판매계약 또는 위탁판매계약을 체결하지 아니한다.

투자매매업자 또는 투자중개업자가 집합투자증권을 판매하는 경우 투자자가 집합

투자증권의 취득을 위해 금전을 납입한 후 최초로 산정되는 기준가격으로 판매해야 한다. 여기서 기준가격은 투자신탁이나 투자익명조합의 집합투자업자 또는 투자회사가 집합투자재산의 평가결과에 따라 산정한 가격을 말한다.

투자매매업자 또는 투자중개업자는 집합투자증권의 환매를 연기한 경우나 집합투자기구에 대한 회계감사인의 감사의견이 적정의견이 아니라는 통지를 받은 경우 해당 집합투자증권을 판매해서는 아니 된다. 다만, 환매연기나 감사의견의 부적정 사유가 해소되었다는 통지를 받은 경우에는 다시 판매할 수 있다.

판매수수료는 집합투자증권의 판매대가로 투자자로부터 받는 금전이며 납입금액 또는 환매금액의 100분의 3 이하로서 대통령령으로 정하는 한도를 초과해서는 안 된다. 판매보수는 집합투자증권을 판매한 투자매매업자나 투자중개업자가 투자자에게 제공하는 용역의 대가로 집합투자기구에서 받는 금전을 말한다.

판매보수는 집합투자재산의 연평균가액의 1천분의 15 이하로서 대통령령으로 정하는 한도를 초과해서는 안 된다. 투자매매업자나 투자중개업자는 집합투자증권의 판매와 관련해 판매수수료 및 판매보수를 받는 경우 집합투자기구의 운용실적(성과보수)에 연동하여 판매수수료 또는 판매보수를 받아서는 안 된다.

7. 집합투자증권의 환매

환매금지형 집합투자기구의 투자자를 제외한 집합투자기구의 투자자는 언제든지 집합투자증권의 환매를 그 집합투자증권을 판매한 투자매매업자나 투자중개업자에게 청구할 수 있다. 투자자의 환매요청을 받은 투자매매업자나 투자중개업자는 지체없이 집합투자업자나 신탁업자에게 환매요구를 해야 한다.

집합투자업자나 신탁업자는 환매청구일로부터 15일 이내 집합투자규약에서 정한 환매일에 환매청구일 이후에 산출된 기준가격을 적용하여 환매수수료를 차감한 후 금전 또는 집합투자재산으로 환매대금을 지급해야 한다. 집합투자증권의 환매는 실질적으로 펀드가 투자자에게 투자금액을 상환하는 것과 같다.

투자신탁의 집합투자업자 또는 투자회사 등은 집합투자증권을 환매하는 경우 환매청구일 후에 산정되는 기준가격으로 해야 한다. 환매청구일 후에 산정되는 기준가격은 환매청구일부터 기산하여 제2영업일 이후에 공고되는 기준가격으로서 해당 집합투자기구의 집합투자규약에서 정한 기준가격으로 한다.

환매수수료는 대통령령으로 정하는 방법에 따라 집합투자증권의 환매를 청구한 해당 투자자가 부담하며, 투자자가 부담한 환매수수료는 집합투자재산에 귀속된다. 이에 따라 환매수수료는 집합투자규약에서 정하는 기간 이내에 환매할 경우에 부과하며 환매금액 또는 이익금 등을 기준으로 부과할 수 있다.

제2절 집합투자기구의 설립

자본시장법상 집합투자기구의 법적 형태는 그 성격에 따라 신탁형(투자신탁), 회사형(투자회사, 투자유한회사, 투자합자회사, 투자유한책임회사), 조합형(투자합자조합, 투자익명조합)으로 구분할 수 있다. 국내 집합투자기구는 대부분 계약형(신탁형)에 해당되고, 해외 집합투자기구는 회사형에 해당된다.

1. 투자신탁

투자신탁의 당사자는 자산에 대한 운용지시를 내리는 위탁자(집합투자업자), 집합투자재산을 보관·관리하고 운용지시를 이행하며 집합투자업자의 운용행위지시를 감시하는 수탁자(신탁업자) 그리고 집합투자업자가 발행한 집합투자증권인 수익증권을 판매회사에서 취득하여 보유한 수익자(투자자)로 구성된다.

(1) 집합투자업자

집합투자업자는 신탁계약의 체결 및 해지, 신탁재산의 투자결정 및 운용지시, 펀드 편입자산의 평가, 수익증권 판매 및 환매 등에 적용되는 기준가격의 산정, 수익증권의 발행(판매) 및 소각(환매), 펀드회계 등의 업무를 수행한다. 수익증권의 판매는 집합투자업자가 직접 하거나 금융기관에 판매를 위탁한다.

(2) 신탁업자

신탁업자인 수탁회사는 투자신탁재산을 보관·관리하고, 집합투자업자의 투자신탁재산 운용지시에 따른 자산의 취득 및 처분의 이행, 수익증권의 환매대금, 이익금을 지급한다. 자산운용회사는 수탁회사의 운용지시를 통해 자산의 취득과 처분을 결정할 수 있다. 일반적으로 수탁회사는 은행이 역할을 수행한다.

(3) 판매회사

판매회사는 투자자가 실제로 집합투자기구에 투자할 수 있는 은행, 증권회사, 보험회사 등의 창구를 말한다. 판매회사는 자산운용회사와 위탁판매계약을 체결하여 자산운용회사의 집합투자증권을 투자자에게 판매하고 펀드에 투자한 투자자가 환매청구를 하면 자산운용회사에 전달하는 역할을 수행한다.

(4) 투자자

투자자는 투자신탁의 수익증권을 취득하여 집합투자업자와 신탁업자가 체결한 신탁계약에서 수익자로 당해 투자신탁관계의 당사자가 된다. 수익자는 자신이 취득한 수익증권의 지분에 따라 투자원본의 상환 및 이익분배를 받는다. 공모펀드의 수익자는 투자원본, 상환, 이익분배에 관해 균등한 권리를 갖는다.

▮ 그림 10-1 ▮ 투자신탁의 구조

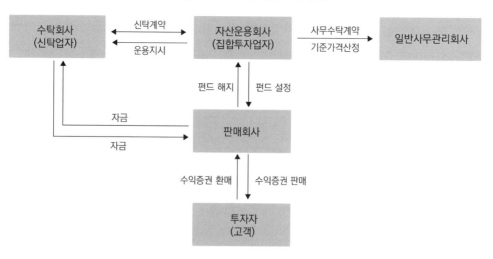

2. 투자회사

투자회사는 집합투자업자 등이 발기인이 되어 주식회사(투자회사)를 설립한 후 투자회사의 주식을 투자자에게 판매하여 조성된 자금(자본금)을 주식 등에 운용하고 그 결과를 투자자에게 귀속시키는 행위이다. 투자회사는 주식회사제도를 집합적·간접적 투자에 맞게 변형한 제도라고 할 수 있다.

투자회사는 서류상 회사(Paper Company)의 성격을 가지게 되어 투자업무 이외의 모든 업무를 외부의 전문가에게 위탁해야 한다. 따라서 자산운용은 집합투자업자에, 자산보관은 신탁업자에, 주식의 판매 및 환매는 투자매매업자·투자중개업자에, 기타 업무는 일반사무관리회사에 위탁해야 한다.

(1) 자산운용회사

자산운용회사는 간접투자의 운용주체로서 투자신탁의 위탁자나 투자회사의 법인이사가 되어 간접투자재산을 운용하는 회사를 말한다. 따라서 투자회사의 위탁을 받아 투자대상 자산을 운용(주식, 채권 등 유가증권에 투자)하는 업무를 수행하는 회사로 자본금 100억원 이상의 자격요건을 갖추어야 한다.

(2) 투자회사

현재 투자회사는 상법상의 주식회사로 그 집합투자기구는 실제 사람이 근무하지 아니하는 무인회사(Paper Company)로 운영되어 직원을 고용하거나 상근임원을 둘 수 없다. 따라서 투자회사는 유가증권에 투자하는 것 이외의 업무는 할 수 없고 영업소를 둘 수 없다. 투자신탁의 펀드 자체를 의미한다.

(3) 자산보관회사

투자신탁의 계약형펀드는 수탁기관, 투자회사의 회사형펀드는 자산보관회사라는 용어를 사용하는데, 실제로 같은 역할을 수행한다. 자산보관회사는 투자회사의 위탁을 받아 투자회사의 자산(펀드)을 안전하게 보관하고 관리하는 회사를 말하며 자산운용회사의 펀드운용 등에 대한 감사를 주된 업무로 한다.

(4) 판매회사

판매회사는 투자자가 집합투자기구에 투자할 수 있는 은행, 증권회사, 보험회사 등의 창구로서 자산운용회사와 위탁판매계약을 체결하여 자산운용회사의 펀드를 투자자에게 판매하고 환매하는 역할을 수행한다. 판매회사는 투자자보호를 위해 판매와 관련된 주요 법령 및 판매행위준칙을 준수할 의무가 있다.

(5) 사무관리회사

일반사무관리회사는 자산운용회사와 계약을 통해 투자대상자산의 운용 이외 운영에 관한 사항을 주된 업무로 한다. 투자회사는 이사회 및 주주총회를 보조하고 그 업무를 대행하는 사무관리회사가 반드시 필요한 반면에 투자신탁은 펀드의 기준가격 산정을 위탁하지 않으면 사무관리회사가 필요하지 않는다.

┃그림 10-2┃ 투자회사의 구조

┃표 10-1┃ 투자신탁과 투자회사의 비교

구분	투자신탁	투자회사
설 립 형 태	신탁계약	회사형태
발 행 증 권	수익증권	주　　식
자 산 소 유 자	신탁업자	투자기구
법률행위주체	신탁업자	투자기구
투 자 자 지 위	수　익　자	주　　주
수 익 금 지 급	분　배　금	배　당　금

제3절 집합투자기구의 분류

1. 자산의 운용대상에 따른 분류

자본시장법은 운용대상에 따라 집합투자기구를 증권, 부동산, 특별자산, 혼합자산, 단기금융의 5가지로 구분한다. 집합투자업자가 집합투자기구의 재산으로 운용할 수 있는 자산은 재산가치가 있는 모든 재산을 대상으로 하고 그 편입비율에 제한만 있다. 다만, 단기금융의 경우 증권에만 투자할 수 있다.

(1) 증권집합투자기구

증권집합투자기구는 집합투자재산의 50%를 초과하여 주식, 채권, 수익증권 등의 증권 및 증권을 기초자산으로 하는 파생상품에 투자하고 부동산 및 특별자산집합투자기구에 해당하지 않는 것을 말한다. 증권집합투자기구에는 주식형, 채권형, 주식혼합형, 채권혼합형, 재간접형, 장외파생상품형 등이 있다.

(2) 부동산집합투자기구

부동산집합투자기구는 집합투자재산의 50%를 초과하여 부동산 또는 부동산에서 파생된 자산(부동산을 기초로 하는 파생상품, 부동산 개발과 관련된 법인에 대한 대출, 부동산의 개발, 관리, 개량, 임대 및 운영, 부동산 관련 권리의 취득, 부동산과 관련된 증권)에 투자하는 집합투자기구를 말한다.

(3) 특별자산집합투자기구

특별자산집합투자기구는 집합투자재산의 50%를 초과하여 특별자산(증권 및 부동산을 제외)에 투자하는 집합투자기구를 말한다. 예컨대 유전, 광산, 선박, 대출채권, 지식재산권, 예술품은 증권 또는 부동산에 포함되지 않은 자산에 해당하여 동 자산에 투자하면 특별자산 집합투자기구로 분류한다.

(4) 혼합자산집합투자기구

혼합자산집합투자기구는 집합투자재산을 운용할 때 증권·부동산·특별자산집합투자기구 관련 규정의 제한을 받지 않는 집합투자기구를 말한다. 예컨대 투자대상이 사전에 확정되지 아니하고 가치가 있는 모든 자산에 투자할 수 있는 집합투자기구는 혼합자산 집합투자기구로 분류할 수 있다.

(5) 단기금융집합투자기구

단기금융집합투자기구(MMF)는 집합투자재산을 운용할 때 원화로 표시된 자산으로서 잔존만기가 6개월 이내인 양도성예금증서, 잔존만기가 5년 이내인 국채, 잔존만기가 1년 이내인 지방채·특수채·회사채·기업어음 등 대통령령으로 정하는 단기금융상품에 투자하는 집합투자기구를 말한다.

∥표 10-2∥ 집합투자기구의 분류

종류		주요내용
증권집합투자기구	주식형	규약상 주식에 집합투자재산의 60% 이상 투자하는 펀드 - 대체로 90% 이상 주식에 투자하는 경향을 나타냄
	채권형	규약상 채권에 집합투자재산의 60% 이상 투자하는 펀드 - 주식 또는 주식관련 파생상품에 투자불가

	주식 혼합형	주식형, 채권형 어디에도 속하지 아니하면서 규약상 허용되는 주식 최대 편입비율이 50% 이상인 펀드
혼합	채권 혼합형	주식형, 채권형 어디에도 속하지 아니하면서 규약상 허용되는 주식 최대 편입비율이 50% 미만인 펀드
부동산집합투자기구		집합투자재산의 50% 이상을 부동산(관련 파생상품/대출/증권 포함)에 투자하는 집합투자기구
특별자산집합투자기구		집합투자재산의 50% 이상을 특별자산(증권과 부동산을 제외한 투자대상 자산)에 투자하는 집합투자기구
혼합자산집합투자기구		집합투자재산을 운용함에 있어서 증권, 부동산, 특별자산 관련 규정의 제한을 받지 않는 집합투자기구
단기금융집합투자기구		집합투자재산을 단기금융상품에 투자하는 펀드(단기채권, CP, CD)

2. 일반적 형태의 집합투자기구

펀드는 모집방식에 따라 공모펀드와 사모펀드, 펀드규모의 증대여부에 따라 추가형펀드와 단위형펀드, 환매여부에 따라 개방형펀드와 폐쇄형펀드, 투자지역에 따라 국내펀드와 해외펀드로 구분한다. 자본시장법에서는 특수한 형태로 폐쇄형펀드, 종류형펀드, 전환형펀드, 모자형펀드, 상장지수펀드로 구분한다.

(1) 투자성향에 따른 분류

펀드는 투자자들의 자금을 모아 투자하는 집합투자방식으로 운영되어 투자자들의 특성을 잘 반영하지 못한다. 따라서 투자자 본인의 위험성향, 투자목적, 투자기간에 적합하지 않은 펀드에 투자할 경우 높은 위험이 존재할 수 있어 금융감독기관은 투자대상 자산을 기준으로 투자위험등급을 산정하고 있다.

┃ 표 10-3 ┃ 투자성향에 따른 위험등급과 내용

구분	위험등급	내용
1등급 공격투자형 투자자	초고위험	주식에 펀드자산의 50% 이상 투자하는 주식형펀드 선물 및 옵션 등 파생상품에 투자하는 파생상품펀드 주식인덱스펀드, 중소형주식형펀드, 해외주식형펀드
2등급 적극투자형 투자자	고위험	주식에 펀드자산의 50% 이상 투자하는 주식혼합형펀드 주식형 및 채권형펀드에 투자하는 재간접펀드 투기등급채권에 투자하는 하이일드채권형펀드

3등급 위험중립형 투자자	중위험	주식에 펀드자산의 50% 미만을 투자, 주식관련파생상품에 펀드자산의 30% 이하를 투자하는 채권혼합형펀드 투자등급의 일반회사채에 투자하는 채권형펀드
4등급 안정추구형 투자자	저위험	신용등급이 우량한 국공채에 투자하는 채권형펀드 투자원금이 보장되는 구조화된 파생상품에 투자하는 펀드
5등급 안정형 투자자	초저위험	단기금융상품에 투자하는 펀드(MMF) 단기국공채, 통안채에 투자하는 펀드

(2) 모집방식에 따른 분류

펀드는 모집방식에 따라 공모펀드와 사모펀드로 분류한다. 공모펀드는 불특정 다수를 대상으로 투자자의 자격이나 투자금액에 제한이 없고 투자자를 모집하는 방법에 제한이 없다. 반면에 사모펀드는 기관투자가와 일정금액 이상을 투자하는 적격투자자 또는 49인 이하의 소수투자자로부터 자금을 모집한다.

(3) 규모증대에 따른 분류

펀드는 규모의 증대가능여부에 따라 추가형펀드와 단위형펀드로 구분한다. 추가형펀드는 이미 설정된 펀드에 추가로 설정이 가능하여 펀드의 규모가 증대될 수 있는 공모펀드를 말한다. 그러나 단위형펀드는 이미 설정된 펀드에 추가로 설정을 할 수가 없어서 펀드의 규모가 제한을 받는 사모펀드를 말한다.

(4) 투자방식에 따른 분류

펀드는 투자방식에 따라 거치식 펀드와 적립식 펀드로 구분한다. 목돈을 굴리는 거치식 펀드는 목돈을 한꺼번에 납입하는 펀드이고, 목돈을 만드는 적립식 펀드는 일정기간마다 일정금액을 납입하는 펀드로서 반드시 매달 투자하지 않아도 되고 금액의 제한도 없으며 납입기간도 투자자가 임의로 정할 수 있다.

(5) 투자지역에 따른 분류

펀드는 투자지역에 따라 국내의 법률에 따라 국내에서 설정되어 국내자산에 투자하는 국내펀드와 국내에서 설정되어 해외자산에 투자하는 해외펀드로 구분한다. 그리고 해외펀드는 국내에서 설정되고 국내에서 판매되는 역내펀드와 외국의 법률에 따라 외국에서 설정되어 국내에서 판매되는 역외펀드로 구분한다.

국내펀드는 환매신청 후 환매대금을 수령할 때까지 3~4일, 해외펀드는 7~10일 소요된다. 해외펀드는 투자국가와 투자대상에 따라 환매기간에 차이가 있어 투자설명서를 꼼꼼히 확인해야 한다. 국내펀드는 환매신청 다음 날 환매금액이 확정되지만, 해외펀드는 환매신청 후 대부분 4영업일 후에 환매금액이 결정된다.

3. 특수한 형태의 집합투자기구

(1) 개방형펀드와 폐쇄형펀드

집합투자기구는 투자자에 의한 집합투자증권의 환매가 가능한지 여부에 따라서 개방형(open-end)펀드와 폐쇄형(closed-end)펀드로 구분된다.

① 개방형펀드

개방형펀드는 투자자가 환매를 청구할 수 있고 투자대상자산의 공정한 평가가 매일 가능한 자산에 투자를 한다. 개방형은 환매수요 충당과 펀드규모 확대를 위해 계속적으로 집합투자증권을 발행한다. 개방형펀드에서 환매는 펀드의 순자산가치에 의존하여 펀드재산의 평가 및 가격결정이 중요한 의미를 갖는다.

② 폐쇄형펀드

폐쇄형펀드는 판매한 집합투자증권의 환매가 허용되지 않아 환매금지형펀드라고 한다. 환매부담이 없어 펀드의 투자목적에 따라 펀드자산의 전부를 투자할 수 있고 유동성 없는 자산에도 투자할 수 있는 반면 투자자금 회수를 위해 최초로 발행한 날부터 90일 이내 그 집합투자증권을 증권시장에 상장해야 한다.

(2) 종류형펀드

종류형펀드는 운용되는 하나의 펀드 내에서 가입경로, 판매대상, 판매수수료나 보수의 구조, 환매방법 등에 따라 클래스를 차별화하여 기준가격이나 판매수수료를 각각 달

리 산출하여 여러 종류의 집합투자증권의 형태로 발행하는 펀드를 말하며, 통상 멀티클
래스펀드(Multi-Class Fund)라고 한다.

　　종류형펀드는 펀드가입기간에 따라 집합투자증권의 종류를 나누고 있는 펀드를 장
기간 가입하면 판매보수의 부담을 줄일 수 있다. 그리고 보수 및 수수료 수준이 다른 소
규모펀드를 한 펀드내에서 통합하여 운용할 수 있어 펀드의 대형화를 통해 운영의 효율
화를 제고시킬 수 있다는 장점이 있다.

　　보통 A-Class라고 하는 선취형은 펀드를 매수할 때 자산의 일부를 수수료로 수취
하는 형태를 말하고, C-Class라고 하는 후취형은 수수료를 가입기간에 따라 일할 계산
하여 수취하는 형태를 말한다. 보통 장기간 투자할 경우에는 선취형이 유리하고, 투자기
간이 짧을 경우에는 후취형이 유리하다.

┃그림 10-3┃ 종류형펀드의 예시

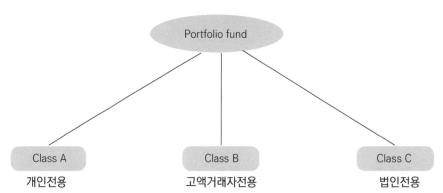

┃표 10-4┃ 종류형펀드 수수료 적용 사례

구분	종류A(Class A)	종류C(Class C)	종류C2(Class C2)
가 입 자 격	제한없음		100억 이상 투자자
선취수수료	1%	-	-
운 용 보 수	연 0.7%		
판 매 보 수	연 0.7%	연 1.0%	연 0.78%

(3) 전환형펀드

　　전환형펀드는 투자자에게 현재 보유한 펀드를 다른 펀드로 전환할 수 있는 권리를
부여한 펀드를 말하며 한 우산 아래서 다양한 펀드를 고를 수 있다는 의미에서 엄브렐러

펀드(Umbrella Fund)라고도 한다. 전환형펀드는 펀드를 교체매매할 때 발생하는 수수료를 감면해주어 펀드의 교체매매를 쉽게 도와준다.

시장상황에 따라 대응하려는 투자자는 국내 주식형펀드와 채권형펀드 또는 해외주식형펀드와 채권형펀드로 시장전망에 따라 펀드를 전환하면서 수수료 부담없이 포트폴리오 조정(rebalancing)을 진행할 수 있다. 최근에는 자산배분전략을 펀드에서 수행하는 경우가 많아 전환형 펀드의 출시가 줄어들고 있다.

┃그림 10-4┃ 전환형펀드의 예시

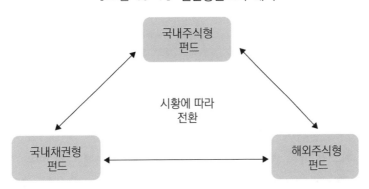

(4) 모자형펀드

모자형펀드는 동일한 집합투자업자의 투자기구를 모(母)와 자(子)의 구조로 나눈 후 운용되는 투자기구는 모 집합투자기구로 하고, 투자자에게 매각되는 펀드는 자 집합투자기구로 설정하는 펀드로 통상 Master-Feeder Fund라고도 한다. 즉 자펀드를 통해 투자자의 자금을 모아 모펀드에 투자하는 방식이다.

모자형펀드는 다음과 같은 요건을 모두 충족해야 한다. ① 자펀드는 모펀드 집합투자증권의 다른 집합투자증권을 취득하는 것은 허용되지 아니할 것, ② 자펀드 이외의 자가 모펀드의 집합투자증권을 취득하는 것이 허용되지 아니할 것, ③ 자펀드와 모펀드의 집합재산을 운용하는 집합투자업자가 동일할 것.

┃그림 10-5┃ 모자형펀드의 구조

(5) 재간접형펀드

재간접형펀드는 집합투자재산을 주로 다른 펀드에 투자하는 펀드를 의미한다. 자본시장법에서는 펀드가 다른 펀드(집합투자증권)에 투자하는 것에 대해 여러 가지의 규제를 하고 있다. 모자형펀드와 재간접형펀드는 모두 다른 펀드에 투자한다는 점에서 동일하지만 다음과 같은 점에서 차이를 나타낸다.

모자형은 모펀드와 자펀드의 운용사가 동일하지만, 재간접형은 운용사가 다른 것이 일반적이다. 모자형은 자펀드 재산의 전부를 모펀드에 투자해야 하지만, 재간접형은 펀드 외의 자산에도 투자할 수 있다. 모자형은 모펀드와 자펀드 모두 국내펀드이지만, 재간접형의 투자대상에는 외국펀드도 포함된다.

(6) 상장지수펀드

일반적으로 개방형펀드는 투자자가 언제든지 환매청구를 통해 투자자금을 회수할 수 있으므로 증권시장에 상장이 필요하지 않다. 그러나 상장지수펀드(ETF : Exchange Traded Funds)는 개방형펀드이나 그 집합투자증권이 증권시장에 상장되어 투자자는 보유한 증권을 매도하여 투자자금을 회수할 수 있다.

상장지수펀드는 일반주식과 같이 증권시장에서 거래되지만 회사의 주식이 아니라 특정 주가지수의 움직임에 연동하여 운용되는 인덱스펀드로 한국거래소에 상장되어 실시간으로 매매된다. 상장지수펀드는 추가형펀드이고, 상장형펀드이며 일반 투자기구와 달리 증권 실물로 투자기구의 설정 및 해지할 수 있다.

상장지수펀드는 환매가 허용되고 설정일 후 30일 이내 상장된다. 기존의 펀드는 고객의 환매신청이 있으면 보유중인 주식을 시장에 매도하여 환매요구에 필요한 자금을 확보해야 하므로 환매에 따른 시장충격을 해소하고 안정적인 수익을 원하는 투자자의 요구를 동시에 충족시키기 위한 방법으로 도입되었다.

상장지수펀드는 이미 발행된 ETF 증권이 증권시장을 통해 매매되는 유통시장 (Secondary Market)과 ETF가 설정·해지되는 발행시장(Primary Market)이 동시에 존재한다. 발행시장에서는 지정참가회사(AP)를 통해 ETF의 설정과 해지가 발생하고 유통시장에서는 일반투자자와 지정참가회사가 ETF를 매매한다.

▌그림 10-6 ▌ 상장지수펀드의 투자과정

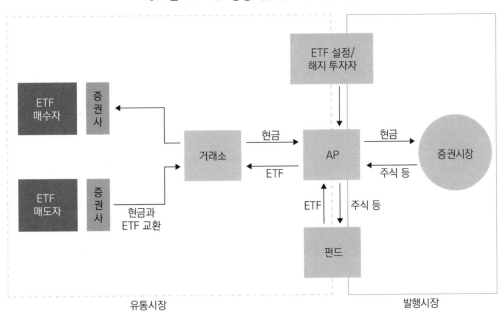

4. 사모집합투자기구

일반적으로 사모는 공모에 대응하는 개념으로 불특정 다수가 아닌 49명 이하의 특정인을 대상으로 증권의 취득을 권유하는 행위를 말한다. 사모집합투자기구는 투자권유 대상자의 수, 공시, 집합투자기구의 운용과 판매 등의 측면에서 공모집합투자기구에 적용되는 규정을 거의 적용받지 않는다.

(1) 전문투자형 사모집합투자기구

전문투자형 사모집합투자기구는 적격투자자만을 대상으로 발행하며 헤지펀드를 도입하기 위한 법적 근거가 된다. 헤지펀드는 공시규제와 같은 규제를 받지 않고, 소수의 개인자산가나 기관투자자로부터 사모방식으로 투자금을 받거나 차입하여 공매도나 파생상품 등 고위험자산에 투자하고 고수익을 추구한다.

적격투자자에는 국가 및 외국정부, 국내외 금융기관, 예금보험공사, 한국자산관리공사, 한국주택금융공사, 한국투자공사, 한국금융투자협회, 한국예탁결제원, 한국거래소, 금융감독원, 신용보증기금, 기술신용보증기금, 공제사업을 경영하는 법인, 지방자치단체, 금융위원회가 정하는 국제기구 등이 있다.

┃표 10-5┃ 헤지펀드와 뮤츄얼펀드

구분	해지펀드	뮤추얼펀드
공 모 여 부	공모금지	공모허용
투 자 금 액	3억원 이상	규제없음
성 과 보 수	허용	금지
금 전 차 입	펀드재산 400% 이내	금지
특정종목 투자한도	제한없음	펀드재산 10% 이내
파생상품 투자범위	펀드재산 400% 이내	펀드재산 400% 이내

(2) 경영참여형 사모집합투자기구

경영참여형 사모집합투자기구는 경영권 참여, 사업구조나 지배구조의 개선 등을 위해 지분증권에 투자·운용하는 투자합자회사로 지분증권을 사모로만 발행한다. 즉 기업인수펀드로 불특정 다수가 아닌 소수의 특정 투자자를 대상으로 지분증권에 투자하는 펀드라는 의미에서 PEF(private equity fund)라고 부른다.

자본시장법은 경영참여형 사모집합투자기구의 법적 형태를 투자합자회사로 제한하고 있다. 사원은 1인 이상의 무한책임사원과 1인 이상의 유한책임사원으로 구성하되, 총 사원은 49인 이하여야 한다. 무한책임사원만이 업무집행사원이 될 수 있다. 유한책임사원은 업무집행권에 관심이 없는 재무적 투자자이다.

제4절 집합투자증권의 특징

펀드투자는 실적배당상품으로 투자원금이 보장되지 않으며, 투자할 펀드는 투자자가 결정하며, 그에 대한 책임은 투자자 자신에게 있다. 따라서 펀드에 투자하기 전 해당 펀드의 특징과 내용을 반드시 이해하고 확인해야 한다. 펀드투자시 장기투자자는 선취수수료 펀드에 가입하는 것이 유리하다.

1. 집합투자증권의 장점

(1) 투자대상의 다양화

펀드투자시 다양한 자산에 투자하여 높은 수익을 기대할 수 있다. 예컨대 채권형펀드에 투자하면 제한적인 위험을 부담하면서 은행예금보다 약간 높은 수익을 기대할 수 있고, 주식형펀드에 투자하면 여러 주식에 분산투자할 수 있어 위험은 낮추면서 주식시장 수익률보다 높은 수익을 얻을 수 있다.

(2) 전문가 자산운용

펀드는 장기투자가 원칙이다. 투자자가 여유자금을 믿고 맡기면 전문가인 자산운용회사는 투자자가 원하는 적정성과를 달성하기 위해 최선을 다한다. 일시적인 시장변동으로 손실이 발생하더라도 인내하고 기다리며 장기간 투자하면 목표한 수익률을 달성할 가능성이 높은 상품이 집합투자기구이다.

(3) 분산투자효과 기대

펀드는 불특정 다수 투자자의 자금을 모아 전체로써 운용하므로 분산투자를 통한 위험분산효과를 추구할 수 있고 투자자는 소액으로 분산투자가 가능하다. 증권에 직접투자할 경우 개별종목에 대한 주가부담을 느낄 수 있지만, 소액으로도 자신의 유형과 유사한 종목에 투자하는 펀드에 가입할 수 있다.

(4) 자금관리에 효율적

주식이나 채권에 투자하려면 목돈이 필요하지만 펀드는 자금을 모아 운용하기 때문에 적은 돈으로 가입하여 다양한 투자대상에 분산투자할 수 있고 일시적인 목돈을 적립하는 형태로 투자가 용이하다. 또한 폐쇄형펀드를 제외하고 만기가 없으며 출금이 자유로워 다른 투자수단으로 대체가 쉬운 편이다.

(5) 투자자의 보호장치

자본시장법에서 집합투자업자는 자산운용보고서를 작성하여 집합투자재산을 보관·관리하는 신탁업자의 확인을 받아 3개월마다 1회 이상 집합투자증권을 판매한 투자매매업자 또는 투자중개업자를 통해 기준일부터 2개월 이내에 집합투자기구의 투자자들에게 직접 또는 전자우편의 방법으로 교부해야 한다.

2. 집합투자증권의 단점

(1) 투자자 본인의 책임

펀드는 전문적인 투자관리자에 의한 운용결과가 투자자에게 귀속되는 실적배당상품으로 투자원금을 보장하지 않고 예금자보호대상에서도 제외된다. 자본시장법은 실적배당원칙을 구현하기 위해 집합투자업자와 투자매매·중개업자가 투자자의 펀드투자에 따른 손실을 보전하거나 이익을 보장·보전하는 행위를 금지한다.

(2) 수수료와 보수 부담

투자자는 전문가를 고용하여 자산을 운용하거나 재산을 안전하게 보관하려면 운용보수, 수탁보수 등 일정한 수수료를 지불해야 한다. 또한 집합투자증권을 판매하는 행위에 대한 대가로 투자매매업자 또는 투자중개업자에게 판매수수료를 지급해야 한다. 그리고 회전율이 높은 펀드의 경우 상당한 거래비용을 수반한다.

(3) 복잡한 상품구조

부동산, 실물자산, 파생상품 등 다양한 형태의 펀드는 복잡한 구조로 인해 사전에 정확한 이해없이 투자할 경우 지나친 위험에 노출될 가능성이 존재한다. 또한 대량 환매로 비정상적인 운용위험 및 부실자산이 발생할 수 있으며, 공동위험이 특정 투자자에게만 집중되고 전가되는 문제가 발생할 수 있다.

(4) 펀드의 성과차이

펀드매니저의 능력에 따라 투자성과 차이가 날 수 있어 펀드 선택이 중요하다. 예컨대 저평가된 종목을 찾는 가치주 펀드, 미래의 성장가능성에 투자하는 성장주 펀드, 유망산업에 집중투자하는 섹터펀드, 연말에 배당소득을 원하는 배당주 펀드 등 펀드매니저의 운영철학이 있는 펀드를 선택하는 것이 좋다.

3. 집합투자증권의 실제

첫째, 펀드는 수익률을 보장하는 상품이 아니므로 투자성과에 따라 손실이 발생할 수 있으며 어떤 경우에는 원금의 전액 손실이 발생할 수도 있다. 따라서 펀드투자는 투자자 자신의 투자성향과 재무상태를 감안하여 스스로 결정하고 그 결과에 대한 모든 책임은 투자자 본인이 부담하는 것이 원칙이다.

둘째, 펀드도 분산해서 투자하는 것이 좋다. 펀드는 원칙적으로 분산투자를 하고있지만 특정 산업이나 테마에 한정된 펀드도 많이 있고, 특정 지역에 집중된 해외펀드의 경우 국가리스크가 발생할 수 있기 때문이다. 따라서 펀드도 섹터, 테마, 지역, 운용회사 등을 분산해서 투자하는 것이 바람직하다.

셋째, 펀드에 따라 판매수수료와 보수체계가 다양하고 환매조건이 다르기 때문에 펀드에 가입할 때 부담하는 선취수수료 또는 돈을 출금할 때 납부하는 후취수수료, 판매보수와 운용보수, 펀드를 환매할 때 납부하는 환매수수료 등 계약조건을 면밀히 검토한 후에 자신에게 유리한 펀드를 선택해야 한다.

넷째, 펀드의 과거 수익률을 참조하되 맹신해서는 안 된다. 펀드를 선택할 때 최근에 수익률이 높은 펀드를 선택하는 경우가 많다. 그런데 과거의 투자성과가 앞으로 계속해서 이어진다는 보장이 없고 많은 실증분석의 결과도 과거 수익률과 미래 수익률은 별다른 상관관계가 없는 것으로 나타나고 있다.

다섯째, 펀드투자에도 하이리스크 하이리턴의 원칙이 적용되어 기대수익률이 높은 고수익펀드에 투자하면 손실가능성이 높아진다. 따라서 펀드에 가입한 후 지속적인 관리가 필요하다. 대부분의 펀드는 정기적으로 운용성과와 포트폴리오를 공개하는데, 펀드투자자는 이것을 꼼꼼히 확인할 필요가 있다.

제5절 **집합투자증권의 사례**

　　미국 캘리포니아주 남동부에 데스밸리(Death Valley)라는 곳이 있다. 1849년 캘리포니아로 이주하던 개척자들이 발견했으나 1870년 금광과 붕사광상을 발견할 때까지는 찾아오는 사람이 거의 없었다. 여름의 기온은 58.3 ℃까지 올라간 적이 있으며, 여행자와 동물이 가끔 쓰러져 데스밸리(죽음의 계곡)라는 이름이 붙었다.

　　투자자는 왜 안전하다고 믿었던 직립식 투자에서 손실을 보게 될까? 그리고 손실을 보고 있다면 적립을 중단하는 것이 좋을까 아니면 계속 적립을 하는 것이 좋을까? 여기서는 과거 우리나라 주식시장이 경험했던 네 차례 죽음의 계곡에서 적립식투자의 사례를 분석하여 올바른 적립식투자의 방법에 대해 살펴보고자 한다.

1. 첫 번째 죽음의 계곡

　　1970년대 두 차례 오일쇼크 이후 각국 정부는 불황을 타개하고자 저금리정책을 사용하고, OPEC 국가들의 단합이 무너지고 경쟁체제가 수립되면서 유가가 하락하기 시작했다. 플라자합의 이후 엔화가 천정부지로 치솟으면서 국내제품의 가격경쟁력이 향상되면서 종합주가지수는 1989년 처음으로 1,000포인트를 돌파하였다.

　　1990년대 서울올림픽과 3저 호황에 쌓였던 버블이 걷히고 국제원유가격은 30달러를 넘고 민주화와 근로자의 임금이 상승하면서 기업의 채산성에 부정적인 영향을 미쳤다. 종합주가지수는 1992년 8월 459포인트에 이르며 계곡의 심장부를 지나게 되었고 1994년 10월 다시 1,000포인트를 넘어서며 첫 번째 계곡이 완성되었다.

　　첫 번째 계곡에서 적립식 투자자들은 1992년 8월말 종합주가지수가 506.07에 이르렀을 때 −28.9%라는 손실을 보기도 했다. 하지만 주가가 반등하면서 1994년 10월에는 51.2%라는 놀라운 이익을 얻을 수 있었다. 이는 동일한 기간 동안 적금에 가입했을 경우 누적수익률 23.8%와 비교하면 상당히 우수한 실적을 나타냈다.

하지만 적립식 투자수익은 아무런 고통 없이 얻어지지 않는다. 투자자들은 전체총 67개월의 투자기간 중에서 49개월 동안 손실을 보았으며, 이익을 보는 구간이 마지막 18개월인 것에서 볼 수 있듯이 적립식 투자의 달콤한 과실은 누구에게나 주어지는 것이 아니라 죽음의 계곡을 건너 온 투자자에게만 주어지는 것이다.

∎그림 10-7∎ 첫 번째 계곡(1989년 4월~1994년 10월)

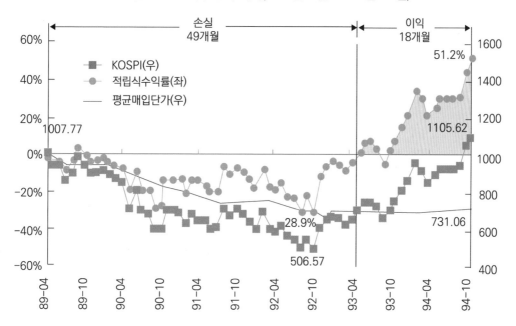

2. 두 번째 죽음의 계곡

1996년 6월 900포인트를 상회한 종합주가지수는 1997년 IMF 외환위기를 거치면서 급락하더니 1998년 6월 16일 277.37포인트까지 하락했다. 1997년 아시아 금융위기는 우리 경제에 큰 충격을 안겨주었다. 정부는 IMF에 긴급 자금지원을 요청했으며 금융시장은 요동치면서 주가는 폭락했고 환율은 달러당 2,000원을 돌파했다.

그러나 끝나지 않는 위기는 없다는 말과 같이 경기와 주가가 살아나기 시작했다. 급격한 환율상승은 무역수지의 개선에 도움을 주었고, 뼈를 깎는 구조조정으로 기업들은 빠른 시간 안에 회복할 수 있게 되었다. 또한 1999년 Y2K로 촉발된 IT열풍은 우리나라 주식시장이 1,000포인트를 또다시 돌파하는 계기를 마련하였다.

두 번째 계곡에서 적립식 투자자들은 IMF 외환위기의 과정에서 1998년 7월 한때 최대 −45.9%라는 손실을 보기도 했지만, IT 열풍으로 주가가 상승한 1999년 7월에 77.3%라는 놀라운 성과를 보였다. 이는 1996년 당시 정기적금에 동일한 기간 적립한 적립했을 때 누적수익률 14.8%와 비교하면 5배에 가까운 실적을 나타냈다.

그러나 이러한 투자성과가 모든 투자자에게 돌아간 것은 아니다. 투자자들은 총 38개월 중에서 31개월 동안 손실을 보았고, 이익을 보는 구간이 마지막 7개월인 것에서 볼 수 있듯이 적립식 투자의 성과는 주가하락에도 불구하고 꾸준히 적립을 계속하여 평균 매입단가를 낮춘 투자자들만이 가질 수 있는 인내의 과실이었다.

┃그림 10-8┃ 두 번째 계곡(1996년 6월~1999년 7월)

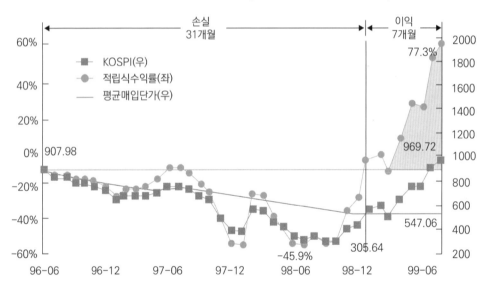

3. 세 번째 죽음의 계곡

IT 열풍으로 1,000포인트를 넘어선 종합주가지수는 2000년 1월 이후 버블 붕괴와 미국 증시의 급락, 대우채 사태, 9.11테러 등의 영향으로 2001년 9월 400포인트까지 추락했다. 그러나 2000년 이후 미국은 경기침체를 타개하기 위해 기준금리를 2.0%까지 낮추었고 천문학적인 감세안을 통해 경기회복을 유도하였다.

우리나라 역시 IT거품이 꺼진 후 정부 주도의 경기부양책이 발표되었다. 2001년 9.11사태 이후 콜금리는 4.0%까지 낮아졌으며 건설경기의 촉진, 확대재정의 조기집행이 이루어지면서 내수소비 성장이 경기회복을 주도하였다. 이러한 정부의 강력한 내수진작 정책의 효과로 종합주가지수는 2002년 4월 900선을 회복하였다.

세 번째 계곡에서 적립식 투자자들은 한때 −20.9%의 손실을 기록하였다. 그러나 꾸준하게 적립을 지속적으로 했던 펀드투자자들은 44.6%의 놀라운 투자성과를 거둘 수 있었다. 이는 2000년 4월 당시의 정기적금에 동일한 기간 동안 가입한 사람의 누적수익률 8.5%와 비교하여 보면 5배가 넘는 뛰어난 수익률을 나타냈다.

그러나 이러한 투자성과가 모든 투자자에게 돌아간 것은 아니다. 투자자들은 총 24개월 중에서 19개월 동안 손실을 보았고, 이익을 보는 구간이 마지막 5개월인 것에서 볼 수 있듯이 적립식 투자의 성과는 주가하락에도 불구하고 꾸준히 적립을 계속하여 평균 매입단가를 낮춘 투자자만이 가질 수 있는 인내의 과실이었다.

┃그림 10-9┃ 세 번째 계곡(2000년 4월~2002년 3월)

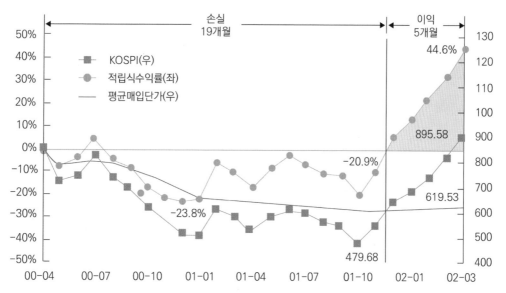

4. 네 번째 죽음의 계곡(2002.04~2007.11)

9.11테러 이후 정부의 금리인하, 건설경기 부양, 신용카드 사용 장려정책으로 2002년 3월 900포인트를 상회한 종합주가지수는 신용카드 남발에 따른 부작용이 불거지고 SK글로벌의 분식회계 사건으로 2003년 3월 500포인트 초반까지 내려앉는데 영향을 주기도 했다. 하지만 증시는 강한 상승세로 전환되었다.

국내증시는 2003년 하반기 저금리시대의 도래하여 저축에서 투자로 자금이 이동하고 적립식 투자문화가 확산되면서 주가상승에 힘을 실어주었다. 따라서 종합주가지수는 2005년 3월 네 번째 1,000포인트를 돌파하였고, 2007년 11월 1일 2,085포인트에 도달할 때까지 4년 8개월간 무려 1573포인트가 상승하였다.

그러나 이러한 투자성과가 모든 투자자에게 돌아간 것은 아니다. 적립식 투자자들은 총 67개월 중에서 한때 −21%가 넘는 손실을 기록했지만, 짧은 계곡을 잘 건넌 투자자는 119.9%라는 엄청난 성과를 거둘 수 있었다. 짧은 계곡 너머에 있는 높은 봉우리를 보지 못한 투자자들에게는 많은 아쉬움이 골짜기이다.

┃그림 10-10┃ 네 번째 계곡(2002년 4월~2007년 11월)

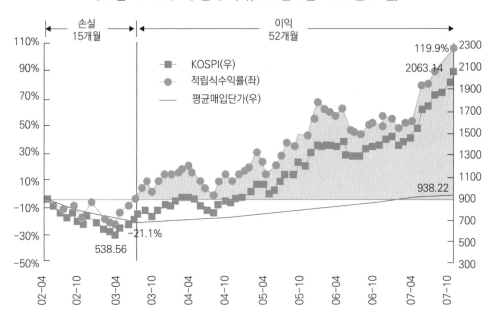

제1절 집합투자증권의 개요

1. 집합투자의 정의
   불특정 다수 투자자로부터 금전을 모아 투자자의 운용지시를 받지 않고 자산을 취득,
   처분의 방법으로 운용결과를 투자자에게 배분하여 귀속

2. 간접투자상품의 정의
   불특정 다수 투자자로부터 금전을 모아 다양한 증권에 분산투자하여 달성한 운용결과를
   투자자에게 투자비율에 따라 배분하는 실적배당상품

3. 집합투자증권의 정의
   집합투자기구에 대한 출자지분(투자신탁의 경우에는 수익권)이 표시된 것

4. 집합투자증권의 분류
   회사형 집합투자기구는 지분증권, 신탁형 집합투자기구는 수익증권, 조합형
   집합투자기구는 지분증권

5. 집합투자증권의 발행
   투자회사는 주식, 투자신탁은 수익증권, 투자합자회사는 지분증권 발행

6. 집합투자증권의 판매
   투자매매업자와 판매계약 또는 투자중개업자와 위탁판매계약을 체결

7. 집합투자증권의 환매
   폐쇄형펀드를 제외한 펀드투자자는 언제든지 환매를 청구할 수 있음

제2절 집합투자기구의 설립

1. 투자신탁 : 집합투자업자와 신탁업자가 신탁계약을 체결하여 펀드를 만들어 투자자에게
   증권을 매도하고 그 자산을 투자대상자산에 투자운용

2. 투자회사 : 집합투자업자가 투자회사를 설립한 후 주식을 투자자에게 판매하여 조성된
   자금을 주식에 운용하고 그 결과를 투자자에게 귀속시킴

제3절 집합투자기구의 분류

1. 자산의 운용대상에 따른 분류
   증권집합투자기구, 부동산집합투자기구, 특별자산집합투자기구, 혼합자산집합투자기구,
   단기금융집합투자기구

2. 일반적 형태의 집합투자기구

(1) 투자성향에 따른 분류 : 1등급(공격투자형 투자자) ~ 5등급(안정형 투자자)

(2) 모집방식에 따른 분류 : 공모펀드 VS 사모펀드

(3) 규모증대에 따른 분류 : 추가형펀드 VS 단위형펀드

(4) 투자방식에 따른 분류 : 거치식펀드 VS 적립식펀드

(5) 투자지역에 따른 분류 : 국내펀드 VS 해외펀드

3. 특수한 형태의 집합투자기구

(1) 폐쇄형펀드 : 집합투자증권의 환매청구에 투자자금 회수가 불가능한 펀드

(2) 종류형펀드 : 하나의 펀드에서 클래스를 차별화하여 여러 종류로 발행한 펀드

(3) 전환형펀드 : 투자자가 현재 보유한 펀드를 다른 펀드로 전환할 수 있는 펀드

(4) 모자형펀드 : 동일한 집합투자기구를 모(母)와 자(子)로 나누어 운용되는 펀드

(5) 재간접형펀드 : 펀드재산을 다른 펀드에 투자하는 펀드

(6) 상장지수펀드 : 특정 주가지수의 움직임에 연동하여 운용되는 인덱스펀드

4. 사모집합투자기구

(1) 전문투자형 사모집합투자기구 : 소수의 투자자로부터 자금을 모아 투자대상과 지역에
관계없이 여러 투자전략을 사용해 수익을 추구하는 상품

(2) 경영참여형 사모집합투자기구 : 경영권 참여, 사업구조나 지배구조의 개선을 위해
지분증권에 투자운용하는 투자합자회사인 사모집합투자기구

제4절 집합투자증권의 특징

1. 집합투자증권의 장점
   투자대상의 다양화, 전문가 자산운용, 분산투자의 효과, 자금관리에 효율적

2. 집합투자증권의 단점
   투자자 본인의 책임, 수수료와 보수 부담, 복잡한 상품구조, 펀드의 성과차이

제5절 집합투자증권의 사례

적립식 펀드의 높은 수익률은 죽음의 계곡을 완주한 투자자에게 주어진 과실

1. 다음 중 직접투자와 간접투자에 대한 적절한 설명으로 묶인 것은?

> 가. 간접투자상품은 직접투자에 비해 다양한 자산에 투자할 수 있고 대규모로
>   거래되는 특성상 비용이 저렴하다는 장점이 있다.
> 나. 일반적으로 간접투자상품을 집합투자기구(펀드)라고 한다.
> 다. 집합투자기구는 간접투자자산운용업법에 규제를 일원화하고 있다.

① 가, 나   ② 가, 다
③ 나, 다   ④ 가, 나, 다

| 해설 | 집합투자기구는 2009년부터 자본시장법에 의해 규제를 일원화하고 있다.

2. 다음 중 집합투자기구의 개념으로 적절하지 않은 것은?

① 투자신탁은 위탁자가 신탁업자에게 신탁한 재산을 신탁업자가 집합투자업자의
   지시에 따라 운용하는 신탁형태이다.
② 투자회사는 주식회사의 형태로 납입한 자본금을 이용하여 자금을 운용하고 그
   성과를 주주에게 배분하는 형태이다.
③ 집합투자재산은 운용회사의 다른 자산과 엄격히 분리해야 판매회사에 별도로
   보관된다.
④ 투자신탁의 집합투자증권은 수익권, 투자회사의 집합투자증권은 지분증권이다.

| 해설 | 집합투자재산은 펀드자산의 분리원칙에 따라 수탁은행에 별도로 보관된다.

3. 다음 중 자본시장법상 집합투자기구의 법적인 분류로 적절하지 않은 것은?

① 투자회사   ② 투자신탁
③ 투자합자회사   ④ 투자합명회사

| 해설 | 자본시장법상 집합투자기구의 법적 분류는 계약형(투자신탁), 회사형(투자회사, 합자회사, 유
       한회사), 조합형, PEF 등으로 구분된다.

4. **다음 중 자본시장법상 금융투자상품에 대한 설명으로 적절하지 않은 것은?**

① 금융상품은 원금손실가능성 여부에 따라 금융투자상품과 비금융투자상품으로 분류한다.

② 금융투자상품은 증권과 파생상품으로 분류한다.

③ 증권은 원본을 초과하여 손실가능성이 있는 상품을 말한다.

④ 파생상품은 장내파생상품과 장외파생상품으로 분류한다.

| 해설 | 파생상품은 원본을 초과하여 손실가능성이 있는 상품을 말한다.

5. **다음 중 펀드의 환매에 대한 설명으로 적절하지 않은 것으로 묶인 것은?**

> 가. 환매청구는 원칙적으로 집합투자업자에게 한다.
> 나. 환매대금의 지급은 원칙적으로 환매청구일로부터 15일 이내 해야 한다.
> 다. 펀드의 환매가격은 과거가격으로 환매하는 것을 원칙으로 한다.
> 라. 개인용 단기금융펀드(MMF)는 당일환매가 가능하다.

① 가, 나, 다   ② 가, 다

③ 가, 라   ④ 나, 다

| 해설 | 가. 환매청구는 원칙적으로 판매업자에게 한다.
       다. 펀드의 환매가격은 미래가격으로 환매하는 것을 원칙으로 한다.

6. **다음 중 펀드의 비용에 대한 설명으로 적절하지 않은 것은?**

① 판매수수료는 펀드를 판매하는 행위에 대한 대가로 투자자가 직접 부담한다.

② 판매보수는 지속적으로 징구하는 비용으로 집합투자기구가 부담한다.

③ 판매수수료는 기준가격에 영향을 미친다.

④ 판매보수는 기존 순자산총액의 평균잔액에 일정률의 보수를 부과한다.

| 해설 | 판매보수는 지속적으로 집합투자기구에서 비용으로 처리하여 기준가격에 영향을 미친다. 그러나 판매수수료는 투자자가 일시적으로 부담하는 비용으로 기준가격에 영향을 미치지 않는다.

7. 다음 중 펀드에 대한 설명으로 적절하지 않은 것은?

① 환매수수료는 판매회사의 손익으로 귀속된다.

② 환매대금의 지급은 원칙적으로 금전에 의한 지급이어야 한다.

③ 펀드의 환매연기가 있는 경우 6주 이내에 총회에서 환매대금 지급방법에 대한 결의가 있어야 한다.

④ 환매수수료는 일종의 벌칙성 부과금이므로 펀드자산에 유보하게 된다.

| 해설 | 환매수수료는 펀드별로 정해지며 일종의 위약금으로 징수하여 펀드에 재편입된다.

8. 다음 중 펀드의 환매에 대한 설명으로 적절하지 않은 것은?

① MMF는 제한적으로 당일 환매도 가능하다.

② 환매가격은 환매청구일 이전 최근 기준가격으로 정한다.

③ 환매청구일로부터 25일 이내에 환매대금을 지급해야 한다.

④ 환매수수료는 환매를 청구한 투자자가 부담하며 이는 펀드에 귀속시킨다.

| 해설 | 환매가격은 환매청구일 이후에 계산된 기준가격(미래가격)으로 해야 한다.

9. 다음 중 집합투자기구의 이해관계자 중 신탁업자의 역할이 아닌 것은?

① 투자신탁재산의 평가   ② 투자신탁재산의 운용 및 운용감시

③ 투자신탁재산의 운용 및 운용지시   ④ 투자신탁재산의 보관 및 관리

| 해설 | 투자신탁재산의 평가는 집합투자업자의 역할에 해당한다.

10. 다음 중 자본시장법상 집합투자기구의 관계회사 중 집합투자재산을 보관 및 관리를 담당하는 회사는?

① 신탁업자   ② 집합투자기구평가회사

③ 일반사무관리회사   ④ 채권평가회사

| 해설 | 집합투자재산을 보관 및 관리를 담당하는 회사는 신탁업자이다.

11. 다음 중 투자회사와 투자신탁의 비교 설명으로 적절한 것은?

> 가. 투자회사 투자자는 주주가 되며, 계약형 수익증권 투자자는 수익자가 된다.
> 나. 투자회사는 상법상 주식회사로 설립되며 계약형 투자신탁은 위탁자, 수익자, 수탁자 간의 계약에 의해 이루어진다.
> 다. 투자회사는 주주총회, 계약형 투자신탁은 수익자총회가 최고의사결정기구이다.
> 라. 투자회사는 실체가 없는 서류상의 회사이다.

① 가, 나, 다   ② 가, 다, 라
③ 나, 다, 라   ④ 가, 나, 다, 라

| 해설 | 보기의 지문은 모두 맞는 설명에 해당한다.

12. 다음 중 자본시장법상 투자대상에 따른 법적 분류로 거리가 먼 것은?
① 증권집합투자기구   ② 파생상품집합투자기구
③ 특별자산집합투자기구   ④ 부동산집합투자기구

| 해설 | 자본시장법상 투자대상에 따라 증권집합투자기구, 부동산집합투자기구, 특별자산집합투자기구, 단기금융집합투자기구, 혼합자산집합투자기구의 5가지로 분류한다.

13. 다음 중 자본시장법상 파생상품집합투자기구의 투자대상이 아닌 것은?
① 부동산집합투자기구   ② 특별자산집합투자기구
③ 단기금융집합투자기구   ④ 혼합자산집합투자기구

| 해설 | 단기금융집합투자기구(MMF)는 파생상품집합투자기구의 투자대상이 아니다.

14. 다음 중 집합투자기구에 대한 설명으로 적절하지 않은 것은?

① 증권집합투자기구는 부동산에 투자할 수 있다.

② 증권집합투자기구는 집합투자재산의 50% 이상을 초과하여 증권에 투자하는 펀드를 말한다.

③ 단기금융집합투자기구는 파생상품에 투자할 수 있다.

④ 부동산집합투자기구는 파생상품에 투자할 수 있다.

| 해설 |

구분	증권펀드	부동산펀드	특별자산펀드	MMF	혼합자산펀드
증권	○	○	○	○	○
파생상품	○	○	○	×	○
부동산	○	○	○	×	○
특별자산	○	○	○	×	○

15. 다음 중 어떠한 자산에나 투자비율의 제한없이 투자가능한 집합투자기구는?

① 증권집합투자기구   ② 부동산집합투자기구

③ 특별자산집합투자기구   ④ 혼합자산집합투자기구

| 해설 | 혼합자산집합투자기구는 투자대상에 대한 투자비율에 제한이 없다.

16. 다음 중 환매금지형 집합투자기구에 대한 설명으로 적절하지 않은 것은?

① 존속기간이 정해진 경우에만 설정 · 설립이 가능하다.

② 투자자는 거래소에서 환매금지형 펀드를 매매할 수 있다.

③ 기존투자자의 이익을 해할 우려가 없다고 인정될 경우에 한해 집합투자증권을 추가로 발행할 수 있다.

④ 환금성보장을 위한 별도의 방법을 지정하지 아니한 경우 집합투자증권을 최초로 발행한 날로부터 60일 이내에 상장해야 한다.

| 해설 | 환매금지형 집합투자기구는 신탁계약 또는 정관에 투자자의 환금성 보장을 위한 별도의 방법을 지정하지 아니한 경우 집합투자업자, 투자회사는 집합투자증권을 최초로 발행한 날로부터 90일 이내에 상장해야 한다.

17. 다음에서 설명하는 특수한 형태의 집합투자기구에 해당하는 것은?

> 같은 집합투자기구에서 판매보수의 차이로 인해 기준가격이 다르거나 판매수수료가 다른 여러 종류의 집합투자증권을 발행하는 집합투자기구

① 전환형 집합투자기구　　　　　② 상장지수 집합투자기구
③ 종류형 집합투자기구　　　　　④ 모자형 집합투자기구

| 해설 |　지문은 종류형 집합투자기구에 대한 설명이다.

18. 다음 중 집합투자기구의 위험으로 적절하지 않은 것은?
① 시장위험은 회피할 수 없는 고유한 위험으로 체계적 위험이라고 한다.
② 자산운용사를 선택할 때는 성과뿐만 아니라 재무건전성과 신용등급도 고려한다.
③ 인덱스펀드는 펀드매니저가 교체될 경우 펀드의 운용스타일이 달라지는 경우가 많다.
④ 액티브펀드는 매니저가 종목과 비중을 결정할 수 있어 벤치마크와 상이한 포트폴리오를 구성하여 추적오차가 커질 수도 있다.

| 해설 |　인덱스펀드는 펀드매니저에 따른 운용스타일의 차이가 거의 없지만, 액티브펀드는 펀드매니저가 교체될 경우 펀드의 운용스타일이 달라지는 경우가 많다.

19. 투자자가 시장상황에 따라 다른 펀드로 자유롭게 전환할 수 있는 펀드로서 하나의 약관 아래 여러 개의 하위펀드가 있는 투자신탁상품으로 시장상황의 변화에 따라 환매하지 않고 대응할 수 있는 적절한 투자신탁상품에 해당하는 것은?
① 뮤추얼펀드　　　　　　　　　② 하이일드펀드
③ 후순위채펀드　　　　　　　　④ 엄브렐러펀드

| 해설 |　지문은 엄브렐러펀드에 대한 설명이다.

20. 다음 중 집합투자기구에 대한 설명으로 적절하지 않은 것은?

① 모자형 집합투자기구에서 자펀드는 모펀드에만 투자할 수 있다.

② 모자형 집합투자기구에서 모펀드와 자펀드의 집합투자업자는 동일해야 한다.

③ 종류형 집합투자기구는 판매보수나 운용보수를 집합투자증권별로 차등화할 수 없다.

④ 환매금지형 펀드는 설정된 지 90일 이내에 증권시장에 상장해야 한다.

| 해설 | 종류형 집합투자기구는 판매보수, 운용보수, 환매수수료를 집합투자증권별로 차등화할 수 있다.

21. 다음 중 전환형 집합투자기구에 대한 설명으로 적절하지 않은 것은?

① 투자자에게 현재 보유한 펀드를 다른 펀드로 전환할 수 있는 권리를 부여한다.

② 한 우산 아래 다양한 펀드를 고를 수 있다는 뜻에서 엄브렐러 펀드라고도 한다.

③ 일반적으로 펀드를 교체매매할 때 환매수수료나 선취수수료를 부과한다.

④ 시장상황에 따라 펀드를 전환하면서 포트폴리오 조정을 진행할 수 있다.

| 해설 | 전환형 집합투자기구는 펀드를 교체매매할 때 환매수수료나 선취수수료를 감면해줌으로써 펀드의 교체매매를 용이하도록 도와준다.

22. 다음 중 모자형 집합투자기구에 대한 설명으로 적절하지 않은 것은?

① 자펀드는 서로 다른 운용사의 펀드를 다양하게 편입할 수 있다.

② 투자자는 자펀드를 매수하고 자펀드는 다시 모펀드를 매수한다.

③ 자펀드는 규제상 편입할 수 있는 모펀드가 사전에 결정되어 있다.

④ 다수의 자펀드 대신 하나의 모펀드를 운용하여 운영의 효율성을 제고한다.

| 해설 | 모자형 집합투자기구는 동일한 투자전략을 갖는 펀드들의 자산을 하나로 모아 모펀드로 통합하여 운영하는 펀드로 자펀드는 규제상 편입할 수 있는 모펀드가 사전에 결정되어 있으며 동일한 운용사의 펀드만을 편입할 수 있다.

23. 다음 중 상장지수형 집합투자기구(ETF)의 특징으로 적절하지 않은 것은?

① 상장형   ② 액티브형

③ 추가형   ④ 개방형

| 해설 | ETF는 특정 지수에 연동하여 움직이는 인덱스펀드로 패시브형이며 거래소에서 매매가 가능한 개방형이고 추가형 구조를 갖고 있다.

24. 다음 중 전문투자형 사모펀드의 특징으로 적절하지 않은 것은?
① 투자광고를 허용한다.
② 운용사도 운용상품의 직접 판매가 가능하다.
③ 판매시 적합성 원칙, 적정성 원칙의 적용을 면제한다.
④ 모든 투자자가 투자금액의 제한없이 투자할 수 있다.

| 해설 | 전문투자자는 금액의 제한없이 모두 투자할 수 있으나, 개인투자자는 1억원 이상으로 투자금액의 제한이 있어 소액투자자는 투자할 수 없다.

25. 다음 중 재간접형펀드에 대한 설명으로 적절하지 않은 것은?
① 펀드를 편입하는 펀드를 의미한다.
② 비용이 이중으로 발생하는 단점이 있다.
③ 모자형펀드와 동일한 개념으로 미리 규정되어 있는 펀드만 편입할 수 있다.
④ 하위 펀드의 수나 비중의 제한이 없어 1개 펀드에 100% 투자하는 경우도 있다.

| 해설 | 모자형펀드는 자펀가 규정된 모펀드만을 편입하는 반면에, 재간접펀드는 시장상황, 투자전략에 따라 한 개 또는 여러 펀드를 편입하는 전략을 통해 수익을 추구한다.

26. 다음 중 가치주 펀드의 특징으로 적절하지 않은 것은?
① 변동성이 상대적으로 낮다.
② 평균 PER이나 평균 PBR이 높은 편이다.
③ 대체로 시가총액이 큰 대형주를 편입한다.
④ 저평가된 주식을 매입하여 적정가치에 도달하면 차익을 실현한다.

| 해설 | 평균 PER이나 평균 PBR이 가치주는 낮고 성장주는 높은 편이다.

27. 다음 중 특정 주가지수를 추적하는 펀드로 거래소에 상장되어 마치 주식처럼 매매되는 상품에 해당하는 것은?
① ETF
② ELS
③ ELW
④ ELD

| 해설 | ETF(상장지수펀드)는 거래소에 상장된 펀드로 주식처럼 거래되므로 기존 펀드의 환매가격 결정의 한계점을 보완한 펀드이다.

28. 다음 중 펀드에 대한 설명으로 적절하지 않은 것은?

① 대체투자상품은 주식, 채권과 같은 전통형 투자상품과 달리 주식과 채권의 중간 정도의 수익률과 위험을 갖는 상품을 말한다.

② 자산배분형 펀드는 여러 가지 자산집단에 대해 투자비중을 유연하게 변동시킬 수 있는 펀드를 말한다.

③ 부동산펀드는 자금을 모아 부동산이나 개발사업 등에 투자하거나 대출하여 수익률을 배당하는 실적배당상품으로 거액의 투자자만 가입이 가능하다.

④ 재간접펀드는 펀드자산을 다른 펀드가 발행한 집합투자증권을 운용자산의 50% 이상 투자하는 펀드를 말한다.

| 해설 | 부동산펀드는 소액투자자도 가입할 수 있어 소액으로 부동산에 투자하는 효과를 갖는다.

29. 다음 중 상장지수펀드(ETF)의 특징으로 적절하지 않은 것은?

① 주식시장 인덱스를 추종하여 주식과 같이 유가증권시장에 상장되어 거래된다.

② 일반 인덱스펀드에 비해 운용사의 운용능력에 따라 상대적으로 수익률 변동성이 크다.

③ 액티브펀드보다 낮은 비용이 발생하나, 거래에 따른 거래세 및 수수료는 지불해야 한다.

④ 운용자는 환매 등에 신경쓰지 않고 인덱스와의 추적오차를 줄이기 위해 최선을 다할 수 있다.

| 해설 | ETF는 철저한 소극적 투자전략으로 지수와의 수익률 괴리가 낮게 나타난다.

30. 다음 중 인덱스펀드와 상장지수펀드에 대한 설명으로 적절하지 않은 것은?

① 인덱스펀드는 순자산가치에 의해 수익률이 하루 한 번 결정된다.

② 상장지수펀드는 주식처럼 거래소에 상장되어 거래된다.

③ 인덱스펀드는 벤치마크지수가 있으나 상장지수펀드는 벤치마크지수가 없다.

④ 상장지수펀드는 액티브펀드에 비해 낮은 비용이 발생하며 인덱스펀드도 액티브펀드보다는 낮은 비용이지만 대부분 상장지수펀드보다 높은 보수를 책정한다.

| 해설 | ETF는 벤치마크지수가 존재하여 추적오차를 줄이려고 소극적 투자전략을 수행한다.

정답

1. ①	2. ③	3. ④	4. ③	5. ②	6. ③	7. ①	8. ②	9. ①	10. ①
11. ④	12. ②	13. ①	14. ③	15. ④	16. ①	17. ③	18. ③	19. ④	20. ③
21. ③	22. ①	23. ②	24. ④	25. ③	26. ②	27. ①	28. ③	29. ②	30. ③

자산유동화증권시장

기업의 매출채권이나 은행의 대출채권을 근거로 자산유동화증권을 발행·판매하면 조기에 현금으로 회수할 수 있어 기업이나 은행의 현금흐름이 개선된다. 특히 여러 채권을 통합하여 각 단위로 나누어 자산유동화증권을 발행·판매하며, 유동화전문회사가 기업이나 은행이 보유한 자산을 사들이고 이를 담보로 발행한다.

제1절 자산유동화증권의 개요

1. 자산유동화의 정의

자산을 유동화 또는 증권화한다는 것은 현금흐름을 창출하는 자산을 기존 유가증권 형태의 자산유동화증권(ABS) 또는 기업어음(CP)을 발행하여 쉽게 유통될 수 있는 형태로 전환하는 것이다. 따라서 자산유동화는 비유동자산을 유동성이 있는 증권으로 전환하여 이를 매각함으로써 현금화하는 모든 행위를 말한다.

금융기관이 자금을 조달하여 이를 대출하면 대출금만큼 현금이 줄어드는 대신에 대출채권이 증가하는데, 대출채권을 매각·회수할 때까지 비유동자산이 되어 금융기관은 대출금만큼 유동성을 상실한다. 이와 같이 유동성이 떨어지는 대출채권 등을 증권화하여 자금을 조달하는 금융기법을 자산의 유동화라고 부른다.

자산유동화의 방법은 자산을 매각하여 현금화하는 것이다. 그러나 투자자를 찾기 쉽지 않고, 투자자를 찾아도 자산의 위험성 등을 이유로 자산의 시장가격 내지 대출채권의 원본보다 낮은 가격으로 매수하길 원하며, 대출채권을 회수·관리해야 하는 투자자를 찾기가 쉽지 않아서 자산을 매각하는 것은 한계가 있다.

이러한 이유로 대부분의 국가에서는 부동산, 대출채권, 매출채권, 유가증권 등 특정 자산의 현금수입을 기반으로 유동화증권(ABS) 또는 기업어음(CP)을 발행하는 구조화된 금융기법인 자산유동화제도를 도입하게 되었다. 따라서 자산유동화는 보유자산을 기초로 한 유가증권, 즉 유동화증권을 발행하는 방식을 말한다.

현재 우리나라에서 시행되고 있는 자산유동화법과 한국주택금융공사법은 유동화증권을 발행하는 방식을, 어음의 발행에 있어서는 상법 및 어음법상의 기업어음(CP)를 발행하는 것을 전제로 한다. 자산유동화에 있어 일반채권 등을 기초자산으로 하여 증권을 발행하는 경우를 ABS, CP를 발행하는 것을 ABCP라고 한다.

2. 자산유동화의 연혁

전통적인 증권화거래는 매출채권의 보유자가 그 채권을 제3자인 특수목적회사에 양도하면, 양수인은 양도대금을 마련하기 위해 사채발행 등에 의해 투자자금을 조달받은 후 향후 매출채권이 변제되면 그 변제금으로 투자자들에게 투자원금을 상환한다. 즉 전통적인 증권화제도는 팩토링과 같은 금융에서 출발한다.

증권화는 특수목적회사(SPC)를 통해 매출채권의 유동화가 이루어지는 반면에 팩터링은 대주의 성격을 갖는 팩터링회사가 매출채권을 직접 매입하는 차이가 있다. 따라서 증권화의 경우에는 특수목적회사를 통해 다수의 투자자를 모집할 수 있는 반면 팩터링의 경우에는 팩터링회사로부터 금융을 제공받게 된다.

팩터링에서 출발한 증권화는 1970년대 미국에서 현대화된 모습을 나타내었다. 미국 정부투자기관인 연방주택금융저당회사와 연방저당권협회가 대출기관으로부터 주택저당 대출채권을 매입하고 이들 주택저당대출채권들의 자산집합을 기초자산으로 하여 유동화 증권을 발행한 것이 현대적 의미의 증권화제도가 된다.

1977년 미국의 은행들은 주택저당대출채권을 대상으로 증권화를 수행하였으며, 1985 년 주택저당대출채권 이외의 채권도 증권화가 개시되었다. 이렇게 본격화된 증권화제도 는 주택저당대출채권 이외에 리스채권, 자동차할부채권, 신용카드채권과 같은 소비자의 매출채권을 바탕으로 비약적인 발전을 하게 되었다.

3. 자산유동화의 효용

자산보유자가 은행에서 직접 차입을 하는 경우에 비해 자산유동화증권의 발행은 투 자자들이 일일이 법적 감시와 점검을 수행하기가 어렵다. 따라서 자산유동화에 따른 발 행절차가 훨씬 복잡함에도 불구하고 널리 활용되고 있는 것은 자산유동화에 참가하는 주체별로 다음과 같은 이용 동기가 존재하기 때문이다.

(1) 자본비용의 절감

자금을 조달하는 자산보유자는 유동화증권의 신용등급을 자산보유자 자신의 신용 등급보다 높일 수 있기 때문에 자금조달비용을 낮출 수 있다. 또한 자산유동화를 통해 보유자산의 포트폴리오를 다양화하거나 위험을 채무자의 계층별, 지역별로 분산시킬 수 도 있어 보유자산(portfolio)의 구성을 개선할 수 있다.

유동화전문회사는 자산을 담보로 유가증권을 발행하기 때문에 증권의 신용도는 대 상자산의 원리금 회수가능성만 중요하고 자산보유자의 신용위험은 문제가 되지 않는다. 따라서 유동화증권은 적절한 구조를 갖추면 자산보유자의 신용등급보다 훨씬 좋은 등급 을 받을 수 있어 조달금리가 크게 낮아질 수 있다.

(2) 재무구조의 개선

자산유동화는 자산보유자가 자산을 양도하는 방식으로 자금을 조달하기 때문에 자산보유자는 이를 재무상태표에 부채로 계상하지 않아도 된다. 특히 금융기관은 자산 매각분을 재무상태표의 자산에서 공제할 수 있어 총자산수익률, 자기자본비율을 제고하여 재무구조를 개선하는 효과를 누릴 수 있다.

(3) 상환청구권 배제

자산유동화증권의 원리금 상환은 특수목적법인인 유동화전문회사(SPC)의 양도된 자산에서 발생하는 현금흐름을 1차 재원으로 한다. 따라서 유동화증권에서 발생하는 현금흐름이 유동화증권의 원리금 상환액에 미치지 못하더라도 자산보유자는 원칙적으로 투자자로부터 원리금 상환청구를 받지 않는다.

(4) 투자자층의 확대

투자자는 신용도가 높고 상대적으로 수익률도 좋은 다양한 상품에 투자하는 기회를 찾고 있는데, 자산유동화 상품은 일반적으로 신용도가 높으면서 수익률이 좋은 편에 속해 많은 투자가 이루어진다. 따라서 자산유동화를 통해 재원도 조달하고, 업계의 지명도도 높일 수 있어 투자자층을 확대할 수 있다.

4. 자산유동화증권의 정의

ABS는 영문 Asset-Backed Securities의 약자로 자산을 근거로 발행되는 증권이다. 자산유동화법은 특수목적회사(SPC)가 자산보유자로부터 유동화자산을 양도받아 이를 기초로 유동화증권을 발행하고 유동화자산의 관리·운용·처분에 의한 수익금으로 유동화증권의 원리금을 상환하는 일련의 행위로 정의한다.

ABS는 금융기관 및 일반기업이 보유한 주택저당채권, 매출채권과 같은 비유동자산을 특수목적회사(SPC)에 법률적인 소유권을 양도하면 SPC는 유동화자산으로 집합화(pooling)하여 이를 바탕으로 유동화증권을 발행하고 발행증권의 원리금은 유동화자산에서 발생하는 현금흐름으로 상환하는 증권을 말한다.

ABS의 법적 성격이 사채는 ABS사채, CP는 ABCP(Asset-Backed Commercial Paper), 출

자증권은 ABS출자증권, 수익증권은 ABS수익증권이라고 한다. 기초자산이 주택저당채권은 MBS, 회사채는 CBO, 금융기관의 대출채권은 CLO, 신용카드매출채권은 CARD, 자동차할부대출은 auto-loan ABS로 불린다.

5. 자산유동화증권의 제도변천

1997년 IMF 외환위기 당시 금융기관에서 다량의 부실채권을 인수한 성업공사가 부실채권의 처리방안으로 자산유동화를 추진하였고, 정부는 1998년 9월 자산유동화법(ABS법)을 제정하고 동년 11월 자산유동화업무 감독규정, 2000년 4월 자산유동화법 시행령이 제정되어 자산유동화를 위한 기반이 마련되었다.

ABS법에서 자산보유자는 금융기관, 한국자산관리공사, 한국토지주택공사, 금융위원회가 인정한 법인이, 특수목적법인은 유동화전문회사, 자산유동화 업무를 전업으로 하는 신탁회사가 될 수 있다. ABS 발행을 촉진하기 위해 SPC에 기초자산을 양도했음을 금융위원회에 등록하도록 하여 양도절차를 간소화하였다.

자산보유자의 범위는 계속 확대되어 1999년 5월 중소기업 자금조달을 지원하기 위해 중소기업진흥공단이 자산보유자로 추가되었으며 2001년 3월 상호저축은행과 2004년 3월 한국주택저당채권유동화주식회사(KoMoCo) 업무를 양도받은 한국주택금융공사가 자산유동화증권을 발행할 수 있는 자산보유자로 추가되었다.

한국주택금융공사는 정부지원 학자금 대출제도 시행으로 2005년 7월부터 학자금대출증권(SLBS)도 발행할 수 있다. 일반법인은 2000년 4월과 6월에 자산보유자의 요건이 완화되고 동년 10월 기업구조조정을 지원하기 위한 기업구조조정투자회사와 2002년 12월 투자적격 신용등급을 보유한 SOC사업자로 확대되었다.

2009년 2월 자본시장법 시행으로 유가증권 발행인 등록제도가 폐지되며 자산유동화증권을 발행할 수 있는 자산보유자는 투자적격등급 법인 및 상장법인으로 변경되었다. 2012년 3월 농협은행, 2016년 3월 새마을금고 중앙회 및 신용협동조합 중앙회의 신용사업 부문, 2016년 12월 수협은행이 자산보유자로 추가되었다.

SPC의 설립은 2000년 1월 사원 1인으로 가능하게 되었고, 자산보유자가 근저당권에 의해 담보된 채권을 SPC에 양도한다는 사실을 채무자에게 통지하는 것으로도 자산의 양도가 이루어진 것으로 인정하였다. 자산양도는 매매는 물론 교환도 양도로 볼 수 있도록 요건을 완화하여 다양한 자산유동화가 가능하게 되었다.

자산유동화와 관련된 비용을 절감하기 위해 2000년 1월 기초자산 양도를 위해 등기·등록하거나 기초자산에 대해 저당권을 설정할 경우에 국민주택채권 매입의무를 면제하였다. 그리고 2011년 4월 상법 개정으로 ABS법에 근거하여 발행되었던 자산유동화증권이 ABCP와 같이 상법에 근거하여 발행할 수 있게 되었다.

정부는 2011년 6월 은행의 우선변제권부채권발행 모범규준을 발표하고 구조화 커버드본드(Covered Bond) 발행을 유도하였다. 그러나 구조화 커버드본드는 법정 커버드본드보다 초기 발행비용이 크다는 단점이 있어 유럽과 같이 법적으로 우선변제권 및 상환청구권을 보장하는 근거법을 제정할 필요성이 대두되었다.

2020년 5월 유동화시장에 포괄적으로 위험관리를 강화하고, 자산유동화제도의 접근성 및 효율성을 높이기 위해 자산유동화제도 개선방안이 발표되었다. 동 방안의 주요 내용에는 위험보유규제 도입, 통합정보시스템 구축, 자산유동화시장 참여자 및 대상자산 확대, 지식재산권 유동화 시범사업 추진 등이 포함되었다.

6. 자산유동화증권의 발행구조

우선 자산보유자가 기초자산을 모아 이를 유동화전문회사(SPC)에 양도한다. 이후 유동화전문회사는 양도받은 자산을 담보로 ABS를 발행하여 투자자에게 매각하고, 매각대금을 자산보유자에게 자산양도의 대가로 지급한다. ABS의 발행에는 자산보유자, 유동화전문회사, 자산관리자, 신용보강기관 등이 참가한다.

▎그림 11-1▎ ABS의 발행구조

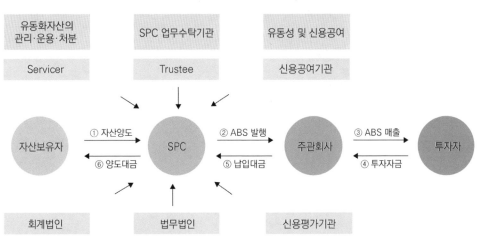

7. 자산유동화증권의 참가자

자산유동화증권(ABS)를 통한 자산의 증권화는 자산보유자, 증권투자자 이외에도 투자자보호, 증권발행, 기초자산의 관리 등과 관련하여 유동화전문회사, 자산관리자, 수탁기관, 신용평가기관, 신용보강기관, 주간사 등 여러 관계자들이 기능적 역할분담을 하여 거래에서 발생할 수 있는 위험을 회피하게 된다.

(1) 자산보유자

자산보유자(originator)는 현재 또는 미래 현금흐름이 발생하는 대출채권을 가진 금융기관이나 매출채권을 가진 기업을 말한다. 자산보유자는 유동화를 위해 자신의 자산을 유동화전문회사에 양도하는 절차를 거친다. 자산을 양도하는 이유는 자산보유자와 단절된 자가 새로운 신용을 창출할 필요가 있기 때문이다.

SPC는 자산보유자와 자산의 법률관계를 분리하기 위해 유한회사의 형태로 설립되며 ABS의 발행 및 상환, 부속업무만 수행한다. SPC는 ABS를 한 번만 발행할 수 있어 자산보유자는 자산유동화를 실시할 때마다 별도의 SPC를 설립해야 한다. 신탁회사는 수익증권 형태의 ABS를 발행하는 경우 SPC로 활용된다.

(2) 유동화전문회사

유동화전문회사는 자산보유자로부터 자산을 구입하고 이를 바탕으로 ABS를 발행하는 명목회사(paper company)이다. 즉 ABS 대상자산의 양수, 증권발행에 관련된 한정된 업무만을 수행할 목적으로 설립된 법인을 말한다. 일반적으로 회사의 형태로 설립되면 SPC, 특수목적기구 형태로 설립되면 SPV라고 부른다.

(3) 자산관리자

자산관리자(servicer)는 실체가 없는 서류상 회사인 SPC를 대신하여 기초자산을 실질적으로 관리하고 채권의 추심 또는 채무자 관리 업무 등을 담당한다. 우리나라에서는 자산보유자, 신용정보업자 등이 자산관리자가 될 수 있는데 일반적으로 기초자산의 내용을 잘 파악하고 있는 자산보유자가 자산관리자가 된다.

(4) 수탁기관

수탁기관(trustee)은 출자금, 유동화증권 납입금, 유동화자산을 관리·운용·처분함에 따라 취득한 금전, 채권, 유가증권 등의 기초자산을 안전하게 보관한다. 또한 SPC를 대신하여 ABS의 원리금 상환 및 채무불이행시 담보권 행사 등 세부적인 실무업무를 총괄하는데 주로 신인도가 높은 은행이 수탁기관이 된다.

(5) 신용평가기관

신용평가기관(credit rating agency)은 기초자산의 기대손실 및 신용보강기관의 신용도를 객관적으로 평가하여 투자자가 이해할 수 있는 신용등급체계로 표시함으로써 ABS가 시장에서 원활히 거래될 수 있도록 하는 역할을 담당한다. 투자적격의 신용평가를 받기 위해 필요하면 신용보강이 이루어져야 한다.

(6) 신용보강기관

신용보강기관(credit enhancer)은 기초자산에서 발생되는 현금흐름이 일시적으로 중단되거나 투자자에게 지급할 원리금의 부족분에 대해 제3자가 지급보증을 함으로써 발행증권에 대한 신용을 공급한다. 우리나라의 경우 주로 수탁기관인 은행들이 한도대출 형태로 유동성공여기관의 역할을 수행하고 있다.

(7) 주간사

주간사(advisory)는 발행절차상 관련있는 각 기관들의 의견을 조율하고 영업망을 이용하여 투자자를 탐색하며 ABS의 만기 및 발행물량 등을 수요에 맞게 조절하는 역할도 담당한다. 또한 ABS를 발행할 때 법률적 이슈와 기초자산 및 ABS에 대한 평가수요가 발생하기 때문에 법률회사, 회계법인 등도 참여한다.

8. 자산유동화증권의 신용보강

신용보강은 ABS의 만기시까지 기초자산의 가치에 부정적인 영향을 미칠 수 있는 여러 가지 상황을 분석하고 기대손실 규모를 파악하여 원리금의 가치가 보전될 수 있도록 안전망을 갖추는 것을 말한다. 일반적으로 자산유동화증권은 이러한 신용보강에 힘입어

상대적으로 높은 신용등급으로 발행된다.[1]

신용보강은 외부신용보강과 내부신용보강으로 구분한다. 외부신용보강은 신용보증기관의 지급보증이나 은행의 신용공여(credit line) 등과 같이 제3자의 지급능력에 의존하여 ABS의 신용등급을 높이는 것이다. 따라서 지급보증기관 및 신용공여기관의 신용도가 신용보강의 신뢰성에 직접적인 영향을 미친다.

내부신용보강은 ABS를 설계할 때 위험요소가 경감될 수 있도록 원리금 지급조건을 선·후순위로 구조화한다. 선·후순위 구조화는 유동화증권 발행시 원리금 지급의 우선순위가 다른 두 종류 이상의 증권을 발행하되 선순위채는 기초자산에서 나오는 현금흐름이 부족하면 후순위채보다 원리금을 우선 수령한다.

일반적으로 후순위채는 정크본드시장에서 발행되거나 자산보유자가 직접 인수한다. 선·후순위 구조화 이외에 현금흐름 차액적립, 초과담보 등이 내부신용보강으로 이용된다. 실제로 ABS를 발행할 경우 한 가지 방법만 사용하는 것이 아니라 여러 신용보강장치를 활용하여 원리금 보장을 확실하게 하고 있다.

┃ 표 11-1 ┃ ABS 발행을 위한 내부신용보강

신용보강수단	내용
선·후순위 구조화 (subordination)	원리금 보장에 대한 순위를 정하여 각기 다른 신용등급으로 발행
현금흐름 차액적립 (excess spread)	ABS에 대한 이자지급액이 기초자산으로부터 발생하는 수입보다 다소 작도록 설계하여 이 차액을 SPC의 적립금계정(reserve account)에 누적시킴으로서 유사시 현금상환능력을 보강하는 데 이용
초과담보 (over-collateralisation)	SPC가 양도받은 자산의 가치가 자산유동화를 통한 예상 조달금액을 상회하도록 함으로써 일부 기초자산이 부실화되더라도 원래의 현금흐름을 유지할 수 있도록 함
환매요구권 (put-back option)	기초자산의 신용등급 저하 등 원리금 상환이 의문시되는 상황이 발생하면 자산보유자가 ABS를 재매입하도록 의무화
자체보증 (orginator's guarantee)	자산보유자가 ABS의 원리금 지급을 자체 신용으로 보증

---

1) 한국은행, 한국의 금융시장, 2021, 236-237쪽.

제2절 자산유동화증권의 종류

1. 유동화증권의 법적 성격에 따른 분류

자산유동화증권(ABS)은 증권의 법적 성격에 따라 유동화전문회사(SPC)가 발행하는 ABS와 신탁회사가 발행하는 ABS가 있다. 유동화전문회사가 발행하는 ABS는 자산보유자로부터 양도받은 각종 채권, 부동산 등 유동화의 대상인 유동화자산을 기초로 증권, 즉 사채, 출자증권, 기업어음(CP)을 발행한다.

사채의 형태에는 SPC가 발행하는 유동화사채가 있고, 출자증권의 형태에는 유동화 증권이 있으며, 어음의 형태에는 부분 차환구조 ABS 발행시 발행기법으로 사용되는 ABCP가 있다. 신탁회사가 발행하는 ABS는 자산보유자로부터 유동화자산을 신탁받고 그 수익권을 표창하는 증권인 수익증권을 발행한다.

2. 유동화증권의 상환방법에 따른 분류

유동화증권은 기초자산의 위험이 투자자에게 어떻게 이전되는가에 따라 패스스루 (Pass through)형 증권과 페이스루(Pay through)형 증권으로 구분한다.

(1) 패스스루(Pass through)형 증권

패스스루(Pass through)형 증권은 양도된 자산에 대한 권리의 일부를 표창하는 증권을 말한다. 즉 일정규모의 저당대출 담보집합에 대한 일정지분을 나타내는 증권으로 은행(originator)이 보유하는 대출채권을 신탁회사에 신탁하고, 수탁자로부터 수익증권을 교부받아 투자자에게 판매하는 방식에 해당한다.

증권은 신탁자산에 대한 권리를 표창하므로 대출채권의 신용위험이나 기한 전 상환 위험을 증권보유자가 부담하여 은행은 유동화자산을 재무상태표에서 제거할 수 있다. 투자자는 유동화자산에 대한 위험을 부담하고, 은행에 대한 소구권이 없는 것이 원칙이므로 신용보완을 하여 발행하는 것이 일반적이다.

(2) 페이스루(Pay through)형 증권

페이스루(Pay through)형 증권은 유동화자산을 담보로 발행하며 유동화자산에 대한 권리를 표창하지 않고, 증권발행인에 대한 채권보유자의 지위를 표창한다. SPC가 사채권 또는 지분을 발행하는 경우에 해당하고, 투자자는 유동화자산의 직접적인 소유자가 아닌 발생 현금흐름에 대한 투자자가 된다.

증권은 SPC의 채무를 표창하며, 유동화자산은 SPC가 보유하고 증권의 담보가 된다. SPC가 유동화자산의 위험을 부담하여 임의상환에 옵션을 확보하기도 한다. 국내에서 발행되는 ABS는 페이스루형이 많고 기초자산의 현금흐름에 만기, 수익률, 조기상환 우선순위 등 상이한 몇 개의 트랜치로 발행한다.

3. 유동화자산의 종류에 따른 분류

ABS는 발행의 기초가 되는 유동화자산의 종류에 따라 별도의 명칭을 붙인다. 기초자산이 회사채인 경우 CBO, 회사채의 발행시점에 유동화가 이루어진 경우 P−CBO, 은행의 대출채권은 CLO, 신용카드채권은 CARD, 주택저당채권은 MBS, 자동차할부채권은 Auto Loan ABS 등 다양하게 불린다.

(1) 부채담보부증권(CDO)

부채담보부증권(CDO : Collateralized Debt Obligations)는 주택저당채권 이외에 회사채, 대출채권, 신용카드채권, 자동차할부채권 등 여러 채권을 기초자산으로 하여 발행되는 증권을 말한다. CDO는 기초자산을 가공해 여러 층(tranche : Tier)의 상이한 현금흐름을 만들고 트랜치별로 다른 신용도를 가진 증권을 발행한다.

이렇게 해서 발행된 CDO는 기초자산인 매출채권이나 회사채와는 질적으로 차이가 있다. 여기서 통상적으로 신용등급 AAA에 해당하는 트랜치를 senior tranche, 신용등급 AA에서 BB에 이르는 트랜치는 mezzanine tranche 그리고 가장 낮은 신용등급의 junk 또는 신용등급 불가 수준의 트랜치를 equity tranche라 한다.

senior tranche는 가장 위험이 낮은 트랜치로 가장 먼저 변제되고 채무불이행시 손실을 가장 나중에 흡수하여 안정적인 현금흐름을 제공한다. 반면 가장 낮은 등급의 equity tranche는 다른 트랜치의 변제가 이루어진 후 가장 나중에 변제를 받아야 하며, 채무불이행시 손실을 가장 먼저 흡수하여 toxic waste라고도 한다.

┃ 그림 11-2 ┃ CDO의 기본구조

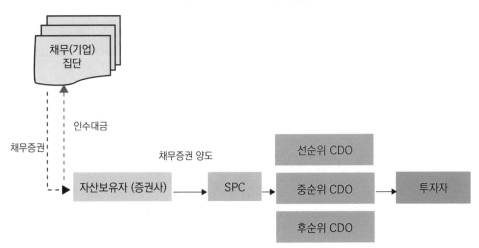

(2) 채권담보부증권(CBO)

채권담보부증권(CBO : Collateralized Bond Obligations)는 주식회사가 발행한 회사채(채권)를 기초로 발행되는 ABS를 말한다. 채권담보부증권은 신규 발행채권을 기초로 하는 발행시장 CBO(primary CBO)와 이미 발행된 채권을 기초로 하는 유통시장 CBO(secondary CBO)로 구분된다.

발행시장 CBO는 신용도가 낮아 채권시장에서 회사채를 직접 발행하기 어려운 기업의 회사채 차환발행 또는 신규발행을 지원하기 위해 도입되었다. 발행시장 CBO의 신용보강은 수탁은행의 신용공여에 의해 이루어지며 신용보증기금이 선순위채 전체 또는 일부에 대해 지급보증을 한다.

유통시장 CBO는 금융기관이 보유하고 있는 기발행 채권을 유동화전문회사(SPC)에 매각하고 SPC는 신용을 보강한 다음 CBO를 발행하여 투자자에게 매각함으로써 자금을 조달하는 구조로 되어 있다. 유통시장 CBO의 신용보강은 수탁은행의 신용공여와 선·후순위구조로 이루어진다.

┃그림 11-3 ┃ CBO의 기본구조

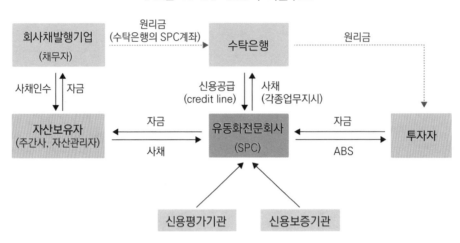

주 : 실선은 CBO발행시 자금흐름을, 점선은 유동화증권 발행 이후 원리금이 회수되는 흐름을
　　　나타냄
자료 : 한국은행, 한국의 금융시장, 2021, 238쪽.

(3) 대출채권담보부증권(CLO)

　　대출채권담보부증권(CLO : Collateralized Loan Obligations)는 금융기관의 기업에 대한 대출채권을 기초자산으로 발행되는 ABS를 말한다. 부실채권(NPL : Non-Performing Loan) 등 기존 대출채권을 유동화하는 CLO(secondary CLO)와 신규 대출채권을 기초로 하는 발행시장 CLO(primary CLO)로 구분된다. 우리나라는 CLO가 대부분 부실채권을 기초자산으로 발행되는데 이를 NPL ABS라고 한다.[2]

　　NPL ABS는 부실채권을 처분하여 금융기관의 재무건전성을 높이기 위해 발행되는데 기초자산의 현금흐름이 없어 담보처분, 채권추심을 통해 얻을 수 있는 현금흐름과 수탁은행의 신용보강 및 선·후순위 구조화로 이루어진다. 한국자산관리공사가 발행하는 NPL ABS는 채권은행에 대한 환매요구권이 신용보강에 이용된다.

　　발행시장 CLO는 신용도가 취약한 기업의 은행대출을 지원하기 위해 활용되는데, 은행이 다수의 기업에 대한 신규 대출채권을 SPC에 매각하고, SPC가 이를 기초로 CLO를 발행하여 자금을 조달하는 구조이다. 신용보강은 주로 수탁은행의 신용공여에 의해 이루어지며 신용보증기금 등이 신용공여에 대해 지급을 보증한다.

---

2) 한국은행, 한국의 금융시장, 2021, 238-239쪽.

▌그림 11-4▌ CLO의 기본구조

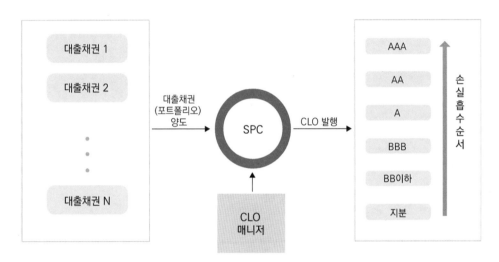

자료 : 나이스신용평가

(4) 신용카드매출채권부증권(CARD)

신용카드매출채권부증권(CARD : Certificates of Amortizing Revolving Debts)는 현재 발생한 신용카드매출채권과 미래 특정시점까지 발생할 신용카드매출채권을 기초로 발행되는 ABS을 말한다. 즉 만기가 짧은 신용카드매출채권을 기초로 장기의 ABS를 만들기 위해 CARD는 재투자구조가 이용된다.[3]

ABS를 발행할 때 기초자산으로 사용된 신용카드매출채권에서 발생하는 현금흐름으로 동 ABS의 이자만을 지급하고, 남은 금액으로는 특정계좌의 새로운 신용카드매출채권을 매입하여 기초자산 집합에 추가시키는 방식이다. CARD는 특정계좌의 현금흐름을 자산보유자의 몫과 투자자의 몫으로 구분한다.

CARD는 투자자 몫을 기초로 ABS가 발행되며 자산보유자 몫이 일정수준 이하가 지속되면 조기상환된다. CARD의 원금은 재투자기간이 끝난 후 일정기간 누적하여 만기일

---

[3] 한국은행, 한국의 금융시장, 2021, 239-240쪽.

에 상환되거나 일정기간 분할하여 상환된다. 신용보강은 선·후순위구조, 초과담보, 하자담보책임, 조기상환구조 등으로 이루어진다.

▌그림 11-5▐ CARD의 기간구조

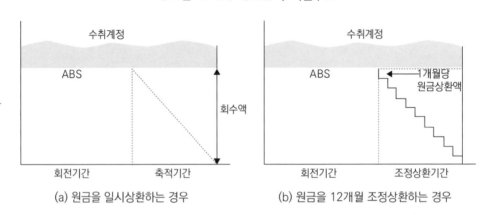

(a) 원금을 일시상환하는 경우   (b) 원금을 12개월 조정상환하는 경우

주 : ▬▬ 부분은 자산보유자 몫을, ▭ 부분은 투자자 몫을 나타냄

(5) 자산담보부기업어음(ABCP)

자산담보부기업어음(ABCP : Asset－Backed Commercial Paper)는 자산유동화법상 SPC를 이용하여 채권의 형태로 발행한 자산유동화증권(ABS)의 구조와 기업어음(CP)의 구조를 결합시킨 방식으로 유동화자산을 양도받은 특별목적 유동화회사가 유동화자산의 현금흐름에 기초하여 CP를 발행하는 상품이다.

ABCP는 SPC가 기업매출채권, 신용카드매출채권, 리스채권, 대출채권, 회사채, 무보증CP 등 양도성이 있는 자산을 매입하는데 필요한 자금을 조달할 목적으로 매입대상 자산의 만기까지 CP를 반복적으로 발행한다. CP는 상환재원이 기초자산에서 발생되어 일반기업이 발행하는 CP와 다르게 ABCP라고 한다.

요컨대 ABCP는 유동화전문회사(SPC)가 유동화자산을 바탕으로 발행하는 기업어음(CP)을 말한다. 일반적으로 유동화전문회사는 유동화자산을 기초로 회사채 형태의 자산유동화증권(ABS)을 발행하는 반면에 ABCP는 회사채가 아닌 기업어음의 형태로 자산유동화증권(ABS)을 발행한다는 점에서 차이가 있다.

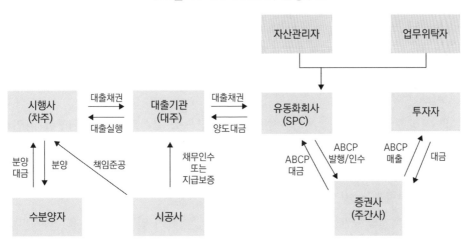

▮ 그림 11-6 ▮　ABCP의 발행구조

일반적인 ABS의 경우 유동화자산에서 회수하는 수익으로 ABS의 원리금을 상환하는 반면에 부분차환구조 ABS는 ABS의 만기를 유동화자산의 만기보다 짧게 발행하면서 ABS의 원리금 상환자금 중 일부는 유동화자산에서 회수한 수익으로 조달하고 부족분은 기발행채권의 차환목적 ABCP를 발행하여 상환한다.

차환목적으로 발행된 ABCP도 같은 방법으로 Pool의 만기까지 부족분을 계속 ABCP 부분차환 발행으로 조달하는데, 이러한 과정을 ABCP Program이라 한다. ABCP는 장단기 금리차에 따른 자금조달비용 절감, 유동화자산에서 발생하는 여유자금 운용손실 회피가 가능하여 ABS발행의 경제성을 높일 수 있다.

▮ 그림 11-7 ▮　ABCP의 기간구조

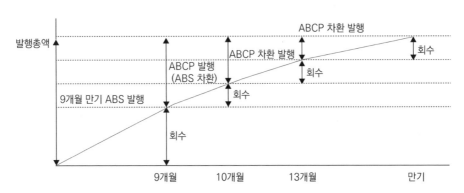

(6) 주택저당증권(MBS)

주택저당증권(MBS : Mortgage-Backed Securities)은 주택저당채권(mortgage)을 기초로 발행되는 ABS를 말한다. 주택금융시장은 주택담보대출시장과 주택저당채권 유동화시장으로 구성되어 있다. 일반적으로 전자를 1차 시장(primary market), 후자를 2차 시장(secondary market)이라고 부른다.

MBS시장은 제1차 시장, 제2차 시장, 자본시장으로 구성된다. 1차 시장은 차입자와 금융기관간에 주택담보대출이 이루어진다. 2차 시장은 주택저당채권을 근거로유동화증권을 발행하는 시장이다. 그리고 자본시장은 유동화된 주택저당증권이 기관투자가들에게 매각되고 유통되는 시장을 말한다.

MBS는 주택저당채권을 기초자산으로 ABS를 발행하여 일반 ABS와 유사하지만 조기상환위험을 갖는다는 점에서 차이가 있다. 미국은 모기지론 조기상환시 주택자금 차입자에게 어떤 페널티도 부과되지 않는다. 반면에 한국주택금융공사가 양도받는 주택저당채권은 조기상환시 수수료가 부과된다.

조기상환은 차입자가 전직하거나 다른 주택구입으로 주택을 매각, 차입자가 모기지계약을 이행하지 못하여 담보주택이 매각하는 경우 등에 발생한다. 우리나라에서 MBS는 주로 한국주택금융공사가 발행하며 주택저당채권을 가지고 있는 일부 금융기관도 SPC를 설립하여 발행한 사례가 있다.

▌그림 11-8 ▌ MBS의 발행구조

주 : 실선은 MBS 발행시 자금흐름을, 점선은 MBS 발행 후 원리금이 회수되는 흐름을 나타냄

주택저당증권은 증권의 형태에 따라 주택저당채권담보부채권(MBB), 주택저당권지분이전증권(MPS), 주택저당원리금이전채권(MPTB), 다단계채권(CMO)으로 분류된다.

① 주택저당권지분이전증권(MPTS)

주택저당권지분이전증권(Mortgage Pass-Through Security)은 1970년 GNMA가 최초로 발행한 증권으로 저당대출이자율, 잔여만기 등 특성이 비슷한 저당대출을 집합하여 발행한 지분형 증권을 말하며 저당대출집합에서 발생하는 현금흐름이 그대로 투자자에게 이전되는 자동이체식 이전저당증권이라고도 한다.

MBS 발행자인 금융기관은 부외자산으로 회계처리한다. 일반적으로 단일 클래스구조로 발행되며 기초자산의 현금흐름과 MBS의 현금흐름이 일치하여 MBS투자자는 매월 지급가능금액에 대해 투자비율에 따라 원리금을 수취한다. 발행시에 신용보강이 필요하며 유동화중개기관이 신용보증에 중요한 역할을 한다.

② 주택저당채권담보부채권(MBB)

주택저당채권담보부채권(Mortgage Backed Bond)은 금융기관이 보유한 주택저당채권을 담보로 발행한 회사채이다. MBB는 발행자가 저당대출집합에서 발생하는 현금흐름을 소유하고 투자자에 대해 채무를 부담한다. MBB를 발행하면 주택저당채권이 담보로만 제공되어 금융기관의 재무상태표에 그대로 남아 있다.

일반적으로 MBB 발행시 채권의 액면가를 초과하는 주택저당채권이 담보로 설정되며 발행자가 원리금지급에 실패하면 업무수탁자는 담보된 주택저당채권을 매각하여 원리금상환에 충당한다. MBB는 발행자가 추가담보요구 위험, 유동성 위험, 금리위험, 중도상환위험 등 다수의 위험에 노출되어 있다는 단점이 있다.

③ 주택저당원리금이전채권(MPTB)

주택저당원리금이전채권(Mortgage Pay-Through Bond)은 채권·지분 혼합형 MBS로 발행기관이 자동이체식 MPTS를 담보로 채권을 발행하며 주택저당권은 발행기관이 보유하고 투자자에게 원리금 수취에 따른 지분을 이전하는 원리금 이체식 주택저당증권이다. MBB보다 작은 규모의 초과담보물이 필요하다.

④ 다단계채권(CMO)

다단계채권(CMO : Collateralized Mortgage Obligations)는 패스스루형 MBS를 원리금지급시 우선순위로 구분하여 각각의 트랜치를 발행하는 형태이다. 즉 투자자의 수요에 맞추어 등급·이자율·만기가 서로 다른 여러 종류의 증권을 발행하고, 유동화자산에서 현금화된 자금을 등급이 높은 채권부터 상환해간다.

기한전 상환의 위험부담은 상환기간이 짧은 선순위증권이 부담하며, 후순위증권은 만기가 보장된다. 실질적으로 미국과 같은 패스스루형(Pass-through) MBS는 국내에서 거의 발행되지 않고 있다. 국내 유동화증권 신고규정 및 기관투자자들의 성향은 CMO형태를 인용한 구조를 활용하여 MBS를 이용하고 있다.

▌그림 11-9 ▌ CMO의 발행형태

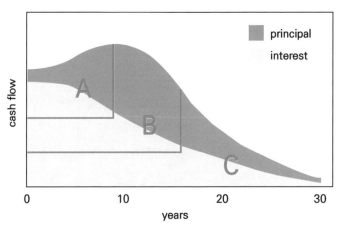

▌표 11-2 ▌ MBS의 비교

구 분	MPTS	MBB	MPTB	CMO
증 권 형 태	지분형	채권형	혼합형	채권형
자금조달방식	자산매각	자산보유	자산보유	자산보유
발 행 형 태	증권	채권	채권	채권
원리금수취권	투자자	발행기관	투자자	투자자
위 험 부 담	투자자	발행기관	투자자	투자자
저당권소유자	투자자	발행기관	발행기관	발행기관
콜 방 어	×	○	○	○
초 과 담 보	×	○	○	○

⑤ 상업용부동산저당증권(CMBS)

상업용부동산저당증권(Commercial Mortage Backed Securities)는 자산유동화증권(ABS)의 일종으로 금융기관이 업무용빌딩이나 상가 등 상업용부동산을 담보로 빌려준 대출채권을 기초자산으로 발행하는 유동화증권을 말한다. 상업용부동산을 담보로 하여 MBS에 비해 담보가치가 높고 투자위험은 적다.

제3절   자산유동화증권의 현황

1998년 9월 ABS법이 제정된 이후 1999~2000년에는 금융기관 및 공공법인이 BIS 자기자본비율 및 유동성 제고, 재무구조 개선, 부실채권(NPL) 처분을 목적으로 ABS를 적극 발행하였다. 2001년 신용카드 이용실적의 급증으로 여신전문금융회사의 ABS 발행이 늘었으며, 2004년 이후 주택저당증권(MBS), 부동산개발 프로젝트파이낸싱(부동산 PF) ABS의 발행은 증가하였고 금융·기업구조조정이 일단락되면서 금융회사의 부실채권(NPL) 정리를 위한 ABS 발행은 감소하였다.[4]

2008년 글로벌 금융위기 직후 중소·중견기업 지원을 위한 정부주도의 P−CBO가 급증하면서 ABS 발행규모가 확대되었다. 2012년 이후 한국주택금융공사가 유동화조건부 적격대출을 출시하면서 MBS 발행규모가 크게 증가했다. 특히 2015년 한국주택금융공사가 보금자리론 및 적격대출 취급 증가, 대규모 안심전환대출(31.7조원) 시행으로 수익증권 발행을 확대하면서 ABS 발행금액이 급증하였다.

2020년 이전까지 ABS 발행규모는 한국주택금융공사의 MBS 발행량에 영향받아 좁은 범위에서 등락하는 등 큰 변동이 없었다. 그러나 2020년 이후 한국주택금융공사의 서민형 안심전환대출 신규 공급, 기존 보금자리론 이용 증대 등으로 수익증권 규모가 급증하고 코로나19 위기 극복을 위한 대기업 및 중견기업을 대상으로 코로나극복 P−CBO가 신규발행되면서 ABS 발행규모가 큰 폭 늘어났다. 한편 2021년 서민형 안심전환대출 종료 등으로 ABS 발행실적이 소폭 감소하였다.

---

4) 한국은행, 한국의 금융시장, 2021, 244−251쪽.

▌표 11-3 ▌ ABS의 발행현황[1]

(단위 : 십억원)

구분	2008	2010	2012	2014	2016	2018	2020	상	2021.상
공모 ABS[2]	8,356	11,123	18,696	18,236	17,972	16,778	22,505	10,733	8,773
공모 수익증권[3]	4,152	7,785	19,985	14,498	34,728	24,176	46,552	27,393	21,471
전체	20,605	28,003	47,549	41,523	60,716	49,396	79,128	43,653	35,424

주 : 1) 기간중 발행금액 기준
　　2) 한국주택금융공사가 발행한 공모 MBB(주택저당채권담보부채권) 포함
　　3) 한국주택금융공사가 발행한 수익증권형 공모 MBS
자료 : 금융감독원

ABS의 발행형태를 살펴보면 2012년 이전에는 채권 형태가 큰 비중을 차지하고, 출자증권 등의 형태는 미미한 수준이었으나 한국주택금융공사의 MBS 발행 증가로 수익증권의 비중이 증가하였다. 2017년 이후 정부의 가계대출 억제정책에 따른 보금자리론 및 적격대출 감소로 MBS 발행이 감소하여 수익증권 비중은 낮아졌다. 그러나 2019년 4/4분기 이후 서민형 안심전환대출 신규 공급, 기존 보금자리론 이용 증대, 신규 예대율규제 시행에 따른 은행의 한국주택금융공사앞 주택담보 대출 양도 증가로 수익증권 비중은 확대되어 2021년 상반기에 60%를 상회하였다.

▌표 11-4 ▌ ABS의 발행형태별 현황[1]

(단위 : 십억원, %)

구분	2016	2017	2018	2019	2020	상	2021.상
채　권	25,897 (42.7)	26,202 (45.5)	25,188 (51.0)	24,298 (47.0)	32,524 (41.1)	16,237 (37.2)	13,914 (39.3)
수익증권[2]	34,774 (57.3)	31,370 (54.5)	24,200 (49.0)	27,423 (53.0)	46,600 (58.9)	27,413 (62.8)	21,480 (60.6)
출자증권	44 (0.1)	19 (0.0)	8 (0.0)	3 (0.0)	4 (0.0)	3 (0.0)	1 (0.0)
합　계	60,716 (100.0)	57,600 (100.0)	49,396 (100.0)	51,724 (100.0)	79,128 (100.0)	43,653 (100.0)	35,424 (100.0)

주 : 1) 기간중 발행금액 기준, ( )내는 구성비
　　2) 한국주택금융공사가 발행하는 수익증권
자료 : 금융감독원

┃그림 11-10┃ ABS의 발행추이 및 형태별 비중[1]

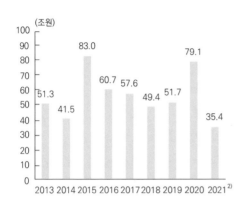
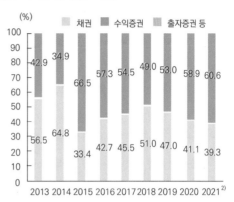

주 : 1) 기간중 발행금액 기준
　　 2) 2021년 상반기중
자료 : 금융감독원

　　자산보유자별 특징을 살펴보면, 금융회사의 발행규모는 2016년 이후 여신전문금융
회사의 회사채 발행을 통한 자금조달 증가 등으로 감소세를 보이다가 2019년 이후 여신

┃표 11-5┃ 자산보유자별 발행현황[1]

(단위 : 십억원, %)

구분		2016	2017	2018	2019	2020	상	2021.상
금융회사		15,300 (25.2)	13,957 (24.2)	10,860 (22.0)	13,333 (25.8)	18,662 (23.6)	9,076 (20.8)	7,800 (22.0)
	은　　행	3,358 (5.5)	3,510 (6.1)	3,594 (7.3)	3,003 (5.8)	2,859 (3.6)	1,223 (2.8)	1,280 (3.6)
	증　　권	2,347 (3.9)	2,553 (4.4)	2,193 (4.4)	2,619 (5.1)	6,908 (8.7)	2,880 (6.6)	3,167 (8.9)
	여전 및 저축은행	9,574 (15.8)	7,894 (13.7)	5,048 (10.2)	7,689 (14.9)	8,895 (11.2)	4,974 (11.4)	3,353 (9.5)
일반기업[2]		10,089 (16.6)	11,916 (20.7)	13,688 (27.7)	10,300 (19.9)	11,893 (15.0)	5,865 (13.4)	4,787 (13.5)
공공법인[3]		35,326 (58.2)	31,727 (55.1)	24,848 (50.3)	28,091 (54.3)	48,574 (61.4)	28,712 (65.8)	22,837 (64.5)
합　　계		60,716 (100.0)	57,600 (100.0)	49,396 (100.0)	51,724 (100.0)	79,128 (100.0)	43,653 (100.0)	35,424 (100.0)

주 : 1) 기간중 발행금액 기준, ( )내는 구성비
　　 2) 부동산 PF 및 사회간접자본투자(SOC) ABS 포함
　　 3) 한국주택금융공사
자료 : 금융감독원

전문금융회사 및 증권사의 ABS 발행이 증가하면서 꾸준히 증가하고 있다. 일반기업의 발행규모는 통신사의 고가 스마트폰단말기 판매 등에 따른 단말기할부채권의 유동화로 2018년까지 증가하다가 이후 감소세를 이어가고 있다.

한국주택금융공사 등 공공법인의 경우 2017년 정부의 가계대출 억제정책으로 보금자리론 및 적격대출이 줄어들면서 발행규모가 감소하다 2019년 4/4분기 서민형 안심전환대출 신규 공급, 보금자리론 증가 등으로 확대되었고 이후에도 증가세를 지속하여 2021년 상반기에는 전체 발행금액의 64.5%를 차지하였다.

기초자산별 발행현황을 살펴보면, 2016년 이후 주택저당채권을 중심으로 한 대출채권 발행규모에 따라 기초자산별 비중이 등락하였으나 대출채권, 신용카드매출·자동차할부·단말기할부 채권 등의 매출채권, 유가증권 순의 구성비중을 지속하였다. 그러나 2020년 이후에는 코로나19 위기 극복을 위한 P－CBO 발행이 증가하면서 유가증권의 비중이 9%에 근접하는 수준까지 높아졌다.

┃표 11-6┃ 기초자산별 발행현황[1]

(단위 : 십억원, %)

구분	2016	2017	2018	2019	2020	상	2021.상
대출채권	38,842 (64.0)	37,038 (64.3)	29,899 (60.5)	31,517 (60.9)	51,996 (65.7)	30,092 (68.9)	24,746 (69.9)
(주택저당채권)	35,326	31,727	24,848	28,091	48,574	28,712	22,837
(기업 및 개인여신)	3,516	5,310	5,050	3,426	3,422	1,380	1,909
매출채권	19,527 (32.2)	18,009 (31.3)	17,304 (35.0)	17,588 (34.0)	20,225 (25.6)	10,681 (24.5)	7,511 (21.2)
(신용카드매출채권)	2,287	4,601	2,552	3,894	4,213	2,513	2,294
(자동차할부채권)	6,703	2,980	2,368	3,559	4,449	2,409	1,016
(리스료채권)	395	126	36	187	191	26	30
(주택분양대금채권)	1,352	1,818	1,691	1,354	1,943	563	736
(기업 매출채권 등)	8,791[2]	8,484	10,657	8,594	9,429	5,170	3,435
유가증권(채권)	2,347 (3.9)	2,553 (4.4)	2,193 (4.4)	2,619 (5.1)	6,908 (8.7)	2,880 (6.6)	3,167 (8.9)
합계	60,716 (100.0)	57,600 (100.0)	49,396 (100.0)	51,724 (100.0)	79,128 (100.0)	43,653 (100.0)	35,424 (100.0)

주 : 1) 기간중 발행금액 기준, ( )내는 구성비
   2) 팩토링채권 포함
자료 : 금융감독원

┃그림 11-11┃ 자산보유자별 및 기초자산별 발행비중[1)]

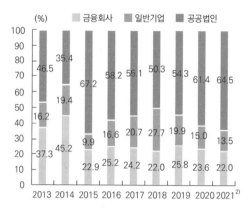
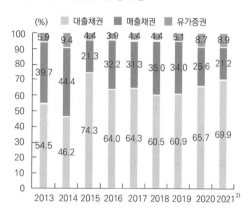

주 : 1) 기간중 발행금액 기준
    2) 2021년 상반기중
자료 : 금융감독원

한편 공모발행 ABS 선순위채권의 신용등급별 발행현황에서 특징을 살펴보면 선·후순위발행구조, 자산보유자 및 신용보증기관의 신용보증 등 내·외부 신용보강장치로 AAA등급의 비중이 80% 이상을 상회하고 있으며, 특히 코로나19 위기 대응을 위한 P-CBO 발행이 증가하면서 동 비중은 더욱 확대되었다.

┃표 11-7┃ 공모발행 ABS 선순위채권의 신용등급별 발행현황[1)]

(단위 : 십억원, %)

구분	2016	2017	2018	2019	2020	상	2021.상
AAA	15,311 (85.2)	13,053 (83.8)	14,045 (83.7)	14,495 (92.7)	21,084 (93.7)	9,814 (91.4)	8,490 (96.8)
AA	1,201 (6.7)	1,088 (7.0)	1,553 (9.3)	492 (3.1)	1,190 (5.3)	237 (2.2)	48 (0.5)
A	1,348 (7.5)	1,295 (8.3)	438 (2.6)	546 (3.5)	14 (0.1)	600 (5.6)	38 (0.4)
BBB	23 (0.1)	58 (0.4)	674 (4.0)	39 (0.2)	27 (0.1)	0 (0.0)	49 (0.6)
BB 이하	89 (0.5)	81 (0.5)	69 (0.4)	71 (0.5)	190 (0.8)	82 (0.8)	148 (1.7)
합계	17,972 (100.0)	15,575 (100.0)	16,778 (100.0)	15,642 (100.0)	22,505 (100.0)	10,733 (100.0)	8,773 (100.0)

주 : 1) 기간중 발행금액 기준, ( )내는 구성비
자료 : 금융감독원

ABS(공모발행 선순위채권 기준)의 만기를 자세히 살펴보면, 2019년부터 상대적으로 만기가 긴 주택저당증권 발행이 증가하면서 만기 2년 초과 비중이 높아졌다. 2020년 들어서도 동 비중은 큰 폭으로 확대되었는데, 이는 코로나19 위기대응을 위한 P-CBO 발행 증가 등에 주로 기인하고 있다.

┃표 11-8┃ 공모발행 ABS 선순위채권의 만기별 발행현황[1]

(단위 : 십억원, %)

구분	2016	2017	2018	2019	2020	상	2021.상
1년 이하	6,469 (36.0)	5,005 (32.1)	5,522 (32.9)	4,675 (29.9)	4,851 (21.6)	2,435 (22.7)	1,801 (20.5)
1년 초과 ~ 2년 이하	6,643 (37.0)	5,817 (37.3)	6,469 (38.6)	5,383 (34.4)	6,237 (27.7)	3,017 (28.1)	2,149 (24.5)
2년 초과 ~ 3년 이하	2,677 (14.9)	2,309 (14.8)	2,215 (13.2)	2,246 (14.4)	6,319 (28.1)	2,669 (24.9)	3,000 (34.2)
3년 초과 ~ 4년 이하	1,226 (6.8)	826 (5.3)	896 (5.3)	705 (4.5)	1,200 (5.3)	564 (5.3)	402 (4.6)
4년 초과 ~ 5년 이하	947 (5.3)	1,521 (8.0)	1,375 (8.2)	1,825 (11.7)	2,477 (11.0)	1,514 (14.1)	1,377 (15.7)
5년 초과	10 (0.1)	368 (2.4)	300 (1.8)	808 (5.2)	1,422 (6.3)	535 (5.0)	44 (0.5)
합계	17,972 (100.0)	15,575 (100.0)	16,778 (100.0)	15,642 (100.0)	22,505 (100.0)	10,733 (100.0)	8,773 (100.0)

주 : 1) 기간중 발행금액 기준, ( )내는 구성비
자료 : 금융감독원

┃그림 11-12┃ 공모발행 ABS 선순위채권의 신용등급별 및 만기별 발행비중[1]

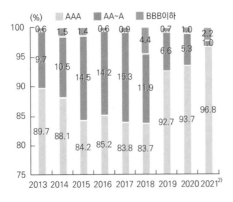
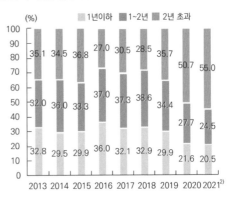

주 : 1) 기간중 발행금액 기준
    2) 2021년 상반기중
자료 : 금융감독원

보론 11-1	부동산 PF ABS의 발행 및 상환구조

　　부동산 PF ABS는 부동산개발사업을 추진하는 과정에서 금융기관이 시행사에 실행한 대출채권을 기초로 특수목적회사(SPC)가 발행한 자산유동화증권이다. PF ABS는 일반적인 ABS처럼 자산보유자가 소유한 대출채권은 SPC에 양도되며, 개발사업에 참여한 시공사가 기초자산인 대출채권에 신용보강을 한다.[5]

　　부동산 PF ABS는 근본적으로 부동산개발사업의 PF와 연관되어 있다. 이는 PF ABS의 원리금 상환이 개발사업에서 발생하는 수익에 기초하여 부동산개발사업의 분양성과가 부진하면 PF ABS의 현금흐름이 악화되어 동 ABS를 매입한 투자자들의 손실로 이어질 수 있으므로 신용보강 없이는 ABS 발행이 어렵다.

　　최근에는 실무적 편의성 및 낮은 조달비용으로 상법상 SPC를 통한 부동산 PF ABCP의 발행이 늘고 있다. PF ABCP의 발행구조는 PF ABS와 비슷하나, 금융투자회사가 단기 CP형태의 발행에 따른 차환발행 리스크를 완화하기 위해 채무보증 제공 등을 통해 PF ABCP의 신용을 보강한다는 점에서 차이가 있다.

┃그림 11-13┃ 부동산 PF ABS의 발행 및 상환구조

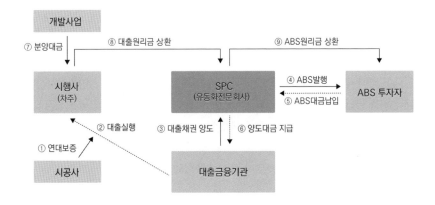

---

5) 한국은행, 한국의 금융시장, 2021, 243쪽.

보론 11-2	MBS와 고정금리 주택담보대출

주택담보대출을 취급하는 금융기관은 재원조달방안의 하나로 MBS를 발행한다. 장기 고정금리 주담대를 취급시 만기가 짧은 예금을 통해 자금을 조달하면 예금과 대출간 만기 차이로 금리위험이 발생한다. 이때 MBS를 발행하여 주담대를 유동화하면 미래 대출이자 수입을 포기하나 일정 수익을 확정하면서 금리위험에서 벗어날 수 있고, MBS 발행으로 조달한 자금을 이용하여 대출을 취급할 수 있다.[6]

국내에서 MBS 발행은 2004년 3월 한국주택금융공사의 보금자리론을 기초자산으로 본격화되었다. MBS 발행은 2012년 3월 장기 고정금리 주담대 상품으로 출시된 적격대출이 인기를 끌며 발행규모가 매년 큰 폭으로 증가하였다. 적격대출은 고정금리 · 비거치식 분할상환 주담대 비중 확대 등 정부의 가계부채 구조개선 추진에 상응하여 MBS 발행에 적합하도록 설계된 장기고정금리 분할상환 주담대이다.

발행시점에 고정형 상품만 공급되었으나, 2014년 6월 금리를 5년마다 재조정하는 조정형 적격대출이 출시되어 소비자의 선택 폭이 넓어졌다. 적격대출은 보금자리론과 같이 한국주택금융공사가 금융기관에서 양도받은 대출채권을 기초로 MBS를 발행하여 재원을 조달한다. 적격대출은 금융기관이 한국주택금융공사가 제시한 표준요건에 부합하도록 대출상품을 설계하되 대출금리는 자체적으로 결정한다.

정부의 가계부채 구조개선 추진에도 가계대출규모가 빠르게 증가하여 일시상환 · 변동금리 대출비중이 약 75%로 높은 수준이 지속되자, 정부는 대출의 구조개선을 위해 변동금리부 대출을 고정금리 · 분할상환대출로 전환해 주는 안심전환대출을 한시적으로 운용하였다. 안심전환대출은 일반 주담대에 비해 낮은 금리수준, 중도상환수수료 면제로 기존 변동금리 · 만기일시상환 대출자들에게 큰 인기를 끌면서 2015년 31.7조원, 2019~2020년 17.6조원 취급되어 고정금리 · 분할상환대출 비중 확대라는 정부의 가계부채 구조개선 목표를 조기에 달성하는 데 크게 기여하였다. 또한 금융기관이 안심전환대출 채권을 한국주택금융공사에 양도하고 동 공사가 이를 기초자산으로 MBS를 발행하면서 MBS 발행 역시 빠르게 증가하게 되었다.

---

6) 한국은행, 한국의 금융시장, 2021, 249쪽.

제1절 자산유동화증권의 개요

1. 자산유동화의 정의
   통상 보유자산을 기초로 한 유가증권, 즉 유동화증권을 발행하는 방식

2. 자산유동화의 연혁
   외환위기 당시 성업공사가 금융기관에서 인수한 부실채권의 처리방안

3. 자산유동화의 효용
   자본비용의 절감, 재무구조의 개선, 상환청구권 배제, 투자자층의 확대

4. 자산유동화증권의 정의
   자산에서 발생하는 집합화된 현금을 기초로 원리금을 상환하는 증권

5. 자산유동화증권의 제도변천
   외환위기 당시 금융기관에서 인수한 부실채권 처리방안으로 자산유동화를 추진

6. 자산유동화증권의 발행구조
   자산보유자가 유동화전문회사를 설립하여 유동화자산을 양도하면 이를 담보로
   유동화증권을 발행하고 자산관리자가 채권을 추심하여 증권의 원리금을 상환

7. 자산유동화증권의 참가자 : 자산보유자, 유동화전문회사, 자산관리자, 수탁기관,
   신용평가기관, 신용보강기관, 주간사

8. 자산유동화증권의 신용보강
① 내부보강 : 후순위증권, 초과스프레드, 환매요구권, 초과담보, 자체보증
② 외부보강 : 지급보증(guarantee), 신용공여(credit line), 신용장(L/C)

제2절 자산유동화증권의 종류

1. 유동화증권의 법적성격에 따른 분류
   유동화전문회사가 발행하는 ABS, 신탁회사가 발행하는 ABS

2. 유동화증권의 상환방법에 따른 분류
① 패스스루(Pass-through)형 증권
   양도된 일정 규모의 저당대출 담보집합에 대한 권리의 일부를 표창하는 증권
② 페이스루(Pay-through)형 증권
   유동화자산에 대한 권리가 아닌 증권발행인에 대한 채권보유자의 지위를 표창

3. 유동화자산의 종류에 따른 분류
(1) 부채담보부증권(CDO)
   회사채, 대출채권, 신용카드채권을 기초자산으로 하여 발행되는 증권
(2) 채권담보부증권(CBO)
   주식회사가 발행한 회사채(채권)를 기초자산으로 하여 발행되는 증권
(3) 대출채권담보부증권(CLO)

금융기관의 기업에 대한 대출채권을 기초자산으로 하여 발행되는 증권

(4) 신용카드매출채권부증권(CARD)

현재나 미래에 발생할 신용카드매출채권을 기초자산으로 발행되는 증권

(5) 자산담보부어음(ABCP)

회사채가 아닌 기업어음의 형태로 발행하는 자산유동화증권

(6) 주택저당증권(MBS)

부동산 담보대출 금융기관이 대출기간 장기화에 따른 유동성의 제약을 완화하기
위하여 이를 담보로 발행한 유가증권

제3절 자산유동화증권의 현황

① 1998년 9월 ABS법 제정된 이후 금융기관 및 공공법인이 BIS 자기자본비율 및
유동성의 제고, 재무구조 개선, 부실채권 처분의 목적으로 ABS 발행

② ABS 발행형태에서 2012년 이전에는 채권 형태가 가장 큰 비중을 차지하였고 2017년
이후에는 MBS 발행이 감소하고 수익증권 비중은 소폭 감소

③ 자산보유자별 특징에서 금융회사의 발행규모는 2016년 이후 감소세를 보이다가
2019년 이후 여신전문금융회사 ABS 발행이 증가하면서 꾸준히 증가

④ 기초자산별 특징에서 2016년 이후 MBS를 중심으로 비중이 등락했으나 2020년 이후
P-CBO 발행이 증가하면서 유가증권의 비중이 9% 수준에 근접

1. 다음 중 자산유동화가 이루어지는 자산의 특성으로 적절하지 않은 것은?

① 자산의 집합이 가능하다.

② 자산의 신용도분석이 가능하다.

③ 자산의 특성상 이질성을 지니고 있어야 한다.

④ 자산의 현금흐름에 대한 예측이 가능해야 한다.

| 해설 | 자산유동화가 이루어지는 자산은 특성상 동질성을 지니고 있어야 한다.

2. 다음 중 자산유동화증권에 대한 설명으로 가장 옳지 않은 것은?

① 기초자산의 현금흐름을 이용하여 증권을 상환하는 것으로 별도의 상환청구권을 제공하지 않는다.

② 자산보유자의 신용도에 영향을 더 많이 받는다.

③ 현금수취방식에 따라 pass through security와 pay through bond로 구분한다.

④ 다양한 구조와 신용보강을 통해 자산보유자보다 높은 신용도를 지닌 증권으로 발행된다.

| 해설 | 자산유동화증권은 자산자체의 신용도에 더 많이 영향을 받는다.

3. 다음 중 자산유동화증권이 자산보유자에게 주는 이득으로 거리가 먼 것은?

① 조달비용의 절감 　　　　　② 상환청구권의 제공

③ 재무구조의 개선 　　　　　④ 위험관리기법 개선

| 해설 | 자산유동화증권은 기초자산의 현금흐름을 바탕으로 하기 때문에 상환청구권을 주지 않는다.

4. 다음 중 자산유동화증권의 외부 신용보강방법으로 적절하지 않은 것은?

① 신용장방식 　　　　　　　② 신용공여

③ 지급 보증 　　　　　　　　④ 후순위에 의한 신용보강

| 해설 | 내부신용보강 : 후순위증권, 초과스프레드, 환매요구권, 초과담보 등

5. 다음 중 주택저당채권의 특성에 대한 설명으로 적절하지 않은 것은?

① 조기상환에 의해 수익비 변동된다.

② 채권상환과정에서 각종 수수료가 발생한다.

③ 회사채보다 높은 신용등급의 채권발행이 가능하다.

④ 주택저당대출의 만기와 대응되므로 단기로 발행된다.

| 해설 | 주택저당대출이 장기이므로 주택저당채권도 통상 장기로 발행된다.

6. 다음 중 주택저당대출의 현금흐름을 여러 종류의 유동화증권에 재분배함으로써 동일한 만기를 가지는데서 발생하는 조기상환위험을 해결해나가는 증권은?

① CBO(채권담보부증권)　　　　　② CMO

③ MBS(주택저당담보부채권)　　　④ CLO(대출채권담보부증권)

| 해설 | MBS의 조기상환위험을 해결하기 위해 발행하는 것은 CMO이다.

7. 다음 중 투기등급의 고수익 고위험채권을 담보로 발행하는 유동화증권은?

① CBO(채권담보부증권)　　　　　② CLO(대출채권담보부증권)

③ MBS(주택저당담보부채권)　　　④ CDO(부채담보부증권)

| 해설 | CBO는 기업이 발행한 회사채를 기초로 발행되는 자산유동화증권이다.

8. 다음 중 주택저당증권을 통한 자산유동화의 파급효과로 옳지 않은 것은?

① 금융기관은 대출채권을 담보로 자본시장에서 자금을 조달할 수 있어 자금의 고정화현상을 완화시킬 수 있다.

② 금융기관은 자신들이 설정한 대출채권을 매각하면 보유자산이 감소하여 재무건정성이 약화된다.

③ 대출채권 매각대금으로 신규 주택담보대출에 대한 자금회전율을 향상시켜 주택금융의 확대에 기여할 수 있다.

④ 정부는 대출채권의 매매나 유통규모의 조절을 통해 주택경기를 조절할 수 있다.

| 해설 | 금융기관은 자신들이 설정한 대출채권을 매각하면 위험가중자산이 감소되어 재무건정성이 강화된다.

9. 다음 중 자산유동화증권에 대한 적절한 설명으로 모두 묶인 것은?

> 가. 증권발행시 특수목적회사(SPC)에 자산이 이전된다.
> 나. 신용등급을 높이기 위해 대상자산의 현금흐름을 선순위채권과 후순위구조
>   로 발행되기도 한다.
> 다. 대상자산이 회사채인 경우를 CBO라고 한다.

① 가, 나   ② 나, 다

③ 가, 나, 다   ④ 나, 다, 라

┃ 해설 ┃ 자산유동화증권은 현금흐름에 따라 두 가지로 구분된다. Pay through bond형태는 상환 우
선순위가 다른 채권을 발행하는 방식을 말한다. 선·후순위채 발행은 대표적인 내부 신용보
강방식이다.

10. 다음 중 자산유동화증권에 대한 설명으로 가장 적절하지 않은 것은?

① 회사의 현금흐름은 개선되고 위험관리 차원에서는 유용한 수단이 될 수 있다.

② 발행회사는 ABS를 통해 재무구조를 개선할 수 있으나 일반사채의 자금비용이
절감되는 것은 아니다.

③ 대상자산이 회사채인 경우 CBO, 대출채권인 경우 CLO라고 한다.

④ 투자자는 높은 신용도를 지닌 증권에 상대적으로 높은 수익률로 투자할 수 있
는 장점이 있다.

┃ 해설 ┃ 재무구조가 개선되어 신용등급이 상승하면 일반사채의 금융비용도 하락한다.

11. 다음 중 주택저당증권(MBS)에 대한 설명으로 옳지 않은 것은?

① MPTS(mortgage pass through security)는 지분형 증권으로 수익은 기초자산
인 주택저당채권 집합물(mortgage pool)의 현금흐름(저당지불액)에 의존한다.

② MBB(mortgage backed bond)의 투자자는 최초의 주택저당채권 집합물에 대
한 소유권을 갖는다.

③ CMO(Collateralized mortgage Obligation)의 발행자는 주택저당채권 집합물을
가지고 일정한 가공을 통해 위험과 수익구조가 다양한 트랜치 증권을 발행한다.

④ CMBS(commercial mortgage backed securities)는 금유기관이 보유한 상업
용 부동산 모기지를 기초자산으로 하여 발행하는 증권이다.

┃ 해설 ┃ MBB(mortgage backed bond)의 투자자는 최초의 저당권에 대한 소유권을 갖는다.

12. 다음 중 부동산증권에 대한 설명으로 옳지 않은 것은?

① 우리나라 자산유동화증권(asset backed securities)제도는 자산유동화에 관한 법률에 의해 도입되었다.

② 저당대출자동이체채권(mortgage pay through bond)은 하나의 저당집합에서 만기의 이자율을 다양화하여 발행한 여러 종류의 채권을 말한다.

③ 저당대출자동이체채권(MPTB)은 저당채권이체(MPTS)과 주택저당담보채권(MBB)를 혼합한 성격의 주택저당증권이다.

④ 주택저당담보채권(mortgage backed bond)은 저당채권의 집합에 대한 채권적 성격의 주택저당증권이다.

⑤ 다계층저당증권(collateralized mortgage obligation)의 발행자는 저당채권의 풀(pool)에 대한 소유권을 가지면서 동 풀(pool)에 대해 채권을 발행한다.

| 해설 | 다계층저당증권(CMO)는 하나의 저당집합에서 만기의 이자율을 다양화하여 발행한 여러 종류의 채권을 말한다.

13. 다음 중 주택금융에 대한 설명으로 옳지 않은 것은?

① 다계층저당증권(collateralized mortgage obligation)에서 선순위 증권의 신용등급은 후순위 증권의 신용등급보다 높다.

② 다른 조건이 동일할 때 변동금리 주택담보대출의 조정주기가 짧을수록 금융기관은 금리변동위험을 차입자에게 더 전가하게 된다.

③ 금리상한(interest cap) 변동금리 주택담보대출을 받은 차입자는 금리상한 이상으로 금리가 상승할 때 발생하는 금리변동위험을 줄일 수 있다.

④ 한국주택금융공사는 장기모기지론에 소요되는 자금을 주로 주택저당담보채권(mortgage backed bond)과 주택저당증권(mortgage backed securities)의 발행을 통해 조달하고 있다.

⑤ 주택저당담보채권(mortgage backed bond)의 투자자는 대출금의 조기상환에 따른 위험을 부담한다.

| 해설 | 주택저당담보채권의 발행기관은 대출금의 조기상환에 따른 위험을 부담한다.

14. 다음 중 부동산금융에 대한 설명으로 옳지 않은 것은?

① MPTS(mortgage pass through security)는 지분형 주택저당증권으로 조기상환위험이 투자자에게 이전된다.

② 금융기관은 보유한 주택담보대출채권을 유동화하여 자금을 조달할 수 있다.

③ 주택저당담보채권(mortgage backed bond)는 저당차입자가 조기상환할 경우 증권발행자가 그 위험을 부담한다.

④ 다계층저당증권(CMO)은 주택저당담보채권(mortgage backed bond)보다 약하지만 일정한 정도의 콜 방어를 실현시킬 수 있다.

⑤ 부동산지분을 증권화한 부동산상품 중 대표적인 것이 주택저당증권(MBS)이다.

| 해설 | 부동산에 대한 저당권을 증권화한 부동산상품 중 대표적인 것이 주택저당증권이다.

15. 부동산개발사업 자산유동화증권(이하, 부동산개발 PF ABS)에 관한 설명으로 옳지 않은 것은?

① 부동산개발 PF ABS는 부동산개발업체의 개발사업에서 발생하는 수익 등을 기초자산으로 발생되는 자산유동화증권이다.

② 금융기관이 부동산개발업체에게 대출을 실행하고 이 대출채권을 유동화전문회사에 매각하여 자산유동화증권을 발행한다.

③ 부동산개발 PF ABCP(자산담보부기업어음)의 도관체(conduit)는 상법의 적용을 받지 않고, 자산유동화에 관한 법률의 적용을 받는 회사로 특례를 받을 수 있다.

④ 부동산개발 PF ABS는 부동산개발 PF ABCP에 비해 장기 자금조달이 가능하다.

⑤ 부동산개발업체는 부동산개발 PF ABS를 활용하여 개발사업에 필요한 자금을 조달할 수 있다.

| 해설 | PF ABS는 자산유동화에 관한 법률에 근거한 유동화 전문회사를 통해 발행되는 반면에 PF ABCP는 상법에 근거하여 유동화전문회사를 설립한다.

16. 다음 중 다계층저당증권(CMO : collateralized mortage obligation)의 특성에 대한 설명으로 가장 옳지 않은 것은?

① 일반적으로 다계층저당채권의 조기상환위험은 증권발행자가 부담한다.

② 다계층저당채권은 이체증권증권(path through security)과 저당담보부채권의 두 가지 성질을 모두 가지고 있다.

③ 일반적으로 다계층저당채권에서 트랜치별로 적용되는 이자율은 서로 다르다.

④ 다계층저당채권의 경우에 고정이자율이 적용되는 트랜치도 있고, 변동이자율이 적용되는 트랜치도 있다.

⑤ 다계층저당채권을 통해 장기투자자들이 원하는 콜방어를 실현시킬 수 있다.

| 해설 | 조기상환권은 증권의 발행자가 행사하고 증권의 조기상환위험은 증권의 소유자가 부담한다. 이는 CMO의 경우에도 예외는 아니고 CMO의 조기상환위험은 증권소유자가 부담한다.

정답 1. ③ 2. ② 3. ② 4. ④ 5. ④ 6. ② 7. ① 8. ② 9. ③ 10. ②
11. ② 12. ② 13. ⑤ 14. ⑤ 15. ③ 16. ①

PART
4

파생상품의 이해

CHAPTER 12 선물시장

CHAPTER 13 옵션시장

CHAPTER 14 스왑시장

CHAPTER 15 파생결합증권시장

CHAPTER 16 신용파생상품시장

C·h·a·p·t·e·r **12**

선물시장

선물은 미래시점에서 거래될 가격을 현재시점에서 확정시키는 계약으로 기초자산의 가격변동위험을 회피하는 수단으로 많이 이용된다. 차익거래의 기회가 없는 시장균형 상태에서 선물가격은 기초자산의 현물가격과 일정한 관계를 갖는다. 선물가격과 현물 가격간의 균형관계를 설명하기 위해 보유비용모형이 이용된다.

제1절   파생상품의 개요

1. 파생상품의 정의

파생상품은 영어로 Derivatives라고 한다. Derivatives는 '유래하다, 파생하다'의 의미를 가진 영어 동사 Derive에서 출발한 것으로 원래는 어떤 것으로부터 유도된 파생물이라는 의미를 가지고 있다. 어원에서 유추할 수 있듯이 금융시장에서 파생상품은 기초자산으로부터 그 가치가 파생되어 나온 상품을 말한다.

예컨대 기초자산이 삼성전자인 주식선물과 주식옵션은 삼성전자 주식가치의 변동 (주가상승 또는 주가하락)에 따라 가치가 결정된다. 여기서 기초자산(underlying asset)은 선물이나 옵션 등 파생상품에서 거래대상이 되는 자산으로 파생상품의 가치를 산정하는데 기초가 되는 금융상품이나 일반상품을 의미한다.

자본시장법은 파생상품을 기초자산의 가격을 기초로 손익(수익구조)이 결정되는 금융투자상품으로 선물, 옵션, 스왑의 어느 하나에 해당하는 계약상의 권리로 정의한다. 또한 파생상품시장에서 거래되는 파생상품을 장내파생상품으로 규정하면서 장내파생상품 외의 파생상품을 장외파생상품으로 규정하고 있다.

일반적으로 파생상품은 원본 초과손실이 발생할 수 있는 금융투자상품으로 자본시장법에서는 기초자산이나 기초자산의 가격, 이자율, 지표, 단위 또는 이를 기초로 하는 지수 등에 의해 산출된 금전 등을 미래의 특정시점에 인도하거나 권리를 부여하거나 금전 등을 교환할 것을 약정하는 계약으로 정의하고 있다.

그러나 투자매매업자가 발행하는 워런트증권, 주주가 신주를 배정받을 권리를 표시한 신주인수권증서 및 분리형 신주인수권부사채에서 사채와 분리되어 양도되는 신주인수권증서는 파생상품에서 제외된다. 여기서 워런트증권은 파생결합증권에 해당하고, 신주인수권증서와 신주인수권증권은 지분증권에 해당한다.

파생상품의 발달초기에는 농축산물이나 원자재 같은 실물자산들이 주된 기초자산으로 활용되었으나, 최근에는 사실상 수치화될 수 있는 모든 대상이 파생상품의 기초자산이 되고 있다. 따라서 세계적으로 증권, 외국환은 물론 주가지수처럼 통계적으로 산출된 수치를 기초자산으로 하는 파생상품이 발달하였다.

2. 파생상품의 기능

(1) 순기능

첫째, 헤지를 목적으로 한 투자자에게는 기초자산의 가격변동위험을 회피하기 위한 헷지의 수단으로 활용될 수 있고, 고위험·고수익을 추구하는 투기자에게 위험을 전가하는 수단이 될 수 있다. 고수익을 목표로 하는 투기자에게는 적은 증거금만으로 큰 레버리지효과를 획득할 수 있는 투자기회를 제공한다.

둘째, 다양한 투자수단으로 활용되어 금융시장에 유동성을 확대하는 결과를 가져올 수 있고 신속한 가격정보의 반영으로 미래의 현물가격에 대한 가격발견기능을 제공한다. 그리고 현물시장과 선물시장간의 차익거래가 가능하여 현물시장의 가격왜곡현상을 방지함으로써 금융시장의 효율성을 제고시킬 수 있다.

(2) 역기능

첫째, 파생상품의 거래구조가 복잡하고 파생화의 단계가 심화될수록 상품에 대한 정확한 정보를 획득하거나 수익성을 판단하기가 어려워진다. 또한 파생상품의 거래가 확대되고 금융시장간 연계성이 심화되어 개별 금융기관이 위험관리에 실패할 경우 그 영향이 전체 금융시스템으로 파급될 가능성이 커진다.

둘째, 장외파생상품은 거래상대방의 채무불이행위험이 크다. 신용파생상품은 기초자산인 대출채권에 대한 금융기관의 관리 및 사후 감시유인을 저하시키며 금융기관의 재무상태에 대한 투자자의 평가가 어렵고 시장의 자율규제기능 및 금융기관에 대한 감독기능을 약화시켜 금융시장의 안정성을 저해할 수 있다.

3. 파생상품 관련 위험

파생상품의 역기능은 그 자체에 내포된 위험에 기인한다. 따라서 파생상품 관련 규제방안의 주된 초점은 파생상품거래상의 위험을 어떻게 정의하고 이를 제거할 것인가에 맞추어져 있다. 파생상품거래와 관련된 위험으로는 신용위험, 시장위험, 유동성위험, 법적위험, 결제위험, 운영위험, 시스템위험 등이 있다.

(1) 신용위험

신용위험(credit risk)은 거래상대방이 계약상의 의무이행을 거부하거나 현금흐름이 계약대로 지급되지 않을 가능성을 의미한다. 일반적으로 신용위험은 채무불이행위험뿐만 아니라 채무자(보유자산)의 신용도가 하락할 경우 자산이나 계약의 신용가치가 하락하여 발생할 수 있는 손실위험으로 정의할 수 있다.

(2) 시장위험

시장위험은 시장상황의 변동에 따른 파생상품의 가치하락을 말하며 금융자산과 부채의 미결제포지션의 가치변동으로 측정된다. 시장위험은 예상치 못한 금리변동에 의해 자산과 부채가치가 변하게 될 금리변동위험, 환율변동으로 손실을 입게 될 환율변동위험, 주가변동위험, 상품가격의 변동위험 등을 말한다.

(3) 유동성위험

유동성위험은 파생상품의 거래참여자가 파생상품시장의 거래부진이나 장애로 인해 종전의 가격이나 이에 근접한 가격으로 특정 포지션을 헤지하거나 반대매매를 통해 청산할 수 없는 위험을 말한다. 파생상품이 경제적 가격 또는 이와 근접된 가격에 신속히 매매될 수 없어 현금화가 어려운 경우에 발생한다.

(4) 법적 위험

법적 위험(legal risk)은 소송에서 파생상품계약이나 종전에 이루어진 파생상품거래의 효력이 부인됨으로써 발생하는 손실가능성을 말한다. 법적 위험은 다른 전통적인 금융거래나 상품거래에서도 존재하지만 고도의 위험성과 복합적인 계약내용이 수반되는 파생상품계약에서 보다 현실적인 문제가 되고 있다.

(5) 결제위험

결제위험은 지급이 관련 계약에 규정된 방식에 의해 이루어지지 않는 위험을 말한다. 결제위험의 핵심은 지급이 당초 계획된 특정기간에 유효하게 되는 경우에는 비록 계약에서 기술적 이유로 인한 미지급은 부도처리를 하지 않는다고 규정하고 있더라도 관련 계약에 따라 부도처리가 될 수도 있는 위험이다.

(6) 운영위험

운영위험은 절차, 인력, 시스템의 미비나 외부사건으로 인한 직·간접적인 손실위험으로 정의되며 정보시스템의 보안문제로 발생할 수 있는 기술위험도 여기에 포함된다. 따라서 운영위험을 줄이려면 백업시스템 및 위험관리시스템을 구축하는 한편, 적절한 내부통제(internal control)의 장치를 마련해야 한다.

(7) 시스템위험

시스템위험은 개별참가자의 위험이나 특정시장의 위험이 연쇄적으로 파급되어 금융시장 전체가 마비되는 위험을 말하며 파생상품거래로 시장간의 연계가 강화됨으로써 더욱 증대되고 있다. 시스템위험과 관련하여 위험요인으로는 거래규모, 파생상품거래의 불투명성, 장외시장거래의 유동성 부족을 들 수 있다.

4. 파생상품의 분류

자본시장법은 파생상품을 선도, 선물, 옵션, 스왑 중의 어느 하나에 해당하는 계약상의 권리로 정의하여 파생상품거래가 계약임을 표현하고 있다.

(1) 선도

선도(forward)는 가장 기본이 되는 파생상품으로 기초자산을 계약시점에 정한 가격으로 미래의 특정시점에 매매하기로 약정한 계약을 말한다. 예컨대 봄철에 농가와 유통업자가 가격을 결정하여 가을에 수확 예정인 농산물을 매매하기로 약속하는 밭떼기, 입도선매가 선도거래의 대표적인 사례에 해당한다.

선도거래는 장외파생상품으로 거래상대방의 결제불이행위험(default risk)이 발생할 수 있고 일일이 거래상대방을 찾아서 거래조건을 협상해야 하는 불편함이 있다. 이러한 불편함을 없애기 위해 기초자산의 수량을 균일화하여 거래조건을 표준화하고 거래절차를 체계화하여 거래소에서 거래하는 것이 선물이다.

(2) 선물

선물(futures)은 기초자산을 계약시점에 정한 가격으로 미래의 특정시점에 매매하기로 약정한 계약을 말한다. 따라서 선도와 선물은 장외파생상품과 장내파생상품이라는 차이 외에는 유사하다. 매수 또는 매도포지션을 취한 선물거래자는 만기일에 현물을 인수도하거나 가격변화에 따른 현금결제를 하게 된다.

선물은 거래조건이 표준화되어 있고, 청산소라는 결제기관이 있다. 또한 거래소가 상대방의 결제불이행위험에 대비하기 위해 증거금을 수령하고 매일 전일 종가와 당일 종가의 차이로 정산하여 고객의 증거금에 가감하며 체계적으로 위험을 관리하는 시스템을 갖추고 있어 계약이행이 보장된다는 장점이 있다.

(3) 옵션

옵션(option)은 기초자산을 현재시점에서 약정한 가격(행사가격)으로 미래의 특정시점(최종거래일)에 매매할 수 있는 권리를 부여한 계약상의 권리를 말한다. 기초자산을 행사가격에 매입할 수 있는 권리가 부여된 계약을 콜옵션, 행사가격에 매도할 수 있는 권리가 부여된 계약을 풋옵션이라고 한다.

선도거래에서 매수자와 매도자는 모두 권리와 의무를 동시에 갖는 반면에 옵션거래에서 매수자는 권리를 행사하고 매도자는 의무를 부담한다. 따라서 옵션매수자(소유자)는 옵션이라는 행사권리를 매도자(발행자)로부터 부여받는 대신 옵션매도자에게 일정한 대가(option premium)을 지급하게 된다.

(4) 스왑

스왑(swap)은 미래의 특정기간에 발생하는 일정한 현금흐름을 통화나 금리에서 차이가 있는 다른 현금흐름과 합의된 공식에 따라 서로 교환하는 거래를 말한다. 앞에서 살펴본 선물과 옵션은 미래 발생할 거래가격을 고정시키지만, 스왑은 미래 일정기간 동안 발생할 일련의 현금흐름을 고정시킨다.

5. 파생상품의 목적

(1) 헤지거래

파생상품의 핵심적인 기능은 보유한 현물의 가격변동위험을 상쇄시키는 수단을 제
공한다. 따라서 헤지거래자(hedger)는 주가, 금리, 환율, 상품가격이 변동함에 따라 발생
하는 위험을 파생상품을 활용하여 투기거래자(speculator)에게 이전시킴으로써 가격변동
위험을 회피하거나 축소시킬 수 있게 된다.

(2) 투기거래

투기거래는 현물포지션은 없이 시세차익을 얻기 위해 향후 자산의 미래가격에 대한
예측에 근거하여 파생상품을 거래한다. 따라서 기초자산의 가격이 상승할 것으로 예상되
면 선물을 매수하거나 콜옵션을 매수하고, 기초자산의 가격이 하락할 것으로 예상되면
선물을 매도하거나 풋옵션을 매수한다.

(3) 차익거래

차익거래는 동일한 상품이 상이한 가격에 거래될 경우 고평가된 시장에서 매도하는
동시에 저평가된 시장에서 매수하여 그 차익을 얻는 거래를 말한다. 파생상품 시장에서
차익거래는 현물가격과 선물가격의 차이를 이용하여 가격이 비싼 시장에서 매도하는 동
시에 가격이 싼 시장에서 매수하여 그 차익을 얻는 거래를 말한다. 차익거래에 의해 시
장간 가격차이는 순간적으로 해소된다.

6. 파생상품의 특징

(1) 표준화된 계약

거래소에서 이루어지는 장내파생상품은 제반 거래조건이 표준화되어 있어 당사자
간의 합의에 따라 개개인의 다양한 수요를 충족시킬 수 있는 장외파생상품과는 차이가
있다. 즉 기초자산, 거래단위, 인도장소, 결제월, 가격표시방법, 호가단위, 결제방법, 최종
거래일 등의 계약조건이 표준화되어 있다.

선도거래는 계약조건이 당사자의 합의에 의해 결정되는 반면, 선물거래는 표준화된

선물계약을 기준으로 거래가 이루어진다. 선물계약의 표준화는 선물시장의 참여자로 하여금 계약조건에 대한 충분한 이해가 가능하게 하고, 시장유동성을 제고하여 거래시마다 상대방을 찾는 번거로움을 줄일 수 있다.

(2) 청산소의 결제

청산기관은 매수자와 매도자의 중간에서 거래상대방의 역할을 맡아 계약이행을 보증하는 역할을 수행하고, 이 역할은 재무적 건전도가 충실한 청산회원들에 의해 수행된다. 회원자격은 신용위험에 대한 노출을 감소시키기 위해 신용도와 경영능력에 관한 적절한 기준을 충족하는 회원들에게만 부여된다.

청산기관은 투자자들이 채무를 변제하지 못하는 경우를 대비하여 청산회원들로부터 보증기금을 확보한다. 청산회원이 아닌 거래소회원들은 청산회원을 통해 파생상품계약을 청산해야 하며, 그 대가로 일정한 수수료를 지급한다. 따라서 투자자들은 파생상품 거래시 상대방의 신용을 파악할 필요가 없다.

(3) 결제의 안정화

파생상품거래는 현물거래에 비해서 계약시점과 결제시점의 시간적 간격이 길다. 계약일로부터 장시간이 경과한 후에 결제되는 파생상품거래의 특성상 매수자 또는 매도자 일방이 결제를 이행하지 않을 위험이 있다. 따라서 거래소는 결제불이행위험을 방지하기 위해 일일정산 및 증거금제도를 운영한다.

7. 국내파생상품시장

우리나라는 1996년 5월 3일 최초로 KOSPI 200을 기초자산으로 하는 주가지수선물 거래가 시작되었고, 1997년 7월 7일 주가지수선물과 동일한 KOSPI 200을 거래대상으로 하는 주가지수옵션이 한국거래소에 상장되었다. 1999년 4월 금융선물 및 상품선물을 통합관리할 수 있는 선물거래소가 개설되었다.

선물거래소가 개설될 당시 상장상품은 미국달러선물, 미국달러옵션, CD금리선물 등 금융선물 3종류와 상품선물 1종류였다. 그러나 한국거래소는 1999년 9월 29일 정부에 의해 발행된 국고채를 기초자산으로 하는 3년 국채선물, 2003년 8월 22일 5년 국채선물,

2008년 2월 25일 10년 국채선물이 상장되었다.

선물거래소가 개설된 이후 거래량이 꾸준히 증가하였다. 상장상품도 3년 국채선물옵션, CD금리선물, 통안증권금리선물, 미국달러선물, 미국달러옵션, 금선물로 다양화되었다. 선물시장은 2005년 1월 27일 선물거래소, 증권거래소, 코스닥시장을 통합하여 설립된 한국거래소의 파생상품시장본부에서 운영한다.

통합 이후 한국거래소는 스타지수, 엔화, 유로화, 10년 국채, 개별주식, 돈육, 미니금을 기초자산으로 하는 선물이 상장되었고, 최근에 KOSPI 200 변동성지수선물, 다수의 KOSPI 200 산업부문지수선물, 미니 KOSPI 200지수선물과 옵션, 위안화, KOSPI 고배당 50선물, KOSDAQ 150선물, ETF선물이 상장되었다.

한편 그동안 거래가 부진한 CD선물, 3년 국채선물옵션, 금선물은 상장폐지되었으며, 스타지수선물은 상장폐지된 후 KOSDAQ 150선물로 대체되었다. 미니금선물은 상품명세를 일부 수정하여 새롭게 상장된 금선물은 거래단위를 1/10로 낮추고 최종결제방식이 실물인수도방식에서 현금결제방식으로 변경되었다.

▌표 12-1▐ 국내 파생상품 상장연혁

일자	파생상품	비고
1996. 5. 3	KOSPI200선물 상장(KSE)	한국 최초 선물
1997. 7. 7	KOSPI200옵션 상장(KSE)	한국 최초 옵션
1999. 4.23	CD금리선물, 미국달러선물, 미국달러옵션, 금선물 상장 (KOFEX)	KOFEX 개장
1999. 9.29	3년 국채선물 상장(KOFEX)	한국 최초 채권선물
2001. 1.30	KOSDAQ50선물 상장(KOFEX)	
2001.12.14	KOSDAQ50옵션 상장(KOFEX)	
2002. 1.28	개별주식옵션 상장(KSE) (삼성전자, SKT, 국민은행, POSCO, 한국전력, KT, 현대자동차 7종목)	한국 최초 개별 주식 옵션
2002. 5.10	국채선물옵션 상장(KOFEX)	한국 최초 선물옵션
2002.12. 5	통안증권 금리선물 상장(KOFEX)	
2003. 8.22	5년 국채선물 상장(KOFEX)	
2005. 1.27	한국증권선물거래소(KRX) 설립*	
2005. 9.26	개별주식옵션 추가상장(23개 종목 추가)	
2005.11. 7	스타지수선물 상장(KRX) KOSDAQ50옵션 상장 폐지	

2005.12. 8	KOSDAQ50 선물 상장 폐지	
2006. 5.26	엔선물, 유로선물 상장(KRX)	
2007.12.26	CD 금리선물, 3년 국채선물옵션 상장 폐지	
2008. 2.25	10년 국채선물 상장(KRX)	
2008. 5. 6	개별주식선물(15개 종목) 상장(KRX)	
2008. 7.21	돈육선물 상장(KRX)	
2009. 2. 4	한국거래소(KRX)로 명칭 변경	
2010. 9.13	미니금선물 상장(KRX)	
2014.11.17	KOSPI200변동성지수선물, KOSPI200에너지/화학, KOSPI200정보기술, KOSPI200금융, KOSPI200경기소비재 선물 상장	
2015. 7.20	미니 KOSPI200선물 및 옵션 상장	
2015.10. 5	위안화선물, KOSPI고배당50선물, KOSPI배당성장50선물 상장	
2015.11.23	KOSDAQ150선물 상장, 금선물 재상장 스타지수선물, 기존 금선물과 미니금선물 상장 폐지	
2016. 3.28	KOSPI200 섹터짓 3개(건설, 중공업, 헬스케어) 추가 상장	
2016. 6.27	유로스톡스50선물 상장	
2017. 6.26	ETF선물 상장	

* 현재 선물시장은 2005년 1월 27일 기존의 선물거래소(KOFEX), 증권거래소(KSE), 코스닥증권시장을 통합하여 설립된 한국거래소(KRX)의 파생상품시장본부에서 운영하고 있다.

제2절 선물거래의 개요

1. 선물거래의 정의

(1) 선물계약과 선물거래

선물계약(futures contract)은 거래당사자인 선물매도자와 선물매입자가 미래의 일정시점에 선물거래의 대상이 되는 기초자산을 현재시점에서 약정한 선물가격으로 매입하거나 매도하기로 체결한 계약을 말한다. 따라서 선물거래는 이러한 선물계약을 현재시점에서 매입하거나 매도하는 거래를 말한다.

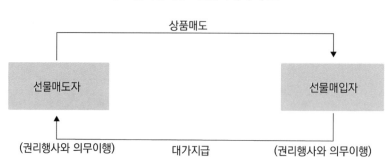

┃그림 12-1┃ 선물거래의 구조

① 기초자산

기초자산(underlying asset)은 선물계약의 만기일에 매입하거나 매도할 선물거래의 대상이 되는 특정자산을 말한다. 선물거래는 농산물, 축산물, 귀금속, 에너지와 같은 실물상품을 기초자산으로 하는 상품선물과 주식, 주가지수, 금리, 통화와 같은 금융상품을 기초자산으로 하는 금융선물로 구분된다.

┃표 12-2┃ 한국거래소 상품안내

구분	상장선물
주식상품	주식선물, 코스피 200선물, 코스닥 150선물, 배당지수 선물
금리상품	3년 국채선물, 5년 국채선물, 10년 국채선물
통화상품	미국달러선물, 유로선물, 엔선물, 위안선물
일반상품	금선물, 돈육선물

② 최종거래일

최종거래일(maturity)은 기초자산을 매입하거나 매도하는 미래의 특정시점을 의미하며 만기일 또는 인도일이라고도 한다. 선물거래는 기초자산뿐만 아니라 최종거래일이 표준화되어 있다. 예컨대 코스피 200선물, 코스닥 150선물, 배당지수선물의 최종거래일은 각 결제월의 두 번째 목요일로 지정되어 있다.

▎표 12-3 ▎ 선물거래의 최종거래일

구분	최종거래일
주식상품	최종결제월의 두번째 목요일
금리상품	최종결제월의 세번째 화요일
통화상품	최종결제월의 세번째 월요일
일반상품	최종결제월의 세번째 수요일

③ 선물가격

선물가격(futures price)은 만기일에 기초자산을 매입하거나 매도할 때 적용되는 가격을 말한다. 선물가격은 만기일에 기초자산을 인수도할 때 그 대가로 지불하거나 수령하는 가격으로 선물계약 자체의 가치를 의미하는 것은 아니다. 따라서 선물가격은 옵션의 행사가격과 유사한 개념이라고 할 수 있다.

(2) 현물거래와 선물거래

① 현물거래 : 계약시점 = 결제시점

현물거래(spot transaction)는 현재시점에서 기초자산의 가격을 지불하고 기초자산을 인수하거나 기초자산의 가격을 수령하고 기초자산을 인도하는 거래를 말한다. 따라서 매매계약의 체결과 거래대금의 결제 및 기초자산의 인수도가 현재시점에서 이루어지는 주식거래와 채권거래는 현물거래에 해당한다.

② 선물거래 : 계약시점 ≠ 결제시점

선물거래(futures transaction)는 미래의 일정시점에 기초자산을 현재시점에 약정한 가격으로 결제하기로 거래당사자가 약정한 계약을 말한다. 따라서 선물거래는 현물거래와

▎그림 12-2 ▎ 현물거래와 선물거래

(a) 현물거래   (b) 선물거래

달리 매매계약의 체결은 현재시점에서 이루어지고 거래대금의 결제와 기초자산의 인수
도는 미래시점에 이루어지는 거래를 말한다.

┃표 12-4┃ 현물거래와 선물거래

구분	계약시점	실물인도	대금결제
현물거래	현재	현재	현재
외상거래	현재	현재	미래
선물거래	현재	미래	미래

(3) 선도거래와 선물거래

선도거래(forward transaction)는 미래의 일정시점에 특정상품을 현재시점에서 약정한
가격으로 인수도하기로 거래당사자가 일대일로 체결한 계약을 말한다. 그러나 선도거래
는 기초자산의 가격이 자신에게 불리하게 변동하면 거래당사자가 계약을 이행하지 않을
계약불이행위험이 존재한다.

선물거래는 미래의 일정시점에 특정상품을 현재시점에서 약정한 가격으로 인수 또
는 인도하기로 계약한다는 점에서 선도거래와 본질적으로 동일하다. 그러나 선물거래의
조건은 표준화되어 있으며 선물거래소, 청산소, 증거금, 일일정산제도 등이 있다는 점에
서 선도거래와 차이점이 있다.

┃그림 12-3┃ 선도거래와 계약불이행위험

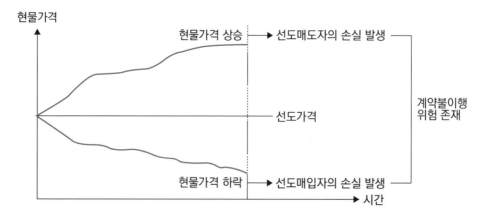

첫째, 선물거래는 거래대상, 거래단위, 만기일 등의 거래조건이 표준화되어 있고 선물거래소라는 조직화된 공식적인 시장에서 이루어진다. 반면에 선도거래는 거래당사자의 필요에 따라 계약이 직접 체결되기 때문에 거래조건이 표준화되어 있지 않고 특정한 장소가 없이 장외시장에서 주로 딜러를 통해 이루어진다.

둘째, 선물거래는 거래당사자가 선물계약의 청산에 대해 책임을 지며 계약이행을 보증하는 청산소를 통해 일일정산되어 신용위험이 없으나 증거금을 청산소에 예치해야 한다. 반면에 선도거래는 신용위험을 거래당사자가 직접 부담해야 하고 만기일에만 결제가 이루어지므로 청산소에 증거금을 예치할 필요가 없다.

셋째, 선물거래는 대부분 만기일 이전에 반대매매를 통해 청산되고 청산소가 거래상대로서 계약이행을 보증하므로 거래상대방의 신용상태를 조사할 필요가 없다. 반면에 선도거래는 만기일에 실물인수도와 대금결제가 이루어지고 보증기관이 없어 딜러와 신용라인을 설정하여 상대방의 신용상태를 조사할 필요가 있다.

‖ 표 12-5 ‖ 선물거래와 선도거래의 비교

구분	선물거래	선도거래
거래장소	선물거래소	장외시장
거래조건	표준화되어 있음	거래당사자간의 합의
거래방법	공개호가방식, 전산매매방식	거래당사자간의 계약
가격형성	거래일 매일 형성	계약시 1회 형성
시장성격	완전경쟁시장	불완전경쟁시장
거래참가	불특정 다수	한정된 실수요자
거래보증	청산소가 보증	상대방의 신용
증 거 금	증거금 예치 및 유지	딜러와 신용라인 설치
거래청산	대부분 만기전에 반대매매	대부분 만기일일에 실물인수도
거래상대	거래소를 통한 간접거래	거래상대방과의 직접거래
거래시간	거래소 개장시간	제한이 없음
거래규제	공식적인 규제	자율적인 규제
가격제한	가격제한 있음	가격제한 없음

(4) 선물거래와 옵션거래

선물거래와 옵션거래는 미래의 일정시점에 대금수수와 특정상품을 인수도할 것을 계약하는 거래라는 측면에서 유사하지만 다음과 같은 차이점이 있다. 선물거래는 매입자와 매도자에게 권리와 의무가 동시에 주어진다. 그러나 옵션거래는 매입자와 매도자에게 권리와 의무가 분리되어 있다.

▎표 12-6 ▎ 선물거래와 옵션거래의 비교

구분	선물거래	선도거래
권리와 의무	양자 모두 권리와 의무가 있음	매입자 : 권리, 매도자 : 의무
증거금 납부	양자 모두 납부함	매도자만 납부함
매 매 형 태	방향성 매매	방향성＋변동성 매매
손 익 구 조	대칭적	비대칭
손익분기점	매매가격	행사가격±프리미엄
위험의 범위	손익에 한계가 없음	매입자는 손익을 한정

2. 선물거래의 종류

선물거래는 거래대상이 되는 기초자산의 종류에 따라 크게 상품선물(commodity futures)과 금융선물(financial futures)로 구분된다.

(1) 상품선물

상품선물은 선물거래의 대상이 되는 기초자산이 농산물, 축산물, 귀금속, 비철금속, 에너지 등의 실물상품을 말한다. 미국에서는 1848년 4월에 시카고상품거래소(CBOT)가 개설된 이후에 1865년 10월부터 밀, 귀리, 대두, 옥수수, 대두박 등을 대상으로 하는 농산물에 대한 선물거래가 거래되었다.

1877년에 런던금속거래소(LME)가 개설된 이후 은, 동, 납, 아연 등을 대상으로 하는 금속선물이 거래되었다. 상품선물은 1970년대 이전까지는 세계 선물거래의 주류를 이루었으나 1970년대 이후에 금융선물이 도입되어 금융선물의 비중은 계속해서 확대되면서 상품선물의 비중은 점차 축소되었다.

우리나라는 국내 최초의 농축산물 관련 상품선물로 돼지가격의 변동위험을 회피하기 위한 돈육선물이 2008년 7월 21일 상장되었다. 또한 금을 기초자산으로 금가격의 변동위험을 회피하기 위한 선물거래가 가능하도록 만든 상품으로 기존의 미니금선물이 2015년 11월 23일에 새롭게 상장되었다.

(2) 금융선물

금융선물은 선물거래의 대상이 되는 기초자산이 통화, 금리, 채권, 주식, 주가지수 등의 금융상품을 말한다. 시카고상업거래소(CME)의 부속거래소로 1972년 설립된 국제통화시장(IMM)에 의해 통화선물이 도입되었고, 1975년 이후에 금리선물이 도입되었으며, 1982년 이후에 주가지수선물이 도입되었다.

한국거래소는 1996년 5월 4일 KOSPI 200을 기초자산으로 하는 KOSPI 200선물, 2015년 11월 23일 KOSDAQ 150을 기초자산으로 하는 KOSDAQ 150선물을 상장하였다. 2014년 11월 KOSPI 200 섹터지수선물, 2015년 10월 배당지수선물을 상장하였고, 2016년 6월 유로스톡스 50선물이 상장되었다.

┃그림 12-4┃ 선물거래의 종류

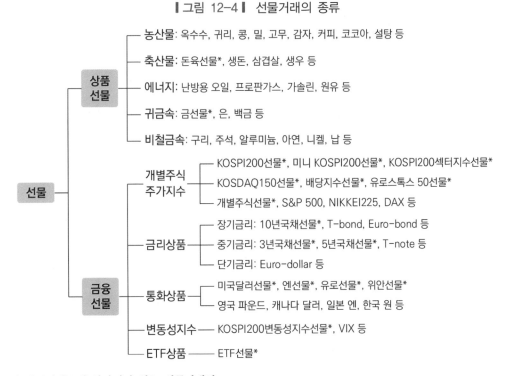

* 한국거래소에 상장되어 있는 선물거래임

그리고 2001년 4월에 개별주식을 기초자산으로 하는 개별주식선물과 개별주식옵션이 상장되었다. 또한 금리변동을 관리하기 위해 정부가 발행한 국고채를 기초자산으로 하는 3년 국채선물이 1999년 9월 29일, 5년 국채선물이 2003년 8월 22일 그리고 10년 국채선물이 2008년 2월 25일에 상장되었다.

통화선물은 수출입 및 국제자본거래로 수취 또는 지급하는 외국통화를 대상으로 하는 선물거래를 말한다. 환율변동위험을 관리하는 파생금융상품으로 미국달러선물이 1999년 4월 23일 국내 통화선물로서는 최초로 상장되었다. 2006년 5월26일 엔선물과 유로선물, 2015년 10월 5일 위안선물이 상장되었다.

3. 선물거래의 손익

(1) 선물거래의 구분

선물거래는 크게 선물매입(long position)과 선물매도(short position)로 구분된다. 선물매입은 최종거래일에 현재시점에서 약정한 선물가격으로 기초자산을 매입하기로 약정한 것을 말한다. 그리고 선물매도는 최종거래일에 현재시점에서 약정한 선물가격으로 기초자산을 매도하기로 약정한 것을 말한다.

① 선물매입(long position)

선물매입은 최종거래일에 선물가격을 지불하고 기초자산을 매입하기로 약속한 것으로 기초자산을 인수할 의무를 갖는다. 선물을 매입하여 보유하고 있으면 매입포지션을 취하고 있다고 하고, 만기일 이전에 동일한 조건의 선물을 매도하여(轉賣) 기초자산을 인수할 의무가 없어지면 매입포지션을 청산했다고 한다.

② 선물매도(short position)

선물매도는 최종거래일에 선물가격을 지불받고 기초자산을 매도하기로 약속한 것으로 기초자산을 인도할 의무를 갖는다. 선물을 매도하여 보유하고 있으면 매도포지션을 취하고 있다고 하고, 만기일 이전에 동일한 조건의 선물을 매입하여(還買) 기초자산을 인도할 의무가 없어지면 매도포지션을 청산했다고 한다.

┃그림 12-5┃ 선물거래의 손익

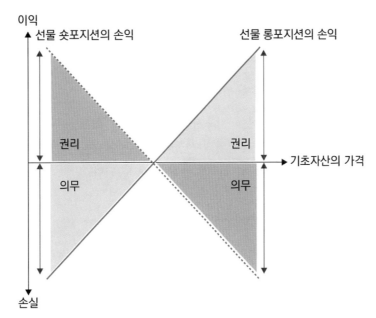

(2) 선물거래의 청산

선물거래의 청산은 현금결제와 실물결제가 있고 대부분 반대매매를 통해 포지션이 청산된다. 현금결제는 선물매입자(매도자)는 동일한 조건의 선물을 매도(매입)하여 선물가격의 차액만큼을 현금결제로 포지션을 청산하는 방식을 말하고, 실물결제는 최종거래일에 실물의 인수도로 포지션을 청산하는 방식을 말한다.

┃표 12-7┃ 선물거래의 결제방법

구분	대상품목
현금결제	주식상품(주식선물, 코스피 200선물, 배당지수선물) 금리상품(3년 국채선물, 5년 국채선물, 10년 국채선물) 일반상품(금선물, 돈육선물)
실물결제	통화상품(미국달러선물, 유로선물, 엔선물, 위안선물)

(3) 선물거래의 손익

선물거래자는 최종거래일의 현물가격에 관계없이 선물가격으로 기초자산을 인수도해야 하는 의무가 있다. 따라서 선물거래의 손익은 청산일의 현물가격(S_T)이 체결일의 선물가격($F_{0,T}$)보다 상승하느냐 아니면 하락하느냐에 따라 달라지며, 이익과 손실의 크기는 동일하기 때문에 선물거래의 손익은 항상 0이 된다.

① 선물매입자의 손익(=S_T−$F_{0,T}$)

선물매입자는 선물가격에 기초자산을 매입해야 한다. 따라서 선물매입자는 매입포지션 청산일의 현물가격이 체결일의 선물가격보다 상승하면 이익을 얻게 되고, 현물가격이 체결일의 선물가격보다 하락하면 손실을 보게 된다.

② 선물매도자의 손익(=$F_{0,T}$−S_T)

선물매도자는 선물가격에 기초자산을 매도해야 한다. 따라서 선물매도자는 매도포지션 청산일의 현물가격이 체결일의 선물가격보다 하락하면 이익을 얻게 되고, 현물가격이 체결일의 선물가격보다 상승하면 손실을 보게 된다.

┃그림 12-6┃ 선물거래의 손익

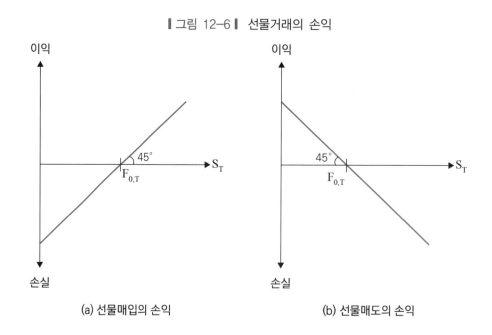

(a) 선물매입의 손익 (b) 선물매도의 손익

→• **예제 12-1** 선물거래의 손익

일반투자자 홍길동은 약세장(bear market)을 예상하여 2022년 8월 13일 한국거래소에서 KOSPI 200선물 5계약을 334포인트에 매도하였다. 9월 11일 최종거래일에 KOSPI 200선물의 가격이 다음과 같을 경우에 손익을 계산하시오.

1. 최종거래일에 KOSPI 200선물의 가격이 330포인트인 경우

2. 최종거래일에 KOSPI 200선물의 가격이 340포인트인 경우

풀이

1. 최종거래일에 주가지수선물가격이 하락하면 투자자 홍길동은 이익을 보게 된다.
   $(334-330) \times 250{,}000원 \times 5계약 = +5{,}000{,}000원$

2. 최종거래일에 주가지수선물가격이 상승하면 투자자 홍길동은 손실을 보게 된다.
   $(334-340) \times 250{,}000원 \times 5계약 = -7{,}500{,}000원$

4. 선물거래의 목적

선물거래는 투자자들이 선물계약을 이용하는 목적에 따라서 헤지거래, 투기거래, 차익거래 그리고 스프레드거래로 구분된다. 여기서 헤지거래와 차익거래는 투자자들이 현물시장과 선물시장을 동시에 이용한다. 그러나 투기거래와 스프레드거래는 선물시장만을 이용한다는 점에서 차이가 있다.

(1) 헤지거래

헤지거래(hedging)는 현물시장에서 현재 기초자산을 보유하여 미래에 매도할 예정이거나 현재 기초자산을 공매하여 미래에 매입할 예정인 기초자산의 불확실한 가격변화에 대해 선물시장에서 현물시장과 반대되는 포지션을 취함으로써 기초자산의 가격변동위험을 회피하거나 축소시키기 위한 거래를 말한다.

헤지거래자가 선물시장에서 현물시장과 반대되는 포지션을 취하면 현물포지션의 손실(이익)은 선물포지션의 이익(손실)으로 상쇄되어 기초자산의 가격변동위험을 회피하거나 축소시킬 수 있다. 이와 같이 기초자산의 가격변동위험을 회피하기 위해 선물거래를 이용하는 투자자를 헤지거래자(hedger)라고 한다.

|표 12-8| 헤지거래

현물시장		선물시장
매입포지션 매도포지션	현재 자산보유, 미래 자산매도 예정 → 자산가격 하락시 손실발생 현재 자산공매, 미래 자산매입 예정 → 자산가격 상승시 손실발생	매도포지션 매입포지션

① 매입헤지

매입헤지(long hedge)는 현물시장에서 매도포지션을 취하고 있는 투자자가 기초자산의 가격상승위험을 헤지하기 위해 선물시장에서 해당현물에 대한 매입포지션을 취함으로써 현물자산의 가격상승위험을 회피하는 거래를 말한다.

|표 12-9| 매입헤지

구 분	계약시점	청산시점
현물시장 선물시장	매도 매입	매입 매도

② 매도헤지

매도헤지(short hedge)는 현물시장에서 매입포지션을 취하고 있는 투자자가 기초자산의 가격하락위험을 헤지하기 위해 선물시장에서 해당현물에 대한 매도포지션을 취함으로써 현물자산의 가격하락위험을 회피하는 거래를 말한다.

|표 12-10| 매도헤지

구 분	계약시점	청산시점
현물시장 선물시장	매입 매도	매도 매입

(2) 투기거래

투기거래(speculation)는 현물시장의 포지션에 관계없이 선물시장에서 특정상품에 대한 선물가격을 예측하고 이를 바탕으로 선물계약을 매입 또는 매도하여 시세변동에 따른 이익을 목적으로 하는 거래를 말한다. 따라서 가격상승이 예상되면 선물계약을 매입하고 가격하락이 예상되면 선물계약을 매도한다.

투기거래는 선물시장에서 가격변동위험을 감수하고 투기적인 이익을 도모하기 위해 실행하는 거래를 말한다. 그런데 선물거래는 현물거래에 비해서 손익이 확대되는 레버리지효과를 갖기 때문에 투기거래자의 예측이 정확하면 많은 이익을 얻을 수 있는 반면에 예측이 빗나가면 많은 손실을 볼 수 있다.

(3) 차익거래

모든 자산이 시장에서 균형가격에 거래되고 있는 시장균형상태에서는 일물일가의 법칙(law of one price)이 성립하여 차익거래가 발생하지 않는다. 그러나 특정 자산이 시장에서 균형가격과 다른 가격으로 거래되는 시장불균형상태에서는 일물일가의 법칙이 성립하지 않아 차익거래가 발생한다.

차익거래(arbitrage)는 동일한 상품이 현물시장과 선물시장에서 상이한 가격으로 거래될 때 과소평가된 시장에서는 매입하고 과대평가된 시장에서는 매도함으로써 추가적인 자금이나 위험부담 없이 이익(free lunch)을 얻는 거래를 말하며, 시장이 일시적인 불균형상태에 있을 경우에 발생한다.

차익거래의 과정에서 과소평가된 시장에서는 수요가 증가하여 가격이 상승하고, 과대평가된 시장에서는 공급이 증가하여 가격이 하락한다. 따라서 일물일가의 법칙이 성립할 때까지 차익거래가 지속되며 차익거래를 통해서 시장이 균형상태에 도달하게 되면 차익거래의 기회는 소멸하게 된다.

(4) 스프레드거래

스프레드거래(spread)는 조건이 서로 다른 선물계약간의 가격차이를 이용하여 과소평가된 선물은 매입하고 과대평가된 선물은 매도함으로써 이익을 추구하는 거래를 말한다. 스프레드거래는 서로 다른 선물의 종류에 따라 만기간 스프레드, 상품간 스프레드, 시장간 스프레드로 구분된다.

① 만기간 스프레드

만기간 스프레드(inter-delivery spread)는 동일한 기초자산을 대상으로 만기일이 서로 다른 선물을 동시에 매입하고 매도하는 거래를 말하며, 캘린더 스프레드(calendar spread) 또는 시간스프레드(time spread)라고도 한다. 만기간 스프레드는 강세스프레드와 약세스프레드로 구분된다.

㉠ 강세스프레드

강세스프레드(bull spread)는 시장이 강세장(bull market)인 경우 근월물의 가격상승폭이 원월물의 가격상승폭보다 클 것으로 예상하고, 약세장(bear market)인 경우 근월물의 가격하락폭이 원월물의 가격하락폭보다 적을 것으로 예상할 때 근월물을 매입하고 원월물을 매도하는 전략을 말한다.

㉡ 약세스프레드

약세스프레드(bear spread)는 시장이 강세장(bull market)인 경우 원월물의 가격상승폭이 근월물의 가격상승폭보다 클 것으로 예상하고, 약세장(bear market)인 경우 원월물의 가격하락폭이 근월물의 가격하락폭보다 적을 것으로 예상할 때 원월물을 매입하고 근월물을 매도하는 전략을 말한다.

② 상품간 스프레드

상품간 스프레드(inter-commodity spread)는 동일한 시장에서 선물의 만기일은 같지만 기초자산이 서로 다른 선물을 동시에 매입하고 매도하는 거래를 말한다. 예컨대 동일한 거래소에서 거래되고 있는 6월물 금선물은 매입하고, 6월물 은선물은 매도한 경우가 상품간 스프레드에 해당한다.

③ 시장간 스프레드

시장간 스프레드(inter-market spread)는 동일한 기초자산이 서로 다른 시장(거래소)에서 거래되는 경우에 한쪽 시장에서는 선물을 매입하고 다른 시장에서는 선물을 매도하는 거래를 말한다. 예컨대 달러선물을 미국에서는 매입하고 한국에서는 매도하는 경우가 시장간 스프레드에 해당한다.

5. 선물거래의 기능

선물시장은 선물거래를 이용하여 기초자산의 가격변동위험을 회피할 수 있는 위험

전가기능을 수행한다. 또한 미래의 현물가격에 대한 가격예시기능을 수행하고 한정된 자원의 효율적 배분을 가능하게 하며 투기거래자의 부동자금을 헤지거래자의 산업자금으로 자본형성기능을 촉진하여 경제활성화에 기여한다.

(1) 가격예시의 기능

선물시장에서 결정되는 선물가격은 선물시장에 참여한 수많은 거래자들의 해당 기초자산에 대한 수요와 공급 등 각종 정보를 바탕으로 결정되기 때문에 미래의 현물가격에 대한 예시기능을 수행한다. 따라서 만기가 서로 다른 선물가격들은 미래의 특정시점에서 형성될 기대현물가격을 예측하는 기능이 있다.

(2) 위험이전의 기능

헤지거래자는 기초자산의 가격변동위험을 투기거래자에게 이전할 수 있고, 투기거래자는 헤지거래자로부터 이전되는 가격변동위험을 부담하지만 투기적인 이익을 도모한다. 따라서 선물시장은 헤지거래자가 회피하는 위험이 투기거래자에게 전가되는 위험이전기능을 수행하여 현물시장의 유동성을 증대시킨다.

(3) 자원배분의 기능

선물가격은 현물시장의 수급에 관한 정보들을 집약하여 상품의 생산, 저장, 소비의 시간적 배분을 통해 자원배분의 효율성을 증대시킨다. 미래에 재고부족이 예상되는 상품은 선물가격이 높게 형성되어 생산을 촉진시키고, 현재 재고가 부족한 상품은 가격하락이 예상되는 미래시점으로 소비를 연기하도록 한다.

(4) 자본형성의 기능

선물시장은 투기거래자의 부동자금을 헤지거래자의 산업자금으로 이전시키는 자본형성의 기능을 간접적으로 수행한다. 특히 금융기관은 금융선물을 이용하여 주가, 환율, 금리변동위험을 효과적으로 관리할 수 있으며, 기업은 자본비용을 절감할 수 있기 때문에 투자가 촉진되어 국가전체의 부를 증진시킬 수 있다.

(5) 시장유동성의 증가

선물거래는 거래당사자들이 상대방의 계약불이행위험에 노출되어 있고 장외시장에서 거래가 이루어져 유동성이 부족한 선도거래의 문제점을 발전시킨 것이다. 선물거래는 기초자산, 거래단위, 최종거래일 등의 거래조건이 표준화되어 있고 조직화된 거래소에서 거래가 이루어지므로 유동성이 증가한다.

(6) 신금융상품의 개발

1980년대 중반 이후에 금융공학이 발전하면서 파생상품을 이용한 새로운 금융상품과 금융기법들이 계속 개발되고 있다. 선물시장은 다양한 금융상품의 개발을 통해서 투자기회를 계속 확대시켜 왔으며 향후에는 금융공학의 발전으로 기초자산의 가격변동위험을 효과적으로 관리할 것으로 예상된다.

제3절 선물시장의 구성

1. 선물시장의 조직

선물거래가 안정적으로 이루어지고 선물시장에 정보가 효율적으로 전달되기 위해서는 여러 가지의 조직과 규제가 필요하다. 일반적으로 선물시장은 국가마다 약간의 차이는 있으나 선물거래소, 청산소, 선물중개회사, 선물거래자로 구성되어 있다. [그림 12-7]에는 선물시장의 구조가 제시되어 있다.

▌그림 12-7 ▌ 선물시장의 구조

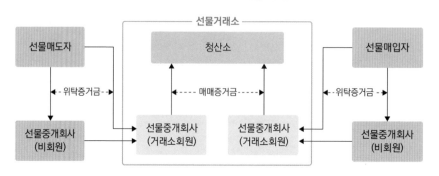

(1) 선물거래소

선물거래소(futures exchange)는 회원들에게 거래장소를 제공하고 표준화된 선물상품을 상장시키며 선물거래에 관련된 규칙을 제정하여 규제한다. 선물중개회사는 선물거래소에 회원으로 등록한 후 선물거래와 관련된 중개업무를 수행하며 선물거래자나 비회원인 선물중개회사는 회원을 통해 선물거래에 참가할 수 있다.

우리나라는 한국거래소(KRX)가 1996년 5월 3일 KOSPI 200선물을 도입하여 선물시대가 도래하였다. 1999년 4월 23일에 미국달러선물, 1999년 9월 29일에 국채선물, 2006년 5월 26일에 엔선물과 유로선물, 2008년에 돈육선물, 2015년 10월에 위안선물, 2015년 11월 23일에 금선물이 새롭게 상장되어 거래되고 있다.

(2) 청산소

청산소(clearing house)는 선물거래소에 이루어지는 선물계약의 청산에 대해 책임을 지고 일일정산과 증거금제도를 통해 계약이행을 보증하는 역할을 수행한다. 청산소가 없는 선도거래는 매입자와 매도자가 거래의 직접적인 당사자이기 때문에 계약의 이행여부가 거래당사자들의 신용에 의해 좌우된다.

그러나 선물거래의 경우에는 거래당사자간에 선물계약이 체결되면 청산소가 개입하여 거래상대방이 된다. 따라서 선물매입자에게는 대금을 수령하고 기초자산을 인도해야 하는 선물매도자의 의무를 부담하고, 선물매도자에게는 대금을 지불하고 기초자산을 매입해야 하는 선물매입자의 의무를 부담한다.

예컨대 갑은 매입포지션을, 을은 매도포지션을 취했다고 가정하자. 갑과 을간에 선물거래가 성립하면 청산소가 개입하여 갑에게는 매도포지션을 취하고, 을에게는 매입포

▌그림 12-8 ▌ 청산소의 역할

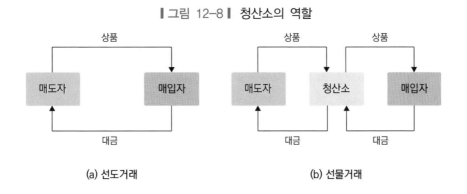

(a) 선도거래　　　　　　　　　(b) 선물거래

지션을 취하여 두 거래자간에 계약관계를 분리시킨다. 그러나 청산소는 매입포지션과 매도포지션을 동시에 취하여 순포지션은 0이 된다.

(3) 선물중개회사

선물중개회사(futures commission merchant)는 고객으로부터 주문을 위탁받아 선물거래를 대행하는 업무를 담당하고 고객의 미청산계약에 대한 기록을 유지하여 고객의 예탁금과 증거금을 관리하며 계좌개설부터 매매종결까지 선물중개 및 관리업무를 수행하면서 그 대가로 일정한 수수료를 받는 회사를 말한다.

선물중개회사는 거래소 회원과 거래소 회원이 아닌 경우로 구분되는데, 거래소 회원인 선물중개회사만 고객의 주문을 직접 처리할 수 있다. 따라서 비회원인 선물중개회사는 거래소 회원인 선물중개회사를 통해서 주문을 처리해야 한다. 이러한 회원제도의 운영은 결제제도에도 동일하게 작용되어 운용되고 있다.

(4) 선물거래자

선물시장의 참가자는 선물거래의 동기에 따라 헤지거래자, 투기거래자, 차익거래자, 스프레드거래자의 네 가지 유형으로 구분할 수 있다. 여기서 헤지거래자와 차익거래자는 현물시장과 선물시장을 동시에 이용하다. 그러나 투기거래자와 스프레드거래자는 선물시장만을 이용한다는 점에서 차이가 있다.

1) 헤지거래자

헤지거래자(hedger)는 현재 기초자산을 매입하여 보유하고 있거나 미래에 매도할 예정인 현물자산 또는 현재 기초자산을 공매하거나 미래에 매입할 예정인 현물자산의 불확실한 가격변화에 대해 선물시장에서 반대포지션을 취함으로써 현물시장에서의 가격변동위험을 회피하기 위해 선물거래를 이용하는 투자자를 말한다.

선물시장의 참가자 중에서 비중이 가장 높은 헤지거래자가 선물거래를 이용하는 목적은 현물자산의 가격변동으로 인한 손실을 극소화시키는데 있다. 헤지거래자는 헤지거래를 수행하는 과정에서 기회손실을 입을 수 있으나, 이는 현물포지션에서 발생할 수 있는 손실을 회피하기 위해 지불하는 대가로 보아야 할 것이다.

2) 투기거래자

투기거래자(speculator)는 현물시장의 포지션에 관계없이 선물시장의 포지션만을 이용하여 선물가격의 변동에 따른 위험을 감수하면서 미래의 선물가격변동에 대한 예상에 의해 시세차익을 얻을 목적으로 선물거래을 이용하는 투자자를 하며 헤지거래자가 전가한 위험을 부담하는 대가로 일정한 수익을 얻을 수 있다.

투기거래자가 선물거래를 이용하는 목적은 선물가격의 상승이 예상되면 선물거래를 매입하고, 선물가격의 하락이 예상되면 매도한 후 반대매매로 포지션을 청산함으로써 투기적인 이익을 도모하는데 있다. 따라서 투기거래자의 예상이 적중하면 많은 이익을 얻을 수 있고 예상이 빗나가면 많은 손실을 보게 된다.

투기거래자들은 보호되지 않은 포지션(uncovered position)을 보유하여 선물가격의 변동에 따른 위험을 감수하더라도 높은 투기적 이익을 얻고자 한다. 투기거래자는 선물시장에서 헤지거래자가 전가한 위험을 떠안을 뿐만 아니라 극단적인 가격변동을 예방하고 선물시장의 안정을 도모하는 중요한 기능을 수행한다.

3) 차익거래자

차익거래자(arbitrageur)는 동일한 상품이 현물시장과 선물시장에서 상이한 가격으로 거래될 경우에 선물가격과 현물가격 또는 서로 다른 선물계약간의 일시적인 불균형을 이용하여 추가적인 자금이나 위험을 부담하지 않으면서 이익을 얻을 목적으로 선물거래를 이용하는 투자자를 말한다.

선물거래는 파생상품으로 선물계약의 가격은 기초자산의 현재가격인 현물가격과 밀접한 관계가 있다. 이론적으로 선물가격은 현물가격과 보유비용의 합으로 결정된다. 따라서 선물가격과 현물가격간의 차이가 보유비용보다 크거나 작다면 균형관계가 이탈되어 차익거래의 기회가 발생한다.

요컨대 선물가격이 현물가격보다 과대평가되어 있는 경우에 과대평가된 선물을 매도하고 자금을 차입하여 과소평가된 현물을 매입하는 현물매입차익거래를 통해서 차익을 얻게 된다. 이러한 차익거래의 과정에서 선물가격은 하락하고 현물가격은 상승하여 균형상태에 도달하게 된다.

그리고 선물가격이 현물가격보다 과소평가되어 있는 경우에 과대평가된 현물을 공매하여 자금을 대출하고 과소평가된 선물을 매입하는 현물매도차익거래를 통해서 차익을 얻게 된다. 이러한 차익거래의 과정에서 현물가격은 하락하고 선물가격은 상승하여 균형상태에 도달하게 된다.

선물거래의 만기일에 인도일수렴현상(convergence)에 의해 선물가격과 현물가격이 일치하는 것은 차익거래의 결과물이라고 할 수 있다. 만약 선물거래의 만기일에 선물가격과 현물가격이 일치하지 않는다면 즉시 차익거래의 기회가 발생하고 선물가격과 현물가격은 일치하게 된다.

4) 스프레드거래자

스프레드거래자(spreader)는 만기일 또는 기초자산이 서로 다른 선물계약의 가격 차이에 해당하는 스프레드의 변동을 이용하여 과소평가된 선물은 매입하고 과대평가된 선물은 매도하여 이익을 얻는 투자자를 말한다. 스프레드거래에 따른 손익은 두 선물가격의 절대적 변화가 아니라 상대적 변화에 의해 결정된다.

┃표 12-11┃ 선물시장의 구성요소

구분			주요 기능
선물거래소			거래장소 제공, 선물상품 표준화, 거래관련 규칙 제정
청 산 소			증거금 징수, 청산업무, 일일정산, 결제업무
중개인	거래소 회원	결 제 회 원	선물거래자의 주문처리, 청산업무, 결제업무
		비결제회원	선물거래자의 주문처리
	거래소 비회원		선물거래자의 주문을 거래소회원에게 위탁
선물거래자			헤지거래, 투기거래, 차익거래, 스프레드거래

2. 선물시장의 운용

(1) 계약의 표준화

선물거래는 거래대상인 기초자산의 수량과 품질, 거래단위, 결제월, 상장결제월, 호가가격단위, 최소가격변동금액, 가격표시방법, 거래시간, 최종거래일, 최종결제일, 결제방법, 가격제한폭 등이 표준화되어 있어서 선물가격을 쉽게 비교할 수 있으며 표준화된 선물계약에 거래가 집중되기 때문에 유동성이 증가한다.

▌표 12-12▌ 국내에서 거래되는 선물계약의 명세

구분	주가지수선물	3년 국채선물	미국달러선물	돈육선물
기 초 자 산	KOSPI 200지수	표면금리 연 5% 만기 3년 국채	미국달러	돈육대표가격
계 약 금 액	KOSPI 200지수 × 25만원(거래승수)	액면가액 1억원	US $10,000	1,000kg
상 장 결 제 월	3년 이내 7개 결제월	2개 결제월	총 20개 결제월	6개 결제월
가 격 표 시	KOSPI 200선물 수치	액면 100원당 원화	US $1당 원화	원/kg
최소가격변동폭	12,500원 (25만원×0.05)	10,000원 (1억원×0.01)	1,000원 (1만불×0.1원)	5,000원 (1,000kg×5원)
최 종 거 래 일	각 결제월의 두 번째 목요일	최종결제월의 세 번째 화요일	최종결제월의 세 번째 월요일	최종결제월의 세 번째 수요일
최 종 결 제 일	최종거래일의 다음 거래일	최종거래일의 다음 거래일	최종거래일의 3일째 거래일	최종거래일의 3일째 거래일
최종결제방법	현금결제	현금결제	실물결제	현금결제

(2) 일일정산제도

선도거래와 달리 선물거래는 선물시장에서 매일 거래가 이루어지고 선물가격이 변하게 된다. 이와 같이 선물가격이 변화하면 청산소는 선물거래자의 미청산계약(open interest)을 매일 전일 종가와 당일 종가의 차이로 정산하여 손익을 선물거래자의 증거금에 가감하는 제도를 일일정산제도라고 한다.

일일정산이 없다면 선물가격의 불리한 변동이 지속되어 손실이 누적되면 거래당사자의 일방이 계약을 이행하지 않을 위험에 직면한다. 따라서 청산소는 선물계약의 이행을 보증하기 위해 선물거래자의 증거금이 손실을 보전할 수 있는 수준으로 유지되고 있는가를 확인하고자 일일정산제도를 운영한다.

(3) 증거금제도

1) 증거금의 의의

증거금(margin)은 일일정산을 원활하게 하고 선물가격이 불리하게 변동하더라도 선물거래의 결제를 성실히 이행하겠다는 선물계약의 이행을 보증하기 위한 보증금의 성격

으로 선물거래자가 선물중개회사에 예치해야 하는 현금 또는 현금등가물을 말하며 미결
제약정에 대한 손익을 정산하는 수단으로 사용된다.

증거금제도는 실제로 선물가격이 하락하는 경우에는 선물매입자의 계약위반가능성
으로부터 선물매도자를 보호하고, 반대로 선물가격이 상승하는 경우에는 선물매도자의
계약위반가능성으로부터 선물매입자를 보호함으로써 거래상대방의 계약불이행위험을
제거하고 선물거래의 유동성을 확보할 수 있게 된다.

2) 증거금의 종류

증거금은 2단계로 구분된다. 선물거래자는 선물중개회사를 통해 결제회사에 증거금
을 예치하고, 결제회사는 청산소에 증거금을 예치한다. 우리나라는 선물거래자가 선물중
개회사에 예치하는 증거금을 위탁증거금이라고 하고, 선물중개회사가 청산소에 예치하
는 증거금을 매매증거금이라고 한다.

① 위탁증거금

위탁증거금(customer margin)은 선물거래자가 선물중개회사(FCM)에 계좌를 개설한
후에 예치하는 증거금을 말한다. 위탁증거금은 고객이 파생상품 매매주문을 할 때 증권
회사가 고객의 결제이행을 담보하기 위해 징수하며 개시증거금, 유지증거금, 추가증거금
그리고 초과증거금으로 구분된다.

㉠ 개시증거금

개시증거금(initial margin)은 선물거래자가 선물계약을 매입하거나 매도할 경우 자신
의 위탁계좌에 예치해야 하는 증거금을 말한다. 선물거래소는 기초자산의 가격수준, 가
격변동성, 선물거래의 이용목적 등을 감안하여 개시증거금을 결정하는데, 대체로 계약금
액의 5~15% 수준에서 결정된다.

㉡ 유지증거금

선물가격의 변동에 따라 일일정산과정에서 발생하는 모든 입출금은 선물거래자의
위탁계좌를 통해 이루어진다. 선물거래에서는 선물가격의 변동에 따라 발생하는 손익이
매일 일일정산되어 고객의 증거금에 반영되는데, 선물가격이 크게 변동하여 손실액이 증

거금잔액을 초과하면 증거금은 그 기능을 상실한다.

유지증거금(maintenance margin)은 선물계약의 이행을 보증하기 위해 미청산계약 (open interset)의 위탁계좌에서 반드시 유지해야 하는 최소한의 증거금을 말한다. 일반적 으로 유지증거금은 개시증거금의 75~90% 수준에서 결정된다. 예컨대 KOSPI 200선물의 유지증거금은 개시증거금의 2/3인 10%이다.

ⓒ 추가증거금

추가증거금(additional margin)은 선물가격의 불리한 변동으로 손실이 발생하여 증거 금이 유지증거금 이하로 떨어지면, 선물중개회사가 익일 오전까지 증거금을 개시증거금 수준까지 예치하도록 요구할 경우에 선물거래자가 추가로 예치해야 하는 증거금을 말하 며, 변동증거금(variation margin)이라고도 한다.

ⓔ 초과증거금

초과증거금(excess margin)은 선물가격의 유리한 변동으로 이익이 발생하여 증거금잔 고가 개시증거금 수준을 초과하면 선물거래자는 초과분을 언제든지 인출할 수 있는데, 이 인출가능한 금액을 말한다.

ⓜ 매매증거금

매매증거금(member's margin)은 선물거래소의 회원인 선물중개회사가 고객이나 비회 원인 선물중개회사로부터 받은 위탁증거금의 일부를 선물거래의 결제이행을 위해 청산 소에 납부해야 하는 증거금을 말한다.

━━● 예제 12-2 일일정산과 증거금제도

투자자 홍길동은 3월 11일 현재 상품선물시장에서 6월물 옥수수선물 10계약을 부셀당 5,000원에 매입하였다. 옥수수선물 1계약은 5,000부셀이며 개시증거금은 계약금의 10%이 고, 유지증거금은 개시증거금의 80%라고 가정하자. 3월 11일 옥수수선물의 가격은 매입시 점의 가격보다 상승하여 5,200원으로 마감되었다.
3월 12일에는 옥수수선물의 가격이 큰 폭으로 하락하여 4,950원이 되었고, 3월 13일에도 하락하여 4,800원이 되었다. 홍길동은 옥수수선물의 가격이 더 떨어질 것으로 예상하고 3

월 14일 손해를 감수하고 부셸당 4,700원에 10계약을 매도하여 포지션을 청산했다고 가정하여 일일정산과 증거금계정의 변화를 설명하시오.

풀이

먼저 옥수수선물의 계약금액을 계산한 후에 개시증거금과 유지증거금을 산출한다.

계약 금액 : 5,000원×5,000부셸×10계약 = 250,000,000원

개시증거금 : 250,000,000원×0.10 = 25,000,000원

유지증거금 : 25,000,000원×0.80 = 20,000,000원

3월 11일에 선물가격이 매입가격보다 200원 상승하여 선물매입자인 홍길동은 10,000,00원의 이익을 얻게 되어 증거금잔고는 35,000,000원이 된다. 홍길동은 증거금계정에 있는 35,000,000원 중 개시증거금 25,000,000원을 제외한 10,000,000원을 인출할 수도 있다.

$$(5,200원-5,000원)×5000부셸×10계약 = 10,000,000원$$

3월 12일에 선물가격은 전일보다 250원 하락하여 선물매입자인 홍길동은 12,500,00원의 손실을 보게 되어 증거금잔고는 전일의 35,000,000원에서 당일 손실 12,500,000원을 차감한 22,500,000원이 된다. 이때 증거금잔고가 유지증거금을 초과하고 있어 추가로 증거금을 적립할 필요는 없다.

$$(4,950원-5,200원)×5000부셸×10계약 = -12,500,000원$$

3월 13일에 선물가격은 전일보다 150원 하락하여 홍길동은 7,500,000원의 손실을 보게 되어 증거금잔고는 전일의 22,500,000원에서 당일 손실 7,500,000원을 차감한 15,000,000원이 된다. 이때 증거금잔고가 유지증거금 아래로 하락하여 개시증거금과 증거금잔고의 차액인 10,000,000원을 추가로 입금해야 한다.

$$(4,800원-4,950원)×5000부셸×10계약 = -7,500,000원$$

3월 14일에 홍길동은 옥수수선물계약을 부셸당 4,700원에 매도하여 자신이 매입한 포지션을 청산하였다. 이 거래로 홍길동은 전일에 비해 5,000,000원의 손실을 보았다. 따라서 홍길동은 전일의 증거금수준 25,000,000원에서 당일 손실 5,000,000원을 차감한 잔액 20,000,000원을 인출하면 거래는 종결된다.

$$(4,700원-4,800원)×5000부셸×10계약 = -5,000,000원$$

개시증거금은 옥수수선물 계약시 납부할 금액이며, 증거금잔고가 유지증거금 이하로 내려가면 홍길동은 증거금잔고와 개시증거금의 차액만큼을 익일 정오까지 추가로 납부해야 매입포지션을 유지할 수 있다. 일별 선물가격의 변동에 따른 일일정산의 과정은 [표 12-13]과 같이 나타낼 수 있고, 증거금계정의 변화는 [그림 12-9]와 같이 제시할 수 있다.

▍표 12-13 ▍ 일일정산의 과정

날짜	선물가격	선물손익	납부금액	증거금잔고
3월 11일	5,200원	10,000,000원	–	35,000,000원
3월 12일	4,950원	−12,500,000원	–	22,500,000원
3월 13일	4,800원	−7,500,000원	10,000,000원	25,000,000원
3월 14일	4,700원	−5,000,000원	–	20,000,000원

▍그림 12-9 ▍ 증거금계정의 변화

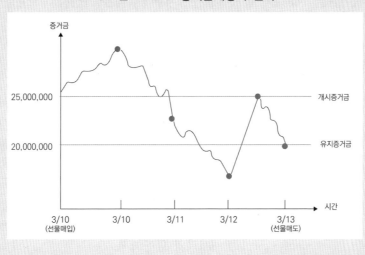

제4절 선물가격의 결정

선물계약은 파생상품이므로 선물계약의 가격은 기초자산의 현물가격과 밀접한 관계를 갖는다. 선물가격과 현물가격간의 관계를 살펴봄으로써 선물가격을 결정할 수 있는데, 이러한 선물가격의 결정모형을 보유비용모형(cost of carry model) 또는 현물−선물 등가이론(spot futures parity theorm)이라고도 한다.

1. 선물가격과 현물가격의 관계

선물거래는 거래대상이 되는 기초자산이 현물시장에서 거래되고 있으므로 선물가격은 현물가격과 연관되어 움직인다. 일반적으로 현물가격이 상승하면 선물가격도 상승하고, 현물가격이 하락하면 선물가격도 하락한다. 이러한 현물가격과 선물가격간의 균형관계는 차익거래에 의해 형성되고 유지된다.

보유비용모형은 선물계약을 매입하는 것과 현물자산을 매입하여 만기일까지 보유하는 것은 동일한 효과를 갖기 때문에 차익거래의 기회가 없는 시장균형상태에서 이론선물가격($F_{0,T}$)은 현물가격(S_0)에 만기일까지 보유비용(CC)은 가산하고 보유수익(CR)은 차감한 값과 동일해야 한다는 모형을 말한다.

현재시점에서 선물계약을 매입하면 만기일에 $F_{0,T}$의 가격을 지불하고 기초자산을 매입하여 만기일에 $F_{0,T}$의 비용을 부담하는 반면에, 현재시점에서 현물자산을 매입하여 만기일까지 보유하면 현물가격과 현물보유에 따른 보유비용을 부담하여 선물가격과 현물가격간에 다음과 같은 등가관계가 성립해야 한다.

$$F_{0,T} = S_0 + CC - CR$$
$$= S[1 + (r-d) \times T/360] \qquad (12.1)$$

$F_{0,T}$: 만기일이 T인 선물계약의 현재가격

S0 : 현재시점의 현물가격

CC : 현물보유에 따른 보유비용

CR : 현물보유에 다른 보유수익

만일 식(12.1)의 관계가 성립하지 않으면 투자자는 선물시장과 현물시장간의 차익거래로 추가적인 투자금액과 위험부담 없이 이익을 얻을 수 있는 차익거래가 발생한다. 차익거래는 실제선물가격이 균형선물가격보다 과대평가 또는 과소평가되었는가에 따라 현물매입차익거래와 현물매도차익거래로 구분된다.

① F 〉 S+CC−CR : 현물매입차익거래(cash & carry arbitrage)

현물매입차익거래는 실제선물가격이 이론선물가격보다 높은 경우 선물의 시장가격이 과대평가되어 과대평가된 선물을 매도하고 과소평가된 현물을 자금을 차입하여 매입

하는 차익거래를 말한다. 차익거래의 과정에서 선물가격은 하락하고 현물가격은 상승하여 균형관계가 다시 회복된다.

② F 〈 S+CC−CR : 현물매도차익거래(reverse cash & carry arbitrage)

현물매도차익거래는 실제선물가격이 이론선물가격보다 낮은 경우 선물의 시장가격이 과소평가되어 과대평가된 현물을 공매하여 자금을 대출하고 과소평가된 선물을 매입하는 차익거래를 말한다. 차익거래의 과정에서 현물가격은 하락하고 선물가격은 상승하여 균형관계가 다시 회복된다.

2. 베이시스의 개념

(1) 베이시스의 정의

베이시스(basis)는 특정 장소에서 거래되는 특정 상품의 현물가격과 선물가격간의 차이 또는 선물가격과 현물가격간의 차이를 말하며 현물가격이 선물가격과 어떤 관계를 가지고 움직이는가를 나타내는 척도로 사용된다. 여기서는 실무와 일관성을 유지하기 위해 후자의 방법을 사용한다.

$$\text{베이시스}(B) \ = \ \text{선물가격}(F) \ - \ \text{현물가격}(S) \tag{12.2}$$

상품선물은 선물가격이 현물가격보다 높게 형성되어 베이시스가 정(+)의 값을 갖는데, 이러한 현상을 콘탱고(contango)라고 한다. 금융선물은 보유비용보다 보유수익이 더 크면 선물가격이 현물가격보다 낮게 형성되어 베이시스가 부(−)의 값을 갖는데, 이러한 현상을 백워데이션(backwardation)이라고 한다.

┃표 12-14┃ 정상시장과 역조시장

구 분	정상시장	역조시장
명 칭	콘탱고(contango)	백워데이션(backwardation)
가 격	선물가격 > 현물가격	선물가격 < 현물가격
보유비용	정(+)	부(−)
베이시스	정(+)	부(−)

▌그림 12-10▌ 베이시스와 인도일 수렴현상

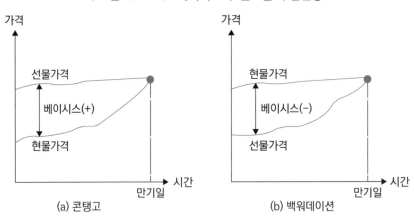

(a) 콘탱고   (b) 백워데이션

동일한 상품이 선물시장과 현물시장에서 거래되면 선물가격과 현물가격간에는 밀접한 관계가 있을 것이다. 베이시스는 만기까지 기간이 길수록 확대되고 만기일에 근접하면 축소되어 만기일에는 0이 되는데, 선물가격이 만기일에 가까워짐에 따라 현물가격에 수렴하는 현상을 인도일 수렴현상(convergence)이라고 한다.

(2) 베이시스의 위험

선물의 만기일 이전에는 선물가격과 현물가격이 계속해서 변동하게 되고 선물가격과 현물가격의 변동이 정확히 일치하지 않기 때문에 베이시스는 0이 되지 않으며 계속해서 변화하게 된다. 그러나 선물의 만기일이 다가올수록 선물가격은 현물가격에 수렴하게 되어 만기일에는 현물가격과 일치하게 된다.

따라서 베이시스는 만기일에 접근할수록 감소하여 만기일에는 0이 된다. 베이시스 위험은 베이시스의 변동에 따라 선물거래자의 손익이 달라지는 위험을 말한다. 베이시스의 변동폭은 선물가격과 현물가격의 변동폭에 비해 적게 변화하여 헤지거래는 가격변동위험을 베이시스위험으로 대체하는 것이다.

개시베이시스는 선물을 거래할 경우 선물가격과 현물가격의 차이를 말하고, 커버베이시스는 선물을 청산할 때 선물가격과 현물가격의 차이를 말한다. 선물거래의 계약시점부터 청산시점까지 선물가격의 변동과 현물가격의 변동이 동일하면 개시베이시스와 커버베이시스가 일치하여 완전헤지가 달성된다.

(3) 베이시스를 이용한 투기거래

베이시스가 확대되면 콘탱고에서 현물은 매도하고 선물은 매입하며, 백워데이션에서 현물은 매입하고 선물을 매도하면 베이시스 변동만큼의 이익을 얻을 수 있다. 베이시스가 축소되면 콘탱고에서 현물은 매입하고 선물은 매도하며, 백워데이션에서 현물은 매도하고 선물을 매입하면 베이시스 변동만큼의 이익을 얻을 수 있다.

┃ 표 12-15 ┃ 베이시스의 변화에 따른 손익

구분	베이시스	매입헤지	매도헤지
콘탱고 (선물가격＞현물가격)	축소	순손실	순이익
	확대	순이익	순손실
백워데이션 (선물가격＜현물가격)	축소	순이익	순손실
	확대	순손실	순이익

3. 스프레드의 개념

(1) 스프레드의 정의

스프레드(spread)는 조건이 서로 다른 선물계약간의 가격차이를 말한다. 그리고스프레드거래는 스프레드의 변동을 예상하여 과대평가된 선물은 매도하고 과소평가된 선물은 매입하는 전략을 말한다. 스프레드거래에 따른 손익은 매도포지션과 매입포지션의 상대적인 크기에 따라 결정된다.

$$스프레드(S) \ = \ 원월물가격(F_2) \ - \ 근월물가격(F_1) \tag{12.3}$$

(2) 스프레드의 종류

① 만기간 스프레드

만기간 스프레드는 동일한 거래소에서 거래되는 기초자산은 동일하지만 만기가 서로 다른 선물계약간의 가격차이를 말하며 캘린더 스프레드(calendar spread)라고도 한다. 예컨대 한국거래소(KRX)에서 거래되는 KOSPI 200선물 6월물은 매입하고, 9월물은 매도한 경우가 만기간 스프레드 포지션에 해당한다.

만기간 스프레드에서 만기가 가까운 선물은 근월물(nearby futures)이라 하고, 만기가 먼 선물은 원월물(distant futures)이라고 한다. 보유비용모형을 이용할 경우에 원월물가격은 근월물가격에 보유비용은 가산하고 보유수익은 차감하여 결정된다. 만기간 스프레드는 강세스프레드와 약세스프레드로 구분된다.

㉠ 강세스프레드

강세스프레드(bull spread)는 근월물가격이 원월물가격에 비해 더 상승할 것으로 예상하여 근월물을 매입하고 원월물을 매도하는 전략을 말한다. 강세장에서는 초과수요가 존재하여 근월물가격이 원월물가격보다 더 크게 상승하므로 강세장이 예상되면 강세스프레드를 구성한다.

㉡ 약세스프레드

약세스프레드(bear spread)는 근월물가격이 원월물가격에 비해 더 하락할 것으로 예상하여 근월물을 매도하고 원월물을 매입하는 전략을 말한다. 약세장에서는 초과공급이 존재하여 근월물가격이 원월물가격보다 더 크게 하락하므로 약세장이 예상되면 약세스프레드를 구성한다.

② 상품간 스프레드

상품간 스프레드는 동일한 거래소에서 거래되는 만기는 동일하지만 기초자산이 서로 다른 선물계약간의 가격차이를 말한다. 예컨대 뉴욕상업거래소(NYMEX)에서 거래되는 6월물 금선물은 매입하고, 6월물 은선물은 매도하여 스프레드 포지션을 취한 경우가 상품간 스프레드 포지션에 해당한다.

③ 시장간 스프레드

시장간 스프레드는 상품간 스프레드의 변형으로 만기와 기초자산은 동일하지만 서로 다른 선물시장에서 거래되는 선물계약간의 가격차이를 말한다. 예컨대 6월물 미국달러선물을 미국 시장에서는 매입하고 한국거래소(KRX) 시장에서는 매도하여 스프레드 포지션을 취한 경우가 시장간 스프레드 포지션에 해당한다.

(3) 스프레드를 이용한 투기거래

스프레드를 이용한 투기거래도 베이시스를 이용한 투기거래처럼 선물가격 자체가 아니라 두 선물가격의 상대적 가격차이를 이용하여 투기거래를 하는 것을 말한다. 스프레드의 축소(확대)가 예상되는 경우에 근월물을 매입(매도)하고 원월물을 매도(매입)하면 스프레드 변동만큼의 이익을 얻을 수 있다.

▌표 12-16▐ 스프레드의 변화에 따른 손익

구분	매입스프레드거래	매도스프레드거래
스프레드 확대	이익	손실
스프레드 축소	손실	이익

4. 선물가격과 기대현물가격의 관계

보유비용모형은 현재의 선물가격과 현재의 현물가격간의 관계를 나타낸다. 여기서는 현재의 선물가격이 미래의 기대현물가격과 어떠한 관계를 갖는지에 대해 살펴보고자 한다. 현재의 선물가격과 미래의 기대현물가격의 관계를 설명하는 이론은 크게 순수기대가설과 위험프리미엄가설로 구분된다.

(1) $F_{0,T} = E(S_T)$: 순수기대가설

선물계약은 만기일에 현물을 인수도할 것을 계약한 것이므로 현재의 선물가격은 현재시점에서 형성되는 만기일의 기대현물가격과 일치해야 한다고 주장한다. 미래의 불확실성으로 만기일의 실제현물가격이 기대현물가격과 달라질 가능성이 있는데 위험중립형 투자자들은 현물가격변동에 대한 보상을 요구하지 않는다.

(2) 위험프리미엄가설

현재의 선물가격과 만기일의 기대현물가격간의 차이가 존재하는 이유는 헤지거래자가 가격변동위험을 헤지하는 대가로 투기거래자에게 지급하는 위험프리미엄 때문이라고 주장한다.

① $F_{0,T} < E(S_T)$: 백워데이션가설

현재의 선물가격은 만기일의 기대현물가격보다 낮게 형성되었다가 만기일에 근접할수록 선물가격이 상승하여 만기일에는 인도일 수렴현상에 의해서 선물가격이 기대현물가격과 일치한다는 가설을 말한다. 현물시장에서 매입포지션에 있는 헤지거래자가 가격하락위험을 헤지하려면 선물시장에서 매도포지션을 취해야 한다.

이때 투기거래자들이 매입포지션을 취하도록 유인하기 위해 선물가격은 만기일의 기대현물가격보다 낮아야 한다는 것이다. 따라서 기대현물가격과 선물가격간의 차이는 현물시장에서 매입포지션에 있는 헤지거래자가 가격하락위험을 헤지하는 대가로 투기거래자에게 지급하는 위험프리미엄이라고 할 수 있다.

② $F_{0,T} > E(S_T)$: 콘탱고가설

현재의 선물가격이 만기일의 기대현물가격보다 높게 형성되었다가 만기일에 근접할수록 선물가격이 하락하여 만기일에는 인도일 수렴현상에 의해서 선물가격이 기대현물가격과 일치한다는 가설을 말한다. 현물시장에서 매도포지션에 있는 헤지거래자가 가격상승위험을 헤지하려면 선물시장에서 매입포지션을 취해야 한다.

이때 투기거래자들이 매도포지션을 취하도록 유인하기 위해 선물가격은 만기일의 기대현물가격보다 높아야 한다는 것이다. 따라서 선물가격과 기대현물가격간의 차이는 현물시장에서 매도포지션에 있는 헤지거래자가 가격상승위험을 헤지하는 대가로 투기거래자에게 지급하는 위험프리미엄이라고 할 수 있다.

▌그림 12-11▐ 선물가격과 기대현물가격의 관계

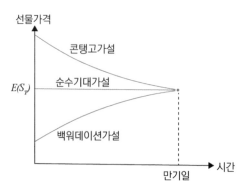

(3) 선물가격과 위험프리미엄

자산의 가격이 자본자산가격결정모형(CAPM)에 의해 결정되고, 선물가격이 보유비용모형에 따른 현물-선물 등가이론에 의해 결정되며, 기초자산의 보유에 따른 보유비용과 보유수익이 발생하지 않는다면 선물가격과 기대현물가격간의 관계는 자본자산가격결정모형(CAPM)을 이용하여 설명할 수도 있다.

자산의 위험을 적절히 반영한 기대수익률이 자본자산가격결정모형(CAPM)에 의해 결정된다고 가정하면, T시점의 기대현물가격이 $E(S_T)$인 개별자산 i의 현재 현물가격(S_0)은 다음과 같이 구할 수 있다.

$$S_0 = \frac{E(S_T)}{[1+E(R_i)]^T} \tag{12.4}$$

식(12.4)에서 $E(R_i)$는 CAPM을 이용하여 다음과 같이 구할 수 있다.

$$E(R_i) = R_f + [E(R_m) - R_f]\beta_i \tag{12.5}$$

선물의 만기일까지 보유비용과 보유수익이 없다고 가정하면 현재의 현물가격은 다음과 같이 나타낼 수 있다.

$$S_0 = \frac{F_{0,T}}{(1+R_f)^T} \tag{12.6}$$

식(12.4)를 식(12.6)에 대입하며 정리하면 선물가격은 만기일의 기대현물가격과 다음의 관계를 갖는다.

$$F_{0,T} = E(S_T)[\frac{1+R_f}{1+E(R_i)}]^T \tag{12.7}$$

식(12.7)에서 선물가격과 기대현물가격간의 관계는 기초자산의 체계적 위험(β_i)의 부호에 따라 다음과 같이 달라진다는 것을 알 수 있다. 현실적으로 체계적 위험이 0 또는 음(−)인 자산은 거의 존재하지 않는다. 따라서 CAPM에 의하면 대부분의 자산에 대한 선물에서 정상적 백워데이션가설이 성립한다.

첫째, $\beta_i = 0$이면 $R_f = E(R_i)$이므로 $F_{0,T} = E(S_T)$가 되어 순수기대가설이 성립한다. 따라서 선물매입자는 위험프리미엄을 요구하지 않고, 선물매도자도 위험프리미엄을 요구하지 않는다.

둘째, $\beta_i > 0$이면 $R_f < E(R_i)$이므로 $F_{0,T} < E(S_T)$가 되어 백워데이션가설이 성립한다. 따라서 매도헤지거래자는 가격하락위험을 헤지하는 대신에 $E(S_T) - F_{0,T}$의 위험프리미엄을 부담하고, 매입투기거래자는 가격하락위험을 감수하는 대가로 만기일까지 선물가격이 상승할 경우에 $E(S_T) - F_{0,T}$의 위험프리미엄을 받는다.

셋째, $\beta_i < 0$이면 $R_f > E(R_i)$이므로 $F_{0,T} > E(S_T)$가 되어 콘탱고가설이 성립한다. 따라서 매도헤지거래자는 가격하락위험을 헤지하는 대신에 $F_{0,T} - E(S_T)$의 위험프리미엄을 부담하고, 매입투기거래자는 가격하락위험을 감수하는 대가로 만기일까지 선물가격이 상승할 경우에 $F_{0,T} - E(S_T)$의 위험프리미엄을 받는다.

제1절 파생상품의 개요

1. 파생상품의 정의 : 기초자산의 가치에서 그 가치가 파생되어 나온 상품

2. 파생상품의 기능 : 역기능, 순기능

3. 파생상품 관련 위험 : 신용위험, 시장위험, 유동성위험, 법적위험, 결제위험, 운영위험, 시스템위험

4. 파생상품의 분류 : 선도, 선물, 옵션, 스왑

5. 파생상품의 목적 : 헤지거래, 투기거래, 차익거래, 스프레드거래

6. 파생상품의 특징 : 표준화된 계약, 청산소의 결제, 결제의 안정화

7. 국내파생상품시장

(1) 주가지수상품 : 코스피 200선물, 코스피 200옵션, 코스닥 150선물 등

(2) 개별주식상품 : 주식선물, 주식옵션

(3) 변동성지수상품 : 코스피 200변동성지수선물

(4) ETF상품 : ARIRANG 고배당주, KODEX 삼성그룹주, TIGER 헬스케어

(5) 금리상품 : 3년 국채선물, 5년 국채선물, 10년 국채선물

(6) 통화상품 : 미국달러선물, 미국달러옵션, 엔선물, 유로선물, 위안선물

(7) 일반상품 : 금선물, 돈육선물

제2절 선물거래의 개요

1. 선물거래의 정의 : 기초자산을 약정한 선물가격으로 매매하기로 체결한 계약

2. 선물거래의 종류 : 기초자산의 종류에 따라 상품선물과 금융선물로 구분

① 상품선물 : 기초자산이 실물상품(농산물, 축산물, 귀금속, 비철금속, 에너지 등)

② 금융선물 : 기초자산이 금융상품(개별주식, 주가지수, 금리, 통화 등)

3. 선물거래의 손익

① 선물매입자 : 청산일의 현물가격이 체결일 선물가격보다 상승하면 이익이 발생

② 선물매도자 : 청산일의 현물가격이 체결일 선물가격보다 하락하면 이익이 발생

4. 선물거래의 목적 : 헤지거래, 투기거래, 차익거래, 스프레드거래

5. 선물거래의 기능 : 가격예시, 위험이전, 자원배분, 자본형성, 유동성 증가

제3절 선물시장의 구성

1. 선물시장의 조직 : 선물거래소, 청산소, 선물중개회사, 선물거래자

2. 선물시장의 운용 : 계약의 표준화, 일일정산제도, 증거금제도, 가격안정화제도

제4절 선물가격의 결정

1. 선물가격과 현물가격의 관계 : $F_{0,T} = S0 + CC - CR$

2. 선물가격과 선물가격의 관계 : $F_{0,T2} = F_{0,T1}(1 + r_{T1,T2}) + C_{T1,T2} - D_{T1,T2}$

3. 베이시스의 정의 : 베이시스(B) = 선물가격(F) − 현물가격(S)

4. 스프레드의 정의 : 스프레드(S) = 원월물가격(F_2) − 근월물가격(F_1)

5. 선물가격과 기대현물가격의 관계

① $F_{0,T} = E(S_T)$: 순수기대가설

② $F_{0,T} < E(S_T)$: 백워데이션가설

③ $F_{0,T} > E(S_T)$: 콘탱고가설

1. 다음 중 선물거래와 선도거래에 대한 설명으로 옳지 않은 것은?

① 선물거래에서는 거래상대방의 신용을 고려할 필요가 없지만, 선도거래에서는 상대방의 신용을 고려해야 한다.

② 선물거래에서는 가격제한폭이 적용되지만, 선도거래에서는 가격제한폭이 없다.

③ 선물거래의 참여자는 헤지거래자, 투기거래자, 차익거래자 등으로 다양한 반면 선도거래의 참여자는 실수요자 중심으로 이루어진다.

④ 선물거래는 선도거래에 비해 시장의 유동성이 높고 가격조작의 가능성이 적다.

⑤ 선도거래는 선물거래와 달리 거래당사자가 계약을 반드시 이행해야 할 의무가 없다.

| 해설 | 선도거래와 선물거래 모두 거래당사자가 계약을 반드시 이행해야 할 의무가 있다. 다만 선도거래는 직접거래이기 때문에 계약불이행의 위험이 많이 존재한다.

2. 다음 중 선물거래에 대한 설명으로 적절하지 않은 것은?

① 선물거래는 계약이행을 보증하기 위해 일일정산제도와 증거금제도가 있다.

② 선물가격은 인도일에 다수의 매입자와 매도자가 시장경쟁을 통해 결정된다.

③ 선물거래는 옵션과 달리 만기일에 불리한 경우라도 반드시 계약을 이행해야 할 의무를 부담한다.

④ 선물거래는 옵션과 마찬가지로 반대매매를 통해 포지션을 청산할 수 있다.

⑤ 옵션매입자는 옵션가격을 지불하지만, 선물매입자는 증거금만 납부할 뿐 별도의 대가 수수는 없다.

| 해설 | 선물가격은 계약이 체결될 때 다수의 매입자와 매도자가 시장경쟁을 통한 공개호가방식으로 결정된다.

3. 다음 중 선물거래에 대한 설명으로 옳은 것은?

① 선물거래의 대부분은 만기일에 실제 실물의 인수도로 포지션이 청산된다.

② 선물거래는 현물거래에 비해 매매방법이 간단하다.

③ 선물매도자는 기초자산가격이 선물가격보다 높으면 이익을 얻고, 선물매입자는 반대의 경우가 되면 이익을 얻는다.

④ 선물거래는 제로섬(zero-sum)게임에 해당한다.

⑤ 선물거래는 거래상대방에 대한 신용이 거래의 이행에 중요한 역할을 한다.

| 해설 | ① 선물거래는 대부분의 경우 반대매매를 통해 포지션이 청산된다.
② 선물거래는 공식적인 시장에서 이루어지므로 현물거래에 비해 매매방법이 복잡하다.
③ 선물매도자는 기초자산가격이 선물가격보다 하락하면 이익을 얻고, 선물매입자는 반대가 된다.
⑤ 직접거래의 형태인 선도거래에서 거래상대방의 신용은 중요하다.

4. 다음 중 선물거래에 대한 설명으로 적절하지 않은 것은?

① 정상시장에서 선물가격은 현물가격보다 높게 형성된다.

② 특정자산의 선물계약에서 원월물의 선물가격이 근월물의 선물가격보다 높다.

③ 상품선물은 콘탱고(contango)가 일반적이다.

④ 상품선물에서 일시적으로 공급이 수요를 초과하면 백워데이션이 발생한다.

⑤ 선물만기일에는 항상 베이시스가 0이 되며, 선물가격과 현물가격은 일치한다.

┃ 해설 ┃ 수요가 공급을 초과할 경우에 백워데이션이 발생할 수 있다.

5. 다음 중 한국거래소에서 거래되는 선물계약의 설명으로 옳지 않은 것은?

① 선물거래는 만기일에 결제위험이 없다.

② 선물거래는 일일정산을 통해 증거금이 관리된다.

③ 경쟁매매방식을 통해 선물거래가 이루어진다.

④ 상품이 표준화되어 있어 선도거래에 비해 헤지거래에 적합하다.

┃ 해설 ┃ 장내 선물거래는 상품이 표준화되어 있는 반면에 장외 선도거래는 고객의 수요에 따라 상품의 조건을 맞출 수 있어 기초자산의 가격변동위험을 회피하려는 헤지거래를 위해서는 장외 선도거래가 더 적합하다.

6. 다음 중 장외파생상품에 해당하지 않은 것은?

① 차액결제 선물환(NDF)　　　　② 선도금리계약(FRA)

③ 선물환　　　　　　　　　　　④ 통화선물

┃ 해설 ┃ ① NDF는 선물환계약의 일종으로, 만기에 계약원금의 교환없이 계약 선물환율과 현물환율 (지정환율)간의 차이만을 계약시점에 약속한 지정통화로 결제하는 파생금융상품을 말한다.

② FRA는 미래의 일정시점으로부터 일정기일까지의 기산에 적용될 이자율을 계약 시점에서 고정시키는 계약을 말한다.

③ 선물환은 장래의 일정기일 또는 기간내에 일정금액, 일정종류의 외환을 일정 환율로써 수도할 것이 약정된 외환을 말하고, 이러한 약정을 선물환계약이라 한다.

7. 다음 중 장외파생상품에 대한 설명으로 옳지 않은 것은?

① 장내파생상품에 비해 유동성이 적다.

② 계약불이행위험이 존재한다.

③ 장내파생상품에 비해 규제가 심하지 않다.

④ 만기일 이전에 반대매매를 통해 포지션을 청산하는 것이 자유롭다.

| 해설 | 장외파생상품의 하나인 선도거래는 거래당사자간의 직접거래로 계약의 불이행과 관련된 신용위험을 거래당사자가 부담해야 하고 대부분 만기일에 결제가 이루어진다.

8. 다음 중 선물거래의 최종결제방법이 다른 상품은?

① 주식선물   ② 돈육선물

③ 통화선물   ④ 국채선물

| 해설 | 선물거래의 결제방법에는 청산시점과 계약시점의 선물가격의 차이만큼을 현금으로 정산하는 현금결제방식과 선물의 만기일에 현물을 인수도하는 실물인수도방식이 있다.

결제방법	대상품목
현금결제	· KOSPI 200선물, KOSDAQ 150선물, 주식선물, KOSPI200옵션, 주식옵션 · 금리선물, 돈육선물, 금선물, 미국달러옵션
실물인수도	· 통화선물(미국달러선물, 엔선물, 유로선물, 위안선물)

9. 다음 중 실물인수도방식으로 최종결제되는 상품이 아닌 것은?

① 미달러옵션   ② 돈육선물

③ 유로화선물   ④ 위안선물

| 해설 | 한국거래소에 상장되어 있는 상품 가운데 실물인수도방식으로 결제되는 상품은 통화선물뿐이고 나머지 상품은 현금결제방식으로 포지션이 청산된다.

10. 한국거래소가 선물계약의 이행을 보증하고 결제가 이루어지도록 마련하고 있는 제도적 장치와 관련이 없는 것은?

① 일일정산제도   ② 증거금제도

③ 청산소   ④ 가격제한폭제도

| 해설 | 가격제한폭제도, 상품의 표준화는 결제불이행을 방지하기 위한 제도적 장치와 관련이 없다.

11. 다음 중 한국거래소에 상장되어 있는 상품끼리 묶여 있지 않은 것은?

① 3년 국채선물, 돈육선물, 금선물   ② 코스피 200선물, 금선물, 엔옵션

③ 10년 국채선물, 유로선물, 엔선물   ④ 미달러옵션, 위안선물, 금선물

| 해설 | 한국거래소에 상장되어 있는 상품은 다음과 같다.

구분	선물	옵션
주식상품	주식, 코스피 200지수, 코스닥 150지수	주식, 코스피200지수
금리상품	3년국채, 5년국채, 10년국채	
환율상품	미달러, 유로, 엔, 위안	미달러
일반상품	돈육, 금	

12. 2022년 3월 18일 현재 KOSPI 200선물의 시가는 280.25포인트이다. 투자자 홍길동이 종가인 280포인트에 KOSPI 200선물 2계약을 매입할 경우 선물거래대금과 개시증거금은 얼마인가?

	선물거래대금	개시증거금
①	140,000,000원	21,000,000원
②	140,000,000원	14,000,000원
③	280,000,000원	28,000,000원
④	280,000,000원	42,000,000원

| 해설 | 거래대금을 계산할 때 KOSPI 200선물과 KOSPI 200옵션은 1포인트에 25만원을 곱한다. 따라서 선물거래대금은 280×250,000×2 = 140,000,000원이다. KOSPI 200선물에서 개시증거금은 선물거래대금의 15%, 유지증거금은 선물거래대금의 10%이다.

13. 다음 중 선물거래의 경제적 기능에 대한 설명으로 옳지 않은 것은?

① 헤지거래자는 기초자산의 가격변동위험을 투기거래자에게 전가할 수 있다.

② 표준화된 선물거래는 현물시장의 안정성과 유동성을 제고한다.

③ 투기거래자의 거래과열로 자원배분의 왜곡이 발생한다.

④ 선물가격은 다양한 시장참가자들의 예측을 반영하여 결정되기 때문에 미래의 현물가격에 대한 예시기능을 수행한다.

| 해설 | 선물가격은 현물시장의 수급에 관한 각종 정보를 집약하고 있어 특정 상품의 시간적 배분기능을 통해 자원배분의 효율성을 증대시킬 수 있다.

14. 다음 중 헤지거래에 대한 설명으로 옳지 않은 것은?

① 헤지거래는 현물가격과 선물가격이 동일하게 움직일 때 효과가 크게 나타난다.

② 고정금리 채권자는 금리상승위험에 노출되어 있어 금리선물을 매도한다.

③ 수입업자는 환율이 상승하는 경우에 손실이 발생하여 통화선물을 매입한다.

④ 금 보유자가 가격하락에 대비하여 금선물을 매도하는 것은 매입헤지이다.

| 해설 | 매도헤지는 현물시장에서 매입포지션에 있는 투자자가 현물자산의 가격이 하락할 것으로 예상될 경우 선물시장에서 매도포지션을 취하여 가격하락위험을 회피하는 전략이다.

15. 다음 중 선물가격과 현물가격간의 완전헤지가 되기 위한 조건은?

① 선물가격과 현물가격간에 완전한 정(+)의 상관관계가 존재해야 한다.

② 미래에 채권을 구입하고자 할 때 이자율의 하락이 예상되어야 한다.

③ 미래 현물시장에서 금리가 하락할 것을 예상하여 현물시장에서 채권의 매입포지션을 취했을 경우 선물을 매도하는 포지션을 취해야 한다.

④ 선물가격과 현물가격간에 완전한 부(−)의 상관관계가 존재해야 한다.

⑤ 채권가격의 상승시 현물시장에서 채권의 매도포지션을 취했을 경우 선물을 매입하는 포지션을 취해야 한다.

| 해설 | 완전헤지가 달성되려면 헤지대상이 되는 현물자산과 헤지수단으로 이용하는 선물계약의 기초자산이 동일하고, 계약일부터 청산일까지 베이시스가 일정하며, 현물가격과 선물가격간의 상관계수가 1인 경우에만 가능하다.

16. 다음 중 차익거래에 대한 설명으로 옳지 않은 것은?

① 매도차익거래는 선물만기일에 주가지수를 상승시키는 요인으로 작용한다.

② 공매도에 대한 제약은 차익거래 불가능영역의 하한선에 영향을 미친다.

③ 실제선물가격이 이론선물가격보다 낮으면 매수차익거래의 기회가 발생한다.

④ 현물시장의 거래비용이 증가할수록 차익거래 불가능영역이 확대된다.

| 해설 | 실제선물가격이 이론선물가격보다 낮으면 과대평가된 현물을 공매하여 대금을 대출하고 과소평가된 선물을 매입하는 현물매도차익거래가 발생한다.

17. 보유비용모형에 의한 KOSPI 200선물의 이론가격이 282포인트이고 실제선물가격이 280포인트라면 어떤 차익거래가 가능한가?

① 매입차익거래, 자금차입+현물매입+선물매도

② 매입차익거래, 현물매도+자금대출+선물매입

③ 매도차익거래, 자금차입+현물매도+선물매입

④ 매도차익거래, 현물매도+자금대출+선물매입

| 해설 | 선물의 시장가격이 이론가격보다 낮아 과소평가된 선물은 매입하고 과대평가된 현물은 공매하여 대금을 대출하는 매도차익거래가 가능하다.

18. 보유비용모형에 의한 KOSPI 200선물의 이론가격이 278포인트이고 실제선물가격이 280포인트라면 어떤 차익거래가 가능한가?

① 매입차익거래, 자금차입+현물매입+선물매도

② 매입차익거래, 현물매도+자금대출+선물매입

③ 매도차익거래, 자금차입+현물매도+선물매입

④ 매도차익거래, 현물매도+자금대출+선물매입

| 해설 | 선물의 시장가격이 이론가격보다 높아 과소평가된 현물은 자금을 차입하여 매입하고 과대평가된 선물은 매도하는 매입차익거래가 가능하다.

19. 일반투자자 홍길동이 향후 기초자산의 가격하락을 우려하여 매도헤지를 실행하는 경우에 이익을 보는 경우가 아닌 것은?

① 선물가격의 상승이 현물가격의 상승보다 큰 경우

② 선물가격은 불변이고 현물가격의 상승이 큰 경우

③ 선물가격의 하락이 현물가격의 하락보다 큰 경우

④ 베이시스가 축소되는 경우

| 해설 | 매도헤지는 현물을 매입하고 선물을 매도하는 거래를 말한다. 따라서 현물가격이 선물가격보다 많이 상승하여 베이시스가 축소되어야 이익이 발생한다.

20. 다음 중 선물가격의 결정과 관련된 설명으로 옳지 않은 것은?

① 정상시장에서는 선물가격이 현물가격보다 높다.

② 역조시장에서는 현물가격이 선물가격보다 높다.

③ 정상시장을 백워데이션이라고 한다.

④ 선물가격은 현물가격에 보유비용은 가산하고 보유수익은 차감하여 계산한다.

| 해설 | 선물가격이 현물가격보다 높은 정상시장을 콘탱고(contango), 선물가격이 현물가격보다 낮은 역조시장을 백워데이션(backwardation)이라고 한다.

옵션시장

옵션은 현물이나 선물과 달리 다양한 결합이 가능하여 독특한 투자전략을 구사할 수 있고 선도나 선물과 차이가 있다. 옵션은 소유자에게 어떤 행동을 할 수 있는 권리를 부여하나, 소유자가 그 권리를 반드시 행사할 필요는 없다. 반면에 선도나 선물에서 거래당사자들은 어떤 행동을 수행해야 할 의무를 갖는다.

제1절   옵션거래의 개요

1. 옵션거래의 정의

옵션(option)은 미래의 특정시점 또는 그 이전에 미리 정해진 가격으로 옵션거래의 대상인 특정자산을 매입하거나 매도할 수 있는 권리가 부여된 증권을 말한다. 여기서 미래의 특정시점은 옵션의 최종거래일을 말하고 미리 정해진 가격을 행사가격이라고 하며, 특정자산은 기초자산을 의미한다.

(1) 기초자산

기초자산(underlying asset)은 옵션거래의 대상이 되는 특정자산을 말한다. 옵션의 기초자산이 농산물, 축산물, 에너지, 귀금속, 비철금속과 같은 일반상품을 대상으로 하면 상품옵션이라고 하고, 기초자산이 개별주식, 주가지수, 통화, 금리와 같은 금융상품을 대상으로 하면 금융옵션이라고 한다.

(2) 최종거래일

옵션은 권리를 행사할 수 있는 최종거래일이 정해져 있다. 옵션매입자가 옵션에 부여되어 있는 권리를 행사할 수 있는 마지막 날을 최종거래일 또는 만기일(maturity)이라고 한다. 따라서 옵션매입자가 옵션의 최종거래일까지 권리를 행사하지 않으면 옵션매도자의 의무는 자동으로 소멸된다.

(3) 행사가격

옵션은 권리를 행사하여 기초자산을 매입하거나 매도할 수 있는 가격이 현재시점에 정해져 있다. 행사가격(exercise price)은 만기일 또는 그 이전에 권리를 행사할 때 적용되는 가격을 말한다. 그리고 행사가격은 기초자산의 시장가격을 기준으로 내가격옵션, 등가격옵션, 외가격옵션으로 설정된다.

(4) 옵션가격

옵션은 매입자에게 권리가 부여되고 매도자에게 의무가 수반된다. 즉 옵션은 매도자가 매입자에게 기초자산을 매입하거나 매도할 수 있는 권리를 부여한다. 따라서 옵션 매입자가 선택권을 갖는 대가로 옵션매도자에게 지불하는 금액을 옵션가격 또는 옵션프리미엄(option premium)이라고 한다.

┃그림 13-1┃ 옵션거래의 구조

권리부여

옵션매도자
(옵션발행자)

옵션매입자
(옵션소유자)

(의무이행 또는 의무소멸)　　　대가지급　　　(권리행사 또는 권리포기)

2. 옵션거래의 특징

(1) 옵션거래자

① 옵션매도자

옵션매도자(option seller)는 옵션매입자로부터 옵션프리미엄을 지급받는 대신 매입자가 권리를 행사하면 의무를 이행해야 하며 옵션발행자(option writer)라고도 한다. 즉 콜옵션매입자가 권리를 행사하면 기초자산을 행사가격에 매도하고, 풋옵션매입자가 권리를 행사하면 기초자산을 행사가격에 매입해야 한다.

② 옵션매입자

옵션매입자(option buyer)는 옵션매도자에게 옵션가격을 지불하는 대신 기초자산을 행사가격에 매입하거나 매도할 수 있는 권리를 소유하여 옵션소유자(option holder)라고도 한다. 즉 기초자산의 가격과 행사가격을 비교하여 유리한 경우에는 권리를 행사하고 불리한 경우에는 권리의 행사를 포기할 수 있다.

(2) 옵션거래의 청산

옵션거래는 옵션매입자가 유리한 상황에서 권리를 행사하고 옵션매도자가 의무를 이행하는 경우, 옵션매입자가 불리한 상황에서 권리의 행사를 포기하여 옵션매도자의 의무가 소멸하는 경우 그리고 최종거래일 이전에 반대매매에 의해 옵션거래를 청산하는 경우에 권리와 의무관계가 소멸된다.[1]

(3) 조건부청구권

옵션의 행사가격과 최종거래일은 사전에 정해져 있다. 옵션은 기초자산의 가격에 따라 옵션의 가치가 결정되고 옵션매입자의 권리행사여부가 결정되는 조건부청구권(contingent claim)의 성격을 갖는다.

(4) 비대칭 손익구조

현물과 선물은 기초자산의 가격이 상승하거나 하락할 경우에 동일한 크기로 손익이 발생하여 대칭적인 손익구조를 갖는다. 그러나 옵션은 서로 다른 크기로 손익이 발생하여 비대칭적인 손익구조를 갖는다.

(5) 제로섬게임

옵션은 선물과 마찬가지로 거래당사자 중 어느 한쪽이 이익을 얻게 되면 다른 한쪽은 그만큼의 손실을 보게 된다. 따라서 옵션거래 당사자의 손익을 합산하면 항상 0이 되는 영합게임(zero sum game)이다.

(6) 가치소모성자산

옵션가격은 내재가치와 시간가치로 구성된다. 시간가치는 만기일까지 잔존기간이 길수록 크지만 만기일에 근접할수록 감소하다가 만기일에는 시간가치가 소멸하는 소모성자산(decaying asset)이라고 할 수 있다.

---

[1] 선도, 선물, 스왑은 거래당사자 모두에게 권리와 의무를 부여하지만 옵션은 매입자에게 권리만 부여하고 의무는 부여하지 않는다는 점에서 차이가 있다.

(7) 기초자산 발행기업과 무관

옵션거래는 기초자산을 발행하는 기업과 관계없이 투자자들 상호간에 이루어지는 거래에 해당한다. 따라서 옵션거래는 기초자산을 발행한 기업의 기업가치나 기초자산의 가격에 직접적으로 영향을 미치지 않는다.

3. 옵션거래의 종류

(1) 권리의 내용

콜옵션(call option)은 옵션의 거래대상인 기초자산을 행사가격에 매입할 수 있는 권리가 부여된 옵션을 말한다. 풋옵션(put option)은 옵션의 거래대상인 기초지산을 행사가격에 매도할 수 있는 권리가 부여된 옵션을 말한다.

(2) 권리의 행사시기

유럽형옵션(European option)은 옵션의 만기일에만 권리를 행사할 수 있는 옵션을 말한다. 반면에 미국형옵션(American option)은 만기일은 물론이고 만기일 이전에 언제든지 권리를 행사할 수 있는 옵션을 말하며 권리의 행사기회가 유럽형옵션보다 많아 다른 조건이 동일하면 유럽형옵션의 가격보다 높게 형성된다.

(3) 기초자산의 종류

옵션은 거래대상이 되는 기초자산이 농산물, 축산물, 귀금속, 에너지와 같은 일반상품이면 상품옵션(commodity option)이라고 하고, 기초자산이 주식, 주가지수, 통화, 금리와 같은 금융상품이면 금융옵션(financial option)이라고 한다.

① 주식옵션

주식옵션(stock option)은 한국거래소에 상장된 기업의 주식을 기초자산으로 하는 옵션을 말한다. 2002년 1월 7종목이 상장되었고, 2022년 8월말 48종목이 거래되고 있다. 한국거래소는 2005년 9월 26일 실물인수도방식을 현금결제방식으로 전환하여 투자자들이 주가변동위험을 효과적으로 관리할 수 있도록 하였다.

┃표 13-1┃ 주식옵션의 상품내용

구분	상품명세			
기 초 자 산	유가증권시장 40종목, 코스닥시장 2종목(2022년 8월말 기준)			
거 래 단 위	주식옵션가격×10(거래승수)			
결 제 월	비분기월 중 2개, 분기월 중 4개			
상 장 결 제 월	1년 이내의 6개 결제월			
가 격 표 시	프리미엄(원화)			
호 가 가 격 단 위	옵션가격	호가단위	옵션가격	호가단위
	1,000원 미만	10원	1,000원~2,000원	20원
	2,000원~5,000원	50원	5,000원~10,000원	100원
	10,000원 이상	200원		
거 래 시 간	09:00~15:45(최종거래일 09:00~15:20)			
최 종 거 래 일	각 결제월의 두 번째 목요일(공휴일인 경우 순차적으로 앞당김)			
최 종 결 제 일	최종거래일의 다음 거래일			
권 리 행 사	최종거래일에만 가능(유럽형 옵션)			
결 제 방 법	현금결제			
가 격 제 한 폭	기초자산 기준가격 대비 각 단계에 해당하는 옵션이론가격으로 확대 ① ±10% ② ±20% ③ ±30%			
단일가격경쟁거래	개장시(08:00~09:00) 및 최종거래일 이외의 거래종료시(15:35~15:45)			
필요적 거래중단	현물가격 급변시 주식거래옵션거래 일시중단			

② 주가지수옵션

주가지수옵션(stock index option)은 현물시장의 주가지수를 대상으로 만기일에 사전에 약정한 행사가격으로 매입 또는 매도할 수 있는 권리를 나타내는 증서이다. 주가지수옵션은 권리가 행사되면 행사일의 최종지수와 행사가격의 차이를 현금으로 결제하며 1997년 7월부터 KOSPI 200지수옵션이 거래되고 있다.[2]

---
2) 한국은행, 한국의 금융시장, 2021, 329-331쪽.

┃ 표 13-2 ┃ 주가지수옵션의 상품내용

구분	코스피200옵션	코스닥150옵션
기 초 자 산	코스피200지수	코스닥150지수
거 래 단 위	코스피200옵션가격×25만원(거래승수)	코스닥150옵션가격×1만원(거래승수)
결 제 월	비분기월 4개 및 분기월 7개	비분기월 2개 및 분기월 4개
행사가격 범위	6개월내 : 등가격±40포인트 6개월 이후 : 등가격±60포인트	등가격±200포인트
행사가격 간격	6개월내 : 2.5포인트 1년내 : 5.0포인트 1년후 : 10.0포인트	25포인트
호가가격 단위	프리미엄 10포인트 미만 : 0.01포인트 프리미엄 10포인트 이상 : 0.05포인트	프리미엄 50포인트 미만 : 0.1포인트 프리미엄 50포인트 이상 : 0.5포인트
최소변동금액	프리미엄 10포인트 미만 : 2,500원 프리미엄 10포인트 이상 : 12,500원	프리미엄 50포인트 미만 : 1,000원 프리미엄 50포인트 이상 : 5,000원
거 래 시 간	09:00~15:45(최종거래일 09:00~15:20)	
최 종 거 래 일	각 결제월의 두 번째 목요일(공휴일인 경우 순차적으로 앞당김)	
최 종 결 제 일	최종거래일의 다음 거래일	
결 제 방 법	현금결제	
가 격 제 한 폭	각 단계별로 기준가격대비 ±8%(1단계), ±15%(2단계), ±20%(3단계)	
거 래 증 거 금 기 준 가 격	최종 약정가격	
기 준 가 격	전일의 거래증거금 기준가격	
단 일 가 격 경 쟁 거 래	개장시(08:30~09:00) 및 거래종료시(15:35~15:45)	
필요적 거래중단	현물가격 급변으로 매매거래 중단시 선물거래 일시중단 및 단일가 재개	

코스피200옵션의 일평균거래량은 2011년 1,476만계약으로 전 세계 거래소별 주가지수옵션 상품 중 최대 규모였으나 2012년 3월 옵션거래승수가 10만원에서 50만원으로 인상된 이후에 크게 감소하여 2016년 137만계약을 기록하였다. 이후 점진적으로 증가하여 2021년 상반기에 217만계약을 나타내었다. 일평균거래대금도 거래량과 유사한 흐름을 보이면서 2021년 상반기에 7,402억원을 기록하였다.

┃그림 13-2┃ KOSPI200옵션시장 거래규모

자료 : 한국거래소

옵션시장 참가자별 거래대금 기준 거래비중을 살펴보면 외국인투자자가 2016년 61.7%에서 2021년 상반기에 70.7%로 증가하였다. 그러나 개인투자자와 금융투자회사는 각각 28.3%와 8.3%에서 24.7%와 3.1%로 감소하였다.

┃그림 13-3┃ KOSPI200옵션시장 참가자별 거래비중[1]

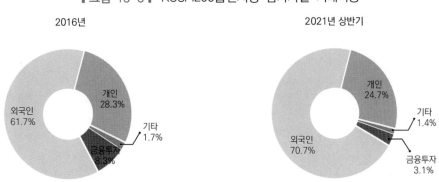

주 : 1) 거래대금 기준
자료 : 한국거래소

③ 통화옵션

통화옵션(currency option)은 외국통화를 기초자산으로 하는 옵션을 말하며 환위험을 관리하는 유용한 수단이다. 우리나라 한국거래소에 상장되어 거래되는 미국달러옵션은

기초자산이 미국달러화(USD)이고 권리행사의 유형은 최종거래일에만 가능한 유럽형옵션
이며 결제방식은 현금결제로 이루어진다.

┃표 13-3┃ 미국달러옵션의 상품내용

구분	상품명세
거 래 대 상	미국달러화(USD)
권 리 행 사	최종거래일에만 행사가능(유럽형옵션)
거 래 단 위	US $10,000
결 제 월 주 기	3, 6, 9, 12월 중 2개와 그 밖의 월 중 2개
상 장 결 제 월	6개월 이내의 4개 결제월
행사가격의 설정	등가격(ATM) 기준으로 10원 간격으로 상하 각 3개(총 7개)
가 격 표 시	프리미엄(원화로 소수점 둘째자리까지 표시)
호 가 가 격 단 위	0.10원
최소가격변동금액	1,000원(US $10,000×0.10)
가 격 제 한 폭	기초자산기준가격 대비 상하 ±4.5%
가 격 제 한 범 위	블랙-숄즈옵션모형으로 산출한 가격을 상한과 하한으로 설정
포 지 션 한 도	한국거래소가 필요하다고 판단되는 경우 설정가능
거 래 시 간	월~금요일(09:00~15:45), 최종거래일(9:00~15:30)
최 종 거 래 일	결제월의 세 번째 월요일(공휴일인 경우 순차적으로 앞당김)
최 종 결 제 일	최종거래일의 다음 거래일
옵 션 대 금 수 수	거래일의 다음 영업일
최 종 결 제 방 법	현금결제
단일가격경쟁거래	개장시(08:30~09:00) 및 거래종료시(15:35~15:45)

4. 옵션거래의 기능

옵션을 이용하면 손실의 위험이 제한되는 반면에 이익을 실현할 수 있는 레버리지
효과는 크게 나타난다. 따라서 주식이나 채권과는 다른 투자수단을 제공하기 때문에 위
험헷지와 투기수단으로 이용될 수 있다. 그리고 가격변동위험을 한정시킬 수 있어 선물
과 더불어 주식투자의 수단으로 활용되고 있다.

(1) 위험헷지의 기능

옵션은 기초자산의 가격변동위험을 회피하거나 축소시킬 수 있는 위험헤지의 수단으로 활용될 수 있다. 따라서 미래에 기초자산가격이 유리한 방향으로 변화하면 권리를 행사하여 이익을 실현하고, 기초자산의 기격이 불리한 방향으로 변화하면 권리의 행사를 포기하여 손실을 옵션가격으로 제한할 수 있다.

(2) 레버리지의 기능

옵션은 기초자산에 비해 상대적으로 적은 투자비용으로 높은 투자수익률을 올릴 수 있는 레버리지의 수단으로 활용될 수 있다. 따라서 옵션을 이용하면 상대적으로 저렴한 옵션가격을 지불하고 주식투자의 효과를 달성할 수 있기 때문에 현물투자에 비해 손익변동률이 확대되는 레버리지효과가 발생한다.

(3) 합성증권의 창출

옵션을 현물, 선물, 다른 옵션과 결합하여 투자하면 다양한 손익구조를 복제하거나 새로운 손익구조를 창출할 수 있다. 파생상품을 이용하여 기존의 금융상품을 요소별로 분해한 다음 분해된 요소들을 재결합하여 혁신적인 금융상품을 개발하고 연구하는 분야를 금융공학(financial engineering)이라고 한다.

(4) 위험한정의 기능

옵션매입자는 기초자산의 가격이 불리하게 변동할 경우에는 권리의 행사를 포기할 수 있기 때문에 손실액을 옵션가격으로 한정시킬 수 있다.

제2절 옵션의 만기가치

옵션에서 가장 기초가 되는 것은 만기일의 옵션가치를 이해하는 것이다. 옵션에는 기초자산을 사거나 팔 때 적용할 행사가격이 이미 정해져있기 때문에 만기일의 옵션가치는 만기일의 기초자산가격에 따라 달라진다. 기초자산이 주식인 유럽형 옵션을 대상으로 만기일의 옵션가치가 어떻게 결정되는지를 살펴보자.

1. 콜옵션의 만기가치

(1) 콜옵션매입자

콜옵션은 만기일에 행사가격을 지불하고 기초주식을 살 수 있는 권리이기 때문에 콜옵션매입자는 만기일의 주가가 행사가격보다 높은 경우에는 콜옵션을 행사하여 $S_T - E$ 만큼의 이익을 실현할 수 있다. 그러나 만기일의 주가가 행사가격보다 낮은 경우에는 콜옵션을 행사하지 않을 것이므로 콜옵션의 가치는 0이 된다.

$$C_T = \text{Max}[S_T - E, \ 0] \qquad (13.1)$$

(2) 콜옵션매도자

콜옵션매도자는 만기일의 주가가 행사가격보다 높은 경우 콜옵션매입자가 권리를 행사하면 기초주식을 시장가격보다 낮은 행사가격에 매도해야 하므로 $E - S_T$ 만큼의 손실을 보게 된다. 그러나 만기일의 주가가 행사가격보다 낮은 경우에는 콜옵션매입자가 권리를 행사하지 않을 것이므로 콜옵션의 가치는 0이 된다.

$$C_T = \text{Min}[E - S_T, \ 0] \qquad (13.2)$$

┃그림 13-4┃ 콜옵션의 만기가치

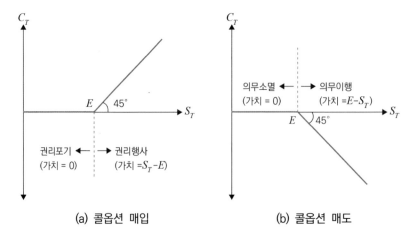

(a) 콜옵션 매입   (b) 콜옵션 매도

2. 풋옵션의 만기가치

(1) 풋옵션매입자

풋옵션은 만기일에 행사가격을 수령하고 기초주식을 팔 수 있는 권리이기 때문에 풋옵션매입자는 만기일의 주가가 행사가격보다 낮은 경우에는 풋옵션을 행사하여 $E-S_T$ 만큼의 이익을 실현할 수 있다. 그러나 만기일의 주가가 행사가격보다 높은 경우에는 풋옵션을 행사하지 않을 것이므로 풋옵션의 가치는 0이 된다.

$$P_T = Max[E-S_T, 0] \tag{13.3}$$

(2) 풋옵션매도자

풋옵션매도자는 만기일의 주가가 행사가격보다 낮은 경우 풋옵션매입자가 권리를 행사하면 기초주식을 시장가격보다 높은 행사가격에 매입해야 하므로 S_T-E만큼의 손실을 보게 된다. 그러나 만기일의 주가가 행사가격보다 높은 경우에는 풋옵션매입자가 권리를 행사하지 않을 것이므로 풋옵션의 가치는 0이 된다.

$$P_T = Min[S_T-E, 0] \tag{13.4}$$

┃그림 13-5┃ 풋옵션의 만기가치

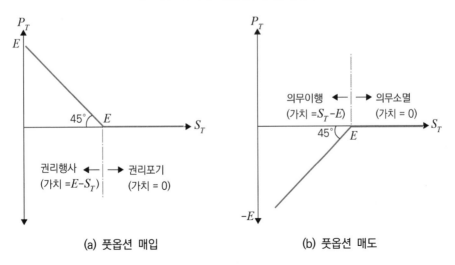

(a) 풋옵션 매입   (b) 풋옵션 매도

─● 예제 13-1   옵션의 만기가치

우리기업 주식을 기초자산으로 하고 행사가격이 1,000원인 유럽형 콜옵션과 유럽형 풋옵션
이 있다. 옵션만기일의 서울기업 주가가 각각 900원, 950원, 1,000원, 1,050원, 1,100원일
경우에 콜옵션매입자와 풋옵션매입자가 얻게 될 가치를 계산하고, 이를 이용하여 옵션만기
일의 주가와 옵션가치의 관계를 도시하라.

풀이

만기일 주가(S_T)	900원	950원	1,000원	1,050원	1,100원
콜옵션 매입[*1]	0	0	0	50원	100원
풋옵션 매입[*2]	100원	50원	0	0	0

*1 S_T〉1,000원이면 $S_T-1,000$원, $S_T≤1,000$원이면 0

*2 S_T〈1,000원이면 $1,000원-S_T$, $S_T≥1,000$원이면 0

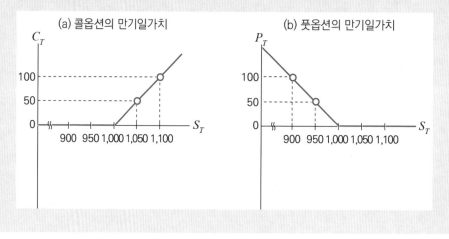

제3절   옵션의 투자전략

1. 순수포지션

순수포지션(naked position)은 하나의 주식이나 하나의 옵션만을 매입하거나 매도하
는 전략을 말하며 기본포지션(uncovered position)이라고도 한다. 주식이나 옵션의 만기가

치는 주식거래나 옵션의 권리행사에 따른 수익의 개념이며, 여기에 현재시점에서 주고받는 대가를 고려하면 만기손익이 된다.

(1) 주식의 매입과 공매

주식매입은 매도시점의 주가(S_T)가 매입시점의 주가(S)보다 상승하면 주가가 상승한 것만큼 자본이득을 얻고, 주식공매는 매입시점의 주가(S_T)가 매도시점의 주가(S)보다 하락하면 주가가 하락한 만큼 자본이득을 얻는다. 따라서 주식매입자(공매자)의 손익선은 주가와 정비례(반비례)하는 45°선으로 나타난다.

▮그림 13-6▮ 주식거래의 손익

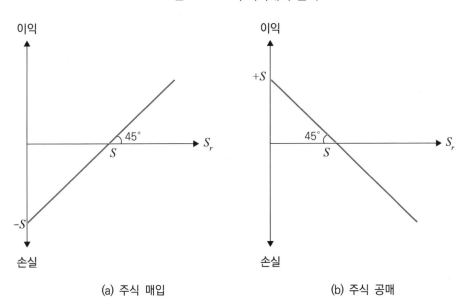

(a) 주식 매입   (b) 주식 공매

(2) 콜옵션의 매입과 매도

콜옵션매입은 옵션의 기초자산인 주식가격이 상승할 것으로 예상될 경우에 사용할 수 있고, 콜옵션매도는 주식가격이 하락할 것으로 예상될 경우에 사용할 수 있는 투자전략이다. 따라서 콜옵션매입자는 만기일의 주식가격이 행사가격에 콜옵션가격을 가산한 가격 이상으로 상승해야 이익을 얻는다.

┃그림 13-7┃ 콜옵션의 손익

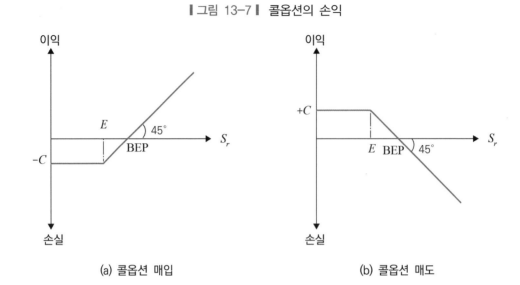

(a) 콜옵션 매입   (b) 콜옵션 매도

┃표 13-4┃ 주가지수 콜옵션의 손익구조

구분	주가지수 〉 행사가격	주가지수 ≤ 행사가격
매수자	<권리행사> 손익 : [주가지수－행사가격] – 지급한 프리미엄	<권리포기> 손실 : 지급한 프리미엄
매도자	<의무이행> 손익 : 수취한 프리미엄 – [주가지수－행사가격]	<의무소멸> 이익 : 수취한 프리미엄

(3) 풋옵션의 매입과 매도

풋옵션매입은 옵션의 기초자산인 주식가격이 하락할 것으로 예상될 경우에 사용할 수 있고, 풋옵션매도는 주식가격이 상승할 것으로 예상될 경우에 사용할 수 있는 투자전략이다. 따라서 풋옵션매입자는 만기일의 주식가격이 행사가격에서 풋옵션가격을 차감한 가격 이상으로 하락해야 이익을 얻는다.

▌그림 13-8 ▌ 풋옵션의 손익

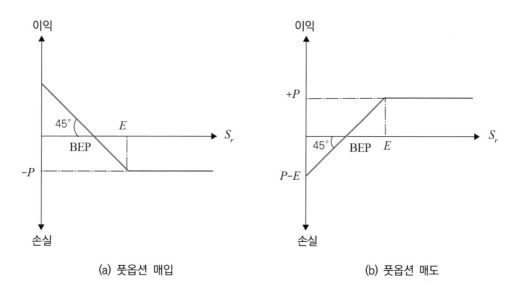

(a) 풋옵션 매입   (b) 풋옵션 매도

▌표 13-5 ▌ 주가지수 풋옵션의 손익구조

구분	주가지수 〈 행사가격	주가지수 ≥ 행사가격
매수자	<권리행사> 손익 : [행사가격－주가지수] － 지급한 프리미엄	<권리포기> 손실 : 지급한 프리미엄
매도자	<의무이행> 손익 : 수취한 프리미엄 － [행사가격－주가지수]	<의무소멸> 이익 : 수취한 프리미엄

2. 헷지포지션

헷지포지션(hedge position)은 주식과 옵션을 결합하여 주식(옵션)의 손실을 옵션(주식)으로 보전하는 전략으로 대표적인 형태에는 커버된 콜과 방어적 풋이 있다. 즉 주식을 매입하는 경우 콜옵션을 매도하거나 풋옵션을 매입하고, 주식을 공매하는 경우 콜옵션을 매입하거나 풋옵션을 매도한다.

(1) 커버된 콜

커버된 콜옵션(covered call)은 주식을 1주 매입하고 그 주식을 기초자산으로 하며 현재주가를 행사가격으로 하는 콜옵션을 1개 매도하는 전략을 말한다. 주가가 상승할 경우에는 콜옵션매도의 손실을 주식매입의 이익으로 상쇄시켜 이익은 일정하지만 주가가 하락할 경우에 손실을 줄일 수 있다.

(2) 방어적 풋

방어적 풋옵션(protective put)은 주식을 1주 매입하고 그 주식을 기초자산으로 하며 현재주가를 행사가격으로 하는 풋옵션을 1개 매입하는 전략을 말한다. 주가가 상승할 경우에 이익은 시세에 편승하면서 주가가 하락할 경우에 손실은 일정한 하한선 이하로 내려가지 않게 하도록 제한할 수 있다.

┃그림 13-9┃ 헤지포지션

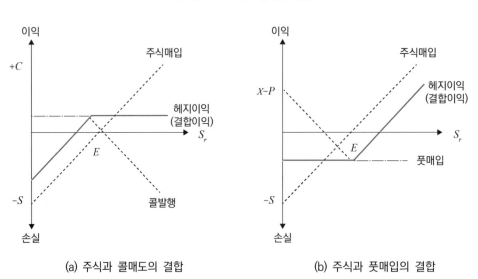

(a) 주식과 콜매도의 결합   (b) 주식과 풋매입의 결합

3. 스프레드

스프레드(spread)는 기초자산이 동일한 종류의 옵션 중에서 행사가격과 만기일이 상이한 옵션을 하나는 매입하고 다른 하나는 매도하는 전략을 말한다. 즉 스프레드는 두 개 이상의 콜옵션 또는 풋옵션을 결합시키는 전략으로 시장가격이 예상대로 변화할 경우에 이익을 얻고 예상이 빗나가도 손실은 한정된다.

(1) 수직스프레드

수직스프레드(vertical spread)는 다른 조건은 같고 행사가격만 서로 다른 옵션을 하나는 매입하고 다른 하나는 매도하는 전략으로 가격스프레드(price spread)라고도 한다. 수직스프레드는 행사가격이 낮은 옵션과 높은 옵션 중 어떤 것을 매입 또는 매도하느냐에 따라 강세스프레드와 약세스프레드로 구분된다.

1) 강세스프레드

강세스프레드(bull spread)는 기초주식의 가격이 강세(bull market)를 보일 것으로 예상될 경우에 행사가격이 낮은 옵션은 매입하고 행사가격이 높은 옵션은 매도하는 전략을 말하며 주가가 상승할 경우에 얻을 수 있는 이익과 주가가 하락할 경우에 발생하는 손실을 일정한 수준으로 한정시킨다.

① 강세콜스프레드

강세콜스프레드는 기초주식과 만기일이 동일한 두 가지 콜옵션 중에서 행사가격이 낮은 콜옵션은 매입하고, 행사가격이 높은 콜옵션은 매도하는 전략을 말한다. 따라서 만기일에 기초주식의 가격이 두 행사가격보다 하락하면 최대손실이 발생하고 두 행사가격보다 상승하면 최대이익이 발생한다.[3]

② 강세풋스프레드

강세풋스프레드는 기초주식과 만기일이 동일한 두 가지 풋옵션 중에서 행사가격이 낮은 풋옵션은 매입하고, 행사가격이 높은 풋옵션은 매도하는 전략을 말한다. 따라서 만기일에 기초주식의 가격이 두 행사가격보다 상승하면 최대손실이 발생하고 두 행사가격보다 하락하면 최대이익이 발생한다.

2) 약세스프레드

약세스프레드(bear spread)는 기초주식의 가격이 약세(bear market)를 보일 것으로 예

---

[3] 강세콜스프레드는 행사가격이 낮은 콜옵션은 매입하고 행사가격이 높은 콜옵션은 매도하므로 행사가격이 높은 콜옵션의 프리미엄은 매입비용이 되고 행사가격이 낮은 콜옵션의 프리미엄은 매도수입이 된다.

상될 경우 행사가격이 낮은 옵션은 매도하고 행사가격이 높은 옵션은 매입하는 전략을 말하며 주가가 하락할 경우에 얻을 수 있는 이익과 주가가 상승할 경우에 발생하는 손실을 일정한 수준으로 한정시킨다.

① 약세콜스프레드

기초주식과 만기일이 동일한 두 가지 콜옵션 중에서 행사가격이 낮은 콜옵션은 매도하고 행사가격이 높은 콜옵션은 매입하는 전략을 말한다.

② 약세풋스프레드

기초주식과 만기일이 동일한 두 가지 풋옵션 중에서 행사가격이 낮은 풋옵션은 매도하고 행사가격이 높은 풋옵션은 매입하는 전략을 말한다.

┃그림 13-10┃ 수직스프레드

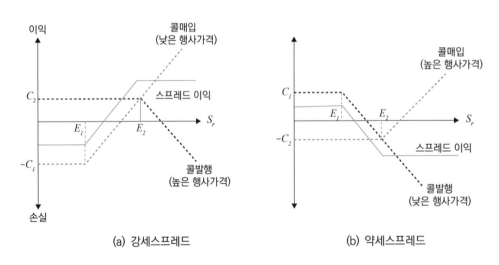

(a) 강세스프레드   (b) 약세스프레드

(2) 수평스프레드

수평스프레드(horizontal spread)는 다른 조건은 동일하고 만기일만 서로 다른 옵션을 하나는 매입하고 다른 하나는 매도하는 전략으로 시간스프레드라고도 한다. 수평스프레드는 옵션의 시간가치의 차이에 착안하여 기초자산인 주식가격이 행사가격 부근에서 크게 변동하지 않을 경우에 효과적인 투자전략이다.

1) 콜옵션의 경우

만기일까지 기간이 짧은 콜옵션은 매도하고 만기일까지 기간이 긴 콜옵션은 매입하여 수평스프레드를 만들면 기초주가가 단기콜옵션의 행사가격에 가까울수록 이익을 실현하고 기초주가가 매우 낮거나 높은 경우에 손실이 발생한다.

2) 풋옵션의 경우

만기일까지 기간이 짧은 풋옵션은 매도하고 만기일까지 기간이 긴 풋옵션은 매입하여 수평스프레드를 만들면 기초주가가 단기풋옵션의 행사가격에 가까울수록 이익을 실현하고 기초주가가 매우 낮거나 높은 경우에 손실이 발생한다.

(3) 나비형 스프레드

나비형 스프레드(butterfly spread)는 미래 기초주식의 가격이 세 개의 행사가격 중에서 중간의 행사가격과 일치할 것으로 예상될 경우 취하는 스프레드를 말하며 나비형 콜스프레드와 나비형 풋스프레드로 구분된다.

① 나비형 콜스프레드

나비형 콜스프레드는 기초주식과 만기일은 동일하지만 행사가격이 가장 낮은 콜옵션과 가장 높은 콜옵션은 한 개씩 매입하고 행사가격이 중간인 콜옵션은 두 개 매도하는 전략을 말한다. 기초자산인 주식가격이 비교적 좁은 범위내에서 변동할 경우에 이익을 얻을 수 있다.

② 나비형 풋스프레드

나비형 풋스프레드는 기초주식과 만기일은 동일하지만 행사가격이 가장 낮은 풋옵션과 가장 높은 풋옵션은 한 개씩 매입하고 행사가격이 중간인 풋옵션은 두 개 매도하는 전략을 말한다. 기초자산인 주식가격이 비교적 좁은 범위내에서 변동할 경우에 이익을 얻을 수 있다.

┃그림 13-11┃ 나비형스프레드

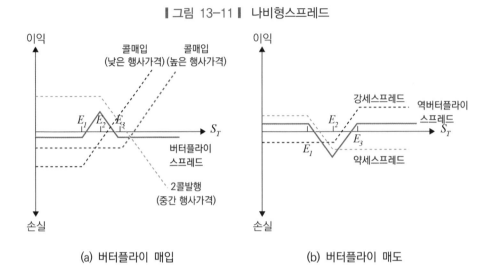

(a) 버터플라이 매입   (b) 버터플라이 매도

(4) 샌드위치형스프레드(sandwitch spread)

나비형스프레드와 반대로 행사가격이 가장 낮은 옵션과 가장 높은 옵션은 한 개씩 매도하고 행사가격이 중간인 옵션은 두 개 매입하는 전략으로 주가가 가장 낮은 행사가격과 가장 높은 행사가격의 범위를 벗어나서 크게 변동할 경우에 유리하며 역나비형스프레드(reverse butterfly spread)라고도 한다.

4. 콤비네이션

콤비네이션(combination)은 기초자산이 동일한 콜옵션과 풋옵션을 동시에 매입하거나 매도하는 전략을 말한다. 반면에 스프레드는 동일한 종류의 옵션을 결합한다. 그러나 콤비네이션은 서로 다른 종류의 옵션을 결합하는데 결합하는 방법에 따라 스트래들, 스트립, 스트랩, 스트랭글로 구분된다.

(1) 스트래들

스트래들(straddle)은 기초자산, 행사가격, 만기일이 동일한 콜옵션과 풋옵션을 동일한 비율로 동시에 매입하거나 매도하는 전략이다. 이는 주가변동이 매우 클 것으로 예상되지만 방향을 알 수 없을 때 유용하며 두 옵션을 동시에 매입하면 스트래들 매입, 동시에 매도하면 스트래들 매도라고 한다.

　　기초자산의 가격이 행사가격과 옵션프리미엄을 합한 가격보다 크게 변동할 것으로 예상이 되면 스트래들을 매입하고, 적게 변동할 것으로 예상이 되면 스트래들을 매도한다. 스트래들매입자(매도자)는 기초자산의 가격변동성이 높은(낮은) 경우에 이익을 얻기 때문에 변동성매입자(매도자)라고 한다.

┃그림 13-12┃ 스트래들

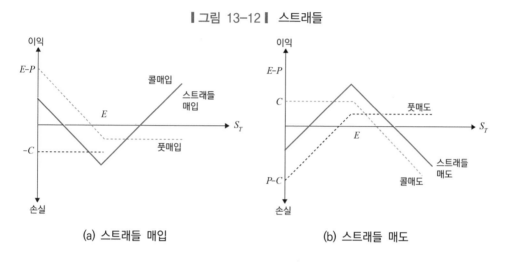

(a) 스트래들 매입　　　　　　(b) 스트래들 매도

(2) 스트립과 스트랩

　　스트립과 스트랩은 기초자산, 행사가격, 만기일이 동일한 콜옵션과 풋옵션을 동시에 결합하면서 결합비율만 서로 다르게 하는 전략을 말하며 주가의 변동성이 높은 경우에 유용하다. 스트립(strip)은 콜옵션 한 개와 풋옵션 두 개를 결합하고 스트랩(strap)은 콜옵션 두 개와 풋옵션 한 개를 결합한다.

(3) 스트랭글

　　스트랭글(strangle)은 기초자산과 만기일은 동일하지만 행사가격만 서로 다른 콜옵션과 풋옵션을 한 개씩 또는 동일한 비율로 매입하거나 매도하는 전략을 말한다. 여기서 콜옵션매입과 풋옵션매입의 결합은 스트랭글 매입이라고 하고, 콜옵션매도와 풋옵션매도의 결합은 스트랭글 매도라고 한다.

　　기초자산의 가격이 두 옵션의 행사가격과 프리미엄을 합한 가격보다 크게(적게) 변동할 것으로 예상되면 스트랭글을 매입(매도)한다. 따라서 스트랭글을 매입(매도)하면 주가의 변동방향에 관계없이 주가의 변동이 클(작을) 때 이익을 얻고, 주가의 변동이 작을(클) 경우에는 손실이 발생한다.

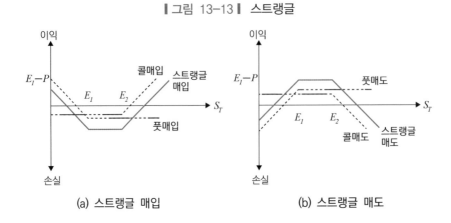

| 그림 13-13 | 스트랭글

(a) 스트랭글 매입   (b) 스트랭글 매도

5. 옵션투자전략의 활용

옵션은 투자자에게 다양한 투자기회를 제공하고 옵션과 현물, 옵션과 선물, 옵션과 다른 옵션과의 결합 등을 통해 투자자들이 원하는 다양한 형태의 이익을 실현할 수 있는 투자전략을 구사할 수 있다. 옵션을 이용한 투자전략은 기초자산인 주가의 변동방향과 주가의 변동정도에 따라 다음과 같이 달라진다.

(1) 기초주식가격의 변동방향

① 주식가격에 대한 강세전략

기초주식의 가격이 상승할 경우에 이익을 얻을 수 있는 전략에는 콜옵션매입, 풋옵션매도, 강세스프레드 등이 있다.

② 주식가격에 대한 약세전략

기초주식의 가격이 하락할 경우에 이익을 얻을 수 있는 전략에는 콜옵션매도, 풋옵션매입, 약세스프레드 등이 있다.

(2) 기초주식가격의 변동정도

① 주가변동성에 대한 강세전략

기초주식의 가격변동성이 현재 수준에서 크게 변동할 경우에 이익을 얻을 수 있는 전략에는 샌드위치형스프레드, 스트래들매입, 스트랭글매입 등이 있다.

② 주가변동성에 대한 약세전략

기초주식의 가격변동성이 현재 수준에서 작게 변동할 경우에 이익을 얻을 수 있는 전략에는 버터플라이스프레드, 스트래들매도, 스트랭글매도 등이 있다.

‖그림 13-14‖ 옵션투자전략

예상요인	예상	전략	손익형태	손실	이익
기초자산 가격의 변동방향	상승 → 강세전략	콜옵션매입		한정	무한
		풋옵션매도		무한	한정
		강세스프레드		한정	한정
	하락 → 약세전략	콜옵션매도		무한	한정
		풋옵션매입		한정	무한
		약세스프레드		한정	한정
기초자산 가격의 변동정도	크다 → 강세전략	샌드위치형 스프레드		한정	한정
		스트래들 매입		한정	무한
		스트랭글 매입		한정	무한
	작다 → 약세전략	나비형 스프레드		한정	한정
		스트래들 매도		무한	한정
		스트랭글 매도		무한	한정

제4절   옵션가격결정의 개요

1. 옵션가격의 결정요인

옵션은 정해진 조건에 따라 기초자산을 매입하거나 매도할 수 있는 권리이기 때문에 옵션의 가격은 기초자산의 특성과 옵션의 조건에 따라 달라진다. 구체적으로는 기초자산의 현재가격(S), 행사가격(E), 옵션의 만기(T), 기초자산의 분산(σ^2), 무위험이자율(R_f), 기초자산의 배당(D) 등이 옵션가격에 영향을 미친다.

$$C \text{ 또는 } P = f(S, E, T, \sigma^2, R_f, D) \tag{13.5}$$

(1) 콜옵션가격

옵션가격에 영향을 미치는 다른 요인이 일정하다는 가정하에서 옵션가격의 결정요인이 S−E의 값을 커지게 하는 방향으로 영향을 미치면 콜옵션가격은 상승한다. 즉 기초자산의 현재가격, 만기까지 잔존기간, 기초자산의 가격분산, 무위험이자율과는 정(+)의 관계에 있고 행사가격, 기초자산의 배당과는 부(−)의 관계에 있다.

(2) 풋옵션가격

옵션가격에 영향을 미치는 다른 요인이 일정하다는 가정하에서 옵션가격의 결정요인이 E−S의 값을 커지게 하는 방향으로 영향을 미치면 풋옵션가격은 상승한다. 즉 행사가격, 만기까지 잔존기간, 기초자산의 가격분산, 기초자산의 배당과는 정(+)의 관계에 있고 기초자산의 현재가격, 무위험이자율과는 부(−)의 관계에 있다.

▮표 13−6▮ 옵션가격의 결정요인

결정요인	콜옵션가격	풋옵션가격
기초자산의 현재가격 ↑	상승	하락
행사가격 ↑	하락	상승
만기까지 잔존기간 ↑	상승	상승
기초자산의 가격분산 ↑	상승	상승
무위험이자율 ↑	상승	하락
기초자산의 현금배당 ↑	하락	상승

2. 옵션가격의 결정범위

옵션매입자는 권리를 보유하는 대신 옵션매도자에게 지불하는 권리에 대한 대가인 콜옵션가격과 풋옵션가격은 시장균형상태에서 상한과 하한의 일정한 범위내에서 결정된다. 이러한 옵션가격의 범위는 차익거래에 의해 유도되며 콜옵션가격과 풋옵션가격간에도 차익거래의 원리에 따라 일정한 관계식이 성립한다.

(1) 콜옵션가격

옵션의 최종거래일까지 기초자산에 대해 배당이 지급되지 않는다고 가정하면, 콜옵션가격은 다음과 같은 특성을 갖는다.

첫째, 콜옵션가격은 기초자산의 가격보다 클 수 없다. → C ≤ S

콜옵션은 기초자산을 행사가격에 매입할 수 있는 권리이므로 콜옵션가격은 기초자산의 가격보다 클 수는 없다. 콜옵션가격이 기초자산의 가격보다 크면 콜옵션을 매도하고 기초자산을 매입하는 차익거래로 이익을 얻을 수 있기 때문이다.

둘째, 콜옵션가격은 0보다 크거나 같다. → C ≥ 0

옵션은 유리할 경우에는 권리를 행사하고 불리할 경우에는 행사하지 않아도 되는 권리만 있을 뿐 의무는 없다. 따라서 행사가격을 지불하고 주식을 매입할 수 있는 권리행사에 대한 콜옵션가격은 어떠한 경우에도 0 이상의 가치를 갖는다.

셋째, 콜옵션가격은 기초자산의 가격에서 행사가격의 현재가치를 차감한 값보다 크거나 같다. → C ≥S−PV(E)

이상의 세 가지 조건에서 첫째는 콜옵션가격의 상한이고 둘째와 셋째는 콜옵션가격의 하한에 해당하기 때문에 콜옵션가격의 결정범위는 다음과 같다. 콜옵션가격은 기초자산인 주가의 증가함수이므로 우상향하는 곡선으로 나타난다.

$$Max[S−PV(E), \ 0] \ ≤C≤ \ S] \tag{13.6}$$

┃그림 13-15 ┃ 콜옵션가격의 결정범위

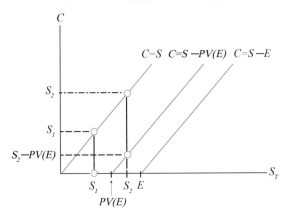

예제 13-2 **예제 13-2** 콜옵션가격의 결정범위

연세기업의 현재 주가는 45,000원이고 이산복리 무위험이자율은 연 5%이다. 옵션시장에서 연세기업 주식을 기초자산으로 하고 행사가격이 42,000원이며 만기가 1년인 유럽형 콜옵션이 거래되고 있다고 가정하여 다음 물음에 답하시오.

1. 유럽형 콜옵션의 가격결정범위를 구하시오.

2. 유럽형 콜옵션가격이 3,000원일 경우 차익거래과정을 설명하시오.

3. 유럽형 콜옵션가격이 47,000원일 경우 차익거래과정을 설명하시오.

풀이

1. 유럽형 콜옵션의 가격결정범위는 다음과 같이 제시할 수 있다.

   ① $C \leq S = 45,000$원

   ② $C \geq Max[S-PV(E)] = Max\left[45,000 - \dfrac{42,000}{1.05}, 0\right] = 5,000$원

   $\therefore$ 5,000원 $\leq C \leq$ 45,000원

2. 유럽형 콜옵션가격 3,000원은 하한가격 5,000원보다 작으므로 콜옵션은 과소평가되고 $S-PV(E)$은 과대평가되어 있다. 따라서 과대평가된 $S-PV(E)$를 매도하고 과소평가된 콜옵션을 매입하면 현재시점에서 2,000원의 이익을 얻을 수 있다.

거래	현재의 현금흐름	만기의 현금흐름	
		$S_T > 42,000$	$S_T < 42,000$
주식공매 무위험할인채매입 콜옵션매입	45,000 −40,000 −3,000	$-S_T$ 42,000 $S_T - 42,000$	$-S_T$ 42,000 0
합계	2,000	0	$42,000 - S_T > 0$

3. 유럽형 콜옵션가격 47,000원은 기초주식의 현재가격 45,000원보다 클 수 없으므로 콜옵션은 과대평가되고 S−PV(E)은 과소평가되어 있다. 따라서 과대평가된 콜옵션을 매도하고 과소평가된 S−PV(E)를 매입하면 현재시점에서 2,000원의 이익을 얻을 수 있다.

거래	현재의 현금흐름	만기의 현금흐름	
		$S_T > 42,000$	$S_T < 42,000$
콜옵션매도 주식매입	47,000 −45,000	$-(S_T - 42,000)$ S_T	0 S_T
합계	2,000	42,000	$S_T > 0$

(2) 풋옵션가격

옵션의 최종거래일까지 기초자산에 대해 배당이 지급되지 않는다고 가정하면, 풋옵션가격은 다음과 같은 특성을 갖는다.

첫째, 풋옵션가격은 행사가격의 현재가치보다 클 수 없다. → P ≤ PV(E)

풋옵션의 매입시 최대이익은 행사가격이므로 풋옵션가격은 행사가격을 무위험이자율로 할인한 현재가치보다 클 수 없다. 풋옵션가격이 행사가격의 현재가치보다 크면 풋옵션을 매도하고 무위험채권을 매입하는 차익거래로 이익이 발생한다.

둘째, 풋옵션가격은 부(−)가 될 수 없다. → P ≥ 0

옵션은 유리한 경우에만 권리를 행사하고 불리한 경우에는 행사하지 않아도 되는 권리만 있을 뿐 의무는 없다. 따라서 행사가격을 지불하고 주식을 매도할 수 있는 권리 행사에 대한 풋옵션가격은 어떠한 경우에도 0 이상의 가치를 갖는다.

셋째, 풋옵션가격은 행사가격의 현재가치에서 기초주식의 현재가격을 차감한 값보다 크다. → $P \geq PV(E) - S$

이상의 세 가지 조건에서 첫째는 풋옵션가격의 상한이고 둘째와 셋째는 풋옵션가격의 하한에 해당하기 때문에 풋옵션가격의 결정범위는 다음과 같다. 풋옵션가격은 기초자산인 주가의 감소함수이므로 우상향하는 곡선으로 나타난다.

$$Max[PV(E) - S, \ 0] \ \leq \ P \ \leq PV(E) \tag{13.7}$$

| 그림 13-16 | 풋옵션가격의 결정범위

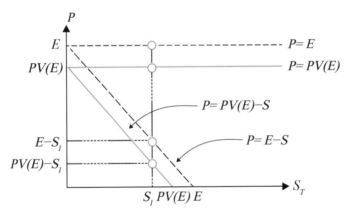

━● 예제 13-3 풋옵션가격의 결정범위

서강기업의 현재 주가는 37,000원이고 이산복리 무위험이자율은 연 5%이다. 옵션시장에서 서강기업 주식을 기초자산으로 하고 행사가격이 42,000원이며 만기가 1년인 유럽형 풋옵션이 거래되고 있다고 가정하여 다음 물음에 답하시오.

1. 유럽형 풋옵션의 가격결정범위를 구하시오.

2. 유럽형 풋옵션가격이 2,000원일 경우 차익거래과정을 설명하시오.

3. 유럽형 콜옵션가격이 42,000원일 경우 차익거래과정을 설명하시오.

풀이

1. 유럽형 풋옵션의 가격결정범위는 다음과 같이 제시할 수 있다.

① $P \leq PV(E) = \dfrac{42,000}{1.05} = 40,000$원

② $P \geq Max[PV(E)-S, 0] = Max\left[\dfrac{42,000}{1.05}, 0\right] = 3,000$원

∴ 3,000원 ≤ C ≤ 40,000원

2. 유럽형 풋옵션가격 2,000원은 하한가격 3,000원보다 작으므로 풋옵션은 과소평가되고 PV(E)-S는 과대평가되어 있다. 따라서 과대평가된 PV(E)-S를 매도하고 과소평가된 풋옵션을 매입하면 현재시점에서 1,000원의 이익을 얻을 수 있다.

거래	현재의 현금흐름	만기의 현금흐름	
		S_T〉42,000	S_T〈42,000
무위험할인채공매	40,000	−42,000	−42,000
주식매입	−37,000	S_T	S_T
풋옵션매입	−2,000	0	42,000−S_T
합계	1,000	S_T−42,000	0

3. 유럽형 풋옵션가격 42,000원은 행사가격의 현재가치 40,000원보다 클 수 없으므로 풋옵션은 과대평가되고 PV(E)-S는 과소평가되어 있다. 따라서 과대평가된 풋옵션을 매도하고 과소평가된 무위험할인채를 매입하면 현재시점에서 2,000원의 이익을 얻을 수 있다.

거래	현재의 현금흐름	만기의 현금흐름	
		S_T〉42,000	S_T〈42,000
풋옵션매도	42,000	0	−(42,000−S_T)
무위험할인채매입	−40,000	42,000	42,000
합계	2,000	42,000	S_T〉0

3. 옵션가격의 구성요소

옵션은 약정에 따라 기초자산을 행사가격에 매입하거나 매도할 수 있는 권리를 말한다. 옵션가격은 옵션매입자가 계약이행의 선택권을 갖는 대가로 옵션매도자에게 지불하는 가격을 말하며 옵션프리미엄(option premium)이라고도 한다. 옵션의 최종거래일 이전에 옵션가격은 내재가치와 외재가치로 구성된다.

(1) 내재가치

옵션의 내재가치는 옵션매입자가 지금 당장 옵션의 권리를 행사했을 경우에 발생하는 가치를 말한다. 내재가치는 기초자산의 가격과 행사가격을 비교해서 결정되고 행사가치(exercise value) 또는 경제적 가치(economic value)라고도 한다. 따라서 옵션의 내재가치는 옵션이 가지고 있는 현재의 행사가치를 나타낸다.

콜옵션은 현재주가가 행사가격보다 높은 내가격상태에 있으면 옵션을 행사하여 S-E만큼의 내재가치를 얻을 수 있다. 그러나 등가격상태나 외가격상태에 있으면 옵션을 행사하지 않을 것이므로 내재가치는 0이 된다. 따라서 콜옵션의 내재가치는 기초자산의 가격과 행사가격의 차이와 0 중에서 큰 값으로 측정한다.

$$콜옵션의 \ 내재가치 \ = \ Max[S-E, \ 0] \tag{13.8}$$

풋옵션은 현재주가가 행사가격보다 낮은 내가격상태에 있으면 옵션을 행사하여 E-S만큼의 내재가치를 얻을 수 있다. 그러나 등가격상태나 외가격상태에 있으면 옵션을 행사하지 않을 것이므로 내재가치는 0이 된다. 따라서 풋옵션의 내재가치는 행사가격과 기초자산의 가격의 차이와 0 중에서 큰 값으로 측정한다.

$$풋옵션의 \ 내재가치 \ = \ Max[E-S, \ 0] \tag{13.9}$$

옵션은 기초자산의 현재가격과 행사가격을 비교하여 어느 위치에 있느냐에 따라 내가격옵션(ITM), 등가격옵션(ATM), 외가격옵션(OTM)으로 구분된다.

┃표 13-7┃ 옵션의 상태

구분	콜옵션	풋옵션
내가격(ITM)	기초자산가격(S) > 행사가격(E)	기초자산가격(S) < 행사가격(E)
등가격(ATM)	기초자산가격(S) = 행사가격(E)	기초자산가격(S) = 행사가격(E)
외가격(OTM)	기초자산가격(S) < 행사가격(E)	기초자산가격(S) > 행사가격(E)

(2) 외재가치(extrinsic value)

옵션의 외재가치는 옵션의 최종거래일까지 잔존기간 동안 옵션이 유리한 방향으로 변동하여 옵션가치가 상승할 것이라고 예상하는 옵션매입자의 기대가 반영되어 있는 가치를 말하며 시간가치(time value)라고도 한다. 옵션의 시간가치는 옵션가격에서 내재가치를 차감하여 다음과 같이 구할 수 있다.

$$시간가치 \ = \ 옵션가격 - 내재가치 \qquad\qquad (13.10)$$

콜옵션(풋옵션)의 내재가치는 주가가 상승(하락)할수록 증가하고 옵션의 시간가치는 콜옵션과 풋옵션에 관계없이 잔존만기가 길수록 증가한다. 옵션의 시간가치는 콜옵션과 풋옵션에 관계없이 등가격옵션(ATM)에서 가장 크고 내가격옵션(ITM)에서는 감소하며 외가격옵션(OTM)에서는 내재가치는 없고 시간가치만 있다.

▎그림 13-17 ▎ 옵션가격의 구성

(a) 콜옵션   (b) 풋옵션

●─ 예제 13-4 옵션가격의 구성

현재 한국거래소 옵션시장에는 강남기업 주식을 기초자산으로 하고 행사가격이 42,000원이며 만기가 1년인 유럽형 콜옵션과 풋옵션이 거래되고 있다. 이산복리 무위험이자율이 5%라고 가정하여 다음 물음에 답하시오.

1. 강남기업 주식의 현재가격이 45,000원이고 콜옵션가격이 5,000원일 경우 콜옵션의 내재가치와 시간가치를 구하시오.

2. 강남기업 주식의 현재가격이 37,000원이고 풋옵션가격이 6,000원일 경우 풋옵션의 내재가치와 시간가치를 구하시오.

풀이

1. 콜옵션가격을 내재가치와 시간가치로 구분하면 다음과 같다.
   ① 내재가치 = Max[S−E, 0] = Max[45,000−42,000, 0] = 3,000원
   ② 시간가치 = 콜옵션가격−내재가치 = 5,000−3,000 = 2,000원
2. 풋옵션가격을 내재가치와 시간가치로 구분하면 다음과 같다.
   ① 내재가치 = Max[E−S, 0] = Max[42,000−37,000, 0] = 5,000원
   ② 시간가치 = 풋옵션가격−내재가치 = 6,000−5,000 = 1,000원

4. 풋−콜 등가

(1) 풋−콜 등가의 정의

시장균형상태에서 기초자산, 행사가격, 만기일이 모두 동일한 콜옵션가격과 풋옵션 가격은 일정한 등가관계를 갖는데, 이를 풋−콜 등가(put−call parity)라고 한다. 즉 주식, 풋옵션 그리고 콜옵션을 이용하여 무위험헤지포트폴리오를 구성할 경우에 콜옵션가격과 풋옵션가격간의 등가관계를 말한다.

(2) 풋−콜 등가의 도출

주식 1주를 매입하고 이 주식을 기초자산으로 하는 풋옵션 1개를 매입하며 풋옵션 과 행사가격 및 만기일이 동일한 콜옵션 1개를 매도하는 포트폴리오를 구성하면 옵션만 기일에 포트폴리오가치는 만기일의 주가변동에 관계없이 행사가격 E로 항상 동일하게 유지되어 무위험헤지상태에 있게 된다.

▮표 13-8▮ 무위험헤지포트폴리오의 구성

거래	현재가치	만기가치 $S_T > E$	만기가치 $S_T < E$
주 식 매 입	S	S_T	S_T
풋옵션매입	P	0	$E−S_T$
콜옵션매도	−C	$−(S_T−E)$	0
합계	S+P−C	E	E

무위험헤지포트폴리오를 구성한 투자자는 만기일의 주가변동에 관계없이 아무런 위험을 부담하지 않아 이러한 포트폴리오의 수익률은 시장균형상태에서 무위험이자율과 같아야 한다. 즉 무위험헤지포트폴리오의 현재가치(PV)는 포트폴리오의 만기가치(FV)를 무위험이자율로 할인한 현재가치와 동일해야 한다.

$$S + P - C = \frac{E}{(1+R_f)^T} = PV(E) \leftarrow PV = \frac{FV_T}{(1+r)^T} \tag{13.11}$$

그리고 무위험헤지포트폴리오 최종거래일의 현금흐름(FV)은 현재의 투자금액(PV)을 무위험이자율로 투자한 결과와 동일해야 한다.

$$(S + P - C)(1+R)^T = E \leftarrow PV(1+r)^T = FV_T \tag{13.12}$$

┃그림 13-18┃ 무위험헤지포트폴리오

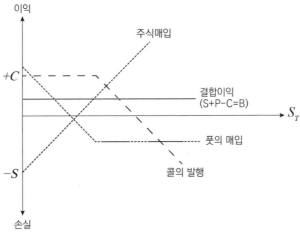

(3) 풋−콜 등가의 의미

시장균형상태에서 콜옵션가격과 풋옵션가격간의 균형관계를 나타내는 풋−콜 등가는 옵션가격을 결정하거나 옵션투자전략을 수립하는데 사용되는 중요한 식이다. 풋−콜 등가에 의한 균형관계가 성립하지 않으면 차익거래가 발생하고 차익거래로 인해 풋−콜 등가가 성립하는 균형상태로 돌아간다.

첫째, 콜옵션가격과 풋옵션가격 중에서 어느 하나의 옵션가격을 알게 되면 모든 조건이 동일한 다른 옵션의 가격은 풋—콜 등가를 이용하여 쉽게 산출할 수 있다. 예컨대 콜옵션가격을 알고 있다면 콜옵션과 모든 조건이 동일한 풋옵션가격은 풋—콜 등가를 이용하여 다음과 같이 구할 수 있다.

$$S + P - C = PV(E) \rightarrow P = C - S + PV(E) \tag{13.13}$$

둘째, 무위험헤지포트폴리오의 수익은 액면가액이 E인 순수할인채를 매입한 것과 동일한 효과를 갖는다. 이러한 순수할인채의 현재가격을 B로 표시하면 다음과 같이 나타낼 수 있다.

$$PV(E) = S + P - C \rightarrow B = S + P - C \tag{13.14}$$

셋째, 주식, 콜옵션, 풋옵션, 순수할인채를 적절히 결합하면 다양한 형태의 합성포지션(synthetic position)을 창출할 수 있다. 그리고 풋—콜 등가를 통해서 등가격옵션(ATM)의 경우 콜옵션가격은 풋옵션가격보다 행사가격에 대한 화폐의 시간가치만큼 높다는 것을 알 수 있다.

‖표 13-9‖ 합성포지션

합성포지션	풋—콜 등가(+는 매입, −는 매도)
합 성 주 식	$S = C - P + PV(E)$
합 성 풋	$P = C - S + PV(E)$
합 성 콜	$C = S + P - PV(E)$
합 성 할 인 채	$PV(E) = S + P - C$
합성커버된 콜	$S - C = P + PV(E)$
합성커버된 풋	$S + P = C + PV(E)$

─● 예제 13-5 풋—콜 등가와 차익거래

건국기업의 현재 주가는 21,000원이고 이 주식을 기초자산으로 하고 행사가격이 22,000원이며 만기까지 1년 남아있는 콜옵션가격은 2,000원이다. 이산복리무위험이자율이 10%라고 가정하여 다음 물음에 답하시오.

1. 시장균형상태에서 위의 콜옵션과 조건이 동일한 풋옵션의 가격을 구하시오.

2. 위의 풋옵션이 시장에서 1,300원에 거래될 경우 차익거래과정을 설명하시오.

3. 위의 풋옵션이 시장에서 700원에 거래될 경우에 차익거래과정을 설명하시오.

풀이

1. 시장균형상태에서 풋옵션가격은 풋-콜 등가를 이용하여 구할 수 있다.

$$P = C - S + \frac{E}{(1+R_f)^T} = 2,000 - 21,000 + \frac{22,000}{1.1} = 1,000원$$

2. P>C−S+PV(E) : 풋옵션의 실제가격 1,300원은 균형가격 1,000원보다 비싸게 거래되고 있다. 따라서 과대평가된 풋옵션은 매도하고 과소평가된 C−S+PV(E)를 매입, 즉 콜옵션매입, 주식공매, 무위험채권매입하면 300원의 이익을 얻을 수 있다.

거래	현재의 현금흐름	미래의 현금흐름	
		S_T>E	S_T<E
풋옵션매도	1,300	0	−(22,000−S_T)
콜옵션매입	−2,000	S_T−22,000	0
주식공매	21,000	−S_T	−S_T
무위험할인채매입	−20,000	22,000	22,000
합계	300	0	0

3. P<C−S+PV(E) : 풋옵션의 실제가격 700원은 균형가격 1,000원보다 싸게 거래되고 있다. 따라서 과소가된 풋옵션은 매입하고 과대평가된 C−S+PV(E)를 매도, 즉 콜옵션매도, 주식매입, 무위험채권매도하면 300원의 이익을 얻을 수 있다.

거래	현재의 현금흐름	미래의 현금흐름	
		S_T>E	S_T<E
콜옵션매도	2,000	−(S_T−22,000)	0
주식매도	−21,000	S_T	S_T
무위험할인채매도	20,000	−22,000	−22,000
풋옵션매입	−700	0	22,000−S_T
합계	300	0	0

> **제5절** 주요국의 옵션시장

주요국의 주가지수옵션시장은 미국, 영국, 프랑스, 일본, 독일의 순으로 개설되었으며, 거래량 기준으로는 인도의 BANK NIFTY옵션이 전 세계에서 가장 활발하게 거래가 이루어지고 있다.[4]

┃표 13-10┃ 주요국 주가지수옵션시장 개요

국가	기초자산지수	개설시기	거래소
미 국	S&P100 S&P500	1983년 3월 1983년 7월	시카고옵션거래소(CBOE)
영 국	FTSE100	1984년 5월	Euronext-LIFFE
프랑스	CAC40	1988년 11월	Euronext-Paris
일 본	Nikkei225	1989년 6월	오사카거래소(OSE)
독 일	DAX30	1991년 8월	Eurex

┃표 13-11┃ 세계 주가지수옵션 거래량 추이[1]

(단위 : 백만계약)

기초자산		2016	2017	2018	2019	2020
거래소	지수명					
NSE	BANK NIFTY	320	800	1,587	2,994	4,295
NSE	CNX NIFTY	715	562	622	1,161	2,373
KRX	KOSPI200	337	540	658	638	611
CBOE	S&P500	258	292	371	319	313
EUREX	Euro STOXX50	286	263	274	270	295
TAIFEX	TAIEX	167	186	194	170	202
전체		2,765	3,368	4,355	6,158	9,019

주 : 1) 연간 거래량 기준
자료 : FIA, WFE

---

[4] 한국은행, 한국의 금융시장, 2021, 332-336쪽.

1. 미국

미국의 주가지수옵션은 1983년 3월 시카고옵션거래소(CBOE)에 S&P100옵션이 도입되고 그해 7월 S&P500옵션이 상장되면서 활성화되었다. 미국의 대표적인 주가지수옵션시장인 시카고옵션거래소의 거래시간은 08:30~15:15이며 공개호가 또는 전자거래방식으로 옵션이 거래된다. 특히 S&P500옵션의 경우에는 전자거래시스템에 기반한 정규외시장이 개설되어 있으며 거래가능시간은 02:00~08:15이다.

결제월물 및 최종거래일은 주가지수옵션별로 다르다. S&P500옵션은 최근 12개 월물이 상장되며 만기 12개월에서 60개월 사이 10개 결제월물이 추가적으로 상장될 수 있다. 각 결제월물의 만기일은 만기월의 세번째 금요일, 만기일의 전 영업일에 최종거래가 이루어진다. S&P100옵션은 최근 4개 결제월물과 이를 제외한 3월, 6월, 9월, 12월중 현 시점에 가까운 1개 결제월물 등 총 5개 결제월물이 상장된다. 각 결제월물의 만기일은 만기월의 세 번째 금요일, 최종거래일은 만기일과 같다.

S&P500옵션과 S&P100옵션의 거래단위는 1계약이고 프리미엄은 포인트로 표시되며 1포인트를 100달러로 하여 금액으로 환산된다. 프리미엄의 최소변동폭인 호가단위는 프리미엄의 수준에 따라 3.00포인트를 초과하면 0.10포인트 그리고 3.00포인트 이하이면 0.05포인트로 이원화되어 있다. 투자자보호장치에 있어서는 일중 가격변동에 대한 제한은 없으나 뉴욕증권거래소(NYSE)에서 서킷브레이커가 발동되면 동시에 거래가 중단된다.

┃표 13-12┃ 미국의 주요 주가지수옵션 개요[1]

구분	S&P500옵션	S&P100옵션
결 제 월	최근 12개 월물* * 만기 12개월에서 60개월 사이의 10개 월물 추가 상장 가능	최근 5개 월물* * 최근 4개 월물과 이를 제외한 3월, 6월, 9월, 12월 중 근접한 1개 월물
최 종 거 래 일	만기일(세 번째 금요일) 전 영업일	만기일(세 번째 금요일)
거 래 시 간	정규시장 : 08:30~15:15 정규외시장 : 02:00~08:15	08:30~15:15
거 래 단 위 (거 래 금 액)	계약(옵션가격 × $100)	
최 종 결 제 가 격	만기일(세 번째 금요일)의 시초가로 산출한 특별결제지수	만기일(세 번째 금요일)의 종가로 산출한 특별결제지수

호 가 단 위	옵션가격 3포인트 초과 : 0.10포인트, 옵션가격 3포인트 이하 : 0.05포인트	
거 래 체 결 수 단	정규 : Hybrid Trading System(공개 호가와 전자거래방식 병행) 시간외 : 전자거래방식	
투 자 자 보 호 장 치	일중 가격제한폭 없음, 뉴욕증권거래소에서의 서킷브레이커 발동시 거래 중단	
권 리 행 사 유 형	유럽형	유럽형, 미국형

주 : 1) 2021년 6월말 현재

2. 일본

일본의 주가지수옵션은 1989년 6월 오사카증권거래소에 Nikkei225옵션이 도입되었다. 일본의 대표적인 주가지수옵션인 Nikkei225옵션의 거래시간은 거래체결기준으로 주간장(08:45~15:15), 야간장(16:30~06:00)으로 구분된다. 상장 결제월물은 3월, 6월, 9월, 12월 결제월물 19개와 이를 제외한 근월물 6개 등 총 25개 결제월물로 구성되고, 최종거래는 만기월의 두번째 금요일인 만기일의 직전 영업일에 이루어진다. 최종결제가격은 주가지수선물과 같이 특별결제지수가 적용된다.

거래 및 호가단위는 옵션가격 수준에 따라 최소변동폭이 1포인트, 5포인트로 차등화되며 거래금액은 옵션가격에 1,000엔을 곱하여 구한다. 투자자보호장치에서는 단계별 가격변동폭 제한방식을 운영한다. 최초 가격변동폭 제한수준은 옵션가격에 따라 4~11%로 차등화되고 제한수준에 도달할 때 3%를 더한 수치를 다음 단계 수준으로 설정하는 과정이 두 차례 허용되며 가격제한폭 확대시 10분간 거래가 중단된다. 주가지수선물시장에서 서킷브레이커가 발동되면 옵션거래도 중단된다.

┃표 13-13┃ 일본 오사카거래소의 주가지수옵션 개요[1]

구분	Nikkei225옵션
결 제 월 물 수	25개 월물* * 3월·9월물 3개, 6월·12월물 16개, 기타월 6개
최 종 거 래 일	각 결제월의 두 번째 금요일(만기일)의 전 영업일
거 래 시 간	08:45~15:15, 16:30~06:00
거 래 단 위 (거 래 금 액)	계약(옵션가격×1,000엔)
최 종 결 제 가 격	만기일 해당 주식의 시초가를 기준으로 산출되는 특별결제지수

호 가 단 위	옵션가격 100포인트 이하 : 1포인트, 100포인트 초과 : 5포인트
투자자보호장치	일중 가격변동폭 제한 : 최초 가격제한폭 수준*에서 3%씩 더해가며 단계적으로 제한 수준을 확대(최대 2차례) * 옵션가격에 따라 4%, 6%, 8%, 11%로 차등 설정 서킷브레이커 : 주가지수선물시장에서 서킷브레이커 발동시 거래 중단
권 리 행 사 방 식	만기일에만 가능

주 : 1) 2021년 6월말 현재

3. 유로지역

유로지역에서 주가지수옵션은 독일의 EUREX에서 활발하다. EUREX의 EURO STOXX50옵션은 만기일에 권리행사가 가능한 유로형옵션으로 최장 9년 11개월 이후 만기가 도래하는 상품까지 거래 가능하다. 거래시간은 PreTrading 7:30~8:50, Trading 8:50~17:30, Post-Trading 17:30~20:30으로 구분되며 최종결제가격은 만기일(만기월의 세번째 금요일) 11:50~12:00 기초자산 인덱스의 평균가격으로 산정된다. 거래단위 및 가격은 계약 및 프리미엄으로 표시되고 1포인트를 10유로로 하여 금액으로 환산된다. 프리미엄의 최소변동폭인 호가단위는 0.1포인트이다.

┃표 13-14┃ 독일 EUREX 선물거래소의 주가지수옵션 개요[1]

구분	EURO STOXX50옵션
결 제 월	최근 연속 6개월물 이후 3월, 6월, 9월, 12월 기준 2개 월물 이후 6월, 12월 기준 4개 월물 이후 12월 기준 7개월물(최장 9년 11개월)
최 종 거 래 일	각 만기월의 세 번째 금요일(휴장일인 경우 직전 영업일)
거 래 시 간	pre-trading 시간 : 7:30~8:50 trading 시간 : 8:50~17:30 post-trading 시간 : 17:30~20:30
거 래 단 위 (거 래 금 액)	계약(옵션가격×10유로)
호 가 단 위	0.1포인트
최소가격변동금액	1유로(10유로×0.1)
투 자 자 보 호 장 치	일중 가격변동 제한폭 없음

주 : 1) 2021년 6월말 현재

보론 13-1	변동성지수

변동성지수(Volatility Index)는 옵션가격을 이용하여 기초자산인 주가지수의 미래 변동성을 측정한 지수를 말하며 일반적으로 시황 및 투자판단지표로 활용되고 특히 주가하락시 크게 상승하여 공포지수로 불린다. 또한 변동성지수는 선물ㆍ옵션 등의 기초자산으로 활용될 수 있어 투자자들은 변동성 금융상품을 통해 변동성위험 헤지는 물론 여타 금융상품과의 다양한 연계거래도 할 수 있다.[5]

변동성지수에는 미국의 VIX(Volatility Index), 유럽의 VSTOXX가 있다. 우리나라는 한국거래소가 2009년 4월부터 코스피200 옵션가격을 이용하여 코스피200의 변동성을 측정한 V-KOSPI200를 산출ㆍ발표하고 있다. 변동성지수를 기초자산으로 하는 금융상품에는 미국의 VIX 선물 및 옵션, 유럽의 VSTOXX 선물 및 옵션 등이 있으며 우리나라의 코스피200 변동성지수(V-KOSPI200) 선물이 있다.

코스피200 변동성지수는 글로벌 금융위기로 2008년 10월 최고치 89.3p까지 급등한 후 급락했으며, 2011년 미 국가신용등급 강등시 큰 폭 등락한 이후 안정세를 보였으나 위안화 평가절하(2015년), 홍콩H지수 급락 및 브렉시트 결정(2016년), 미ㆍ중 무역분쟁 심화(2018년) 등 금융시장에 부정적 영향을 주는 사건이 발생할 때마다 급등락하였다. 2020년 3월 코로나19 확산에 따른 실물경제 위축으로 글로벌 금융위기 이후 가장 높은 69.2p를 기록한 이후 주가지수가 급반등하여 최고치를 기록하는 등 금융시장이 안정세를 보이면서 코로나19 이전 수준으로 낮아졌다.

❙ 그림 13-19 ❙ VKOSPI 및 코스피200 추이

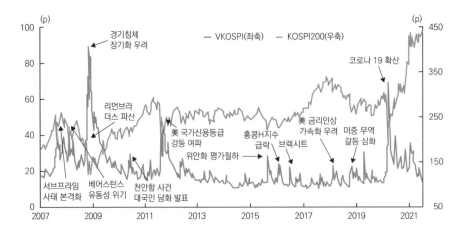

자료 : 한국거래소

---

5) 한국은행, 한국의 금융시장, 2021, 327-328쪽.

제1절 옵션의 개요

1. 옵션의 정의 : 기초자산을 행사가격으로 매입하거나 매도할 수 있는 권리
2. 옵션의 특징 : 옵션매입자는 권리만 보유하고 옵션매도자는 의무만 부담함
3. 옵션의 종류 : 콜옵션과 풋옵션, 유럽형옵션과 미국형옵션, 상품옵션과 금융옵션
4. 옵션의 기능 : 위험헤지의 기능, 레버리지의 기능, 합성증권의 창출

제2절 옵션의 만기가치

1. 콜옵션의 만기가치 : 매입자 $C_T = Max[S_T-E, 0]$, 매도자 $C_T = Min[E-S_T, 0]$
2. 풋옵션의 만기가치 : 매입자 $P_T = Max[E-S_T, 0]$, 매도자 $P_T = Min[S_T-E, 0]$

제3절 옵션의 투자전략

1. 순수포지션 : 하나의 주식이나 옵션만을 매입하거나 매도하는 전략
2. 헤지포지션 : 주식과 옵션을 결합하여 주식(옵션)의 손실을 옵션(주식)으로 보전
3. 스프레드 : 행사가격과 만기일만 상이한 옵션을 하나는 매입하고 다른 하나는 매도하는 전략
4. 콤비네이션 : 기초자산이 동일한 콜옵션과 풋옵션을 매입하거나 매도하는 전략

제4절 옵션가격결정의 개요

1. 옵션가격의 결정요인 : C 또는 $P = f(S, E, T, \sigma^2, R_f, D)$

결정요인	콜옵션가격	풋옵션가격
기초자산의 현재가격↑ 행사가격↑	상승 하락	하락 상승
만기까지 잔존기간↑ 기초자산의 가격분산↑	상승 상승	상승 상승
무위험이자율↑ 기초자산의 현금배당↑	상승 하락	하락 상승

2. 옵션가격의 결정범위
① 콜옵션가격의 범위 : $Max[S-PV(E), 0] \leq C \leq S$
② 풋옵션가격의 범위 : $Max[PV(E)-S, 0] \leq P \leq PV(E)$

3. 옵션가격의 구성 : 옵션가격 = 내재가치+시간가치

4. 풋–콜 등가 : 모든 조건이 동일한 콜옵션가격과 풋옵션가격간의 균형관계식
$$S+P-C = PV(E)$$

1. 다음 중 옵션에 대한 설명으로 옳지 않은 것은?

① 옵션은 조건부청구권으로 매입자의 의사에 따라 행사되지 않을 수도 있다.

② 옵션매도자는 옵션매입자가 권리를 행사하면 반드시 의무를 이행해야 한다.

③ 옵션은 불리한 가격변동으로 인한 위험에 대한 헤지수단이 된다.

④ 옵션은 기업가치에 중요한 영향을 미친다.

| 해설 | 옵션은 매도자와 매입자간의 거래이므로 기업가치와는 무관하다.

2. 다음 중 옵션에 대한 설명으로 옳지 않은 것은?

① 옵션에는 만기일에만 행사할 수 있는 옵션도 있을 수 있으나 대부분의 경우에 옵션은 만기일 이전에 아무 때나 행사할 수도 있다.

② 기초자산이 주식인 콜옵션의 현재가격은 그 주식의 현재가격이 아닌 거래가격에 의해 변동된다.

③ 옵션은 조건부청구권을 나타내는 증권의 일종으로 투자자들에게 위험을 회피할 수 있는 수단을 제공한다.

④ 기초자산을 매입할 수 있는 권리가 콜옵션이고, 매도할 수 있는 권리가 풋옵션이다.

⑤ 콜옵션의 현재가격은 기초자산 수익률의 변동성이 클수록 증가한다.

| 해설 |

결정요인	콜옵션가격	풋옵션가격
기초자산의 현재가격 ↑	상승	하락
행사가격 ↑	하락	상승
만기까지 잔존기간 ↑	상승	상승
기초자산의 가격분산 ↑	상승	상승
무위험이자율 ↑	상승	하락
기초자산의 현금배당 ↑	하락	상승

3. 완전자본시장에서 차익거래기회가 없다고 가정할 경우에 주식을 기초자산으로 하는 유럽형옵션에 관한 설명 중 가장 적절하지 않은 것은? 단, 문항에서 제시한 조건 이외에 다른 모든 조건은 일정하다.

① 주식가격이 상승하면 풋옵션의 가격은 하락한다.
② 행사가격이 클수록 콜옵션의 가격은 낮게 형성된다.
③ 잔존만기가 길수록 풋옵션의 가격은 높게 형성된다.
④ 무위험이자율이 상승하면 콜옵션의 가격은 상승한다.
⑤ 예상배당이 클수록 풋옵션의 가격은 높게 형성된다.

| 해설 | 만기가 유럽형 풋옵션의 가격에 미치는 영향은 명확하지 않다. 만기가 길수록 행사가격의 현재가치가 작아져서 풋옵션가격이 낮아지는 효과와 기초주식의 가격분산이 커져서 풋옵션 가격이 높아지는 효과도 있기 때문이다.

4. 다음 중 유럽형옵션의 가격변동에 대한 설명으로 옳지 않은 것은?

① 기초증권의 가격이 상승하면 콜옵션의 가격은 상승한다.
② 기초증권의 가격이 상승하면 풋옵션의 가격은 하락한다.
③ 기초증권의 수익률의 분산이 증가하면 콜옵션의 가격은 상승한다.
④ 기초증권의 수익률의 분산이 증가하면 풋옵션의 가격은 하락한다.
⑤ 무위험이자율이 상승하면 콜옵션의 가격은 상승한다.

| 해설 | 기초자산의 수익률의 분산이 증가하면 콜옵션이나 풋옵션 모두 가격이 상승한다.

5. 다음 중 옵션의 시간가치에 대한 설명으로 옳은 것은?

① 시간가치는 기초자산의 가격이 옵션매입자에게 유리한 방향으로 변동할 가능성 때문이다.
② 내재가치가 없는 외가격옵션은 시간가치도 없다.
③ 시간가치와 내재가치는 정비례한다.
④ 시간가치는 옵션의 만기와 무관하게 결정된다.

| 해설 | ② 내재가치가 없는 외가격옵션도 시간가치는 없다.
③ 시간가치는 등가격옵션에서 가장 크다.
④ 시간가치는 옵션의 만기에 근접하면 감소한다.

6. 현재 기초자산의 가격은 205포인트이고 행사가격이 210포인트인 콜옵션을 프리미엄 6에 매도한 경우에 어떤 상태에 있는 옵션인가?

① 외가격옵션(out of the money)

② 심외가격옵션(deep out of the money)

③ 내가격옵션(in of the money)

④ 등가격옵션(at the money)

| 해설 | 콜옵션매도자는 기초자산의 가격이 손익분기점(행사가격+콜옵션가격)보다 작을 경우에 이익이 발생한다.

구분	콜옵션	풋옵션
내가격(ITM)	기초자산가격(S) 〉 행사가격(E)	기초자산가격(S) 〈 행사가격(E)
등가격(ATM)	기초자산가격(S) = 행사가격(E)	기초자산가격(S) = 행사가격(E)
외가격(OTM)	기초자산가격(S) 〈 행사가격(E)	기초자산가격(S) 〉 행사가격(E)

7. 우리기업 주식의 현재가격은 20,000원이고 행사가격은 15,000원이다. 옵션의 만기일이 1개월 남은 우리기업의 콜옵션가격을 7,000원이라고 가정할 경우에 콜옵션의 시간가치는 얼마인가?

① 2,000원

② 3,000원

③ 4,000원

④ 5,000원

| 해설 | 옵션가격 = 내재가치+시간가치 → 시간가치 = 옵션가격-내재가치
내재가치는 5,000원(=20,000-15,000)이므로 시간가치는 2,000원이다.

8. 다음 중 옵션가격이 시간가치로만 구성되어 있는 경우로 옳은 것은?

가. 내가격옵션(ITM)	나. 등가격옵션(ATM)
다. 외가격옵션(OTM)	

① 가, 나

② 나, 다

③ 가, 다

④ 가, 나, 다

| 해설 | 옵션가격은 내재가치와 시간가치로 구성된다. 내가격상태의 옵션은 내재가치와 시간가치로 구성되고, 등가격상태나 외가격상태의 옵션가격은 시간가치로만 구성된다.

9. 다음 중 옵션의 시간가치와 내재가치에 대한 설명으로 옳은 것은?
   ① 시간가치는 기초자산의 가격이 옵션매입자에게 유리한 방향으로 변동할 가능성 때문에 발생한다.
   ② 내재가치는 옵션이 등가격(ATM)옵션이 될수록 커진다.
   ③ 시간가치는 옵션이 내가격(ITM)옵션이 될수록 커진다.
   ④ 시간가치는 옵션의 만기와는 무관하다.
   ⑤ 만기가 많이 남은 옵션일수록 옵션의 내재가치가 크다.

   | 해설 | ②와 ⑤는 시간가치에 대한 설명이며, ③은 시간가치에 대한 설명이다. 시간가치는 옵션의 만기가 길수록 커진다.

10. 현재 한국거래소에서 10,000원에 거래되는 동국기업의 주식을 기초자산으로 하는 유럽형 콜옵션과 풋옵션을 거래하려고 한다. 옵션의 만기가 1개월 남았을 경우 다음 중 내재가치가 가장 큰 옵션은?
    ① 행사가격 8,000원인 풋옵션   ② 행사가격 8,500원인 콜옵션
    ③ 행사가격 10,000원인 콜옵션   ④ 행사가격 10,000원인 풋옵션

    | 해설 | 콜옵션의 내재가치 = 기초자산의 가격 − 행사가격
    풋옵션의 내재가치 = 행사가격 − 기초자산의 가격

11. 투자자 홍길동은 행사가격이 25,000원인 콜옵션을 4,000원에 2개 매입하였고, 행사가격이 40,000원인 콜옵션을 2,500원에 1개 발행하였다. 옵션의 만기일에 기초주식가격이 50,000원, 옵션의 기초주식과 만기일은 동일하며 거래비용은 없다고 가정하여 이러한 투자전략의 만기가치와 투자자의 만기손익을 각각 구하면?

	투자전략의 만기가치	투자자의 만기손익
①	15,000원	13,500원
②	25,000원	23,500원
③	30,000원	27,000원
④	35,000원	30,000원
⑤	40,000원	34,500원

    | 해설 | 행사가격 25,000원 콜옵션의 가치 : $C = Max[50,000 - 25,000, 0] = 25,000$원
    행사가격 40,000원 콜옵션의 가치 : $C = Max[50,000 - 40,000, 0] = 10,000$원
    투자자의 만기가치 = 25,000원×2개−10,000원×1개 = 40,000원
    현재시점 투자금액 = 4,000원×2개−2,500원×1개 = 5,500원
    투자자의 만기손익 = 40,000원−5,500원 = 34,500원

12. 동국기업의 주식은 다음과 같은 확률분포를 가지고 있다. 동국기업의 주식에 대해 유럽형 콜옵션이 발행되었고, 옵션만기일은 3개월 후이며 행사가격은 5,000원이다. 옵션의 만기일에 콜옵션 기대값은 얼마인가?

주가	2,000원	4,000원	6,000원	8,000원	10,000원
확률	0.1	0.2	0.4	0.2	0.1

① 500원   ② 1,000원
③ 1,500원   ④ 2,000원
⑤ 3,000원

| 해설 | E(C) = 1,000×0.4+3,000×0.2+5,000×0.1 = 1,500원

13. 다음 중 콜옵션매입자는 기초자산의 가격이 어떤 범위에 있을 경우 이익을 얻을 수 있는가?

① 기초자산의 가격〉행사가격
② 기초자산의 가격〈행사가격
③ 기초자산의 가격〉행사가격+콜옵션가격
④ 기초자산의 가격〈행사가격+콜옵션가격

| 해설 | 콜옵션매입자는 기초자산의 가격이 손익분기점(행사가격+콜옵션가격)보다 클 경우에 이익이 발생한다.

14. 다음 중 풋옵션매입자는 기초자산의 가격이 어떤 범위에 있을 경우 이익을 얻을 수 있는가?

① 기초자산의 가격〉행사가격
② 기초자산의 가격〈행사가격
③ 기초자산의 가격〉행사가격－풋옵션가격
④ 기초자산의 가격〈행사가격－풋옵션가격

| 해설 | 풋옵션매입자는 기초자산의 가격이 손익분기점(행사가격－풋옵션가격)보다 작을 경우에 이익이 발생한다.

15. 다음 중 주가가 하락할 것으로 예상하여 주식을 공매한 투자자가 불리한 가격변동위험을 회피할 수 있는 방법은?

① 콜옵션을 매입한다.   ② 콜옵션을 매도한다.

③ 풋옵션을 매입한다.   ④ 풋옵션을 매도한다.

| 해설 | 주가가 하락할 것으로 예상하여 주식을 공매한 투자자는 예상과 달리 주가가 상승하면 손실을 입게 된다. 이때 주식공매와 함께 콜옵션을 매입하면 손실을 크게 줄일 수 있다.

16. 콜옵션을 보유한 투자자 홍길동은 기초자산인 주식가격이 앞으로 상승할 것으로 예상하여 주식을 매입하고자 한다. 주식을 매입하지 않고 콜옵션과 결합하여 주식을 매입한 경우와 동일한 투자성과를 실현시킬 수 있는 방법은?

① 풋옵션매입   ② 풋옵션매도

③ 콜옵션매도   ④ 주식공매

| 해설 | 콜옵션을 매입하고 동일한 조건의 풋옵션을 매도할 경우에 주식을 매입한 경우와 동일한 손익을 얻을 수 있다. $S+P-C = PV(E) \rightarrow C-P = S-PV(E)$

17. 풋옵션을 보유한 투자자 홍길동은 기초자산인 주식가격이 앞으로 하락할 것으로 예상하여 주식을 공매하고자 한다. 주식을 공매하지 않고 풋옵션과 결합하여 주식을 공매한 경우와 동일한 투자성과를 실현시킬 수 있는 방법은?

① 콜옵션매입   ② 콜옵션매도

③ 풋옵션매도   ④ 주식매입

| 해설 | 풋옵션을 매입하고 동일한 조건의 콜옵션을 매도할 경우에 주식을 공매한 경우와 동일한 손익을 얻을 수 있다. $S+P-C = PV(E) \rightarrow P-C = PV(E)-S$

18. 다음 중 풋-콜 등가(put-call parity)로 옳은 것은?

① 주식매입+풋옵션매입 = 콜옵션매입+채권매입

② 주식매입+풋옵션매도 = 콜옵션매도+채권매입

③ 주식매입+풋옵션매입 = 콜옵션매도+채권매입

④ 주식매입+풋옵션매도 = 콜옵션매입+채권매입

| 해설 | $S+P-C = PV(E) \rightarrow S+P = C+PV(E)$

19. (주)가나다는 만기가 1년이고 행사가격이 10,000원인 유럽형 콜옵션과 풋옵션을 발행하였다. 가나다의 현재주가는 10,000원이고, 액면가액이 10,000원인 1년 만기 무위험채권의 가격은 9,000원이다. 현재 콜옵션의 가격이 2,000원이라고 가정할 경우에 풋옵션의 가격은 얼마인가?

① 1,000원   ② 1,500원

③ 2,000원   ④ 2,500원

| **해설** | 액면가액이 10,000원인 1년 만기 무위험채권의 가격은 9,000원이다. 풋–콜 등가를 이용하면 행사가격의 현재가치는 9,000원이 되고, 풋옵션가격은 1,000원이 된다.

$$P = -S + C + \frac{E}{(1+R_f)^T} = -10,000 + 2,000 + 9,000 = 1,000$$

20. 다음 중 행사가격이 동일한 풋–콜 등가에 대한 설명으로 옳은 것은?

① 동일한 기초주식에 대해 발행된 동일한 만기의 등가격 풋옵션과 콜옵션의 가격은 항상 같다.

② 동일한 기초주식에 대해 발행된 동일한 만기의 풋옵션과 콜옵션간에는 일정한 관계가 유지되어야 한다.

③ 동일한 기초주식에 대해 발행된 동일한 만기의 등가격 풋옵션과 콜옵션의 가격은 평행으로 움직인다.

④ 만기가 서로 다른 풋옵션과 콜옵션의 경우에도 풋–콜 등가는 성립한다.

| **해설** | 시장균형상태에서 기초자산, 행사가격, 만기일이 모두 동일한 풋옵션가격과 콜옵션가격은 일정한 관계를 갖는데, 이를 풋–콜 등가(put–call parity)라고 한다.

정답

1. ④   2. ②   3. ③   4. ④   5. ①   6. ③   7. ①   8. ②   9. ①   10. ③
11. ⑤   12. ③   13. ③   14. ④   15. ①   16. ②   17. ②   18. ①   19. ①   20. ②

Chapter

14

스왑시장

스왑금융은 거래당사자의 한쪽이 상대방에게 고정(변동)금리를 지급하는 대신 변동 (고정)금리를 수취하기로 약정한 계약으로 계약내용이 거래당사자의 합의에 의해 결정되고 장외시장에서 거래된다는 점에서 선도거래와 유사하다. 스왑거래를 이용하면 금리변동이나 환율변동에 따른 위험을 효과적으로 관리할 수 있다.

제1절 스왑거래의 개요

1. 스왑거래의 등장

스왑거래의 기원은 1970년대 초 미국과 영국간에 성행했던 평행대출과 국제상호직접대출에서 찾을 수 있다. 당시 대부분의 국가들은 국내자금의 해외유출을 막기 위해 외환통제가 엄격했는데, 금융기관과 다국적기업들은 외환통제를 회피하기 위한 수단으로 평행대출과 국제상호직접대출을 많이 이용하였다.

1980년대 들어 통화스왑을 포함한 스왑금융은 금리변동과 환율변동에 따른 위험을 효과적으로 관리하는 동시에 차입비용도 절감하는 금융기법으로 발전되어 왔다. 최근에는 다국적기업을 비롯한 개별기업이 스왑거래를 적극 활용하고 있으며, 세계은행 등 국제금융기구와 정부도 스왑금융시장에 참여하고 있다.

스왑거래는 외환시장에서 이종통화간 현물환거래와 선물환거래가 반대방향으로 동시에 이루어지는 거래로서 환위험을 회피하거나 통화간 일시적인 불균형을 해소하기 위한 수단으로 널리 이용되었다. 그러나 최근에는 금리스왑, 통화스왑 그리고 외환스왑 등 거래목적에 따라 다양한 형태로 발전해 가고 있다.

스왑거래는 국제무역에서 비교우위의 원리를 금융거래에 응용한 것이다. 개별기업이나 금융기관들은 서로 다른 금융시장에서 자금을 조달하기 때문에 비교우위가 발생한다. 따라서 비교우위가 있는 시장에서 자금을 차입한 후 차입금리, 지급조건을 서로 교환하면 이익을 얻기 때문에 스왑거래가 이루어진다.

스왑거래는 이용이 편리하고 다양한 상품이 개발될 수 있다는 장점으로 외환금융거래상품 가운데 빠른 속도로 증가하고 있다. 또한 국제스왑딜러협회(ISDA)가 금리스왑과 통화스왑의 표준계약을 발행하면서 스왑시장의 유동성은 크게 증가하였다. 오늘날 스왑거래는 일반증권과 같은 형태로 발전해 가고 있다.

┃그림 14-1┃ 직접대출, 평행대출, 국제상호직접대출의 현금흐름

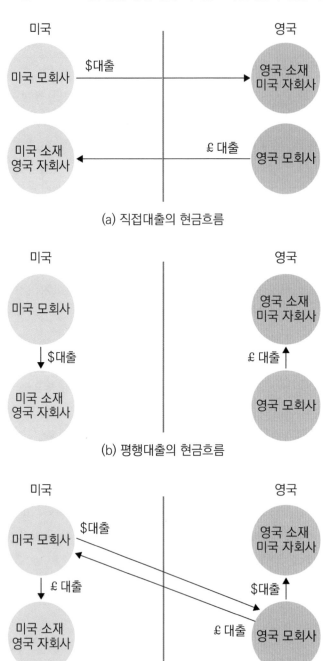

(a) 직접대출의 현금흐름

(b) 평행대출의 현금흐름

(c) 국제상호직접대출의 현금흐름

(a)는 미국 모회사가 영국소재 미국 자회사에 달러자금을 직접대출하거나 영국 모회사가 미국소재 영국 자회사에 파운드자금을 직접대출하는 경우의 현금흐름을 나타낸다. 미국과 영국의 모회사가 직접대출에서 외환통제를 받을 경우에 양국의 모회사는 평행대출을 통해 자국소재 상대국 자회사에 자국통화를 대출할 수 있다.

(b)는 미국 모회사가 미국소재 영국 자회사에 달러자금을 대출해 주는 대신에 영국 모회사는 영국소재 미국 자회사에 파운드자금을 대출해 주는 평행대출의 현금흐름을 나타내며 국제간에 자금이동이 발생하지 않아 정부의 외환통제를 회피할 수 있는 반면에 대출과정에 금융기관이 개입하지 않아 신용위험이 발생할 수 있다.

(c)는 미국과 영국의 모회사가 달러자금과 파운드자금을 상호 직접대출한 후 이를 다시 양국의 자회사에 평행대출을 실시할 경우 현금흐름을 나타낸다. 국제상호직접대출은 양국의 모회사가 채무를 상계할 수 있어 평행대출보다 신용위험을 감소시킬 수 있으나 국가간에 자금이동이 발생하여 정부의 외환통제를 피할 수 없다.

1971년 미국의 닉슨대통령이 금태환 중지를 선언한 이후에 브레튼우즈협정이 붕괴되고 고정환율제도가 변동환율제도로 전환되면서 외환통제는 점차 철폐되었다. 이에 따라 다국적기업들은 세계 각국의 자회사에 자금을 무제한으로 대출할 수 있었던 반면에 변동환율제도의 시행으로 환율변동위험이 크게 증가하였다.

한편 1970년대 두 차례의 오일쇼크에 의한 인플레이션과 세계경제의 불황으로 각국 금리변동이 확대되는 상황에서 직접대출시 발생하는 환위험과 평행대출시 발생하는 신용위험을 제거할 수 있는 통화스왑이 1976년에 영국에서 등장하였다. 또한 1981년에는 금리변동위험을 제거하기 위한 금리스왑이 개발되었다.

2. 스왑거래의 정의

스왑(swap)은 교환한다는 의미이다. 교환의 대상이 원유나 곡물과 같은 일반상품이면 상품스왑이라 하고, 통화나 채권과 같은 금융상품이면 금융스왑이라고 한다. 금융스왑은 미래의 정해진 기간 또는 기간 동안에 각자가 소유한 서로 다른 현금을 교환하기로 스왑거래의 당사자간에 약정을 체결한 계약을 의미한다.

스왑거래는 거래당사자가 미래현금흐름을 일정기간 교환하기로 약정한 계약으로 계약내용이 당사자의 합의에 의해 결정되고 장외시장에서 사적인 형태로 계약이 체결된다는 점에서 선도거래와 유사하다. 다만, 선도거래가 미래의 한 시점에서 현금흐름을 교환하지만 스왑거래는 여러 시점에서 현금흐름을 교환한다.

전통적 스왑거래는 외환시장에서 이종통화간의 현물환거래와 선물환거래가 서로 반대방향으로 동시에 이루어지는 이중거래를 말한다. 대부분 환포지션을 커버하여 환율 변동에 따른 환위험을 회피하거나 외환시장에서 이종통화간에 일시적인 자금수지의 불균형을 해소하기 위한 수단으로 이용되어 왔다.

최근에 스왑금융은 시장간 스프레드의 차익거래를 통해 위험부담 없이 추가적인 이익실현을 가능하게 하고 차입비용의 절감과 이종통화간 자금수지의 불균형에 의한 유동성제약을 해소한다. 또한 새로운 시장에의 접근을 용이하게 하는 등 과거의 스왑거래에 비해서 다양한 이용가치를 제공하고 있다.

스왑거래가 성립되기 위해서는 스왑거래당사자들의 거래조건에 대한 합의가 이루어져야 한다. 그런데 스왑계약을 체결하면 스왑거래를 하지 않았을 경우에 얻을 수 있는 기회이익을 포기해야 하고 스왑거래 자체의 거래불이행에 따른 신용위험과 시장위험이 내포되어 있다는 점에 유의할 필요가 있다.

3. 스왑거래의 종류

국제금융시장의 통합화, 정보기술의 혁신 그리고 장부외거래의 신장을 배경으로 급속히 발전한 스왑거래는 거래대상과 교환되는 현금흐름에 따라서 이자지급조건을 교환하는 금리스왑, 서로 다른 통화의 원리금상환의무를 교환하는 통화스왑, 금리스왑과 통화스왑을 결합한 혼합스왑 그리고 외환스왑으로 구분된다.

(1) 금리스왑

금리스왑(interest rate swap)은 스왑거래의 당사자가 동일한 통화로 표시된 각자의 차입금에 대한 이자지급의무를 서로 교환하여 지급하기로 약정한 거래를 말한다. 스왑에서 가장 큰 비중을 차지하는 금리스왑은 차입금에 대한 금리변동위험의 헤지나 차입비용을 절감하기 위해서 이루어진다.

금리스왑은 동일한 통화로 표시된 차입금을 부담할 경우 변동금리와 고정금리를 교환하는 형태로 거래가 발생하기 때문에 환위험이 발생하지 않는다. 특히 순수한 금리스왑은 통화스왑과 달리 스왑거래의 당사자가 실제로 원금상환의무를 교환하지 않고 성격이 다른 이자지급의무만 서로 교환한다.

(2) 통화스왑

통화스왑(currency swaps)은 스왑거래의 당사자가 상이한 통화로 차입한 자금의 원리금상환의무를 서로 교환하여 지급하기로 약정한 거래를 말한다. 즉 상이한 통화로 표시된 명목원금을 교환하고, 만기까지 명목원금에 기초하여 상이한 통화로 표시된 이자를 지급하며, 만기일에 약정한 환율로 명목원금을 다시 교환한다.

금리스왑은 동일한 통화간 변동금리와 고정금리를 교환하는 반면 통화스왑은 상이한 통화의 금리와 원금을 교환한다. 통화스왑이 금리조건을 교환한다는 점에서는 금리스왑과 같지만 거래시점과 종료시점에 원금의 실질적인 교환이 수반되고 서로 다른 통화간의 교환으로서 외환스왑의 성격을 가지고 있다는 점에서 다르다.

(3) 혼합스왑

혼합스왑(cocktail swap)은 금리스왑과 통화스왑을 혼합한 형태의 거래를 말하며 통상 은행이 스왑중개기관으로서의 기능을 수행하고 복합스왑 또는 통화금리스왑이라고도 한다. 이는 거래대상이 되는 자산의 표시통화가 서로 다르며, 금리기준도 서로 다른 경우를 말하며 원금은 물론 이자지급의무도 교환된다.

(4) 외환스왑

외환스왑(FX swap)은 스왑거래의 당사자가 현재환율로 서로 다른 통화를 교환하고 일정기간이 경과한 후 계약시점에 약정한 선물환율로 원금을 재교환하기로 하는 거래를 말한다. 즉 동일한 거래상대방과 현물환과 선물환, 만기가 상이한 선물환과 선물환, 현물환과 현물환을 서로 반대방향으로 동시에 매매한다.

(5) 자산스왑

자산스왑(asset swap)은 스왑금융을 이용하여 채권의 현금흐름을 변환시키는 거래를 말하며 금융기관들이 장기고정금리자산을 변동금리자산으로 전환하기 위한 수단으로 활용하고 있다. 예컨대 고정금리채권을 매입하고 고정금리지급 금리스왑계약을 체결하면 변동금리채권의 매입포지션을 합성하는 효과를 갖는다.

(6) 상품스왑

상품스왑(commodity swap)은 스왑거래의 상대방에게 일정수량의 상품에 대해서 고정된 단위당 가격을 적용하여 정기적으로 지급하고 상대방으로부터 고정가격 대신에 현재의 시장가격을 수령하는 거래를 말한다. 여기서 가격결정의 대상이 되는 기초자산은 동일한 상품이 될 수도 있고 상이한 상품이 될 수도 있다.

4. 스왑거래의 기능

스왑거래는 장외파생상품으로 장내파생상품인 선물거래와 옵션거래에 비해 거래비용은 높고 유동성은 낮으나 융통성은 높고 신용위험에 대한 노출도 크다. 스왑거래는 차입비용의 절감, 이자수익의 증대, 가격위험의 헷지, 시장규제의 회피, 금융시장의 보완, 합성상품의 창출 등 다양한 목적으로 활용되고 있다.

(1) 차입비용의 절감

국제금융시장에서 차입자의 신용도, 개별시장의 특성, 지역간 금융환경의 차이로 인해 기업들은 서로 다른 차입조건을 갖는다. 이때 두 차입자가 상대적으로 비교우위가 있는 금융시장에서 자금을 조달한 후 현금흐름을 교환하면 차입비용을 절감할 수 있고, 금리위험과 환위험을 효과적으로 관리할 수 있다.

예컨대 한쪽은 고정금리 자금조달에 비교우위가 있으나 변동금리 자금조달을 원하고 다른 쪽은 변동금리 자금조달에 비교우위가 있으나 고정금리 자금조달을 원하는 경우 비교우위가 있는 자금조달방법으로 자금을 조달한 후 이자지급의무를 서로 교환하는 금리스왑을 체결하면 차입비용을 절감할 수 있다.

(2) 이자수익의 증대

금융시장에서 변동금리자산에 투자한 투자자는 미래에 금리가 하락할 것으로 예상되는 경우 변동금리자산을 고정금리자산으로 변경시키고, 고정금리자산에 투자한 투자자는 미래에 금리가 상승할 것으로 예상되는 경우 고정금리자산을 변동금리자산으로 변경시키면 이자수익을 증대시킬 수 있다.

차입자가 스왑거래를 이용하여 변동금리부채를 고정금리부채로 변경시키고, 고정금

리부채를 변동금리부채로 변경시켜 차입조건을 개선하면 이자부담과 금리위험을 크게
줄일 수 있다. 그리고 개별기업과 금융기관들이 스왑거래를 이용하면 장래의 자금수지나
환위험을 쉽게 관리할 수 있게 된다.

(3) 가격위험의 헤지

스왑거래를 이용하면 금리와 환율의 변동에 따라 발생하는 가격변동위험을 헤지할
수 있다. 선물거래과 옵션거래는 단기헤지에 이용되는 반면 스왑거래는 장기간 헤지에도
사용할 수 있다. 또한 신용도가 높은 중개은행에 의해 스왑거래가 이루어지는 경우 거래
상대방의 위험노출도 크게 줄어든다.

(4) 시장규제의 회피

장래에 발생할 자금의 유출입이 기간별·통화별로 불일치하거나 중장기 외화자금의
거래증가로 헤지가 어려운 경우 스왑은 정상적인 거래를 어렵게 하거나 불가능하게 하
는 각국의 조세, 금융, 외환규제를 회피하는 수단으로 이용되어 각종 규제가 있는 시장
에서 기대할 수 없었던 이익을 얻을 수 있다.

(5) 금융시장의 보완

스왑거래는 장기계약과 유동성이 낮은 통화에 대한 계약도 가능하기 때문에 선물시
장과 옵션시장이 충족시키지 못하는 위험헤지에 대한 보완적 기능을 수행한다. 특히 금
융시장에서 신인도가 낮아 자본시장에 접근이 어려운 경우 신인도가 높은 차입자와 스
왑거래를 체결하면 차입비용을 절감할 수 있다.

제2절 금리스왑의 개요

1. 금리스왑의 정의

금리스왑(interest rate swap)은 동일한 통화로 표시된 채무를 부담하고 있는 스왑거래

의 당사자가 계약기간동안 일정한 간격으로 이자지급의무를 교환하여 부담하기로 약정한 계약을 말한다. 금리스왑은 이자지급의무만 교환하고 원금상환의무는 교환하지 않는다는 점에서 통화스왑과 차이가 있다.

금리스왑은 고정금리로 자금차입을 원하지만 변동금리로 보다 유리하게 차입할 수 있는 차입자와 변동금리로 자금차입을 원하지만 고정금리로 보다 유리하게 차입할 수 있는 차입자가 일정금액에 대해 서로 다른 조건의 이자지급의무를 상호 교환하는 거래를 말하며 부외거래의 성격을 갖고 있다.

대부분의 금리스왑은 LIBOR, 프라임레이트 등에 연계된 변동금리채무와 고정금리채 발행에 따른 고정금리채무를 교환하는 거래가 주축을 이루고 있다. 금리스왑은 동일한 통화에 대해 이자만 교환되는 단일통화 금리스왑과 상이한 통화에 대해 원리금이 교환되는 이종통화 금리스왑으로 구분된다.

2. 금리스왑의 종류

금리스왑은 표준형 스왑과 비표준형 스왑으로 구분한다. 표준형 스왑은 스왑거래 당사자가 동일한 명목원금에 대해 고정금리와 변동금리를 일정기간 동일한 통화로 교환하기로 약정한 계약으로서 변동금리는 매기간 초일에 확정하여 매기간 말일에 고정금리와 교환하되 실제로는 상호지급분의 차액을 교환한다.

비표준형 스왑에는 원금변동형스왑, 베이시스스왑, 선도스왑 등이 있다. 원금변동형스왑은 명목원금이 고정되어 있지 않고 스왑기간이 경과함에 따라 미리 약정한 방식에 의해 명목원금이 변하는 형태의 스왑을 말한다. 여기에는 원금증가형스왑, 원금감소형스왑 그리고 원금증감형스왑의 세 가지로 구분된다.

(1) 고정-변동금리스왑

일반적으로 금리스왑은 이자지급조건을 고정금리에서 변동금리 또는 변동금리에서 고정금리로 교환한다. 따라서 한쪽은 고정금리를 지급하고 다른 쪽은 변동금리를 지불하며 고정금리는 이표채의 표면이자를 반영하므로 쿠폰스왑(coupon swap) 또는 표준형 금리스왑(plain vanilla interest rate swap)이라고도 한다.

예컨대 A기업은 채권시장에서 고정금리로 채권을 발행하여 자금을 조달한 후에 변동금리로 이자지급을 교환하는 스왑거래를 B은행과 체결하였다고 가정하자. 이때 A기업은 이자율이 하락하면 손실이 발생할 위험에 노출되어 있기 때문에 변동금리지급자로 금리스왑을 체결하면 금리하락위험을 회피할 수 있게 된다.

▌그림 14-2▌ 쿠폰스왑

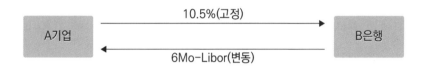

(2) 베이시스스왑

베이시스스왑(basis swap)은 서로 다른 변동금리부 이자지급조건을 교환하는데 거래당사자 모두 산정방식이 서로 다른 변동금리를 기준으로 이자를 계산하여 변동금리를 지급한다. 예컨대 A기업은 3개월 LIBOR 변동금리로 자금을 차입한 후 이를 B은행과 미국 회사채수익률과 이자지급을 교환하는 경우가 여기에 해당한다.

▌그림 14-3▌ 베이시스스왑

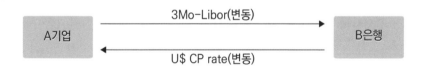

(3) 크로스커런시스왑

크로스커런시스왑은 상이한 통화간 이자지급조건을 교환하는 스왑거래를 말한다. 예컨대 A기업은 스위스 프랑으로 자금을 차입한 후 스위스 프랑의 차입금리인 고정금리를 B은행과 변동금리인 미국달러표시 6개월 Libor로 교환하는 스왑거래이다. 그러나 통화스왑과 달리 이종통화간 원금교환은 발생하지 않는다.

▌그림 14-4▌ 크로스커런시스왑

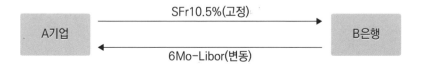

3. 금리스왑의 활용1)

(1) 헤지거래

스왑은 금리변동위험을 헤지할 수 있는 수단을 제공한다. 고정금리부 자산과 부채의 듀레이션 불일치로 발생하는 금리변동위험을 헤지하기 위해 금리스왑이 이용된다. 예컨대 고정금리부 자산이 부채보다 많은(적은) 경우 채권매도(매수)와 같은 효과를 갖는 고정금리 지급부(수취부)거래를 하면 금리변동위험이 감소된다.

┃표 14-1┃ 보유 자산 및 부채의 금리변동위험 헤지거래

고정금리부 자산 및 부채의 듀레이션	금리스왑거래		효과
	변동금리	고정금리	
자산 > 부채	수취	지급	금리변동 위험 감소
자산 < 부채	지급	수취	금리변동 위험 감소

(2) 투기거래

향후 금리전망을 바탕으로 금리스왑을 할 경우에 투기적인 이익을 실현할 수 있다. 즉 금리상승이 예상될 경우에 고정금리지급 스왑포지션을, 반대로 금리하락이 예상될 경우에 고정금리수취 스왑포지션을 취하는 것이 이익을 얻을 수 있는 방법이다. 다만 금리전망이 틀릴 경우에는 손실을 감수해야 한다.

┃표 14-2┃ 금리전망에 따른 투기거래

금리 전망	금리스왑거래		효과
	변동금리	고정금리	
상승 예상	수취	지급	변동금리와 고정금리간 차익 획득 가능
하락 예상	지급	수취	

(3) 차익거래

채권시장과 금리스왑시장을 연계한 거래를 통해 이익을 획득할 수도 있다. 즉 저평

---

1) 한국은행, 한국의 금융시장, 2021, 367-368쪽.

가된 채권의 현물 또는 선물을 매입함과 동시에 고정금리지급부 금리스왑을 거래하거나 고평가된 채권의 현물 또는 선물을 매도함과 동시에 고정금리수취부 금리스왑을 거래함으로써 거래차익을 획득할 수 있게 된다.

▌표 14-3▐ 현선물 및 금리스왑간 차익거래

채권 현·선물		금리스왑거래		효과
평가	거래	변동금리	고정금리	
저평가	매입	수취	지급	채권 현·선물과 금리스왑간 차익
고평가	매도	지급	수취	획득 가능

4. 금리스왑의 설계

현재 국제금융시장에서 신용도가 높은 A기업과 신용도가 낮은 B기업의 차입조건이 다음과 같다고 가정하자.

▌표 14-4▐ 차입조건

기업	고정금리	변동금리
A	10.0%	LIBOR+0.4%
B	11.2%	LIBOR+1.0%
금리차이	1.2%	0.6%

고정금리시장과 변동금리시장에서 모두 절대우위에 있는 A기업은 고정금리 자금조달에 비교우위가 있으나 변동금리로 자금조달을 원하고, B기업은 변동금리 자금조달에 비교우위가 있으나 고정금리로 차입을 원한다고 가정하자.

A기업은 비교우위가 있는 고정금리로 차입하고 B기업은 변동금리로 차입한 다음 이자지급의무를 서로 교환하는 금리스왑을 체결하면 고정금리의 차이 1.2%와 변동금리의 차이 0.6%의 차이인 0.6%의 차입비용을 절감할 수 있다.

(1) 은행의 중개가 없는 경우

은행의 중개없이 스왑계약을 체결하여 차입비용의 절감으로 인한 이득을 50%씩 분배할 경우 변동금리로 차입을 원하는 A기업은 원래의 변동금리 LIBOR+0.4%보다 0.3%

가 낮은 LIBOR+0.1%에, 고정금리로 차입을 원하는 B기업은 원래의 고정금리 11.2%보다 0.3%가 낮은 10.9%에 자금조달효과가 있도록 스왑계약을 체결한다.

A기업은 외부대출자에게 연 10%의 이자를 지급하고, B기업으로부터 연 9.9%의 이자를 수령한다. 또한 B기업에게 LIBOR의 이자를 지급하는 세 가지 현금흐름을 모두 고려할 경우 A기업은 연 LIBOR+0.1%의 이자를 지급하는 것이 되어 변동금리시장에서 직접 지급할 때보다 연 0.3%의 이자를 절감할 수 있다.

B기업은 외부대출자에게 LIBOR+1%의 이자를 지급하고, A기업으로부터 LIBOR의 이자를 수령한다. 또한 A기업에게 연 9.9%의 이자를 지급하는 세 가지 현금흐름을 모두 고려할 경우 B기업은 연 10.9%의 이자를 지급하는 것이 되어 고정금리시장에서 직접 지급할 때보다 연 0.3%의 이자를 절감할 수 있다.

스왑거래가 없었다면 A기업이 부담해야 하는 변동금리는 LIBOR+0.4%이고, B기업이 부담해야 하는 고정금리는 11.2%이다. 그러나 스왑거래를 이용하면 A기업은 LIBOR+0.1%의 변동금리로, B기업은 10.9%의 고정금리로 차입할 수 있어 두 기업 모두 0.3%의 차입비용을 절감할 수 있게 된다. 금리스왑거래를 통해서 A기업과 B기업이 얻게 되는 차입비용의 절감효과를 분석하면 다음과 같다.

구분	A기업	B기업
자사의 차입금에 대한 이자	10%	LIBOR+1.0%
상대방에게 지급하는 이자	LIBOR	9.9%
상대방으로부터 받는 이자	(9.9%)	(LIBOR)
실제로 부담하는 이자	LIBOR+0.1%	10.9%
스왑거래 이전의 이자	LIBOR+0.4%	11.2%
차입비용의 절감효과	0.3%	0.3%

┃그림 14-5┃ 은행의 중개가 없는 금리스왑

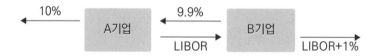

(2) 은행의 중개가 있는 경우

스왑중개인으로서 은행은 스왑거래 당사자의 요구조건을 충족시킬 수 있는 스왑계

약을 설계해 주고 호가스프레드(bid−ask spread)의 형태로 스왑거래에 따른 차입비용 절
감액의 일부를 수수료로 가져간다. 스왑딜러인 은행이 중개하는 스왑계약의 설계방법은
무수히 많은데 그중 하나는 다음과 같다.

　A기업은 10.00%의 고정금리로 자금을 조달한 후 은행과 6개월 LIBOR＋0.20%의 변
동금리를 지급하고 10.00%의 고정금리를 수취하는 스왑계약을 체결하면 A기업이 부담
하는 금리수준은 LIBOR＋0.20%가 되는데, 이는 변동금리시장을 이용할 경우에 부담하
는 수준 LIBOR＋0.40%보다 0.20% 낮은 수준이다.

　B기업은 LIBOR＋1.00% 변동금리로 자금을 조달한 후 은행과 고정금리 11.00%를 지
급하는 대신 6개월 LIBOR＋1.00%의 변동금리를 수취하는 스왑계약을 체결하면 B기업이
부담하는 금리수준은 11.00%가 되는데, 이는 고정금리시장을 이용할 경우에 부담하는
수준 11.20%보다 0.20% 낮은 수준이다.

　은행은 변동금리로 LIBOR＋0.20%를 받아 LIBOR＋1.00%를 지급하고, 고정금리로
11.00%를 받아 10.00%를 지급하여 그 차이에 해당하는 0.2%의 스프레드를 수익으로 얻
는다. 따라서 고정금리차이 1.20%에서 변동금리차이 0.60%를 차감한 0.60%를 세 당사자
가 모두 동일한 크기로 나누어 갖는다. 금리스왑거래를 통해서 A기업과 B기업이 얻게
되는 차입비용의 절감효과를 분석하면 다음과 같다.

구분	A기업	B기업
자사의 차입금에 대한 이자	10%	LIBOR＋1.0%
중개은행에 지급하는 이자	LIBOR＋0.2%	11%
중개은행으로부터 받는 이자	(10%)	(LIBOR＋1.0%)
실제로 부담하는 이자	LIBOR＋0.2%	11.0%
스왑거래 이전의 이자	LIBOR＋0.4%	11.2%
차입비용의 절감효과	0.2%	0.2%

▐ 그림 14-6 ▐ 은행의 중개가 있는 금리스왑

5. 국내 금리스왑시장

(1) 거래조건

금리스왑의 만기는 3개월에서 20년물까지 다양하나 주로 1~5년물이 거래된다. 일반적으로 최소거래단위금액은 100억원이며 100억원 단위로 추가된다. 고정금리와 변동금리는 3개월마다 교환되는데 동 변동금리는 한국금융투자협회가 발표하는 최종호가수익률 기준 CD(91일물)금리를 주로 이용하고 있다.[2]

스왑금리(swap rate)는 변동금리와 교환되는 고정금리를 말하며 우리나라는 자금중개회사가 발표하는 offer금리와 bid금리를 평균하여 사용한다. 즉 offer금리는 스왑은행이 고객에게 변동금리를 주는 대신 받고자 하는 고정금리를, bid금리는 스왑은행이 변동금리를 받는 대신 지급하고자 하는 고정금리를 말한다.

┃표 14-5┃ 만기별 금리스왑 호가 금리[1]

(단위 : %)

구분	1년	2년	3년	4년	5년	7년	10년
offer	1.0300	1.3250	1.4800	1.5800	1.6500	1.7150	1.8100
bid	1.0200	1.2950	1.4700	1.5700	1.6400	1.6850	1.7700
평균	1.0250	1.3100	1.4750	1.5750	1.6450	1.7000	1.7900

주 : 1) 2021년 6월말 기준
자료 : Bloomberg

금리스왑에서 스프레드는 스왑금리와 무위험채권수익률간의 차이를 말한다. 금리스왑 스프레드는 현재 3년 만기 스왑금리와 3년 만기 국고채 수익률간의 차이가 주로 이용되고 있다. 그런데 1·2·5·10년 만기 스왑금리와 1·2년 만기 통화안정증권 및 5·10년 만기 국고채 수익률과의 차이가 종종 이용되기도 한다.

금리스왑에서 스프레드는 금리전망, 거래상대방 신용위험, 국채 및 스왑시장 수급의 요인에 의해 변한다. 스왑은행이 금리하락을 예상하여 변동금리를 지급하고 고정금리를 받고자 할 경우 고정금리수취 스왑수요 증가로 스왑은행이 받고자 하는 고정금리가 떨어지면서 국고채 수익률과의 스프레드가 축소된다.

---

2) 한국은행, 한국의 금융시장, 2021, 370-375쪽.

(2) 참가기관

금리스왑시장은 대고객시장과 은행간시장으로 구분된다. 대고객시장은 자산운용회사, 보험회사, 연기금, 신용도가 높은 기업 등 고객이 스왑은행, 즉 KDB산업은행 등 신용도가 높은 국내은행이나 외국은행 국내지점과의 사전계약을 통해 스왑거래 한도를 설정한다. 그리고 고객이 금리변동 위험을 헤지하기 위해 스왑은행 앞으로 금리스왑 거래계약을 요청하고 동 은행이 이를 수용하면서 거래가 성사된다.

스왑은행은 대고객거래에서 발생한 금리스왑포지션 변동 또는 자기보유 자산의 헤지 및 투기를 위해 신규 고객이나 은행간시장에서 반대방향 거래를 하게 된다. 은행간거래는 직접거래보다 상호간의 탐색비용을 줄이기 위해 중개거래를 주로 하는데 중개기관에 서울외국환중개, 한국자금중개, Tullet Prebon Korea 등 국내중개회사 및 Tradition, GFI, ICAP 등 외국계 중개회사가 이용된다. 이들 중개회사는 금리변동위험을 부담하지 않기 위해 단순중개방식으로 거래를 주선하고 있다

▮그림 14-7▮ 금리스왑 거래 메커니즘

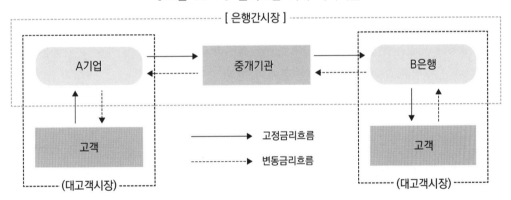

(3) 거래규모

국내에서 금리스왑은 1999년에 거래되었고 2005년 이후 그 규모가 확대되었다. 금리스왑은 2004년에는 월평균 거래규모가 16.2조원에 불과했다가 2010년에는 253.1조원으로 약 15배 가까이 증가하였다. 이후에는 감소하는 모습을 보이다가 2018년부터 다시 증가하여 2020년에는 291.3조원을 기록하였다.

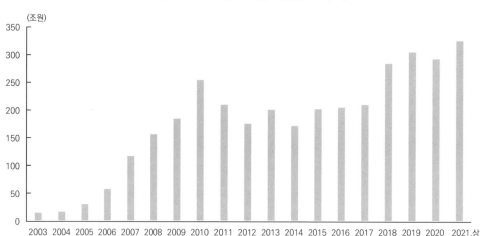

▌그림 14-8 ▌ 금리스왑 거래규모 추이

주 : 1) 장외시장 원화이자율스왑
    2) 기간중 월평균 거래량
    3) 명목거래금액 기준
자료 : 금융감독원

국내 금리스왑시장에서 참가기관을 살펴보면 스왑시장 조성은행(market maker)의 역할을 수행하고 있는 은행의 거래가 대부분을 차지하고 있다. 은행 중에서도 외국은행 국내지점이 상대적으로 거래가 활발한 편에 속한다.

▌표 14-6 ▌ 국내 금융기관의 금리스왑 거래현황[1]

(단위 : 십억원, %)

은행	증권회사	보험회사	신탁[2]	기타	합계
1,339,057	605,905	838	3,060	0	1,948,859
(68.7)	(21.0)	(0.2)	(0.0)	(0.0)	(100.0)

주 : 1) 2021년 상반기중 명목거래금액 기준, ( )내는 구성비 2) 은행신탁 및 자산운용회사
자료 : 금융감독원

(4) 거래내용

국내은행은 대고객거래에서 발생한 스왑포지션의 변동을 상쇄 또는 보유자산 및 부채의 듀레이션 불일치에 따른 금리변동위험을 헤지하기 위해 스왑거래를 한다. 예컨대 국내은행이 CD(91일)금리 연동 주택담보대출의 재원을 조달하기 위해 장기의 고정금리

부채권을 발행할 경우 금리변동 위험에 노출된다.

따라서 CD금리가 하락할 경우 수취하는 대출이자는 감소하는 반면에 지급하는 은행채 이자는 고정되어 있어 손실이 발생할 수 있다. 따라서 일부 국내은행들은 장기 은행채를 발행할 경우에 금리변동위험을 회피하거나 축소하기 위해 고정금리를 수취하고 변동금리를 지급하는 금리스왑을 거래한다.

┃그림 14-9┃ 국내은행의 주택담보대출 관련 스왑거래 구조

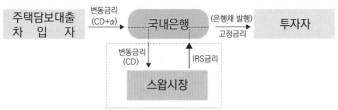

외국은행 국내지점도 대고객거래, 이와 관련한 반대거래 및 헤지거래에 참가하는 등 스왑은행의 역할을 수행하고 있다. 예컨대 국내은행이 구조화채권 발행으로 조달한 자금을 기초로 변동금리대출을 실행할 경우 금리변동위험을 헤지하기 위해 외은지점과 변동금리지급·구조화채권 발행금리 수취의 스왑거래를 하고 스왑은행인 외은지점은 스왑시장에서 이와 반대의 거래를 통해 헤지한다.

┃그림 14-10┃ 외은지점의 구조화채권 관련 스왑거래 구조

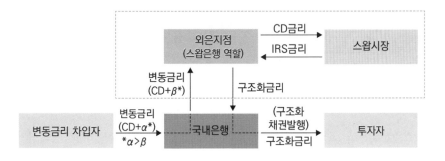

자산운용회사는 금리변동에 따른 펀드수익률 변동을 축소하여 안정적인 펀드수익률을 확보하고자 금리스왑을 활용한다. 즉 보유 신탁재산의 평균만기가 부채의 평균조달기간을 상회할 경우 고정금리지급 스왑을 통해 보유자산의 듀레이션을 축소시켜 자금조달(단기) 및 자산운용(장기)의 만기 불일치 문제를 완화할 수 있다.

┃그림 14-11┃ 자산운용회사의 스왑펀드거래 구조

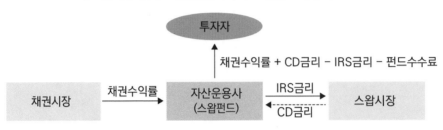

증권회사는 단기금융시장에서 RP매도나 콜차입을 통해 자금을 조달하여 채권시장에서 국고채 등 현물채권을 매입한다. 동시에 금리변동위험을 헤지하기 위해 금리스왑시장에서 CD금리를 수령하고 고정금리를 지급하는 스왑거래를 체결한다.

┃그림 14-12┃ 증권회사의 RP매도를 통한 차익거래 구조

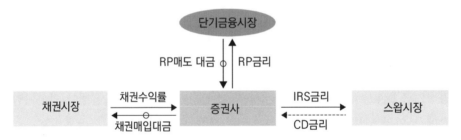

제3절 **통화스왑의 개요**

1. 통화스왑의 정의

통화스왑(currency swap)은 상이한 통화로 표시된 채무를 부담하는 거래당사자가 계약기간 동안 원금에 기초하여 상이한 통화로 표시된 이자를 지급하고 만기에는 계약시점에 약정한 환율에 의해 원금을 교환하는 계약을 말한다. 즉 통화스왑은 특정통화로 차입한 자금을 다른 통화차입으로 맞교환하는 거래에 해당한다.

금리스왑은 일반적으로 고정금리와 변동금리의 교환에 국한되는 거래인 반면에 통화스왑은 다양한 형태의 이자지급이 교환된다. 고정금리이자간의 교환과 변동금리이자간의 교환이 있고 고정금리이자와 변동금리이자간의 교환도 있다. 전자의 방식을 순수통화스왑이라고 하고, 후자의 방식을 금리통화스왑이라고 부른다.

통화스왑은 계약기간 동안 이자지급의무를 교환하고 금리교환이 거래당사자의 상황에 따라 결정된다는 점에서는 금리스왑과 동일하다. 그러나 스왑거래의 개시시점과 종료시점에 원금의 실질적인 교환이 수반되고 서로 다른 통화간의 원금교환으로서 외환스왑의 성격을 갖는다는 점에서 금리스왑과 큰 차이가 존재한다.

2. 통화스왑의 종류

스왑금융은 상호융자(또는 평행대출)와 상호직접대출에서 발전된 거래기법이다. 통화스왑거래는 처음에 통화담보부대출, 상호융자, 상호직접대출 등의 형태로 출발했으나 장기선물환계약, 직접통화스왑, 통화-금리스왑, 역통화스왑, 이중통화스왑, 통화옵션스왑 등 다양한 형태로 계속해서 발전하고 있다.

(1) 직접통화스왑

직접통화스왑(direct currency swap)은 통화스왑의 거래당사자가 스왑계약에 따라 상호간에 필요로 하는 통화표시자금을 현물환율을 적용하여 매입해서 사용하고 스왑만기일에 가서는 스왑계약기간 동안의 환율변동과는 관계없이 최초계약시점의 현물환율로 동일한 금액을 상환하기로 약정하는 금융방식을 말한다.

직접통화스왑과 장기선물환계약은 만기시점에 적용되는 환율에서 차이가 있다. 장기선물환계약에서는 선물환율을 두 통화간 금리차이에 근거하여 조달금리를 복리로 재투자하는 것을 가정하여 산정한다. 그러나 직접통화스왑에서는 만기상환일에 적용되는 환율이 선도환율이 아닌 계약시점의 현물환율과 동일하다.

직접통화스왑은 상호융자와 이용목적이나 현금흐름의 형태가 비슷하다. 그러나 상호융자는 두 개의 독립된 융자계약으로 이루어지나 직접통화스왑은 단일계약으로 이루어진다. 따라서 직접통화스왑은 상호융자와 달리 단일계약이므로 어느 한쪽이 채무를 이행하지 않는 경우에 자동적으로 상계권을 행사할 수 있다.

| 그림 14-13 | 직접통화스왑의 현금흐름

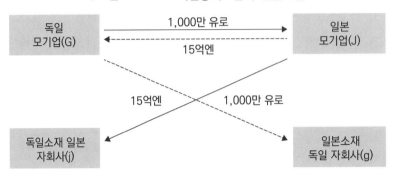

직접통화스왑을 나타내는 [그림 14-13]은 독일 모기업과 일본 모기업간 통화스왑에 따른 최초 현금흐름을 표시하고 있는데 만기에는 이와 정반대의 동일한 현금흐름이 발생한다. 직접통화스왑을 통해 독일소재 일본 자회사는 1,000만유로를, 일본소재 독일 자회사는 15억엔을 각각 모기업을 통해 조달할 수 있다.

(2) 채무교환스왑

채무교환스왑은 스왑거래당사자가 환위험을 회피하고 차입비용을 절감하기 위해 서로 다른 통화로 표시된 채무에 대해 원리금상환의무를 교환하기로 약정한 계약을 말한다. 일반적으로 채무의 교환거래에는 고정금리간 통화스왑, 변동금리-고정금리간 통화스왑 그리고 변동금리간 통화스왑으로 구분한다.

① 고정-고정금리 통화스왑

고정금리 통화스왑(currency coupon swap)은 스왑거래당사자가 이종통화표시 고정금리채무에 대한 원리금의 상환의무를 서로 교환하는 거래를 말하며 비교우위 때문에 발생한다. 따라서 스왑거래의 당사자들은 이러한 고정금리 통화스왑을 통해 환위험을 헤지할 수 있을 뿐만 아니라 차입비용도 절감할 수 있다.

예컨대 프랑스 F은행이 미국에 진출한 G기업에 대출하기 위해서 1억유로에 해당하는 유로화채권을 7년 만기, 연 5.5%의 고정금리로 발행하고 F은행은 1억유로를 환율 $1.2000/€로 바꾸어 G기업에 7년간 연 7.0%의 고정금리로 1.2억달러를 대출해 주었다고 가정하자. 만약 대출기간에 달러화가 약세를 보이면 이자지급과 만기일에 환위험에 노출된다. 만기일에 환율이 $1.4000/€이면 원금상환시 0.14억유로[＝$0.2억/($1.4000/€)]에 상당하는 환차손이 발생하게 된다.

　이러한 환위험을 헤지하기 위해 F은행은 스왑중개인 D은행과 7년간 1억유로를 1.2억달러와 교환하는 통화스왑계약을 체결했다고 가정하자. 또한 F은행은 달러화 채무에 대한 이자로 연 6.50%의 고정금리를 D은행에 지급하고, D은행은 유로화 채무에 대한 이자로 연 5.50%의 고정금리를 F은행에 지급하기로 했다고 가정하자. 이러한 고정금리 통화스왑거래를 통해서 F은행은 환위험을 헤지할 수 있을 뿐만 아니라 금리차익을 수익으로 얻을 수 있게 된다.

▌그림 14-14▌ 고정금리 통화스왑의 현금흐름

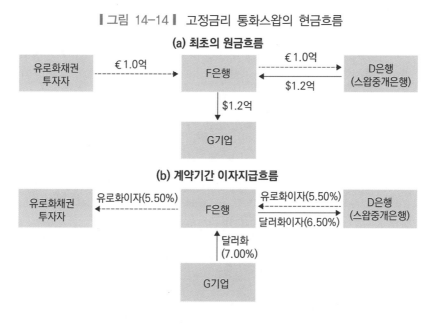

　F은행은 7년 후 만기일에 현재시점에 약정한 환율 $1.2000/€로 채무를 교환하기 때문에 환위험에서 벗어날 수 있다. 또한 F은행은 스왑중개은행과 약정한 달러화의 스왑금리가 연 6.5%이지만, G기업에 대해서는 연 7.00%의 대출금리를 적용하여 연 0.50%의 금리차익을 실현할 수 있다. 그리고 스왑중개은행은 F은행과 통화스왑계약을 체결할 경우 유로화자금에는 매입률을 적용하고, 달러화자금에는 매도율을 적용하므로 이에 상응하는 금리차익을 얻게 된다.

② 고정–변동금리 통화스왑

고정－변동금리 통화스왑(cross currency coupon swap)은 통화스왑과 금리스왑이 혼합되어 이종통화표시 고정금리채무와 변동금리채무를 서로 교환하는 거래를 말한다. 이는 고정금리채무를 변동금리채무로 전환한다는 점에서 금리스왑과 유사하지만 만기일에 이종통화표시 원금을 재교환한다는 점에서 차이가 있다.

예컨대 비달러화 위주의 영업은행이 유로달러시장에서 변동금리로 달러화자금을 차입하고자 하나 신용도가 낮아 차입조건이 불리하면 국내시장에서 자국통화표시자금을 고정금리로 차입한 후에 거래상대방과 고정－변동금리간 스왑거래를 체결하면 자국통화표시 고정금리부채를 달러화표시 변동금리부채로 전환시킬 수 있다.

우리나라 K은행은 국내금융시장에서는 연 5.50%의 고정금리로 원화표시채권을 발행할 수 있고, 유로달러시장에서는 연 LIBOR＋0.50%의 변동금리로 자금을 차입할 수 있다. 한편 우리나라에 자동차공장을 설립하고자 하는 독일의 H기업은 유로달러시장에서는 연 LIBOR＋0.25% 달러화표시채권을 발행할 수 있고, 국내금융시장에서는 연 6.25%의 고정금리로 원화표시채권을 발행할 수 있다고 가정하자.

┃표 14-7┃ 차입조건

기업	달러화	원화
국내 K은행 독일 H기업	LIBOR＋0.50% LIBOR＋0.25%	5.50% 6.25%
금리차이(K－H)	0.25%	－0.75%

[표 14－7]에 제시된 차입조건을 살펴보면 국내 K은행은 국내금융시장에서 절대우위에 있고, 독일의 H기업은 유로달러시장에서 절대우위에 있다. 이러한 경우에 국내 K은행은 국내금융시장에서 원화를 연 5.50%로 조달하고, 독일 H기업은 유로달러시장에서 달러화를 연 LIBOR＋0.25%로 조달하여 원리금을 맞교환하는 통화스왑계약을 체결하면 모두 자금조달비용을 절감할 수 있다.

| 그림 14-15 | 고정-변동금리 통화스왑의 현금흐름

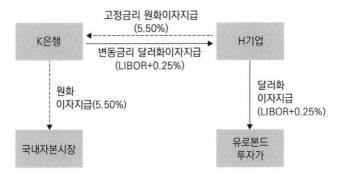

(a) 최초의 원금흐름

(b) 계약기간 이자지급흐름

독일의 H기업은 원화자금의 조달금리를 0.75%(=6.25%−5.50%) 절감할 수 있고 국내 K은행은 달러화자금의 조달금리를 0.25%[=(LIBOR+0.50%)−(LIBOR+0.25%)]를 절감할 수 있다. 한편 국내의 K은행은 낮은 금리로 조달한 달러화자금을 이를 필요로 하는 고객에게 매칭시켜 높은 금리로 대출할 수 있기 때문에 환위험을 헤지할 수 있을 뿐만 아니라 금리차익을 수익으로 얻을 수 있다.

③ 변동-변동금리 통화스왑

변동금리 통화스왑(cross currency basis swap)은 거래당사자가 이종통화표시 변동금리 채무에 대한 원리금의 상환의무를 맞교환하는 거래로 고정금리 통화스왑과 구조는 같지만 적용금리가 변동금리라는 점에서 다르다. 거래당사자들은 변동금리 통화스왑을 통해서도 환위험을 헤지할 수 있고 차입비용도 절감할 수 있다.

예컨대 미국의 A기업이 1,000만유로를 향후 5년간 정기적으로 LIBOR+0.50%의 수익이 예상되는 프로젝트에 투자한다고 가정하자. 만약 A기업이 B은행으로부터 1,200만달러를 연 LIBOR+0.25%로 대출받아 현재의 환율로 환전하여 1,000만유로를 프로젝트에 투자할 경우 A기업은 환위험과 금리위험에 직면할 수 있다.

이러한 환위험과 금리위험을 헤지하기 위해 A기업은 스왑딜러인 C은행과 5년간 1,000만유로를 1,200만달러와 교환하는 통화스왑을 체결했다고 하자. 또한 유로화 채무에 대한 이자로 연 LIBOR+0.10%를 C은행에 지급하고, C은행은 달러화 채무에 대한 이자로 연 LIBOR+0.25%를 A기업에게 지급하기로 했다고 가정하자.

┃그림 14-16┃ 변동금리 통화스왑의 현금흐름

(a) 최초의 원금흐름

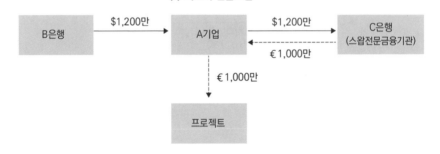

(b) 계약기간 이자지급흐름

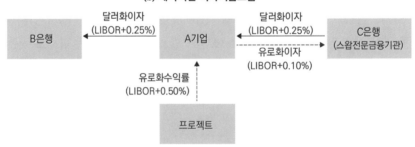

A기업은 5년후 만기시 현재 약정한 환율 $1.2000/€로 채무를 교환하므로 환위험을 헤지할 수 있고 유로화 차입금리가 연 LIBOR+0.10%이지만 프로젝트에서 연 LIBOR+0.50%의 수익이 예상되어 0.40%의 투자수익을 얻을 수 있다. 스왑은행은 다른 은행과 포지션의 조정거래를 통해 환위험과 금리위험을 헤지하게 된다.

3. 통화스왑의 설계

현재 국제금융시장에서 신용도가 높은 A기업과 신용도가 낮은 B기업의 달러화와 원화에 대한 차입조건이 다음과 같다고 가정하자.

┃표 14-8┃ 차입조건

기업	달러화	원화
A	7.00%	10.60%
B	8.00%	11.00%
금리차이	1.00%	0.40%

A기업은 달러화시장에서 비교우위가 있으나 원화로 자금조달을 원하고 B기업은 원화시장에서 비교우위에 있으나 달러화로 자금조달을 원한다고 가정하자. A기업은 달러화로 차입하고 B기업은 원화로 자금을 차입한 후 A기업은 B기업에 9.80%의 원화 원리금을, B기업은 8.00%의 달러화 원리금을 지급하는 스왑계약을 체결하면 두 통화시장의 금리차이인 0.60%만큼의 이자비용을 절감할 수 있다.

(1) 은행의 중개가 없는 경우

은행의 중개없이 직접 스왑계약을 체결하여 차입비용의 절감으로 인한 이득을 50%씩 분배할 경우 원화로 차입을 원하는 A기업은 원래의 원화로 차입할 경우의 금리인 10.60%보다 낮은 0.30%가 낮은 10.30%, 달러화로 차입을 원하는 B기업은 원래의 달러화로 차입할 경우의 금리인 8.00%보다 0.30%가 낮은 7.70%에 자금을 조달하는 효과가 있도록 통화스왑계약을 체결하면 된다.

A기업은 비교우위에 있는 달러화로 자금을 차입한 후 원화로 자금을 차입할 경우에 부담하는 이자율 10.60%보다 차입비용의 절감액 0.30%보다 낮은 10.30%를 B기업에 지급하고, B기업은 비교우위에 있는 원화로 자금을 차입한 후 A기업의 달러화 이자를 지급하면 원하는 스왑계약을 체결할 수 있다.

스왑거래가 없었다면 A기업이 부담하는 원화금리는 10.60%이고, B기업이 부담하는 달러화금리는 8.00%이다. 그러나 스왑거래를 이용하면 A기업은 10.3%의 원화금리, B기업은 7.7%의 달러화금리로 차입할 수 있게 되어 두 기업 모두 0.30%의 차입비용을 절감할 수 있다. 따라서 통화스왑을 통해 A기업과 B기업이 얻게 되는 차입비용의 절감효과는 다음과 같이 제시할 수 있다.

구분	A기업	B기업
자사의 차입금에 대한 이자 상대방에게 지급하는 이자 상대방으로부터 받는 이자	달러 7.0% 원 10.3% (달러 7.0%)	원 11.0% 달러 7.0% (원 10.3%)
실제로 부담하는 이자	원 10.3% -	달러 7.0% 원 0.7%
스왑거래 이전의 이자	10.3% 원 10.6%	7.7% 달러 8.0%
차입비용의 절감효과	0.3%	0.3%

┃그림 14-17┃ 은행의 중개가 없는 통화스왑

(2) 은행의 중개가 있는 경우

A기업과 B기업이 직접 거래하지 않고 은행을 통해 스왑계약을 체결하고 차입비용의 절감에 따른 이득을 공평하게 분배할 경우에 원하는 자금조달효과를 달성할 수 있도록 스왑계약을 설계하는 방법은 많다. 은행이 중개하는 스왑설계는 두 기업이 직접 거래하는 것보다 쉽게 해결할 수 있는데 그 중 하나는 다음과 같다.

A기업은 7.00%의 달러화이자를 지급해야 하므로 은행으로부터 7.00%의 달러화이자를 수취하는 계약을 체결한 다음 원래의 원화에서 부담해야 할 이자율 10.60%보다 0.20%가 낮은 10.40%를 은행에 지급하는 계약을 체결하면 10.40%의 원화금리로 차입할 수 있게 되어 0.20%만큼의 차입비용을 절감할 수 있다.

B기업은 11.00%의 원화이자를 지급해야 하므로 은행으로부터 11.00%의 원화이자를 수취하는 계약을 체결한 다음 원래의 달러화시장에서 부담해야 할 이자율 8.00%보다 0.20%가 낮은 7.80%를 은행에 지급하는 계약을 체결하면 7.80%의 원화금리로 차입할 수 있어 0.20%만큼의 차입비용을 절감할 수 있다.

은행은 원화시장에서 0.60%(=11.00−10.40)의 손실을 보지만 달러화시장에서 0.80% (=7.8−7.0)의 이익을 얻는다. 따라서 달러화의 금리차이 1.00%에서 원화의 금리차이 0.40%를 차감한 0.60%를 세 당사자가 똑같이 나누어 갖는다. 통화스왑을 통해 두 기업이 얻는 차입비용의 절감효과를 분석하면 다음과 같다.

구분	A기업	B기업
자사의 차입금에 대한 이자	달러 7.0%	원 11.0%
중개은행에 지급하는 이자	원 10.4%	달러 7.8%
중개은행으로부터 받는 이자	(달러 7.0%)	(원 11.0%)
실제로 부담하는 이자	원 10.4%	달러 7.8%
스왑거래 이전의 이자	원 10.6%	달러 8.0%
차입비용의 절감효과	0.2%	0.2%

통화스왑에서 외국통화로 지급하는 이자와 수령하는 이자가 같지 않으면 환위험에 노출된다. 스왑중개인이 미국(한국)의 은행이면 원화(달러화)차입금에 대한 이자지급액(수령액)이 환위험에 노출되는데, 환위험에 노출된 기업이나 은행은 환위험에 노출된 통화에 대한 선물계약을 이용하면 환위험을 회피할 수 있다.

[그림 14−18]에서 스왑중개은행은 원화에 대해 0.6%의 이자를 지급하고, 달러화에 대해 0.8%의 이자를 수령한다. 그리고 스왑중개은행이 미국의 은행이면 원화차입금에 대한 이자지급액이 환위험에 노출되는 반면에 스왑중개은행이 한국의 은행이면 달러화 차입금에 대한 0.8%의 이자수령액이 환위험에 노출된다.

┃그림 14-18┃ 은행의 중개가 있는 통화스왑

4. 국내 통화스왑시장[3]

(1) 거래조건

통화스왑의 만기는 3개월~20년물까지 다양하지만 1~5년물이 주로 거래된다. 최소 거래단위는 1천만달러이며 1천만달러 단위로 증액할 수 있다. 시장에서는 주로 고정금리부 원화와 변동금리부 외화를 교환하는데 변동금리는 만기 6개월 LIBOR가 이용된다. 통화스왑시장에서 offer금리는 스왑은행이 고객으로부터 달러화를 받고 원화를 줄 때 받고자 하는 원화고정금리를, bid금리는 스왑은행이 원화를 받고 달러화를 줄 때에 지급하고자 하는 원화고정금리를 의미한다.

┃표 14-9┃ 만기별 금리스왑 호가금리[1]

(단위 : %)

구분	1년	2년	3년	5년	10년
offer	0.7300	0.8700	0.9900	0.9650	1.5300
bid	0.1300	0.2700	0.3900	0.9250	0.9300
평균	0.4300	0.5700	0.6900	0.9450	1.2300

주 : 1) 2021년 6월말 기준
자료 : Bloomberg

(2) 참가기관

통화스왑시장도 대고객시장과 은행간시장으로 구분된다. 신용카드회사 및 보험회사 등 고객들과 스왑은행은 사전계약을 통해 스왑거래한도를 설정하고 고객의 스왑 요구를 스왑은행이 받아들이면서 거래가 성사된다. 스왑은행은 중개기관을 통해 대고객거래에서 발생한 통화스왑 포지션 변동을 반대방향 거래를 통해 조정하거나 투기목적으로 포지션을 설정하기 위해 통화스왑을 거래한다.

(3) 거래조건

1999년 9월 국내중개회사에서 통화스왑을 처음으로 중개한 후 통화스왑시장은 꾸준히 성장하여 2008년에 월평균 거래규모가 44.8조원까지 증가하였다. 글로벌 금융위기 이

---

3) 한국은행, 한국의 금융시장, 2021, 379-382쪽.

후에는 국제금융시장 위축의 영향으로 월평균 거래규모가 2010년 24.1조원까지 감소했다가 2012년부터 다시 증가세를 보이며 2021년 상반기에 월평균 거래규모가 68.1조원을 기록하였다. 기관별로 보면 금리스왑시장과 비슷하게 은행이 전체 거래의 대부분을 차지한다. 특히 외국은행 국내지점이 해외 본지점으로부터 외화자금을 장기적으로 조달할 수 있어 상대적으로 큰 비중을 차지한다.

▌그림 14-19▐ 통화스왑 거래규모 추이[1]

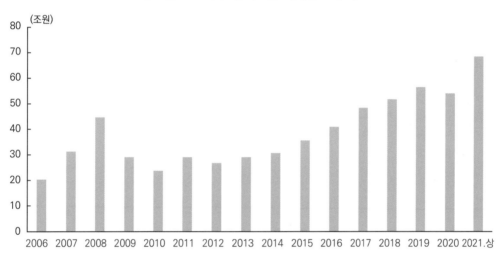

주 : 1) 월평균 거래량
자료 : 금융감독원

▌표 14-10▐ 국내 금융기관의 금리스왑 거래현황[1]

(단위 : 십억원, %)

은행	증권회사	보험회사	신탁[2]	기타	합계
275,266 (67.4)	104,063 (25.5)	22,450 (5.5)	5,635 (1.4)	905 (0.2)	408,319 (100.0)

주 : 1) 2021년 상반기중, ( )내는 구성비
  2) 은행신탁 및 자산운용회사
자료 : 금융감독원

(4) 거래내용

은행은 생명보험회사, 신용카드회사, 공기업 등 대고객거래에서 발생한 스왑포지션을 조정하기 위해 통화스왑을 거래한다. 장기보험계약을 많이 보유한 생명보험회사들은 자금운용상 장기채권에 대한 투자수요가 크지만 국내 채권시장에서는 투자대상 채권을 확보하기 어려워 만기 10년 내외 장기 외화채권에 투자한다.

생명보험회사들은 외화채권 투자에 따른 환위험 및 금리위험 등을 헤지하기 위해 통화스왑을 거래한다. 통화스왑 활용시 외화기준 변동금리부 자산이 원화기준 고정금리부 자산으로 전환되는 효과가 발생한다. 예컨대 국내 생명보험회사들은 다른 국내기관이 해외에서 발행한 변동금리부 달러화표시 채권 등을 많이 매입하고 있는데 외화변동금리 수취분을 통화스왑을 통해 원화고정금리로 변경하고 있다.

외국인투자자는 국내외 금융시장 불안 등으로 국내 채권금리와 통화스왑 금리간 격차가 커질 경우에 국내채권 투자목적의 통화스왑을 이용한다. 즉 외국인은 해외에서 조달한 외화자금을 통화스왑을 통해 원화자금으로 전환하여 국고채, 통화안정증권 등 국내 채권에 투자함으로써 추가적인 위험 없이 금리차익을 획득한다.

보론 14-1   통화스왑거래의 메커니즘[4]

국내 생명보험회사의 외화채권 투자관련 통화스왑거래 메커니즘은 다음과 같다. 채권투자시점에 원화 투자금액을 스왑은행에 지급하고 원화에 상당하는 달러화 투자금액을 수령하여 외화채권에 투자한다. 아래 예시는 1USD = 1,000KRW, 통화스왑금리(원화 고정금리)는 6%, 해외채권수익률(외화 고정금리)은 5%로 가정했다.

이자수취시점에 생명보험회사는 외화채권으로부터 달러화 이자를 스왑은행에게 지급하고 대신 통화스왑금리(원화 고정금리)를 스왑은행으로부터 수령한다.

투자만기시점에 생명보험회사는 상환받은 채권원금(달러)을 스왑은행에게 지급하고 대신 교환하였던 원화자금을 회수하면 통화스왑거래가 종료된다.

---

4) 한국은행, 한국의 금융시장, 2021, 383쪽.

> **보론 14-2** 　　　　　　　　　통화스왑을 활용한 차익거래

통화스왑을 활용한 외국은행 국내지점의 금리재정거래 사례를 설명하면 다음과 같다. 통화스왑금리가 일시적인 수급요인으로 국내 채권금리를 크게 하회하는 상황이 발생했다고 가정하자. 이때 외국은행 국내지점은 해외자금시장에서 LIBOR(1년)로 외화자금을 차입하여 이를 통화스왑계약(1년)을 통해 원화자금과 교환한 후 조달한 원화자금으로 통화안정증권(1년)을 매입하는 거래를 한다.[5]

이자흐름을 살펴보면 외국은행 국내지점은 국내채권시장에서 통화안정증권 이자를 수취하고 통화스왑시장에서 LIBOR를 수취하며 통화스왑금리를 지급하고 해외자금시장에 LIBOR를 지급한다. 통화스왑시장에서 수취한 LIBOR를 해외차입이자 지급에 충당하게 되므로 외국은행 국내지점은 통화안정증권 이자와 통화스왑금리간의 격차만큼 차익을 얻게 된다. 아래의 예시에서는 통화안정증권 금리가 1.34%이고 통화스왑금리가 1.17%이므로 외국인은 17bp의 차익을 얻게 된다.

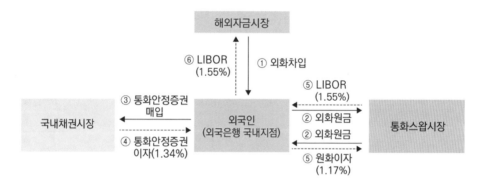

┃그림 14-20┃ 통화안정증권-CRS 스프레드 및 외국인 채권보유 증감 추이

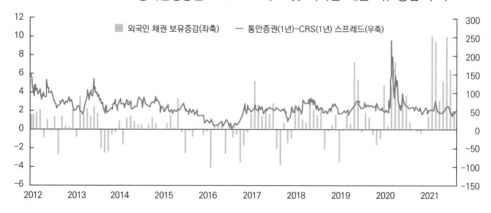

자료 : 금융투자협회, Bloomberg, 금융감독원

---

5) 한국은행, 한국의 금융시장, 2021, 384쪽.

제1절 스왑거래의 개요

1. 스왑거래의 등장
   1970년대 미국과 영국간에 성행했던 평행대출과 국제상호직접대출에서 유래
2. 스왑거래의 정의 : 미래의 현금흐름을 일정기간 동안 교환하기로 약정한 계약
3. 스왑거래의 종류
(1) 금리스왑 : 동일한 통화로 표시된 채무에 대해 이자지급의무 교환
(2) 통화스왑 : 상이한 통화로 표시된 채무에 대해 원금과 이자를 교환
(3) 혼합스왑 : 금리스왑과 통화스왑이 결합
(4) 외환스왑 : 거래방향이 반대되는 현물환거래와 선물환거래 또는 선물환거래와
   선물환거래가 동시에 발생
(5) 자산스왑 : 고정금리자산과 변동금리자산 등 서로 다른 종류의 자산을 교환
(6) 상품스왑 : 교환의 대상이 원유, 벙커C유, 곡물과 같은 일반상품
4. 스왑거래의 기능
   차입비용의 절감, 가격위험의 헷지, 시장규제의 회피, 금융시장의 보완

제2절 금리스왑의 개요

1. 금리스왑의 정의 : 동일한 통화로 표시된 채무에 이자지급 교환하기로 약정
2. 금리스왑의 종류 : 고정-변동금리스왑, 베이시스스왑, 크로스커런시스왑
3. 금리스왑의 활용 : 헤지거래, 투기거래, 차익거래
4. 금리스왑의 설계
(1) 은행의 중개가 없는 경우
   자신의 차입금에 대한 이자를 상대방으로부터 수령하고, 원래 차입하길 원했던
   시장에서 부담해야 하는 금리보다 낮은 이자를 상대방에게 지급
(2) 은행의 중개가 있는 경우
   자신의 차입금에 대한 이자를 스왑은행으로부터 수령하고, 원래 차입을 원했던
   시장에서 부담해야 하는 금리보다 낮은 이자를 스왑은행에 지급
5. 국내 금리스왑시장
(1) 거래조건 : 만기는 3개월부터 20년물까지 다양하나 1~5년물이 주로 거래
(2) 참가기관 : 금리스왑시장은 대고객시장 및 은행간시장으로 구분
(3) 거래규모 : 1999년~2000년부터 거래가 시작되어 2020년 291.3조원을 기록
① 국내은행은 대고객거래에서 발생한 스왑포지션 조정 목적으로 금리스왑 이용
② 외은 국내지점은 스왑시장 조성은행으로서 대고객거래 및 헤지거래에 참가
③ 자산운용회사는 펀드수익률 변동위험을 축소하여 안정적인 수익률 확보

④ 증권회사는 금리변동위험의 헤지 목적으로 금리스왑 이용

1. 통화스왑의 정의 : 상이한 통화로 표시된 채무에 원리금을 교환하기로 약정

2. 통화스왑의 종류 : 직접통화스왑, 채무교환스왑

3. 통화스왑의 설계

(1) 은행의 중개가 없는 경우
자신의 차입금에 대한 이자를 상대방으로부터 수령하고, 원래 차입하길 원했던 시장에서 부담해야 하는 금리보다 낮은 이자를 상대방에게 지급

(2) 은행의 중개가 있는 경우
자신의 차입금에 대한 이자를 스왑은행으로부터 수령하고, 원래 차입을 원했던 시장에서 부담해야 하는 금리보다 낮은 이자를 스왑은행에 지급

4. 국내 통화스왑시장

(1) 거래조건 : 만기는 3개월부터 20년물까지 다양하나 1~5년물이 주로 거래

(2) 참가기관 : 통화스왑시장은 대고객시장 및 은행간시장으로 구분

(3) 거래규모 : 1999년 거래가 시작되어 2021년 상반기 월평균 68.1조원 기록

(4) 거래내용

① 국내은행은 대고객거래에서 발생한 스왑포지션 조정 목적으로 통화스왑 이용

② 생명보험회사는 외화채권 투자에 따른 환위험 및 금리위험의 헤지 목적

③ 외국인은 국내채권 투자의 목적으로 통화스왑 이용

1. 다음 중 스왑에 대한 설명으로 가장 옳지 않은 것은?

① 스왑은 거래당사자간 미래현금흐름을 교환하는 계약으로 일련의 선도거래 또는 선물계약을 한번에 체결하는 것과 유사한 효과를 갖는다.

② 스왑은 표준화된 상품인 선물, 옵션과 같이 거래소에서 거래되지 않고 스왑딜러 및 브로커의 도움을 얻어 주로 장외에서 거래가 이루어진다.

③ 금리스왑은 미래 일정기간동안 거래당사자간 명목원금에 대한 변동금리 이자와 고정금리 이자를 교환하며 원금교환은 이루어지지 않는다.

④ 통화스왑은 미래 일정기간동안 거래당사자간 서로 다른 통화표시 채무 원금에 대한 이자금액을 교환하며 원금교환은 이루어지지 않는다.

⑤ 스왑은 거래당사자간 필요에 따라 다양하게 설계될 수 있는 장점이 있어 금리 또는 환위험관리를 위해 적절하게 사용될 수 있다.

| 해설 | 금리스왑은 이자만을 교환하는 반면에 통화스왑은 이자와 원금을 교환한다. 그리고 통화스왑은 고정금리와 고정금리, 변동금리와 변동금리, 고정금리와 변동금리 모두 가능한 형태로 스왑이 이루어진다.

2. 다음 중 스왑에 대한 설명으로 적절하지 않은 것은?

① 스왑은 기업들이 부담하는 환율과 금리변동위험에 대처하기 위해 도입된 금융기법의 하나이다.

② 스왑은 선물이나 옵션과 마찬가지로 헤지의 대상기간이 비교적 짧다.

③ 스왑은 외환통제, 세금차별 등 각종 규제가 있는 자본시장에서 기대할 수 없는 이익을 얻을 수 있는 기회를 제공한다.

④ 스왑은 유동성이 낮은 통화에 대한 계약도 가능하므로 선물과 옵션으로 충족시키지 못하는 부분에 대한 보완적 상품이라고 할 수 있다.

⑤ 중복금리스왑에서는 스왑거래당사자 사이에 스왑중개은행이 개입하여 차입비용의 절감액 중 일부를 가져간다.

| 해설 | 선물거래와 옵션거래는 비교적 헤지기간이 짧은 단기헤지에 적합한 반면에 스왑거래는 보통 1년 이상의 장기헤지에 적합하다.

3. 기업 A와 B는 국제금융시장에서 다음과 같은 조건으로 자금을 차입할 수 있다. 은행이 기업 A와 B사이에서 스왑을 중개하고자 한다. 은행이 기업 A에게 변동금리를 지급하고 고정금리를 수취하는 스왑계약을 체결하며, 기업 B와는 그 반대의 스왑계약을 체결한다. 본 스왑으로 인한 은행의 총마진은 0.2%이며, 스왑이득은 두 기업에게 동일하다. 만약 은행이 기업 A에게 LIBOR+1%를 지급한다면 기업 A는 은행에게 얼마의 고정금리를 지급해야 하는가?

기업	유로본드 시장	유로달러 시장
A	8%	LIBOR+1%
B	9%	LIBOR+3%

① 8.0%   ② 7.8%
③ 7.6%   ④ 7.4%

| 해설 | 고정금리 스프레드는 1%이고 변동금리 스프레드는 2%이므로 두 기업은 스왑거래를 통해 1%의 이자비용을 절감할 수 있다. 그러나 스왑을 중개하는 은행에서 0.2%의 마진이 발생하면 A기업과 B기업은 각각 0.4%의 이익이 있어야 한다.

4. 기업 A와 B는 달러화시장에서 3년간 100만달러를 차입하려고 하는데 차입조건은 아래와 같다. 기업 A와 B는 스왑계약을 체결하면서 차입비용의 절감으로 인한 이익을 50%씩 분배하기로 하였다. 스왑계약에 따른 고정금리를 11%로 할 경우에 변동금리는 얼마나 되겠는가?

기업	고정금리	변동금리
A	10%	LIBOR+2%
B	12%	LIBOR+3%

① LIBOR+1%   ② LIBOR+1.5%
③ LIBOR+2%   ④ LIBOR+2.5%

| 해설 | 고정금리가 11%이므로 B기업이 A기업으로부터 지급받는 변동금리를 x라고 하면 B기업이 부담하는 금리는 (LIBOR+3%)+11%−x이며 B기업이 스왑계약 후 부담하는 고정금리는 11.5%가 되어야 한다. (LIBOR+3%)+11%−x=11.5% ∴ x = LIBOR+2.5%

5. 문제 4에서 변동금리를 LIBOR+2%로 한다면 고정금리는 얼마나 되겠는가?

① 9% ② 9.5%

③ 10% ④ 10.5%

| 해설 | A기업이 B기업으로부터 지급받는 고정금리를 x라고 하면 A기업이 부담하는 금리는 10%+LIBOR+2%−x이며 A기업이 스왑계약 후 부담하는 변동금리는 LIBOR+1.5%가 되어야 한다. 10%+LIBOR+2%−x=LIBOR+1.5% ∴ x = 10.5%

6. A기업과 B기업은 향후 3년간 자본시장에서 일정금액을 차입하려고 하는데 차입조건은 다음과 같다. 스왑은행이 개입하여 연 20%의 이익을 가져가고 두 기업은 이익을 공평하게 분배하기로 스왑계약을 체결했을 경우에 옳지 않은 설명은?

기업	원화	달러화
A	7.0%	10%
B	9.0%	11%

① A기업은 원화시장에서 비교우위가 있고, B기업은 달러화시장에서 비교우위가 있다.

② A기업은 달러화로 차입하기를 원하고, B기업은 원화로 차입하기를 원한다.

③ 스왑계약을 체결하면 연 1%의 차입비용을 절감할 수 있다.

④ A기업은 달러화 이자율 9.6%, B기업은 원화 이자율 8.6%로 자금을 조달하는 효과가 있도록 스왑계약을 체결하면 된다.

⑤ 은행이 A기업으로부터 달러화금리 9.6%를 지급받고 B기업에게 달러화금리 11%를 지급하기로 한다면 A기업은 은행으로부터 원화금리 8%를 지급받고 B기업은 은행에게 원화금리 8.6%를 지급해야 한다.

7. A기업과 B기업의 고정금리시장과 변동금리시장에서의 차입조건은 각각 다음과 같다. 두 기업이 비교우위에 있는 금리로 자금을 차입한 후 이자를 교환하는 스왑계약을 체결할 경우에 기대할 수 있는 차입비용의 절감효과는 얼마인가?

기업	고정금리	변동금리
A	10.0%	LIBOR+0.8%
B	11.4%	LIBOR+1.4%

① 0.6% ② 0.8%

③ 1.0% ④ 1.2%

8. 우리기업과 나라생명이 국제금융시장에서 자금을 차입할 수 있는 금리조건은 다음과 같다. 금리스왑을 이용할 수 있는 상황에서 두 기업의 조달금리부담을 확정적으로 최소화하는 차입방법은?

기업	고정금리	변동금리
우리기업	9.00%	LIBOR+0.50%
나라생명	8.25%	LIBOR+0.25%

① 우리기업 고정금리 차입, 나라생명 고정금리 차입
② 우리기업 변동금리 차입, 나라생명 변동금리 차입
③ 우리기업 고정금리 차입, 나라생명 변동금리 차입
④ 우리기업 변동금리 차입, 나라생명 고정금리 차입

| 해설 | 변동금리에서 비교우위에 있는 우리기업은 변동금리로 자금을 차입하고, 고정금리에서 비교우위에 있는 나라생명은 고정금리로 자금을 차입한 후에 이자지급을 교환하는 금리스왑계약을 체결하면 된다.

9. 다음 중 통화스왑에 대한 설명으로 적절하지 않은 것은?
① 서로 다른 통화로 표시된 현금흐름을 갖는 양측이 미래의 정해진 만기까지 일정한 기간마다 서로의 현금흐름을 교환하기로 약정한 계약이다.
② 교환되는 금리의 형태는 합의에 의해 고정금리와 변동금리가 모두 가능하다.
③ 계약원금에 대한 이자를 합의에 의한 금리를 적용하여 해당 통화로 거래당사자 간에 서로 지급한다.
④ 명목원금만 있을 뿐 실제로 원금의 교환은 발생하지 않는다.

| 해설 | 금리스왑은 동일한 통화로 표시되어 명목원금만 있을 뿐 실제로 원금의 교환이 발생하지 않는다. 그러나 통화스왑은 상이한 통화로 표시되어 원금의 교환이 필요하다.

10. 변동금리 LIBOR+1%로 100만달러를 차입한 투자자가 LIBOR 금리스왑을 체결하면서 LIBOR를 수취하고 고정금리 6%를 지급하기로 하였다면, 이 투자자의 궁극적 금리구조는?
① LIBOR+2% 차입   ② LIBOR 차입
③ 5% 변동금리 차입   ④ 7% 고정금리 차입

| 해설 | LIBOR+1% 지급하면서 LIBOR 수취+고정 6% 지급
= −(LIBOR+1%)+LIBOR−6% = −7%

11. 다음 중 스왑과 채권을 결합하여 결과적으로 얻어지는 자금조달의 형태를 연결한 것으로 적절하지 않는 것은?

① 달러고정금리채+(달러고정금리수취*달러변동금리지급)금리스왑=달러변동금리채

② 달러고정금리채+(달러고정금리수취*엔화변동금리지급)통화스왑=엔화변동금리채

③ 엔화고정금리채+(달러고정금리수취*엔화고정금리지급)통화스왑=달러고정금리채

④ 엔화변동금리채+(엔화변동금리수취*달러변동금리지급)통화스왑=달러변동금리채

| 해설 | 한 종류의 채권발행은 금리스왑이나 통화스왑과 결합하면 다른 통화의 채권으로 전환된다. 원래 발행된 채권의 통화 및 금리의 지급형태와 동일한 형태의 포지션 수취와 다른 통환 및 금리의 포지션 지급의 스왑은 채권포지션과 스왑 중 수취포지션은 상쇄되고 스왑의 지급포지션만 남게 된다.

12. 기업 A와 기업 B가 각각 $1,000만불을 5년동안 차입하고자 한다. 차입비용이 아래와 같을 경우에 해당되는 금리스왑에 대한 설명으로 가장 적절한 것은?

기업	고정금리	변동금리
A	6%	LIBOR+0.25%
B	7%	LIBOR+0.75%

① 스왑이 가능하며 스왑을 체결하는 경우 두 회사가 절감할 수 있는 자본조달비용은 0.5%이다.

② 스왑이 가능하며 기업 A는 변동금리로 차입한 후 고정금리로 스왑한다.

③ 스왑이 가능하며 기업 B는 고정금리로 차입한 후 변동금리로 스왑한다.

④ 기업 A가 기업 B에 비해 고정금리시장과 변동금리시장에서 모두 저렴한 비용으로 조달할 수 있으므로 스왑은 가능하지 않다.

| 해설 | 기업 A가 기업 B에 비해 신용등급이 높다. 기업 A는 고정금리시장, 기업 B는 변동금리시장에서 비교우위를 보인다. 따라서 기업 A는 고정금리로 차입하여 변동금리로 스왑하고 기업 B는 변동금리로 차입하여 고정금리로 스왑하면 두 회사 모두 자본조달비용을 두 시장에서의 금리차이(7%−6%)−[(LIBOR+0.75%)−(LIBOR+0.25%)]=0.5%가 된다.

13. 현재 엔화의 낮은 금리에 이끌려서 사무라이 본드를 발행한 기업이 앞으로 엔화에 대한 달러가치의 하락과 엔을 포함하는 주요 통화의 전반적 금리상승을 기대하는 경우에 선택할 수 있는 통화스왑으로 적절한 것은?

① 엔화고정금리수취 + 달러고정금리지급
② 엔화고정금리수취 + 달러변동금리지급
③ 달러고정금리수취 + 엔화고정금리지급
④ 달러고정금리수취 + 엔화고정금리지급

│ 해설 │ 사무라이본드는 외국인이 일본에서 발행하는 엔화표시채권을 말한다. 채권발행을 통한 차입과 통화스왑을 결합하면 다른 통화표시의 차입으로 전환할 수 있다. 이러한 결정은 환율변동과 금리변동에 대한 전망에 따라 이루어진다. 달러가치의 하락과 주요통화의 전반적 금리상승이 기대되는 경우에 달러화 고정금리 차입으로 전환하는 것이 바람직하다. 엔화의 사무라이 본드를 발행한 경우에는 엔화고정금리를 수취하고 달러화고정금리를 지급하는 통화스왑과 결합하면 달러화고정금리 차입으로 전환할 수 있다.

* 문제 14번부터 17번까지 다음의 상황을 읽고 답하시오.

호주회사 B는 달러화 자금시장에서 변동금리로 달러화 자금을 차입할 수 있으나 달러화 자금시장에서 신용도가 낮아 높은 금리를 부담해야 한다. 그러나 호주 달러화 자금시장에서 유리한 조건으로 고정금리부 호주 달러화 자금을 차입할 수 있다. 반면에 미국회사 A는 유리한 조건으로 변동금리부 달러화 자금을 차입할 수 있으나 호주 달러화 자금을 차입할 경우에는 높은 금리를 부담해야 한다.

기업	호주 달러화	미국달러화
미국회사 A	4.75%	LIBOR+0.50%
호주회사 B	4.50%	LIBOR+0.70%

14. 이러한 상황에서 필요한 스왑계약의 종류는 무엇인가?

① 금리스왑(IRS)
② 통화스왑(CRS)
③ 베이시스스왑
④ 부채자본스왑

│ 해설 │ 통화스왑은 상이한 통화로 표시된 자금을 필요로 하는 거래당사자가 계약기간 동안 원금에 기초하여 상이한 통화로 표시된 이자를 지급하고 만기일에 계약시점에 약정한 환율에 의해 원금을 교환하는 거래를 말한다. 통화스왑의 종류에는 금리교환의 유형을 기준으로 이종통화간 고정금리와 변동금리를 교환하는 크로스 커런시 쿠폰스왑, 이종통화간 변동금리와 변동금리의 이자지급을 교환하는 크로스 커런시 베이시스스왑, 이종통화간 고정금리와 고정금리의 이자지급을 교환하는 커런시스왑 등이 있다.

15. 이러한 상황에서 호주회사 B는 스왑계약을 체결하기 위해서 우선 무엇을 해야 하는가?

① 변동금리부 미국달러화 자금차입 ② 고정금리부 호주 달러화 자금차입
③ 고정금리부 미국달러화 자금차입 ④ 변동금리부 호주 달러화 자금차입

16. 이러한 상황에서 미국회사 A는 스왑계약을 체결하기 위해서 우선 무엇을 해야 하는가?

① 변동금리부 미국달러화 자금차입 ② 고정금리부 호주 달러화 자금차입
③ 고정금리부 미국달러화 자금차입 ④ 변동금리부 호주 달러화 자금차입

17. 미국회사 A와 호주회사 B가 스왑계약을 체결하여 차입한 원금을 서로 교환하고 스왑계약기간에 이자지급 및 만기시의 원금상환도 계속 교환하기로 약속한다면 호주회사 B는 달러화 자금시장에서 직접 자금차입을 하는 경우보다 달러화 자금의 차입비용을 얼마나 절감할 수 있는가?

① 0.75% ② 0.50%
③ 0.25% ④ LIBOR

| 해설 | 직접 변동금리부 달러를 차입할 경우 LIBOR+0.75%이고 스왑을 통한 변동금리부 달러를 지급할 경우 LIBOR+0.50%이다. 따라서 (LIBOR+0.75%)−(LIBOR+0.50%)=0.25%

18. 투자자 홍길동은 LIBOR와 7%를 교환하는 고정금리지급포지션의 금리스왑을 체결하였다. 홍길동의 포지션을 채권을 통해 나타낼 경우에 알맞은 것은?

① 고정채 발행, 변동채 매입 ② 고정채 매입, 변동채 발행
③ 고정채 발행, 변동채 발행 ④ 고정채 매입, 변동채 매입

| 해설 | 고정금리를 지급하고 변동금리를 수취하기 때문에 고정채를 발행하고 변동채를 매입한 경우와 동일하다.

19. 기업 A와 기업B가 고정금리와 변동금리로 자금을 차입할 경우에 금리는 다음과 같다. 다음 중 가장 적절한 것은 어느 것인가?

기업	고정금리	변동금리
A	10%	LIBOR+0.3%
B	11%	LIBOR+1.0%

① A는 변동금리에서 비교우위를 갖는다.

② B는 고정금리에서 비교우위를 갖는다.

③ A는 고정금리로 차입하고, B는 변동금리로 차입하여 스왑계약을 체결하는 것이 바람직하다.

④ A와 B는 스왑계약을 체결함으로써 이득을 볼 여지가 없다.

> **│ 해설 │** A는 고정금리에서, B는 변동금리에서 비교우위를 갖는다. 따라서 A는 고정금리, B는 변동금리로 자금을 차입한 후 스왑계약을 체결하면 고정금리의 차이 1%와 변동금리의 차이 0.7%에 해당하는 0.3%를 두 회사가 공유하면 0.15%를 절약할 수 있다.

20. 대규모의 달러를 고정금리로 차입한 기업의 경우에 금리가 하락할 것으로 예상되면 어떤 포지션을 통해 헤지를 할 수 있는가?

① 고정금리 지급스왑   ② 고정금리 수취스왑

③ 금리 플로어 매수   ④ 금리 캡 매수

> **│ 해설 │** 고정금리 지급스왑을 체결하면 고정금리를 변동금리로 전환할 수 있다.

파생결합증권시장

파생결합증권은 주식이나 주가지수와 같은 기초자산의 가격변동에 따라 수익이 결정되며, 기초자산의 가치에 큰 변동이 없으면 약속수익률을 보장받고 약정한 구간에 진입하면 원금손실이 발생한다. 기초자산은 주식, 주가지수는 물론 금리, 환율, 유가, 에너지, 광산물, 농산물, 신용위험 등도 가능하다.

제1절 **파생결합증권의 개요**

1. 파생결합증권의 정의

파생결합증권은 기초자산의 가격, 이자율, 지표, 단위 또는 이를 기초로 하는 지수 등의 가격변동과 연계하여 사전에 정해진 방법에 따라 지급하거나 회수하는 금전이 결정되는 권리가 표시된 것을 말한다. 따라서 파생결합증권은 기초자산의 가격변화와 같은 외생지표에 의해 수익이 결정된다.

파생결합증권은 기초자산의 종류와 위험정도에 따라서 주가연계증권, 금리연계증권, 통화연계증권, 신용연계증권, 실물연계증권 등으로 구분한다. 현재 우리나라에서 거래되는 대표적인 파생결합증권에는 주가연계증권(ELS), 파생결합증권(DLS), 주식워런트증권(ELW), 상장지수증권(ETN) 등이 있다.

파생결합증권은 파생상품을 증권화한 금융투자상품으로 그 형식은 증권에 해당하지만 본질적인 성격은 파생상품과 동일하다. 법적 형식은 증권이므로 다른 증권처럼 투자자의 손실이 납입금, 즉 투자자금의 한도로 제한되나, 이 점을 제외하면 다른 모든 특징은 파생상품의 본질과 궤를 같이 한다.

자본시장법상 채무증권은 국채, 지방채, 특수채, 회사채, 기업어음 그 밖에 이와 유사한 것으로 지급청구권이 표시된 것을 말한다. 자본시장법상 채무증권과 파생결합증권은 [표 15-1]과 같이 구분할 수 있는데, 중요한 차이점은 파생상품적 요소에 의한 증권가치 평가문제가 있는가로 볼 수 있다.

┃표 15-1┃ 채무증권과 파생결합증권의 비교

구분	채무증권	파생결합증권
발행목적	기업의 자금조달	투자자의 투자목적
증권성격	소비대차	파생상품
상품구조	원칙적 만기상환 원본 이상의 상환의무	자유로운 중도상환 상환시점에서 원본 손실 가능
유통구조	유통시장에서 시가로 매매	공정가액으로 매매 또는 상환
발행위험	위험회피거래 불필요	위험회피거래 필요함

2. 파생결합증권의 기초자산

파생결합증권의 기초자산은 파생상품의 기초자산과 동일하다. 여기서 기초자산은 금융투자상품, 통화(외국의 통화를 포함), 일반상품, 신용위험 그리고 자연적·환경적·경제적 현상 등에 속하는 위험으로 합리적이고 적정한 방법에 의해 가격·이자율·지표·단위의 산출이나 평가가 가능한 것을 말한다.

파생금융상품은 금융투자상품의 수익이 주가, 환율 등 외생적 지표에 연계되는 금융상품이므로 연계대상이 되는 기초자산을 금융상품, 통화, 일반상품, 신용위험 이외에 자연적·환경적·경제적 현상 등으로 확대하여 자연재해, 날씨, 탄소배출권 등 환경적 현상, 물가상승률 등 경제적 현상도 될 수 있다.

3. 파생결합증권의 특징

파생결합증권은 기초자산의 가격에 따라 본질가치가 변동되는 파생상품의 성격이 내재된 증권이라는 점에서 통상의 증권과 다른 위험요소, 발행 및 수익구조 그리고 발행인 및 투자자의 위험관리 측면에서 다른 특징이 있다.

(1) 위험요소의 특징

파생결합증권의 위험요소는 증권의 가치가 주식처럼 변동하지만 주식이나 채권과는 달리 복잡한 손익구조를 가지고 있고, 발행인의 재무상태나 신용상태의 변화에 따른 위험을 갖는다. 요컨대 발행인인 금융투자업자가 재무상태의 악화로 지급불능상태에 직면하면 투자원금을 회수하지 못할 위험이 있다.

이러한 점에서 예금자보호가 되는 은행의 예금상품과 차이가 있다. 현재 주식워런트증권과 상장지수증권을 제외하고 한국거래소에 상장되어 있지 않고, 장외거래도 활발하게 이루어지지 않아 투자자가 만기 이전에 현금화하는 것이 어렵다. 금융투자업자가 증권신고서에 밝힌 방법으로만 현금화가 가능하다.

(2) 수익구조의 특징

발행 및 수익구조의 특징과 관련하여 파생결합증권의 발행과 수익구조는 이자나 원금 등이 기초자산의 가격변동에 연동되며, 투자수익은 평가일로 정해진 특정시점 또는 특정기간을 기준으로 결정된다. 즉 평가시점 또는 평기기간 전후에 발생한 기초자산의 가격변동은 투자수익에서 아무런 의미가 없게 된다.

투자수익은 발행조건에서 이미 결정되어 있다. 파생결합증권은 투자자에게 이익을 확정하거나 담보하지는 않고 원금을 전액 상실할 수도 있다. 예컨대 기초자산이 주식인 경우 원금이 보장되지 않는 조건의 경우 주가변동에 따라 투자원금까지 상실할 수 있고 신용으로 매수한 경우 손실은 무한대로 커진다.

(3) 위험관리의 특징

파생결합증권의 발행인인 금융투자업자는 파생결합증권의 발행으로 조달된 자금을 주식, 채권, 파생상품 등에 운용한 후 약정에 따라 원리금을 지급하므로 발행인은 자금 운용에 따른 위험관리와 기술이 필요하다. 따라서 파생결합증권은 일정한 물적·인적 기반이 있는 금융투자업자에게만 허용되고 있다.

파생결합증권은 상환금액이 기초자산의 가격변동률에 기초하여 산출되기 때문에 객관적으로 기초자산을 평가하는 방법이 필요하다. 주식워런트증권 등 일부 상품은 유동성이 높지 않아 투자자의 환금성을 보호하기 위해 호가를 의무적으로 제시하는 유동성 공급자(LP : liquidity provider)의 존재가 필요하다.

4. 파생결합증권의 기능

현재 파생결합증권은 장외파생상품에 준하는 발행규제와 행위규제의 적용을 받는데 파생상품을 직접 매매할 수 없는 투자자나 발행자는 파생요인이 내장된 구조의 파생결합증권을 활용하여 규제를 우회할 수 있다. 고객 맞춤형 상품을 개발하기 위해 특정 포지션 또는 기대를 자본화하는데 활용될 수 있다.

(1) 긍정적 기능

투자자의 입장에서 파생결합증권의 결합을 통해 특정 자산가치에 대한 투자자의 기대를 파생적 형태로 내재되도록 함으로써 이익을 얻을 수 있게 한다. 또한 파생결합증권은 다른 방법으로는 얻기 어려운 유동성과 거래가능성을 제공해주고, 신용을 제고하여 파생상품시장 참여가 용이하도록 활용될 수 있다.

　파생결합증권에서 가장 중요한 요소는 신용등급이 매우 우수한 발행회사에 관련된 성과지급의무를 전이시키는 것이 용이하기 때문에 투자자는 파생거래에서 발행회사의 신용을 효과적으로 이용할 수 있다. 따라서 신용문제로 파생거래를 활용할 수 없는 투자자도 파생결합증권을 통해 파생거래를 할 수 있다.

　투자자는 직접 파생상품시장에 참가하는 것보다 훨씬 적은 금액으로 투자할 수 있다. 파생결합증권시장은 파생상품의 도매가격을 형성하여 소액투자자가 직접 파생상품시장에 참여할 때의 가격보다 저렴한 가격으로 파생상품거래가 가능하다. 파생상품에 비해 회계세무상의 편의, 평가가 쉽고 유동성이 좋다.

(2) 부정적 기능

　파생결합증권은 파생상품의 속성이 내재된 구조화상품으로 전통적인 증권에 비해 정보의 비대칭이 매우 높다. 따라서 투자자가 투자할 경우 불완전판매 가능성이 높아 다른 금융상품과 비교하거나 이론가격을 계산하기 쉽지 않다. 일부 발행회사는 이러한 점을 이용하여 증권의 구조를 복잡하게 만들기도 한다.

　파생결합증권의 기초자산이 주식인 경우 증권의 구조가 복잡하며, 투자자가 파생결합증권의 수수료체계를 정확히 알기 어려우므로 판매자가 높은 수수료를 얻기 위해 투자자의 위험선호성향에 관계없이 위험하거나 선호에 맞지 않은 상품을 권유할 수 있다. 즉 판매자와 투자자간에 이해상충의 가능성이 있다.

제2절　파생결합증권의 종류

　파생결합증권은 ELS, ELW, DLS, DLF 등으로 분류한다. ELS(Equity Linked Securities)와 DLS(Derivative Linked Securities)는 파생결합증권, ELB(Equity Linked Bond)와 DLB(Derivative Linked Bond)는 파생결합사채가 자본시장법상 정확한 명칭이지만, 편의상 모두 파생결합증권으로 통칭하여 사용한다.

┃그림 15-1┃ 파생결합증권의 분류

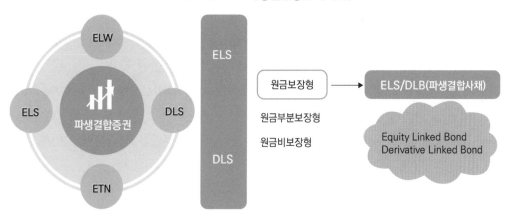

1. 주가연계증권(ELS)

(1) 주가연계증권의 정의

주가연계증권은 주식가격 또는 주가지수를 기초자산으로 하여 기초자산의 가격 등의 변동과 연계하여 사전에 정한 방법으로 투자수익이 결정되는 증권을 말한다. ELS는 증권회사가 장외파생상품을 취급할 수 있는 2003년 2월 증권거래법 시행령 개정에 따라 유가증권으로 개정되면서 처음으로 등장하였다.

주가연계증권(ELS : Equity Linked Securities)은 개별주식이나 주가지수의 움직임에 연계하여 사전에 정해진 조건에 따라서 조기 및 만기 상환수익률이 결정되는 증권을 말한다. 파생상품의 성격을 가져 법적으로 파생결합증권에 해당하며, 장외파생상품 겸영인가를 취득한 증권회사만이 발행할 수 있다.

주가연계증권을 발행한 증권회사는 발행대금의 대부분을 채권, 예금 등 안전자산에 투자하는 한편 나머지를 주식, 주식관련 파생상품 등에 투자하여 약정수익 재원을 확보하기 위한 초과수익을 추구하게 된다. 증권회사는 펀드 등과 달리 주가연계증권 발행자금의 운용대상 및 운용방식에 법적 제약이 없다.

주가연계증권은 만기, 수익구조 등을 다양하게 설계할 수 있는 반면 한국거래소에 상장되지 않음에 따라 유동성이 낮고 발행증권사의 신용리스크에 노출되는 단점이 존재한다. 기초자산이 일정수준 이상이면 자동으로 조기상환되는 조건이 부여되고 환매수수료를 부담하는 조건으로 환매를 요구할 수도 있다.

주가연계증권은 주식, 파생상품의 비중이 낮은 원금보장형 상품과 투자비중이 높아 기대수익률은 높으나 원금손실 가능성이 있는 원금비보장형 상품으로 구분한다. 그리고 투자수익률이 연동되는 기초자산에 따라 지수형상품, 주식형상품, 혼합형상품으로 구분할 수 있으며 지수형상품이 대부분을 차지한다.

주가연계증권의 발행방식은 공모보다 사모비중과 원금비보장형 상품이 많고, 투자자는 개인 및 일반법인이 과반수 이상을 차지하는 가운데 자산운용회사, 퇴직연금신탁 등도 투자하고 있다. 수익률은 정기예금을 상회하며 위험부담은 제한적임에 따라 중위험, 중수익의 대체투자상품으로 각광을 받고 있다.

(2) 주가연계증권의 분류

개별주식 및 주가지수에 연동되어 수익이 발생하는 금융투자상품에는 주가연동예금(ELD)과 주가연계펀드(ELF)가 존재한다. ELS는 발행주체에 따라 ELS, ELD, ELF로 구분하고, 원금보장여부에 따라 원금보장형과 원금비보장형으로 구분하며, 거래대상 및 발행형태에 따라 공모 ELS와 사모 ELS로 분류한다.

1) 발행주체에 따른 분류

ELS(Equity Linked Securities)는 장외파생상품 겸영업무 인가를 획득한 증권회사가 발행하는 사채와 같은 법적 성질을 갖는 증권의 일종이다. 따라서 ELS를 발행한 증권회사는 ELS를 발행한 후 운용과정에서의 이익 또는 손실여부에 관계없이 정해진 조건이 충족되면 정해진 수익을 투자자에게 지급해야 한다.

ELF(Equity Linked Fund)는 운용회사가 모집하여 발행하는 수익증권으로 그 수익이 ELS와 마찬가지로 기초자산인 개별주식 또는 주가지수와 연동된다. 또한 ELF는 원금보장형 및 원금비보장형 상품이 모두 가능하나 운용실적에 따라 연동되는 펀드이므로 원금보장은 불가능하여 원금보존추구의 형태로 발행한다.

주가연계신탁(ELT : Equity Linked Trust)은 주가연계증권(ELS)이나 주가연계예금(ELD)와 비슷한 구조로 증권회사에서 발행한 ELS를 편입해 만든 특정금전신탁 상품이며 원금을 보장하지 않는다. 은행은 증권회사에서 발행한 ELS를 직접 판매할 수 없어 신탁을 통해 ELS를 편입한 후 이를 수익증권으로 판매한다.

ELD(Equity Linked Deposit)는 은행이 상품을 설계하고 판매하는 주가연계상품이다.

수익이 개별주식의 가격 또는 주가지수에 연동한다는 점은 다른 주가연계상품과 동일하나 상품 자체가 예금이므로 원금보장형 상품만 가능하다. 수익에 대해 다른 상품은 배당소득세를 부과하나 ELD는 이자소득세를 부과한다.

　ELS는 주식이나 주가지수의 가격변동에 연계하여 사전에 약정된 조건에 따라 손익이 결정된다는 점에서 ELF, ELT, ELD 등과 유사하지만 투자자의 손익이 발행기관의 발행대금 운용성과와 무관하게 사전에 약정된 방식에 따라 결정되며, 투자 원리금이 예금보호대상이 아니라는 점에서 다른 상품들과는 구별된다.

▌표 15-2▐ 주가연계상품의 비교

구 분	ELS	ELF	ELT	ELD
발행기관	투자매매업자	집합투자업자	신탁업자	은행
근거법률	자본시장법	자본시장법	자본시장법	은행법
법적형태	파생결합증권	증권집합투자기구	특정금전신탁	예금
예금보호	없음	없음	없음	있음
손익구조	약정수익률	실적배당	실적배당	약정수익률

2) 원금보장에 따른 분류

　원금보장형 상품은 기초자산의 가격 움직임에 관계없이 투자자는 만기에 원금을 보장받을 수 있다. 상품설계에 따라 원금 이상 또는 원금의 일정부분을 보장하는 상품도 발행할 수 있다. 여기서 원금보장의 의미는 시장위험에 한정되어 발행사가 파산, 지급불능의 경우에는 원금손실이 발생할 수 있다.

　원금비보장형 상품은 원금보장형 상품에 비해 고수익을 추구할 수 있고, 다양한 상품설계가 가능하다. 저금리 기조가 계속되면서 ELS는 중위험 중수익구조의 대표적인 상품으로 자리매김했다. 일반적으로 원금비보장형 상품과 보장형 상품의 발행비율은 7:3 정도로 원금비보장형 상품이 많이 발행되었다.

3) 발행형태에 따른 분류

　공모ELS는 발행증권사가 증권신고서, 투자설명서, 간이투자설명서 등을 금감원 공시사이트에 공시하고 미리 정한 모집기간에 불특정 다수에게 청약을 받아 발행한다. 공모ELS는 불특정다수의 일반투자자 및 일부 기관을 대상으로 발행하며, 사모ELS에 비해 공시관련 및 판매절차에서 까다로운 규제를 받는다.

사모ELS는 발행증권사와 투자자가 일대일 계약형식으로 발행하며 기관투자가, 자산운용사, 일반법인, 거액자산가 등을 대상으로 하여 비공개적으로 모집하는 형태이다. 사모ELS는 일대일 계약형식으로 발행되어 공모ELS에 비해 규제에서 비교적 자유로운 편이고, 발행금액이 공모ELS에 비해 큰 편에 속한다.

4) 기초자산에 따른 분류

ELS는 개별주식의 가격이나 주가지수를 기초자산으로 한다. 한 개의 또는 두 개 이상의 개별주식의 가격을 기초자산으로 할 수 있고, 하나 또는 둘 이상의 주가지수를 기초자산으로 할 수도 있다. 개별주식의 가격과 주가지수를 조합한 혼합형 ELS도 발행될 수 있으나 지수형이 70% 이상을 차지하고 있다.

(3) 주가연계증권의 손익구조

국내에 도입된 주가연계증권의 손익구조는 투자자들의 수요에 따라 Knock-out형, Bull Spread형, Digital형, Reverse Convertible형 등으로 구분된다. 최근에 가장 많이 발행되고 있는 주가연계증권은 Reverse Convertible 형태의 Step-down ELS이다. 주가연계증권의 손익구조를 살펴보면 다음과 같다.

1) Knock-out ELS

녹아웃형은 2003년 초 주가연계증권(ELS) 도입 초기부터 지금까지 꾸준히 발행되고 있는 상품이다. 기초자산의 가격변동에 따라 일정수준까지는 기초자산의 수익률에 비례하여 수익을 지급하지만, 일정수준(barrier)을 초과하면 옵션의 가치는 소멸하고 만기에 리베이트만큼의 수익을 지급하는 상품이다.

녹아웃형은 투자기간 중 사전에 정해진 주가수준에 도달하면 확정된 수익으로 조기상환되며, 그 이외에는 만기일의 주가수준에 따라 수익이 결정되는 구조이다. 투자기간에 기초자산이 한 번이라도 사전에 일정주가 초과 상승하는 경우 만기의 주가지수에 관계없이 최종수익률은 리베이트수익률로 확정된다.

녹아웃형은 원금보장의 정도를 조정하여 원금이상보장, 원금보장, 원금부분보장 등

원금보장수준을 달리하여 설계할 수도 있다. 그리고 녹아웃옵션의 이익참여율과 리베이트를 서로 조정하거나 녹아웃 풋옵션을 추가하여 양방향 구조로 설계하는 등 다양한 수익구조의 형태로 주가연계증권을 발행할 수도 있다.

┃그림 15-2┃ Knock-out ELS

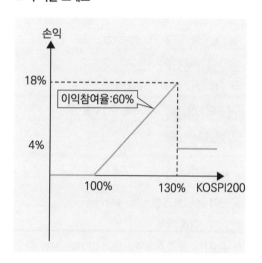

● **상품개요**

기 초 자 산	· KOSPI200
만 기	· 1년
행 사 가 격	· 100%
원금보장수준	· 100% 원금보장
knock-out	· 130% 리 베 이 트 · 4%

● **상품특징**

▶ 만기 1년, 최고 연 18% 수익가능
▶ 이익참여율 60%
▶ 지수가 아무리 하락해도 원금 100%는 보장
▶ Knock-out시 리베이트 연 4%

┃표 15-3┃ 예상손익구조

구분	만기상환금액
① 만기평가가격＜최초기준가격	원금
② 만기평가가격＞최초기준가격이면서 만기까지 한 번이라도 최초기준가격의 130%를 초과하여 상승한 적이 없는 경우	$원금 \times [1 + \dfrac{(만기평가가격 - 최초기준가격)}{최초기준가격} \times 이익참여율]$
③ 만기까지 한 번이라도 최초기준가격의 130%를 초과하여 상승한 적이 있는 경우	원금×104%

2) Call Spread ELS

콜 스프레드형은 다른 조건은 동일하고 행사가격이 다른 콜옵션 두 개를 조합한 콜스프레드전략을 ELS에 접목시킨 상품이다. 콜 스프레드형은 녹아웃형과 비슷한 형태이지만 손익구조가 만기까지 기초자산의 움직임과는 무관하고 오직 만기시점의 기초자산의 가격에만 연동된다는 점에서 차이가 있다.

　　행사가격이 낮은 콜옵션을 매수하고, 행사가격이 높은 콜옵션을 매도함으로써 기초
자산이 일정수준까지 상승할 경우에는 그 수익을 함께 향유하고, 그 이상의 수준에서는
고정된 수익을 취한다. 따라서 만기일의 주가수준에 비례하여 손익을 계산하되 최대수익
및 손실이 일정한 수준으로 제한된다.

┃그림 15-3┃ Call Spread ELS

● **상품개요**

기 초 자 산	· KOSPI200
만　　　기	· 1년
행 사 가 격	· 100%
원금보장수준	· 100% 원금보장
이 익 참 여 율	· 40%

● **상품특징**

▶ 만기 1년, 최고 연 12% 수익가능

▶ 이익참여율 40%

▶ 지수가 아무리 하락해도 원금 100%는 보장

● **수익률 그래프**

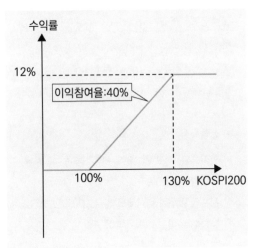

┃표 15-4┃ 예상손익구조

구분	만기상환금액
① 만기평가가격＜행사가격1 　(행사가격1＝최초기준가격)	원금
② 행사가격1＜만기평가가격＜행사가격2 　(행사가격2＝최초기준가격×130%)	$원금 \times [1 + \dfrac{(만기평가가격 - 최초기준가격)}{최초기준가격} \times 이익참여율]$
③ 만기평가가격＞행사가격2	원금×112%

3) Digital ELS

　　디지털형은 단순한 구조 중 하나이다. 만기까지 기초자산의 움직임과 무관하게 만
기시점의 기초자산가격이 행사가격보다 높고 낮음에 따라 수익의 지급여부가 결정된다.
즉 만기일의 주가수준이 일정수준을 상회하는지 여부(상승률과는 무관)에 따라 사전에 정
한 두 가지 수익 중 한 가지를 지급하는 구조를 말한다.

　　디지털옵션을 여러 개 조합하면 다양한 수익구조를 설계할 수 있다. 특히 다른 조건은 동일하나 수익만 약간 차이가 나는 디지털콜과 디지털풋을 결합하면 기초자산의 가격변동과 무관하게 확정수익이 보장되고 추가적으로 α 의 수익을 얻을 수 있는 상품이 가능하다. 현재 퇴직연금 편입형 상품으로 많이 발행된다.

❚그림 15-4❚ Digital ELS

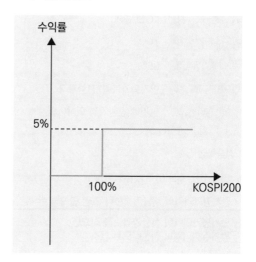

● 상품개요

| 기 초 자 산 · KOSPI200 |
| 만 　　　 기 · 1년 |
| 행 사 가 격 · 100% |
| 원금보장수준 · 100% 원금보장 |
| 수 　　　 익 · 5% |

● 상품특징

▶ 만기 1년, 연 5% 수익가능
▶ All or Nothing 구조
▶ 지수가 아무리 하락해도 원금 100%는 보장

❚표 15-5❚ 예상손익구조

구분	만기상환금액
① 만기평가가격＞행사가격 　 (단, 행사가격＝최초기준가격)	원금×105%
② 만기평가가격＜행사가격	원금

4) Reverse Convertible ELS

　　초기에는 원금보장형 상품이 주류를 이루었으나 증권사들은 투자자들의 위험선호도를 반영하여 2003년 4월경 원금비보장 상품을 출시하였다. 리버스 컨버터블형은 만기의 기초자산가격이 일정수준까지 하락하지 않으면 일정수준의 수익을 보장하고, 일정수준 이하이면 원금손실이 발생하는 구조를 말한다.

RC형이라고도 불리는 리버스 컨버터블형은 투자자의 입장에서 풋옵션을 매도한 것과 비슷한 형태의 손익구조를 나타낸다. 따라서 원금보장형 상품에 비해 높은 수익을 제공하고, 만기에 기초자산의 가격이 일정수준까지 하락해도 수익을 얻을 수 있어 투자자에게 어필했으나 현재는 거의 발행되지 않고 있다.

▌그림 15-5 ▌ Reverse Convertible ELS

● 상품개요

기 초 자 산	· KOSPI200
만 기	· 1년
행 사 가 격	· 85%
전 환 가 격	· 만기평가가격/전환가격
수 익	· 만기에 전환가격 이상이면 9% 수익

● 상품특징

▶ 만기 1년, 최고 연 9% 수익가능

▶ 만기평가가격이 저난가격보다 크면 연 9% 수익

▶ 만기평가가격이 전환가격보다 작으면 만기수취금액이 점진적으로 감소

● 수익률 그래프

▌표 15-6 ▌ 예상손익구조

구분	만기상환금액
① 만기평가가격 > 전환가격 (전환가격 = 최초기준가격 × 85%)	원금 × 109%
② 만기평가가격 < 전환가격	원금 × 109% × 승수 (승수 = 만기평가가격/전환가격)

(4) 주가연계증권의 발행현황

ELS는 2003년 3월 처음 발행되어 투자자는 중위험·중수익 금융상품으로 발행기관은 신규 수익원으로 인식하면서 발행 및 거래규모가 빠르게 성장했으며 2014년 저금리 기조가 지속되면서 시장의 성장속도는 가팔라졌다. 2016년 HSCEI지수 급락으로 ELS의 손실발생 우려가 커지면서 발행 및 조기상환이 감소하며 일시적으로 위축되었으나 주요 기초자산지수가 상승하며 시장은 빠르게 회복되었다.[1]

---

1) 한국은행, 한국의 금융시장, 2021, 410-412쪽.

그러나 2020년 코로나19 확산에 따른 주요국 주가지수 급락으로 손실우려가 부각되고 증권회사의 헤지운용 손실 증가로 발행이 크게 감소했고 주가상승 국면에서 중위험·중수익의 파생결합증권에 비해 투자메리트가 높은 고수익·고위험 금융상품(주식 등)에 대한 개인투자자의 선호가 증대되면서 발행규모가 감소하였다. 2021년 6월말 현재 국내 ELS시장 규모(발행잔액 기준)는 28.6조원으로 위축되었다.

▌표 15-7 ▌ 국내 ELS 발행현황[1]

(단위 : 조원)

구분	2014	2015	2016	2017	2018	2019	2020	2021.상
발행실적	51.6	61.3	34.5	65.1	68.1	76.7	42.1	28.9
발행잔액	37.9	48.6	52.4	38.8	54.5	48.3	37.1	28.6

주 : 1) 기말 기준
자료 : 한국예탁결제원

우리나라에서 발행되는 주가연계증권(ELS)는 주가지수를 기초자산으로 하는 지수형 상품이 대부분을 차지하고 있다. 지수형 상품의 기초자산은 한국거래소 유가증권시장의 KOSPI200을 비롯하여 HSCEI, EUROSTOXX50 등 해외지수가 사용되고 있으며 여러 개의 주가지수를 함께 사용하는 경우도 증가하고 있다.

▌그림 15-6 ▌ ELS의 기초자산별 발행현황

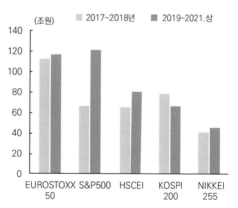

주 : 1) 혼합형은 지수와 개별 주식이 혼합된 상품
  2) ELB 포함, 복수 지수 상품인 경우 중복 합산
자료 : 한국예탁결제원

2. 파생결합증권(DLS)

(1) 파생결합증권의 정의

파생결합증권(DLS : Derivative Linked Securities)은 주식, 주가지수를 제외한 금리, 환율, 일반상품가격, 신용위험지표의 변동과 연계된 파생결합증권으로 기초자산의 차이를 제외하고 ELS와 동일한 특성과 구조를 가지고 있다. DLS는 기초자산이 다양하여 분산투자효과는 높은 반면에 상품구조가 복잡한 편이다.

(2) 파생결합증권의 유형

기초자산의 종류에 따라 금리연계증권(Interest Rate Linked Notes), 통화연계증권(Currency Linked Notes), 신용연계증권(Credit Linked Notes), 상품연계증권(Commodity Linked Notes), 인플레이션연계증권(Inflation Linked Notes)이 있으며, 기초자산이 주식과 원자재인 하이브리드형 상품도 발행되고 있다.

(3) 파생결합증권의 손익구조

파생결합증권의 손익구조는 ELS와 마찬가지로 Knock-Out형, Bull Spread형, Digital형, Reverse Convertible형, Cliquet형, Step-Down형(조기상환형), 월지급식형 등 다양한 구조로 발행될 수 있다. 현재 대부분의 주가연계증권(ELS)과 파생결합증권(DLS)은 Step-Down형(조기상환형) 구조로 발행되고 있다.[2]

조기상환형은 기초자산이 특정 수준 이하로 하락하지 않으면 약정된 수익을 지급하고 시간이 경과하면서 조기상환조건이 점차 완화되는 형태이다. 조기상환일은 기초자산 가격이 조건을 충족하면 수익이 확정되어 자동으로 조기상환이 이루어지나 조건을 충족하지 못하면 상환되지 않고 다음 조기상환일로 이월된다.

---

2) 한국은행, 한국의 금융시장, 2021, 413쪽.

┃ 표 15-8 ┃ 스텝다운형 DLS의 손익구조 예시

Knock-in 여부[1]	기초자산[1] 가격 조건(최초 기준가격 대비)	수익률
발행일 이후 기초자산의 가격이 최초 기준가격의 55% 이상을 유지	① 1차 조기상환일(6개월) : 85% 이상 ② 2차 조기상환일(12개월) : 80% 이상 ③ 3차 조기상환일(18개월) : 75% 이상 ④ 4차 조기상환일(24개월) : 70% 이상 ⑤ 5차 조기상환일(30개월) : 65% 이상 ⑥ 만기일(36개월) : 55% 이상	연 10%
발행일 이후 기초자산의 가격이 최초 기준가격의 55%를 하회(Knock-in 발생)	⑦ 만기일(36개월 후) : 60% 이상	연 10%
	⑧ 만기일(36개월 후) : 60% 미만	기초자산가격의 최종 하락률

주 : 1) 각 시점에서 최저 성과를 보인 기초자산(Worst Performer)을 기준으로 평가

┃ 그림 15-7 ┃ 스텝다운형 DLS의 손익구조 예시

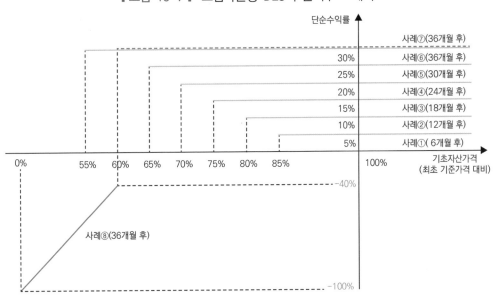

DLS의 손익구조는 ELS와 유사하다. CLN(Credit Linked Notes)형 DLS는 디지털 유형의 손익구조를 따르며 신용사건 관찰기간 중 준거기업, 준거채무, 준거기업의 지정채무에 파산, 지급불이행, 채무재조정 등 신용사건이 발생하지 않으면 약정 수익률로 상환되나 신용사건이 발생한 경우에는 투자금 전액이 손실된다.

┃그림 15-8┃ CLN형 DLS의 손익구조 예시

상환조건

조건[1]	상환일자	수익률[2]
신용사건 발생	신용사건 발생일 + α	-100%
신용사건 미발생	증권 만기일	3% × (N/365)

주 : 1) 신용사건 : 준거기업, 준거채무, 준거기업 지정채무의 파산, 지급불이행 또는 채무재조정
　 2) N : 신용사건 관찰기간

손익구조

(4) 파생결합증권의 발행현황

　　DLS의 시장규모는 2021년 6월말 8.0조원으로 ELS보다 작고, 신용연계상품의 발행비중이 크다. 2019년 이후 금리 및 유가연계상품의 손실이 대규모로 발생하며 신용연계상품의 비중이 확대되고 있다. DLB(파생결합사채)는 투자매매업자가 발행하는 채무증권으로 원금이 보장되면서 DLS와 유사한 손익구조를 갖는다.[3]

┃표 15-9┃ 증권회사의 DLS 발행현황

(단위 : 조원)

구분	2014	2015	2016	2017	2018	2019	2020	2021.상
발행실적	10.6	11.9	15.7	18.4	16.6	17.6	7.9	3.2
발행잔액[1]	15.7	17.1	17.2	16.5	16.3	16.1	9.8	8.0

주 : 1) 기말 기준
자료 : 한국예탁결제원

---

3) 한국은행, 한국의 금융시장, 2021, 414-415쪽.

┃그림 15-9┃ DLS의 발행형태 및 기초자산별 발행현황

(a) 발행 형태별 비중[1]

(b) 기초자산별 발행 비중[1]

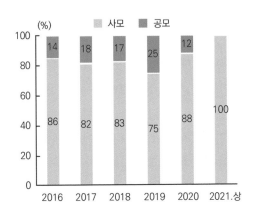

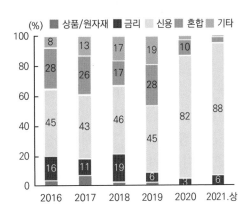

주 : 1) 발행액 기준
자료 : 한국예탁결제원

2019년 하반기 유가 및 해외금리연계 DLS에서 손실이 발생하여 DLS 시장이 위축되었다. 연계금리가 일정수준을 하회하면 원금손실이 급증하는 상품인 해외금리연계 DLS가 2019년 하반기 글로벌 금리의 큰 폭 하락으로 원금손실이 발생하였다. 2020년 상반기에는 원유 선물가격이 마이너스로 하락하며 유가연계 DLS도 상당한 손실이 발생함에 따라 원유 및 금리 연계 DLS 발행규모가 크게 감소하였다.

┃그림 15-10┃ DLS 손실발생

(a) DLS 기초자산 추이

(b) 원유 및 해외금리 연계 DLS 발행추이

자료: Bloomberg

자료 : 한국예탁결제원

3. 주식워런트증권(ELW)

(1) 주식워런트증권의 정의

주식워런트증권(ELW : Equity Linked Warrant)은 주식 또는 주가지수의 기초자산을 사전에 정한 시점에 사전에 정한 가격격에 매입하거나 매도할 수 있는 증권을 말한다. ELW는 거래소가 요구하는 일정요건을 갖추면 거래소 시장에 상장하여 주식과 동일하게 매매가 가능하며 2005년 12월에 도입되었다.

주식워런트증권은 투자매매업자가 발행하며 개별주식이나 주가지수에 연계된 워런트를 말한다. 여기서 워런트는 개별주식 및 주가지수 등의 기초자산을 미래의 특정시점 (만기일)에 현재시점에 약정한 가격(행사가격)으로 매입(콜옵션)하거나 매도(풋옵션)할 수 있는 권리를 증권화한 파생결합증권을 말한다.

주식워런트증권은 상품특성이 주식옵션과 유사하나 법적구조, 시장구조, 발행주체, 발행조건에 차이가 있다. 증권사가 ELW에 대해 공모를 거쳐 거래소에 상장하면 주식처럼 거래가 이뤄지며, 만기에 최종보유자가 권리를 행사한다. 발행사는 다양한 상품을 설계할 수 있고 결제이행에 따른 위험을 부담한다.

┃표 15-10┃ 주식과 ELW의 비교

구분	주식	ELW
법 적 형 태	증권(지분증권)	증권(파생결합증권)
가 격 단 위	10주(단주거래 가능)	증권(단주거래 불능)
호 가 주 문	시장가/지정가호가 등	지정가호가만 허용
가격제한폭	상한가 및 하한가 적용	상한가 및 하한가 불허
신 용 거 래	가능(대용가능)	불가(현금거래)
권 리 행 사	해당사항 없음	만기에 자동권리행사
최종거래일	최종거래일 없음	최종거래일 있음
만 기 여 부	만기 없음	만기 있음

(2) 주식워런트증권의 유형

1) 권리종류에 따른 분류

콜 ELW는 만기에 기초자산을 행사가격에 발행자로부터 인수하거나 그 차액(만기평

가가격-행사가격)을 수령할 수 있는 권리가 부여된 ELW를 말하며, 풋 ELW는 만기에 기
초자산을 행사가격에 발행자에게로 인도하거나 그 차액(행사가격-만기결제가격)을 수령
할 수 있는 권리가 부여된 ELW를 말한다.

▌그림 15-11▌ 콜ELW와 풋ELW의 손익구조

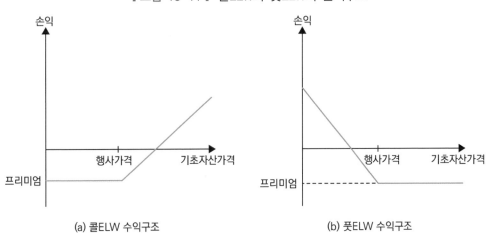

(a) 콜ELW 수익구조   (b) 풋ELW 수익구조

2) 기초자산에 따른 분류

ELW는 개별주식이나 주가지수를 기초자산으로 하여 발행할 수 있다. 그러나 상품
의 안정성을 확보하고 가격조작 방지 등의 투자자 보호를 위해 ELW의 기초자산으로 사
용할 수 있는 개별주식 및 주가지수는 거래소 규정 및 세칙에서 정한 바에 따라 한국거
래소가 분기별로 선정하여 발표하고 있다.

▌표 15-11▌ ELW의 기초자산

구분	개별주식	주가지수
국내	· KOSPI 200 구성종목 중 시가총액, 거래대금을 감안하여 분기별로 선정한 종목 · KOSTAR 구성종목 중 시가총액 5개 종목 또는 복수 종목의 바스켓	· KOSPI 200지수 · KOSTAR지수
해외		· 일본 니케이225지수 · 홍콩 항셍지수

3) 기본구조에 따른 분류

디지털옵션은 수익이 기초자산의 가격상승이나 하락에 비례하지 않고 일정수준에 도달하면 미리 정해진 고정수익을 지급하는 옵션을 말한다. 반면에 배리어옵션은 기초자산의 가격이 사전에 정해진 배리어(barrier)에 도달하면 옵션의 효력이 없어지거나 (knock-out) 새로 생성되는(knock-in) 형태를 갖는다.

(3) 주식워런트증권의 발행현황

국내 ELW시장은 기관투자자의 개별 수요에 맞춘 주문형 상품으로 사모로만 발행되어 거래가 활발히 이루어지지 못하였다. 그러나 2005년 12월 한국거래소가 ELW의 유통시장을 개설함에 따라 공모 발행 및 상장 거래 중심의 시장으로 빠르게 재편되었고, 이후 일반투자자의 시장참가가 크게 늘어나면서 2010년 중 전체 거래규모가 411조원에 달하는 시장으로 급성장하였다. 한편 이처럼 단기간에 시장이 급성장하는 과정에서 과도한 투기성, 투자자 손실 확대, 유동성공급자(LP) 및 스캘퍼 등 전문투자자의 불공정 거래 가능성 등에 대한 우려가 꾸준히 제기되었다.4)

금융감독당국은 2010년 11월, 2011년 5월 및 11월 세 차례에 걸쳐 투자자 교육 의무화, 기본예탁금 제도 도입, 지수 ELW의 발행조건 표준화, LP의 임의적 호가제출 제한 등 ELW시장의 건전화 방안을 마련하여 시행하였다. 또한 2014년 6월에는 파생상품시장 발

┃표 15-12┃ ELW 발행 및 거래규모

(단위 : 억원, 개)

구분	2010	2013	2016	2017	2018	2019	2020	2021.상
발행금액	1,460	705	733	894	982	1,291	1,326	662
발행종목수	21,284	12,923	5,937	6,679	6,847	8,070	8,201	4,878
연 중 거래금액1)	4,109,883	288,708	206,621	215,665	291,120	278,100	380,010	204,811
상장종목수 (기 말)1)	4,367	4,115	2,573	1,930	2,534	2,931	3,350	3,792

주 : 1) 한국거래소의 주식워런트증권시장 거래 기준
자료 : 한국예탁결제원, 한국거래소

4) 한국은행, 한국의 금융시장, 2021, 408-409쪽.

전방안의 일환으로 주식 ELW 발행조건의 표준화 계획을 발표하였다. 이러한 조치 등에 힘입어 ELW시장의 과열분위기가 점차 안정화되는 가운데 전체 거래규모는 2016년 중 21조원 수준까지 크게 위축되었다. 이후에는 미·중 무역분쟁, 코로나19 등에 따른 변동성 및 기대수익 확대 등으로 개인투자자들의 금융투자상품에 대한 관심이 증대되면서 거래규모가 점차 확대되는 추세이다.

ELW는 대부분 공모로 발행되어 한국거래소 유가증권시장에 상장되어 거래된다. 기초자산에서 지수형 상품이 주식형 상품보다 발행규모는 작지만 거래는 활발하게 이루어진다. 2010년 9월 조기종료 ELW가 거래소에 도입되었으나 현재까지 발행 및 유통되는 상품의 대부분은 만기에만 행사가능한 유럽형 상품이다

▌그림 15-12▌ 기초자산별 ELW 발행 및 유통 비중

자료 : 한국예탁결제원   자료 : 한국거래소

4. 파생결합펀드(DLF)

파생결합펀드(DLF : Derivative Linked Fund)는 주가 및 주가지수는 물론 이자율·통화·실물자산 등을 기초자산으로 하는 파생결합증권을 편입한 펀드로서 기초자산이 일정기간에 정해진 구간을 벗어나지 않으면 약정수익률을 지급하고, 정해진 구간을 벗어나게 되면 원금 손실을 보게 되는 특징을 가지고 있다.

5. 상장지수채권(ETN)

(1) 상장지수채권의 정의

상장지수채권(ETN : Exchange Traded Note)은 상장지수펀드(ETF)와 마찬가지로 거래소에 상장되어 쉽게 매매할 수 있는 채권을 말한다. 증권회사가 자사의 신용에 기반하여 발행하며 수익률이 기초지수의 변동에 연동하여 수익 지급을 약속하는 것으로, ELS에 비해 구조가 단순하고 만기 이전 반대매매가 가능하다.

상장지수채권은 ETF와 수익구조 등 경제적 실질 측면에서 매우 유사한 상품으로 ETF 중에서도 합성 ETF가 가장 비슷한 상품이다. 합성 ETF 구조에서 발행사인 자산운용사만 제외하면 나머지 구조는 사실상 ETN의 구조라고 할 수 있다. 투자자 입장에서도 ETN은 ETF와 유사한 원금비보장형 간접투자상품에 해당한다.

상장지수채권은 손익이 기초지수 변동에 연동되도록 구조화된 상품이다. ELW는 옵션형 상품이고 ELS는 기초자산의 가치변화에 따라 손익이 사전에 약정된 확정수익상품이라면, ETN은 발행당시 정해진 기초지수의 누적수익률이 투자수익률이 되는 지수 연동형 상품이라는 점에서 다른 파생결합증권과 구별된다.

ETF가 보유자산을 신탁재산으로 보관하여 신용위험에 노출되지 않고 만기가 없으나 ETN은 발행기관의 신용위험에 노출되고 만기가 있다. ETF는 기초지수의 추적과정에서 부분복제로 인한 추적오차가 발생할 수 있지만, ETN은 발행기관이 기초지수와 연계한 약정수익의 지급을 보장하여 추적오차에서 자유롭다.

‖ 표 15-13 ‖ ETN과 ETF의 비교

구분	ETN	ETF
법 적 성 격	파생결합증권	집합투자증권
발 행 주 체	파생결합증권 발행 인가를 받은 적격[1] 투자매매업자(증권사)	집합투자업자(자산운용사)
신 용 위 험	있음	없음(신탁재산으로 보관)
손 익 구 조	발행기관이 기초지수에 연계해 사전에 정한 수익을 제공	운용성과에 따른 실적배당
추 적 오 차	없음	발생 가능
만 기	1년~20년	없음
LP 제 도 유 무	있음	있음

주 : 1) 자기자본 1조원 이상, 신용등급 AA-이상, NCR 200% 이상, 최근 2년간 감사의견 적정

(2) 상장지수채권의 특징

첫째, ETN은 발행절차가 간소하고 운용방식에 제약이 적어 다양한 기초자산에 투자할 수 있는 상품을 신속히 공급할 수 있다. 따라서 투자절차가 복잡하여 일반투자자들이 접근하기 어려웠던 투자대상과 투자전략에 활용할 수 있다. 또한 국내 주식형 ETN은 증권거래세가 면제되고 매매차익에 과세하지 않는다.

둘째, ETN은 기초자산인 주가지수 움직임을 반영하도록 설계된 상품으로 기초지수의 특성이 상품에 대부분 반영된다. ETN은 발행회사가 투자기간 동안 기초자산의 수익을 지급할 것을 약속하기 때문에 추적오차가 없으나 발행인의 신용위험이 존재한다. ETN은 투자원칙 중 중요한 분산투자의 문제를 쉽게 해준다.

셋째, ETN은 한국거래소에 상장되어 거래되므로 주식시장이 거래되는 동안에는 지표가치를 중심으로 주식시장의 수급상황에 따라 형성되는 시장가격으로 투자자가 원하는 실시간에 매매할 수 있다. ETN은 채권의 형식으로 발행되며, 만기가 존재한다. 한국거래소는 ETN의 만기를 1년 이상 20년 이하로 규정한다.

(3) 상장지수채권의 구조

1) 상장지수채권의 발행시장

ETN은 신용등급과 재무안정성이 우수한 증권회사가 발행한다. 발행된 ETN은 발행한 증권회사가 직접 또는 발행된 ETN을 인수한 제3의 유동성공급자가 거래소시장을 통해 매수 또는 매도하여 거래가 시작된다. 신규상장 후 시장수요에 따라 추가발행이 가능하고 일정규모 이상의 중도상환도 가능하다.

┃그림 15-13┃ ETN의 발행시장과 유통시장

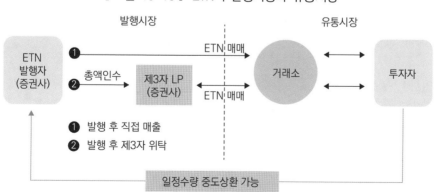

ETN은 발행하기 전에 한국거래소의 상장예비심사를 받도록 되어 있어 주식과 동일하며, 최근 1년 이내에 ETN의 발행실적이 있으면 일괄신고서를 통해 ETN을 발행할 수 있도록 ETN의 발행절차가 간소화되어 있다. 따라서 일괄신고서를 통해 신속하게 투자자의 수요에 적합한 ETN 상품을 공급할 수 있다.

2) 상장지수채권의 유통시장

ETN의 유통시장은 ETN을 상장시킨 후 투자자간에 매매가 이루어지는 시장을 말한다. 상장된 ETN은 거래소의 유통시장에서 투자자들에 의해 매매된다. 유통시장은 모든 투자자가 참여할 수 있고, 주식시장에 적용되는 모든 매매방식이 ETN에도 허용된다. 다만, ETN은 시장조성을 위해 유동성공급자를 두어야 한다.

3) 상장지수채권의 시장참가자

① 발행회사

ETN시장에서 중추적인 역할을 수행하는 발행회사는 투자수요에 알맞는 ETN의 기획하고 발행하는 업무, 자산운용, 마케팅활동, 만기 또는 중도상환시 지수수익률을 투자자에게 지급하는 업무를 수행한다. 그리고 중요한 사항이 발생하면 신고·공시하여 투자자에게 고지하는 업무 등 일체를 담당한다.

② 유동성공급자

유동성공급자는 발행된 ETN을 최초로 투자자에게 매출하고 상장 이후 지속적으로 유동성공급호가를 제출한다. 매도호가와 매수호가의 차기가 커지면 매도와 매수 양방향으로 호가스프레드의 비율을 낮추는 호가를 일정수량 제출한다. 또한 ETN시장가격이 지표가치에서 벗어나는 가격괴리가 발생하지 않도록 한다.

③ 지수산출기관

ETN은 지수수익률을 지급하는 상품이므로 ETN투자는 주가지수 움직임이 중요하다. 발행회사는 지수산출기관과 지수사용에 관한 계약을 체결하고 ETN을 상장한다. ETN의 상장기간에 지수를 산출하고 관리할 수 있는 전문성과 독립성을 갖춘 지수산출기관은 객관적인 자료와 기준을 마련하여 지수를 산출해야 한다.

④ 사무관리회사

사무관리회사는 ETN의 사무처리를 위해 발행회사로부터 일부 업무를 위탁받아 수
행한다. 현재 한국예탁결제원이 매일 장종료 후 ETN의 지표가치를 계산하고 거래소와
코스콤을 통해 공시하는데, 이는 다음 날 실시간 지표가치의 기준이 된다. 매일 세금부
과의 기준이 되는 과표기준가격의 계산업무도 수행하고 있다.

┃그림 15-14┃ 상장지수채권시장의 구조

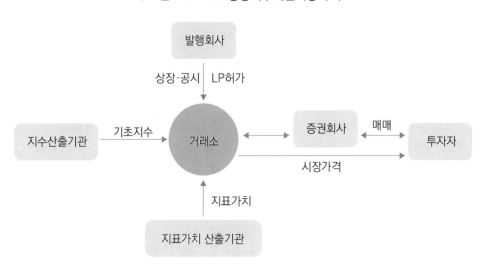

(4) 상장지수채권의 발행현황

국내 ETN시장은 2013년 11월 정부가 자본시장의 중위험·중수익 투자상품의 확충
을 통한 금융업 경쟁력 강화방안으로 도입한 이후 2014년 11월에 개설되었다. 개장 당시
총 10개 종목, 시가총액 4,668억원에 불과했으나 손실제한 ETN, 레버리지 ETN 등이 상
장되며 상품구성이 다양해지고 투자자들의 인지도가 높아짐에 따라 2018년 206개 종목,
시가총액 7조원을 상회하는 규모의 시장으로 성장하였다.[5]

이후 유사한 투자상품인 ETF로 투자자들의 관심이 쏠리며 발행규모가 빠르게 감소
하면서 시장규모는 정체된 모습이다. 한편 2020년 코로나19로 변동성이 확대됨에 따라
레버리지·인버스 ETN에 대한 관심이 높아지면서 연중 거래금액이 21조원으로 대폭 증

가하였다. 특히 2020년 4월 원유선물가격 급락으로 원유선물 연계 레버리지 ETN에 투기적 수요가 급격한 쏠림현상을 보이며 과열양상을 나타냈다.

❚표 15-14❚ ETN의 시장규모

구분	2014	2015	2016	2017	2018	2019	2020	2021.상
발행금액	4,700	19,900	79,300	100,260	30,640	17,550	6,400	5,500
일평균거래 금액	67	3,989	69,153	52,895	93,689	52,625	210,212	42,363
시가총액 (기 말)	4,668	19,330	34,464	51,994	72,181	75,956	76,426	73,655
상장종목수 (기 말)	10	78	132	184	206	194	190	177

자료 : 한국예탁결제원, 한국거래소

　　기초시장별 ETN 발행비중을 보면 2021년 6월말 현재 해외지수를 기초로 하는 상품이 국내지수를 기초로 하는 상품보다 더 많이 발행되고 있다. 또한 기초자산별 ETN 발행비중을 살펴보면 주식과 원자재 관련 지수가 많이 활용되고 있는 가운데 주식파생상품, 혼합자산, 통화 관련 지수도 일부 사용되고 있다.

❚그림 15-15❚ ETN의 기초시장 및 기초자산별 발행현황[1]

(a) 기초시장별 비중

(b) 기초자산별 비중

주 : 1) 2021년 6월말 시가총액 기준
　　 2) 주식파생, 혼합자산, 통화, 채권 등
자료 : 한국예탁결제원

6. 상장지수펀드(ETF)

(1) 상장지수펀드의 정의

상장지수펀드(ETF : Exchange Traded Fund)는 KOSPI 200과 같은 특정 지수의 수익률을 그대로 쫓아가도록 설계한 지수연동형 인덱스펀드를 거래소에 상장시켜 투자자들이 주식처럼 편리하게 거래할 수 있도록 만든 상품을 말한다. 요컨대 ETF는 인덱스 펀드와 뮤추얼 펀드의 특성을 결합한 상품에 해당한다.

2002년에 도입된 ETF는 투자자들이 개별주식을 고르는데 수고하지 않아도 되는 펀드투자의 장점과 언제든지 시장에서 원하는 가격에 매매가능한 주식투자의 장점을 가지고 있으며 최근에는 시장지수를 추종하는 ETF 이외에도 배당주나 거치주 등 다양한 스타일을 추종하는 ETF들이 상장되어 인기를 얻고 있다.

(2) 상장지수펀드의 특징

첫째, 일반 펀드는 대부분 판매사를 통해 가입(설정) 또는 해지(환매)가 이루어지는 반면 ETF는 한국거래소에 상장되어 거래된다. 즉 주식시장이 개장되어 있는 동안 언제든지 거래소에서 거래되는 시장가격에 매매할 수 있어 주식과 동일하게 환금성이 보장되고 적은 금액으로 주식시장 전체에 투자할 수 있다.

둘째, ETF는 주가지수의 움직임에 따라 가격이 결정되는 금융상품으로 주가지수가 변동하면 그 비율만큼 가격이 상승하거나 하락한다. 즉 주가지수가 해당 ETF의 가격과 일치하며 일반 펀드보다 운용이 투명하다. ETF는 이해하기가 쉬운 주식투자상품으로 집합투자기구와 달리 증권계좌를 통해서 거래할 수 있다.

셋째, KOSPI 200 ETF는 KOSPI 200을 구성하는 지수로 구성된 주식바스켓을 세분화한 증서이다. 투자자가 특정 주식을 보유하면 큰 손실을 입을 수 있지만 ETF는 주식시장 전체 또는 특정산업의 업황에 따라 수익률이 결정되고 개별기업 투자에 수반되는 투자위험과 가격변동성이 작아 안정추구형 투자상품이다.

(3) 상장지수펀드의 구조

1) 상장지수펀드의 발행시장

ETF의 발행시장은 ETF의 설정과 환매를 담당한다. ETF는 대량의 단위로 설정 또는 환매되어 법인투자자만 참여할 수 있다. ETF 설정을 원하면 지정참가회사로 지정된 투자매매 및 중개업자를 경유하여 ETF 설정에 필요한 주식바스켓을 납입하고 ETF를 인수한다. 집합투자업자는 ETF 설정 요청을 받아 발행한다.

┃그림 15-16┃ ETF시장의 구조

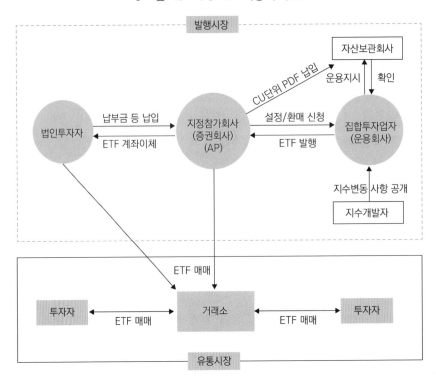

2) 상장지수펀드의 유통시장

ETF의 유통시장은 ETF를 상장시킨 후 투자자간에 매매가 이루어지는 시장이다. 상장된 ETF는 유통시장에서 모든 투자자들이 거래할 수 있고 일반 주식거래에서 이루어지는 모든 매매방식이 허용된다. 다만, ETF는 시장조성을 위해 지정참가회사 중에서 반드시 유동성공급자(LP)을 반드시 두어야 한다.

3) 상장지수펀드의 시장참가자

① 법인투자자

법인투자자는 지정참가회사에 ETF의 설정과 환매를 신청하여 참여하고 유통시장의 매매거래에도 참여한다. 이러한 법인투자자는 ETF의 순자산가치인 NAV와 유통시장에서 형성된 ETF 시장가격의 차이인 괴리율이 크게 벌어지면, 차익거래를 지속적으로 수행하여 두 가격의 격차를 줄이는 역할을 수행한다.

② 개인투자자

일반적으로 개인투자자는 ETF의 설정과 환매의 신청이 허용하지 않기 때문에 발행시장에는 참여할 수 없고 유통시장의 거래에만 참여할 수 있다.

③ 지정참가회사

지정참가회사는 발행시장에서 집합투자업자와 법인투자자간에 ETF 설정과 환매의 신청업무를 통해 ETF가 유통시장에서 원활하게 거래되도록 하고, 그 가격이 좌당 순자산가치에 일치하도록 노력해야 한다. 지정참가회사 중 최소 1사는 집합투자업자와 유동성공급계약을 체결하여 유동성공급자의 역할을 수행해야 한다.

④ 지수산출기관

지수산출기관은 ETF의 추적대상지수를 산출하여 제공해야 한다. ETF가 추종하는 지수에는 KOSPI 200, KRX 100과 같이 해당 거래소에서 산출하여 발표하는 시장대표지수가 있고, 삼성그룹주, 성장주/가치주 등 해당 ETF의 목적과 특성에 알맞도록 특정지수 전문산출기관에서 산출하여 사용하는 특수한 지수가 있다.

⑤ 집합투자업자

ETF시장에서 가장 중요한 역할을 담당하는 집합투자업자는 ETF를 기획하고 판매하는 과정에서부터 ETF를 운용하는데, ETF의 자산구성내역의 결정 및 공지, ETF 편입종목 재구성 등 포트폴리오 운용, ETF 증권의 발행 및 소각, 설정단위의 결정, 추적오차율 관리, 배당금 및 분배금 지급규모 결정의 업무를 수행한다.

⑥ 신탁업자

일반적으로 수탁자인 신탁업자는 시중은행이 되는데, 투자신탁의 재산인 현금, 주식 등을 보관하고 관리하는 업무를 수행하는 자산보관회사를 말한다.

⑦ 사무관리회사

사무관리회사는 ETF의 사무처리를 위해 집합투자업자의 업무를 위탁받아 수행하는데, 현재는 한국예탁결제원에서 사무처리업무를 수행하고 있다.

⑧ 유동성공급자

유동성공급자는 한국거래소에서 ETF거래가 원활하게 이루어지도록 지속적으로 매수·매도호가를 제시하며 거래에 참가하여 가격을 형성하고 그 가격이 순자산가치에 수렴하도록 한다. 유동성공급자는 증권의 투자매매업 인가를 받은 지정참가회사로서 집합투자업자와 유동성 공급계약을 체결한 결제회원이어야 한다.

(4) 상장지수펀드의 시장현황

상장지수펀드는 1993년에 미국에서 최초로 도입된 이후 전 세계 투자자들로부터 뜨거운 관심을 받으며 폭발적인 성장세를 보이고 있는 금융상품이다. 우리나라에서도 2002년에 한국거래소에 상장된 이후 현재까지 순자산총액 기준 약 119배의 증가세를 보이는 등 매우 성공적인 금융상품으로 자리매김하고 있다.

미국의 상장지수펀드는 2018년말 순자산총액 기준으로 전 세계 ETF시장의 70%를 차지하여 세계 ETF시장의 선두주자로서의 압도적인 지위를 구축하고 있다. 한국의 ETF 시장도 일평균 거래대금 기준으로 세계 5위의 시장으로 성장하여 역동적인 시장임을 증명하고 있으며 핵심상품은 레버리지 및 인버스 ETF이다.

KOSPI200과 KOSDAQ150 지수 관련 레버리지 및 인버스 ETF의 순자산총액은 2018년말 기준 전체 레버리지 및 인버스 상품의 85%를 차지한다. 전체 ETF시장에서도 이들 지수와 관련된 레버리지 및 인버스 ETF의 순자산총액은 2018년말 기준 전체 ETF시장의 약 14%이나 연간 일평균거래대금은 약 56%에 달한다.

7. 주가연계사채(ELB)

주가연계사채(ELB : Equity Linked Bond)는 주식이나 주가지수를 기초자산으로 하는 파생결합증권으로 원금이 보장되는 채무증권을 말한다. ELB는 ELS의 최대취약점인 원금 손실위험을 제거한 상품으로 수익률이 주가지수나 특정 종목의 주가에 연동되어 결정되는데, 발행회사가 투자원금을 보장하는 투자수단이다.

주가연계사채(ELB)는 만기까지 보유하면 원금 이상을 받을 수 있도록 설계되어 있어 원금손실을 볼 수 있는 주가연계증권(ELS)에 비해 안정적인 상품이다. 그러나 ELB 발행 증권회사의 신용도에 문제가 발생하게 되면 원금을 돌려받지 못할 수 있기 때문에 반드시 원금보장형 상품이 아니라는 점을 유의해야 한다.

주가연계사채(ELB)는 주식시장이 일정한 박스권을 형성하는 기간에는 투자자에게 유리하나, 주가지수가 큰 폭으로 상승하면 직접 주식투자에 비해 불리하다. ELB의 수익구조는 최소보장수익률이 중요하다. 참여율, 최대수익률, 주가상승률 한도가 낮더라도 최소보장수익률이 높은 상품의 살현수익률이 높게 나타난다.

8. 상장지수상품(ETP)

상장지수상품(ETP : Exchange-Traded Product)은 기초지수의 가격변화에 수익률이 연동되도록 설계되고 한국거래소에 상장되어 투자자들이 자유롭게 거래할 수 있는 금융상품을 말하며, 파생결합증권 형태로 발행되는 ETN (Exchange-Traded Note)과 펀드 형태로 발행되는 ETF(Exchange-Traded Fund)가 있다.[6]

ETP는 주식거래계좌를 통해 거래할 수 있고 증권거래세(0.3%) 면제로 거래비용이 낮고 소액으로 분산투자가 가능하다는 장점을 갖고 있다. 또한 수익률이 지수의 일정배율에 연동되는 레버리지형 상품, 지수변동의 반대방향으로 수익률이 정해지는 인버스형 상품, 추종 대상이 해외주식·채권·상품 등으로 확대된 상품 등 새로운 구조의 상품들이 가세하며 투자자들의 다양한 욕구를 충족시키고 있다.

ETP 시장은 순자산규모가 2021년 6월말 약 67.6조원(ETN 7.4조원, ETF 60.3조원)으로 2011~2020년 KOSPI 시가총액 연평균 성장률(5.1%)을 상회하는 연평균 23.2%의 성장세를 나타냈다. 상장종목수는 2011년~2020년 연평균 20.0% 증가하여 2021년 6월말 662개

---

6) 한국은행, 한국의 금융시장, 2021, 422-423쪽.

(ETN 177개, ETF 485개)이고, 일평균 거래금액은 2021년 상반기에 3.4조원으로 KOSPI 전체 거래금액의 18.6%를 차지하고 있다.

이와 같이 ETP 시장의 급속한 성장은 다음과 같은 요인들이 주로 작용하였다. 첫째, 코로나19의 영향으로 국내외 금융시장 변동성이 확대되면서 파생형(레버리지, 인버스) 상품 수요가 증가하였고, 최근 글로벌 증시 등 기초지수의 상승세가 지속되어 자금 유입이 촉진되었다. 해외주식 투자수요의 증가에 힘입어 국내 상장 ETP를 해외주식에 대한 간접투자로 활용하는 대안적 수요가 증가하였다.

둘째, 일반공모펀드가 그동안 상당기간에 걸쳐 부진한 모습을 나타내면서 일반공모펀드 시장의 자금이 액티브 ETF를 중심으로 ETP 시장으로 이동하였다. 그리고 연금자산을 일반투자자가 직접 운용하려는 움직임(DC형, IRP 및 연금저축펀드로 이전)이 늘어나면서 ETP 시장으로 연금자산이 대폭으로 유입되었다.

셋째, ESG, 메타버스 등 향후 유망산업에 대한 관심이 고조되어 다양한 테마형 상장지수상품이 연달아 출시되어 투자상품의 다양성이 확대되었다. 국내 ETP 시장은 일반공모펀드, 연금시장에 자금유입이 지속되는 가운데 다양한 전략·테마형 상품 등으로 투자자의 수요에 부응하면서 성장세가 지속될 것으로 기대된다.

┃그림 15-17┃ ETP 시장규모 현황

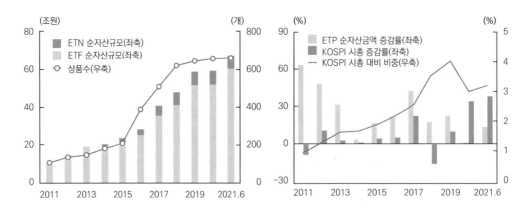

(a) ETP순자산규모 및 상품수

(b) ETP순자산규모 증감률 및 KOSPI대비 비중

| 보론 15-1 | 파생결합증권 발행기관의 헤지거래 |

파생결합증권의 발행기관은 기초자산의 가격변동에 따라 손실이 발생할 수 있어 이를 회피하기 헤지거래를 수행하게 된다. 파생결합증권의 헤지방법은 현물의 포트폴리오와 함께 옵션의 포지션을 지속적으로 변화시켜 현물 포트폴리오의 손익과 옵션포지션의 손익이 서로 상쇄되도록 하는 델타헤지가 주로 사용되고 있다.[7]

파생결합증권의 공정가치는 액면가액에 평가손익이 반영된 것으로 발행기관이 투자자에게 지급해야 하는 부채의 평가액을 말한다. 평가손익은 기초자산의 가격수준 및 변동성, 기초자산간의 상관관계, 금리 등에 따라 지속적으로 변화하므로 발행기관은 이러한 요인에 의해 부채의 규모가 변화하는 위험을 차단해야 한다.

파생결합증권의 발행기관은 증권발행대금의 운용을 통해 파생결합증권의 가치변동에 따른 위험을 제거하는데, 헤지거래는 그 행위주체에 따라 발행위험을 발행기관 스스로 회피하는 자체 헤지(internal hedge)와 발행기관이 제3자와의 장외파생상품계약을 통해 위험을 전가하는 백투백(Back-to-Back) 헤지로 구분한다.

자체 헤지는 발행기관이 예금, 주식, 채권, 장내외파생상품의 매매를 통해 투자자의 수익구조를 복제하여 파생결합증권의 가치변화 위험을 상쇄한다. 발행기관 입장에서 자체 헤지는 파생결합증권의 판매수수료는 물론 헤지운용 수익까지 추가로 기대할 수 있다. 다만, 기초자산의 가격 및 변동성이 급변하는 상황에서 완전헤지가 이루어지지 못하면 손익 변동이 크게 확대될 수 있다는 단점이 존재한다.

┃그림 15-18┃ 자체 헤지구조

자체 헤지는 변동성 등 증권가치에 영향을 미칠 수 있는 변수들의 추정치를 이용하여 발행가격을 산정하거나 헤지포지션을 구축한 후 기초자산의 가격변화에 따라 헤지운용자산의 규모와 구성을 연속적으로 조정한다. 그러나 추정한 변수들의 값이 실제 실현된 값과 일치하기 어렵고, 유동성 등 시장여건에 따라 헤지포트폴리오의 조정이 원활히 이루어지지 못하면 헤지과정상 약간의 손익 변동성은 불가피한 측면이 있다. 이러한 손익변동성은 기초자산의 가격 및 연관 시장의 여건이 예

상과 다르게 급변하면 확대된다. 또한 기초자산의 가격급락으로 발행증권의 상당수가 조기상환되지 않으면 헤지운용기간의 연장으로 거래비용이 증가할 수 있다

　백투백 헤지는 발행기관이 자사 발행 파생결합증권과 동일한 손익구조의 증권을 국내외 금융기관에서 매입(fully funded swap)하거나 이들 금융기관과 동일한 손익구조의 파생상품거래를 체결(unfunded swap)하는 방식으로 이루어진다. 백투백 헤지는 파생결합증권의 가치변화에 따른 위험이 완전히 제거될 수 있으나 거래상대방의 파산 등에 따른 채무불이행 위험(신용위험)에 노출된다는 단점이 있다.

▌그림 15-19▐ 백투백 헤지구조

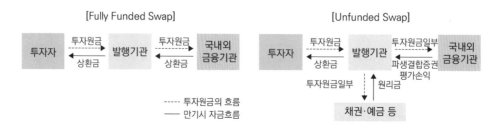

7) 한국은행, 한국의 금융시장, 2021, 417-418쪽.

• 핵 심 요 약 •

제1절 파생결합증권의 개요

1. 파생결합증권의 정의
   파생상품을 증권화한 금융상품으로 기초자산의 가치변동에 따라 수익이 결정
2. 파생결합증권의 기초자산
   주식, 주가지수, 금리, 환율, 유가, 에너지, 광산물, 농산물, 신용위험 등
3. 파생결합증권의 특징 : 위험요소의 특징, 수익구조의 특징, 위험관리의 특징
4. 파생결합증권의 기능
(1) 긍정적 기능
   신용을 제고하여 파생상품 참여가 쉽고 파생상품보다 적은 금액으로 투자
(2) 부정적 기능
   비대칭정보에 따른 불완전판매 가능성이 높고 파생결합증권의 구조가 복잡

제2절 파생결합증권의 분류

1. 주가연계증권(ELS)
(1) ELS의 정의
   주식, 주가지수의 움직임에 연계되어 조기 및 상환수익률이 결정되는 증권
(2) ELS의 분류
① 발행주체에 따른 분류 : ELD, ELS, ELF
② 원금보장에 따른 분류 : 원금보장형 ELS, 원금비보장형 ELS
③ 발행형태에 따른 분류 : 공모 ELS, 사모 ELS
(3) ELS의 손익구조
   Knock-out ELS, Call Spread ELS, Digital ELS, Reverse Convertible ELS
(4) ELS의 발행현황
   2021년 6월말 국내 ELS시장 규모(발행잔액 기준)는 28.6조원으로 위축
2. 파생결합증권(DLS)
(1) DLS의 정의
   금리, 환율, 일반상품가격, 신용위험지표의 변동과 연계된 파생결합증권
(2) DLS의 유형
   금리연계증권, 통화연계증권, 신용연계증권, 상품연계증권 등
(3) DLS의 손익구조 : ELS와 유사
   Knock-out DLS, Call Spread DLS, Digital DLS, Reverse Convertible DLS
(4) DLS의 발행현황
   DLS의 시장규모는 ELS에 비해 작고, 신용연계상품(CLN)의 발행비중 높음

3. 주식워런트증권(ELW)

(1) ELW의 정의

　　주식 및 주가지수를 행사가격에 매입 또는 매도가능한 권리가 부여된 증권

(2) ELW의 분류

① 권리종류에 따른 분류 : 콜ELW, 풋ELW

② 기초자산에 따른 분류 : 개별주식이나 주가지수를 기초자산으로 하여 발행

③ 기본구조에 따른 분류 : 디지털옵션, 배리어옵션

4. 파생결합펀드(DLF)

　　주가, 주가지수, 금리·통화 등을 기초자산으로 한 파생결합증권을 편입한 펀드

5. 상장지수채권(ETN)

(1) ETN의 정의

　　한국거래소에 상장되어 매매되며 기초지수의 변동에 연계하여 수익을 지급

(2) ETN의 특징

　　상품접근성 용이, 증권거래세 면제, 지수연동형 상품, 분산투자의 상품, 환금성보장 상품, 신용위험의 상품

(3) ETN의 구조 : 발행시장, 유통시장, 시장참가자

(4) ETN의 시장현황

　　ETN시장은 2013년 11월 자본시장의 중위험·중수익 투자상품의 확충을 통한 금융업 경쟁력 강화방안으로 도입한 이후 2014년 11월에 개설

6. 상장지수펀드(ETF)

(1) ETF의 정의

　　특정지수를 쫓아가도록 설계한 지수연동형 인덱스펀드를 거래소에 상장해 매매

(2) ETF의 특징

　　지수연동형 상품, 주식투자의 일종, 환금성 최대보장, 분산투자의 효과, 기회비용이 작음, 안정추구형 상품

(3) ETF의 구조 : 발행시장, 유통시장, 시장참가자

(4) ETF의 발행현황

　　한국의 ETF시장은 일평균 거래대금 기준으로 세계 5위의 역동적인 시장

7. 주가연계사채(ELB)

　　기초자산이 주식, 주가지수인 파생결합증권으로 원금이 보장되는 채무증권

8. 상장지수상품(ETP)

　　기초지수의 가격변화에 수익률이 연동되도록 설계되고 한국거래소에 상장

1. 다음 중 파생결합증권에 대한 설명으로 적절하지 않은 것은?

① 다른 금융투자상품을 기초자산으로 하는 파생결합증권을 발행할 수 있다.

② 탄소배출권과 같은 환경적 위험도 기초자산으로 발행할 수 있다.

③ ELW, ELS/DLS, ELB/DLB 등이 대표적인 파생결합증권이다.

④ 기초자산의 변동과 연계하여 미리 정해진 방법에 따라 지급금액 또는 회수금액이 결정되는 권리가 표시된 증권이다.

| 해설 | ELB/DLB는 원금이 보장되는 구조이며, 법적으로 파생결합증권이 아닌 파생결합사채에 해당한다.

2. 다음 중 파생결합증권에 대한 설명으로 적절하지 않은 것은?

① 다른 금융투자상품을 기초자산으로 하는 파생결합증권을 발행할 수 있다.

② 파생결합증권의 기초자산은 투자자 보호를 위해 한정적으로 열거하고 있다.

③ 탄소배출권과 같은 환경적 위험도 기초자산에 편입할 수 있다.

④ 파생결합증권은 외생적 지표에 의해 수익이 결정되는 상품이다.

| 해설 | 파생결합증권의 기초자산은 포괄적으로 정의하고 있다.

3. 다음 중 주가연계증권(ELS)에 대한 설명으로 적절한 것은?

① 투자금액 중 5천만원까지 예금자보호대상이다.

② 일반기업이 자금조달 목적으로 주로 발행한다.

③ 투자자의 위험선호도에 따른 맞춤형 설계가 가능하다.

④ 일반기업은 자사주를 기초로 한 원금보전구조의 ELS만 공모로 발행할 수 있다.

| 해설 | ① ELS는 예금자보호대상이 아니다. ② 금융투자회사가 투자자의 위험선호도에 따른 맞춤형 설계를 위해 발행한다. ④ 금융투자회사가 다양한 형태의 구조로 발행할 수 있다.

4. 다음 중 주가연계증권(ELS)에 대한 설명으로 옳지 않은 것은?

① ELS가 펀드에 직접 편입될 수 있다.

② ELS의 구조는 정형화되어 있지 않다.

③ 백투백거래는 거래상대방위험이 아주 높다.

④ ELS시장의 헤지거래가 주식시장에 영향을 미치는 액더독 가능성은 거의 없다.

| 해설 | 발행기관의 헤지거래가 현물시장에 영향을 미치는 사례가 증가하고 있다.

5. 다음 중 주가연계증권(ELS)의 수익구조에서 만기까지 주가지수 상승률이 한번이라도 미리 정해놓은 수준에 도달하면 최종수익률이 결정되는 유형은?

① Knock-out형   ② Bull Spread형

③ Digital형   ④ Reverse Convertible형

| 해설 | Knock-out형은 투자기간에 단 한번이라도 사전에 정한 가격수준에 도달하면 주가지수에 상관없이 최종수익률이 확정된다.

6. 다음 중 풋옵션을 매도하여 프리미엄 수익을 획득할 수 있으나 원금손실의 가능성이 존재하는 주가연계증권(ELS)은?

① Bull Spread형   ② Digital형

③ Reverse Convertible형   ④ Knock-out형

| 해설 | Reverse Convertible형

7. 다음 중 주가상승국면에 대응하기 위해 중간평가시점에 기초자산인 주식의 가격상승폭에 따라 추가이익을 나타내는 주가연계증권(ELS)의 구조는?

① 점프유형 구조   ② 스텝다운 구조

③ 스프레드 조기상환 구조   ④ 리버스 컨버터블 구조

| 해설 | 점프유형 구조라고 한다.

8. 다음 중 주가연계증권(ELS)에 대한 설명으로 적절하지 않은 것은?

① 원금비보장형에서 낙인을 터치하면 원금손실가능성이 발생한다.

② 원금보장형에서 낙아웃을 터치하면 상승수익률 지급조건이 사라진다.

③ 참여율이 50%이면 기초자산이 10% 상승할 때 최종 지급되는 수익률은 5%이다.

④ 원금보장형에서 사전에 정한 낙아웃배리어를 초과하여 상승한 경우에 지급되는 고정수익률을 더미(dummy)수익이라고 한다.

| 해설 | 리베이트(rebate)에 대한 설명이다. 더미수익은 ELS가 조기상환되지 않고 만기까지 보유했을 때 투자기간에 낙인을 터치한 적이 없으면 만기에 지급하는 보너스수익을 말한다.

9. 다음 중 ELS, ELD, ELF에 대한 설명으로 적절하지 않은 것은?

① ELD는 은행에서 발행하는 금융상품으로 예금자보호법의 대상에 속하지 않는다.

② ELF는 투신사에서 운용하는 수익증권으로 원금은 보장되지 않는다.

③ ELS는 증권사에서 발행하는 증권이다.

④ ELD는 은행에서 발행하며 원금이 보장되는 상품이다.

│ 해설 │ ELD는 정기예금으로 예금자 보호대상이다.

10. 다음 중 ELS, ELD, ELF에 대한 설명으로 적절하지 않은 것은?

① ELD는 은행에서 발행하며 원금이 보장되는 구조이다.

② ELS는 증권사에서 발행하는 증권으로 실적배당이다.

③ ELD는 은행에서 발행하는 정기예금으로 예금자보호법의 대상에 속한다.

④ ELF는 투신사에서 운용하는 수익증권으로 원금은 보장되지 않는다.

│ 해설 │ ELS는 확정수익이 지급하고, ELF는 실적배당상품이다.

11. 다음 중 주가연계상품에 대한 설명으로 적절하지 않은 것은?

① 주가지수연계증권(ELS)은 수익이 사전에 제시되는 점이 펀드상품과 다르다.

② 주가가 큰 폭으로 상승라면 ELD의 수익률은 약정된 최고이율을 초과할 수 있다.

③ ELF는 중도환매가 가능하나 일정기간 이내 환매시 환매수수료를 부담해야 한다.

④ 주가연계예금(ELD)은 원금보장이 된다.

│ 해설 │ 주가연계예금(ELD)의 수익률은 사전에 제시된 최고이율을 초과할 수 없다.

12. 다음 중 ELF, ELD, ELS에 대한 비교로서 적절하지 않은 것은?

구분	ELS	ELD	ELF
① 운용회사	투자매매업자	은행	집합투자업자
② 상품성격	유가증권	예금	펀드
③ 만기수익	실적배당	확정수익	확정수익
④ 상품종류	다양	원금보장형 상품	다양

│ 해설 │ 운용성과에 따른 실적배당은 ELF이며, ELD와 ELS는 사전에 제시한 확정수익을 지급받는다.

13. 다음 중 조기상환형 스텝다운 ELS 녹인형에 대한 설명으로 옳지 않은 것은?

① 녹인형 ELS가 만기일 이전에 최초로 원금손실조건이 발생하는 경우 해당 사실을 투자자에게 통지해야 한다.

② 녹인형 ELS가 원금손실조건이 발생하면 손실이 확정되므로 이를 중도상환하여 재투자하는 것이 유리하다.

③ 녹인형 ELS는 일반적으로 같은 수익구조의 노녹인(No Knock-In) ElS보다 제시수익률이 더 높다.

④ 녹인형 ELS가 원금손실조건이 발생하지 않으면 해당 ELS는 조기 또는 만기에 수익이 상환된다.

| 해설 | 녹인형 ELS가 원금손실조건이 발생한다고 해서 손실이 확정되는 것은 아니며, 다시 기초자산이 재상승하여 조기상환 및 만기상환이 되는 경우도 있다.

14. 조기상환형 스텝다운 ELS의 투자권유시 판매프로세스로 옳지 않은 것은?

① 조기상환형 ELS 투자경험이 있으면 투자자의 성향파악단계를 생략할 수 있다.

② 공모 ELS의 투자권유시에는 투자설명서 및 간이투자설명서를 제공해야 한다.

③ 고객이 자신의 투자성향보다 위험도가 높은 조기상환형 스텝다운 ELS를 투자하는 것은 원천적으로 불가능하다.

④ 조기상환형 ELS의 명칭, 종류, 위험등급, 기초자산의 내용, 조기상환 및 만기상환조건, 최대손실액 및 제반 위험사항 등을 구체적으로 설명해야 한다.

| 해설 | 투자성향보다 더 위험도가 높은 ELS를 투자하려는 고객은 부적합 안내절차를 통해 투자자확인서 등의 서명을 거친 후에 가능하므로 절대 불가능한 것은 아니다.

15. 다음 중 금리, 환율, 원자재 등의 변동과 연계하여 사전에 정해진 수익조건에 따라 상환금액을 지급하는 증권은?

① ELS(주가연계증권)
② DLS(파생결합증권)
③ ELW(주식워런트증권)
④ ETN(상장지수채권)

| 해설 | DLS는 주식(주가지수) 이외의 금리, 환율 등의 변동과 연계된 파생결합증권이다.

16. 다음 중 주식워런트증권(ELW)에 대한 설명으로 올바른 것은?

① ELW는 장내파생상품으로 분류된다.

② 일반투자자도 ELW를 발행할 수 있다.

③ ELW는 만기일에 거래소가 결제이행을 보증한다.

④ 현금결제방식의 ELW는 자동적으로 권리가 행사된다.

| 해설 | ① ELW는 파생결합증권이다. ② 증권회사가 발행하고, 일반투자자는 ELW 매수만 가능하다. ③ ELW는 발행자가 결제이행을 보증한다.

17. 다음 중 주식워런트증권(ELW)에 대한 설명으로 적절하지 않은 것은?

① 기초자산에 대한 직접투자보다 레버리지효과가 크다.

② ELW의 보유자는 의결권과 배당청구권을 행사할 수 없다.

③ 손실과 이익이 무한대로 확대될 수 있어 높은 투자위험을 지닌 상품이다.

④ 기초자산을 사전에 약정한 시기에 행사가격으로 사거나 팔 수 있는 권리를 가진 증권을 말한다.

| 해설 | ELW는 손실은 제한되므로 한정된 투자위험을 지닌 상품이다.

18. 다음 중 주식워런트증권(ELW)에 대한 설명으로 적절한 것은?

① ELW의 만기시점에 거래소가 결제이행을 한다.

② 현금결제방식의 ELW는 자동적으로 권리가 행사된다.

③ ELW는 장내파생상품으로 분류된다.

④ 일반투자자도 ELW를 발행할 수 있다.

| 해설 | ① 계약이행 보증은 발행자의 신용으로 하고 ③ 파생결합증권으로 분류되며 ④ 통상의 일반투자자는 ELW를 발행할 수 없다.

19. 공모발행 파생결합증권의 만기 이전에 최초로 원금손실조건이 발생하는 경우에 금융투자회사가 일반투자자에게 통지해야 하는 내용으로 적절하지 않은 것은?

① 조기상환조건 또는 조기상환시 예상수익률

② 중도상환 청구방법, 중도상환 청구기간, 중도상환 수수료

③ 원금손실조건이 발생했다는 사실

④ 원금손실률, 원금손실확정액

| 해설 | 손실이 발생한 것이지 손실금액이 확정된 것은 아니다.

20. 다음 중 상장지수채권(ETN)의 특징으로 적절하지 않은 것은?

① 발행자의 신용위험이 있다.

② ETN은 신상품에 대한 접근성이 뛰어나다.

③ ETN은 기초지수와 추적오차가 매우 크다.

④ ETN은 공모펀드에 비해 발행이 신속하고 유연하다.

| 해설 | ETN은 추적오차가 없는 것은 아니지만 발행사가 제시한 가격을 보장한다는 측면에서 공모펀드에 비해 추적오차에서 자유로운 장점이 있다.

신용파생상품시장

신용위험의 관리는 다국적기업과 금융기관에게 중요한 과제이다. 신용파생상품을 이용하여 기업은 신용위험을 회피할 수 있고, 은행을 포함한 금융기관은 신용위험에 노출된 포트폴리오를 관리할 수 있다. 신용파생상품은 모든 합성포지션을 만들기 위한 마지막 수단으로 금융공학에 혁신적인 영향을 미치고 있다.

제1절 신용위험의 개요

1. 신용위험의 정의

신용위험(credit risk)은 채권발행자나 자금차입자가 계약서에 명시된 원금 또는 이자를 약정한 기간에 상환하지 못할 가능성을 말한다. 신용위험은 시장위험과 달리 시장가격의 변화 이외에 채무자의 신용등급 변화, 부도확률(default rate), 부도시 회수율(recovery rate) 등에 따라 달라진다.

신용위험은 거래상대방의 신용상태 악화, 신용도의 하락으로 계약에 따른 의무를 제대로 이행하지 않거나 보유하고 있는 대출자산이나 유가증권에서 예상되는 현금흐름이 계약대로 회수되지 않을 가능성, 즉 매매계약에서 채무자가 채무조건을 이행하지 못하여 발생하는 위험을 총칭하여 말한다.

∥표 16-1∥ 신용파생상품의 이용목적

사용자	이용목적
은 행	신용집중도 축소, 대출포트폴리오의 신용리스크 관리
기 업	매출채권 신용리스크의 헤지, 특정고객에 집중된 신용리스크 축소
투자자	시장리스크와 신용리스크의 분리, 수익률 제고

2. 신용사건의 정의

신용파생상품의 거래에서 중요한 문제는 신용사건의 구체적인 정의이다. 신용파생상품은 표준화가 어려운 신용위험에 대한 파생상품을 말하며, 신용위험은 신용사건이 발생할 때 현실화된다. 신용사건(credit event)은 준거자산의 가치하락을 초래하여 보장매도자가 손실보전의무를 부담하는 경우를 말한다.

신용파생상품은 대부분 사전에 정한 신용사건의 발생여부에 따라 거래당사자간에 수수할 현금흐름과 계약이행이 결정되기 때문에 어떤 사건을 신용사건으로 규정하느냐가 중요하다. 따라서 거래당사자간에 분쟁의 소지를 없애고 서로 인정할 수 있는 신용사건이 되기 위해서는 두 가지 요건을 충족해야 한다.

첫째, 특정사건이 발생하여 일정수준 이상 준거자산의 가격변화가 발생해야 한다.

이를 중요성의 요건이라 한다. 둘째, 신용사건은 거래당사자들이 사건의 발생을 인지할 수 있는 공적 정보여야 한다. 즉 국제적으로 명성 있는 둘 이상의 매스컴에 의해 확인될 수 있어야 하는데, 이를 공공성의 요건이라 한다.

일반적으로 신용사건의 정의는 국제스왑파생상품협회(ISDA)에서 정한 표준계약서를 따르지만, 준거자산의 유형 또는 이전하고자 하는 신용위험의 종류에 따라 신용사건은 여러 형태로 정의될 수 있다. ISDA는 신용사건의 유형으로 파산, 지급불능, 지급거절, 채무재조정, 기한의 이익상실 등을 열거하고 있다.

① 파산

채무자가 경제적으로 파산(bankruptcy)하여 자신의 변제능력으로 채권자의 채무를 완제할 수 없는 상태에 이르렀을 경우에 다수경합된 채권자에게 공평한 만족을 주기 위하여 이루어지는 채무자의 재산에 대한 포괄적(일반적) 강제집행을 말한다. 파산절차의 개시는 지급불능과 채무초과를 그 원인으로 한다.

② 지급불능

지급불능(insolvency)은 파산원인의 일반적 형태로 지급수단의 계속적 결핍 때문에 금전채무를 지급할 수 없는 채무자의 재산상태로 채무액를 초과하는 자산을 갖고 있어도 금전상 결핍을 초래하면 지급불능이 된다. 그러나 도덕상·기술상·기업상의 신용에 따라 금전의 융통을 받아들이면 지급불능은 아니다.

③ 지급거절

지급거절(repudiation)은 채무자가 채무자체를 부인함으로써 고의적으로 대금지급을 거절하거나 어음이나 수표의 지급을 받기 위해 어음이나 수표의 소지인이 지급제시기간 안에 인수인, 지급인, 지급담당자에게 지급제시를 하였는데 제시한 금액의 일부 또는 전부의 지급이 거절되는 것을 말한다.

④ 채무재조정

채무재조정(restructuring)은 채무자가 기일이 도래한 채무상환이 불가능하거나 불가능할 염려가 있을 때 당해 채무의 상환계획을 재편성하여 그것을 순연하는 조치를 말한다. 따라서 원금감면, 만기일, 이자율, 이자지급시기, 채무상환방법을 변경하여 채권자가 채무자에게 경제적 이익을 양보하여 발생한다.

⑤ 기한의 이익상실

기한의 이익상실(obligation acceleration)은 금융기관이 채무자에게 빌려준 대출금을 만기 전에 회수하는 것으로 채무자가 대출금의 원리금을 2회 연체할 때 발생한다. 즉 금융기관이 채무자의 신용위험이 높아졌다고 판단하면 대출만기일 이전에라도 남아 있는 채무를 일시에 회수할 수 있는 권리를 말한다.

제2절 신용파생상품의 개요

1. 신용파생상품의 정의

신용파생상품(credit derivatives)은 금융기관이 보유한 대출채권 등 발행자 또는 차입자의 신용도에 따라 가치가 변동하는 기초자산에 내재된 신용위험을 분리하여 매매할 수 있도록 설계된 금융계약을 말한다. 신용파생상품의 기초자산은 금융계약상의 의무를 부담하고 있는 준거기업의 신용위험이다.

여기서 준거기업(reference entity)은 회사채를 발행한 기업, 은행에서 대출을 받은 기업 그리고 파생상품거래에서 우발채무의 지급의무를 부담하고 있는 기업을 말한다. 따라서 신용파생상품의 기초자산이 준거기업의 가치나 준거기업이 부담하고 있는 의무가 아니라 준거기업의 신용위험이 중요하다.

신용파생상품은 장외파생상품의 하나로서 대출자의 신용도 변화에 따라 가치가 변동하는 대출금, 회사채 등의 기초자산의 이전없이 신용위험만을 분리하여 매매하는 금융계약을 말한다. 따라서 신용위험에 대한 가격산정의 적정성을 높여 신용위험을 여러 투자자들에게 분산시키는 기능을 수행한다.

금융자산에는 주가, 금리, 환율의 변동에 따라 그 가치가 변화하는 시장위험과 발행자의 신용등급 하락, 도산가능성 등에 따라 그 가치가 변화하는 신용위험이 내재되어 있다. 투자자는 파생금융상품을 이용하여 금융자산의 시장위험에 대처할 수 있고, 신용파생상품을 통해 신용위험을 회피할 수 있다.

‖ 표 16-2 ‖ 시장위험과 신용위험의 비교

구분	위험내용	헤지수단
시 장 위 험 (market risk)	금리, 환율 등 가격변수의 변동에 따른 자산가치 하락 위험	파생금융상품(derivatives) · 선물(futures) · 스왑(swaps) · 옵션(options)
신 용 위 험 (credit risk)	금융자산 발행자 또는 차입자의 신용등급 하락, 도산 가능성 등에 따른 자산가치 하락 위험	신용파생상품(credit derivatives) · 신용파산스왑(CDS) · 신용연계증권(CLN) · 총수익스왑(TRS)

2. 신용파생상품의 구조

(1) 거래참가자

신용파생상품의 참가자에는 보장매입자와 보장매도자가 있다. 보장매입자는 신용파생상품을 매입하여 보유자산의 신용위험을 보장매도자에게 이전하고 프리미엄을 지급한다. 보장매도자는 보장매입자로부터 프리미엄을 받는 대신 준거자산에 신용사건이 발생하면 보장매입자에게 약정된 금액을 지급한다.

보장매입자는 대출채권, 회사채 등과 같은 준거자산을 양도하지 않으면서 금융자산에 내재하는 신용위험을 분리하여 이전하는 효과를 얻을 수 있기 때문에 고객과의 유연한 관계를 지속할 수 있게 된다. 그리고 보유자산의 신용위험의 이전에 따라 규제자본의 경감효과라는 이익을 도모할 수 있게 된다.

보장매도자는 준거자산을 보유하지도 않고도 보유하고 있는 것과 같은 효용을 얻을 수 있고 신규수익원의 창출이라는 이점이 있다. 국내금융회사의 신용파생상품 거래잔액을 살펴보면 은행과 보험회사는 상대적으로 보장매도자로서 증권회사는 보장매입자로서 니즈(needs)가 많은 것으로 나타나고 있다.

▌그림 16-1 ▌ 신용파생상품의 구조

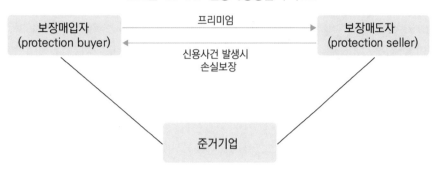

(2) 준거자산

준거자산(reference asset)은 신용사건의 발생여부를 판단하는 기준이 되는 자산을 말한다. 준거자산은 신용사건의 발생여부 판단대상에 따라 준거기업 또는 준거채무의 형태로 표현될 수 있다. 즉 신용사건 발생의 판단대상이 기업일 경우에는 준거기업, 판단대상이 채무일 경우에는 준거채무라고 표현한다.

기초자산(underlying asset)은 신용파생상품 매수계약을 통해 보장매입자가 신용위험을 헤지하고자 하는 대상자산을 말한다. 따라서 준거자산과 기초자산은 혼용되어 사용되기도 한다. 신용위험을 이전하고 싶은 대상, 다시 말해 기초자산이 신용사건의 발생 판단대상인 준거자산과 동일할 수 있기 때문이다.

(3) 신용사건

신용사건(credit event)은 준거자산의 가치하락을 초래하여 보장매도자가 손실보전의무를 부담하는 사건을 말한다. 국제스왑파생상품협회(ISDA)에서 정한 표준계약서에는 신용사건의 유형을 파산, 합병, 기한이익의 상실, 교차부도, 신용등급의 하락, 지급불능, 지급거절, 채무재조정 등 8가지로 열거하고 있다.

신용파생상품은 장외시장(OTC)에서 거래되고 상품이 표준화가 되어 있지 않기 때문에 계약서의 작성이 매우 중요하다. 신용파생상품의 매매는 국제스왑파생상품협회(ISDA)가 제공하는 표준계약을 거래상대방 기관별로 체결하고 개별상품의 거래시에 거래확인서(confirmation)를 거래당사자들이 주고 받는다.

(4) 정산절차

신용파생상품 거래에서 신용사건이 발생하면 보장매도자는 CDS 계약에 따라 보장매입자의 손실을 보전해주어야 한다. 정산은 이러한 손실보전을 위한 절차를 말 하며, 준거자산의 부도 후 회수가치 산정이 핵심이다. 정산방법과 절차에 따라 손실이 결정되기 때문에 신용사건과 함께 중요한 요소에 해당한다.

3. 신용파생상품의 기능

첫째, 신용파생상품은 소수의 금융기관에 집중되기 쉬운 신용위험을 다양한 경제주체에게 분산시켜 금융시스템을 안정적으로 만들어줄 수 있다. 또한 투자은행의 새로운 투자수단의 설계와 중개기능을 활성화하여 새로운 시장을 형성시키고 투자은행의 기능을 제고하여 금융시장의 선진화에 기여한다.

둘째, 신용파생상품시장을 통해 준거자산의 유동성을 제고시키는 기능을 한다. 일반적으로 대출은 어려운 상품이지만 신용파생상품 기법을 이용하여 부도와 채무불이행 등의 신용위험을 거래가 가능한 상품으로 변화를 통해서 대출채권에 관련된 준거자산의 유동성을 증가시키는 기능을 수행한다.

셋째, 신용파생상품은 전통적으로 지급보증기관이나 단종보험회사에서 수행되었던 지급보증이나 보험의 기능을 시장원리에 근거하여 수행함으로써 금융시장의 효율성을 제고시킬 수 있다. 특히 국내의 공적기관이 담당한 지급보증의 기능을 시장이 분담하여 보증 효율성의 제고를 기대할 수 있다.

4. 신용파생상품의 특징

(1) 신용파생상품의 장점

신용파생상품은 보장매도자에게 수익성이 높은 대출시장에 간접적으로 참여할 수 있는 기회를 제공하고 자금부담 없이 신용위험만을 부담하는 레버리지효과를 통해 고수익을 추구할 수 있는 수단을 제공한다. 또한 준거자산에서 신용위험을 분리하여 거래할 수 있는 수단을 제공하여 능동적인 위험관리가 가능하다.

신용파생상품은 준거자산의 유동성을 제고시켜 금융시장의 중개기능을 높이며 신용위험을 거래가능한 상품으로 변화시켜 다양한 상품구조를 창출할 수 있다. 양도 또는 증권화를 통한 거래는 채무자에 대한 통지나 승낙이 필요한 반면 신용파생상품은 이러한 절차가 필요하지 않아 거래의 기밀유지가 가능하다.

(2) 신용파생상품의 단점

신용위험 보장매도기관의 투기적 목적의 과도한 레버리지 부담은 보장매도 금융기관의 부실 등 건전성 악화로 이어질 가능성이 있다. 그리고 금융기관이 차주기업에 대한 신용위험을 회피할 수 있게 되므로 동 기업에 대한 사후감시(monitoring) 유인을 저하시킬 수 있어 도덕적 해이가 증가할 가능성이 높아진다.

부외거래의 특성상 일반투자자의 금융기관 재무상태에 대한 평가를 어렵게 하여 시장의 자율규제기능 및 감독당국의 감독기능을 약화시켜 시장의 안정성을 저해시킬 수 있다. 또한 신용파생상품에 대한 내부통제시스템이 미흡하거나 이해가 부족할 경우 금융기관의 도산 등 위기상황에 봉착할 가능성이 높아진다.

5. 신용파생상품과 비교

(1) 신용파생상품과 회사채의 비교

회사채의 금리는 "기준금리＋신용스프레드" 방식으로 표시하고 신용등급이 우량한 A급 회사채는 기준금리를 국고채로 사용하여 발행한다. 예컨대 3년 만기 국고채 금리가 연 4%이고 (주)한화석유화학의 회사채 금리가 연 6%라면 (주)한화석유화학의 신용스프레드는 국고채의 금리 4%에 2%를 가산한 것이다.

(2) 신용파생상품과 보증의 비교

CDS 계약은 신용사건이 발생하면 보장매도자가 보장매입자의 손실을 보전해준다는 측면에서 보증과 유사하다. 그러나 CDS 계약은 보장매도자가 보장매입자에 대해 독립해서 전보책임을 부담하기 때문에 주채무에 부종하여 주채무가 불이행한 경우에만 책임을 부담하는 보증채무와는 차이가 있다.

CDS 계약의 목적물은 준거자산의 계약가격이거나 시장가격간의 차액이다. 그러나 보증채무의 목적물은 주채무의 채무와 동일하다. 따라서 신용파생상품 금융거래에서 보장매도자의 채무가 일반적으로 민법상 보증채무에 해당된다거나 법률적인 측면에서 동일하다고 해석하는 것은 적절하지 않다.

(3) 신용파생상품과 보험의 비교

CDS 계약은 보장매입자의 손실을 보장한다는 목적만 생각하면 기초자산의 손실위험에 대해 보험에 가입하는 것과 유사하다. 그러나 CDS 계약의 목적물은 기초자산의 계약가격이거나 계약가격과 시장가격간의 차액이지 보장매입자의 손해나 경제적인 수요가 아니라는 점에서 보험계약과 차이가 있다.

CDS 계약은 보장매도자와 보장매입자의 개별적인 계약을 통해 이루어진다. 반면에 보험은 다수의 사람들이 소액의 보험료를 갹출하여 공동기금을 마련한 후 소수의 사람들이 우연한 손실을 당했을 경우 공동기금에서 보상하여 동질적인 위험을 분담하고 있다는 측면에서 보험계약과는 차이가 있다.

제3절 신용파생상품의 종류

신용파생상품은 크게 계약형태와 증권형태, 단일준거자산과 복수준거자산에 따라 구분할 수 있다. 증권형태의 거래는 초기 원금이 교환되어 회사채거래와 유사하다. 복수의 준거자산을 갖는 상품은 몇 번째 준거자산이 부도나고 준거자산 중 몇%가 부도났을 때 보장이행을 하는가에 따라 분류하기도 한다.

1. 신용부도스왑

신용부도스왑(CDS : credit default swap)은 기초자산으로부터 신용위험을 분리하여 신용위험을 회피하려는 보장매입자가 보장매도자에게 이전하고 그 대가로 매기 일정한 수수료(프리미엄)을 지급하며 준거자산과 관련된 신용사건이 발생할 경우에 보장매도자로부터 손실을 보상받을 수 있는 금융상품을 말한다.

신용부도스왑에서 프리미엄은 기초자산의 신용등급이 낮을수록, 보장매도자의 신용등급이 높을수록 상승한다. 예컨대 신용등급이 A인 기초자산의 신용위험을 전가하려는 보장매입자는 신용등급이 BB인 보장매도자와 계약은 큰 의미가 없다. 보장매도자가 채무불이행상태에 빠지면 계약을 이행할 수 없기 때문이다.

또한 기초자산의 신용도와 보장매도자의 신용도간 상관관계가 낮을수록 프리미엄
은 상승한다. 양자간의 상관관계가 낮을수록 기초자산이 채무불이행되더라도 보장매도
자가 채무불이행에 직면할 가능성이 낮아 보장매입자는 신용위험으로부터 확실하게 보
호받기 위해 이러한 거래에 높은 프리미엄을 지불하게 된다.

신용부도스왑은 신용위험을 이전하는 보장매입자가 보장매도자에게 지급하는 CDS
프리미엄과 계약기간 준거자산에 대한 신용사건이 발생하면 보장매도자가 보장매입자에
게 손실보전금액을 교환하는 계약으로 모든 신용파생상품의 기본이 된다. 특정 대출채권
의 회수가 불가능할 경우를 대비한 일종의 보험상품이다.

신용부도스왑은 보장매입자가 정기적으로 계약비용을 지불하고 미래 특정시점에
신용사건의 발생여부에 따라 수익을 얻는다는 점에서 스왑보다는 옵션에 가깝다고 볼
수 있다. 스왑은 거래당사자가 상호간에 현금흐름을 수수하지만, 신용부도스왑은 신용사
건이 발생하지 않으면 보장매입자에게 현금흐름이 없기 때문이다.

신용사건이 발생하는 경우에 액면금액과 회수가치와의 차이를 보전받기로 하였다
고 가정하면 신용부도스왑은 준거자산의 가치가 액면가액보다 하락할 경우에 이를 액면
가액으로 매도할 수 있는 풋옵션(Put dption)으로 해석될 수 있다. 이때 채권가치의 하락
은 오직 준거기업의 신용도 하락에 의해서 초래되어야 한다.

신용부도스왑에서 보장매입자는 준거자산을 기초자산으로 하는 풋옵션을 매입한
것과 동일한 효과를 얻게 되며, 보장매도자는 프리미엄을 지급받고 풋옵션을 매도한 셈
이 된다. 그리고 보장매입자는 준거기업이 발행한 채권에 투자하고 그 채권의 신용위험
만을 보장매도자에게 이전한 것과 유사한 결과를 얻을 수 있다.

┃그림 16-2┃ CDS의 구조

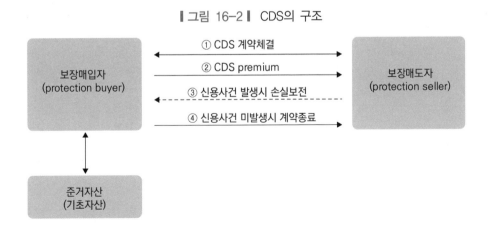

2. 총수익스왑

총수익스왑(TRS : total default swap)은 기초자산의 신용위험과 시장위험을 모두 보장매도자에게 이전하는 계약으로 보장매입자는 기초자산에서 발생하는 모든 현금흐름인 총수익을 보장매도자에게 지급하고, 보장매도자는 보장매입자에게 일정한 약정이자를 지급한다. 기초자산에서 발생하는 모든 현금흐름을 보장매도자에게 이전하여 현금흐름 측면에서 해당자산을 매각하는 것과 같은 효과가 있다.

신용부도스왑은 신용사건이 발생한 경우에만 지불이 일어나고, 총수익스왑은 신용사건의 발생에 관계없이 기초자산의 시장가치를 반영하여 지불이 일어난다. 또한 신용부도스왑은 기초자산의 신용위험만을 이전하지만, 총수익스왑에서 보장매입자는 신용위험과 금리변동 및 환율변동에 따른 불확실한 수익 모두를 보장매도자에게 이전하기 때문에 신용위험과 함께 금리, 환율 등의 시장위험도 전가한다.

따라서 보장매입자는 실제로 보유자산을 매각하지 않고 보유자산을 매각하는 것과 동일한 효과를 얻을 수 있으며, 일시적으로 신용위험과 시장위험까지도 회피하는 수단으로 활용할 수 있다. 또한 보장매도자는 자기자본의 부담없이 위험부담에 따른 높은 수익 획득이 가능할 뿐만 아니라 부외자산으로 처리될 수 있기 때문에 일부 규제를 회피할 수 있는 수단으로 활용할 수 있다는 장점이 존재한다.

┃그림 16-3┃ TRS의 구조

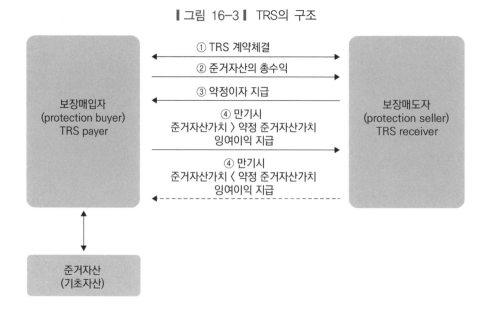

3. 신용연계채권

신용연계채권(CLN : credit linked not)은 신용부도스왑(CDS)을 증권화시킨 신용파생상품으로 보장매입자는 준거자산의 신용상태와 연계된 채권(CLN)을 발행하고 약정된 방식으로 이자를 지급하며, 보장매도자는 약정이자를 수령하는 대신에 신용사건이 발생하는 경우 계약에 따라 준거자산의 손실을 부담하게 된다.

CLN의 발행자가 지급하는 이자는 일반채권에 비해 훨씬 많은 스프레드를 가산한다. CLN을 매입하는 보장매도자는 준거자산에 대한 보장의무가 첨부된 일반채권을 매입한 효과가 있고 유통시장에서 매매가 가능하다. 신용파생거래는 현금이동 없이 보장매도자의 신용도가 신용파생`거래 신용도에 중요한 영향을 미친다.

그러나 신용연계채권은 현금거래를 수반하는 증권발행의 형식을 지니고 있기 때문에 보장매도자의 신용도에 영향을 받지 않는다. 따라서 신용파생거래의 안정성을 담보하기 위해 조달된 자금이 거래의 이행을 담보하는 역할을 수행해야 하며 이에 따라 담보자산의 수탁 및 관리, 결제 등의 구조가 도입되어야 한다.

신용연계채권은 보장매입자보다는 보장매도자의 입장에서 보다 면밀한 검토가 필요하다. 보장매도자는 준거자산에 대한 신용위험과 CLN 발행자 위험에도 노출되기 때문

┃그림 16-4┃ CLN의 구조

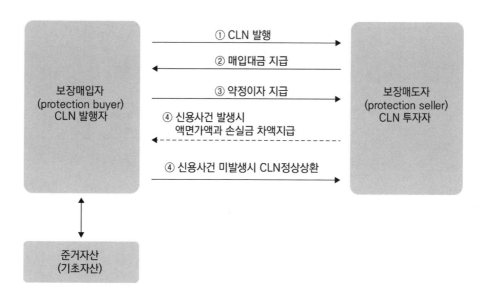

이다. 이러한 위험을 해결하기 위해 SPC를 설립하여 CLN을 발행하며 CLN의 발행대금을 신용도가 높은 우량자산에 투자하여 위험을 감소시킨다.

4. 최우선부도연계채권

최우선부도연계채권(FTD : First To Default) CLN은 보장매입자와 보장매도자의 FTD CDS 계약과 SPC와 CLN의 사채계약으로 구성된다. FTD CDS 계약은 준거기업에 신용사건이 발생하지 않으면 보장매입자가 보장매도자에게 CDS프리미엄을 지급하지만, 만기 전에 준거기업 중 첫 번째 신용사건이 발생하면 CDS프리미엄 지급이 중지되고 보장매도자가 보장매입자에게 일정금액을 지급한다.

유동화전문회사(SPC)는 CDS 계약의 이행을 보장하기 위해 CLN을 발행하고 이를 국채, 예금 등의 안전자산에 투자하여 CDS 계약에 따른 손실보전의 재원으로 사용한다. 따라서 신용사건이 발생하지 않는 정상기간에는 CDS 프리미엄과 안전자산의 이자를 원천으로 하여 CLN 채권투자자에게 이자를 지급하고, CLN 만기시에는 안전자산을 주요 상환재원으로 채권의 원금을 상환하게 된다.

▌그림 16-5▐ FTD CLN의 구조

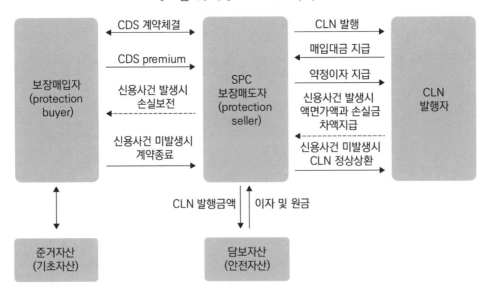

5. 합성담보부증권

합성담보부증권은 보장매입자의 대출채권 및 일반채권 등 준거자산에 내재된 신용위험을 특수목적회사(SPC)에 이전하고, SPC는 신용위험과 연계된 신용도가 각기 다른 계층의 증권을 발행하여 투자자를 대상으로 매각하는 형태를 갖춤으로써 일반 CDO와 유사한 현금흐름을 창출하는 구조화상품을 말한다.

일반 CDO(cash flow CDO)는 특수목적회사(SPC)가 대출채권 자체를 양수한 후에 이를 기초로 발행되는 반면에 합성 CDO(Synthetic Collateralized Debt Obligation)는 대출채권의 법적 소유권을 이전하지 않은 상태에서 신용위험만을 특수목적회사(SPC)에 이전하도록 발행하여 자산을 유동화하고 있다.

전통적인 일반 CDO는 특수목적회사(SPC)로 대출채권을 양도하기 전 대출채권의 원래 거래상대방인 차주에 대한 통지 또는 통지가 필요하다. 그러나 합성 CDO는 준거자산을 보유한 금융기관이 준거자산의 원래 거래상대방에게 채권양도의 통지나 동의가 필요 없이 준거자산의 신용위험을 제거할 수 있다.

┃그림 16-6┃ 합성 CDO의 구조

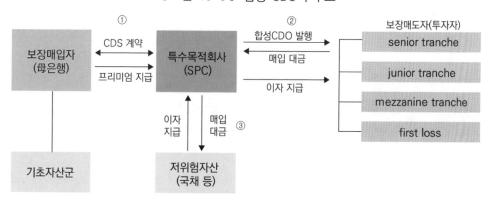

① 母은행은 특수목적회사(SPV)와 기초자산군에 내재된 신용위험을 이전하는 CDS 계약을 체결하고 특수목적회사에게 CDS 프리미엄을 지급한다.

② 특수목적회사는 기초자산군의 신용위험 정도 등을 반영한 합성CDO를 발행하여 투자자(보장매도자)에게 매각하고 약정이자를 지급한다.

③ 특수목적회사는 합성CDO 발행대금으로 신용도 및 유동성이 높은 저위험자산(국채 등)을 매입한다.

제4절 신용파생상품의 현황

1. 국내 신용파생상품 거래

국내에서 1995년부터 거주자와 비거주자간에 신용파생상품이 거래되었다. 초기에는 거래규모가 작아 별도의 근거규정이나 감독지침이 없었고 1999년 4월 제정된 외국환거래법, 외국환거래규정을 통해 신용파생상품의 정의 및 종류가 규정되었다. 신용파생상품은 유용한 신용위험 관리수단이나 금융자산가격이 전반적으로 급락하는 금융위기가 발생할 경우 투자자들이 큰 손실을 입을 수 있어 정부는 신용파생상품 거래를 자유화하지 않고 한국은행의 허가를 받도록 규제하였다.[1]

국내에서 신용파생상품의 거래는 꾸준히 성장을 해서 2021년 3월말 현재 거래잔액이 75.6조원에 도달하고 있다. 과거에 국내 신용파생상품은 외국 금융기관들이 주로 설계하여 발행하고 국내 금융회사는 보장매도자로서 참여하는 일방향 거래에 편중되었으나 국내 금융회사들의 신용위험 이전을 위한 보장매입이 점차 증가하는 추세에 있다. 2021년 3월말 현재 국내 금융회사들의 보장매도 거래잔액은 32.4조원이고, 보장매입 거래잔액은 43.2조원이어 대체로 균형을 이루고 있다.

기관별로 거래규모를 보면 2006년 이전에는 보험사가 가장 큰 거래자였으나 2006년 3월 금융감독원이 신용위험 이전을 인정하는 기준을 제정하면서 2007~2008년에는 은행의 거래규모가 크게 증가하였다. 그러나 글로벌 금융위기를 계기로 신용파생상품의 부정적 영향이 부각되면서 은행과 보험회사의 거래비중은 크게 축소되었다. 증권회사의 거래규모는 2008년 하반기 이후 급격한 성장세를 지속하였으며, 2014년 이후 국내 신용파생상품 거래잔액 80% 이상을 차지하고 있다.

외국환거래법에 따라 한국은행 허가를 받은 신용파생상품 거래규모는 1999년 1.2억달러에 불과했으나 2008년 총수익스왑을 중심으로 거래규모가 65.6억달러로 확대되었다. 이후 글로벌 금융위기에 따른 신용불안 확산으로 신용파생상품 거래가 위축되면서 2010년 44.0억달러까지 축소되었다. 신용파산스왑을 중심으로 거래규모가 다시 증가하여 2020년 103.6억달러까지 확대되었다. 신용파산스왑의 거래규모는 2020년말 기준 66.7억달러로 전체 신용파생상품 거래의 64.4%를 차지한다.

---

1) 한국은행, 한국의 금융시장, 2021, 400-401쪽.

┃그림 16-7┃ 금융권별 신용파생상품 거래잔액[1]

주 : 1) 기말 기준, 명목거래금액 기준
자료 : 금융감독원

┃표 16-3┃ 신용파생상품 거래규모[1]

(단위 : 억달러)

구분	2008	2010	2012	2014	2016	2018	2020
T R S	36.6	6.8	5.9	56.9	8.6	6.8	34.7
C L N [2]	1.1	3.6	16.0	8.2	4.3	2.0	0.6
합성CDO	0.7	0.0	0.0	0.0	0.0	0.0	0.0
C D S	27.1	16.1	96.8	60.1	87.3	180.2	66.7
기 타	0.0	17.4	14.5	8.0	11.5	2.4	1.6
합 계	65.6	44.0	133.3	133.2	111.8	191.4	103.6

주 : 1) 외국환거래법령에 따라 금융회사가 외환전산망을 통해 보고한 명목금액(notional amount) 기준
　　2) 합성CDO가 CLN의 담보자산인 경우를 포함
자료 : 한국은행

2. 세계 신용파생상품 거래

국제결제은행(BIS)에 따르면 세계 신용파생상품 거래규모는 2004년 6.4조달러에 불과했으나 신용파생상품이 신용위험 관리수단 및 수익원으로 인식되고 투자자들의 필요에 부합하는 상품이 개발되면서 급성장하여 2007년 61.2조달러까지 확대되었다. 그러나 글로벌 금융위기를 계기로 위기를 증폭시킨 원인으로 신용파생상품이 지목되고 신용파

생상품에 내재된 문제점이 부각되어 거래규모가 급감하고 관련 규제 강화 등으로 감소
세를 지속하여 2020년말 8.4조달러까지 축소되었다.[2]

┃그림 16-8┃ 세계 신용파생상품 거래규모[1]

주 : 1) 기말 계약(명목)금액(notional amount) 기준
자료 : BIS, Semiannual OTC derivatives statistics

---

2) 한국은행, 한국의 금융시장, 2021, 404쪽.

보론 16-1　　신용부도스왑 프리미엄 예시

　　한국 관련 채권을 기초자산으로 하는 신용부도스왑(CDS)은 IMF 외환위기 이후 홍콩 및 싱가포르 소재 금융기관들이 한국 기업에 대한 신용위험을 헤지하는 수단으로 거래되기 시작하였다. Goldman Sachs, Morgan Stanley, Deutsche Bank 등 투자은행들이 주로 참여하는 은행간시장이 형성되었으며 홍콩 소재 TulletPrebon, BGC 등 중개회사가 신용부도스왑의 프리미엄을 고시하고 있다.[3]

　　한국 정부, 예금보험공사, 도로공사 등 정부기관, 산업은행, 수출입은행 등 금융기관, 한전, KT, 삼성전자, 포스코 등 우량기업이 발행한 외화표시채권을 기초자산으로 한 신용부도스왑이 거래되고 있다. 만기는 3년, 5년, 10년물이 있으며 5년물 거래가 가장 활발하게 이루어진다. [표 16-4]에는 2021년 10월 12일 아시아 주요국 정부가 발행한 채권을 기초자산으로 하는 신용부도스왑의 만기별 프리미엄 매입호가와 매도호가가 베이시스 포인트(basis point) 단위로 제시되어 있다.

　　[표 16-4]에서 한국 정부채는 만기 5년 CDS에 딜러기관이 프리미엄을 수취할경우에 22.1bp, 프리미엄을 지급할 경우에 20.9bp로 고시되어 있다. 한국 정부가 발행한 5년 만기 외평채 1억달러를 보유하고 있는 투자은행은 신용위험에 대비하기 위해 보장매입자로서 프리미엄을 지급하고 딜러기관은 보장매도자로서 프리미엄을 수취하게 되므로 거래가격(프리미엄)은 22.1bp가 된다. (아래 그림 a)

　　헤지펀드가 외평채에 대한 신용위험 인수를 통해 수익을 얻고자 할 경우에 헤지펀드는 보장매도자로서 프리미엄을 수취하고 딜러기관은 보장매입자로서 프리미엄을 지급하게 되므로 거래가격은 20.9bp가 된다.(아래 그림 b) 이때 딜러기관은 투자은행과 헤지펀드간 신용부도스왑 거래를 중개해주는 대가로 양 기관으로부터 주고받는 프리미엄 차이(1.2bp(=22.1bp-20.9bp)) 만큼 수익이 발생한다.

▌그림 16-9 ▌ 신용부도스왑 거래 예시

┃표 16-4┃ 신용부도스왑 프리미엄 호가[1]

(단위 : bp)

발행자	신용등급[2]	만기		
		1년	3년	5년
한 국	Aa2/AA	6.9/11.9	12.7/16.3	20.9/22.1
일 본	A1/A+	2.3/5.7	8.7/10.7	18.2/19.3
중 국	A1/A+	10.6/16.3	32.1/35.0	54.6/57.2
말레이시아	A3/A-	12.8/18.3	36.3/40.4	62.6/65.2
태 국	Baa1/BBB+	8.7/14.5	23.1/28.1	41.5/44.0

주 : 1) 2021년 10월 12일 현재 매입/매도 호가(CMA NY 기준)
　　 2) Moody's와 S&P의 신용등급
자료 : Bloomberg

---

3) 한국은행, 한국의 금융시장, 2021, 395-396쪽.

보론 16-2   외평채 신용부도스왑 프리미엄 동향

우리나라의 신용파산스왑(CDS) 계약은 정부, 공공기관, 금융기관, 우량기업이 발행한 다양한 채권을 기초자산으로 이루어지고 있는데 정부채(외평채) 5년물을 기초자산으로 하는 계약이 대표적이므로 우리나라의 CDS 프리미엄은 정부채(외평채) 5년물 CDS 프리미엄을 뜻한다. 우리나라 CDS 프리미엄은 2007년 상반기까지 15bp 내외의 낮은 수준을 유지했으나, 2008년 3월 글로벌 신용불안 확산으로 상승하여 같은 해 9월 Lehman Brothers 파산 사태 등으로 글로벌 금융시장에서 달러화 유동성 조달여건이 급속히 위축되면서 우리나라 금융ㆍ외화자금 사정에 대한 우려가 높아져 10월중 CDS 프리미엄이 사상 최고치인 692bp까지 급등하였다.[4]

그러나 주요국 중앙은행의 정책공조, 미 연준의 공격적인 금리인하, 한미 통화스왑계약 체결 등으로 CDS 프리미엄은 10월말 약 370bp로 빠르게 하락하였다. 2009년 들어 CDS 프리미엄은 미 정부의 대규모 경기부양책에도 불구하고 미국ㆍ유럽계 대형은행들의 손실 확대, 글로벌 경기침체 심화 우려, 동유럽 외환위기 가능성 등으로 국내은행의 외화차입 여건 악화 가능성이 제기되면서 2월중 451bp까지 급등하였으나 이후 미 연준이 양적완화정책을 발표한 가운데 국내 주가가 상승하고 원/달러 환율이 안정을 되찾으면서 점차 하락하였다. 이후 CDS 프리미엄은 2010년 들어 100bp 내외 수준에서 등락을 거듭하며 안정세를 유지하였으나 2011년 8월 이후 미국 국가신용등급 하향 조정, 유럽지역 국가채무문제 확산 우려 등으로 글로벌 위험회피 성향이 강화되면서 다시 225bp(2011년 10월)까지 상승하였다.

그러나 2012년 들어 CDS 프리미엄은 유럽지역 금융불안이 완화된 가운데 우리나라 국가신용 등급의 상향 조정, 외화자금사정 개선 등으로 하락세를 지속하였으며, 2014년 이후에는 브렉시트 결정(2016년, 최고치 82bp), 미 연준의 금리인상 가속화 우려 및 미ㆍ중 무역분쟁 심화(2018년, 최고치 59bp), 코로나19 확산 우려(2020년, 최고치 57bp) 등 국제금융시장에 상당한 불안감이 조성된 시기에도 100bp를 하회하면서 하락 추세를 지속하였다. 특히 2021년 5월에는 CDS 프리미엄이 19bp를 기록하여 2008년 글로벌 금융위기 이후 최저치를 경신하였다. 이는 풍부한 글로벌 유동성으로 외화자금 사정이 양호한 가운데 우리나라의 양호한 거시경제 펀더멘탈과 견조한 대외건전성 상황이 종합적으로 반영된 결과로 해석할 수 있다.

▌그림 16-10 ▌ 외평채 신용부도스왑 프리미엄

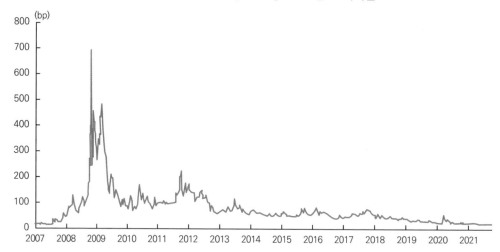

주 : 외평채 5년물(CMA NY 기준)

자료 : Bloomberg

---

4) 한국은행, 한국의 금융시장, 2021, 402-403쪽.

제1절 신용위험의 개요

1. 신용위험의 정의 : 거래상대방의 신용상태 악화나 신용도의 하락으로 매매계약에서 채무자가 채무조건을 이행하지 못해 발생하는 위험
2. 신용사건의 정의 : 신용파생상품의 당사자간에 계약이행을 촉발시키는 계기가 되는 파산, 지급실패, 지급거절, 채무재조정, 기한이익상실

제2절 신용파생상품의 개요

1. 신용파생상품의 정의
   대출자의 신용도 변화에 따라 가치가 변동하는 준거자산에서 신용위험만을 분리하여 매매하는 금융계약
2. 신용파생상품의 구조 : 거래참가자, 준거자산과 기초자산, 신용사건
3. 신용파생상품의 기능
   신용위험을 분산시켜 안정적인 금융시스템 확보하고 준거자산의 유동성 제고
4. 신용파생상품의 특징
① 신용파생상품의 장점
   준거자산에서 신용위험을 분리하여 거래할 수 있어 능동적인 위험관리 가능
② 신용파생상품의 단점
   금융기관이 차주기업에 대한 신용위험을 회피할 수 있어 도덕적 해이가 증가

제3절 신용파생상품의 종류

1. 신용부도스왑(CDS : credit default swap)
   기초자산에서 신용위험을 분리하여 신용위험을 제거하려는 보장매입자가 보장매도자에게 이전하고 그 대가로 일정한 프리미엄을 지급하며 신용사건이 발생하면 보장매도자로부터 손실을 보상받을 수 있는 금융상품
2. 총수익스왑(TRS : total default swap)
   기초자산의 신용위험과 시장위험을 보장매도자에게 이전하는 계약으로 보장매입자는 기초자산에서 발생하는 모든 현금흐름인 총수익을 보장매도자에게 지급하고 보장매도자는 보장매입자에게 약정이자를 지급함
3. 신용연계채권(CLN : credit linked note)
   일반채권에 신용부도스왑을 결합하여 보장매입자는 준거자산의 신용상태에 연계된 채권(CLN)을 발행하고 약정에 따라 이자를 지급하며 신용사건이 발생하면 CLN을 상환하지 않고 계약에 따라 준거자산에서 발생하는 손실을 보장받음

4. 최우선부도연계채권(FTD : First To Default CLN)
   준거기업에 신용사건이 없으면 보장매입자가 보장매도자에게 CDS프리미엄을 지급하지
   만, 만기 전에 준거기업 중 첫 번째 신용사건이 발생하면 CDS프리미엄 지급이 중지되
   고 보장매도자가 보장매입자에게 일정금액을 지급함
5. 합성담보부증권(Synthetic CDO)
   보장매입자의 대출채권 및 일반채권 등 준거자산에 내재된 신용위험을 특수목적회사
   (SPC)가 이전받아 이를 기초로 발행한 채권

제4절 신용파생상품의 현황

1. 국내 신용파생상품 거래
① 신용파생상품은 외국금융기관이 설계·발행하고 국내금융기관은 보장매도자로 참여했
   으나 최근에 보장매도와 보장매입거래가 균형을 이루고 있음
② 2006년 이전에는 보험회사가 가장 큰 거래자였으며 증권회사의 거래규모는 2014년 이
   후 국내 신용파생상품 거래잔액의 80% 이상을 차지하고 있음
③ 신용파생상품의 거래규모는 1999년 12억달러에 불과했으나 신용파산스왑의 거래규모
   는 2020년 66.7억달러로 신용파생상품 총거래의 64.4%를 차지
2. 세계 신용파생상품 거래
① 세계 신용파생상품 거래규모는 2004년 6.4조달러에서 신용위험 관리수단으로 인식되
   고 다양한 상품이 개발되면서 2007년 61.2조달러 확대
② 글로벌 금융위기를 증폭시킨 원인으로 신용파생상품이 지목되고 문제점이 부각되면서
   거래규모가 급감하여 2020년말 8.4조달러까지 축소

1. 다음 중 신용파생상품에 대한 설명으로 옳지 않은 것은?

① 보장매입자는 일정한 프리미엄을 지불하고 준거자산의 부도위험에서 벗어날 수 있다.

② 신용파생상품 중 가장 대표적이고 거래가 많은 상품은 총수익스왑(TRS)이다.

③ 신용구조화상품과 같이 복잡한 구조에서 정보의 비대칭현상이 발생할 수 있어 몇몇의 투자은행들과 전문투자자들에 의해 가격과 위험분산이 왜곡될 수 있다.

④ 채권이나 대출 등 신용위험이 내재된 있는 부채에서 신용위험만을 분리하여 거래당사자간에 신용위험을 전가하는 금융계약을 말한다.

| 해설 | 신용파생상품 중 가장 대표적이고 거래가 많은 상품은 신용부도스왑(CDS)이다.

2. 다음 중 신용파생상품에 대한 설명으로 옳지 않은 것은?

① 신용파생상품은 보장매입을 통해 신용위험의 매도포지션을 쉽게 취할 수 있다.

② 채권과 대출 등 신용위험이 내재되어 있는 부채에서 신용위험을 분리하여 거래당사자간에 신용위험을 전가하는 금융거래를 말한다.

③ 준거기업에 대한 대출상품을 보유하고 있는 금융기관이 신용파생상품을 통해 신용위험을 타인에게 전가하고자 하는 경우 준거기업의 동의를 얻어야 한다.

④ 신용파생상품을 이용하면 대출과 같이 매각이 쉽지 않은 자산의 유동성을 제고할 수 있다.

| 해설 | 금융기관은 신용파생상품을 통해 신용위험을 타인에게 전가하는 경우에 준거기업의 동의없이 할 수 있다.

3. 다음 중 준거자산의 신용위험을 분리하여 보장매도자에게 이전하고 보장매도자는 그 대가로 프리미엄과 손실보전금액을 교환하는 신용파생상품은?

① 신용부도스왑(CDS : Credit Default Swap)

② 신용연계채권(CLN : Credit Linked Notes)

③ 총수익스왑(TRS : Total Return Swap)

④ Basket Default Swap

| 해설 | 신용부도스왑(CDS : Credit Default Swap)에 대한 설명이다.

4. 다음 중 신용파생상품에 대한 설명으로 옳지 않은 것은?

① 신용파생상품은 채권이나 대출 등 신용위험이 내재된 부채에서 신용위험을 분리하여 거래당사자간에 이전하는 금융계약을 말한다.

② 총수익스왑(TRS)은 보장매입자가 기초자산에서 발생하는 이자, 자본손익 등 모든 현금흐름을 보장매도자에게 지급하고 약정된 수익을 수령하는 계약을 말한다.

③ 신용부도스왑(CDS)에서 만기 이전에 신용사건이 발생하면 신용위험의 매도자는 대상기업에 대한 손실금을 보장매입자에게 지급한다.

④ 신용사건은 대상기업이 파산한 경우와 지급불이행한 경우만을 말한다.

| **해설** | 신용사건은 파산, 지급불이행, 채무불이행, 기한이익상실 등으로 구성된다.

5. 다음 중 보장매입자가 기초자산에서 발생하는 모든 현금흐름을 보장매도자에게 지급하고, 보장매도자로부터 약정된 수익을 수령하는 신용파생상품은?

① 신용부도스왑(CDS)   ② 총수익스왑(TRS)
③ 신용스프레드스왑   ④ 신용연계채권(CLN)

| **해설** | 총수익스왑(TRS)에 대한 설명이다.

6. 다음 중 신용파생상품에 대한 설명으로 옳지 않은 것은?

① 총수익스왑(TRS)은 신용위험만을 상대방에게 전가시키나 시장위험은 남아 있다.

② 신용스프레드옵션은 주식옵션과 유사한 형태로 신용스프레드를 일정한 행사가격에 매입하거나 매도할 수 있는 권리를 부여한 계약을 말한다.

③ Basket Default Swap은 일반적인 CDS와 동일하지만 1개 이상의 준거자산으로 구성된 포트폴리오를 기본으로 발행되는 점이 다르다.

④ 합성CDO는 부채포트폴리오로 구성된 준거자산에 의해 현금흐름이 담보되는 여러 개의 tranche로 구성되는 증권을 말한다.

| **해설** | 총수익스왑(TRS)은 신용위험은 물론 시장위험도 거래상대방에게 전가시킬 수 있다.

7. 다음 중 신용파생상품에 대한 설명으로 옳지 않은 것은?

① CDS 거래시점에서 보장매입자의 포지션의 가치와 보장매도자의 포지션가치는 비슷하다.

② CDS 거래와 관련하여 준거자산의 신용사건이 발생했을 때 보장매도자의 포지션가치는 하락한다.

③ 신용부도스왑(CDS)의 수수료를 CDS 프리미엄이라고 한다.

④ 신용연계채권(CLN)에서 특수목적회사(SPC)가 발행한 CLN의 수익률은 담보채권의 수익률에서 보장매입자로부터 수취하는 CDS프리미엄을 차감한 수준이다.

| 해설 | 신용연계채권(CLN)에서 특수목적회사(SPC)가 발행한 CLN의 수익률은 담보채권의 수익률에서 보장매입자로부터 수취하는 CDS프리미엄을 가산한 수준이다.

8. 다음 중 신용부도스왑(CDS)에 대한 설명으로 옳지 않은 것은?

① 보장매입자는 보장매도자의 신용위험에 노출된다.

② 보장매도자는 프리미엄을 수취하는 대가로 준거기업의 신용위험을 인수한다.

③ 서로 정한 신용사건이 발생하는 경우 손실금은 현금으로만 정산할 수 있다.

④ 만기 이전에 서로 정한 신용사건이 발생하는 경우 보장매도자는 준거기업에 대한 손실금을 보장매입자에게 지급한다.

| 해설 | 서로 정한 신용사건이 발생하는 경우 손실금은 현금은 물론 미리 정한 준거자산을 직접 이전할 수 있다.

9. 다음 중 신용파생상품에 대한 설명으로 옳지 않은 것은?

① Credit Default Swap(CDS)은 자산보유자가 보유자산의 신용위험을 분리하여 보장매입자에게 보장프리미엄을 지급하고 신용위험을 이전하는 구조를 말한다.

② Total Return Swap(TRS)의 자산보유자는 총수익매도자로부터 준거자산의 모든 현금흐름을 총수익매입자에게 지급하는 구조를 말한다.

③ Credit Linked Notes(CLN)은 일반채권에 신용디폴트스왑을 결합한 상품으로 보장매입자는 준거자산의 신용위험을 CLN발행자에게 전가한다.

④ 합성CDO는 CDO의 특수한 형태로 보장매입자가 신용파생상품을 이용하여 자산에 내재된 신용위험을 이전하는 구조를 말한다.

| 해설 | Credit Default Swap(CDS)은 자산보유자가 보유자산의 신용위험을 분리하여 보장매도자에게 보장프리미엄을 지급하고 위험도 이전하는 구조를 말한다.

10. 다음 중 신용부도스왑(CDS)에 대한 설명으로 옳지 않은 것은?

① CDS는 보장프리미엄과 손실보전금을 교환하는 계약을 말한다.

② CDS는 가장 간단한 형태를 지니고 있어 다른 신용파생상품을 구성하는데 가장 많이 사용된다.

③ 보장매입자의 입장에서 신용위험을 전가했다는 사실을 차주가 알 수 있다.

④ 보편화된 형태의 신용파생상품으로 준거자산의 신용위험을 분리하여 보장매도 자에게 이전하고 보장매도자는 그 대가로 프리미엄을 지급받는 금융상품이다.

| 해설 | 보장매입자의 입장에서 신용위험을 차주가 알 수 없어 고객과의 우호적인 관계가 유지될 수 있다는 장점이 있다.

11. 다음 중 신용연계채권(CLN)에 대한 설명으로 옳지 않은 것은?

① CLN은 고정금리채권에 신용파생상품이 내재된 신용구조화상품이다.

② 현재 시장에는 CDS가 가미된 CLN이 가장 일반적이다.

③ CLN의 수익률은 CLN 발행자가 발행한 일반채권의 수익률보다 높다.

④ CLN 투자자는 준거기업의 신용위험을 감수해야 하지만 발행자의 신용위험과 는 무관하다.

| 해설 | CLN 투자자는 준거기업의 신용위험을 감수해야 하므로 발행자의 신용위험을 감수해야 한다.

12. 다음 중 신용부도스왑(CDS)의 프리미엄 결정요인으로 옳지 않은 것은?

① 준거자산의 신용사건 발생가능성   ② 신용사건 발생시 준거자산의 회수율

③ 보장매입자의 신용도   ④ 보장매도자의 신용도

| 해설 | CDS프리미엄은 준거자산의 신용사건 발생가능성, 신용사건 발생시 준거자산의 회수율, 보 장매도자의 신용도 등에 따라 결정된다.

13. 다음 중 신용부도스왑(CDS)의 프리미엄 결정요인에 대한 설명으로 옳지 않은 것은?

① 준거자산의 채무불이행의 가능성이 높을수록 비싸다.

② 보장매도자의 신용등급이 낮을수록 비싸다.

③ 준거자산의 회수율이 낮을수록 비싸다.

④ 준거자산의 신용과 보장매도자의 신용간의 상관관계가 높을수록 비싸다.

| 해설 | 준거자산의 신용과 보장매도자의 신용간의 상관관계가 낮을수록 비싸다.

14. 다음 중 신용파생상품에 대한 설명으로 옳지 않은 것은?

① Credit Default Swap(CDS)은 보장매입자가 준거기업에 대한 신용위험을 이전하는 대신에 보장매도자는 신용위험을 인수하게 된다.

② Total Return Swap(TRS)는 신용위험뿐만 아니라 시장위험도 전가하는 신용파생상품이다.

③ Credit Linked Notes(CLN)은 일반채권에 신용디폴트스왑을 결합한 상품으로 보장매입자는 준거자산의 신용위험을 CLN발행자에게 전가한다.

④ 신용연계채권에 투자하는 투자자의 투자수익은 발행자의 일반채권수익률에 준거기업에 대한 신용프리미엄을 차감한 수익을 얻게 된다.

| **해설** | 신용연계채권에 투자하는 투자자의 투자수익은 발행자의 일반채권수익률에 준거기업에 대한 신용프리미엄을 가산한 수익을 얻게 된다.

15. 다음 중 총수익스왑(TRS)에 대한 설명으로 옳은 것은?

① 보장매도자가 준거자산에서 발생하는 이자, 자본수익(손실)을 모두 지급한다.

② 보장매입자는 약정한 수익을 지급한다.

③ 신용사건이 발생하지 않아도 시장가치에 따른 현금흐름이 발생한다.

④ 신용위험만을 분리하여 전가하는 신용파생상품이다.

| **해설** | 보장매입자가 준거자산에서 발생하는 이자, 자본손익을 모두 지급하고, 보장매도자는 약정한 수익을 지급하며, 신용위험과 시장위험을 모두 전가하는 상품이다.

16. 다음 중 총수익스왑(TRS)에 대한 설명으로 옳지 않은 것은?

① TRS 지급자는 신용리스크와 시장리스크를 전가한다.

② TRS 수취자는 현금 지출없이 자산매입과 동일한 효과를 얻는다.

③ TRS 지급자의 자산이 TRS 수취자의 자산으로 소유권이 넘어간다.

④ 신용사건의 발생과 무관하게 현금흐름이 이루어진다.

| **해설** | TRS 지급자는 자산의 매각효과가 나타나지 않는다.

17. 다음 중 발행기업의 신용을 나타내는 지표의 변동에 연계되어 원리금이 변동되는 채권으로 신용파생상품이 내재되어 있는 것은?

① 신용부도스왑(CDS)   ② 신용연계채권(CLN)

③ 총수익스왑(TRS)   ④ 합성담보부증권(synthetic CDO)

| 해설 | 신용연계채권(CLN)에 대한 설명이다.

18. 일반적으로 두 개 이상의 준거자산으로 바스켓을 구성하고, 바스켓에 포함된 준거자산 중 첫 번째 신용사건이 발생하면 부도채권의 손실금을 보장매입자에게 지급하고 잔여금은 투자자에게 지급하는 상품은?

① 총수익스왑(TRS)   ② 신용파생지수(CDS index)

③ 최우선부도연계채권(FTD CLN)   ④ 합성담보부증권(synthetic CDO)

| 해설 | 최우선부도연계채권(FTD CLN)에 대한 설명이다.

19. 다음 중 신용위험을 패키지화한 후 여러 트랜치로 나누어 투자자들에게 매각하는 신용포트폴리오의 증권화와 거리가 먼 것은?

① CLO   ② CBO

③ CDO   ④ FTD CLN

| 해설 | FTD CLN은 최우선부도에 대한 신용연계채권(FTD CLN)이므로 여러 트랜치로 되어 있지 않다.

20. 다음 중 신용파생상품의 유용성과 위험성에 대한 설명으로 옳지 않은 것은?

① 금융회사에게 금융적인 신용위험관리수단이 된다.

② 신용파생상품에 대한 금융회사와 금융당국의 리스크관리가 소홀할 경우 금융시스템의 안정성이 저해될 수 있다.

③ 신용파생상품은 수익추구를 위한 투자기회가 될 수 없다.

④ 신용구조화상품과 같이 복잡한 구조에서는 정보비대칭이 나타날 수 있다.

| 해설 | 신용파생상품은 수익추구를 위한 투자기회가 될 수 있다.

정답

1. ②   2. ③   3. ①   4. ④   5. ②   6. ①   7. ④   8. ③   9. ①   10. ③
11. ④   12. ③   13. ④   14. ④   15. ③   16. ③   17. ②   18. ③   19. ④   20. ③

참·고·문·헌

감형규, 신용재, 스마트 시대의 재테크와 금융상품, 율곡출판사, 2018.

강경란, 금융과 사회, 박영사, 2022.

강병호, 김석동, 서정호, 금융시장론, 박영사, 2021.

강병호, 김대식, 박경서, 금융기관론, 박영사, 2020.

강재택, 국제금융시장론 : 원리와 응용, 경문사, 2020.

고동원, 금융규제법개론, 박영사, 2022.

공명재, 금융기관론 : 금융시장과 위험관리, 명경사, 2014.

국제금융연구회, 글로벌시대의 국제금융론, 경문사, 2019.

금융감독원, 금융회사 파생상품 거래현황, 2005–2021.

금융감독원, 증권회사 파생결합증권 발행 및 운용 현황, 2017–2021.

김경환, 손재영, 부동산경제학, 건국대학교출판부, 2020.

김미루, 중금리 대출시장 활성화 가능성에 대한 고찰, 한국개발연구원, 2020.

김민규, 금융상품 및 투자분석, 한국금융연수원, 2021.

김민환, 재무관리, 도서출판 파란, 2017.

김병연, 권재열, 양기진, 자본시장법, 박영사, 2019.

김수진, 디지털금융의 이해와 활용, 한국금융연수원, 2021.

김용민, 박동규, 양중식, 2022 금융상품과 세금, 조세금융신문, 2022.

김인준, 이영섭, 국제금융론, 율곡출판사, 2019.

김재태, 부동산금융론 이론과 실무, 부연사, 2021.

김종선, 김종오, 현대금융시장론, 학현사, 2022.

김주일, 금융기관론, 탑북스, 2020.

김주일, 배수현, 금융기관론, 탑북스, 2020.

노상범, 고동원, 부동산금융법 이론과 실무, 박영사, 2020.

박강우, 금융시장론, 한국방송통신대학교출판문화원, 2021.

박강우, 김종오, 이우백, 금융시장과 금융투자의 이해, 생능, 2016.

박 준, 한 민, 금융거래와 법, 박영사, 2019.

백운수, 이기만, 여신심사 및 관리, 한국금융연수원, 2022.

백재승, 증권시장의 이해, 명경사, 2020.

송상엽, 세법개론, 웅지경영아카데미, 2022.

송지영, 현대 금융기관론, 청목출판사, 2021.

안홍식, 국제금융론, 삼영사, 2019.

윤평식, 금융시장론 : 기업과 자본시장 중심, 탐진, 2021.

이상복, 외국환거래법, 박영사, 2021.

이상복, 금융법강의 01 : 금융행정, 박영사, 2020.

이상복, 금융법강의 02 : 금융상품, 박영사, 2020.

이상복, 금융법강의 03 : 금융기관, 박영사, 2020.

이상복, 금융법강의 04 : 금융시장, 박영사, 2020.

이성섭, 시장제도 경제학 : 금융시장, 박영사, 2020.

이요섭, 금융시장의 이해, 연암사, 2021.

이요섭, 금융시장과 금융상품, 연암사, 2020.

이의경, 금융기관론, 명경사, 2022.

이종섭, 국제금융론, 두남출판사, 2019.

이하일, 국제재무관리, 박영사, 2022.

이하일, 기업재무관리, 박영사, 2021.

이하일, 자본시장론, 박영사, 2020.

이하일, 알기쉬운 실용금융, 박영사, 2020.

이하일, 파생상품의 이해, 박영사, 2019.

이하일, 외환파생상품, 한경사, 2011.

이환호, 외환론 이론과 실제, 경문사, 2021.

이해성, 금융상품과 세제, 삼일인포마인, 2021.

임재연, 자본시장법, 박영사, 2019.

장희순, 김성진, 부동산금융론, 부연사, 2020.

전기석, 최신 금융시장론, 명경사, 2020.

정대용, 실무자를 위한 파생상품과 금융공학, 한국금융연수원, 2017.

정운찬, 김홍범, 화폐와 금융시장, 율곡출판사, 2018.

정찬형, 김택주, 이성남, 금융법강의, 박영사, 2022.

차현진, 법으로 본 한국은행, 율곡출판사, 2020.

최성섭, 금융시장론, 두남출판사, 2014.

최정호, 김성중, 박상연, K-IFRS 회계원리 이해, 삼영사, 2020.

최 일, 박경화, 금융 배워야 산다 : 금융시장, 한국경제신문사, 2017.

한국거래소, 한국의 채권시장, 2019.

한국거래소, 손에 잡히는 파생상품시장, 2017.

한국거래소, 채권유통시장해설, 2010.

한국예탁결제원, 증권예탁결제제도, 박영사, 2018.

한국은행, 한국의 금융시장, 2021.

한국은행, 한국의 금융제도, 2018.

한국은행, 한국의 통화정책, 2017.

한국은행, 한국의 외환제도와 외환시장, 2016.

현정환, 국제금융론 이론과 정책, 박영사, 2019.

(ㄱ)

가격안정화장치 ···················· 273
가격위험 ···························· 316
가격제시자(price maker) ········· 173
가격제한폭 ························· 273
가격추종자(price follower) ······ 173
가계당좌예금 ······················ 109
가계자금대출 ······················ 120
가족회원카드 ······················ 135
가치소모성자산 ····················· 485
가치주 ······························ 262
간접금융시장 ·················· 8, 213
간접발행 ················ 218, 269, 326
간접증권 ····························· 8
간접투자상품 ······················ 351
간접투자자산운용법 ················ 351
간접표시법 ························· 171
강세스프레드 ················· 450, 499
강세콜스프레드 ····················· 499
강세풋스프레드 ····················· 499
개방형펀드 ························· 363
개시베이시스 ······················ 464
개시증거금 ························· 458
개인신용대출 ······················ 133
개인신용조회회사 ·················· 116
개인신용평가제도 ············· 116, 133
거래기관 ···························· 65
거래비용 ····························· 6
거치식 펀드 ························· 362
결제수단 ····························· 7
결제위험 ··························· 431
결제전용당좌예금계좌 ··············· 66

경기방어주 ························· 263
경기순환주 ························· 263
경상수지 ··························· 195
계좌관리기관 ························· 94
고속도로건설채권 ·················· 299
고정금리채 ························· 300
고정수익증권 ······················ 295
고정환율 ··························· 173
공개시장운영 ························· 15
공공용지보상채권 ·················· 298
공공자금대출 ······················ 120
공동주관회사 ······················ 324
공모발행 ················ 217, 269, 325
공모상장 ··························· 282
공모채 ····························· 303
공모펀드 ··························· 362
공익권(共益權) ···················· 257
공정거래위원회 ····················· 107
공제계약대출 ······················ 118
관리변동환율제도 ·················· 174
교차환율 ··························· 175
교환사채 ··························· 305
구상채무 ··························· 114
국고채권 ··························· 298
국고채전문딜러 ················ 65, 320
국내고정금리채 ····················· 301
국내금융시장 ··················· 7, 10
국내발행카드 ······················ 135
국내파생상품시장 ·················· 435
국내펀드 ··························· 363
국민경제 ····························· 5
국민주택채권 ······················ 298
국제금융시장 ·········· 7, 12, 163, 207

국제상호직접대출 ·································· 536
국제수지표 ······································· 195
국제스왑파생상품협회(ISDA) ········· 624, 627
국제여신시장 ······································ 13
국제자금시장 ···································· 188
국제자본시장 ···································· 188
국제주식시장 ···································· 214
국제채권시장 ······························ 216, 226
국채 ··· 298
국채선물시장 ································ 25, 298
국채전문유통시장 ························· 298, 327
근로자우대저축 ·································· 110
근월물가격 ······································· 465
글로벌채 ··· 230
금리스왑 ···································· 538, 541
금리연계증권 ···································· 579
금리확정형 상품 ·································· 34
금융거래 ··· 5
금융계정 ··· 195
금융리스 ··· 139
금융상품 ··· 33
금융선물 ··· 443
금융소비자 ·· 34
금융시장 ··· 5
금융안정 ··· 21
금융약관 ··· 33
금융옵션 ··· 486
금융자산 ··· 33
금융중개기관 ···································· 7, 8
금융중개지원대출 ································· 18
금융통화위원회 ····························· 79, 111
금융투자상품 ···························· 35, 40, 352
금융투자회사 ···································· 318
금융환경 ··· 24
금전소비대차계약 ······························ 119
기관간조건부매매 ································· 71

기관투자가 ······································· 266
기대인플레이션율 ······························ 317
기대현물가격 ···································· 467
기명주 ··· 258
기본포지션 ······································· 494
기업공개 ··· 267
기업구매전용카드 ······························ 131
기업어음 ··· 85
기업어음시장 ······································ 85
기업자금대출 ···································· 120
기업자유예금 ···································· 110
기준환율 ··· 174
기초자산 ···································· 483, 627
기한부우선주 ···································· 261
기한부증권 ······································· 296

(ㄴ)

나비형스프레드 ·································· 502
나스닥시장 ·································· 222, 276
나스닥지수 ······································· 222
내가격옵션(ITM) ································ 512
내부수익률 ······································· 312
내부신용보강 ···································· 398
내재가치 ··· 512
누적적 우선주 ···································· 260
뉴욕증권거래소 ·································· 222

(ㄷ)

다단계채권(CMO) ······························ 408
다자간매매체결회사 ···························· 279
단기금융상품 ······································ 59
단기금융시장 ································· 10, 59
단기금융집합투자기구 ························· 360
단기사채 ··· 92
단기사채시장 ······································ 92

단기사채제도 ·········· 94
단기외화조달 ·········· 187
단기카드대출 ·········· 136
단말기할부채권 ········ 412
단위형펀드 ············· 362
단일가격입찰 ·········· 325
담보대출 ··············· 115
담보부사채 ············· 302
담보인정비율(LTV) ····· 117, 133
당좌거래계약 ·········· 108
당좌계정개설은행 ······ 88
당좌대출 ··············· 118
당좌예금 ··············· 108
대고객시장 ············· 167
대고객조건부매매 ······ 71
대고객환율 ············· 174
대체결제회사 ·········· 271
대출 ···················· 112
대출거래약정서 ········ 119
대표주관회사 ·········· 324
대형주 ················· 263
도시철도채권 ·········· 299
동경증권거래소 ········ 222
동산리스 ··············· 139
듀레이션 ··············· 312
등가격옵션(ATM) ······ 512
디레버리징(deleveraging) ····· 67

(ㄹ)

런던은행간이자율 ······ 229
레버리지 ··············· 491
리볼빙방식 ············· 135
리스(lease) ············ 137
리스금융 ··············· 138

(ㅁ)

만기가치 ··············· 491
만기일 ················· 296
매도헤지 ··············· 448
매도환율 ··············· 173
매매기준율 ············· 193
매매증거금 ············· 459
매입인수 ··············· 270
매입헤지 ··············· 448
매입환율 ··············· 173
매출발행 ··············· 326
메자닌(Mezzanine) ····· 304
면역전략 ··············· 336
명목환율 ··············· 172
모자형펀드 ············· 365
모집주선 ··············· 270
목표시기면역전략 ······ 337
무기명주 ··············· 258
무보증채 ··············· 301
무상증자 ··············· 268
무액면주 ··············· 258
무위험헤지포트폴리오 ·· 514
무이표채 ··············· 300, 309
물가안정목표제 ········ 15
물가연동국고채 ········ 320
물적담보대출 ·········· 115
미국형옵션 ············· 486
미소금융 ··············· 143

(ㅂ)

바꿔드림론 ············· 144
발행기관 ··············· 266
발행시장 ··············· 265
발행이율 ··············· 296
발행인관리계좌 ········ 95

방어적 풋 ················ 498

백워데이션(backwardation) ··········· 463

백워데이션가설 ············· 468

범유럽실시간통화결제시스템 ······· 166

법인카드 ················· 135

베이시스 ················· 463

베이시스스왑 ·············· 543

변경상장 ················· 282

변동금리채 ················ 300

변동성 완화장치(VI) ·········· 273

변동환율 ················· 173

변동환율제도 ············ 164, 177

별단예금 ················· 109

보유비용모형 ·············· 461

보장매도자 ················ 626

보장매입자 ················ 626

보통예금 ················· 108

보통주 ·············· 36, 257

보험계약대출 ··········· 113, 117

복리채 ·················· 300

복수가격입찰 ·············· 325

볼록성 ·················· 314

부동산담보 ················ 117

부동산담보대출 ·········· 115, 117

부동산리스 ················ 139

부동산집합투자기구 ········· 359

부동산투자회사법 ··········· 351

부산교통채권 ·············· 299

부외금융효과 ·············· 137

부채담보부증권(CDO) ········· 400

분산투자효과 ·············· 369

불독본드 ················· 228

브로커시장 ················ 331

비공개모집발행 ············· 269

비금융투자상품 ·············· 35

비누적적 우선주 ············ 260

비은행금융기관 ············· 168

(ㅅ)

사모발행 ············ 218, 269, 327

사모집합투자기구 ··········· 367

사모채 ·················· 303

사모펀드 ················· 362

사무관리회사 ·············· 358

사무라이본드 ·············· 228

사업자리스 ················ 139

산업금융채권 ·············· 299

상업어음 ················· 120

상업용부동산저당증권 ········ 409

상장지수상품(ETP) ··········· 609

상장지수채권(ETN) ··········· 600

상장지수펀드(ETF) ········ 366, 605

상품선물 ················· 442

상품스왑 ················· 540

상품옵션 ················· 486

상해증권거래소 ············· 222

상환주 ·················· 261

상환증권 ················· 297

상환청구가격 ·············· 306

상환청구권 ············ 302, 306

상환청구사채 ·············· 306

새희망홀씨 ················ 144

샌드위치형스프레드 ·········· 502

서민금융기관 ·············· 143

서민금융상품 ·············· 143

서킷브레이커스(CB)제도 ······· 273

선도거래 ············· 432, 440

선물가격 ············· 439, 461

선물거래 ·········· 437, 439, 440

선물거래소 ················ 453

선물거래자 ············ 445, 454

선물계약 ················· 437

657

선물매도 ···································· 444
선물매도자 ································ 446
선물매입 ···································· 444
선물매입자 ································ 446
선물시장 ···································· 452
선물중개회사 ···························· 454
선물환거래 ······················ 171, 181
선물환율 ···································· 171
선박투자회사법 ························ 351
선입선출법 ································ 110
선취수수료 ································ 371
성장주 ······································ 262
소매채권시장 ···························· 330
소매채권전문딜러 ···················· 330
소비대차계약 ···························· 114
소비임치계약 ···························· 107
소비자리스 ································ 139
소액채권매도대행회원 ·············· 330
소액채권매출대행기관 ·············· 330
소액채권시장 ···························· 330
소액채권의무매입자 ·················· 330
소액채권조성회원 ···················· 330
소형주 ······································ 263
수시입출금식 예금 ···················· 109
수의상환가능성 ························ 316
수의상환권 ································ 305
수의상환사채 ···························· 305
수의상환위험 ···························· 317
수익증권 ··························· 38, 352
수입신용장 ································ 113
수직스프레드 ···························· 499
수출환어음매입 ························ 113
수탁기관 ···································· 397
수평스프레드 ···························· 500
순수기대가설 ···························· 467
순수할인채 ································ 309

스왑거래 ···································· 535
스왑금리 ···································· 548
스왑레이트 ································ 171
스텝다운형 ································ 593
스트래들 ···································· 502
스트랩 ······································ 503
스트랭글 ···································· 503
스트립 ······································ 503
스프레드 ·························· 465, 498
스프레드거래 ···························· 449
시간가치 ···································· 513
시간스프레드 ···························· 500
시설대여상품 ···························· 137
시설자금대출 ···························· 120
시스템위험 ································ 432
시장규율 ·· 7
시장실세금리 ···························· 109
시장위험 ···································· 431
시장이자율 ································ 310
신규상장 ···································· 282
신금융상품 ································ 452
신용공여 ··························· 115, 131
신용공여한도 ······························ 66
신용대출 ··························· 115, 116
신용보강 ···································· 397
신용보강기관 ···························· 397
신용부도스왑 ····················· 189, 630
신용사건 ··························· 623, 627
신용연계증권 ···························· 579
신용연계채권 ···························· 633
신용위험 ··························· 431, 623
신용카드 ···································· 135
신용카드매출채권부증권(CARD) ·········· 403
신용카드상품 ···························· 133
신용카드업자 ···························· 133
신용카드회원 ···························· 133

신용파생상품 ·································· 623
신용평가기관 ···················· 317, 397
신종자본증권 ····························· 309
신종증권 ··································· 35
신주상장 ································· 282
신주인수권부사채 ·········· 218, 267, 304
신주인수권증권 ···························· 37
신주인수권증서 ···················· 37, 429
실물결제 ································· 445
실물연계증권 ····························· 579
실시간총액결제 ·························· 166
실적배당상품 ····························· 351
실적배당형 상품 ·························· 34
실질환율 ································· 172
실효환율 ································· 172
심천증권거래소 ·························· 222

(ㅇ)

아리랑본드 ······························ 228
액면가액 ································· 295
액면이자율 ······························ 296
액면주 ··································· 258
약관대출 ································· 115
약세스프레드 ····················· 450, 499
약세콜스프레드 ·························· 500
약세풋스프레드 ·························· 500
양도성예금증서 ··························· 79
양도성예금증서시장 ····················· 79
양키본드 ································· 228
어음거래약정서 ·························· 119
어음대출 ································· 118
어음할인 ························· 118, 120
엄브렐러펀드 ····························· 365
여수신제도 ································ 18
여신 ····································· 113
여신거래기본약관 ················ 114, 118

여신금융상품 ····························· 131
여신금융회사 ····························· 132
여신상품 ································· 114
여신전문금융업법 ················ 114, 351
여신전문금융회사 ························ 131
여행자수표 매매율 ······················ 193
역내금융시장 ····················· 13, 213
역내펀드 ································· 363
역외금융시장 ····················· 13, 214
역외펀드 ································· 363
연대보증 ································· 116
연평균투자수익률 ························ 312
영구증권 ································· 296
영구채 ··································· 309
예금 ····································· 107
예금거래기본약관 ························ 108
예금담보 ································· 117
예금담보대출 ····························· 115
예금반환청구권 ·························· 107
예금보호공사 ······························ 44
예금보호제도 ······························ 44
옵션가격 ································· 483
옵션거래 ························· 442, 483
옵션매도자 ······························ 484
옵션매입자 ······························ 484
옵션발행자 ······························ 484
옵션소유자 ······························ 484
옵션프리미엄 ····························· 511
외가격옵션(OTM) ························· 512
외국발행카드 ····························· 135
외국증권시장 ······························ 13
외국채 ··································· 228
외국통화표시법 ·························· 171
외국환은행 ······························ 168
외국환평형기금채권 ····················· 298
외부신용보강 ····························· 398

외재가치 ……………………………… 512
외화예금 ……………………………… 111
외화자금시장 ………………………… 187
외화차입금리 ………………………… 189
외화표시원화대출 …………………… 120
외환스왑 ……………………………… 539
외환시장 ……………………………… 163
외환중개인 …………………………… 169
요구불예금 …………………………… 108
우대금리(prime rate) ……………… 301
우량주 ………………………………… 264
우선주 …………………………… 37, 259
운영위험 ……………………………… 432
운용리스 ……………………………… 138
운전자금대출 ………………………… 120
워런트증권 …………………………… 429
원금상환기간 ………………………… 296
원본손실가능성 ……………………… 35
원본초과손실가능성 ………………… 35
원월물가격 …………………………… 465
위탁모집 ………………………… 270, 326
위탁증거금 …………………………… 458
위탁판매계약 ………………………… 353
위험분산효과 ………………………… 369
위험프리미엄가설 …………………… 467
유가증권시장 ………………………… 272
유동성공급자 …………………… 602, 608
유동성공급자(LP)제도 ……………… 279
유동성위험 ……………………… 317, 431
유동화전문회사 ………………… 392, 396
유럽은행간이자율 …………………… 229
유럽형옵션 …………………………… 486
유로고정금리채 ……………………… 301
유로금융시장 ………………………… 13
유로달러채시장 ………………… 13, 214
유로증권시장 …………………… 13, 214

유로채 ………………………………… 229
유로커런시시장 ………………… 13, 214
유로통화시장 …………………… 12, 214
유상증자 ……………………………… 267
유지증거금 …………………………… 458
유통수익률 …………………………… 312
유통시장 ……………………………… 270
융통어음 ……………………………… 120
은행간시장 …………………………… 167
은행간환율 …………………………… 174
이자율변동위험 ……………………… 316
이자지급증권 ………………………… 296
이중상환채권법 ……………………… 302
이표채 …………………………… 300, 308
인도일수렴현상 ……………………… 456
인수기관 ……………………………… 324
인수단 ………………………………… 266
인플레이션위험 ……………………… 317
일물일가의 법칙 …………………… 449
일반고객 ……………………………… 168
일반공모방식 ………………………… 267
일반보증채 …………………………… 301
일반채권시장 ………………………… 329
일반투자자 …………………………… 266
일부결제금액이월약정 ……………… 136
일일정산제도 …………………… 440, 457
일중당좌대출 ………………………… 18
임대인(lessor) ……………………… 137
임차인(lessee) ……………………… 137
입찰발행 ……………………………… 326

(ㅈ)

자국통화표시법 ……………………… 170
자금공급기간 ………………………… 7
자금공급자 …………………………… 5
자금수요자 …………………………… 5

자금시장 …………………………………… 9
자금조달방법 ……………………………… 7
자금조정대출 ……………………………… 18
자금중개회사 ……………………………… 65
자기모집 …………………………………… 269
자기앞수표 ………………………………… 107
자기자본비율 ……………………………… 393
자동차할부채권 …………………………… 400
자본손실위험 ……………………………… 61
자본수지 …………………………………… 195
자본시장 ……………………………… 9, 255
자본시장법 ………………………………… 351
자본이득 …………………………………… 297
자본자산가격결정모형 …………………… 469
자산관리자 ………………………………… 396
자산담보부기업어음(ABCP) …………… 404
자산보관회사 ……………………………… 357
자산보유자 ………………………………… 396
자산부채종합관리 ………………………… 209
자산스왑 …………………………………… 539
자산운용보고서 …………………………… 370
자산운용회사 ……………………………… 357
자산유동화 ………………………………… 391
자산유동화계획 …………………………… 351
자산유동화법 ……………………………… 351
자산유동화증권 …………………………… 391
자유적립식 ………………………………… 110
자익권(自益權) …………………………… 257
잔액인수 ……………………………… 270, 326
잔존기간 …………………………………… 296
장기금융시장 ……………………………… 10
장기외화조달 ……………………………… 187
장기주택마련저축 ………………………… 110
장기증권 …………………………………… 297
장기카드대출 ……………………………… 136
장내시장 …………………………………… 271

장외시장 …………………………………… 271
장외파생상품 ……………………… 280, 581, 625
재간접형펀드 ……………………………… 366
재무상태표 ………………………………… 300
재상장 ……………………………………… 282
재정증권 …………………………………… 298
재정환율 …………………………………… 175
재투자수익위험 …………………………… 316
저축예금 …………………………………… 109
적립식 펀드 ……………………………… 362
전세자금대출 ……………………………… 112
전신환매매율 ……………………………… 194
전자공시시스템 …………………………… 272
전자등록기관 ……………………………… 94
전자증권제도 ……………………………… 46
전환사채 ……………………………… 218, 304
전환주 ……………………………………… 261
전환형펀드 ………………………………… 364
정기예금 …………………………………… 111
정기적금 …………………………………… 110
정부보증채 ………………………………… 301
정액적립식 ………………………………… 110
정책서민금융 ……………………………… 143
정크본드(junk bond) …………………… 298
정크본드시장 ……………………………… 398
제3자배정방식 …………………………… 267
제로섬게임 …………………………… 165, 485
조건부우선주 ……………………………… 261
조건부청구권 ……………………………… 485
종류형펀드 ………………………………… 363
주가연계사채(ELB) ……………………… 609
주가연계신탁 ……………………………… 584
주가연계증권 ………………………… 579, 583
주가지수옵션 ……………………………… 487
주관회사 …………………………………… 324
주권상장 …………………………………… 282

주권상장법인 …………………………… 283
주식배당 …………………………………… 268
주식분할 …………………………………… 267
주식시세표 ………………………………… 284
주식시장 …………………………………… 256
주식예탁증서(DR) ……… 215, 216, 218, 264
주식옵션 …………………………………… 486
주식워런트증권(ELW) ……………… 581, 596
주식회사 …………………………………… 256
주주배정방식 ……………………………… 267
주주우선공모방식 ………………………… 267
주택금융채권 ……………………………… 299
주택담보대출 ……………………………… 117
주택매매자금대출 ………………………… 112
주택저당권지분이전증권(MPTS) ………… 407
주택저당대출채권 ………………………… 392
주택저당원리금이전채권(MPTB) ………… 407
주택저당증권(MBS) ……………………… 406
주택저당채권 ……………………………… 393
주택저당채권담보부채권(MBB) ……… 302, 407
준거기업 …………………………………… 625
준거자산 …………………………………… 627
중개기관 …………………………………… 65
중국증권감독위원회 ……………………… 222
중도상환수수료 …………………………… 118
중도해지이자율 …………………………… 111
중소기업금융채권 ………………………… 299
중소기업진흥공단 ………………………… 394
중앙은행 …………………………… 14, 23, 169
중형주 ……………………………………… 263
증거금제도 ………………………………… 457
증권교부시장 ……………………………… 265
증권교환시장 ……………………………… 265
증권금융회사 ……………………………… 271
증권대출 …………………………………… 115
증권선물위원회 …………………………… 267

증권업협회 ………………………………… 271
증권예탁증권 ……………………………… 39
증권집합투자기구 ………………………… 359
증서대출 …………………………………… 118
지급거절 …………………………………… 624
지급결제시스템 …………………………… 23
지급보증 …………………………………… 115
지급불능 …………………………………… 624
지급불능위험 ……………………………… 317
지급준비율 ………………………………… 20
지급준비제도 ……………………………… 19
지방자치단체 ……………………………… 266
지방채 ……………………………………… 299
지분증권 …………………………………… 36, 353
지역개발채권 ……………………………… 299
지정참가회사(AP) ………………… 367, 607
직상장 ……………………………………… 282
직접금융시장 ………………… 7, 213, 255
직접대출 …………………………………… 536
직접모집 …………………………………… 269
직접모집발행 ……………………………… 269
직접발행 ………………… 218, 269, 325
직접통화스왑 ……………………………… 553
직접표시법 ………………………………… 170
집합투자 …………………………………… 351
집합투자기구 ……………………………… 355
집합투자업자 ……………………………… 355
집합투자증권 ……………………………… 351

(ㅊ)

차등가격낙찰방식 ………………………… 326
차스닥시장 ………………………………… 223
차용증서 …………………………………… 295
차익거래 ……………… 185, 434, 449, 544
차익거래자 ………………………………… 455
참가적 우선주 ……………………………… 260

채권가격선 …………………………… 314
채권가격정리 ………………………… 310
채권담보부증권(CBO) ……………… 401
채권수익률 …………………………… 311
채권평정(bond rating) ……………… 334
채무교환스왑 ………………………… 554
채무면제유예상품 …………………… 137
채무불이행위험 …………… 298, 317, 334
채무재조정 …………………………… 624
채무증권 ……………………………… 37
채무증권전문회원 …………………… 73
채무증서 ……………………………… 295
책임준비금 …………………………… 118
첨가소화채권 ………………………… 330
청부모집 ……………………………… 270
청산소 ………………………………… 453
청약기관 ………………………… 266, 324
초과증거금 …………………………… 459
총부채상환비율(DTI) ……………… 117, 133
총수익스왑 …………………………… 632
총액인수 ………………………… 270, 327
총자산수익률 ………………………… 393
최우선부도연계채권 ………………… 634
최종거래일 …………………………… 483
최종대부자 …………………………… 23
최종호가수익률 ……………………… 327
추가증거금 …………………………… 459
추가형펀드 …………………………… 362

(ㅋ)

커버된 콜 …………………………… 497
커버드본드 …………………………… 302
커버베이시스 ………………………… 464
코넥스시장 …………………………… 278
코스닥시장 …………………………… 276
콘탱고(contango) …………………… 463

콘탱고가설 …………………………… 468
콜거래 ………………………………… 64
콜론(call loan) ……………………… 64
콜론기관 ……………………………… 65
콜머니(call money) ………………… 64
콜시장 ………………………………… 64
콜옵션(call option) ………………… 486
콜옵션가격 …………………………… 506
콜옵션가격결정모형 ………………… 305
콜옵션매도자 ………………………… 492
콜옵션매입자 ………………………… 492
콤비네이션 …………………………… 502
쿠폰스왑 ……………………………… 542
크로스커런시스왑 …………………… 543

(ㅌ)

토지개발채권 ………………………… 299
통화선물 ……………………………… 444
통화스왑 ………………………… 539, 552
통화안정증권 ……………………… 37, 299
통화연계증권 ………………………… 579
통화옵션 ……………………………… 489
통화정책 ……………………………… 14
투기거래 …………… 184, 434, 448, 544
투기거래자 …………………………… 455
투자계약증권 ………………………… 39
투자수단 ……………………………… 6
투자수익률 …………………………… 312
투자신탁 ……………………………… 355
투자신탁재산 ………………………… 352
투자위험 ……………………………… 6
투자합자회사 ………………………… 353
특별자금대출 ………………………… 120
특별자산집합투자기구 ……………… 360
특수목적회사 …………………… 87, 391

(ㅍ)

파생결합사채 ·································· 582
파생결합증권(DLS) ··············· 39, 579, 592
파생결합펀드(DLF) ······················ 599
파생상품 ·································· 429
패스스루(Pass through)형 증권 ·········· 399
팩터링(factoring) ························ 140
팩터링회사 ······························ 140
페이스루(Pay through)형 증권 ··········· 400
평가절상 ·································· 177
평가절하 ·································· 177
평행대출 ·································· 536
폐쇄형펀드 ······························ 363
포트폴리오투자 ·························· 208
표면이자율 ·························· 296, 311
풋-콜 등가 ······························ 514
풋옵션(put option) ······················ 486
풋옵션가격 ······························ 506
풋옵션매도자 ···························· 493
풋옵션매입자 ···························· 493
프로젝트파이낸싱 ························· 97

(ㅎ)

한국거래소 ······························ 271
한국신용평가회사 ························ 335
한국예탁결제원 ················· 39, 74, 320
한국은행 ································· 16
한국자산관리공사 ························ 394
한국주택금융공사 ··················· 117, 394
한국주택금융공사법 ······················ 391
한국토지주택공사 ························ 394
할부구매방식 ···························· 135
할부금융상품 ···························· 141
할부판매 ································· 136

합성담보부증권 ·························· 635
합성증권 ·································· 491
해약환급금 ······························ 118
해외분산투자 ···························· 190
해외예탁기관 ···························· 39
해외직접투자 ···························· 208
해외펀드 ·································· 363
햇살론 ··································· 144
행사가격 ·································· 483
행사가치 ·································· 512
헤지거래 ···············182, 434, 447, 544
헤지거래자 ······························ 454
헷지포지션 ······························ 497
현금결제 ·································· 445
현물거래 ·································· 439
현물매도차익거래 ··················· 186, 463
현물매입차익거래 ··················· 186, 462
현물환거래 ······························ 181
현물환율 ·································· 171
현찰매매율 ······························ 193
협의매매방식 ···························· 331
혼성증권 ·································· 305
혼합스왑 ·································· 539
혼합자산집합투자기구 ···················· 360
확정소득증권 ···························· 315
확정이자부증권 ·························· 296
환금성위험 ······························ 317
환급금대출 ······························ 118
환매수수료 ·························· 355, 371
환매조건부매매 ·························· 70
환매조건부채권매매시장 ·················· 328
환매조건부채권시장 ······················ 70
환율변동위험 ···························· 444
회사채 ······························ 299, 321
후취수수료 ······························ 371

저자 약력

■ **저자**

동국대학교 경상대학 회계학과 졸업(경영학사)
동국대학교 대학원 경영학과 졸업(경영학석사)
동국대학교 대학원 경영학과 졸업(경영학박사)
대신증권주식회사 명동지점 근무
증권투자상담사, 선물거래상담사, 기업가치평가사, M&A전문가, 외환관리사,
자산관리사, 재무설계사, 금융투자분석사, 투자자산운용사, 은퇴설계전문가
강남대학교, 강원대학교, 건양대학교, 공주대학교, 동국대학교, 동신대학교,
덕성여자대학교, 서강대학교, 숭실사이버대학교, 용인대학교, 유한대학교,
중부대학교, 한밭대학교, 한국생산성본부 강사
건양사이버대학교 자산관리학과 교수 역임

■ **저서**

국제재무관리(박영사, 2022)
기업재무관리(박영사, 2021)
자본시장론(박영사, 2020)
알기쉬운 실용금융(박영사, 2020)
파생상품의 이해(박영사, 2019)
재무관리(삼영사, 2015)
증권투자론(삼영사, 2014)
파생상품론(유비온, 2013)
금융학개론(유비온, 2012)
외환파생상품(한경사, 2011)
금융경제의 이해(도서출판 청람, 2010)
재무관리연습(도서출판 청람, 2009)
파생금융상품의 이해(한경사, 2007)
파생금융상품(한경사, 2005)

■ **논문**

개인채무자 구제제도의 이용현황과 개선방안에 관한 연구
KOSPI 200선물을 이용한 동적헤징전략에 관한 실증적 연구
금융공학을 이용한 포트폴리오보험전략의 유용성에 관한 실증적 연구
금융기관의 효율적 위험관리시스템 구축방안에 관한 연구
듀레이션을 이용한 채권포트폴리오의 면역전략에 관한 실증적 연구
효용에 근거한 포트폴리오보험전략에 관한 실증적 연구
재정가격결정이론에 관한 실증적 연구

금융시장론

초판발행   2022년 10월 15일
중판발행   2023년 3월 15일

지은이   이하일
펴낸이   안종만 · 안상준

편 집   김민조
기획/마케팅   정연환
표지디자인   이영경
제 작   고철민 · 조영환

펴낸곳   (주) **박영시**
             서울특별시 금천구 가산디지털2로 53, 210호(가산동, 한라시그마밸리)
             등록 1959. 3. 11. 제300-1959-1호(倫)

전 화   02)733-6771
f a x   02)736-4818
e-mail   pys@pybook.co.kr
homepage   www.pybook.co.kr
ISBN   979-11-303-1609-3   93320

정 가   39,000원